단기 합격을 위한 해커스공무원 커리큘럼

입문

탄탄한 기본기와 핵심 개념 완성!

누구나 이해하기 쉬운 개념 설명과 풍부한 예시로 부담없이 쌩기초 다지기

TIP 베이스가 있다면 **기본 단계**부터!

기본+심화

필수 개념 학습으로 이론 완성!

반드시 알아야 할 기본 개념과 문제풀이 전략을 학습하고
심화 개념 학습으로 고득점을 위한 응용력 다지기

기출+예상 문제풀이

문제풀이로 집중 학습하고 실력 업그레이드!

기출문제의 유형과 출제 의도를 이해하고 최신 출제 경향을 반영한
예상문제를 풀어보며 본인의 취약영역을 파악 및 보완하기

동형문제풀이

동형모의고사로 실전력 강화!

실제 시험과 같은 형태의 실전모의고사를 풀어보며 실전감각 극대화

최종 마무리

시험 직전 실전 시뮬레이션!

각 과목별 시험에 출제되는 내용들을 최종 점검하며 실전 완성

PASS

단계별 교재 확인 및
수강신청은 여기서!

gosi.Hackers.com

* 커리큘럼 및 세부 일정은 상이할 수 있으며,
자세한 사항은 해커스공무원 사이트에서 확인하세요.

해커스공무원

신동욱
헌법

핵심요약집

해커스

신동욱

약력

현 | 해커스공무원 헌법, 행정법 강의
전 | 서울시 교육청 헌법 특강
전 | 2017 EBS 특강
전 | 2013, 2014 경찰청 헌법 특강
전 | 교육부 평생교육진흥원 학점은행 교수
전 | 금강대 초빙교수
전 | 강남 박문각행정고시학원 헌법 강의

저서

해커스공무원 처음 헌법 만화판례집
해커스공무원 신동욱 헌법 기본서
해커스공무원 신동욱 헌법 조문해설집
해커스공무원 신동욱 헌법 핵심요약집
해커스공무원 신동욱 헌법 단원별 기출문제집
해커스공무원 神헌법 핵심 기출 OX
해커스공무원 神헌법 실전동형모의고사
해커스공무원 처음 행정법 만화판례집
해커스공무원 신동욱 행정법총론 기본서
해커스공무원 신동욱 행정법총론 조문해설집
해커스공무원 신동욱 행정법총론 핵심요약집
해커스공무원 신동욱 행정법총론 단원별 기출문제집
해커스공무원 신동욱 행정법총론 핵심 기출 OX
해커스공무원 신동욱 행정법총론 사례형 기출+실전문제집
해커스공무원 신동욱 행정법총론 실전동형모의고사 1·2

서문

시험은 전략이 중요합니다. 철저히 준비하되 요령 있게 준비하는 것이 빠른 합격의 지름길이 될 것입니다. 대부분의 수험생들에게 헌법은 고득점 전략과목이었으나 필수과목인 헌법의 공부 분량이 대폭적으로 증가하고 시험의 난이도가 올라감에 따라 시험 직전까지 수험생들에게 큰 부담이 되고 있습니다. 더욱이 기본서는 마무리용으로 정리하기가 쉽지 않고, 오답노트나 간단한 필기노트 등은 허술한 부분이 많아 수험생의 불안감이 클 수밖에 없습니다.

『해커스공무원 신동욱 헌법 핵심요약집』은 이러한 고민을 해결하고 공무원 헌법 시험에서 고득점을 확보할 수 있도록 다음과 같은 특징을 가지고 있습니다.

첫째, 기본서를 대체할 수 있도록 모든 내용을 빠짐없이 서술하였습니다.
기본서의 방대한 분량을 표를 활용하여 압축적으로 요약함으로써 수험생들의 공부 분량을 줄여줄 수 있도록 하였고, 시간과 효율을 추구하되 내용이 부실하지 않도록 기본서의 핵심을 모두 담았습니다.

둘째, 최신판례와 최신법령을 모두 반영하여 마무리용 교재로도 손색이 없도록 하였습니다.
최신판례와 제·개정된 법령들을 교재 내용에 전면 반영하였습니다. 이를 통해 수험생 여러분들은 이론을 학습하면서 가장 최신의 판례와 제·개정된 법령까지 효과적으로 함께 학습할 수 있습니다.

셋째, 효과적인 학습을 위해 다양한 학습장치를 수록하였습니다.
학습할 때 자주 헷갈리거나 더 알아두면 학습에 도움이 되는 내용들을 주의·비교 코너로 수록하였습니다. 또한 두문자 암기법을 선생님 tip에 수록하여 핵심내용을 효율적으로 암기할 수 있도록 하였습니다.

더불어, 공무원 시험 전문 사이트 해커스공무원(gosi.Hackers.com)에서 교재 학습 중 궁금한 점을 나누고 다양한 무료 학습 자료를 함께 이용하여 학습 효과를 극대화할 수 있습니다.

부디 『해커스공무원 신동욱 헌법 핵심요약집』과 함께 공무원 헌법 시험 고득점을 달성하고 합격을 향해 한걸음 더 나아가시기를 바라며, 공무원 합격을 꿈꾸는 모든 수험생 여러분에게 **훌륭한 길잡이**가 되기를 바랍니다.

신동욱

목차

제3편 | 통치구조론

제4편 | 헌법재판론

이 책의 구성

『해커스공무원 신동욱 헌법 핵심요약집』은 수험생 여러분들이 헌법 과목을 효율적으로 정확하게 학습할 수 있도록 상세한 내용과 효과적인 학습장치를 수록·구성하였습니다. 아래 내용을 참고하여 본인의 학습 과정에 맞게 체계적으로 학습 전략을 세워 학습하시기 바랍니다.

1 이론의 핵심적인 내용을 정리하기

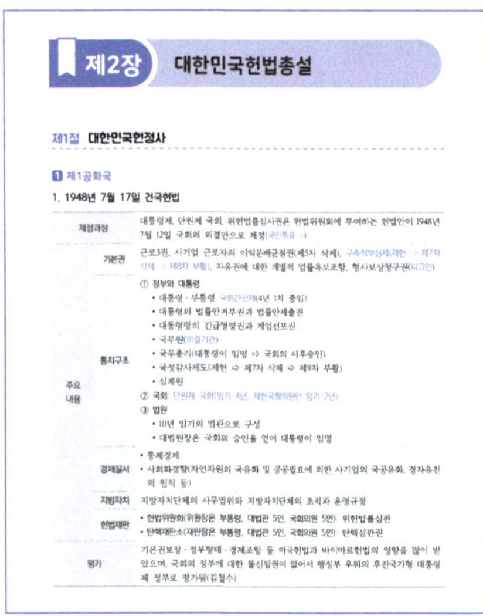

핵심이론의 내용을 압축·정리

공무원 헌법 시험에 나오는 방대한 내용들 중 출제가능성이 높은 핵심이론을 일목요연하게 정리하여 헌법 이론을 보다 빠르게 파악하고 전략적으로 학습할 수 있습니다. 또한 핵심이론을 도표화하여 수록함으로써 반복 출제되는 이론·조문·판례들을 서로 비교하며 효율적으로 학습할 수 있습니다.

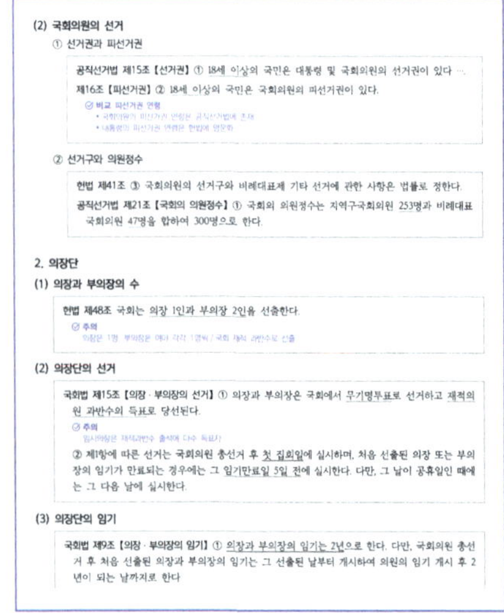

최신 출제경향 및 개정 법령 반영

1. 최신 출제경향 반영
철저한 기출분석으로 도출한 최신 출제경향을 바탕으로 출제가 예상되는 내용을 선별하여 이론에 반영·수록하였습니다. 이를 통해 방대한 헌법 과목의 내용 중 시험에 나오는 이론만을 효과적으로 학습할 수 있습니다.

2. 개정 법령
최근 개정된 법령들을 교재 내 관련 이론에 전면 반영하여 실전에 효율적으로 대비할 수 있습니다.

2 판례를 통해 학습한 이론을 정확하게 이해하기

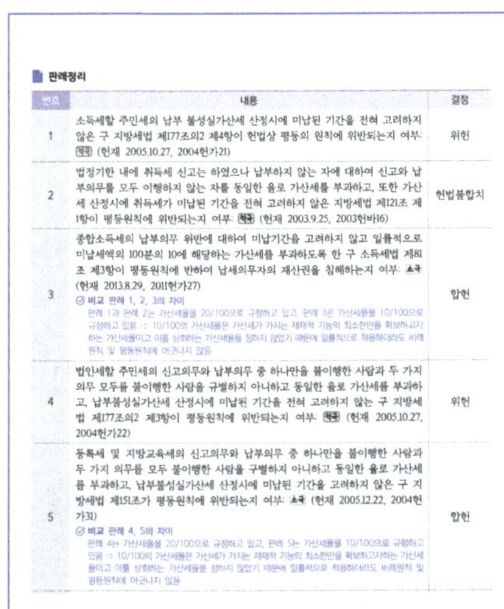

전략적인 학습을 위한 주요 판례정리

길고 복잡한 판례를 한눈에 이해할 수 있도록 핵심 요지만 정리하여 표로 구성하고, 그 판례의 결정부분도 함께 수록함으로써 주요 판례의 내용을 효과적으로 빠르게 파악할 수 있습니다. 또한 이론과 연관된 기본 판례, 유사 판례 및 중요한 기출 판례뿐만 아니라 이슈가 된 최신 판례까지 모두 수록하여 판례를 통한 마무리 학습을 하는 데 충분히 활용할 수 있습니다.

3 다양한 학습장치를 활용하여 이론 완성하기

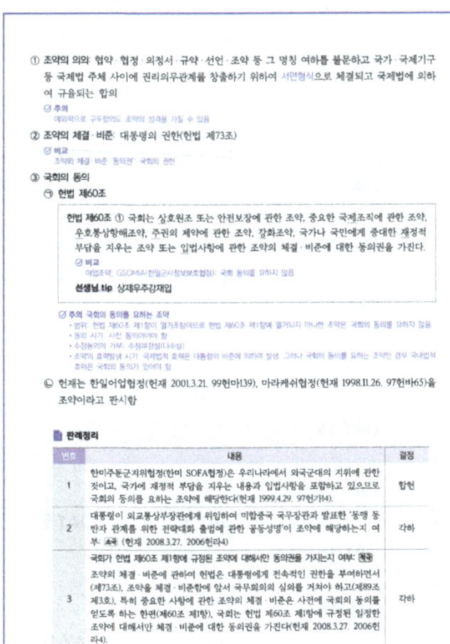

한 단계 실력 향상을 위한 다양한 학습장치

1. 주의 / 비교
자주 헷갈리거나 더 알아두면 학습에 도움이 되는 내용을 '주의'에 수록하고, 유사하거나 대비되는 내용을 '비교'로 수록하여 중요한 부분을 놓치지 않고 학습할 수 있습니다.

2. 선생님 tip
암기할 내용의 두문자 암기법을 '선생님 tip'에 수록하여 기억에 오래 남게 핵심 내용을 효율적으로 암기할 수 있습니다.

학습 플랜

효율적인 학습을 위하여 DAY별 권장 학습 분량을 제시하였으며, 이를 바탕으로 본인의 학습 진도나 수준에 따라 분량을 조절해 가며 학습하기 바랍니다. 또한 학습한 날은 표 우측의 각 회독 부분에 형광펜이나 색연필 등으로 표시하며 채워나가기 바랍니다.

* 1회독 때에는 40일 학습 플랜을, 2~3회독 때에는 20일 학습 플랜을 활용하시면 좋습니다.

40일 플랜	20일 플랜	학습 플랜		1회독	2회독	3회독
DAY 1	DAY 1	제1편	제1장 제1절 ~ 제2절	DAY 1	DAY 1	DAY 1
DAY 2			제1장 제3절 ~ 제4절	DAY 2		
DAY 3	DAY 2		제2장 제1절 ~ 제2절	DAY 3	DAY 2	DAY 2
DAY 4			제1장 제3절 ~ 제5절	DAY 4		
DAY 5	DAY 3	제2편	제1편 복습	DAY 5	DAY 3	DAY 3
DAY 6			제1장 제1절 ~ 제2절	DAY 6		
DAY 7	DAY 4		제1장 제3절 ~ 제5절	DAY 7	DAY 4	DAY 4
DAY 8			제2장 제1절	DAY 8		
DAY 9	DAY 5		제2장 제2절 ~ 제3절	DAY 9	DAY 5	DAY 5
DAY 10			제3장 제1절	DAY 10		
DAY 11	DAY 6		제3장 제2절 ~ 제3절	DAY 11	DAY 6	DAY 6
DAY 12			제4장 제1절	DAY 12		
DAY 13	DAY 7		제4장 제2절 ~ 제3절	DAY 13	DAY 7	DAY 7
DAY 14			제5장	DAY 14		
DAY 15	DAY 8		제6장 제1절 ~ 제3절	DAY 15	DAY 8	DAY 8
DAY 16			제6장 제4절 ~ 제6절	DAY 16		
DAY 17	DAY 9		제7장 제1절 ~ 제3절	DAY 17	DAY 9	DAY 9
DAY 18			제7장 제4절 ~ 제6절	DAY 18		
DAY 19	DAY 10		제8장 제1절 ~ 제2절	DAY 19	DAY 10	DAY 10
DAY 20			제2편 복습	DAY 20		

✅ 1회독 때에는 처음부터 완벽하게 학습하려고 욕심을 내는 것보다는 전체적인 내용을 가볍게 익힌다는 생각으로 교재를 읽는 것이 좋습니다.

✅ 2회독 때에는 1회독 때 확실히 학습하지 못한 부분을 정독하면서 꼼꼼히 교재의 내용을 익히고, 판례의 핵심내용과 결론을 복습하고, 선생님tip 등을 활용하여 주요 내용을 이해하고 암기합니다.

✅ 3회독 때에는 주의·비교에 표시되어 있는 부분까지 확인함으로써 부족한 부분을 보완하고 이론 학습의 범위를 넓혀나가며 학습을 완성하기 바랍니다.

40일 플랜	20일 플랜	학습 플랜		1회독	2회독	3회독
DAY 21	DAY 11	제3편	제1장 제1절 ~ 제3절	DAY 21	DAY 11	DAY 11
DAY 22			제1장 제4절	DAY 22		
DAY 23	DAY 12		제1장 제5절	DAY 23	DAY 12	DAY 12
DAY 24			제1장 제6절 ~ 제7절	DAY 24		
DAY 25	DAY 13		제1장 제8절 ~ 제9절	DAY 25	DAY 13	DAY 13
DAY 26			제2장 제1절 ~ 제3절	DAY 26		
DAY 27	DAY 14		제3장 제1절	DAY 27	DAY 14	DAY 14
DAY 28			제3장 제2절	DAY 28		
DAY 29	DAY 15		제3장 제3절	DAY 29	DAY 15	DAY 15
DAY 30			제3장 제4절 ~ 제5절	DAY 30		
DAY 31	DAY 16	제4편	제3편 복습	DAY 31	DAY 16	DAY 16
DAY 32			제1장 제1절	DAY 32		
DAY 33	DAY 17		제1장 제2절 ~ 제3절	DAY 33	DAY 17	DAY 17
DAY 34			제2장	DAY 34		
DAY 35	DAY 18		제3장 ~ 제4장	DAY 35	DAY 18	DAY 18
DAY 36			제5장	DAY 36		
DAY 37	DAY 19		제6장	DAY 37	DAY 19	DAY 19
DAY 38			제4편 복습	DAY 38		
DAY 39	DAY 20		총 복습	DAY 39	DAY 20	DAY 20
DAY 40			총 복습	DAY 40		

제1편
헌법총론

 헌법과 헌법학

제1절 헌법의 의의

1 헌법의 개념

1. 의의

국가의 조직과 구성에 관한 법, 기본권과 통치구조를 내용으로 하는 국가의 최고법

2. 헌법의 발전과정에 따른 개념

(1) 고유한 의미의 헌법

① 국가의 통치체제에 관한 기본사항을 정한 기본법

② 동서양을 막론하고 국가가 존재하는 곳이면 어떠한 형태로든 반드시 존재함

(2) 근대 입헌주의 헌법과 현대 사회국가 헌법

구분	근대 입헌주의 헌법	현대 사회국가 헌법
사상적 배경	자유주의	복지주의
최초의 헌법	1776년 버지니아(Virginia) 헌법	1919년 바이마르(Weimar) 헌법
기본원리	• 기본권 보장(자유권과 형식적 평등 강조, 재산권의 불가침) • 권력분립의 원리 • 국민주권의 원리 • 대의제의 원리(의회주의) • 형식적 법치주의 • 성문헌법주의 • 경성헌법주의	• 기본권 보장의 실질화(생존권과 실질적 평등 강조, 재산권의 규제) • 권력분립의 완화 • 국민주권이념의 실질화 • 민주적 정당제 • 실질적 법치주의 • 헌법재판제도 • 행정국가화 경향(사회국가·적극국가·복지국가) • 국제평화주의

⊘ 주의

헌법은 개방성을 특징으로 하지만, 개방된 사항의 결정을 위한 핵심절차에 대해서는 규정해두어야 함

2 헌법의 분류

1. 존재형식에 의한 분류(성문헌법과 불문헌법)

성문헌법	불문헌법
• 문서화된 헌법 • 법적 안정성과 예측가능성 • 일반적으로 경성헌법을 특징으로 하나, 성문헌법의 본질적 요소는 아님	• 문서화되지 않은 헌법 • 의회제정법률에 대한 법원의 위헌심사권이 인정되지 않음 • 특별한 헌법개정절차를 요하지도 않음 • 영국이 대표적

📑 판례정리

번호	내용	결정
1	신행정수도의 건설을 위한 특별조치법사건 [1] 우리 헌법상 관습헌법이 인정될 수 있는지 여부: 적극 [2] 관습헌법의 일반적 성립요건 　① 기본적인 헌법사항에 관한 관행의 존재 　② 그 관행의 반복·계속성 　③ 관행의 항상성 　④ 명료성 　⑤ 국민적 합의 필요 　✓ **주의** 　　국민투표는 관습헌법의 일반적 성립요건에 속하지 않음 [3] '우리나라의 수도가 서울인 점'이 관습헌법으로 인정될 수 있는지 여부: 적극 [4] 관습헌법의 폐지와 사멸 　관습헌법도 성문헌법의 경우와 동일한 효력을 가지기 때문에 헌법 제130조에 의거한 헌법개정의 방법에 의하여만 개정될 수 있다. 한편 관습헌법은 그것을 지탱하고 있는 국민적 합의성을 상실함에 의하여 법적 효력을 상실할 수 있다. 관습헌법의 요건들은 그 성립의 요건일 뿐만 아니라 효력유지의 요건이다. [5] 관습헌법을 법률의 형식으로 의식적으로 개정할 수 있는지 여부: 소극 　✓ **주의** 　　• 관습헌법이 성문헌법을 개폐하는 효력은 없음 　　• 관습헌법은 국민의 합의성 상실에 따라 효력 상실이 가능함 [6] '우리나라의 수도가 서울인 점'에 대한 관습헌법을 폐지하기 위해서는 헌법개정이 필요한지 여부: 적극 [7] 이 사건 법률이 헌법 제130조에 따라 헌법개정절차에 있어 국민이 가지는 국민투표권을 침해하여 위헌인지 여부: 적극 　헌법개정사항인 수도의 이전을 헌법개정의 절차를 밟지 아니하고 단지 단순법률의 형태로 실현시킨 것으로서 결국 헌법 제130조에 따라 헌법개정에 있어서 국민이 가지는 참정권적 기본권인 국민투표권의 행사를 배제한 것이므로 동 권리를 침해하여 헌법에 위반된다(헌재 2004.10.21. 2004헌마554 등).	위헌

| 2 | 신행정수도 후속대책을 위한 연기·공주지역 행정중심복합도시 건설을 위한 특별법사건
[1] 신행정수도 후속대책을 위하여 신행정수도 후속대책을 위한 연기·공주지역 행정중심복합도시 건설을 위한 특별법에 의하여 연기·공주지역에 건설되는 행정중심복합도시가 수도로서의 지위를 획득하는지 여부: **소극**
[2] 행정중심복합도시의 건설이 헌법 제72조의 국민투표권을 침해할 가능성이 있는지 여부: **소극** (헌재 2005.11.24. 2005헌마579) | 각하 |

2. 개정방법에 의한 분류(연성헌법과 경성헌법)

구분	연성헌법	경성헌법
의의	일반 법률과 동일한 절차와 방법으로 개정할 수 있는 헌법	법률보다 까다로운 절차와 방법으로 개정할 수 있는 헌법
장점	현실변화에 신축적이고 탄력적으로 대응가능	헌법개정에 의한 헌법침해를 방지하여 헌법의 최고규범성 강화
단점	헌법의 최고규범성 약화, 정략적 악용가능성	지나친 경성화로 인하여 헌법개정을 사실상 불가능하게 하여 헌법 불만세력에 의한 헌법전 자체의 폐지가능성이 존재함
예	영국헌법, 뉴질랜드헌법, 사르디니아왕국헌법 등	대부분의 성문헌법

☑ **주의** 경성헌법
- 국민투표가 필수적 요건인 것은 아님
- 우리 헌법은 국회 재적의원 2/3 이상의 찬성과, 국민투표에 의해 국회의원선거권자 과반수의 투표와 투표자 과반수의 찬성이 필요함

제2절 합헌적 법률해석

1 개념과 유형

1. 개념

(1) 법률에 위헌·합헌적인 부분이 공존하는 경우 위헌적 해석을 배제하고 헌법에 합치되도록 해석하여야 한다는 해석지침 ⇨ 법률해석 ○ / 헌법해석 ✕

구분	합헌적 법률해석	규범통제
이론적 근거	헌법의 최고규범성	헌법의 최고규범성
헌법의 기능	법률이 헌법과 조화되도록 하여야 한다는 해석규칙(해석기준)	헌법에 위반되는 법률은 무효가 된다는 저촉규칙(심사기준)
명시적 근거 필요성	헌법의 최고법 성격으로부터 당연히 허용	별도의 명시적 법적 근거 필요
목표	법률의 효력유지	헌법의 효력유지

(2) '헌법불합치' 결정은 위헌결정일 뿐 합헌적 법률해석은 아님

단순위헌 ⇨ 헌법불합치 ⇨ 한정위헌/한정합헌

(3) 합헌적 법률해석은 헌법재판소를 포함한 모든 법원이 가능함

실효된 법률조항에 대한 합헌적 법률해석은 허용되지 않음

2. 유형

(1) 한정위헌

법률에 위헌적인 법적용 영역과 그에 상응하는 합헌적인 해석가능성을 적극적으로 배제하는 결정

📑 **판례정리**

번호	내용	결정
1	민법 제764조 '명예회복에 적당한 처분'에 사죄광고를 포함시키는 것이 위헌인지 여부(헌재 1991.4.1. 89헌마160): **적극**	한정위헌
2	헌법재판소가 위헌으로 결정한 법률을 적용함으로써 국민의 기본권을 침해한 재판이 헌법소원의 대상이 되는지 여부(헌재 1997.12.24. 96헌마172 · 173): **적극**	한정위헌
3	상호신용금고의 임원 및 과점주주의 연대책임과 관련하여 부실경영에 아무런 관련이 없는 임원이나 과점주주에 대해서도 연대변제책임을 부과하는 것이 위헌인지 여부(헌재 2002.8.29. 2000헌가5 등): **적극**	한정위헌

(2) 한정합헌

헌법정신에 합치되도록 법률을 한정 · 축소 해석하여 위헌적인 요소를 소극적으로 배제하는 결정

📑 **판례정리**

번호	내용	결정
1	국가보안법 제7조의 찬양 · 고무행위는 그 내용이 국가의 존립 · 안전이나 자유민주적 기본질서에 명백한 위해를 줄 정도의 것이든 아니든 막론하고 금지되고, 이를 어기면 형사처벌하는 것이 위헌인지 여부: **적극** (헌재 1990.4.2. 89헌가113)	한정합헌
2	군장교가 형사기소되면 휴직을 명할 수 있고 휴직기간 중에는 봉급의 반액을 지급하게 되는데 무죄판결을 받으면 차액을 소급하여 지급한다는 규정에서 무죄판결에 공소기각 재판을 포함하여 해석해야 하는지 여부: **적극** (대판 2004.8.20. 2004다22377)	한정합헌

2 합헌적 법률해석(변형결정)의 기속력

1. 재판관 6인 이상의 찬성을 요하며, 국가기관 등을 기속함

2. 한정위헌결정의 기속력 인정 여부

대법원 (부정)	당해 법령에 대한 헌법재판소의 견해를 일응 표명한 것에 불과하여 법원에 전속되어 있는 법령의 해석적용권한에 대하여 어떠한 영향을 미치거나 기속력을 가질 수도 없음 (대판 1996.4.9. 96누11405)
헌법재판소 (인정)	한정위헌결정은 결코 법률의 해석에 대한 헌법재판소의 단순한 견해가 아니라 헌법이 정한 권한에 속하는 법률에 대한 위헌심사의 한 유형임(헌재 1997.12.24. 97헌마172·173)

3 합헌적 법률해석의 한계

문의적 한계	법조문이 가지고 있는 말뜻을 넘어서는 해석이 허용되지 않음 ◎ 주의 법조문의 문구가 명료하거나 아예 추상적인 경우 ⇨ 합헌적 법률해석 허용 ×
법목적적 한계	입법자의 명백한 입법목적을 넘어서는 해석이 불가능
헌법수용적 한계	헌법규범의 내용을 지나치게 확대해석하면 안 됨

제3절 헌법의 제정·개정 및 변천

1 헌법의 제정·개정

1. 헌법제정권력

구분	시에예스	칼 슈미트
헌법제정권력의 정당성	시원성	시원성, 혁명성, 제정권자의 입헌의지
주체	국민	국민, 신, 소수자, 군주 등
제정권력과 개정권력 구별	○	○
행사절차	제헌의회	국민투표
실정법상 한계	한계 부정	한계 부정

2. 헌법제정권력과 헌법개정권력

구분	헌법제정권력	헌법개정권력
특징	창조적(형성적)·시원적 권력	제도화된·창조된(형성된) 권력
주체	국민	헌법에 의하여 제도화된 국가기관으로서의 국민
헌법과의 관계	헌법을 정당화시키는 권력	헌법에 의하여 정당화된 권력
행사절차	헌법이 정한 절차 없음	헌법이 정한 절차에 따라 행사
실정법상 한계	실정법상 한계 없음	실정법상 한계가 있는 헌법도 있음

번호	내용	결정
1	헌법규정이 위헌법률심판대상이 되는지 여부: 소극 [1] 국회의 의결을 거친 형식적 의미의 법률과 동일한 효력을 가지는 조약 등은 위헌 심사 대상에 포함되지만 헌법의 개별 규정 자체는 대상이 아님이 명백하다. [2] 우리 헌법의 각 개별 규정 가운데 무엇이 헌법제정규정이고 무엇이 헌법개정규정 인지를 구분하는 것이 가능하지 아니할 뿐 아니라, 각 개별 규정에 그 효력상의 차이를 인정하여야 할 형식적인 이유를 찾을 수 없다. 또한 국민투표에 의하여 확 정된 현행헌법의 규정을 헌법재판소법 제68조 제1항 소정의 공권력 행사의 결과 라고 볼 수도 없다. [3] 헌법의 제 규정 가운데는 헌법의 근본가치를 보다 추상적으로 선언한 것도 있고, 이를 보다 구체적으로 표현한 것도 있어서 이념적·논리적으로는 규범 상호간의 우열을 인정할 수 있는 것이 사실이다. 그러나 … 그것이 헌법의 어느 특정 규정이 다른 규정의 효력을 전면 부인할 수 있는 정도의 개별적 헌법규정 상호간에 효력 상의 차등을 의미하는 것이라고는 볼 수 없다(헌재 1995.12.28. 95헌바3).	각하
2	헌법제정권력과 주권 국민은 대한민국의 주권자이며 최고의 헌법제정권력이기 때문에 성문헌법의 제·개정 에 참여한다(헌재 2004.10.21. 2004헌마544 등).	–

2 현행헌법의 개정절차

헌법 제128조 ① 헌법개정은 <u>국회재적의원 과반수 또는 대통령의 발의</u>로 제안된다.

✅ **주의**
　국회재적의원 과반수 또는 대통령 ○ / 정부 ✕

② 대통령의 임기연장 또는 중임변경을 위한 헌법개정은 그 헌법개정 제안 당시의 대통령에 대하여 는 효력이 없다.

✅ **주의**
　인적효력범위 '제한' 규정이지, '금지' 규정이 아님

제129조 제안된 헌법개정안은 <u>대통령이 20일 이상의 기간 이를 공고</u>하여야 한다.

✅ **주의 공고**
　• 20일 이상 공고: 국민적 합의 ⇨ 이를 어긴 헌법: 1차 발췌개헌
　• 공고권자: 대통령 ○ / 국회의장 ✕

제130조 ① 국회는 헌법개정안이 <u>공고된 날로부터 60일 이내에 의결</u>하여야 하며, 국회의 의결은 <u>재적 의원 3분의 2 이상의 찬성</u>을 얻어야 한다.

✅ **주의**
　공고된 날 ○ / 공고기간 경과 후 ✕

② 헌법개정안은 <u>국회가 의결한 후 30일 이내에 국민투표에 부쳐 국회의원선거권자 과반수의 투표 와 투표자 과반수의 찬성</u>을 얻어야 한다.

✅ **주의**
　투표자 과반수 ○ / 선거권자 과반수 ✕

③ 헌법개정안이 제2항의 <u>찬성을 얻은 때에는 헌법개정은 확정</u>되며, 대통령은 즉시 이를 공포하여야 한다.

1. 제안

(1) 국회재적의원 과반수 또는 대통령에 의하여 헌법개정이 제안됨

(2) 대통령이 발의할 때는 국무회의 심의를 거치고 부서를 요함

2. 공고

대통령은 헌법개정이 발의되면 20일 이상 이를 공고함

3. 국회의 의결

(1) 공고된 날로부터 60일 이내에 국회재적의원 3분의 2 이상의 찬성을 얻어야 함

(2) 기명투표로 표결(국회법 제112조 제4항) ⇨ 수정의결은 할 수 없음

4. 국민투표

(1) 요건

국회의결 후 30일 이내에 국민투표에 부치고, 국회의원선거권자 과반수의 투표와 투표자 과반수의 찬성을 얻어서 확정

(2) 국민투표의 효력에 이의가 있는 경우

> 국민투표법 제92조【국민투표무효의 소송】국민투표의 효력에 관하여 이의가 있는 투표인은 투표인 10만인 이상의 찬성을 얻어 중앙선거관리위원회위원장을 피고로 하여 투표일로부터 20일 이내에 대법원에 제소할 수 있다.
>
> 제93조【국민투표무효의 판결】대법원은 제92조의 규정에 의한 소송에 있어서 국민투표에 관하여 이 법 또는 이 법에 의하여 발하는 명령에 위반하는 사실이 있는 경우라도 국민투표의 결과에 영향이 미쳤다고 인정하는 때에 한하여 국민투표의 전부 또는 일부의 무효를 판결한다.

5. 공포 및 발효

(1) 대통령은 국민투표의 결과를 즉시 공포하여야 함

(2) 발효시기에는 헌법상 명문의 규정은 없으며, 학설의 대립이 있음

(3) 현행헌법은 부칙 제1조(1988년 2월 25일 시행)에서 발효시기를 직접 명시하고 있음

(4) 헌법개정안은 헌법이 정한 기간 내에 국민투표에 부쳐 헌법이 정한 수의 찬성을 얻은 때에 헌법으로 확정되는 것이지, 대통령이 공포함으로써 확정되는 것은 아님

6. 헌정사에서의 헌법개정절차

구분	제안자			공고 기간	국회의결 정족수	국민 투표	기타
	대통령	국회	국민				
건국 헌법	대통령	국회재적 3분의 1 이상	×	30일	재적 3분의 2 이상	×	–
제1차 개정헌법	대통령	민의원재적 3분의 1 또는 참의원재적 3분의 2 이상	×	30일	양원 각각 재적 3분의 2 이상	×	–
제2차 개정헌법	대통령	민의원 또는 참의원재적 3분의 1 이상	민의원 선거권자 50만 명 이상	30일	양원 각각 재적 3분의 2 이상	×	헌법개정 금지조항의 명문화
제2공화국 헌법 (제3차·제4차 개정헌법)	대통령	민의원 또는 참의원재적 3분의 1 이상	민의원 선거권자 50만 명 이상	30일	양원 각각 재적 3분의 2 이상	×	헌법개정 금지조항의 명문화
제3공화국 헌법 (제5차·제6차 개정헌법)	×	국회재적 3분의 1 이상	국회의원 선거권자 50만 명 이상	30일	재적 3분의 2 이상	○	–
제4공화국 헌법	대통령 ⇨ 국민투표	국회재적 과반수 이상	×	20일	국회의원이 제안한 개정안 ⇨ 국회재적 3분의 2 이상 ⇨ 통일주체 국민회의	○	헌법개정의 이원화
제5공화국 헌법	대통령	국회재적 과반수 이상	×	20일	재적 3분의 2 이상	○	헌법개정의 일원화
현행 헌법	대통령	국회재적 과반수 이상	×	20일	재적 3분의 2 이상	○	대통령중임 개정시 효력제한규정

✓ **주의 역대 헌법의 개정방식**
- 건국 ~ 제4차 개헌: 국회의결(국민투표 ×)
- 제5차 개헌(1962): 국민투표(국회의결 ×)
- 제6차 개헌(1969): 국회의결 + 국민투표
- 제7차·제8차 개헌: 국민투표(국회의결 ×)
- 제9차 개헌(현행헌법): 국회의결 + 국민투표

3 현행법상 헌법개정의 한계

1. 한계

개정대상이 될 수 없는 사항·내용 (내재적 한계)	민주주의, 법치주의, 권력분립, 기본권 보장, 민주공화국으로서의 국가형태, 복수정당제를 폐지시키는 개정을 금지함
헌법 제128조 제2항	"대통령의 임기연장 또는 중임변경을 위한 헌법개정은 그 헌법개정 제안 당시의 대통령에 대하여는 효력이 없다."라고 규정 ⇨ 일종의 개정효력제한조항(개정효력금지조항 아님)
헌법 제72조의 국민투표에 의한 헌법개정이 가능한지 여부	• 국회의결절차를 무시하고 국민투표를 실시하는 것은 헌법의 경성 헌법원리에 위배되기 때문에 불가능함 • 국민투표를 실시한 후 국회의 의결을 얻는 것도 허용 ×
개정의 절차·한계를 무시한 헌법개정의 효력	개정의 절차·한계를 무시한 헌법의 개정행위는 정상적인 헌법개정 작용이 아니므로, 법적으로 무효임

⊘ **주의**
헌법개정의 한계가 명문화되어 있지는 않음

2. 헌법 또는 법률개정사항 비교

⊘ **주의**
제2차 개헌에서 개정금지조항(국민주권, 중요사항에 대한 국민투표·국민발안)이 있었으나 제5차 개헌에서 폐지됨

헌법개정에 의해서만 가능한 사항	• 대통령의 피선거 연령(헌법 제67조) • 법관과 헌법재판관의 임기(헌법 제105조, 제112조) • 헌법재판관의 수 9명(헌법 제111조) • 지방의회 폐지(헌법 제118조) • 국회의원 정수 200인 미만(헌법 제41조) • 감사원 소속(헌법 제97조)
법률개정만으로도 가능한 사항	• 선거권 연령(공직선거법) • 대법관 수(법원조직법) • 지방자치단체장의 선임방법(헌법 제118조) • 국회의원 정수 200인 이상

4 헌법의 변천

1. 개념

조문은 그대로 있으면서 그 의미와 내용이 실질적(의식적·무의식적)으로 변경되는 것

미국	미연방헌법은 대법원에 위헌법률심사권을 부여하고 있지 않으나, Murbury v. Madison 사건에서 Marshall 대법원장의 판결에 의해 대법원이 위헌법률심사권을 행사함
영국	불문헌법을 가진 국가에서도 헌법의 변천은 가능함
대한민국	제1차 개정헌법에서 양원제를 실시하지 않은 사례나 1991년 상반기까지 지방의회가 구성되지 않은 사례가 헌법변천의 사례에 해당함

2. 헌법개정과의 관계

(1) 헌법규범과 헌법현실 간에 괴리가 발생한 경우에 그 괴리를 좁혀서 궁극적으로 규범력을 높이는 기능 수행
(2) 헌법개정은 헌법이 정한 절차에 따라 의식적으로 변경된다는 점에서 구별됨

3. 한계

헌법의 기본이념에 충실한 해석이나 흠결보완의 의미를 가지는 헌법변천은 긍정적으로 평가하여야 할 것이나, 헌법의 명시적 규정과 양립될 수 없는 정치편의적 관행은 헌법침해이므로 허용되지 않음

제4절 헌법의 수호

1 헌법수호의 개념

헌법의 핵심적 내용이나 규범력이 헌법에 대한 침해로 말미암아 변질되거나 훼손되지 아니하도록 헌법에 대한 침해행위를 사전에 예방하거나 사후에 배제하는 것

평상시	사전예방적 헌법수호제도	• 헌법의 최고법규성 선언 • 헌법준수의무의 선서(제69조) • 국가권력의 분립(제40조, 제66조 제4항, 제101조 제1항) • 헌법개정의 곤란성(제128조 ~ 제130조) • 공무원의 정치적 중립성 보장(제7조 제2항) • 방어적 민주주의의 채택(제8조 제4항)
	사후교정적 헌법수호제도	• 위헌법령심사제(제107조 제1항·제2항) • 탄핵제도(제65조 제1항, 제111조 제1항 제2호) • 위헌정당의 강제해산제(제8조 제4항) • 의회해산제(우리나라 헌법에 존재하지 않음) • 공무원책임제(제29조 제1항) • 각료의 해임건의(제63조 제1항)·해임의결제
비상시		국가긴급권(제76조, 제77조), 저항권

2 국가긴급권

1. 국가긴급권의 개념

(1) 전쟁·내란·경제공황 등 비상사태 발생시, 국가원수가 국가의 존립과 안정을 확보하기 위해 필요한 긴급적 조치를 강구할 수 있는 비상적 권한(계엄제도, 긴급명령)
(2) 헌법에 예정하고 있는 수단으로 제거될 수 없는 국가적 비상사태가 발생하여야 함

2. 초헌법적 국가긴급권 인정 여부 – 헌법재판소의 태도

번호	내용	결정
1	국가비상사태의 선포 및 해제를 규정한 특별조치법 제2조 및 제3조는 헌법이 인정하지 아니하는 초헌법적 국가긴급권을 대통령에게 부여하는 법률로서 헌법이 요구하는 국가긴급권의 실체적 발동요건, 사후통제절차, 시간적 한계에 위반되는지 여부: **적극** (헌재 2015.3.26. 2014헌가5)	위헌

3 저항권

1. 저항권과 시민불복종권의 비교

구분	저항권	시민불복종권
상황요건	헌법적 기본질서가 근본적으로 위협받거나 부정되는 경우에만 행사 가능	헌법질서가 위협받는 경우뿐 아니라 정의에 반하는 개별 법령, 정책에 대하여 행사 가능
실력행사 여부	폭력적 수단도 가능	비폭력적 방법
보충성	보충적으로만 행사가능	보충성의 제약 없음
위법성	위법성 부정(정당행위)	위법성 긍정(위법행위)

번호	내용	결정
1	시민단체의 낙선운동이 시민불복종운동으로서 정당행위인지 여부: **소극** (대판 2004.4.27. 2002도315) ☑ 주의 시민불복종운동은 위법성이 조각되지 않음	기각

2. 저항권의 행사 요건

중대성	민주적·법치국가적 기본질서 또는 기본권 보장체계를 전면적으로 부인하는 경우에 해당할 것	
명백성	공권력 행사의 불법성이 객관적으로 명백할 것	
최후수단성 (보충성)	헌법이나 법률에 규정된 일체의 법적 구제수단이 이미 유효한 수단이 될 수 없으며, 최후의 수단으로서 저항권의 행사만이 남아 있다고 판단되는 경우일 것	

☑ 주의
- 성공가능성 요부 ⇨ 저항행위의 성공가능성은 저항권행사의 요건에 해당한다고 볼 수 없음(다수설)
- 국가기관·지방자치단체는 저항권의 객체일 뿐, 주체가 될 수 없음

3. 우리 헌법상 저항권

(1) 근거규정(현행헌법상 ×)

헌법 전문에 '불의에 항거한 4·19민주이념을 계승하고'라는 문구를 추가함으로써 저항권규정을 대신하기로 합의함

(2) 판례의 태도

대법원(부정)	저항권이 실정법에 근거를 두지 못하고 오직 자연법에만 근거하고 있는 한 법관은 이를 재판규범으로 원용할 수 없음[대판 1980.5.20. 80도306(김재규의 대통령 시해 사건)]
헌법재판소 (기본적으로는 긍정)	"국회법 소정의 협의 없는 개의시간의 변경과 회의일시를 통지하지 아니한 입법과 정의 하자는 저항권행사의 대상이 되지 아니한다."라고 하여 저항권을 기본권으로 인정하지만 입법과정의 하자는 저항권행사의 대상이 아니라고 함(헌재 1997.9.25. 97헌가4)

4 방어적 민주주의

1. 기능

민주주의와 기본권의 본질을 수호하며, 헌법에 대한 적대적 시도로부터 헌법을 사전예방적으로 수호함

⊘ 주의

방어적 민주주의와 가치상대주의적 민주주의 정신은 다른 개념임

2. 현행헌법의 규정

(1) 위헌정당해산제도(제3차 개정헌법에 도입)

> 헌법 제8조 ④ 정당의 <u>목적이나 활동</u>이 <u>민주적 기본질서</u>에 위배될 때에는 <u>정부</u>는 <u>헌법재판소</u>에 그 해산을 제소할 수 있고, 정당은 헌법재판소의 심판에 의하여 해산된다.

📋 판례정리

번호	내용	결정
1	정당해산심판제도의 본질 어떠한 정당을 엄격한 요건 아래 위헌정당으로 판단하여 해산을 명하는 것은 헌 법을 수호한다는 방어적 민주주의적 관점에서 비롯되는 것이다(헌재 2014.12.19. 2013헌다1).	인용 (해산)

(2) 기본권의 제한사유

> 헌법 제37조 ② 국민의 모든 자유와 권리는 국가안전보장·질서유지 또는 공공복리를 위하여 필요한 경우에 한하여 법률로써 제한할 수 있으며, 제한하는 경우에도 자유와 권리의 본질적인 내용을 침해할 수 없다.

3. 자유민주적 기본질서의 의미와 구체적 내용

기본적 인권의 존중, 권력분립, 의회제도, 복수정당제도, 선거제도, 사유재산과 시장경제를 골간으로
한 경제질서 및 사법권의 독립 등

4. 한계

소극적·방어적이어야 하며, 방어적 민주주의를 위한 국가적 개입과 제한도 과잉금지원칙에 따라야 함

판례정리

번호	내용	결정
1	어떠한 정당이 외형상 민주적 기본질서를 추구한다고 하더라도 그 구체적인 강령 및 활동이 폭력적 지배를 추구함으로써 자유민주적 기본질서에 위반되는 경우 우리 헌법질서에는 용인될 수 없는 것이다(헌재 2001.9.27. 2000헌마238).	각하
2	민주적 기본질서 위배란 민주적 기본질서에 대한 단순한 위반이나 저촉을 의미하는 것이 아니라 정당의 목적이나 활동이 민주적 기본질서에 실질적 해악을 끼칠 수 있는 구체적 위험성을 초래하는 경우를 가리킨다[헌재 2014.12.19. 2013헌다1(통진당 해산 사건)].	인용 (해산)

제2장　대한민국헌법총설

제1절　대한민국헌정사

1 제1공화국

1. 1948년 7월 17일 건국헌법

	제정과정	대통령제, 단원제 국회, 위헌법률심사권은 헌법위원회에 부여하는 헌법안이 1948년 7월 12일 국회의 의결만으로 제정(국민투표 ×)
주요 내용	기본권	근로3권, 사기업 근로자의 이익분배균점권(제5차 삭제), 구속적부심제(제헌 ⇨ 제7차 삭제 ⇨ 제8차 부활), 자유권에 대한 개별적 법률유보조항, 형사보상청구권(피고인)
	통치구조	• 정부와 대통령 　- 대통령·부통령 국회간선제(4년 1차 중임) 　- 대통령의 법률안거부권과 법률안제출권 　- 대통령령의 긴급명령권과 계엄선포권 　- 국무원(의결기관) 　- 국무총리(대통령이 임명 ⇨ 국회의 사후승인) 　- 국정감사제도(제헌 ⇨ 제7차 삭제 ⇨ 제9차 부활) 　- 심계원 • 국회: 단원제 국회(임기 4년, 제헌국회의원만 임기 2년) • 법원 　- 10년 임기의 법관으로 구성 　- 대법원장은 국회의 승인을 얻어 대통령이 임명
	경제질서	• 통제경제 • 사회화경향(자연자원의 국유화 및 공공필요에 의한 사기업의 국공유화, 경자유전의 원칙 등)
	지방자치	지방자치단체의 사무범위와 지방자치단체의 조직과 운영규정
	헌법재판	• 헌법위원회(위원장은 부통령, 대법관 5인, 국회의원 5인): 위헌법률심판 • 탄핵재판소(재판장은 부통령, 대법관 5인, 국회의원 5인): 탄핵심판권
평가		기본권 보장·정부형태·경제조항 등 미국헌법과 바이마르헌법의 영향을 많이 받았으며, 국회의 정부에 대한 불신임권이 없어서 행정부 우위의 후진국가형 대통령제 정부로 평가됨(김철수)

2. 1952년 7월 4일 제1차 개정헌법(발췌개헌)

주요 내용	개정과정	• 1950년 5월 총선에서 야당이 국회다수석을 차지하자 이승만은 재집권하기 위하여 대통령 간선규정을 직선제로 바꾸려 함 • 정부개헌안(대통령 직선제 + 양원제)과 국회개헌안(의원내각제)은 모두 부결되고, 이후 국회는 양 개헌안이 절충된 발췌개헌안을 통과시킴
	통치구조	• 정부와 대통령 　– 대통령 직선제(4년 1차 중임) 　– 국무위원 임명에 있어서 국무총리의 제청권 • 국회 　– 양원제 국회(규정만 존재하고 실제로는 단원제로 운영) 　– 국회의 국무원불신임제
	헌법개정	• 대통령 또는 민의원의 재적의원 3분의 1 이상 또는 참의원의 재적의원 3분의 2 이상 발의 • 양원에서 각각 의결(재적의원 3분의 2 이상)
	평가	일사부재의 원칙에 위배되고, 공고되지 아니한 개헌안을 의결하였으며, 토론의 자유가 보장되지 아니한 채 의결이 강제되었다는 점이 위헌적인 것이라 평가됨

3. 1954년 11월 27일 제2차 개정헌법(사사오입개헌)

주요 내용	개정과정	• 이승만의 장기집권을 위한 대통령 중임규정 수정이 목적 • 헌법개정안은 부결되었으나, 사사오입(四捨五入)의 수학적 계산방법을 동원하여 부결선포를 번복하고 가결로 선포
	통치구조	• 정부와 대통령 　– 초대 대통령에 한하여 중임제한(3선 제한)을 철폐하고 무제한 입후보 허용 　– 대통령 궐위시 부통령이 지위승계 　– 국무총리제 폐지 　– 국무원연대책임제 폐지(국무원에 대한 개별적 불신임제 채택) • 법원: 군사재판에 헌법상 지위 부여
	경제질서	경제체제를 자유시장경제체제로 전환
	헌법개정	• 대통령, 민의원 또는 참의원(재적의원 3분의 1 이상), 민의원선거권자(50만명 이상) 발의(국민발안제는 7차에서 삭제) • 양원에서 각각 의결(재적의원 3분의 2 이상) • 헌법개정금지조항의 명문화(민주공화국, 국민주권, 중요사항에 대한 국민투표)
	기타	• 국민투표제 도입 　– 주권의 제약, 영토변경 등 국가안위에 관한 중대사항은 국민투표에 필요적으로 부쳐야 함 　✅ 주의 　국회의 가결을 거친 후 ○ / 곧바로 ✕ 　– 국회의원선거권자 3분의 2 이상 투표와 투표자 3분의 2 이상 찬성 • 최초로 군법회의가 헌법에 명문화됨
	평가	초대 대통령에 한하여 중임제한을 철폐한 것은 평등의 원칙에 위배되고, 부결선언 사항을 가결로 번복하여 정족수 미달로 위헌적인 것으로 평가됨

2 제2공화국

1. 1960년 6월 15일 제3차 개정헌법(의원내각제개헌)

개정과정		• 3·15부정선거와 4·19혁명으로 이승만 대통령 하야 • 허정 과도정부가 수립되어 개헌안이 국회를 통과
주요 내용	기본권	• 언론·출판·집회·결사에 대한 사전허가 검열금지(제3차 ⇨ 제7차 삭제 ⇨ 제9차 부활) • 본질적 내용침해금지 신설(제3차 ⇨ 제7차 삭제 ⇨ 제8차 부활)
	통치구조	• 정부와 대통령 　– 대통령 국회간선제(5년 1차 중임) 　– 긴급명령 삭제, 대통령이 긴급재정처분권을, 국무총리가 긴급재정명령권을 보유 　– 심계원, 감찰위원회 • 국회 　– 의원내각제(수상이 내각수반) 　– 국회의 양원제 • 법원: 대법원장·대법관선거(법관선거인단) 　☑ 주의 　　국민선거인단이 아님 • 헌법재판소 신설 • 중앙선거관리위원회의 헌법기관화(각급 선거관리위원회는 5차에서 규정)
	지방자치	• 지방자치단체장의 선거제 • 지방자치 실시
	헌법재판	헌법재판소: 법률의 위헌심판, 헌법에 관한 최종적 해석, 국가기관간의 권한쟁송, 정당의 해산심판, 탄핵재판, 대통령·대법원장·대법관의 선거에 관한 소송 등 관할
	기타	• 정당조항 신설(위헌정당강제해산제도) • 직업공무원제(공무원의 중립 및 신분보장) 　☑ 주의 　　직업의 자유는 5차 개헌 • 경찰의 중립보장 　☑ 주의 　　국군의 중립보장은 현행헌법부터(9차)
평가		여야합의에 의한 최초의 개헌

2. 1960년 11월 29일 제4차 개정헌법(부정선거관련자 처벌개헌)

☑ 주의
4차 개정헌법까지는 헌법개정금지 규정이 존재하였음

개정과정	반민주행위자 처벌을 위하여 형벌불소급원칙 예외의 근거를 마련하는 헌법개정안을 통과시킴
주요내용	부칙만 개정 • 3·15부정선거관련자 처벌을 위한 헌법적 근거조항을 둠 • 특별검찰부·특별재판소 설치
평가	소급입법에 의하여 참정권과 재산권 등을 제한하거나 처벌할 수 있게 한 점에서 위헌적인 것으로 평가됨

1. 1962년 12월 26일 제5차 개정헌법(군정대통령제 개헌)

개정과정		개헌안을 국가재건최고회의의 의결을 거쳐 국민투표로써 확정 ✓ **주의** 국회의결 ×
주요 내용	구성	• 헌법전문을 최초로 개정 • 4·19의거와 5·16혁명의 이념 신설 • 단기 4281년 7월 12일 ⇨ 1948년 7월 12일
	기본권	• 인간의 존엄과 가치 신설 • 양심의 자유를 종교의 자유에서 분리 • 직업선택의 자유 신설 • 인간다운 생활권 신설 • 묵비권, 고문받지 않을 권리, 임의성 없는 자백의 증거능력제한 신설 • 언론·출판의 타인명예침해금지, 영화·연예에 대한 검열 허용
	통치구조	• 정부와 대통령 – 대통령 직선제(4년 1차 중임) – 국무회의 심의기관화 – 국무총리 임명에 국회동의제 폐지 – 감사원 신설 – 국가안전보장회의 신설 • 국회 – 국회 단원제: 비례대표제, 국회의원수의 제한 – 일사부재의의 원칙, 회기계속의 원칙 – 국회의 국무원 해임건의제도 – 국회의원 면책특권에서 발언·표결의 직무관련성 신설 – 국회의원 정수의 하한·상한 둘 다 명문화(150 ~ 200명) • 법원 – 법관추천회의 설치(대법원장과 대법관 임명에 법관추천회의 제청, 모든 법관 ×) – 비상계엄하 단심재판에 대한 헌법적 규정(군사재판) • 헌법재판소 폐지, 탄핵심판위원회 설치, 각급 선거관리위원회 설치
	헌법재판	• 대법원: 위헌법률심사·정당해산심판·선거소송 관할 • 탄핵심판위원회(위원장은 대법원장, 대법원 판사 3인, 국회의원 5인): 탄핵심판 관할
	헌법개정	• 국회의원(재적의원 3분의 1 이상), 국회의원선거권자(50만인 이상, 국민발안제)의 발의, 대통령 발의 불가능(제5차·제6차) • 국회의결(재적의원 3분의 2 이상) • 필수적 국민투표(국회의원선거권자 과반수 투표와 과반수 찬성)
	기타	극단적 정당국가화(무소속출마 불허, 국회의원의 당적이탈·변경 또는 정당해산시 의원직 상실)
평가		헌법상의 개정절차에 의하지 아니하고 국가비상조치법이 규정한 국민투표에 의하여 개정되었다는 점에서 법리상의 문제가 있다고 평가됨

2. 1969년 10월 21일 제6차 개정헌법(공화당 3선개헌)

개정과정	1969년 8월 여당이 대통령의 연임 횟수연장을 골자로 하는 개헌안 제출
주요내용	• 대통령 　- 대통령의 재임을 3기까지 인정 　- 대통령 탄핵소추요건 강화 　- 대통령에게 헌법 개정권한 ✕ • 국회 　- 국회의원정수 상한을 250명으로 증원 　- 국회의원 겸직규정
평가	국회의사당이 아닌 곳에서 기습적으로 여당의원만 모여 이루어진 반민주적인 개헌안으로, 장기집권을 가능하게 하는 수단이 됨(허영)

4 제4공화국 - 1972년 제7차 개정헌법(유신헌법)

개정과정		국민투표로써 확정, 1972년 12월 27일에 공포
주요 내용	헌법전문	• 조국의 평화적 통일의 역사적 사명 추가 • 자유민주적 기본질서 추가
	기본권	기본권 약화 • 기본권의 제한요소로 국가안전보장 추가 • 본질적 내용침해금지 삭제 • 언론·출판에 대한 허가·검열금지 삭제
	통치구조	• 정부와 대통령[영도적 대통령제(대통령에게 국정조정자적 지위 부여)] 　- 대통령의 중임·연임조항 폐지 　- 통일주체국민회의 설치: 대통령 간선(무토론, 무기명투표, 재적과반수)과 국회의원 3분의 1 선출 　- 대통령의 긴급조치권 신설 　- 대통령의 국회의원정수의 3분의 1 추천권, 대통령의 국회임시회 소집요구권 신설, 대통령의 국회해산권 　- 대통령의 법관 임명제 도입 　- 대통령 임기 6년 • 국회(권한 축소): 대통령이 국회의원 3분의 1 추천, 국정감사권 폐지(제헌 ⇨ 제7차 삭제 ⇨ 제9차 부활) • 헌법위원회 설치
	지방자치	지방자치 유보(조국의 통일시까지 유예)
	헌법재판	• 헌법위원회: 위헌법률심사·탄핵심판·정당해산심판 관할 • 법원: 위헌법률심사 제청만 할 수 있음

헌법개정	• 헌법개정에 대한 국민발안제 폐지(2차 ~ 6차) • 헌법개정 이원화 　– 대통령 발의: 국민투표(국회의원선거권자 과반수 투표와 투표자 과반수 찬성) 　– 국회의원(재적과반수) 발의: 국회의결(재적의원 3분의 2 이상), 통일주체국민회의 　　의 의결로 확정
기타	• 평화통일원칙 최초 규정 • 자유민주적 기본질서 최초규정(이전에는 민주주의 제도로 규정하고 있었음)

5 제5공화국 – 1980년 제8차 개정헌법(국보위개헌)

개정과정		헌법개정심의위원회가 개헌안을 작성하고 국민투표에 회부되어 확정
주요 내용	기본권	기본권의 상대적 강화 • 행복추구권 신설 • 구속적부심 부활 • 사생활의 비밀과 자유 신설 • 연좌제 폐지 • 형사피고인의 무죄추정 신설 • 환경권 • 적정임금조항 • 평생교육에 관한 권리
	통치구조	• 정부와 대통령(강력한 대통령제) 　– 선거인단에 의한 대통령 간선제(7년 단임), 통일주체국민회의 폐지 　– 대통령의 비상조치권 　– 국정자문회의, 평화통일자문회의 신설 • 국회: 국회의 국정조사권 신설 • 법원 　– 일반 법관 임명권을 대법원장에게 부여 　– 징계에 의한 법관파면 삭제
	경제질서	• 소비자보호운동의 보장 • 독과점의 규제와 조정 • 중소기업의 보호·육성 • 국가표준제도 확립
	헌법개정	• 헌법개정절차의 일원화(국민투표로만 확정시킬 수 있음) 　– 대통령, 국회의원(재적의원 과반수 이상) 발의 　– 국회의결(재적의원 3분의 2 이상) 　– 국민투표 • 임기연장이나 중임변경을 위한 헌법개정은 개정 당시의 대통령에게 적용금지
	기타	• 전통문화의 계승과 발전, 민족문화의 창달 • 재외국민보호조항 • 정당보조금 지급

6 제6공화국 - 1987년 제9차 개정헌법(현행헌법)

개정과정		여야로 구성된 국회개헌특별위원회에서 개정안을 마련하고 1987년 10월 27일 국민투표에 의하여 확정
	구성	전문, 10개 장, 130개 조, 부칙
	전문	전문개정(대한민국임시정부의 법통계승, 불의에 항거한 4·19민주이념)
주요 내용	기본권	기본권 강화 • 적법절차제도 • 구속의 통지·고지제도 • 형사피해자의 재판절차진술권 • 형사피의자의 형사보상청구권(피고인의 형사보상청구권은 제헌 헌법부터 규정) • 범죄피해자구조청구권 • 최저임금제 시행의무 • 대학의 자율성 • 쾌적한 주거 생활권 • 여자·모성·노인·청소년의 권익보호
	통치구조	• 정부와 대통령 　- 대통령 직선제(5년 단임) 　- 비상조치권 삭제, 긴급명령제 부활 　- 국회해산권 삭제 • 국회(국회의 지위와 권한 강화) 　- 국무위원에 대한 해임건의권 　- 국정감사권 부활 • 법원 　- 대법관 임명에 국회의 동의 　- 비상계엄하 군사재판은 단심이지만 사형은 단심재판에서 제외하는 규정 신설 • 헌법재판소: 부활
	헌법재판	• 헌법재판소: 위헌법률심사·탄핵심판·정당해산심판·권한쟁의·헌법소원(신설) • 대법원: 선거소송
	헌법개정	• 대통령 중임제한규정 개정시 효력제한규정을 둠 • 헌법개정절차 　- 대통령, 국회의원(재적의원 과반수 이상) 발의 　- 국회의결(재적의원 3분의 2 이상) 　- 국민투표
	기타	• 재외국민보호의무 • 국군의 정치적 중립성 • 정당의 목적이 민주적일 것 • 통일조항(제4조): 자유민주적 기본질서에 입각한 평화적 통일정책의 수립·추진

제2절 대한민국의 국가형태와 구성요소

1 대한민국의 구성요소

> 헌법 제1조 ① 대한민국은 <u>민주공화국</u>이다.
> ② 대한민국의 주권은 국민에게 있고, 모든 권력은 <u>국민</u>으로부터 나온다.
> 제3조 대한민국의 영토는 한반도와 그 부속도서로 한다.
> ☑ **주의**
> 영토 ○ / 영해 × / 영공 ×

구분	주권	통치권
의의	국가의사를 최종적·전반적으로 결정하는 최고권력으로서 모든 권력의 상위에 위치하는 근원적인 힘	주권에서 유래하고 주권에 의하여 조직된 권력
성질	단일불가분·불가양	분할·양도가능
주체·행사	주권의 주체는 국민 (민주국가에서 주권은 국민에 귀속)	• 통치권의 주체는 국가 • 헌법에 의하여 구성된 국가기관이 헌법에 규정된 절차와 한도 내에서 행사

2 국민

> 헌법 제2조 ① 대한민국의 국민이 되는 요건은 법률로 정한다.
> 국적법 제1조【목적】이 법은 대한민국의 국민이 되는 요건을 정함을 목적으로 한다.

1. 국적에 따른 국민이 되는 요건

(1) 국적은 국가의 생성과 더불어 발생, 국가의 소멸은 국적 상실사유
　　☑ **주의**
　　국가의 생성 ○ / 법률의 생성 ×

(2) 국민이 되는 요건은 '법률'에 의하여 발생 ⇨ 국적법(우리나라는 국적단행법주의를 채택)

(3) 외국인이 특정한 국가의 국적을 선택할 권리는 기본권으로 인정 × ⇨ 귀화허가 재량사항

(4) 헌법은 국적취득 요건을 정하는 것을 입법자에게 위임하고 있으므로 입법자는 누가, 어떠한 요건 하에서 대한민국 국민이 될 수 있는지 정할 수 있음

(5) 국적법의 내용은 헌법사항을 규율한 것

2. 국적의 취득

(1) 선천적 국적취득

국적법 제2조【출생에 의한 국적 취득】① 다음 각 호의 어느 하나에 해당하는 자는 출생과 동시에 대한민국 국적을 취득한다.

1. 출생 당시에 부 또는 모가 대한민국의 국민인 자
2. 출생하기 전에 부가 사망한 경우에는 그 사망 당시에 부가 대한민국의 국민이었던 자
3. 부모가 모두 분명하지 아니한 경우나 국적이 없는 경우에는 대한민국에서 출생한 자

☑ 주의
- '출생과 동시에': 속인주의
- '부 또는 모가': 부모양계혈통주의(부와 모는 동등), 즉 부모가 둘 다 국민일 필요는 없음
- '사망 당시에 부가 대한민국의': 단, 부계혈통주의는 위헌
- 부모가 '모두' 분명하지 아니한 경우이지 부모 중 어느 한 쪽이 국적이 없는 경우가 아님

② 대한민국에서 발견된 기아(棄兒)는 대한민국에서 출생한 것으로 추정한다.

☑ 주의
- '대한민국에서 발견된': 속인주의가 원칙이지만 속지주의도 예외로 인정
- 추정 ○ / 간주 ✕

(2) 후천적 국적취득

국적법 제3조【인지에 의한 국적 취득】① 대한민국의 국민이 아닌 자(이하 '외국인'이라 한다)로서 대한민국의 국민인 부 또는 모에 의하여 인지(認知)된 자가 다음 각 호의 요건을 모두 갖추면 법무부장관에게 신고함으로써 대한민국 국적을 취득할 수 있다.

1. 대한민국의 민법상 미성년일 것
2. 출생 당시에 부 또는 모가 대한민국의 국민이었을 것

② 제1항에 따라 신고한 자는 그 신고를 한 때에 대한민국 국적을 취득한다.

☑ 주의
- 기본적으로 인지는 한국인 부모를 둔 외국 국적 미성년을 대상으로 함
- 법무부장관 ○ / 외교부장관 ✕
- 신고를 한 때 ○ / 허가를 한 때 ✕

제4조【귀화에 의한 국적 취득】① 대한민국 국적을 취득한 사실이 없는 외국인은 법무부장관의 귀화허가(歸化許可)를 받아 대한민국 국적을 취득할 수 있다.

② 법무부장관은 귀화허가 신청을 받으면 제5조부터 제7조까지의 귀화 요건을 갖추었는지를 심사한 후 그 요건을 갖춘 사람에게만 귀화를 허가한다.

③ 제1항에 따라 귀화허가를 받은 사람은 법무부장관 앞에서 국민선서를 하고 귀화증서를 수여받은 때에 대한민국 국적을 취득한다. 다만, 법무부장관은 연령, 신체적·정신적 장애 등으로 국민선서의 의미를 이해할 수 없거나 이해한 것을 표현할 수 없다고 인정되는 사람에게는 국민선서를 면제할 수 있다.

☑ 주의
- 전제: 대한민국 국적을 취득한 사실이 없어야 함
- 국민선서를 하고 귀화증서를 수여받은 때 ○ / 허가를 한 때 ✕
- 귀화허가는 법무부장관의 재량사항(특허)

제5조【일반귀화 요건】외국인이 귀화허가를 받기 위하여서는 제6조나 제7조에 해당하는 경우 외에는 다음 각 호의 요건을 갖추어야 한다.

1. 5년 이상 계속하여 대한민국에 주소가 있을 것
1의2. 대한민국에서 영주할 수 있는 체류자격을 가지고 있을 것
2. 대한민국의 민법상 성년일 것

3. 법령을 준수하는 등 법무부령으로 정하는 품행 단정의 요건을 갖출 것
4. 자신의 자산이나 기능에 의하거나 생계를 같이하는 가족에 의존하여 생계를 유지할 능력이 있을 것
5. 국어능력과 대한민국의 풍습에 대한 이해 등 대한민국 국민으로서의 기본 소양을 갖추고 있을 것
6. 귀화를 허가하는 것이 국가안전보장·질서유지 또는 공공복리를 해치지 아니한다고 법무부장관이 인정할 것

제6조 【간이귀화 요건】 ① 다음 각 호의 어느 하나에 해당하는 외국인으로서 대한민국에 3년 이상 계속하여 주소가 있는 자는 제5조 제1호 및 제1호의2의 요건을 갖추지 아니하여도 귀화허가를 받을 수 있다.
1. 부 또는 모가 대한민국의 국민이었던 사람
2. 대한민국에서 출생한 자로서 부 또는 모가 대한민국에서 출생한 사람
3. 대한민국 국민의 양자로서 입양 당시 대한민국의 민법상 성년이었던 사람

② 배우자가 대한민국의 국민인 외국인으로서 다음 각 호의 어느 하나에 해당하는 자는 제5조 제1호 및 제1호의2의 요건을 갖추지 아니하여도 귀화허가를 받을 수 있다.
1. 그 배우자와 혼인한 상태로 대한민국에 2년 이상 계속하여 주소가 있는 사람
2. 그 배우자와 혼인한 후 3년이 지나고 혼인한 상태로 대한민국에 1년 이상 계속하여 주소가 있는 사람

3. 제1호나 제2호의 기간을 채우지 못하였으나, 그 배우자와 혼인한 상태로 대한민국에 주소를 두고 있던 중 그 배우자의 사망이나 실종 또는 그 밖에 자신에게 책임이 없는 사유로 정상적인 혼인 생활을 할 수 없었던 사람으로서 제1호나 제2호의 잔여 기간을 채웠고 법무부장관이 상당하다고 인정하는 사람
4. 제1호나 제2호의 요건을 충족하지 못하였으나, 그 배우자와의 혼인에 따라 출생한 미성년의 자를 양육하고 있거나 양육하여야 할 사람으로서 제1호나 제2호의 기간을 채웠고 법무부장관이 상당하다고 인정하는 사람

제7조 【특별귀화 요건】 ① 다음 각 호의 어느 하나에 해당하는 외국인으로서 대한민국에 주소가 있는 사람은 제5조 제1호·제1호의2·제2호 또는 제4호의 요건을 갖추지 아니하여도 귀화허가를 받을 수 있다.
1. 부 또는 모가 대한민국의 국민인 사람. 다만, 양자로서 대한민국의 민법상 성년이 된 후에 입양된 사람은 제외한다.
2. 대한민국에 특별한 공로가 있는 사람

3. 과학·경제·문화·체육 등 특정 분야에서 매우 우수한 능력을 보유한 사람으로서 대한민국의 국익에 기여할 것으로 인정되는 사람

② 제1항 제2호 및 제3호에 해당하는 사람을 정하는 기준 및 절차는 대통령령으로 정한다.

제8조 【수반 취득】 ① 외국인의 자로서 대한민국의 민법상 <u>미성년</u>인 사람은 부 또는 모가 귀화허가를 신청할 때 함께 국적 취득을 신청할 수 있다.

② 제1항에 따라 국적 취득을 신청한 사람은 부 또는 모가 대한민국 국적을 취득한 때에 함께 대한민국 국적을 취득한다.

제19조 【법정대리인이 하는 신고 등】 이 법에 규정된 신청이나 신고와 관련하여 그 신청이나 신고를 하려는 자가 <u>15세 미만</u>이면 법정대리인이 대신하여 이를 행한다.

⊘ **주의**
18세가 아닌 15세

📑 **판례정리**

번호	내용	결정
1	외국인이 귀화허가를 받기 위해서는 품행이 단정할 것의 요건을 갖추도록 한 국적법 제5조 제3호가 명확성원칙에 위배되는지 여부: **소극** (헌재 2016.7.28. 2014헌바421)	합헌
2	외국인이 특정한 국가의 국적을 선택할 권리가 자연권으로서 또는 우리 헌법상 인정되는지 여부: **소극** (헌재 2006.3.30. 2003헌마806)	각하
3	병역문제를 해소하지 않는 한 이중국적자의 국적이탈의 자유를 제한하는 것이 위헌인지 여부: **소극** (헌재 2006.11.30. 2005헌마739)	기각
4	자진하여 외국 국적을 취득한 경우 대한민국 국적을 상실하도록 하고, 복수국적을 원칙적으로 불허하는 국적법 제15조 제1항 등이 거주이전의 자유 및 행복추구권을 침해하는지 여부: **소극** (헌재 2014.6.26. 2011헌마502)	기각

(3) 국적취득자의 외국 국적 포기 의무

국적법 제10조 【국적 취득자의 외국 국적 포기 의무】 ① 대한민국 국적을 취득한 외국인으로서 외국 국적을 가지고 있는 자는 대한민국 국적을 취득한 날부터 <u>1년 내</u>에 그 외국 국적을 포기하여야 한다.

⊘ **주의**
반드시 1년 내에 포기해야 함 / 6개월 ✕

② 제1항에도 불구하고 다음 각 호의 어느 하나에 해당하는 자는 대한민국 국적을 취득한 날부터 1년 내에 외국 국적을 포기하거나 법무부장관이 정하는 바에 따라 대한민국에서 외국 국적을 행사하지 아니하겠다는 뜻을 법무부장관에게 서약하여야 한다. (각 호 생략)

⊘ **주의**
1년 내에 외국 국적을 포기하거나 서약해야 함

③ 제1항 또는 제2항을 이행하지 아니한 자는 <u>그 기간이 지난 때에</u> 대한민국 국적을 상실한다.

⊘ **주의**
기간이 지난 후에 신고하면, 다시 대한민국 국적 취득 가능

(4) 복수국적자의 국적선택의무

국적법 제12조【복수국적자의 국적선택의무】① 만 20세가 되기 전에 복수국적자가 된 자는 만 22세가 되기 전까지, 만 20세가 된 후에 복수국적자가 된 자는 그 때부터 2년 내에 제13조와 제14조에 따라 하나의 국적을 선택하여야 한다. 다만, 제10조 제2항에 따라 법무부장관에게 대한민국에서 외국 국적을 행사하지 아니하겠다는 뜻을 서약한 복수국적자는 제외한다.

② 제1항 본문에도 불구하고 병역법 제8조에 따라 병역준비역에 편입된 자는 편입된 때부터 3개월 이내에 하나의 국적을 선택하거나 제3항 각 호의 어느 하나에 해당하는 때부터 2년 이내에 하나의 국적을 선택하여야 한다. 다만, 제13조에 따라 대한민국 국적을 선택하려는 경우에는 제3항 각 호의 어느 하나에 해당하기 전에도 할 수 있다.

③ 직계존속이 외국에서 영주할 목적 없이 체류한 상태에서 출생한 자는 병역의무의 이행과 관련하여 다음 각 호의 어느 하나에 해당하는 경우에만 제14조에 따른 국적이탈신고를 할 수 있다.

1. 현역·상근예비역·보충역 또는 대체역으로 복무를 마치거나 마친 것으로 보게 되는 경우
2. 전시근로역에 편입된 경우
3. 병역면제처분을 받은 경우

제13조【대한민국 국적의 선택 절차】① 복수국적자로서 제12조 제1항 본문에 규정된 기간 내에 대한민국 국적을 선택하려는 자는 외국 국적을 포기하거나 법무부장관이 정하는 바에 따라 대한민국에서 외국 국적을 행사하지 아니하겠다는 뜻을 서약하고 법무부장관에게 대한민국 국적을 선택한다는 뜻을 신고할 수 있다.

② 복수국적자로서 제12조 제1항 본문에 규정된 기간 후에 대한민국 국적을 선택하려는 자는 외국 국적을 포기한 경우에만 법무부장관에게 대한민국 국적을 선택한다는 뜻을 신고할 수 있다. 다만, 제12조 제3항 제1호의 경우에 해당하는 자는 그 경우에 해당하는 때부터 2년 이내에는 제1항에서 정한 방식으로 대한민국 국적을 선택한다는 뜻을 신고할 수 있다.

3. 국적의 상실

국적법 제14조【대한민국 국적의 이탈 요건 및 절차】① 복수국적자로서 외국 국적을 선택하려는 자는 외국에 주소가 있는 경우에만 주소지 관할 재외공관의 장을 거쳐 법무부장관에게 대한민국 국적을 이탈한다는 뜻을 신고할 수 있다. 다만, 제12조 제2항 본문 또는 같은 조 제3항에 해당하는 자는 그 기간 이내에 또는 해당 사유가 발생한 때부터만 신고할 수 있다.

② 제1항에 따라 국적이탈의 신고를 한 자는 법무부장관이 신고를 수리한 때에 대한민국 국적을 상실한다.

③ 제1항에 따른 신고 및 수리의 요건, 절차와 그 밖에 필요한 사항은 대통령령으로 정한다.

제14조의2 【대한민국 국적의 이탈에 관한 특례】 ① 제12조 제2항 본문 및 제14조 제1항 단서에도 불구하고 다음 각 호의 요건을 모두 충족하는 복수국적자는 병역법 제8조에 따라 병역준비역에 편입된 때부터 3개월 이내에 대한민국 국적을 이탈한다는 뜻을 신고하지 못한 경우 법무부장관에게 대한민국 국적의 이탈 허가를 신청할 수 있다.
1. 다음 각 목의 어느 하나에 해당하는 사람일 것
   가. 외국에서 출생한 사람(직계존속이 외국에서 영주할 목적 없이 체류한 상태에서 출생한 사람은 제외한다)으로서 출생 이후 계속하여 외국에 주된 생활의 근거를 두고 있는 사람
   나. 6세 미만의 아동일 때 외국으로 이주한 이후 계속하여 외국에 주된 생활의 근거를 두고 있는 사람
2. 제12조 제2항 본문 및 제14조 제1항 단서에 따라 병역준비역에 편입된 때부터 3개월 이내에 국적이탈을 신고하지 못한 정당한 사유가 있을 것
② 법무부장관은 제1항에 따른 허가를 할 때 다음 각 호의 사항을 고려하여야 한다.
1. 복수국적자의 출생지 및 복수국적 취득경위
2. 복수국적자의 주소지 및 주된 거주지가 외국인지 여부
3. 대한민국 입국 횟수 및 체류 목적·기간
4. 대한민국 국민만이 누릴 수 있는 권리를 행사하였는지 여부
5. 복수국적으로 인하여 외국에서의 직업 선택에 상당한 제한이 있거나 이에 준하는 불이익이 있는지 여부
6. 병역의무 이행의 공평성과 조화되는지 여부
③ 제1항에 따른 허가 신청은 외국에 주소가 있는 복수국적자가 해당 주소지 관할 재외공관의 장을 거쳐 법무부장관에게 하여야 한다.
④ 제1항 및 제3항에 따라 국적의 이탈 허가를 신청한 사람은 법무부장관이 허가한 때에 대한민국 국적을 상실한다.
⑤ 제1항부터 제4항까지의 규정에 따른 신청자의 세부적인 자격기준, 허가 시의 구체적인 고려사항, 신청 및 허가 절차 등 필요한 사항은 대통령령으로 정한다.

제14조의3 【복수국적자에 대한 국적선택명령】 ① 법무부장관은 복수국적자로서 제12조 제1항 또는 제2항에서 정한 기간 내에 국적을 선택하지 아니한 자에게 1년 내에 하나의 국적을 선택할 것을 명하여야 한다.
② 법무부장관은 복수국적자로서 제10조 제2항, 제13조 제1항 또는 같은 조 제2항 단서에 따라 대한민국에서 외국 국적을 행사하지 아니하겠다는 뜻을 서약한 자가 그 뜻에 현저히 반하는 행위를 한 경우에는 6개월 내에 하나의 국적을 선택할 것을 명할 수 있다.

✓ 주의
청문을 거치지 않음

③ 제1항 또는 제2항에 따라 국적선택의 명령을 받은 자가 대한민국 국적을 선택하려면 외국 국적을 포기하여야 한다.
④ 제1항 또는 제2항에 따라 국적선택의 명령을 받고도 이를 따르지 아니한 자는 그 기간이 지난 때에 대한민국 국적을 상실한다.

✓ 주의 국적선택 명령
• 기간 내에 국적을 선택하지 아니한 복수국적자: 법무부장관이 1년 내에 선택을 명함(기속)
• 서약내용의무위반: 법무부장관이 6개월 내에 선택을 명함(재량) / 국적 상실결정 ✕
• 국적선택 명령을 받은 자(복수국적자)가 대한민국 국적을 선택시 외국 국적 포기
• 국적선택 명령을 무시할 경우: 기간 지나면 대한민국 국적 상실

제14조의4 【대한민국 국적의 상실결정】 ① 법무부장관은 복수국적자가 다음 각 호의 어느 하나의 사유에 해당하여 대한민국의 국적을 보유함이 현저히 부적합하다고 인정하는 경우에는 <u>청문을 거쳐</u> 대한민국 국적의 상실을 결정할 수 있다. 다만, 출생에 의하여 대한민국 국적을 취득한 자는 제외한다.
1. 국가안보, 외교관계 및 국민경제 등에 있어서 대한민국의 국익에 반하는 행위를 하는 경우
2. 대한민국의 사회질서 유지에 상당한 지장을 초래하는 행위로서 대통령령으로 정하는 경우
② 제1항에 따른 결정을 받은 자는 그 결정을 받은 때에 대한민국 국적을 상실한다.

☑ **주의 국적상실 결정**
- 출생에 의하여 대한민국 국적을 취득한 자는 결코 국적 상실을 결정할 수 없음(이 땅에서 태어난 이상 국외로 추방 불가)
- 국가안보, 외교관계 및 국민경제 등 국익에 반하는 행위, 사회질서 유지에 지장(대통령령): 국적 상실결정을 받은 때에 바로 국적 상실

제15조 【외국 국적 취득에 따른 국적 상실】 ① <u>대한민국의 국민으로서 자진하여 외국 국적을 취득한 자는 그 외국 국적을 취득한 때에 대한민국 국적을 상실한다.</u>
② 대한민국의 국민으로서 다음 각 호의 어느 하나에 해당하는 자는 그 외국 국적을 취득한 때부터 <u>6개월</u> 내에 법무부장관에게 대한민국 국적을 보유할 의사가 있다는 뜻을 신고하지 아니하면 그 외국 국적을 취득한 때로 소급하여 대한민국 국적을 상실한 것으로 본다.
1. 외국인과의 <u>혼인</u>으로 그 배우자의 국적을 취득하게 된 자
2. 외국인에게 <u>입양</u>되어 그 양부 또는 양모의 국적을 취득하게 된 자
3. 외국인인 부 또는 모에게 <u>인지</u>되어 그 부 또는 모의 국적을 취득하게 된 자
4. 외국 국적을 취득하여 대한민국 국적을 상실하게 된 자의 배우자나 미성년의 자로서 그 외국의 법률에 따라 <u>함께</u> 그 외국 국적을 취득하게 된 자

☑ **비교**
- 자진취득: 자진하여 외국 국적 취득시 대한민국 국적 상실
- 비자진취득(혼인, 입양, 인지, 가족으로 인해 외국 국적 취득한 미성년): 6개월 내에 법무부장관에게 대한민국 국적 보유 의사 신고, 신고하지 아니할 경우 외국 국적 취득시로 소급하여 대한민국 국적 상실

선생님 tip 비6(비육)

제16조 【국적상실자의 처리】 ① 대한민국 국적을 상실한 자(제14조에 따른 국적이탈의 신고를 한 자는 제외한다)는 법무부장관에게 국적상실신고를 하여야 한다.

제18조 【국적상실자의 권리 변동】 ① 대한민국 국적을 상실한 자는 국적을 상실한 때부터 대한민국의 국민만이 누릴 수 있는 권리를 누릴 수 없다.
② 제1항에 해당하는 권리 중 대한민국의 국민이었을 때 취득한 것으로서 양도할 수 있는 것은 그 권리와 관련된 법령에서 따로 정한 바가 없으면 <u>3년</u> 내에 대한민국의 국민에게 양도하여야 한다.

☑ **주의**
- 국적상실자는 상실한 때부터 권리 박탈
- 양도할 수 있는 것은 3년 내에 대한민국 국민에게 양도해야 함

제19조 【법정대리인이 하는 신고 등】 ① 이 법에 규정된 신청이나 신고와 관련하여 그 신청이나 신고를 하려는 자가 <u>15세 미만</u>이면 법정대리인이 대신하여 이를 행한다.

4. 국적의 회복과 재취득

국적법 제9조【국적회복에 의한 국적 취득】① 대한민국의 국민이었던 외국인은 법무부장관의 국적회복허가를 받아 대한민국 국적을 취득할 수 있다.

② 법무부장관은 국적회복허가 신청을 받으면 심사한 후 다음 각 호의 어느 하나에 해당하는 자에게는 국적회복을 허가하지 아니한다.

1. 국가나 사회에 위해를 끼친 사실이 있는 사람
2. 품행이 단정하지 못한 사람
3. 병역을 기피할 목적으로 대한민국 국적을 상실하였거나 이탈하였던 사람
4. 국가안전보장·질서유지 또는 공공복리를 위하여 법무부장관이 국적회복을 허가하는 것이 적당하지 아니하다고 인정하는 사람

③ 제1항에 따라 국적회복허가를 받은 사람은 법무부장관 앞에서 국민선서를 하고 국적회복증서를 수여받은 때에 대한민국 국적을 취득한다. 다만, 법무부장관은 연령, 신체적·정신적 장애 등으로 국민선서의 의미를 이해할 수 없거나 이해한 것을 표현할 수 없다고 인정되는 사람에게는 국민선서를 면제할 수 있다.

④ 법무부장관은 제3항 본문에 따른 국민선서를 받고 국적회복증서를 수여하는 업무와 같은 항 단서에 따른 국민선서의 면제 업무를 대통령령으로 정하는 바에 따라 재외공관의 장 또는 지방출입국·외국인관서의 장에게 대행하게 할 수 있다.

 주의 국적회복
- 대상: 대한민국 '국민이었던' 외국인
- 법무부장관의 국적회복 '허가' ○ / 신고 ✕
- 국적회복 불허사유: 국가나 사회에 위해 / 품행 단정 못함 / 병역 기피 목적 / 국가안전보장 및 질서유지 목적으로 법무부장관이 국적회복을 허가하는 것이 부적당하다고 인정하는 자

제11조【국적의 재취득】① 제10조 제3항에 따라 대한민국 국적을 상실한 자가 그 후 <u>1년</u> 내에 그 외국 국적을 포기하면 법무부장관에게 <u>신고</u>함으로써 대한민국 국적을 재취득할 수 있다.

② 제1항에 따라 신고한 자는 그 신고를 한 때에 대한민국 국적을 취득한다.

 주의 신고로 국적을 취득하는 경우
- 외국 국적 포기의무 불이행으로 인해 국적을 상실한 자의 국적 재취득
- 인지에 의한 국적취득

제11조의2【복수국적자의 법적 지위 등】① 출생이나 그 밖에 이 법에 따라 대한민국 국적과 외국 국적을 함께 가지게 된 사람으로서 대통령령으로 정하는 사람(이하 '복수국적자'라 한다)은 대한민국의 법령 적용에서 대한민국 국민으로만 처우한다.

제21조【허가 등의 취소】① 법무부장관은 거짓이나 그 밖의 부정한 방법으로 귀화허가, 국적회복허가, 국적의 이탈 허가 또는 국적보유판정을 받은 자에 대하여 그 허가 또는 판정을 취소할 수 있다.

 비교
- 대한민국 국적 상실자: 1년 내에 외국 국적 포기 + 법무부장관에게 신고 ⇨ 신고한 때에 국적 재취득
- 복수국적자: 대한민국 법령 적용시 대한민국 국민으로만 처우
- 거짓, 부정한 방법으로 국적취득 및 보유한 자: 법무부장관이 허가 또는 판정을 취소할 수 있음

번호	내용	결정
1	국적법 부칙 제7조 제1항이 위헌인지 여부: **적극** 부칙 제7조 제1항은 신법이 구법상의 부계혈통주의를 부모양계혈통주의로 개정하면서 구법상 부가 외국인이기 때문에 대한민국 국적을 취득할 수 없었던 한국인 모의 자녀 중에서 신법 시행 전 10년 동안에 태어난 자에게 신고 등 일정한 절차를 거쳐 대한민국 국적을 취득하도록 하는 경과규정으로서, 구법조항의 위헌적인 차별로 인하여 불이익을 받은 자를 구제하는 데 신법 시행 당시의 연령이 10세가 되는지 여부는 헌법상 적정한 기준이 아닌 또 다른 차별취급이므로 부칙조항은 헌법 제11조 제1항의 평등원칙에 위배된다. … 출생에 의한 국적취득에 있어 부계혈통주의를 규정한 구 국적법은 헌법상 평등의 원칙에 위배된다(헌재 2000.8.31. 97헌가12).	헌법불합치
2	법무부장관으로 하여금 거짓이나 그 밖의 부정한 방법으로 귀화허가를 받은 자에 대하여 그 허가를 취소할 수 있도록 규정하면서도 그 취소권의 행사기간을 따로 정하고 있지 아니한 국적법 제21조 중 귀화허가취소에 관한 부분이 거주·이전의 자유 및 행복추구권을 침해하는지 여부: **소극** (헌재 2015.9.24. 2015헌바26)	합헌
3	모계출생자의 국적취득 특례기간 제한이 평등권 침해인지 여부: **소극** 1978.6.14.부터 1998.6.13. 사이에 태어난 특례의 적용을 받는 모계출생자가 대한민국 국적을 취득하기 위해서 2004.12.31.까지 법무부장관에게 국적취득신고를 하도록 한 국적법 부칙 제7조 제1항은 특례의 적용을 받는 모계출생자와 개정 국적법 시행 이후에 태어난 모계출생자를 합리적 이유 없이 차별하고 있다고 볼 수 없다(헌재 2015.11.26. 2014헌바211).	합헌

5. 국적법 내용정리

국적취득	**선천적 국적취득**		• 원칙: 속인주의(혈통주의) – 부모양계혈통주의 • 예외: 속지주의(출생지주의) – 부모 모두가 분명하지 아니하거나 국적이 없는 때
	후천적 국적취득	인지(신고)	'대한민국 민법'에 의하여 미성년일 것 + 출생 당시에 부 또는 모가 대한민국 국민이었을 것, 신고
		귀화	• 일반귀화: 5년 이상 계속하여 대한민국에 주소가 있을 것 • 간이귀화: 3년 이상 계속하여 대한민국에 주소가 있을 것 • 특별귀화: 주소는 필요, 기간은 불필요
		입양	• 미성년입양: 특별귀화대상(주소는 필요, 기간은 불필요) • 성년자입양: 간이귀화대상(3년 이상 주소가 있어야 함)
		혼인	• 혼인상태로 2년 이상 계속하여 대한민국에 주소가 있을 것(3년 경과 ✕) • 혼인한 후 3년 경과하고 1년 이상 주소가 있을 것
		수반취득	• 미성년인 자(子)의 수반취득 인정 • 성년인 자(子)는 인정하지 않음
		국적회복	• 요건: 대한민국 국민이었던 외국인(자격) + 법무부장관의 국적회복 허가(절차) • 국적회복 불허사유: 병역기피를 목적으로 국적을 상실 또는 이탈한 자 등

	자진상실	자진하여 외국 국적을 취득한 때에는 대한민국 국적상실
국적상실	비자진상실	외국 국적을 취득한 때부터 6개월 내에 신고 ✕(국적 보유할 의사가 있다는 뜻을 신고하지 아니하면 그 외국 국적을 취득한 때로 소급하여 국적 상실)
	국적상실자의 권리변동	'양도 가능한' 권리는 3년 내에 대한민국 국민에게 양도
국적판정		법무부장관이 대한민국 국적의 취득 또는 보유 여부가 불분명한 자에 대하여 심사·판정

6. 재외국민의 보호

(1) 헌법

> 헌법 제2조 ② 국가는 법률이 정하는 바에 의하여 재외국민을 보호할 의무를 진다.
>
> ✔ 주의
> '보호'는 제8차, '의무'는 제9차 개정헌법에서 추가

(2) 법률

> 북한이탈주민의 보호 및 정착지원에 관한 법률 제2조 【정의】 이 법에서 사용하는 용어의 뜻은 다음과 같다.
> 1. '북한이탈주민'이란 군사분계선 이북지역(이하 '북한'이라 한다)에 주소, 직계가족, 배우자, 직장 등을 두고 있는 사람으로서 북한을 벗어난 후 <u>외국 국적을 취득하지 아니한 사람을 말한다.</u>
> 제3조 【적용범위】 이 법은 대한민국의 보호를 받으려는 의사를 표시한 북한이탈주민에 대하여 적용한다.
>
> ✔ 주의
> 외국 국적을 취득하지 아니한 이상 우리 국민으로 인정

📑 **판례정리**

번호	내용	결정
1	북한법에 따라 북한 국적을 취득하고 중국주재 북한대사관으로부터 북한의 해외공민증을 발급받은 자가 대한민국 국민인지 여부: 적극 (대판 1996.11.12. 96누1221)	기각
2	정부수립 '이전' 이주동포와 정부수립 '이후' 이주동포를 차별하는 것이 위헌인지 여부: 적극 (헌재 2011.11.29. 99헌마494)	헌법불합치
3	재외국민의 선거권 등 제한이 위헌인지 여부: 적극 [1] 공직선거법 제37조 제1항의 주민등록을 요건으로 재외국민의 국정선거권을 제한하는 것이 재외국민의 선거권·평등권을 침해하고 보통선거원칙을 위반하는지 여부: 적극 [2] 법 제38조 제1항의 국내거주자에게만 부재자신고를 허용하는 것이 국외거주자의 선거권·평등권을 침해하고 보통선거원칙을 위반하는지 여부: 적극 [3] 법 제15조 제2항 제1호, 제37조 제1항의 주민등록을 요건으로 국내 거주 재외국민의 지방선거 선거권을 제한하는 것이 국내 거주 재외국민의 평등권과 지방의회의원선거권을 침해하는지 여부: 적극	헌법불합치

	[4] 법 제16조 제3항의 주민등록을 요건으로 국내 거주 재외국민의 지방선거 피선거권을 제한하는 것이 국내 거주 재외국민의 공무담임권을 침해하는지 여부: 적극	
	[5] 주민등록을 요건으로 재외국민의 국민투표권을 제한하는 국민투표법 제14조 제1항이 청구인들의 국민투표권을 침해하는지 여부: 적극 (헌재 2007.6.28. 2004헌마644)	
4	재외국민의 주민투표권제한이 위헌인지 여부: 적극 (헌재 2007.6.28. 2004헌마643)	헌법불합치
5	재외선거인의 국민투표권을 제한한 국민투표법이 재외선거인의 국민투표권을 침해하는지 여부: 적극 국민투표권은 대한민국 국민의 자격이 있는 사람에게 반드시 인정되어야 하는 권리이다(헌재 2014.7.24. 2009헌마256).	헌법불합치
6	북한주민이 '대일항쟁기 강제동원 피해조사 및 국외강제동원 희생자 등 지원에 관한 특별법상 위로금 지급 제외대상인 대한민국 국적을 갖지 아니한 사람'에 해당하는지 여부: 소극 (대판 2016.1.28. 2011두24675)	기각
7	대일항쟁기 강제동원 희생자 및 그 유족에 대한 위로금 등 사건: 소극 헌법재판소는 '대한민국 국적을 갖지 아니한 사람을 지급대상에서 제외', '1965년 6월 22일까지 계속 일본에 거주한 사람을 지급대상에서 제외', '미수금의 규모'의 부분에 대해서 모두 합헌 판결을 내림(헌재 2015.12.23. 2010헌바1·2010헌가74·2011헌바55·139).	합헌
8	원양어선 등 장기 선원들의 부재자투표제한이 위헌인지 여부: 적극 (헌재 2007.6.28. 2005헌마772)	헌법불합치
9	행정관서요원과 달리 국제협력요원으로 근무하다가 순직한 경우 국가유공자로 대우하지 않은 것이 재외국민보호의무에 위배되는지 여부: 소극 (헌재 2010.7.29. 2009헌가13)	합헌
10	'거짓이나 그 밖의 부정한 방법으로' 이 법에 따른 보호 또는 지원을 받아 재물이나 재산상의 이익을 받은 경우 이를 필요적으로 몰수·추징하도록 규정하고 있는 '북한이탈주민의 보호 및 정착지원에 관한 법률' 제33조 제3항 등이 위헌인지 여부: 소극 (헌재 2017.8.31. 2015헌가22)	합헌

3 국가의 영역

1. 법률규정

우리 헌법상 영토에 관한 명문의 규정 ○ ⇨ 영해·영공에 관한 명문의 규정 ✕

영토	국가영역의 기초가 되는 일정한 범위의 육지
영해	12해리(접속수역 24해리 / 배타적 경제수역 200해리)
영공	영토와 영해의 수직상공 ⇨ 일반적으로 지배 가능한 상공에 한정(실력적 지배설)

번호	내용	결정
1	독도 등을 중간수역으로 정한 것이 영해 및 배타적 경제수역에 대한민국 국민의 주권 및 영토권을 침해하였는지 여부: **소극** (헌재 2001.3.21. 99헌마139 등) ☑ **주의** 영토권: 기본권 ○	기각

2. 대한민국의 영역

(1) 영토조항

> 헌법 제3조 대한민국의 영토는 한반도와 그 부속도서로 한다.

영토조항만을 근거로 하여 독자적으로는 헌법소원을 청구할 수 없다 할지라도, … 영토에 관한 권리를, 이를테면 영토권이라 구성하여 이를 헌법소원의 대상인 기본권의 하나로 간주하는 것은 가능한 것으로 판단됨(헌재 2001.3.21. 99헌마139 등)

(2) 평화통일조항

> 헌법 제4조 대한민국은 통일을 지향하며, 자유민주적 기본질서에 입각한 평화적 통일정책을 수립하고 이를 추진한다.

국민 개개인의 통일에 대한 기본권, 특히 국가기관에 대하여 통일과 관련된 구체적인 행위를 요구하거나 일정한 행동을 할 수 있는 권리가 도출된다고 볼 수는 없음(헌재 2000.7.20. 98헌바63)

(3) 영토조항과 평화통일조항의 규범조화적 해석

헌법재판소는 "북한은 평화적 통일을 위한 대화협력의 동반자임과 동시에 대남적화노선을 고수하면서 우리 자유민주체제의 전복을 획책하고 있는 반국가단체의 성격도 함께 가지고 …"라고 하여 영토조항과 통일조항은 조화를 이룬다고 함

📑 판례정리

번호	내용	결정
1	남북교류법과 국가보안법이 특별법과 일반법의 관계에 있는지 여부: **소극** (헌재 1993.7.29. 92헌바48)	각하
2	북한주민도 대한민국 국민인지 여부: **적극** (헌재 2000.8.31. 97헌가12)	–
3	남북합의서의 법적 성격이 조약인지 여부: **소극** (헌재 1997.1.16. 92헌바6 등)	합헌
4	개별 법률의 적용(외국환거래법)에 있어서 남북한의 특수관계적 성격을 고려하여 북한지역을 외국에 준하는 지역으로, 북한주민 등을 외국인에 준하는 지위에 있는 자로 규정할 수 있는지 여부: **적극** (헌재 2005.6.30. 2003헌바114)	합헌
5	북한의 의과대학을 국내 대학으로 인정할 수 있는지 여부 및 탈북의료인의 국내 의료면허를 부여할 입법의무가 있는지 여부: **소극** (헌재 2006.11.30. 2006헌마679)	각하

제3절 한국헌법의 기본원리

1 헌법의 기본원리의 의의

1. 헌법전문의 내용

> 유구한 역사와 전통에 빛나는 우리 대한국민은 3·1운동으로 건립된 대한민국임시정부의 법통과 불의에 항거한 4·19민주이념을 계승하고, 조국의 민주개혁과 평화적 통일의 사명에 입각하여 정의·인도와 동포애로써 민족의 단결을 공고히 하고, 모든 사회적 폐습과 불의를 타파하며, 자율과 조화를 바탕으로 자유민주적 기본질서를 더욱 확고히 하여 정치·경제·사회·문화의 모든 영역에 있어서 각인의 기회를 균등히 하고, 능력을 최고도로 발휘하게 하며, 자유와 권리에 따르는 책임과 의무를 완수하게 하여, 안으로는 국민생활의 균등한 향상을 기하고 밖으로는 항구적인 세계평화와 인류공영에 이바지함으로써 우리들과 우리들의 자손의 안전과 자유와 행복을 영원히 확보할 것을 다짐하면서 1948년 7월 12일에 제정되고 8차에 걸쳐 개정된 헌법을 이제 국회의 의결을 거쳐 국민투표에 의하여 개정한다.
>
> 1987년 10월 29일

3·1운동	건국헌법부터 헌법전문에 명시
대한민국임시정부의 법통계승	현행헌법에서 처음 규정
4·19민주이념의 계승	• 제3공화국 헌법부터 명시 • '불의에 항거한'은 현행헌법에서 추가
평화적 통일, 자유민주적 기본질서	유신헌법부터 명시

(1) 국민을 헌법제정의 주체라고 규정

(2) 헌법전문을 개정한 개헌: 제5차·제7차·제8차·제9차

    선생님 tip 오(5)·빠(8)·친(7)·구(9)

(3) 헌법전문에 없는 내용

    ① 경제민주화, 권력분립, 자유민주적 기본질서에 입각한 평화통일(본문)

    ② 민족문화의 창달, 개인의 자유와 창의의 존중, 복수정당제

    ③ 전통문화의 계승·발전, 민족문화의 창달(제9조, 제69조), 개인의 자유와 창의의 존중(제119조 제1항), 인간의 존엄과 가치(제10조), 5·16혁명(제3공화국 헌법, 제4공화국 헌법), 균형 있는 국민경제의 성장 및 안정, 경제의 민주화

    ④ 권력분립

(4) 3·1운동, 4·19이념, 5·16혁명

구분	건국	1960년(제3차)	1962년(제5차)	1972년(제7차)	1980년(제8차)	현행(제9차)
3·1운동	○	○	○	○	○	○
4·19이념	×	×	○	○	×	○
5·16혁명	×	×	○	○	×	×

2. 한국헌법전문의 규범적 효력

(1) 최고규범성

(2) 법령의 해석기준과 입법지침

(3) 재판규범성

(4) 헌법개정 금지사항(헌법개정의 한계)

헌법전문은 헌법의 지도이념·지도원리를 규정한 것이라는 점에서 자구수정이나 개서를 넘어선 지도이념의 폐기나 전면개정은 인정되지 않음 ⇨ 우리 헌법의 경우 헌법전문의 핵심을 이루는 내용, 국가적 이념과 기본적 가치질서 등의 것들은 헌법개정절차에 의해서도 전면적으로 배제할 수 없음

(5) 기본권 도출가능성

헌법재판소는 헌법전문에서 기본권 도출가능성을 부정함 ⇨ 구체적 기본권을 도출하는 근거로 될 수는 없으나 기본권의 해석 및 기본권제한입법의 합헌성심사에 있어 해석기준의 하나로서 작용함(헌재 1996.4.25. 92헌바47)

📑 판례정리

번호	내용	결정
1	'대한민국임시정부의 법통계승'의 법적 효력 헌법은 전문에서 '3·1운동으로 건립된 대한민국임시정부의 법통을 계승'한다고 선언하고 있다. 이는 대한민국이 일제에 항거한 독립운동가의 공헌과 희생을 바탕으로 이룩된 것임을 선언한 것이고, 그렇다면 국가는 일제로부터 조국의 자주독립을 위하여 공헌한 독립유공자와 그 유족에 대하여는 응분의 예우를 하여야 할 헌법적 의무를 지닌다고 보아야 할 것이다(헌재 2005.6.30. 2004헌마859). ✅ **주의** 헌법의 기본원리 침해를 이유로 헌법소원을 제기할 수 없음(헌재 1995.2.23. 90헌마125)	각하

2 한국헌법의 기본원리 유형

1. 국민주권의 원리

(1) 현행헌법의 규정

> 헌법 제1조 ② 대한민국의 주권은 국민에게 있고, 모든 권력은 국민으로부터 나온다.

(2) 국민주권의 제도적 구현형태

구분	간접민주제	직접민주제
의의	국민이 대표기관을 선출하여 그들로 하여금 국민을 대신하여 국가의사나 국가정책을 결정하게 하는 제도	국민이 직접 국가의사나 국가정책을 결정하는 제도
지도이념	대의제의 원리	동일성의 원리 (치자·피치자를 동일체로 간주)
제도	의회제도, 선거제도	국민투표제, 국민발안제, 국민소환제

(3) 국민주권론과 인민주권론

구분	국민주권론(nation)	인민주권론(peuple)
주장자	시에예스, 로크	루소
주권보유자	정치적·이념적 통일체로서 추상적이고 인격화된 전체 국민	유권자·시민의 총체
주권행사	대의제	직접민주제
주권의 주체와 행사자	분리	일치
위임형태	자유위임·무기속위임	강제위임·기속위임
권력구조	권력분립	권력통합
선거의 성격	의무(제한선거)	권리(보통선거)

2. 자유민주주의(현행헌법과 자유민주주의)

(1) 현행헌법의 규정

① 헌법전문(자유민주적 기본질서를 더욱 확고히 하여)

② 제4조(대한민국은 … 자유민주적 기본질서에 입각한 평화적 통일정책을 수립하고 이를 추진한다)

③ 제8조 제4항(정당의 목적이나 활동이 민주적 기본질서에 위배될 때에는 … 해산된다)

(2) 자유민주주의의 의미

기본적 인권의 존중, 권력분립, 의회제도, 복수정당제도, 선거제도, 사유재산제도와 시장경제를 골간으로 하는 경제질서 및 사법권의 독립 등 우리나라의 내부적 체계(헌재 1990.4.2. 89헌가113)

3. 사회국가의 원리

(1) 사회국가의 정의

모든 국민이 생활의 기본적 수요를 충족하며 건강하고 문화적인 생활을 영위하도록 하는 것이 국가의 책임이며, 그에 대한 요구가 국민의 권리로 인정되는 국가

✓ 주의
- 사회국가와 사회주의 국가는 엄연히 다름
- 명문으로 사회국가원리를 천명하지는 않음

(2) 헌법적 근거(헌법 제31조 ~ 제36조)

📋 판례정리

번호	내용	결정
1	사회국가원리의 수용 우리 헌법은 사회국가원리를 명문으로 규정하고 있지는 않지만, 헌법의 전문, 사회적 기본권의 보장(제31조 내지 제36조), 경제영역에서 적극적으로 계획·유도하고 재분배하여야 할 국가의 의무를 규정하는 경제에 관한 조항(제119조 제2항 이하) 등과 같이 사회국가원리의 구체화된 여러 표현을 통하여 사회국가원리를 수용하였다(헌재 2002.12.18. 2002헌마52).	각하

2	주택조합의 조합원 자격을 무주택자로 한정하고 있는 주택건설촉진법 제3조 제9호가 유주택자를 차별하는 것이 평등의 이념에 반하는지 여부: 소극 (헌재 1994.2.24. 92헌바43)	합헌
3	저소득층 지역가입자에 대하여 국고지원을 통하여 보험료를 보조하는 것이 사회국가원리에 반하는지 여부: 소극 경제적·사회적 약자에게도 의료보험의 혜택을 제공해야 할 사회국가적 의무를 이행하기 위한 것이다(헌재 2000.6.29. 99헌마289).	기각
4	저상버스를 도입해야 할 국가의 의무가 있는지 여부: 소극 (헌재 2002.12.18. 2002헌마52)	각하

4. 문화국가의 원리

(1) 전제조건

① 혼인과 가족의 보호: 문화는 가정에서 출발하여 개별성·고유성·다양성으로 표현됨

② 어떤 문화현상에도 치우치지 않는 불편부당의 원칙

(2) 특성

① 오늘날 문화국가에서의 문화정책은 그 초점이 문화 그 자체에 있는 것이 아니라 문화가 생겨날 수 있는 문화풍토를 조성하는 데 두어야 하고, 따라서 엘리트문화뿐만 아니라 서민문화·대중문화도 그 가치를 인정하고 정책적인 배려의 대상으로 하여야 함(헌재 2004.5.27. 2003헌가1·2004헌가4)

② 문화 자체의 산출에 초점을 두는 것이 아니라 문화가 생겨날 수 있는 풍토 조성이 관건임

③ 원칙적으로 모든 사람에게 문화 창조의 기회를 부여한다는 의미에서 모든 문화(엘리트문화, 서민문화, 대중문화)가 포함됨

(3) 현행헌법의 규정

> 헌법 제9조 국가는 전통문화의 계승·발전과 민족문화의 창달에 노력하여야 한다.
>
> ✓ 주의 민족문화의 창달
> 헌법전문 × / 본문(제9조) ○

① 우리나라는 건국헌법 이래 문화국가의 원리를 헌법의 기본원리로 채택함

② 현행헌법의 전문(유구한 역사와 전통에 빛나는 … 문화의 영역에서 각인의 기회를 균등히 하고), 제9조, 제69조(대통령의 민족문화의 창달책무), 제31조(국가의 평생교육진흥의무), 정신적 자유권 규정 등

③ 전래의 어떤 가족 제도가 헌법 제36조 제1항의 개인의 존엄과 양성평등에 반한다면 헌법 제9조를 근거로 정당성을 주장할 수 없음

④ 종교적인 의식, 행사 등이라도 공동체 구성원들 사이에 관습화된 문화요소로 인식되고 받아들여지는 경우, 단순한 종교의 영역이 아니라 헌법적 보호가치를 가지는 문화라고 볼 수 있음

번호	내용	결정
1	동성동본금혼제가 계승·발전시켜야 할 전통문화인지 여부: **소극** (헌재 1997.7. 16. 95헌가6)	헌법불합치
2	호주제가 계승·발전시켜야 할 전통문화인지 여부: **소극** (헌재 2005.2.3. 2001헌가9)	헌법불합치
3	과외를 원칙적으로 금지하고 학원수강 또는 대학생과외만을 예외적으로 허용하는 것이 문화국가원리에 위배되는지 여부: **적극** (헌재 2000.4.27. 98헌가16) ✓ **주의** 위 판례에서 제한되는 기본권 부모의 자녀교육권, 자녀의 인격발현권 등	위헌
4	'초·중등학교'의 학교정화구역 내에서 극장시설 및 운영을 금지하는 것이 초·중·고등학생들의 자유로운 문화향유권을 침해하는지 여부: **적극** 공연법상의 공연장, 순수예술이나 아동·청소년을 위한 영화진흥법상의 전용영화상영관 등과 같은 경우에도 절대금지구역에서의 영업을 예외 없이 금지하고 있는바, 이는 초·중·고등학교 학생의 자유로운 문화향유에 관한 권리 등 행복추구권을 제한하는 입법이라고 할 것이고, 그 제한을 정당화하는 사유를 찾기 어렵다고 할 것이므로 이 점에서도 위헌적인 법률이라고 할 것이다(헌재 2004.5.27. 2003헌가1·2004헌가4).	헌법불합치
5	타인이 한 당해 문화재에 관한 도굴 등이 처벌되지 아니하여도, 본인이 그 정을 알고 보유·보관하는 경우 처벌하도록 규정한 문화재보호법이 과잉금지 원칙에 위배되는지 여부: **적극** 선의취득 등 사법상 보유권한의 취득 후에 도굴 등이 된 정을 알게 된 경우까지 처벌의 대상으로 삼고있는바 이는 재산권 행사의 사회적 제약을 넘어 불필요하거나 지나치게 가혹한 부담을 부과하는 것으로 헌법에 위반된다(헌재 2007.7.26. 2003헌마377).	위헌
6	전통사찰의 경내지에 대한 대여·양도·담보제공에 대해서는 문화체육부장관의 허가를 받아야 한다고 규정하면서도, 전통사찰 경내지에 대한 공용수용에 대해서는 아무런 법적 규제를 두고 있지 아니한 것이 위헌인지 여부: **적극** 민족문화유산으로 지정된 전통사찰의 경우, 사정이 허락하는 한 이를 최대한 지속적으로 보존하는 것이 헌법 제9조 등의 취지에 부합한다. 그런데 이 사건 법률조항의 경우 헌법 제23조를 이유로 하여 헌법 제9조의 규정을 실질적으로 무력화시키는 결과를 초래하므로, 평등의 원칙에 어긋나는 위헌적인 법률이다(헌재 2003.1.30. 2001헌바64).	헌법불합치

5. 법치국가의 원리

(1) 의의

모든 국가적 활동과 국가공동체적 생활은 국민의 대표기관인 의회가 제정한 법률에 근거를 두고 법률에 따라 이루어져야 한다는 헌법원리

(2) 유형

형식적 법치국가 (통치의 형식적 합법성)	행정과 재판이 법률에 적합하도록 행하여질 것을 요청할 뿐, 그 법률의 목적이나 내용을 문제삼지는 않음
실질적 법치국가 (통치의 정당성)	인간의 존엄성과 실질적 평등 그리고 법적 안정성의 유지와 같은 '정의의 실현을 그 내용으로 하는 법'에 의거한 통치원리를 기반으로 하는 국가

(3) 현행헌법상의 구현(명문규정 ×)

① 성문헌법주의

② 기본권 보장(법치국가의 목적)과 적법절차의 보장(기본권 보장의 방법)

③ 권력분립의 확립

④ 위헌법률심사제의 채택

⑤ 포괄적 위임입법의 금지(제75조): 위임입법의 한계와 관련하여 예측가능성의 유무는 관련 법조항 전체를 유기적·체계적으로 종합하여 판단하되, 그 대상법률의 성질에 따라 구체적·개별적으로 판단함

⑥ 행정의 **합법률성과 사법적 통제**: 독립적 지위를 가진 법원이 행정입법과 행정처분의 합헌성과 합법률성을 심사함

⑦ 법률우위의 원칙과 법률유보의 원칙

법률우위의 원칙	모든 행정작용은 법률에 위배해서는 안 된다는 원칙
법률유보의 원칙	• 행정작용은 법률에 근거해서만 발동할 수 있다는 원칙 • 국민의 기본권 실현에 관련된 영역에 있어서는 행정에 맡길 것이 아니라 국민의 대표자인 입법자 스스로 그 본질적 사항에 대하여 결정하여야 한다는 요구까지 내포함

⑧ 비례의 원칙(과잉금지원칙)

　　㉠ 의의 및 근거: 국가권력의 행사를 통해 달성하고자 하는 목적과 그 목적의 달성을 위해 선택하는 수단 사이에는 합리적인 비례관계가 있어야 함

　　㉡ 비례원칙의 내용: 적합성의 원칙, 필요성의 원칙, 상당성의 원칙

　　㉢ 헌법재판소의 입장: 헌법재판소는 비례의 원칙과 과잉금지원칙을 동일한 원칙으로 보면서, 과잉금지원칙을 '목적의 정당성', '방법의 적절성', '피해의 최소성', '법익의 균형성'으로 분류함

⑨ 신뢰보호의 원칙

　　㉠ 현행헌법에 신뢰보호원칙에 대한 명문규정은 없음

　　㉡ 신뢰보호의 원칙은 헌법상 법치국가원리로부터 파생됨

　　㉢ 법률에 따른 개인의 행위가 단지 법률이 반사적으로 부여하는 기회의 활용을 넘어서 국가에 의하여 일정 방향으로 유인된 것이라면 특별히 보호가치가 있는 신뢰이익이 인정될 수 있고, 원칙적으로 개인의 신뢰보호가 국가의 법률개정이익에 우선됨(헌재 2002.11.28. 2002헌바45)

⑩ **행정소송사항의 개괄주의**: 행정소송의 대상이 되는 '처분 등'이란 행정청이 행하는 구체적 사실에 관한 법집행으로서의 공권력의 행사 또는 그 거부와 그 밖에 이에 준하는 행정작용 및 행정심판에 대한 재결을 말함(행정소송법 제2조)

번호	내용	결정
1	부진정소급입법의 원칙적 허용, 진정소급입법의 예외적 허용 ① 일반적으로 국민이 소급입법을 예상할 수 있었거나 ② 법적 상태가 불확실하고 혼란스러웠거나 하여 보호할 만한 신뢰의 이익이 적은 경우와 ③ 소급입법에 의한 당사자의 손실이 없거나 아주 경미한 경우, ④ 신뢰보호의 요청에 우선하는 심히 중대한 공익상의 사유가 소급입법을 정당화하는 경우 등을 들 수 있다(헌재 1998.9.30. 97헌바38).	합헌
2	신뢰보호원칙 위배 여부의 심사기준 당사자의 손해가 극심하여 새로운 입법으로 달성하고자 하는 공익적 목적이 그러한 당사자의 신뢰의 파괴를 정당화할 수 없다면 그러한 새 입법은 신뢰보호의 원칙상 허용될 수 없다. 신뢰보호원칙의 위배 여부를 판단하기 위하여 침해받은 이익의 보호가치, 침해의 중한 정도, 신뢰가 손상된 정도, 신뢰침해의 방법 등과 다른 한 면으로는 새 입법을 통하여 실현하고자 하는 공익적 목적을 종합적으로 비교·형량하여야 한다(헌재 1995.6.29. 94헌바39).	합헌
3	국세청 경력 공무원에 대하여 세무사법을 개정하여 더 이상 이들 경력 공무원에 대하여 세무사 자격을 부여하지 아니하도록 한 세무사법 부칙 제3항이 신뢰보호의 원칙에 위배되는지 여부: **소극** (헌재 2001.9.27. 2000헌마152)	헌법불합치
4	특허청 경력 공무원에 대하여 변리사법을 개정하여 더 이상 이들 경력 공무원에 대하여 변리사 자격을 부여하지 않도록 한 변리사법 부칙 제3항이 신뢰보호의 원칙에 위배되는지 여부: **소극** (헌재 2001.9.27. 2000헌마208)	헌법불합치
5	신뢰보호원칙이 국가관리의 입시제도와 같이 국·공립대학의 입시전형을 구속하여 국민의 권리에 직접 영향을 미치는 제도운영지침의 개폐에도 적용되는지 여부: **적극** (헌재 1997.7.16. 97헌마38)	각하
6	세무당국에 사업자등록을 하고 운전교습업에 종사해왔음에도 불구하고, 자동차운전학원으로 등록한 경우에만 자동차운전교습업을 영위할 수 있도록 법률을 개정하는 것이 신뢰보호원칙에 위배되는지 여부: **소극** (헌재 2003.9.25. 2001헌마447)	기각
7	친일재산을 그 취득·증여 등 원인행위시에 국가의 소유로 하도록 규정한 친일재산귀속법 제3조 제1항 본문이 진정소급입법으로서 헌법 제13조 제2항에 반하는지 여부: **소극** (헌재 2011.3.31. 2008헌바141 등)	합헌
8	무기징역의 집행 중에 있는 자의 가석방요건을 종전의 '10년 이상'에서 '20년 이상' 형 집행 경과로 강화한 개정 형법 제72조 제1항을, 형법 개정 당시에 이미 수용 중인 사람에게도 적용하는 형법 부칙 제2항이 신뢰보호원칙에 위배되어 신체의 자유를 침해하는지 여부: **소극** (헌재 2013.8.29. 2001헌마408)	기각
9	공권력작용이 체계정당성에 위반하면 곧 위헌이 되는지 여부: **소극** 일반적으로 일정한 공권력작용이 체계정당성에 위반한다고 해서 곧 위헌이 되는 것은 아니고, 그것이 위헌이 되기 위해서는 결과적으로 비례의 원칙이나 평등의 원칙 등 일정한 헌법의 규정이나 원칙을 위반하여야 한다(헌재 2010.6.24. 2007헌바101).	합헌
10	위법건축물에 대하여 이행강제금을 부과하도록 하면서 이행강제금제도 도입 전의 위법건축물에 대하여도 이행강제금제도 적용의 예외를 두지 아니한 건축법 부칙 제9조가 신뢰보호원칙에 위배되는지 여부: **소극** (헌재 2015.10.21. 2013헌바248)	합헌

11	5·18 사건 관련자들(헌정질서파괴범)에 대하여 공소시효의 진행을 정지시키는 5·18 특별법이 형벌불소급의 원칙, 신뢰보호원칙에 위배되는지 여부: **소극** (헌재 1996.2.16. 96헌가2)	합헌
12	제대혈의 매매행위를 금지하는 제대혈 관리 및 연구에 관한 법률 제5조 제1항 제1호가 제대혈 줄기세포에 대한 독점판매권을 부여받기로 한 계약을 체결한 청구인의 재산권을 신뢰보호원칙위반으로 침해하였는지 여부: **소극** (헌재 2017.11.30. 2016헌바38)	합헌
13	공무원연금법상 퇴직연금수급자가 지방의회의원에 취임한 경우 그 재직기간 중 퇴직연금 전부의 지급을 정지하도록 규정한 공무원연금법 조항들이 과잉금지원칙에 반하여 청구인들의 재산권을 침해하는지 여부: **적극** (헌재 2022.1.27. 2019헌바161) [판례변경]	헌법불합치
14	선수금보전의무조항이 신뢰보호원칙에 위배되는지 여부: **소극** (헌재 2017.7.27. 2015헌바240)	합헌
15	법률 시행 당시에 이미 공기총의 소지허가를 받은 자도 시행일부터 1개월 이내에 그 공기총을 허가관청이 지정하는 곳에 보관하도록 규정한 '총포·도검·화약류 등의 안전관리에 관한 법률' 부칙이 과잉금지원칙 및 신뢰보호원칙에 반하는지 여부: **소극** (헌재 2019.6.28. 2018헌바400)	합헌
16	2016.1.1. 이전에 취득한 비사업용 토지의 양도소득금액을 계산할 때 장기보유 특별공제를 적용하기 위한 보유기간 기산일을 2016.1.1.으로 규정한 구 소득세법 조항이 신뢰보호원칙에 위반되는지 여부: **소극** (헌재 2018.11.29. 2017헌바517)	합헌
17	노인장기요양보험법 중 재가장기요양기관의 운영에 관한 기준조항과 인건비 조항이 신뢰보호원칙에 위반되는지 여부: **소극** (헌재 2017.6.29. 2016헌마719)	기각
18	토양오염관리대상시설을 양수한 자도 오염원인자로 보고, 토양오염으로 인한 피해를 배상하고 오염된 토양을 정화하도록 의무를 부과하는 것이 소급입법금지원칙 또는 신뢰보호원칙에 위배되는지 여부: **적극** (헌재 2012.8.23. 2010헌바28)	헌법불합치
19	판사임용요건으로서 일정 기간 법조경력을 요구하는 법원조직법 부칙 제1조와 제2조를 법 개정 당시 사법연수생의 신분을 가지고 있었던 자에게도 적용하는 것이 신뢰보호원칙에 위배되는지 여부: **적극** (헌재 2012.11.29. 2011헌마786 등)	한정위헌
20	6인승 밴형화물자동차의 정원을 3인으로 한 정원제한조항과, 승객 1인당 화물중량을 제한하도록 한 조항이 신뢰보호원칙에 위배되는지 여부: **적극** (헌재 2004.12.16. 2003헌마226)	한정위헌
21	구법을 신뢰하여 6인승 밴형화물자동차를 사용하여 오던 청구인이 위 화물자동차를 교체하는 경우에, 신규 차량의 구조를 3명 이하로 제한하는 '화물자동차 운수사업법 시행규칙'이 신뢰보호원칙에 위배되는지 여부: **소극** (헌재 2011.10.25. 2010헌마482) ◇ **비교** 판례 20, 21의 차이 • 판례 20: 법 시행 이전의 자동차 • 판례 21: 법 시행 이후의 자동차	기각
22	12·12사건 관련자들과 5·18사건 관련자들에 대하여 공소시효의 진행을 정지시키는 5·18특별법이 형벌불소급의 원칙과 소급입법금지의 원칙, 신뢰보호원칙에 위배되는지 여부: **소극** [1] 형벌불소급의 원칙 위배 여부: **소극** [2] 소급입법금지의 원칙 위배 여부: **소극** [3] 신뢰보호원칙 위배 여부: **소극** (헌재 1996.2.16. 96헌가2)	합헌

23	전문과목을 표시한 치과의원은 그 표시한 전문과목에 해당하는 환자만을 진료하여야 한다고 규정한 의료법 제77조 제3항이 신뢰보호원칙에 위배되어 청구인들의 직업수행의 자유를 침해하는지 여부: **소극** (헌재 2015.5.28. 2013헌마799) ✓ **주의** • 신뢰보호원칙에는 위반되지 않음 • 다만, 과잉금지원칙이나 평등원칙에 위반되어 위헌	위헌
24	부당환급받은 세액을 징수하는 근거규정인 개정조항을 개정된 법 시행 후 최초로 환급세액을 징수하는 분부터 적용하도록 규정한 법인세법 부칙 제9조가 진정소급입법으로서 재산권을 침해하는지 여부: **적극** (헌재 2014.7.24. 2012헌바105)	위헌
25	2009.12.31. 개정된 공무원연금법 제64조 제1항 제1호를 2009.1.1.까지 소급하여 적용하도록 규정한 공무원연금법 부칙 제1조 단서, 제7조 제1항 단서 후단이 소급입법금지원칙에 위배되는지 여부: **적극** (헌재 2013.8.29. 2011헌바391)	위헌
26	오늘날 법률유보의 원칙은 단순히 행정작용이 법률에 근거를 두기만 하면 충분한 것이 아니라, 국가공동체와 그 구성원에게 기본적이고도 중요한 의미를 갖는 영역, 특히 국민의 기본권 실현과 관련된 영역에 있어서는 국민의 대표자인 입법자가 그 본질적 사항에 대해서 스스로 결정하여야 한다는 요구까지 내포하고 있다(헌재 1999.5.27. 98헌바70). ✓ **주의** • 텔레비전 수신료의 금액은 국회의 승인을 얻어야 함 • TV 수신료의 금액은 본질적인 사항이지만, 징수업무의 주체는 아님(헌재 2008.2.28. 2006헌바70)	합헌
27	법학전문대학원 입학 총정원이 법률로써 정하여야 하는 본질적인 사항인지 여부: **소극** (헌재 2009.2.26. 2008헌마370)	각하
28	아파트 입주자대표회의의 구성에 관한 사항을 대통령령에 위임하도록 한 구 주택법 '입주자대표회의의 구성' 부분이 법률유보의 원칙, 포괄위임입법금지원칙에 위반되는지 여부: **소극** (헌재 2006.7.28. 2014헌바158)	합헌
29	체계정당성에 위반된다면 위헌인지 여부: **소극** 체계정당성의 원리는 동일 규범 내에서 또는 상이한 규범 간에 그 규범의 구조나 내용 또는 규범의 근거가 되는 원칙 면에서 상호 배치되거나 모순되어서는 안된다는 하나의 헌법적 요청이며, 국가공권력에 대한 통제와 이를 통한 국민의 자유와 권리의 보장을 이념으로 하는 법치주의 원리로부터 도출되는데, … 체계정당성에 위반한다고 해서 곧 위헌이 되는 것은 아니다(헌재 2005.6.30. 2004헌바40).	합헌
30	헌법재판소가 성인대상 성범죄자에 대하여 10년 동안 일률적으로 의료기관에의 취업제한 등을 하는 규정에 대하여 위헌결정을 한 뒤, 개정법 시행일 전까지 성인대상 성범죄로 형을 선고받아 그 형이 확정된 사람에 대해서 형의 종류 또는 형량에 따라 기간에 차등을 두어 의료기관에의 취업 등을 제한하는 아동·청소년의 성보호에 관한 법률 부칙 제5조 제1호(이하 '이 사건 부칙조항'이라 한다)가 신뢰보호원칙에 위배되는지 여부: **소극** (헌재 2023.5.25. 2020헌바45)	합헌
31	디엔에이증거 등 그 죄를 증명할 수 있는 과학적인 증거가 있는 특정 성폭력범죄는 공소시효를 10년 연장하는 조항 시행 전에 범한 죄로 아직 공소시효가 완성되지 아니한 것에 대하여도 연장조항을 적용하는 조항(이하 '부칙조항'이라 한다)이 형벌불소급의 원칙, 신뢰보호원칙에 위배되는지 여부: **소극** (헌재 2023.5.25. 2020헌바309)	합헌
32	1945.8.9. 이후 일본인 소유의 재산에 대하여 성립된 거래를 전부 무효로 한 조항과 그 대상이 되는 재산을 1945.9.25.로 소급하여 전부 미군정청의 소유가 되도록 한 조항이 소급입법금지원칙에 대한 예외에 해당하는지 여부: **적극** (헌재 2021.1.28. 2018헌바88)	합헌

| 33 | 법적으로 혼인한 상태가 아닌 대한민국 국적인 부와 중화인민공화국 국적인 모 사이에 출생한 甲과 乙이 출생신고에 따라 주민등록번호를 부여받고 가족관계등록부에 등록되었으며 각각 17세 때 주민등록증을 발급받았는데, 관할 행정청이 '외국인 모와의 혼인외자 출생신고'라며 가족관계등록부를 말소하고 출입국관리 행정청이 부모들에게 甲과 乙에 대한 국적 취득 절차를 안내했음에도 이를 진행하지 않다가 성년이 된 후 국적법에 따라 국적보유판정을 신청했으나, 법무부장관이 대한민국 국적 보유자가 아니라는 이유로 甲과 乙에게 국적비보유 판정을 한 사안에서, 위 판정은 甲과 乙의 신뢰에 반하여 이루어진 것으로 신뢰보호의 원칙에 위배된다(대판 2024.3.12. 2022두60011). | 인용 |

6. 평화국가의 원리 – 현행헌법과 평화국가의 원리

헌법전문	밖으로는 항구적인 세계평화와 인류공영에 이바지함으로써
헌법 제5조 제1항	대한민국은 국제평화의 유지에 노력하고 침략적 전쟁을 부인한다.
헌법전문	조국의 … 평화적 통일의 사명에 입각하여
헌법 제69조	대통령 취임선서의 내용으로 '조국의 평화적 통일 … 에 노력'

📋 판례정리

번호	내용	결정
1	평화통일조항에서 기본권을 도출할 수 있는지 여부: 소극 헌법상의 여러 통일 관련 조항들은 국가의 통일의무를 선언한 것이기는 하지만, 그로부터 국민 개개인의 통일에 대한 기본권, 특히 국가기관에 대하여 통일과 관련된 구체적인 행동을 요구하거나 일정한 행동을 할 수 있는 권리가 도출된다고 할 수 없다(헌재 2000.7.20. 98헌바63).	합헌
2	이라크 파병 결정이 헌법에 위반되는지 여부: 소극 이 사건 파견 결정이 헌법에 위반되는지 여부, 즉 세계평화와 인류공영에 이바지하는 것인지 여부, 국가안보에 보탬이 됨으로써 궁극적으로는 국민과 국익에 이로운 것이 될 것인지 여부 및 이른바 이라크전쟁이 국제규범에 어긋나는 침략전쟁인지 여부 등에 대한 판단은 대의기관인 대통령과 국회의 몫이고, 성질상 한정된 자료만을 가지고 있는 우리 재판소가 판단하는 것은 바람직하지 않다고 할 것이다(헌재 2004.4.29. 2003헌마814).	각하

제4절 한국헌법의 기본질서

1 한국헌법과 정치질서(자유민주적 기본질서)

1. 민주적 기본질서의 의미

헌법재판소는 기본적 인권의 존중, 권력분립, 의회제도, 복수정당제도, 선거제도, 사유재산과 시장경제를 골간으로 하는 경제질서, 사법권의 독립 등을 열거하고 있음

2. 민주적 기본질서의 규범력

(1) 헌법개정금지사항

(2) 법해석의 기준 ⇨ 대한민국의 최고규범이므로 모든 법해석의 기준

(3) 국가작용의 구속 및 공권력 발동의 척도·타당성의 근거

(4) 기본권의 제한사유

2 한국헌법과 경제질서(사회적 시장경제질서)

⊘ **주의**
중앙은행의 자율성 보장은 헌법에 존재하지 않음

> **헌법 제119조** ① 대한민국의 경제질서는 개인과 기업의 경제상의 자유와 창의를 존중함을 기본으로 한다.
> ② 국가는 균형 있는 국민경제의 성장 및 안정과 적정한 소득의 분배를 유지하고, 시장의 지배와 경제력의 남용을 방지하며, 경제주체간의 조화를 통한 경제의 민주화를 위하여 경제에 관한 규제와 조정을 할 수 있다.
>
> ⊘ **비교**
> • 제1항: 개인과 기업의 경제상의 자유와 창의를 존중하는 시장경제질서에 관한 규정
> • 제2항: 사회국가원리의 도입
>
> ⊘ **주의**
> • 자유시장경제체제로의 전환: 제2차 개헌
> • 적정한 소득의 분배로부터 누진세를 도입하여야 할 헌법적 의무는 없음
>
> **제120조** ① 광물 기타 중요한 지하자원·수산자원·수력과 경제상 이용할 수 있는 자연력은 법률이 정하는 바에 의하여 일정한 기간 그 채취·개발 또는 이용을 특허할 수 있다.
> ② 국토와 자원은 국가의 보호를 받으며, 국가는 그 균형 있는 개발과 이용을 위하여 필요한 계획을 수립한다.
>
> ⊘ **주의**
> • 자연력은 '법률'이 정하는 바에 의해 특허
> • 조절 불가한 풍력, 태양력은 없음
>
> **제121조** ① 국가는 농지에 관하여 경자유전의 원칙이 달성될 수 있도록 노력하여야 하며, 농지의 소작제도는 금지된다.
> ② 농업생산성의 제고와 농지의 합리적인 이용을 위하거나 불가피한 사정으로 발생하는 농지의 임대차와 위탁경영은 법률이 정하는 바에 의하여 인정된다.
>
> ⊘ **주의**
> • 경자유전 원칙, 소작제도 금지
> • 농지의 임대차와 위탁경영은 '법률'이 정함(대통령령 ×)
> • 농지소재지에 거주하는 거주자만 자경농지의 양도소득세 면제대상으로 함(합헌)

제122조 국가는 국민 모두의 생산 및 생활의 기반이 되는 국토의 효율적이고 균형 있는 이용·개발과 보전을 위하여 법률이 정하는 바에 의하여 그에 관한 필요한 제한과 의무를 과할 수 있다.

제123조 ① 국가는 <u>농업 및 어업</u>을 보호·육성하기 위하여 농·어촌종합개발과 그 지원 등 필요한 계획을 수립·시행하여야 한다.

✓ **주의**
   임업, 축산업은 없음

② 국가는 지역간의 균형 있는 발전을 위하여 지역경제를 육성할 의무를 진다.

③ 국가는 <u>중소기업</u>을 보호·육성하여야 한다.

④ 국가는 농수산물의 수급균형과 유통구조의 개선에 노력하여 가격안정을 도모함으로써 농·어민의 이익을 보호한다.

⑤ 국가는 농·어민과 중소기업의 <u>자조조직</u>을 육성하여야 하며, 그 자율적 활동과 발전을 보장한다.

✓ **주의**
   농업 및 어업 보호·육성, 지역경제 육성, 중소기업 보호·육성, 농수산물 수급균형 및 농·어민의 이익을 보호, 농·어민과 중소기업의 자조조직 육성을 명시

제124조 국가는 건전한 소비행위를 계도하고 생산품의 품질향상을 촉구하기 위한 <u>소비자보호운동</u>을 법률이 정하는 바에 의하여 보장한다.

✓ **주의 소비자보호운동**
   • 의무 명시: 의무는 현행 9차(단순보호는 8차)
   • 조례가 아닌 '법률'이 정하는 바에 의하여 보장
   • 소비자단체 등이 다수 소비자의 생명·신체·재산 등 소비자의 권익을 침해하는 사업자의 행위를 금지·중지하도록 요구할 수 있는 소비자단체소송이 소비자기본법상 인정(손해배상청구는 인정 ×)
   • 특정한 사회·경제적 또는 정치적 대의나 가치를 주장·옹호하거나 이를 진작시키기 위한 수단으로서 소비자불매운동은 헌법 제21조, 제10조에서 보장됨
   • 소비자보호가 아닌 소비자보호운동 보장임을 기억할 것

제125조 국가는 대외무역을 육성하며, 이를 규제·조정할 수 있다.

✓ **주의**
   대외무역 육성 명시

제126조 <u>국방상 또는 국민경제상 긴절한 필요로 인하여</u> 법률이 정하는 경우를 제외하고는, 사영기업을 국유 또는 공유로 이전하거나 그 경영을 통제 또는 관리할 수 없다.

✓ **주의**
   • 원칙: 사영기업을 국유 또는 공유로 이전 또는 그 경영 통제 관리 금지
   • 예외: 국방상 또는 국민경제상 긴절한 필요로 인하여 법률이 정하는 경우

제127조 ① 국가는 과학기술의 혁신과 정보 및 인력의 개발을 통하여 국민경제의 발전에 노력하여야 한다.

② 국가는 국가표준제도를 확립한다.

③ 대통령은 제1항의 목적을 달성하기 위하여 필요한 자문기구를 둘 수 있다.

✓ **주의**
   • 과학기술 혁신, 정보 및 인력 개발, 국가표준제도 명시
   • 자문기구: 국가과학기술자문회의(임의기관, 법률기관)

번호	내용	결정
1	헌법 제119조 제2항에 규정된 '경제주체간의 조화를 통한 경제민주화'의 의미 따라서 헌법 제119조 제2항에 규정된 '경제주체간의 조화를 통한 경제민주화'의 이념도 경제영역에서 정의로운 사회질서를 형성하기 위하여 추구할 수 있는 국가목표로서 개인의 기본권을 제한하는 국가행위를 정당화하는 헌법규범이다(헌재 2003.11.27. 2001헌바35).	합헌
2	자동차운행으로 말미암아 다른 사람을 사망하게 하거나 부상하게 한 때에 자동차운행자에게 무과실책임을 지우는 자동차손해배상 보장법규정이 우리 헌법 제119조 제1항의 자유시장경제질서에 위배되는지 여부: 소극 헌법이념의 하나인 사회국가원리의 실현을 위하여 위험원을 지배하는 자로 하여금 그 위험이 현실화된 경우의 손해를 부담하게 하는 위험책임의 원리가 필요하게 되었다. 따라서 무과실책임을 지운 것만으로 자유시장경제질서에 위반된다고 할 수 없다(헌재 1998.5.28. 96헌가4 등).	합헌
3	적정한 소득분배를 위해 소득에 대하여 누진세율에 따른 종합과세를 할 의무가 있는지 여부: 소극 (헌재 1999.11.25. 98헌마55)	기각
4	자도소주구입명령제도가 위헌인지 여부: 적극 (헌재 1996.12.26. 96헌가18)	위헌
5	탁주의 공급구역제한제도가 위헌인지 여부: 소극 (헌재 1999.7.22. 98헌가5)	합헌
6	공정거래위원회로 하여금 부당내부거래를 한 사업자에 대하여 그 매출액의 2% 범위 내에서 과징금을 부과할 수 있도록 한 독점규제 및 공정거래에 관한 법률 제24조의2가 비례성원칙에 위반되어 위헌인지 여부: 소극 (헌재 2003.7.24. 2001헌가25)	합헌
7	국산영화를 연간상영일수의 5분의 2 이상 의무상영하도록 하는 국산영화의무상영제가 헌법상 경제질서에 위배되는지 여부: 소극 (헌재 1995.7.21. 94헌마125)	기각
8	상속으로 농지를 취득하여 소유하는 경우 자기의 농업경영에 이용하지 아니할지라도 농지를 소유할 수 있는지 여부: 적극 (헌재 2013.6.27. 2011헌바278)	합헌
9	재무부장관이 국제그룹의 주거래은행장에게 국제그룹해체준비착수와 언론발표를 지시하고, 제일은행장이 제3자 인수방식으로 국제그룹을 해체시킨 것이 우리 헌법상 경제질서에 위배되는지 여부: 적극 (헌재 1993.7.29. 89헌마31)	위헌
10	주식회사의 임원·직원 또는 주요주주 등 이른바 '내부자'가 내부정보를 이용하여 자기회사의 주식을 거래하는 이른바 '내부자거래'를 처벌하는 것이 헌법상의 경제질서에 위반되는지 여부: 소극 (헌재 1997.3.27. 94헌바24)	합헌
11	자경농지의 양도소득세 면제대상자를 '농지소재지에 거주하는 거주자'로 제한하는 것이 경자유전의 원칙에 위배되는지 여부: 소극 (헌재 2003.11.27. 2003헌바2)	합헌
12	의료광고의 규제가 우리 헌법상의 경제질서에 위배되는지 여부: 적극 (헌재 2005.10.27. 2003헌가3)	위헌
13	축협 복수조합 설립금지가 우리 헌법상의 경제질서에 위배되는지 여부: 적극 (헌재 1996.4.25. 92헌바47)	위헌
14	토지 등의 소유권자의 주소 등의 불명으로 토지수용법상의 협의를 행할 수 없을 때 공시송달로써 협의에 갈음할 수 있도록 한 토지수용법 규정이 헌법상의 경제질서에 위배되는지 여부: 적극 (헌재 1995.11.30. 94헌가2)	위헌
15	부동산중개수수료를 법정하고 이를 초과하여 수수료를 부과하면 행정상의 제재와 형사처벌을 가하는 것이 헌법상의 경제질서에 위배되는지 여부: 소극 (헌재 2002.6.27. 2000헌마642)	기각

16	일반 다단계 판매는 허용하지만 피라미드 방식의 다단계의 경우는 처벌하는 규정이 우리 헌법상의 경제질서에 위배되는지 여부: **소극** (헌재 1997.11.27. 96헌바12)	합헌
17	토초세 과세대상인 유휴토지 등에 임대토지를 포함시키고 있는 토초세법 제8조 제1항 제13호가 위헌인지 여부: **적극** 토지소유자와 임차인 사이의 자본의 자유로운 결합을 방해함으로써, 개인과 기업의 경제상의 자유와 창의를 존중함을 기본으로 하는 우리 헌법상 경제질서에도 합치하지 않는다(헌재 1994.7.29. 92헌바49).	헌법불합치
18	헌법 제123조 제5항에서, "농·어민의 자조조직을 육성할 의무"와 "자조조직의 자율적 활동과 발전을 보장할 의무"를 아울러 규정하고 있는 의미 국가의 의무는 자조조직이 제대로 활동하고 기능하는 시기에는 그 조직의 자율성을 침해하지 않도록 하는 후자의 소극적 의무를 다하면 된다고 할 수 있지만, 그 조직이 제대로 기능하지 못하고 향후의 전망도 불확실한 경우라면 단순히 그 조직의 자율성을 보장하는 것에 그쳐서는 아니 되고, 적극적으로 이를 육성하여야 할 전자의 의무까지도 수행하여야 한다(헌재 2000.6.1. 99헌마553).	기각

3 국제질서 - 국제평화주의

헌법 전문 … 항구적인 세계평화와 인류공영에 이바지함으로써 ….

⊘ 주의
전문에 세계평화, 인류공영을 언급함

제4조 대한민국은 통일을 지향하며, 자유민주적 기본질서에 입각한 평화적 통일정책을 수립하고 이를 추진한다.

⊘ 비교
- 자유민주적 기본질서에 입각한 평화적 통일: 현행헌법
- 평화적 통일: 7차

제5조 ① 대한민국은 국제평화의 유지에 노력하고 침략적 전쟁을 부인한다.

⊘ 주의 침략적 전쟁 부인
국군의 해외파병과 외국군대의 국내 주류는 집단적 자위권(국회 승인시 허용)

② 국군은 국가의 안전보장과 국토방위의 신성한 의무를 수행함을 사명으로 하며, 그 정치적 중립성은 준수된다.

⊘ 주의 국군의 정치적 중립성
현행헌법에서 추가됨

제6조 ① 헌법에 의하여 체결·공포된 조약과 일반적으로 승인된 국제법규는 국내법과 같은 효력을 가진다.
② 외국인은 국제법과 조약이 정하는 바에 의하여 그 지위가 보장된다.

⊘ 주의
- 조약과 국제법규는 국내법과 동등한 효력임을 명시함
- 국내법'률'과 동등하다는 것은 아님

1. 국제평화주의 표방(헌법전문과 제5조 제1항)

2. 침략적 전쟁 부인(제5조 제1항)

국군의 해외파병과 외국군대의 국내 주류가 집단적 자위권에 의거한 것이고 그것이 국회의 승인을 얻을 경우에는 허용됨

3. 조국의 평화적 통일 지향

4. 일반적으로 승인된 국제법규의 국내법적 수용절차

특별한 수용절차를 따로 규정하지 않고 직접 국내법으로 편입하게 함

✓ 주의
헌법 제60조는 국회의 동의를 얻어야 하는 조약에 대해 규정함

📄 판례정리

번호	내용	결정
1	대통령 및 국회의 이라크파병결정이 사법심사의 대상인지 여부: **소극** (헌재 2004.4.29. 2003헌마814)	각하

4 국제법규의 존중과 외국인의 법적 지위 보장

1. 국제법규의 존중

(1) 국제법과 국내법의 관계

우리 헌법학계에서는 국제법·국내법일원론과 헌법우위론이 다수설임

(2) 일반적으로 승인된 국제법규의 존중

① 유형

성문의 국제법규	해당 ○	• 부전조약 • UN헌장의 일부 • 집단학살(Genocide)금지협정 • 포로에 관한 제네바협정
	해당 ×	• 국제연합인권선언 • 강제노동의 폐지에 관한 국제노동기구(ILO)의 제105호 조약
일반적으로 승인된 국제관습법		• 포로의 살해금지와 그 인도적 처우에 관한 전시국제법상의 기본원칙 • 외교관의 대우에 관한 국제법상의 원칙 • 정치범불인도의 원칙 • 국내문제불간섭의 원칙 • 민족자결의 원칙 • 조약준수의 원칙

② 일반적으로 승인된 국제법규 효력

| 법률동위설(다수설) | 조약과 마찬가지로 법률과 같은 효력 |
| 법률과 국제법규 충돌시 | 신법우선의 원칙, 특별법우선의 원칙 |

✓ **주의**
일반적으로 승인된 국제법규는 별도의 수용절차 불요

③ **사법적 심사**: 국제법규가 헌법에 저촉되는지가 재판의 전제가 되는 경우, 법관은 1차적으로 그 법규가 일반적으로 승인된 국제법규인지를 조사하고, 다음으로 헌법에의 저촉 여부를 심사

(3) 조약의 준수

① **조약의 의의**: 협약·협정·의정서·규약·선언·조약 등 그 명칭 여하를 불문하고 국가·국제기구 등 국제법 주체 사이에 권리의무관계를 창출하기 위하여 서면형식으로 체결되고 국제법에 의하여 규율되는 합의

✓ **주의**
예외적으로 구두합의도 조약의 성격을 가질 수 있음

② **조약의 체결·비준**: 대통령의 권한(헌법 제73조)

✓ **비교**
조약의 체결·비준 '동의권': 국회의 권한

③ **국회의 동의**

　㉠ 헌법 제60조

> 헌법 제60조 ① 국회는 상호원조 또는 안전보장에 관한 조약, 중요한 국제조직에 관한 조약, 우호통상항해조약, 주권의 제약에 관한 조약, 강화조약, 국가나 국민에게 중대한 재정적 부담을 지우는 조약 또는 입법사항에 관한 조약의 체결·비준에 대한 동의권을 가진다.
>
> ✓ **비교**
> 어업조약, GSOMIA(한일군사정보보호협정): 국회 동의를 요하지 않음
>
> **선생님 tip** 상제우주강재입

✓ **주의 국회의 동의를 요하는 조약**
- 범위: 헌법 제60조 제1항이 열거조항이므로 헌법 제60조 제1항에 열거되지 아니한 조약은 국회의 동의를 요하지 않음
- 동의 시기: 사전 동의이어야 함
- 수정동의 가부: 수정부정설(다수설)
- 조약의 효력발생 시기: 국제법적 효력은 대통령의 비준에 의하여 발생. 그러나 국회의 동의를 요하는 조약인 경우 국내법적 효력은 국회의 동의가 있어야 함

　㉡ 헌재는 한일어업협정(헌재 2001.3.21. 99헌마139), 마라케쉬협정(헌재 1998.11.26. 97헌바65)을 조약이라고 판시함

📑 판례정리

번호	내용	결정
1	한미주둔군지위협정(한미 SOFA협정)은 우리나라에서 외국군대의 지위에 관한 것이고, 국가에 재정적 부담을 지우는 내용과 입법사항을 포함하고 있으므로 국회의 동의를 요하는 조약에 해당한다(헌재 1999.4.29. 97헌가14).	합헌
2	대통령이 외교통상부장관에게 위임하여 미합중국 국무장관과 발표한 '동맹 동반자 관계를 위한 전략대화 출범에 관한 공동성명'이 조약에 해당하는지 여부: 소극 (헌재 2008.3.27. 2006헌라4)	각하

3	국회가 헌법 제60조 제1항에 규정된 조약에 대해서만 동의권을 가지는지 여부: **적극** 조약의 체결·비준에 관하여 헌법은 대통령에게 전속적인 권한을 부여하면서(제73조), 조약을 체결·비준함에 앞서 국무회의의 심의를 거쳐야 하고(제89조 제3호), 특히 중요한 사항에 관한 조약의 체결·비준은 사전에 국회의 동의를 얻도록 하는 한편(제60조 제1항), 국회는 헌법 제60조 제1항에 규정된 일정한 조약에 대해서만 체결·비준에 대한 동의권을 가진다(헌재 2008.3.27. 2006헌라4).	각하
4	대한민국 외교부장관과 일본국 외무부대신이 2015.12.28. 공동발표한 일본군 위안부 피해자 문제 관련 합의(이하 '이 사건 합의'라 한다)가 헌법소원심판 청구의 대상이 되는지 여부: **소극** 이 사건 합의가 법적 구속력 있는 조약에 해당한다고 보기 어려우며, 일반적인 일괄배상협정에서 발견할 수 있는 구체적인 청구권의 포기 및 재판절차나 법적 조치의 면제 보증 등이 전혀 규정되지 않았다는 점에서 일본군 '위안부' 피해자의 배상청구권의 포기나 처분을 다루었다고 볼 사정이 없다(헌재 2019.12.27. 2016헌마253). ⊘ **주의** 위 판례에서 사망한 청구인들은 심판절차 종료를 선언, 자녀들에게도 승계되지 않음	각하

(4) 조약의 효력

① 국내법과 동일한 효력(헌법 제6조 제1항): 국회의 동의를 요하는 조약은 '법률'과 같은 효력을, 국회의 동의를 요하지 않는 기타 조약은 '명령'적 효력을 가짐(다수설)

② 충돌하는 경우

조약과 헌법이 충돌할 경우	헌법우위설이 우리나라의 통설
법률과 동일한 효력을 가지는 조약과 법률이 저촉할 경우	신법우위의 원칙과 특별법우선의 원칙 적용

③ 위헌조약의 사법적 심사 – 사법심사긍정설(다수설)

국회의 동의를 요하는 조약	위헌법률심판의 대상
국회의 동의를 요하지 않는 조약이 헌법에 위반되는지 여부가 재판의 전제가 된 경우	대법원이 최종적으로 심사
조약 그 자체에 의하여 직접 기본권이 침해되었을 경우	그 조약을 대상으로 헌법소원심판을 청구

2. 외국인의 법적 지위 보장

(1) 헌법 제6조 제2항

① 상호주의 원칙(피해보상청구권, 국가배상권 등)

② 외국인은 국제법과 조약이 정하는 바에 의하여 그 지위가 보장됨

(2) 인간으로서의 권리

외국인도 보장됨

번호	내용	결정
1	국제연합(UN)의 '인권에 관한 세계선언'이 국내법적 효력을 가지는지 여부: 소극 (헌재 1991.7.22. 89헌가106)	합헌
2	외교관계에 관한 비엔나협약에 근거한 면책특권규정으로 인하여 임대료청구권 등을 강제집행할 수 없게 된 경우 이에 따른 보상입법을 제정하여야 할 입법의무가 있는지 여부: 소극 (헌재 1998.5.28. 96헌마44)	각하
3	국제연합교육과학문화기구(UNESCO)와 국제노동기구(ILO)가 채택한 '교원의 지위에 관한 권고'가 국내법적 효력이 인정되는지 여부: 소극 (헌재 1991.7.22. 89헌가106)	합헌
4	대한민국과 일본국간의 어업에 관한 협정체결행위가 헌법소원심판의 대상이 되는 '공권력의 행사'에 해당하는지 여부: 적극 (헌재 2001.3.21. 99헌마139 등)	기각
5	학교급식을 위하여 지방자치단체에서 생산되는 우수농산물을 우선적으로 사용하도록 한 지방자치단체의 조례안이 내국민대우원칙을 규정한 1994년 관세 및 무역에 관한 일반협정에 위반되는지 여부: 적극 (대판 2005.9.9. 2004추10)	기각
6	조약이 위헌심사의 대상이 되는지 여부: 적극 (헌재 2001.9.27. 2000헌바20)	-
7	대한민국과 아메리카합중국간의 상호방위조약 제4조에 의한 시설과 구역 및 대한민국에서의 합중국군대의 지위에 관한 협정이 이 사건 조약, 이른바 SOFA(협정)이 국회의 동의를 요하는 조약인지 여부: 적극 (헌재 1999.4.29. 97헌가14)	합헌
8	조약에 의한 관세범의 가중처벌이 헌법에 위배되는지 여부: 소극 (헌재 1998.11.26. 97헌바65)	합헌
9	사실상 노무에 종사하는 공무원을 제외한 지방공무원의 노동운동을 금지하는 것이 국제법규에 위배되는지 여부: 소극 (헌재 2005.10.27. 2003헌바50)	합헌
10	지급거절될 것을 예견하고 수표를 발행한 사람이 그 수표의 지급제시기일에 수표금이 지급되지 아니하게 한 경우 수표의 발행인을 처벌하도록 규정한 부정수표단속법 제2조 제2항이 국제법존중주의에 위배되는지 여부: 소극 (헌재 2001.4.26. 99헌가13)	합헌

5 평화통일의 원칙

1. 연혁

(1) 유신헌법이 평화통일조항을 신설, 이후 현행헌법에 상세한 규정을 둠

(2) 영토조항 처음 규정 ⇨ 건국헌법

(3) 평화적 통일원칙을 처음 규정 ⇨ 제7차 개정헌법(유신헌법)

(4) 자유민주적 기본질서에 입각한 평화적 통일을 처음 규정 ⇨ 현행헌법

(5) 국가보안법의 헌법근거 ⇨ 헌법 제3조 영토조항

번호	내용	결정
1	통일에 대한 기본권이 헌법상 도출되는지 여부: **소극** (헌재 2000.7.20. 98헌바63) ☑ **주의** 영토권과 구별하여 외워둘 것	합헌
2	남한주민이 북한주민을 접촉하고자 할 때 통일부장관의 승인을 얻도록 하는 남북교류협력에 관한 법률 제9조 제3항이 평화통일원칙에 위배되는지 여부: **소극** (헌재 2000.7.20. 98헌바63)	합헌
3	개별 법률의 적용(외국환거래법)에 있어서 남북한의 특수관계적 성격을 고려하여 북한지역을 외국에 준하는 지역으로, 북한주민 등을 외국인에 준하는 지위에 있는 자로 규정할 수 있는지 여부: **적극** (헌재 2005.6.30. 2003헌바114)	합헌

2. 남북관계

(1) 남북관계는 나라와 나라 사이 관계가 아닌 통일을 지향하는 과정에서 잠정적으로 형성되는 특수관계

(2) 남북기본합의서는 공동성명·신사협정에 불과함

> ☑ **주의**
> 남북기본합의서: 조약 ×

(3) 통상조약의 체결 절차 및 이행과정에서 남한과 북한간의 거래는 남북교류협력법에 따라 국가간의 거래가 아닌 민족내부의 거래로 봄

제5절 한국헌법의 기본제도

1 제도적 보장

1. 의의

정당제도, 선거제도, 공무원제도, 지방자치제도, 군사제도, 교육제도, 사유재산제도, 가족제도 등 국가존립의 기반이 되는 제도를 헌법의 수준에서 보장함으로써 당해 제도의 본질을 유지하려는 것

> ☑ **주의**
> 제도보장의 대상이 되는 제도는 역사적으로 형성된 기존의 제도임

2. 법적 성격

(1) 집행권과 사법권은 물론 입법권까지 구속함

(2) 직접적 효력을 가지는 재판규범이나 헌법개정권력을 구속하지는 못함

3. 내용

(1) 최소한 보장의 원칙이 적용되므로 제도의 본질적 내용을 훼손하지 아니하는 범위 내에서 입법자에게 그 제도의 형성권을 폭넓게 인정할 수 있음

(2) 기본권 보장과 제도적 보장

구분	기본권 보장(자유권)	제도적 보장
성질	주관적 공권, 전국가적	객관적 질서, 국가내적
헌법개정권력 구속 여부	구속 ○	구속 ×
보장의 정도	최대한 보장	최소한 보장
재판규범성	인정	
헌법소원 제기	○	×

📑 판례정리

번호	내용	결정
1	제도적 보장은 객관적 제도를 헌법에 규정하여 당해 제도의 본질을 유지하려는 것으로서, 헌법제정권자가 특히 중요하고도 가치가 있다고 인정되고 헌법적으로 보장할 필요가 있다고 생각하는 국가 제도를 헌법에 규정함으로써 장래의 법 발전, 법 형성의 방침과 범주를 미리 규율하려는 데 있다. 헌법에 의하여 일정한 제도가 보장되면 입법자는 그 제도를 설정하고 유지할 입법의무를 지게 될 뿐만 아니라 헌법에 규정되어 있기 때문에 법률로써 이를 폐지할 수 없고 비록 내용을 제한한다고 하더라도 그 본질적 내용을 침해할 수 없다(헌재 1997.4.24. 95헌바48).	합헌
2	지방자치단체의 폐치·분합에 관한 것은 지방자치단체의 자치행정권 중 지역고권의 보장문제이나, 대상지역 주민들은 그로 인하여 인간다운 생활공간에서 살 권리, 평등권, 정당한 청문권, 거주이전의 자유, 선거권, 공무담임권, 인간다운 생활을 할 권리, 사회보장·사회복지수급권 및 환경권 등을 침해받게 될 수도 있다는 점에서 기본권과도 관련이 있어 헌법소원의 대상이 될 수 있다(헌재 1994.12.29. 94헌마201).	기각

2 한국헌법의 기본제도

제3편 통치구조론에서 후술함

제2편
기본권론

제1절 기본권의 성격

1 기본권의 이중적 성격

주관적 공권으로서의 성격과 객관적 가치질서로서의 성격을 지님

2 주관적 공권과 객관적 질서성

주관적 공권	개인이 국가를 상대로 자신의 이익을 위하여 국가의 작위나 부작위를 요구할 수 있는 권리
객관적 질서성	전체 법질서를 지도하는 객관적 질서로서 공동체를 가치지향적으로 형성

📋 **판례정리**

번호	내용	결정
1	직업의 자유 직업의 선택 혹은 수행의 자유는 각자의 생활의 기본적 수요를 충족시키는 방편이 되고, 개성신장의 바탕이 된다는 점에서 주관적 공권의 성격이 두드러지지만, 한편으로는 국민 개개인의 직업의 수행에 의하여 국가의 사회질서와 경제질서가 형성된다는 점에서 사회적 시장경제질서라고 하는 객관적 법질서의 구성요소이다(헌재 1996.8.29. 94헌마113).	기각
2	정치적 기본권 정치적 기본권은 기본권의 주체인 개별 국민의 입장에서 보면 주권적 공권으로서의 성질을 가지지만 국민의 정치적 의사를 국정에 반영하기 위한 객관적 질서로서의 의미를 아울러 가진다(헌재 2004.3.25. 2002헌마710).	기각
3	방송의 자유 방송의 자유의 보호영역에는 주관적 자유권 영역 이외에 그 실현과 행사를 위해 실체적, 조직적, 절차적 형성 및 구체화를 필요로 하는 객관적 규범질서의 영역이 존재한다(헌재 2003.12.18. 2002헌바49).	합헌

제2절 기본권의 주체

1 자연인

1. 국민의 기본권주체성

(1) 기본권 보유능력

민법의 권리능력과 일치하는 것은 아니며(태아), 국민이면 누구나 가짐

(2) 기본권 행사능력

① 헌법 또는 법률의 규정에 따라 달라지며, 민법의 행위능력과 일치 ×(피선거권)

② 헌법에 명문의 규정이 없는 경우 법률로써 제한할 수 있으나, 이때도 과잉금지의 원칙을 준수하여야 함

📑 **판례정리**

번호	내용	결정
1	태아가 생명권의 주체인지 여부: 적극 (헌재 2008.7.31. 2004헌바81)	합헌
2	배아가 기본권의 주체인지 여부: 소극 (헌재 2010.5.27. 2005헌마346) ☑ **비교** 배아생성자는 배아에 대해 자신의 유전자정보가 담긴 신체의 일부를 제공하고, 또 배아가 모체에 성공적으로 착상하여 인간으로 출생할 경우 생물학적 부모로서의 지위를 갖게 되므로, 배아의 관리 또는 처분에 대한 결정권을 가짐. 이러한 배아생성자의 배아에 대한 결정권은 헌법상 명문으로 규정되어 있지는 아니하지만, 헌법 제10조로부터 도출되는 일반적 인격권의 한 유형으로서의 헌법상 권리임	각하
3	[1] 태어난 즉시 '출생등록 될 권리'가 기본권인지 여부: 적극 (헌재 2023.3.23. 2021헌마975) [2] '혼인 중 여자와 남편 아닌 남자 사이에서 출생한 자녀에 대한 생부의 출생신고'를 허용하도록 규정하지 아니한 것이 혼인 외 출생자의 태어난 즉시 '출생등록될 권리'를 침해하는지 여부: 적극 ☑ **주의** 생부의 평등권을 침해하는 것은 아님 ☑ **참고** 대한민국 국민으로 태어난 아동은 태어난 즉시 '출생등록될 권리'를 가진다. 이러한 권리는 '법 앞에 인간으로 인정받을 권리'로서 모든 기본권 보장의 전제가 되는 기본권이므로 법률로써도 이를 제한하거나 침해할 수 없다(대판 2020.6.8. 2020스575).	헌법불합치

2. 외국인의 기본권주체성

(1) 인간으로서의 존엄과 가치 및 행복추구권

(2) 평등권

참정권 등에 대한 성질상의 제한 및 상호주의에 따른 제한이 있을 수 있을 뿐이고, 기본권주체성을 인정함에 아무런 문제가 없음

☑ **주의**

인정은 하되, 상호주의에 따른 제한은 가능

(3) 자유권적 기본권

① 전통적 자유권

　㉠ 원칙적으로 인정됨

　㉡ 입국의 자유는 원칙상 인정 ✕ ⇨ 그러나 입국한 외국인에게는 출국의 자유 보장

　㉢ 변호인의 조력을 받을 권리는 외국인에게 인정됨

② 망명권(정치적 비호청구권)

　㉠ 의의: 자국 또는 체류국가에서 정치적·종교적·사회적·인종적인 이유로 박해를 받을 때, 혹은 받을 염려가 있을 때 피난처를 타 국가에 구할 권리

　㉡ 외국인의 망명권은 헌법상 기본권으로 인정되지 않음 ⇨ 2013년 7월 1일 제정·시행된 난민법에 의해 '난민인정신청권'이 '법률상 권리'로 인정됨

📄 판례정리

번호	내용	결정
1	정치적 피난민에 대한 보호는 소수의 국가가 국내법상으로 보장하고 있을 뿐 우리나라는 이를 보장하는 국내법규가 없으며 개개의 조약을 떠나서 일반국제법상 보장이 확립된 것도 아니다(대판 1984.5.22. 84도39).	기각

(4) 경제적 기본권

① 직업의 자유 중 직장선택의 자유는 인간의 존엄과 가치 및 행복추구권과도 밀접한 관련을 가지는 만큼 … 인간의 권리로 보아야 하므로 외국인도 제한적으로라도 직장선택의 자유를 향유할 수 있음(헌재 2011.9.29. 2007헌마1083).

② 소비자의 권리는 외국인에게도 보장됨

③ 직업의 자유는 원칙적으로 대한민국 국민에게 인정되는 기본권이며, 외국인에게 인정되는 기본권은 아님

(5) 정치적 기본권

① 선거권·피선거권·공무담임권 등 국민의 권리이므로 원칙적으로 외국인에게 인정되지 않음

② 지방의원선거권·지방자치단체장선거권·주민투표권은 일정한 요건을 충족한 외국인에게 인정됨

③ 이때 외국인의 지방선거권은 '법률상의 권리'에 해당함

④ 외국인에게 '피선거권'은 인정하고 있지 않음

(6) 청구권적 기본권

① 청원권·재판청구권·형사보상청구권: 외국인에게도 인정됨

② 범죄피해자국가구조청구권·국가배상청구권: 상호보증이 있는 경우에만 인정됨

(7) 사회적 기본권

① 외국인에게는 원칙적으로 인정되지 않음

> **주의**
> 부모의 자녀교육권, 환경권 및 건강권 등은 인간의 권리로서 제한된 범위 내에서 외국인에게도 인정

② 사회보장을 받을 권리는 상호주의에 따름

📄 판례정리

번호	내용	결정
1	외국인의 근로의 권리 주체성을 부분적으로 인정 기본적 생활수단을 확보하고 인간의 존엄성을 보장받기 위하여 '최소한의 근로조건'을 요구할 수 있는 자유권적 기본권의 성격도 있으므로 외국인 근로자에게도 주체성을 인정함이 타당하다(헌재 2007.8.30. 2004헌마670).	한정적극
2	불법체류 중인 외국인이 기본권주체가 될 수 있는지 여부: **적극** (헌재 2012.8.23. 2008헌마430)	기각

② 법인

1. 인정 여부(헌법재판소)

(1) 우리 헌법은 법인의 기본권향유능력을 인정하는 명문의 규정 ×

(2) 언론·출판의 자유, 재산권의 보장 등과 같이 성질상 법인이 누릴 수 있는 기본권은 당연히 법인에도 적용됨(헌재 1991.6.3. 90헌마56)

2. 유형별 기본권주체성

(1) 권리능력(법인격) 없는 단체

법인 아닌 사단·재단이더라도 대표자의 정함이 있고 독립된 사회적 조직체로서 활동하는 때 성질상 법인이 누리는 기본권을 침해당하면 그의 이름으로 헌법소원심판을 청구할 수 있음(헌재 1991. 6.3. 90헌마56).

> **주의**
> 그의 이름으로 ○ / 법인 대표자의 이름으로 ×

📄 판례정리

번호	내용	결정
1	인천전문대학 기성회 이사회 독립된 별개의 단체가 아니기 때문에 청구인능력 부정(헌재 2010.7.29. 2009헌마149)	각하

2	한국영화인협회 감독위원회 독립된 별개의 단체가 아니기 때문에 청구인능력 부정(헌재 1991.6.3. 90헌마56)	각하
3	대한예수교장로회 총회신학연구원의 청구인적격(헌재 2000.3.20. 99헌바14)	긍정

(2) 외국인과 법인

구분	기본권	외국인	법인
헌법 제10조	인간의 존엄과 가치	○	인격권은 인정 주의 사죄광고사건에서 인격권 주체성은 인정함(헌재 1991.4.1. 89헌마160)
	행복추구권	○	판례가 상반됨
제11조	평등권	○ (일정제한 가능)	○
제12조	신체의 자유	○	×
제13조	이중처벌 금지, 형벌 불소급, 연좌제	○	×
제14조	거주·이전의 자유	입국의 자유 ×, 출국의 자유 ○	○ 주의 기업 영업을 위한 영업소 선정 및 이전
제15조	직업의 자유	제한적 인정	○ 주의 법인은 직업수행의 자유, 즉 영업의 자유의 주체 가능(헌재 1996.3.28. 94헌바42)
제16조	주거의 자유	○	×
제17조	사생활의 비밀과 자유	○	×
제18조	통신의 자유	○	○
제19조	양심의 자유	○	×
제20조	종교의 자유	○	신앙의 자유 ×, 그 외는 인정
제21조	언론·출판·집회· 결사의 자유	○	○
제22조	학문과 예술의 자유	○	예술 창작의 자유 ×, 예술품 판매·전시 ○ 주의 • 대학 그 밖의 연구단체도 학문의 자유의 주체가 될 수 있음 • 헌법재판소도 서울대, 세무대학의 학문의 자유주체성을 인 정하고 있음
제23조	재산권 보장	○	○

제24조	선거권	× (지방선거권은 인정)	×
제25조	공무담임권	외국인도 공무원 가능	×
제26조	청원권	○	○
제27조	재판청구권	○	○
제28조	형사보상청구권	○	×
제29조	국가배상청구권	상호주의	○
제30조	범죄피해자 구조청구권	상호주의	×
제31조	교육을 받을 권리	×	×
제32조	근로의 권리	제한적 인정	×
제33조	근로3권	제한적 인정	제한적 인정
제34조	인간다운 생활권	인정되는 경우가 있음	×

(3) 공법인

원칙적 부정	• 공법인은 원칙적으로는 기본권의 '수범자'로서 기본권의 주체가 되지 못함 • 농지개량조합, 교육위원, 지방자치단체, 지방의회, 국회노동위원회, 직장의료보험조합 및 공단 등의 기본권 주체성 부정
예외적 긍정	• 서울대학교 입시요강사건: 서울대학교가 학문의 자유와 대학의 자율권이라고 하는 기본권의 주체로서 … (헌재 1992.10.1. 92헌마68 · 76). • 텔레비전방송수신료사건: 한국방송공사는 언론자유의 주체로서 방송의 자유를 제대로 향유하기 위하여서는 … (헌재 1999.5.27. 99헌바70). • 세무대학 폐지사건: 국립대학인 세무대학은 공법인으로서 사립대학과 마찬가지로 대학의 자율권이라는 기본권의 보호를 받으므로, … 그러나 대학의 자율성은 그 보호영역이 원칙적으로 당해 대학 자체의 계속적 존립에까지 미치는 것은 아니다. 따라서 세무대학을 폐교한다 해서 세무대학의 자율성이 침해되는 것은 아니다(헌재 2001.2.22. 99헌마613). • 축협중앙회사건: 축협중앙회는 공법인성과 사법인성을 겸유한 특수한 법인으로서 이 사건에서 기본권의 주체가 될 수 있다(헌재 2000.6.1. 99헌마553). • 대통령의 헌법소원사건: 대통령은 소속 정당을 위하여 정당활동을 할 수 있는 사인으로서의 지위와 국민 모두에 대한 봉사자로서 공익실현의 의무가 있는 헌법기관으로서의 지위를 동시에 가지는데, 최소한 전자의 지위와 관련하여 기본권주체성을 갖는다(헌재 2008.1.17. 2007헌마700). • 공법인이나 이에 준하는 지위를 가진 자라 하더라도 공무를 수행하거나 고권적 행위를 하는 경우가 아닌 사경제 주체로서 활동하는 경우나 조직법상 국가로부터 독립한 고유 업무를 수행하는 경우, 그리고 다른 공권력 주체와의 관계에서 지배복종관계가 성립되어 일반 사인처럼 그 지배하에 있는 경우 등에는 기본권을 보호해야 하는 국가적 기능을 담당하고 있다고 볼 수 없기 때문에 기본권 주체가 될 수 있다(헌재 2013.9.26. 2012헌마271).

번호	내용	결정
1	법인이 인격권의 주체가 될 수 있는지 여부: **적극** (헌재 1991.4.1. 89헌마160)	한정위헌
2	정당이 기본권주체가 될 수 있는지 여부: **적극** (헌재 2008.12.26. 2008헌마419) ⊘ **주의** 　등록 취소된 정당에게도 인정됨	적극
3	정당이 생명·신체에 관한 기본권침해를 이유로 헌법소원심판을 청구할 수 있는지 여부: **소극** (헌재 2008.12.26. 2008헌마419)	각하
4	상공회의소가 결사의 자유의 주체가 되는지 여부: **적극** (헌재 2006.5.25. 2004헌가1)	합헌
5	공법상 재단법인이 최다출자자인 방송사업자에게 기본권주체성이 인정되는지 여부: **적극** (헌재 2013.9.25. 2012헌마271)	기각
6	권리능력 없는 사단의 기본권주체성: **적극** 청구인 협회(한국신문편집인협회)는 언론인들의 협동단체로서 법인격은 없으나, 대표자와 총회가 있고, 단체의 명칭, 대표의 방법, 총회운영, 재산의 관리 기타 단체의 중요한 사항이 회칙으로 규정되어 있는 등 사단으로서의 실체를 가진다(헌재 1995.7.21. 95헌마177·199). ⊘ **주의** 　단체 내부의 분과위원회에는 헌법소원능력이 없음	기각
7	공법인이 기본권주체가 될 수 있는지 여부: **소극** (헌재 1994.12.29. 93헌마120) ⊘ **주의** 　공법인은 기본적으로 기본권의 주체가 될 수 없음	각하

제3절 기본권의 효력

1 한국헌법에 있어서 기본권의 제3자적 효력

사인간에 직접적용되는 기본권	헌법상 명문규정은 없지만, 다수설에 따르면 성질상 근로3권은 사용자를 구속하는 효력이 있으므로 사인간에 직접 적용됨
사인간에 적용될 수 없는 기본권	청구권적 기본권(청원권, 재판청구권 등), 사법절차적 기본권(불리한 진술거부권, 변호인의 도움을 받을 권리 등), 참정권, 소급입법에 의한 참정권제한과 재산권박탈금지 등
사인간에 간접적용되는 기본권	평등권, 직업의 자유, 양심의 자유, 사생활의 자유, 종교의 자유 등

2 기본권의 갈등(경합·충돌)

1. 기본권의 경합

(1) 의의

경합	하나의 기본권주체가 국가에 대하여 여러 기본권의 적용을 주장하는 경우
유사경합(부진정경합)	경합한다고 주장하는 기본권이 그 기본권의 보호영역을 벗어난 경우

(2) 해결

① 일반 기본권과 특별 기본권의 관계에 있는 경우

직업선택의 자유와 공무담임권	공무담임권은 직업선택의 자유에 대하여 특별 기본권이어서 … 우선 적용됨(헌재 2000.12.14. 99헌마112·137)
사생활의 비밀과 통신의 비밀의 경합	사생활의 비밀의 특별한 영역으로 통신의 비밀을 규정하고 있다는 점에서 별도로 사생활의 비밀을 침해하는지 여부를 검토할 필요는 없음(헌재 2010.12.28. 2009헌가30)
행복추구권과 개별 기본권의 경합	행복추구권은 보충적 기본권이므로, 공무담임권이라는 우선적으로 적용되는 기본권이 존재하여 그 침해 여부를 판단하는 이상, 행복추구권 침해 여부를 독자적으로 판단할 필요가 없음(헌재 2000.12.14. 99헌마112 등)
일반적 행동자유권과 직업의 자유	직업의 자유와 같은 개별 기본권이 적용되는 경우에는 일반적 행동의 자유는 제한되는 기본권으로서 고려되지 아니함(헌재 2002.10.31. 99헌바76 등)

② 제한(효력) 정도가 다른 기본권간의 경합

최약효력설	효력이 보다 약한 기본권을 우선
최강효력설	효력이 보다 강한 기본권을 우선

☑ **주의**
기본권 경합에 관한 학설대립이지 기본권 충돌에 대한 학설대립이 아님

📋 **판례정리**

번호	내용	결정
1	언론·출판의 자유, 직업선택의 자유 및 재산권의 경합(음란물출판사 등록취소사건) 언론·출판의 자유를 중심으로 해서 이 사건 법률조항이 그 헌법적 한계를 지키고 있는지를 판단하기로 한다(헌재 1998.4.30. 95헌가16).	음란: 합헌 저속: 위헌
2	직업의 자유, 예술의 자유 및 표현의 자유의 경합(학교정화구역 내 극장금지사건) 사안과 가장 밀접한 관계에 있고 침해의 정도가 큰 주된 기본권은 직업의 자유다. 따라서 이를 중심으로 살피는 가운데 표현·예술의 자유의 침해 여부도 부가적으로 살펴보기로 한다(헌재 2004.5.27. 2003헌가1·2004헌가4).	대학: 위헌

선생님 tip 언론출판의 'ㅇ'과 음란물의 'ㅇ' / 극장의 'ㄱ'과 직업의 자유의 'ㅈ'
⇨ 'ㅇ' 'ㅇ' / 'ㄱ' 'ㅈ'으로 외우기

☑ **주의**
사안과 가장 밀접한 관계에 있고 또 침해의 정도가 큰 주된 기본권을 중심으로 판단

③ 제한(효력) 정도가 같은 기본권간의 경합

판례정리

번호	내용	결정
1	직업의 자유와 재산권(경비업자 겸영금지 사건) 직업의 자유와 가장 밀접한 관계에 있다. 따라서 직업의 자유를 제한함에 있어 그 헌법적 한계를 지키는지를 먼저 살핀다(헌재 2002.4.25. 2001헌마614).	위헌
2	양심의 자유와 종교의 자유(양심적 병역거부 사건) 양심적 병역거부가 종교의 교리나 신념에 따른 것이라면, 이 사건 법률조항에 의하여 종교의 자유도 함께 제한된다. 그러나 양심의 자유는 … 포괄적인 기본권이므로, 이하에서는 양심의 자유를 중심으로 살펴보기로 한다(헌재 2004.8. 26. 2002헌가1).	합헌

2. 기본권의 충돌

(1) 의의

서로 다른 기본권주체가 국가에 대하여 각기 대립되는 기본권의 적용을 주장하는 경우

판례정리

번호	내용	결정
1	임신한 여성의 자기결정권과 태아의 생명권 낙태죄 조항은 임신한 여성의 자기결정권을 제한한다. 이러한 임부의 자기결정권은 태아의 생명권과 일응 대립관계에 있으나 직접적인 충돌을 해결해야 하는 사안은 아니다(헌재 2019.4.11. 2017헌바127). ⊘ **주의** 기본권 충돌 사안처럼 보이지만 판례가 기본권 충돌 사안이 아님을 명시하였음	헌법 불합치

(2) 해결

이익형량에 의한 방법	우열, 서열을 전제로 함
규범조화적 해석에 의한 방법	• 상충하는 기본권 모두 최대한으로 조화의 방법을 찾으려 함 • 기본권간의 위계질서를 반드시 전제로 하지 않음 • 과잉금지의 원칙, 대안식 해결방법, 최후수단의 억제방법

판례정리

번호	내용	결정
1	언론의 자유와 인격권(반론권) – 규범조화적 해석에 입각한 판시 모든 권리의 출발점이 동시에 그 구심점을 이루는 인격권이 언론의 자유와 서로 충돌하게 되는 경우에는 헌법을 규범조화적으로 해석하여 이들을 합리적으로 조정하여 조화시키기 위한 노력이 따르지 아니할 수 없다(헌재 1991.9. 16. 89헌마165).	합헌

2	흡연권과 혐연권의 우열관계 – 이익형량에 의한 해결 혐연권이 흡연권보다 상위의 기본권이다. 흡연권은 혐연권을 침해하지 않는 한에서 인정되어야 한다(헌재 2004.8.26. 2003헌마457).	합헌
3	소극적 단결권과 적극적 단결권 – 이익형량에 의한 해결 헌법 제33조 제1항에서 보장된 근로자의 단결권은 단결할 자유만을 가리킬 뿐이고, 이른바 소극적 단결권은 이에 포함되지 않는다. 근로자가 노동조합을 결성하지 아니할 자유나 노동조합에 가입을 강제당하지 아니할 자유 그리고 노동조합을 탈퇴할 자유는 헌법 제10조의 행복추구권에서 파생되는 일반적 행동의 자유 또는 제21조 제1항의 결사의 자유에서 근거를 찾을 수 있다. … 노동조합의 적극적 단결권은 근로자 개인의 단결하지 않을 자유보다 중시되어서 노동조합에 적극적 단결권(조직강제권)을 부여한다 하여 이를 곧바로 근로자의 단결하지 아니할 자유의 본질적인 내용을 침해하는 것으로 단정할 수 없다(헌재 2005.11.24. 2002헌바95 등).	합헌
4	유니온 샵(Union Shop) 협정조항이 소극적 단결권과 개인적 단결권을 침해하는지 여부: 소극 이 사건 법률조항은 단체협약을 매개로 하여 특정 노동조합에의 가입을 강제함으로써 근로자의 단결선택권과 노동조합의 집단적 단결권(조직강제권)이 충돌하는 측면이 있으나, 이러한 조직강제를 적법·유효하게 할 수 있는 노동조합의 범위를 엄격하게 제한하고 지배적 노동조합의 권한남용으로부터 개별근로자를 보호하기 위한 규정을 두고 있는 등 전체적으로 상충되는 두 기본권 사이에 합리적인 조화를 이루고 있다(헌재 2005.11.24. 2002헌바95 등).	합헌
5	사생활의 비밀 또는 자유를 침해할 우려가 있다고 인정되는 개인정보를 비공개대상으로 하는 공공기관의 정보공개에 관한 법률 제9조 제1항 제6호가 알 권리를 침해하는지 여부: 소극 (헌재 2010.12.28. 2009헌바258)	합헌
6	종립학교가 평준화정책에 따라 강제배정된 학생들을 상대로 특정 종교의 교리를 전파하는 종교교육을 실시하는 것이 학생들의 소극적 종교행위의 자유를 침해하는지 여부: 적극 (대판 2010.4.22. 2008다38288 전합)	기각
7	학교정화구역 내 극장금지 사건 [1] 대학 주변 [2] 초·중·고교 및 유치원 주변(헌재 2004.5.27. 2003헌가1)	[1] 위헌 [2] 헌법불합치
8	교원의 교원단체 및 노동조합 가입현황만을 공시하고 개별교원의 노동조합 가입정보는 공시대상에 포함시키고 있지 않는 동법 시행령 제3조 제1항이 학부모의 알 권리를 침해하는지 여부: 소극 (헌재 2011.12.29. 2010헌마293)	기각
9	교육부장관이 이대 로스쿨의 설치인가 중 여성만을 입학자격요건으로 하는 입학전형계획을 인정한 부분이 직업선택의 자유를 침해하는지 여부: 소극 (헌재 2013.5.30. 2009헌마514)	기각
10	변호사들의 인맥지수를 산출하여 공개하는 서비스를 제공하는 행위가 변호사들의 인격권을 침해하는지 여부: 적극 (대판 2011.9.2. 2008다42430)	파기환송

3. 기본권의 경합과 충돌 비교

구분	기본권의 경합	기본권의 충돌
기본권의 주체	단수(동일한 주체)	복수(상이한 주체)
기본권의 수	복수 (상이한 기본권이어야 함)	복수 (상이한 기본권일 필요는 없음, 동일한 기본권간에도 발생)
효력의 상대방	대국가적 효력 (어느 기본권을 우선으로 할 것인가)	대사인적 효력과 대국가적 효력 (누구의 기본권을 우선으로 할 것인가)

해결방법	• 특별법우선의 원칙(법조경합)
	• 최강효력설, 최약효력설
		• 이익형량의 원칙(상위기본권우선, 인격권
		  우선, 자유권우선원칙)
		• 규범조화적 해석의 이론(과잉금지, 대안
		  식 해결, 최후수단의 억제)

성격	기본권의 확장	기본권의 제한

제4절 기본권의 한계와 제한

1 기본권의 내재적 한계(우리 헌법상 내재적 한계의 인정 여부)

우리 헌법은 독일과 달리 일반적 법률유보조항인 제37조 제2항을 두고 있으므로 기본권의 내재적 한계를 별도로 인정할 필요가 없음(다수설)

⊘ 주의
　판례는 내재적 한계를 인정하고 있음

2 헌법유보에 의한 기본권 제한

일반적 헌법유보	헌법이 직접 기본권 '전반'에 대하여 제약을 규정하는 경우 ⊘ 주의 　우리 헌법에는 일반적 헌법유보조항이 없음
개별적 헌법유보	• 헌법이 직접 '특정의' 기본권에 한하여 제약을 규정하는 경우 • 현행헌법상 개별적 헌법유보의 예시 　- 정당의 목적이나 활동에 관한 제한(제8조 제4항) 　- 언론·출판의 사회적 책임의 강조(제21조 제4항) 　- 재산권의 행사의 제약(제23조 제2항) 　- 군인·군무원의 국가배상청구권의 제한(제29조 제2항) 　- 공무원의 근로3권의 제한(제33조 제2항) 　- 주요방위산업체 근로자의 단체행동권의 제한(제33조 제3항)

3 일반적 법률유보조항에 의한 기본권 제한

> 헌법 제37조 ② 국민의 모든 자유와 권리는 <u>국가안전보장·질서유지 또는 공공복리</u>를 위하여 필요한 경우에 한하여 <u>법률로써</u> 제한할 수 있으며, 제한하는 경우에도 <u>자유와 권리의 본질적인 내용을 침해할 수 없다.</u>
>
> ☑ 주의
> - 법률로써의 의미: 법률에 근거하여
> - 본질적 내용 침해 금지: 3차(○) – 7차(×) – 8차(○)

1. 헌법 제37조 제2항이 적용되는 제한의 대상

국민의 '모든' 자유와 권리가 해당됨. 그러나 절대적 기본권(양심형성의 자유, 신앙의 자유)은 그 성질상 제한이 불가능

☑ 주의
양심실현의 자유는 절대적 기본권이 아님

2. 제한의 형식

(1) 법률

① 기본권 제한에 관한 법률유보원칙은 '법률에 의한 규율'을 요청하는 것이 아니라 '법률에 근거한 규율'을 요청하는 것이므로, 기본권 제한에는 법률의 근거가 필요할 뿐이고 기본권 제한의 형식이 반드시 법률의 형식일 필요는 없으므로, 법규명령, 규칙, 조례 등 실질적 의미의 법률을 통해서도 기본권 제한이 가능하다(헌재 2013.7.25. 2012헌마167).

② 기본권제한을 위한 법률은 일반적이고 명확해야 함

📑 **판례정리**

번호	내용	결정
1	처분적 법률에 의한 기본권제한의 가능성 – 예외적 허용 개별사건법률은 개별사건에만 적용되는 것으로 평등원칙에 위배되는 자의적 규정이라는 강한 의심을 불러일으킨다. … 특정규범이 개별사건법률에 해당한다 하여 곧바로 위헌을 뜻하는 것은 아니다. … 이러한 차별적 규율이 합리적인 이유로 정당화될 수 있는 경우에는 합헌적일 수 있다(헌재 1996.2.16. 96헌가2).	합헌
2	탄소중립기본법 제8조 제1항에서 2031년부터 2049년까지의 감축목표에 관하여 대강의 정량적 수준도 규정하지 않은 것은 의회유보원칙을 포함하는 법률유보원칙을 위반한 것이다(헌재 2024.8.29. 2020헌마389).	헌법 불합치

(2) 명령

① 긴급명령·긴급재정경제명령 또는 구체적인 위임명령인 경우 기본권제한이 가능

② 헌법상 위임입법의 형식은 '예시적'이며 '법령보충적 행정규칙'에 의해서도 기본권을 제한할 수 있음 (헌재 2004.10.28. 99헌바91)

(3) 조약과 국제법규

국회의 동의를 거쳐 체결·비준된 조약과 일반적으로 승인된 국제법규도 법률과 동일한 효력을 가지므로(다수설), 이에 의한 기본권제한이 가능

3. 제한의 정도

(1) 과잉금지의 원칙(= 비례의 원칙)

국민의 기본권을 제한함에 있어서 국가작용의 한계를 명시한 것으로서, 다음 중 어느 하나라도 저촉되면 위헌임

개념		국민의 기본권을 제한하는 경우 그 제한은 최소한의 범위 내에서만 허용되며, 보호하려는 공익과 제한되는 기본권 사이에는 합리적인 비례관계가 성립되어야 한다는 원칙
근거		헌법 제37조 제2항: '필요한 경우에 한하여'
내용	목적의 정당성	국민의 기본권을 제한하는 입법은 그 목적이 헌법과 법률의 체계 내에서 정당성을 인정받을 수 있어야 함
	수단의 적합성	• 목적을 달성하는 데 유효한 수단인지의 여부 • 유일한 수단일 것을 요하지 않음: 예컨대 빈대를 잡기 위해 초가삼간을 불태우는 것도 빈대를 잡기 위한 효과적인 수단이 될 수 있다는 점에서 수단의 적합성 원칙에는 부합함. 다만, 최소침해의 원칙에 위배됨 • 수단의 적합성이 부인된 사례: 전관예우를 막기 위한 변호사 개업지 제한, 제대군인 가산점제, 축협의 복수설립조합 금지 등
	침해의 최소성	• 기본권을 제한하는 수단이 입법목적 달성을 위해 효과가 있다 하더라도 보다 완화된 수단이나 방법을 선택해야 함 • 위헌결정이 된 사례의 대부분은 침해의 최소성원칙이 부인된 경우임
	법익의 균형성	1기본권 제한에 의하여 달성하려는 공익과 침해되는 사익을 비교형량할 때, 보호되는 공익이 제한되는 사익에 비하여 더 크거나, 적어도 양자의 균형이 유지되어야 함

📑 **판례정리**

목적의 정당성 부정한 판례

1. 동성동본금혼제도 사건(95헌가6)
2. 혼인빙자간음죄 사건(2008헌바58)
3. 변호사 후방착석요구사건(2016헌마503)
4. 촬영(경찰서조사실)사건(2012헌마652)
5. 노동단체의 정치자금 기부 금지사건(95헌마154)
6. 기초의회의원선거 정당표방 금지사건(2001헌가4)
7. 교원(사립대) 단결권 제한 사건(2015헌가38)
8. 여성만 배우자 직계존·비속의 재산등록사건(2019헌가3)
9. 문화예술인 지원사업 배제 사건(2017헌마416)
10. 긴급조치 제1호, 제2호, 제9호 위헌사건(2010헌바70)
11. 재외국민 선거권 제한사건(2004헌마644)

선생님 tip 동성빙자(하여) 후방촬영노동(하는) 기초교원 여성문화 긴급재외~!!

📑 **판례정리**

수단의 적합성 부정한 판례

1. 세무사자격 변호사를 세무조정업무에서 전면적으로 배제시킨 소득세법(2016헌마116)
2. 상속인의 범위에 상속개시 전에 피상속인으로부터 상속재산가액에 가산되는 재산을 증여받고 상속을 포기한자를 포함하지 않은 상속세법(2003헌바10)
3. 제대군인이 공무원채용시험에서 과목별 만점의 5% 또는 3%를 가산하는 제대군인 지원에 관한 법률(98헌마363)
4. 경찰의 직사살수행위(2015헌마1149)
5. 자도소주 구입명령(96헌가18)
6. 정당에 대한 후원을 금지한 정치자금법(2013헌바168)
7. 변호사시험 성적을 합격자에게 공개하지 않도록 규정한 변호사시험법(2011헌마769)
8. 사죄광고(89헌마160)
9. 공무원이었던 자가 재직 중의 사유로 금고 이상 형을 받으면 퇴직급여 및 퇴직수당 감액하도록 한 공무원연금법(2005헌바33), 같은 취지의 군인연금법도 동일함
10. 공정거래위원회가 사업자단체에 대하여 "법위반사실의 공표"를 명할 수 있도록 한 독점규제 및 공정거래에 관한 법률(2001헌바43)
11. 전문과목을 표시한 치과의원은 그 표시한 전문과목에 해당하는 환자만을 진료하여야 한다고 규정한 의료법(2013헌마799)
12. 학교정화구역에서 당구장을 금지한 학교보건법(대학, 유치원)(94헌마196 등)
13. 변호사의 수형자 접견시 '소송계속 사실 소명자료'를 제출하도록 한 형의 집행 및 수용자의 처우에 관한 법률 시행규칙(2018헌마60)
14. 간통행위를 2년 이하의 징역에 처하도록 규정한 형법(2009헌바17 등)
15. 초·중등 교원은 그 밖의 정치단체의 결성에 관여하거나 가입할 수 없도록 한 국가공무원법(2018헌마551)
16. 인권위원은 퇴직 후 2년간 교육공무원이 아닌 공무원으로 임명되거나 공직선거에 출마할 수 없도록 한 국가인권위원회법(2002헌마788)
17. 사용자가 노동조합의 운영비 원조행위를 부당노동행위로 금지한 '노동조합 및 노동관계조정법'(2012헌바90)
18. 경비업자의 겸영을 금지한 경비업법(2001헌마614).
19. 경찰청장 퇴임후 2년간 정당의 당원이 될 수 없도록 한 경찰법(99헌마135)
20. 국가모독죄(2013헌가20) ⊘ **주의** 국기모독죄는 합헌
21. 임원이 금고 이상의 형을 선고받은 경우 법인의 건설업 등록을 필요적으로 말소하도록 한 건설산업기본법(2013헌바25)
22. 변호사 대가수수 광고 금지한 대한변호사협회의 변호사 광고에 관한 규정(2021헌마619)
23. 임신 32주 이전에 태아의 성별 고지를 금지하는 의료법(2022헌마356 등)
24. 육군훈련소 내 종교행사에 참석하도록 한 행위(2019헌마941)
25. 비례대표 국회의원(지방의원) 선거범죄로 당선무효이면 의석승계 제한사유로 규정한 공직선거법(2007헌마40·2008헌마413)
26. 선거일 180일 전부터 선거일까지 인터넷상 선거와 관련한 정치적 표현 및 선거운동을 금지하고 처벌하는 공직선거법(2007헌마1001)

(2) 본질적 내용침해금지의 원칙 – 본질적 내용보장의 내용(헌법재판소의 태도)

절대설에 입각한 판시	그 침해로 사유재산권이 유명무실해지거나 형해화되어 헌법이 재산권을 보장하는 궁극적인 목적을 달성할 수 없게 되는 지경에 이르는 경우(헌재 1990.9.3. 89헌가95)
상대설에 입각한 판시	생명권에 대한 제한은 곧 생명권의 완전한 박탈을 의미하므로, 비례의 원칙에 따라서 다른 생명 또는 공공의 이익을 보호하기 위한 불가피성이 충족되는 예외적인 경우에만 적용되는 한, 비록 생명을 빼앗는 형벌이더라도 헌법 제37조 제2항 단서에 위반되는 것으로 볼 수는 없음(헌재 1996.11.28. 95헌바1)

4. 제한의 기준(이중기준의 원칙)

구분	경제적 기본권을 제한하는 법률	정신적 자유권을 제한하는 법률
합헌성 추정	합헌성 추정	합헌성 추정 배제
위헌심사기준	완화된 심사기준	엄격한 심사기준
입법형성권의 범위	광범위	축소
합헌적 법률해석가능성	크다	작다

⊘ **주의**
- 정신적 자유권은 원칙적으로 제한되지 않음
- 예외적으로 제한되는 경우에도 그 제한(규제)입법의 합헌성 여부 심사는 경제적 기본권보다 엄격하여야 함

4 특별권력관계와 기본권제한

1. 특별권력관계

의의	법규정이나 당사자의 동의 등 특별한 법적 원인에 의거하여 행정주체와 국민 일부간에 성립하는 관계
예시	• 국가와 공무원(복종관계) • 국·공립학교와 재학생(재학관계) • 교도소와 수형자(수감관계) • 국·공립공원과 이용자(이용관계) • 국·공립병원과 전염병환자의 관계(입원관계) 등

2. 특별권력관계에서의 기본권제한 허용 여부

기본권제한이 허용됨. 다만, 특별권력관계에도 법치주의가 적용되므로, 행정주체가 자의적으로 기본권을 제한할 수 없음

3. 기본권제한의 형식

(1) 헌법에 의한 제한[특별권력관계가 법률에 의하여 강제적으로 성립된 경우(군복무관계, 수감관계 등)]

① 공무원의 근로3권 제한(제33조 제2항)

국가공무원법 제66조 제1항과 지방공무원법 제58조 제1항	공무원은 노동운동 기타 공무 이외의 일을 위한 집단적 행위를 하여서는 아니 된다. 다만, 사실상 노무에 종사하는 공무원은 예외로 한다.
공무원의 노동조합 설립 및 운영 등에 관한 법률	공무원 등의 경우도 단결권과 단체교섭권을 행사할 수 있다. ⊘ 주의 단체행동권은 행사 불가

② 군인·군무원·경찰공무원 등의 국가배상청구권 제한(제29조 제2항)

③ 군인·군무원의 군사법원 관할과 비상계엄하의 일정 범죄에 대한 단심제(제27조 제2항, 제110조 제4항)

⊘ 주의
단, 사형선고는 제외

④ 군인의 국무총리·국무위원 임명 제한(제86조 제3항, 제87조 제4항)

(2) 법률 규정에 의한 직접제한[당사자간 합의에 따라 성립한 경우(공무원복무관계, 대학생의 재학관계 등)]

① 공무원의 정당가입과 정치적 활동의 제한(정당법, 국가공무원법 등)

② 공무원이 대통령이나 국회의원에 입후보하기 위해서는 일정한 기간 이전에 사임을 요구하는 것(공직선거법 제53조)

③ 국·공립학교의 학생, 수형자, 입원 중인 전염병환자 등의 기본권제한 특례(교육기본법, 형의 집행 및 수용자의 처우에 관한 법률, 감염병의 예방 및 관리에 관한 법률 등)

④ 군인·군무원 등의 거주·이전의 자유의 제한, 표현의 자유의 제한, 청원권의 제한, 영업의 자유의 제한, 계약의 자유의 제한, 제복의 착용 등

(3) 법률의 위임에 따른 명령에 의한 제한

비상사태의 경우 긴급명령·긴급재정경제명령 또는 특별한 조치로써 기본권을 제한할 수 있음

📑 **판례정리**

번호	내용	결정
1	미결수용자의 종교행사 참석 불허: 적극 (헌재 2011.12.29. 2009헌마527)	위헌
2	미결수용자의 종교행사를 4주에 1회, 일요일이 아닌 요일에 실시한 행위: 소극 (헌재 2015.4.30. 2013헌마190)	기각
3	미결수용자의 종교행사 참여를 실질적으로 연간 1회로 참석 제한한 행위: 적극 (헌재 2014.6.26. 2012헌마782)	위헌
4	미결수용자의 변호인과의 서신 검열: 적극 (헌재 1995.7.21. 92헌마144)	위헌
5	미결수용자의 변호사 아닌 자와의 서신 검열: 소극 (헌재 1995.7.21. 92헌마144)	기각
6	금치처분 받은 수형자의 집필행위 금지: 적극 (헌재 2005.2.24. 2003헌마289)	위헌

7	수용자가 작성한 집필문의 외부반출 규정 [1] 수용자가 작성한 집필문의 외부반출을 규정한 '형의 집행 및 수용자의 처우에 관한 법률'(2007.12.21. 법률 제8728호로 개정된 것) 제49조 제3항의 "문서"에 관한 부분 중 제43조 제5항 제4호 내지 제7호에 관한 부분이 명확성 원칙에 위배되는지 여부: 소극 [2] 심판대상조항이 수용자의 통신의 자유를 침해하는지 여부: 소극 (헌재 2016.5.26. 2013헌바98)	위헌
8	금치처분 받은 수형자의 운동 금지: 적극 (헌재 2004.12.16. 2002헌마478)	위헌
9	금치처분 받은 수형자의 접견·서신수발 금지: 소극 (헌재 2004.12.16. 2002헌마478)	기각
10	수용자의 서신 검열: 적극 (헌재 2012.2.23. 2009헌마333)	위헌
11	수용자의 접촉차단시설이 설치된 장소에서의 변호사 접견: 적극 (헌재 2013.8.29. 2011헌마122)	헌법불합치
12	수용자 부재시 교도소 거실 및 작업장 검사: 소극 (헌재 2011.10.25. 2009헌마691)	기각
13	구치소의 수용자 거실 내 CCTV 설치: 소극 (헌재 2011.9.29. 2010헌마413)	기각
14	구치소 안에서 재소자용 의류착용 강제: 소극 (헌재 1999.5.27. 97헌마137 등)	기각
15	엄중격리대상자의 수용거실에 CCTV 설치: 소극 (헌재 2008.5.29. 2005헌마137)	기각
16	엄중격리대상자 이동시 계구 사용·교도관의 동행계호 및 1인 운동장을 사용: 소극 (헌재 2008.5.29. 2005헌마137)	기각
17	구치소 밖에서 재소자용 의류착용 강제(미결수용자): 적극 (헌재 1999.5.27. 97헌마137)	위헌
18	외부 재판에 출정시 수용자에 대한 운동화착용불허행위: 소극 (헌재 2011.2.24. 2009헌마209)	기각

4. 특별권력관계와 사법적 통제(전면적 긍정설)

대법원	특별권력관계에서도 위법·부당한 특별권력의 발동으로 인하여 권리를 침해당한 자는 그 위법·부당한 처분의 취소를 구할 수 있음(대판 1982.7.27. 80누86)
헌법재판소	특별권력관계에서도 행정청의 위법한 처분 또는 공권력의 행사·불행사 등으로 인하여 권리 또는 법적 이익을 침해당한 자는 행정소송 등에 의하여 그 위법한 처분 등의 취소를 구할 수 있음(헌재 1995.12.28. 91헌마80)

제5절 기본권의 침해와 구제

1 국가의 기본권보호의무

> 헌법 제10조 모든 국민은 인간으로서의 존엄과 가치를 가지며, 행복을 추구할 권리를 가진다. 국가는 개인이 가지는 불가침의 기본적 인권을 확인하고 이를 보장할 의무를 진다.

1. 기본권보호의무

(1) 기본권적 법익을 기본권주체인 사인에 의한 위법한 침해 또는 침해의 위험으로부터 보호하여야 하는 국가의 의무

(2) 국가의 기본적 인권에 대한 소극적 침해금지의무와 적극적 실현의무를 포함함

(3) 입법자의 입법행위를 통해 비로소 실현됨

(4) 주로 사인인 제3자에 의한 개인의 생명이나 신체의 훼손에서 문제됨

2. 심사기준 – 과소보호금지원칙

최소 적절하고 효율적인 최소한의 보호조치를 취하지 않았는지를 기준으로 심사함

📑 **판례정리**

번호	내용	결정
1	헌법 제10조 제2문은 "국가는 개인이 가지는 불가침의 기본적 인권을 확인하고 이를 보장할 의무를 진다."고 규정함으로써, 소극적으로 국가권력이 국민의 기본권을 침해하는 것을 금지하는 데 그치지 아니하고, 나아가 적극적으로 국민의 기본권을 타인의 침해로부터 보호할 의무를 부과하고 있다. 이러한 국가의 기본권 보호의무로부터 국가 자체가 불법적으로 국민의 생명권, 신체의 자유 등 기본권을 침해하는 경우 그에 대한 손해배상을 해주어야 할 국가의 작위의무가 도출된다고 볼 수 있다(헌재 2015.10.21. 2014헌마456).	각하
2	대한민국 국민으로 태어난 아동은 태어난 즉시 '출생등록될 권리'를 가지는지 여부: 적극 현대사회에서 개인이 국가가 운영하는 제도를 이용하려면 주민등록과 같은 사회적 신분을 갖추어야 하고, 사회적 신분의 취득은 개인에 대한 출생신고에서부터 시작한다. 대한민국 국민으로 태어난 아동은 태어난 즉시 '출생등록될 권리'를 가진다. 이러한 권리는 '법 앞에 인간으로 인정받을 권리'로서 모든 기본권 보장의 전제가 되는 기본권이므로 법률로써도 이를 제한하거나 침해할 수 없다(대결 2020.6.8. 2020스575).	파기환송
3	민법 제762조에 의한 태아의 손해배상청구권을 살아서 출생한 태아에게만 인정하는 것이 국가의 기본권보호의무를 위반한 것인지 여부: 소극 (헌재 2008.7.31. 2004헌바81)	합헌
4	국가의 기본권보호의무 위배 여부에 대한 심사기준 – 과소보호금지원칙(헌재 1997.1.16. 90헌마110·136)	기각

5	교통사고처리 특례법 제4조 제1항 본문 중 업무상 과실 또는 중대한 과실로 인한 교통사고로 말미암아 피해자로 하여금 '중상해'에 이르게 한 경우에 공소를 제기할 수 없도록 규정한 부분이 기본권보호의무에 위배되는지 여부: **소극** (헌재 2009.2.26. 2005헌마764)	위헌
6	태평양전쟁 전후 강제동원된 자 중 국외 강제동원자에 대해서만 의료지원금을 지급하도록 규정하고 있는 이 사건 법률조항이 국민에 대한 국가의 기본권보호의무에 위배되는지 여부: **소극** (헌재 2011.2.24. 2009헌마94)	기각
7	미국산 쇠고기 수입의 위생조건에 관한 고시가 국민의 생명·신체의 안전에 관한 기본권보호의무 위반인지 여부: **소극** (헌재 2008.12.26. 2008헌마419·423·436)	정당: 각하 소비자: 기각
8	국가는 흡연의 폐해로부터 국민의 건강을 보호하여야 할 의무가 있음에도 불구하고 국가가 담배사업법을 통하여 담배의 제조 및 판매를 허용하고 보장하는 것이 국가의 기본권보호의무를 위반하여 청구인의 생명·신체의 안전에 관한 권리를 침해하는지 여부: **소극** (헌재 2015.4.30. 2012헌마38)	기각
9	밀집사육시설인 이른바 '공장식 축산'을 허용하고 그에 대한 절차 및 기준을 규정하고 있는 축산법 제22조 등이 국민의 생명·신체의 안전에 대한 국가의 보호의무에 위배되는지 여부: **소극** (헌재 2015.9.24. 2013헌마384)	기각
10	한국식품위생연구원과 한국보건의료관리연구원을 통폐합하여 한국보건산업진흥원을 설립하면서, 재산승계는 법률로 규정하고 있으면서도 고용승계는 법률로 규정하지 아니한 것이 사용자에 의한 해고로부터 근로자를 보호할 국가의 의무에 위배되는지 여부: **소극** (헌재 2002.11.28. 2001헌바50)	합헌
11	일반인의 방사선 피폭선량 한도를 정한 원자력안전법 시행령 중 일반인 부분 및 식품의 기준 및 규격 방사능 기준이 국가의 기본권보호의무를 위반하였는지 여부: **소극** (헌재 2015.10.21. 2012헌마89 등)	기각
12	선거운동 과정에서 후보자들이 확성장치를 사용할 수 있도록 허용하면서도 그로 인한 소음의 규제기준을 정하지 아니한 공직선거법 제79조 제3항 제2호가 기본권보호의무를 위반하였는지 여부: **적극** (헌재 2019.12.27. 2018헌마730)	헌법불합치
13	탄소중립기본법 제8조 제1항은 2031년부터 2049년까지의 감축목표에 관하여 그 정량적 수준을 어떤 형태로도 제시하지 않았다는 점에서 과소보호금지원칙을 위반하였다(헌재 2024.8.29. 2020헌마389 등).	헌법불합치

2 기본권의 침해와 구제

1. 입법기관에 의한 침해와 구제

(1) 적극적 입법에 의한 침해와 구제

사전구제	• 원칙적으로 추상적 규범통제는 인정되지 않음 • 대통령의 법률안거부권의 행사 • 국민의 청원 • 국가인권위원회에 의한 권고 **⊘ 주의** 입법과정 중에 있는 법령안에 대해서도 필요한 권고 또는 의견표명 가능(국가인권위원회법 제19조)

<table>
<tr><td rowspan="2">사후구제</td><td>
• 구체적 규범통제로서 법률의 위헌심판제도
• 법률에 대한 헌법소원심판
• 국민의 청원
• 국가인권위원회에 의한 권고(국가인권위원회법 제19조)
</td></tr>
<tr><td>

• 국가인권위원회는 법률구조요청을 피해자가 명시한 의사에 반하여 할 수 없음
• 국가인권위원회의 진정 또는 각하: 헌법소원 ✕, 항고소송 ○
• 국가인권위원회 진정에 대한 조사, 조정, 심의: 비공개로 진행
</td></tr>
</table>

(2) 입법부작위에 의한 침해와 구제

① 입법부작위

단순 입법부작위	• 단순히 입법을 하지 않고 있는 경우 • 입법자의 입법형성의 자유에 따라 기본권침해문제가 발생하지 않음
진정 입법부작위	• 헌법에서 기본권 보장을 위해 법률에 명시적으로 입법위임을 하였음에도 불구하고 입법자가 이를 이행하지 않고 있는 경우 • 헌법해석상 특정인의 기본권을 보호하기 위한 국가의 입법의무가 발생하였음이 명백함에도 불구하고 입법자가 아무런 입법조치를 취하지 않고 있는 경우(헌재 2003.5.15. 2000헌마192 등) **주의** 법원은 헌법재판소에 진정입법부작위 제청을 할 수 없음
부진정 입법부작위	• 국회가 어떤 법률을 제·개정하였지만 그 법률이 불완전·불충분하게 규정된 경우 • 그 불완전한 법규 자체를 대상으로 적극적인 헌법소원을 청구, 입법부작위를 헌법소원의 대상으로 삼을 수는 없음(헌재 1999.1.28. 97헌마9)

② 침해: 진정입법부작위와 부진정입법부작위에 의해 기본권 침해가 발생

③ 구제

구제	진정입법부작위	부진정입법부작위
청원권 행사	입법제정청원	입법개폐청원
위헌법률심판	위헌법률심판대상은 법률이므로 입법부작위를 대상으로 할 수 없음	• 불완전한 법률 자체가 재판의 전제가 된 경우에 가능함 • 헌법재판소법 제68조 제2항의 위헌소원도 가능함(위헌제청신청이 기각된 경우)
헌법소원심판	공권력의 불행사에 해당하므로 입법부작위를 대상으로 헌법소원이 가능	법률이 직접 기본권을 침해하는 경우에 법률 자체를 직접 대상으로 헌법소원이 가능 (적극적인 헌법소원 또는 법률헌법소원)
제소기간 제한	없음	있음(90일, 1년)

2. 행정기관에 의한 침해와 구제

(1) 침해

위헌적 법령에 의한 기본권침해	행정기관이 위헌적 법령을 그대로 집행하는 경우
위헌적 적용에 의한 기본권침해	행정기관이 법령의 해석·적용을 잘못하는 경우
적극적 행정행위에 의한 기본권침해	행정기관이 적극적으로 헌법·법령에 위반되는 행위를 함으로써 기본권을 침해하는 경우
행정부작위에 의한 기본권침해	소극적으로 헌법·법률을 집행하지 않음으로써 기본권을 침해하는 경우

(2) 구제

행정기관에 의한 구제	• 청원(헌법 제26조) • 행정심판(헌법 제107조 제3항, 행정심판법 제1조) • 형사보상제도(헌법 제28조) ⇨ 형사피의자로 구금되었던 자가 불기소 처분을 받은 경우 • 행정상의 손해배상제도
법원에 의한 구제	• 행정소송 • 명령·규칙심사제도(헌법 제107조 제2항)
헌법재판소에 의한 구제	헌법소원
국가인권위원회에 의한 구제	시정에 의한 권고에 그치기 때문에 구속력이 존재하지는 않음 ☐ **주의** 헌법에 인권보호위원회에 관한 명문의 규정은 없음

3. 사법기관에 의한 침해와 구제

침해	피고인의 권리를 침해하거나 국민의 재판을 받을 권리를 침해하는 경우
구제	• 상소·재심·비상상고 등을 통한 상급법원에 재심사청구 • 형사보상청구: 형사피고인으로서 구금되었던 자가 무죄판결을 받은 경우 • 헌법소원청구: 헌법재판소가 위헌이라고 결정한 법률을 적용하여 기본권을 침해한 재판의 경우 • 대통령의 사면권행사

4. 국가인권위원회에 의한 구제

(1) 의의

① 국가인권위원회는 국가기관에 의하여 기본권을 침해당한 경우와 사인에 의한 차별행위에 대한 침해를 보호하는 기능을 함

② 국가인권위원회는 독립위원회에 해당함

(2) 적용범위

☐ **주의 국가인권위원회법**
- 국가인권위원회법에서 보호하고자 하는 인권에는 헌법 및 법률에서 보장하는 인권뿐만 아니라 대한민국이 가입·비준한 국제인권조약 및 국제관습법에서 인정하는 인권도 포함
- 개정법에서는 성희롱 행위도 남녀차별행위로 인정함으로써 조사 및 구제대상에 포함시킴
- 한국인은 물론이고, 대한민국의 영역 안에 있는 외국인에 대해서도 국가인권위원회법이 적용됨

국가인권위원회법 제2조 【정의】 이 법에서 사용하는 용어의 뜻은 다음과 같다.

1. '인권'이라 함은 대한민국헌법 및 법률에서 보장하거나 대한민국이 가입·비준한 국제인권조약 및 국제관습법에서 인정하는 인간으로서의 존엄과 가치 및 자유와 권리를 말한다.

3. '평등권침해의 차별행위'란 … 다음 각 목의 어느 하나에 해당하는 행위를 말한다. 다만, 현존하는 차별을 없애기 위하여 특정한 사람(특정한 사람들의 집단을 포함한다. 이하 이 조에서 같다)을 잠정적으로 우대하는 행위와 이를 내용으로 하는 법령의 제정·개정 및 정책의 수립·집행은 평등권침해의 차별 행위(이하 '차별 행위'라 한다)로 보지 아니한다.

　가. 고용(모집, 채용, 교육, 배치, 승진, 임금 및 임금 외의 금품 지급, 자금의 융자, 정년, 퇴직, 해고 등을 포함한다)과 관련하여 특정한 사람을 우대·배제·구별하거나 불리하게 대우하는 행위

　나. 재화·용역·교통수단·상업시설·토지·주거시설의 공급이나 이용과 관련하여 특정한 사람을 우대·배제·구별하거나 불리하게 대우하는 행위

　다. 교육시설이나 직업훈련기관에서의 교육·훈련이나 그 이용과 관련하여 특정한 사람을 우대·배제·구별하거나 불리하게 대우하는 행위

　라. 성희롱행위

제4조 【적용범위】 이 법은 대한민국 국민과 대한민국의 영역에 있는 외국인에 대하여 적용한다.

(3) 국가인권위원회의 구성과 운영

국가인권위원회법 제3조 【국가인권위원회의 설립과 독립성】 ① 이 법이 정하는 인권의 보호와 향상을 위한 업무를 수행하기 위하여 국가인권위원회(이하 '위원회'라 한다)를 둔다.

② 위원회는 그 권한에 속하는 업무를 독립하여 수행한다.

⊘ 주의
독립하여 ○ / 대통령 소속 ✕

제5조 【위원회의 구성】 ① 위원회는 위원장 1명과 상임위원 3명을 포함한 11명의 인권위원(이하 '위원'이라 한다)으로 구성한다.

선생님 tip 인권위원회니까 人 ⇨ 11명(모양이 비슷, 두 사람이 서로 기대고 있는 모습)

② 위원은 다음 각 호의 사람을 대통령이 임명한다.

1. 국회가 선출하는 4명(상임위원 2명을 포함한다)

2. 대통령이 지명하는 4명(상임위원 1명을 포함한다)

3. 대법원장이 지명하는 3명

③ 위원은 인권문제에 관하여 전문적인 지식과 경험이 있고 인권의 보장과 향상을 위한 업무를 공정하고 독립적으로 수행할 수 있다고 인정되는 사람으로서 다음 각 호의 어느 하나에 해당하는 자격을 갖추어야 한다.

④ 국회, 대통령 또는 대법원장은 다양한 사회계층으로부터 후보를 추천받거나 의견을 들은 후 인권의 보호와 향상에 관련된 다양한 사회계층의 대표성이 반영될 수 있도록 위원을 선출·지명하여야 한다.

⑤ 위원장은 위원 중에서 대통령이 임명한다. 이 경우 위원장은 국회의 인사청문을 거쳐야 한다.

⊘ 주의
국가인권위원회 위원장은 인사청문 대상이나 국민권익위원회 위원장은 인사청문 대상이 아님

⑥ 위원장과 상임위원은 정무직공무원으로 임명한다.

⑦ 위원은 특정 성(性)이 10분의 6을 초과하지 아니하도록 하여야 한다.

⊘ 주의
특정 성(性)일 뿐 여성 또는 남성으로 규정한 것은 아님

⑧ 임기가 끝난 위원은 후임자가 임명될 때까지 그 직무를 수행한다.

제14조【의사의 공개】 위원회의 의사는 공개한다. 다만, 위원회, 상임위원회 또는 소위원회가 필요하다고 인정하면 공개하지 아니할 수 있다.

> ⊘ **주의**
> 국가인권위원회의 의사는 공개가 원칙이나, 진정은 비공개가 원칙임

📑 **판례정리**

번호	내용	결정
1	국가인권위원회위원의 퇴직 후 2년간 공직취임 및 선거출마금지가 공무담임권 등을 침해하는지 여부: 적극 (헌재 2004.1.29. 2002헌마788)	위헌

(4) 국가인권위원회의 조사대상

국가인권위원회법 제30조【위원회의 조사대상】 ① 다음 각 호의 어느 하나에 해당하는 경우에 인권침해나 차별행위를 당한 사람(이하 '피해자'라 한다) 또는 그 사실을 알고 있는 사람이나 단체는 위원회에 그 내용을 진정할 수 있다.

　1. 국가기관, 지방자치단체, 초·중등교육법 제2조, 고등교육법 제2조와 그 밖의 다른 법률에 따라 설치된 각급 학교, 공직자윤리법 제3조의2 제1항에 따른 공직유관단체 또는 구금·보호시설의 업무수행(국회의 입법 및 법원·헌법재판소의 재판은 제외한다)과 관련하여 대한민국헌법 제10조부터 제22조까지의 규정에서 보장된 인권을 침해당하거나 차별행위를 당한 경우

　2. 법인, 단체 또는 사인(私人)으로부터 차별행위를 당한 경우

③ 위원회는 제1항의 진정이 없는 경우에도 인권침해나 차별행위가 있다고 믿을 만한 상당한 근거가 있고 그 내용이 중대하다고 인정할 때에는 이를 직권으로 조사할 수 있다.

> ⊘ **주의**
> • 자기관련성을 요하지 않음
> • 국가인권위원회는 직권 조사도 가능함

제35조【조사 목적의 한계】 ① 위원회는 조사를 할 때에는 국가기관의 기능 수행에 지장을 주지 아니하도록 유의하여야 한다.

② 위원회는 개인의 사생활을 침해하거나 계속 중인 재판 또는 수사 중인 사건의 소추(訴追)에 부당하게 관여할 목적으로 조사를 하여서는 아니 된다.

제40조【합의의 권고】 위원회는 조사 중이거나 조사가 끝난 진정에 대하여 사건의 공정한 해결을 위하여 필요한 구제 조치를 당사자에게 제시하고 합의를 권고할 수 있다.

제49조【조사와 조정 등의 비공개】 위원회의 진정에 대한 조사·조정 및 심의는 비공개로 한다. 다만, 위원회의 의결이 있을 때에는 이를 공개할 수 있다.

📑 **판례정리**

번호	내용	결정
1	국가인권위원회의 조사대상에서 법원의 재판을 제외시키는 것이 위헌인지 여부: 소극 (헌재 2004.8.26. 2002헌마302)	기각

2	국가인권위원회의 공정한 조사를 받을 권리는 헌법상 인정되는 기본권인지 여부: **소극** (헌재 2012.8.23. 2008헌마430)	기각
3	국가인권위원회의 진정에 대한 결정이 헌법소원의 대상인지 여부: **소극** [판례변경] 진정에 대한 국가인권위원회의 각하 및 기각결정은 피해자인 진정인의 권리행사에 중대한 지장을 초래하는 것으로서 항고소송의 대상이 되는 행정처분에 해당하므로, 그에 대한 다툼은 우선 행정심판이나 행정소송에 의하여야 할 것이다. 결국 이 사건 심판청구는 보충성요건을 충족하지 못하였다(헌재 2015.3.26. 2013헌마214). ⊘ **주의** 행정심판이나 행정소송 등 사전구제절차 없이 청구된 헌법소원심판은 보충성 요건을 충족하지 못하여 부적법함	각하

(5) 국가인권위원회의 권한

> 국가인권위원회법 제24조 【시설의 방문조사】 ① 위원회(상임위원회 및 소위원회를 포함한다)는 필요하다고 인정하면 그 의결로써 구금·보호시설을 방문하여 조사할 수 있다.
>
> 제25조 【정책과 관행의 개선 또는 시정권고】 ① 위원회는 인권의 보호와 향상을 위하여 필요하다고 인정하면 관계기관 등에 정책과 관행의 개선 또는 시정을 권고하거나 의견을 표명할 수 있다.
> ② 제1항에 따라 권고를 받은 관계기관 등의 장은 그 권고사항을 존중하고 이행하기 위하여 노력하여야 한다.
> ③ 제1항에 따라 권고를 받은 관계기관 등의 장은 권고를 받은 날부터 90일 이내에 그 권고사항의 이행계획을 위원회에 통지하여야 한다.
> ④ 제1항에 따라 권고를 받은 관계기관 등의 장은 그 권고의 내용을 이행하지 아니할 경우에는 그 이유를 위원회에 통지하여야 한다.
> ⑤ 위원회는 제1항에 따른 권고 또는 의견의 이행실태를 확인·점검할 수 있다.
> ⑥ 위원회는 필요하다고 인정하면 제1항에 따른 위원회의 권고와 의견 표명, 제4항에 따라 권고를 받은 관계기관 등의 장이 통지한 내용 및 제5항에 따른 이행실태의 확인·점검 결과를 공표할 수 있다.
>
> 제28조 【법원 및 헌법재판소에 대한 의견 제출】 ① 위원회는 인권의 보호와 향상에 중대한 영향을 미치는 재판이 계속 중인 경우 법원 또는 헌법재판소의 요청이 있거나 필요하다고 인정할 때에는 법원의 담당 재판부 또는 헌법재판소에 법률상의 사항에 관하여 의견을 제출할 수 있다.
> ② 제4장 및 제4장의2에 따라 위원회 또는 제50조의3 제1항에 따른 군인권보호위원회가 조사하거나 처리한 내용에 관하여 재판이 계속 중인 경우 위원회는 법원 또는 헌법재판소의 요청이 있거나 필요하다고 인정할 때에는 법원의 담당 재판부 또는 헌법재판소에 사실상 및 법률상의 사항에 관하여 의견을 제출할 수 있다.
> ⊘ **주의**
요청이 있을 때에만 의견을 제출할 수 있는 것이 아님
>
> 제29조 【보고서 작성 등】 ① 위원회는 해마다 전년도의 활동 내용과 인권 상황 및 개선 대책에 관한 보고서를 작성하여 대통령과 국회에 보고하여야 한다. 이 경우 보고서에는 군 인권 관련 사항을 포함하여야 한다.

제1절 인간의 존엄과 가치

> 헌법 제10조 모든 국민은 인간으로서의 존엄과 가치를 가지며, 행복을 추구할 권리를 가진다. 국가는 개인이 가지는 불가침의 기본적 인권을 확인하고 이를 보장할 의무를 진다.

1 의의

연혁	제5차 개헌(1962년) 이래로 인정하고 있음
법적 성격	• 객관적 공권성(헌법의 기본이념)뿐만 아니라 주관적 공권성을 가짐 • 최고규범성

주체	• 국민과 외국인
	• 태아도 수태의 순간부터 적용
	• 사자(死者)는 원칙적 부정 × ⇨ 단, 예외적 인정(사체를 산업용으로 이용하는 경우 등)
	• 그러나 법인에는 적용되지 않음
	  ☑ 주의
	    법인은 인격권의 주체는 될 수 있으나, 인간의 존엄과 가치의 주체는 될 수 없음

📄 **판례정리**

번호	내용	결정
1	교도소수용자에게 상시적으로 양팔을 사용할 수 없도록 금속수갑과 가죽수갑을 착용하게 한 것이 인간의 존엄과 가치를 침해하는지 여부: 적극 (헌재 2003.12.18. 2001헌마163) ☑ 비교 교도소로 이송함에 있어 4시간 정도에 걸쳐 포승과 수갑 2개를 채운 행위가 청구인의 신체의 자유 및 인격권을 침해하지 않음(헌재 2012.7.26. 2011헌마426)	위헌
2	원폭피해자인 한국인의 분쟁해결절차로 나아가지 않은 외교부의 부작위가 인간으로서의 존엄과 가치를 침해하여 위헌인지 여부: 적극 (헌재 2011.8.30. 2008헌마648)	인용
3	일본군 위안부피해자의 분쟁해결절차로 나아가지 않은 외교부의 부작위가 일본군 위안부피해자들의 인간으로서의 존엄과 가치를 침해하여 위헌인지 여부: 적극 (헌재 2011.8.30. 2006헌마788)	인용
4	구치소 내 과밀수용행위가 수형자인 청구인의 인간의 존엄과 가치를 침해하는지 여부: 적극 (헌재 2016.12.29. 2013헌마142)	인용 (위헌확인)
5	교도소 수용거실에 조명을 켜 둔 행위가 청구인의 인간으로서의 존엄과 가치 등 기본권을 침해하는지 여부: 소극 (헌재 2018.8.30. 2017헌마440)	기각

6	국가 등의 양로시설 등에 입소하는 국가유공자에게 부가연금, 생활조정수당 등의 지급을 정지하는 것이 인간의 존엄과 가치를 침해하는지 여부: 소극 (헌재 2000.6.1. 98헌마216)	기각
7	근로자의 날을 관공서의 공휴일에 포함시키지 않고 있는 관공서의 공휴일에 관한 규정이 청구인의 평등권, 인간으로서의 존엄과 가치를 침해하는지 여부: 소극 (헌재 2015.5.28. 2013헌마343)	기각

2 인격권

1. 헌법적 근거 – 헌법 제10조

2. 인격권의 주체 – 원칙적으로 자연인(외국인 포함), 법인도 될 수 있음

헌법재판소는 "법인도 법인의 목적과 사회적 기능에 비추어 볼 때 그 성질에 반하지 않는 범위 내에서 인격권의 한 내용인 사회적 신용이나 명예 등의 주체가 될 수 있고 …."라고 하여 법인의 인격권주체성을 인정함(헌재 2012.8.23. 2009헌가27)

3. 내용

명예권·초상권·성명권·성격권 등이 있음

4. 제한

인격권도 헌법 제37조 제2항에 따라 법률로 제한할 수 있음. 그러나 그 본질적 내용은 침해할 수 없으며 과잉금지의 원칙을 준수하여야 함

📑 **판례정리**

번호	내용	결정
1	현행범으로 체포된 피의자에 대한 알몸신체검사가 위헌인지 여부: 적극 (헌재 2002.7.18. 2000헌마327)	위헌
2	미결수에게 재소자용 의류를 입게 하여 재판을 받게 한 행위가 위헌인지 여부: 적극 비례원칙에 위반되는 것으로서 무죄추정의 원칙에 반하고 인간으로서의 존엄과 가치에서 유래하는 인격권과 행복추구권, 공정한 재판을 받을 권리를 침해하는 것이다(헌재 1999.5.27. 97헌마137 등).	위헌
3	차폐시설이 불충분하고 냄새가 유출되는 유치장 내 화장실사용 강제행위가 인격권 침해인지 여부: 적극 (헌재 2001.7.19. 2000헌마546)	위헌
4	보험회사를 상대로 소송을 제기한 교통사고 피해자들의 장해 정도에 관한 증거자료를 수집할 목적으로 보험회사의 직원이 피해자들의 일상생활을 촬영한 행위가 초상권을 침해하는지 여부: 적극 초상권 및 사생활의 비밀과 자유를 침해하는 불법행위에 해당한다(대판 2006.10.13. 2004다16280).	파기환송

5	태아의 성별을 고지하는 것을 금지하는 것이 부모의 태아성별정보에 대한 접근을 방해받지 않을 권리를 침해하는지 여부: 적극 이 사건 규정은 일반적 인격권으로부터 나오는 부모의 태아성별정보에 대한 접근을 방해받지 않을 권리를 제한하고 있다. … 낙태가 사실상 불가능하게 되는 임신 후반기에 이르러서도 태아에 대한 성별정보를 태아의 부모에게 알려주지 못하게 하는 것은 최소피해성원칙을 위반하는 것이다(헌재 2008.7.31. 2004헌마1010 등).	헌법불합치
6	민법 제781조 제1항이 예외 없이 부성사용을 강요하는 것이 인격권을 침해하는지 여부: 적극 (헌재 2005.12.22. 2003헌가5 등) ✅ 주의 다만, 부성주의를 규정한 것 자체는 헌법에 위반되지 않음	헌법불합치
7	사죄광고제도가 인격권을 침해하는지 여부: 적극 (헌재 1991.4.1. 89헌마160) ✅ 주의 사죄광고사건은 법인 대표자의 양심의 자유도 침해함	한정위헌
8	방송사업자가 심의규정을 위반한 경우 시청자에 대한 사과명령을 명할 수 있게 한 방송법 조항이 방송사업자의 인격권을 침해하는지 여부: 적극 (헌재 2012.8.23. 2009헌가27)	위헌
9	청소년 성매수자의 신상을 공개하는 것이 이들의 인격권 및 사생활의 비밀과 자유를 침해하는지 여부: 소극 (헌재 2003.6.26. 2002헌가14)	합헌
10	교도소장이 민사법정에 출석하는 수형자의 운동화착용을 불허한 행위가 인격권을 침해하는지 여부: 소극 (헌재 2011.2.24. 2009헌마209)	기각
11	수용자에 대한 항문검사가 인격권을 침해하는지 여부: 소극 (헌재 2006.6.29. 2004헌마826)	기각
12	수용자를 교정시설에 수용할 때마다 전자영상검사기를 이용하여 수용자의 항문 부위에 대한 신체검사를 하는 것이 수용자의 인격권 등을 침해하는지 여부: 소극 (헌재 2011.5.26. 2010헌마775)	기각
13	방송사업자가 심의규정을 위반한 경우에 방송통신위원회가 '시청자에 대한 사과'를 명하도록 하는 방송법 제100조 제1항 제1호가 방송사업자의 인격권을 침해하는지 여부: 적극 (헌재 2012.8.23. 2009헌가27)	위헌
14	경찰관이 보도자료 배포 직후 기자들의 취재 요청에 응하여 청구인이 경찰서 조사실에서 양손에 수갑을 찬 채 조사받는 모습을 촬영할 수 있도록 허용한 행위가 청구인의 인격권을 침해하는지 여부: 적극 (헌재 2014.3.27. 2012헌마652)	위헌
15	선거기사심의위원회가 불공정한 선거기사를 게재한 언론사에 대하여 사과문 게재명령을 하도록 한 것과 불응시 형사처벌하는 것이 언론사의 인격권을 침해하는지 여부: 적극 (헌재 2015.7.30. 2013헌가8)	위헌
16	아동·청소년대상 성폭력범죄자에 대한 신상정보 공개·고지 및 전자장치 부착기간 가중조항이 인격권 등을 침해하는지 여부: 소극 (헌재 2016.5.26. 2014헌바164)	합헌
17	성인대상 성폭력범죄자의 신상정보 공개·고지제도가 인격권 등을 침해하는지 여부: 소극 (헌재 2016.5.26. 2015헌바212)	합헌
18	배아생성자의 배아에 대한 결정권이 헌법 제10조로부터 도출되는 일반적 인격권의 한 유형으로서의 헌법상 권리인지 여부: 적극 (헌재 2010.5.27. 2005헌마346)	적극
19	교도소 사동에서 인원 점검을 하면서 수형자들을 정렬시킨 후 차례로 번호를 외치도록 한 행위가 수형자의 인격권 및 일반적 행동의 자유를 침해하는지 여부: 소극 (헌재 2012.7.26. 2011헌마332)	합헌

20	사회·문화기관이나 단체를 통하여 일본제국주의의 내선융화 또는 황민화운동을 적극 주도함으로써 일본제국주의의 식민통치 및 침략전쟁에 적극 협력한 행위를 친일반민족행위로 정의한 일제강점하 반민족행위 진상규명에 관한 특별법 제2조 제13호가 인격권을 침해하는지 여부: **소극** (헌재 2013.5.30. 2012헌바19)	합헌
21	혼인 종료 후 300일 이내에 출생한 자를 전남편의 친생자로 추정하는 민법조항이 모가 가정생활과 신분관계에서 누려야 할 인격권, 혼인과 가족생활에 관한 기본권을 침해하는지 여부: **적극** (헌재 2015.4.30. 2013헌마623)	헌법불합치
22	일반적인 보안검색을 마친 승객을 상대로 촉수검색과 같은 추가적인 보안 검색 실시를 예정하는 국가항공보안계획이 인격권 및 신체의 자유를 침해하는지 여부: **소극** (헌재 2018.2.22. 2016헌마780)	기각
23	국군포로의 송환 및 대우 등에 관한 법률이 국군포로의 예우의 신청, 기준, 방법 등에 필요한 사항을 대통령령에 위임하고 있으나, 대통령이 이에 대한 대통령령을 제정하지 아니한 행정입법부작위가 청구인의 명예권을 침해하는지 여부: **적극** (헌재 2018.5.31. 2016헌마626) ☑ **주의** • 청구인의 명예권 침해 ○ / 재산권 침해 × • 부진정입법부작위에 속함	위헌
24	이동전화 식별번호 통합추진하는 것이 인격권을 침해하는지 여부: **소극** (헌재 2013.7.25. 2011헌마63 등)	기각
25	친일반민족행위반민규명위원회의 조사대상자 선정 및 친일반민족행위결정이 이루어지면, 조사대상자의 사회적 평가에 영향을 미치므로 헌법 제10조에서 유래하는 일반적 인격권이 제한받는다. 다만, 이러한 결정에 있어서 대부분의 조사대상자는 이미 사망하였을 것이 분명하나, 조사대상자가 사자(死者)의 경우에도 인격적 가치에 대한 중대한 왜곡으로부터 보호되어야 한다. 사자(死者)에 대한 사회적 명예와 평가의 훼손은 사자(死者)와의 관계를 통하여 스스로의 인격상을 형성하고 명예를 지켜온 그들의 후손의 인격권, 즉 유족의 명예 또는 유족의 사자(死者)에 대한 경애추모의 정을 제한하는 것이다(헌재 2010.10.28. 2007헌가23). ☑ **주의** 후손들의 인격권을 제한하는 것이지 침해는 아님	합헌
26	의료인이 임신 32주 이전에 태아의 성별을 임부 등에게 알리는 것을 금지한 의료법 제20조 제2항이 부모가 태아의 성별 정보에 대한 접근을 방해받지 않을 권리를 침해하는지 여부: **적극** (헌재 2024.2.28. 2022헌마356)	위헌

제2절 행복추구권

> 헌법 제10조 모든 국민은 인간으로서의 존엄과 가치를 가지며, 행복을 추구할 권리를 가진다. 국가는 개인이 가지는 불가침의 기본적 인권을 확인하고 이를 보장할 의무를 진다.

1 연혁

제8차 개헌(1980년) 이래로 인정하고 있음

2 법적 성격

주관적 공권성	• 행복추구권은 독자적인 기본권을 보장한 것이 아니라 '모든 국민의 당위적인 삶의 지표'를 분명히 밝혀놓은 것이라고 보는 견해가 있음(허영) • 헌법이 행복을 추구할 '권리'라고 명기하고 있으므로 주관적 공권으로 보아야 함(헌재)
자연권성	행복추구의 권리는 인간존재에게 고유한 인간의 생래적 권리이므로 자연법적 권리임
포괄적 권리성 (다수설)	다수설은 행복추구권을 헌법에 규정된 기본권 중에서 행복추구의 수단이 될 수 있는 기본권은 물론이고, 그 외 행복을 추구하는 데 필요한 것이면 헌법에 열거되지 아니한 자유와 권리까지도 그 내용으로 하는 포괄적 기본권으로 이해하고 있음
적극적 권리성 (인정 ×)	헌법재판소는 국민이 행복을 추구하기 위하여 필요한 급부를 국가에 적극적으로 요구할 수 있는 것이 아니라, 국민이 행복을 추구하기 위한 활동을 국가권력의 간섭 없이 자유롭게 할 수 있다는 포괄적인 의미의 자유권으로서의 성격, 즉 행복추구권을 소극적·방어적 성격으로 이해하고 있음(헌재 2000.6.1. 98헌마216)

3 주체

자연인 ○ / 법인 × ⇨ 학교법인이 행복추구권을 다툰 사건에서 … 법인은 행복추구권의 주체가 될 수 없다고 함(헌재 2006.12.28. 2004헌바67).

⊘ 주의
그러나 개별적으로 도출되는 기본권 중 인정되는 것들이 존재함

4 내용

수면권, 일조권, 스포츠권, 자기결정권, 일반적 행동의 자유, 개성의 자유로운 발현권, 휴식권, 자신이 마실 물을 선택할 자유, 사립학교 운영의 자유, 사적 자치의 원칙, 계약의 자유, 자기책임의 원리 등이 해당함

1. 자기결정권

생명·신체의 처분에 관한 자기결정권	존엄사, 장기이식 등이 문제가 됨
Reproduction의 자기결정권	출산·피임의 자유, 낙태 등이 문제가 됨
Life style의 자기결정권	음주·흡연을 할 것인지, 두발·복장의 형태를 어떻게 할 것인지 등에 관한 자유
성적 자기결정권	간통행위, 혼인빙자간음죄, 동성 군인간의 추행행위 등에서 문제가 됨
소비자의 자기결정권	자도소주구입명령제도, 탁주공급구역제한 등이 문제가 됨
자기책임의 원리	자기가 결정하지 않은 것이나 결정할 수 없는 것에 대해서는 책임을 지지 않고 책임부담의 범위도 스스로 결정한 결과 내지 상관관계가 있는 부분에 국한된다는 원리 ⇨ 헌법재판소는 법치주의에 당연히 내재하는 헌법상 원리라고 판시함

판례정리

번호	내용	결정
1	간통죄 처벌규정이 성적 자기결정권 및 사생활의 비밀과 자유를 침해하여 위헌인지 여부: 적극 (헌재 2015.2.26. 2009헌바17 등) [판례변경]	위헌
2	혼인빙자간음죄를 처벌하는 것이 성적 자기결정권 및 사생활의 자유를 침해하는지 여부: 적극 (헌재 2009.11.26. 2008헌바58)	위헌
3	동성동본금혼제가 성적 자기결정권 등을 침해하는지 여부: 적극 (헌재 1997.7.16. 95헌가6 등)	헌법불합치
4	친생부인의 소 제소기간을 '출생을 안 날로부터 1년' 이내로 제한한 것이 부의 행복추구권 등을 침해하는지 여부: 적극 (헌재 1997.3.27. 95헌가14 등) ☑ 비교 친생부인의 소의 제척기간을 규정한 민법(2005.3.31, 법률 제7427호로 개정된 것) 제847조 제1항 중 "부(夫)가 그 사유가 있음을 안 날부터 2년 내" 부분이 헌법에 위반되지 아니함(헌재 2015.3.26. 2012헌바357)	헌법불합치
5	'부모가 자녀의 이름을 지을 자유'가 혼인과 가족생활을 보장하는 헌법 제36조 제1항과 행복추구권을 보장하는 헌법 제10조에 의하여 보호받는지 여부: 적극 (헌재 2016.7.28. 2015헌마964)	기각
6	배아의 보존 기간을 최장 5년으로 정하면서 보존 기간이 지난 후 연구목적에 이용되지 않는 배아는 폐기하도록 하는 것이 배아생성자의 배아에 대한 결정권을 침해하는지 여부: 소극 (헌재 2010.5.27. 2005헌마346)	기각
7	자도소주구입명령제도가 소비자의 자기결정권을 침해하는지 여부: 적극 (헌재 1996.12.26. 96헌가18)	위헌
8	탁주공급구역제한이 소비자의 자기결정권을 침해하는지 여부: 소극 (헌재 1999.7.22. 98헌가5)	합헌
9	의료보험요양기관 강제지정이 의료소비자의 자기결정권을 침해하는지 여부: 소극 (헌재 2002.10.31. 99헌바76·2000헌마505)	기각

10	환자가 죽음에 임박한 상태에서 인간으로서의 존엄과 가치를 지키기 위하여 연명치료의 거부 또는 중단을 결정하는 것이 자기결정권의 내용인지 여부: 적극 (헌재 2009.11.26. 2008헌마385) ✓ **주의** 자기결정권 ○, 생명권 ×	각하
11	임대차존속기간을 20년으로 제한하는 민법 제651조 제1항이 과잉금지원칙을 위반하여 계약의 자유를 침해하는지 여부: 적극 (헌재 2013.12.26. 2011헌바234)	위헌
12	전국기능경기대회 입상자의 국내기능경기대회 참가를 금지하는 숙련기술장려법 시행령이 행복추구권을 침해하는지 여부: 적극 (헌재 2015.10.21. 2013헌마757)	헌법불합치
13	인수자가 없는 시체를 생전의 본인의 의사와는 무관하게 해부용 시체로 제공될 수 있도록 규정하는 시체 해부 및 보존에 관한 법률 제12조 제1항 본문이 시체의 처분에 대한 자기결정권을 침해하는지 여부: 적극 (헌재 2015.11.26. 2012헌마940)	위헌
14	성매매를 한 자를 형사처벌하도록 규정한 성매매알선 등 행위의 처벌에 관한 법률 제21조 제1항이 개인의 성적 자기결정권, 사생활의 비밀과 자유, 성판매자의 직업선택의 자유를 침해하는지 여부: 소극 (헌재 2016.3.31. 2013헌가2)	합헌
15	종업원의 범죄행위가 있으면 자동적으로 영업주도 동일하게 처벌하도록 규정한 양벌규정이 책임주의에 위반되는지 여부: 적극 (헌재 2007.11.29. 2005헌가10)	위헌
16	의료기사 등에 관한 법률 제32조 중 "법인의 대리인·사용인 기타의 종업원이 그 법인의 업무에 관하여 제30조 제1항 제1호의 위반행위를 한 때에는 그 법인에 대하여도 해당 조의 벌금형을 과한다."라는 부분이 책임주의에 반하여 헌법에 위반되는지 여부: 적극 (헌재 2009.7.30. 2008헌가24)	위헌
17	자동차운전전문학원 졸업생이 교통사고를 일으킬 경우 당해 자동차운전전문학원의 운영을 정지시키는 것이 자기책임의 범위를 벗어나 위헌인지 여부: 적극 (헌재 2005.7.21. 2004헌가30)	위헌
18	강제추행 및 준강제추행에 이르지 않은 동성 군인 사이의 '그 밖의 추행'을 형사처벌하도록 규정한 구 군형법 조항이 군인의 성적 자기결정권 및 사생활 비밀의 자유, 신체의 자유를 침해하는지 여부: 소극 (헌재 2016.7.28. 2012헌바258)	합헌
19	종업원 등이 화물적재시 고정조치의무를 위반하여 운전한 경우 그를 고용한 법인을 면책사유 없이 형사처벌하도록 규정한 구 도로교통법 제116조의 양벌규정이 위헌인지 여부: 적극 (헌재 2016.10.27. 2016헌가10)	위헌
20	가집행선고가 실효되는 경우 가집행을 한 자에 대하여 원상회복의무와 손해배상의무를 인정한 것이 자기책임원리에 위배되는지 여부: 소극 (헌재 2017.5.25. 2014헌바360)	합헌
21	구 관광진흥법 제80조 중 "법인의 대표자가 그 법인의 업무에 관하여 제78조 제7호의 위반행위를 한 때에는 그 법인에 대하여도 해당 조의 벌금형을 과한다."는 부분이 책임원칙에 위배되는지 여부: 소극 (헌재 2011.10.25. 2010헌바307)	합헌
22	담배소비세가 면제된 담배를 공급받은 자가 이를 당해 용도에 사용하지 않은 경우, 면세담배를 공급한 제조자에게 담배소비세와 이에 대한 가산세의 납부의무를 부담시키는 지방세법 조항이 자기책임원리에 위배되는지 여부: 적극 (헌재 2004.6.24. 2002헌가27)	위헌
23	사무장병원의 개설명의자인 의료인으로부터 그동안 지급받은 요양급여비용 및 의료급여비용을 부당이득금으로 징수하도록 한 구 국민건강보호법 조항 부분이 자기책임의 원칙에 위배되는지 여부: 소극 (헌재 2015.7.30. 2014헌바298)	합헌

24	낙태죄 위헌 사건 [1] 제한 기본권 　자기낙태죄 조항은 임신한 여성의 자기결정권을 제한한다. 이러한 임부의 자기 　결정권은 태아의 생명권과 일응 대립관계에 있으나 직접적인 충돌을 해결해야 　하는 사안은 아니다. [2] 자기낙태죄 조항의 기본권 침해 여부: 적극 　자기낙태죄 조항은 모자보건법에서 정한 사유에 해당하지 않는다면 낙태결정 　가능기간 중에 다양하고 광범위한 사회적·경제적 사유를 이유로 낙태갈등 상 　황을 겪고 있는 경우까지도 예외 없이 전면적·일률적으로 임신의 유지 및 출 　산을 강제하고, 이를 위반한 경우 형사처벌하고 있어 침해의 최소성을 갖추지 　못하였고, 태아의 생명 보호라는 공익에 대하여만 일방적인 우위를 부여함으로 　써 법익균형성의 원칙도 위반한다. [3] 의사낙태죄 조항의 기본권 침해 여부: 적극 　자기낙태죄 조항과 동일한 목표를 실현하기 위하여 임신한 여성의 촉탁 또는 　승낙을 받아 낙태하게 한 의사를 처벌하는 의사낙태죄 조항도 같은 이유에서 　위헌이다(헌재 2019.4.11. 2017헌바127).	헌법불합치
25	선박소유자가 고용한 선장이 선박소유자의 업무에 관하여 범죄행위를 하면 그 선박 소유자에게도 동일한 벌금형을 과하도록 규정하고 있는 구 선박안전법 제84조 제2 항 중 "선장이 선박소유자의 업무에 관하여 제1항 제1호의 위반행위를 한 때에는 선 박소유자에 대하여도 동항의 벌금형에 처한다."는 부분이 책임주의원칙에 반하여 헌법에 위반되는지 여부: 적극 (헌재 2011.11.24. 2011헌가15)	위헌
26	외국항행선박에서 사용된다는 이유로 교통세를 환급 또는 공제받은 물품이 외국항 행선박에 반입되지 아니한 사실이 확인된 때 반출자로부터 환급 또는 공제된 교통 세를 징수하는 구 교통세법 제17조 제8항의 제2항 제4호 중 '외국항행 선박'에 관한 부분이 책임주의원칙에 반하여 헌법에 위반되는지 여부: 소극 (헌재 2013.5.30. 2011 헌바360)	합헌

2. 일반적 행동의 자유

의의	• 적극적으로 자유롭게 행동을 할 자유뿐만 아니라 소극적으로 행동을 하지 않을 자유를 의 　미함 • 일반적 행동의 자유는 보충적 자유임(헌재 2002.10.31. 99헌바76 등)
예시	• 계약체결의 자유(헌재 1991.6.3. 89헌마204). • 미결수용자의 변호인 아닌 '타인'과의 접견교통권(헌재 2003.11.27. 2002헌마193), 미결수용자 　의 '가족'의 미결수용자와 접견하는 권리(헌재 2003.11.27. 2002헌마193) • 사립학교운영의 자유

번호	내용	결정
1	공정거래위원회로 하여금 그 법 위반사실의 공표를 명할 수 있도록 규정한 독점규제 및 공정거래에 관한 법률 제27조가 일반적 행동자유권을 침해하는지 여부: **적극** (헌재 2002.1.31. 2001헌바43) ✅ **주의** 무죄추정의 원칙, 진술거부권은 침해하였으나, 양심의 자유문제는 제한되지도 않았음	위헌
2	고속도로 등에서 이륜자동차와 원동기장치자전거의 통행을 금지하는 것이 일반적 행동자유권을 침해하는지 여부: **소극** (헌재 2007.1.17. 2005헌마1111 등)	기각
3	도로교통법 제63조 중 긴급자동차를 제외한 이륜자동차 운전자의 자동차전용도로 통행을 금지하는 부분이 일반적 행동자유권을 침해하는지 여부: **소극** (헌재 2015.9.24. 2014헌바291)	합헌
4	대통령령으로 정하는 경우를 제외하고는 전용차로로 통행할 수 있는 차가 아닌 차의 전용차로 통행을 금지하며, 이를 위반한 경우 과태료에 처하도록 한 도로교통법 제15조 제3항 및 제160조 제3항 중 제15조 제3항에 관한 부분이 일반적 행동자유권을 침해하는지 여부: **소극** (헌재 2018.11.29. 2017헌바465)	합헌
5	음주측정불응에 대한 형사처벌이 일반적 행동의 자유를 침해하는지 여부: **소극** (헌재 1997.3.27. 96헌가11)	합헌
6	주취 중 운전 금지규정을 2회 이상 위반한 사람이 다시 이를 위반한 때에는 운전면허를 필요적으로 취소하도록 규정하고 있는 도로교통법 조항이 직업의 자유 및 일반적 행동의 자유를 침해하는지 여부: **소극** (헌재 2010.3.25. 2009헌바83)	합헌
7	운전면허를 받은 사람이 다른 사람의 자동차 등을 훔친 경우에는 운전면허를 필요적으로 취소하도록 한 도로교통법 조항이 운전면허 소지자의 직업의 자유 및 일반적 행동의 자유를 침해하는지 여부: **적극** (헌재 2017.5.25. 2016헌가6)	위헌
8	자동차 이용 범죄 운전면허 필요적 취소 사건 [1] '운전면허를 받은 사람이 자동차 등을 이용하여 범죄행위를 한 때'라는 구 도로교통법 조항의 법문이 명확성원칙을 위반하고 있는지 여부: **적극** [2] 운전면허를 받은 사람이 자동차 등을 이용하여 범죄행위를 한 때 운전면허를 필요적으로 취소하도록 하는 도로교통법 조항이 일반적 행동자유권, 직업의 자유를 침해하는 것인지 여부: **적극** (헌재 2005.11.24. 2004헌가28)	위헌
9	운전면허를 받은 사람이 자동차 등을 이용하여 '살인 또는 강간 등 행정안전부령이 정하는 범죄행위'를 한 때 운전면허를 필요적으로 취소하도록 하는 구 도로교통법 조항이 일반적 행동자유권, 직업의 자유를 침해하는 것인지 여부: **적극** (헌재 2015.5.28. 2013헌가6)	위헌
10	마약류 수용자의 마약류 반응검사를 위하여 소변을 받아 제출하게 하는 행위가 일반적 행동자유권을 침해하는지 여부: **소극** (헌재 2006.7.27. 2005헌마277) ✅ **주의** • 소변을 받아 제출하게 하는 행위는 공권력행사에 해당함 • 소변을 받아 제출하는 행위에 영장주의가 적용되는 것은 아님	기각
11	의료인이 아닌 자의 의료행위를 금지하는 것이 의료행위를 취미나 일상적 활동으로 하고자 하는 자의 일반적 행동자유권을 침해하는지 여부: **소극** (헌재 2002.12.18. 2001헌마370)	기각

12	경찰청장이 서울광장을 차벽으로 둘러싸고 광장에 통행을 제지한 행위가 일반적 행동자유권을 침해하는지 여부: **적극** 이 사건 통행제지행위는 과잉금지원칙을 위반하여 청구인들의 일반적 행동자유권을 침해한 것이다(헌재 2011.6.30. 2009헌마406).	위헌
13	16세 미만 청소년에게 오전 0시부터 오전 6시까지 인터넷게임의 제공을 금지하는 이른바 '강제적 셧다운제'가 위헌인지 여부: **소극** (헌재 2014.4.24. 2011헌마659)	기각
14	아동·청소년 대상 성범죄자에 대하여 신상정보 등록 후 1년마다 새로 촬영한 사진을 관할경찰관서에 제출하도록 하고 이에 위반하는 경우 형벌로 제재를 가하는 것이 일반적 행동자유권을 침해하는지 여부: **소극** (헌재 2015.7.30. 2014헌바257)	합헌
15	피청구인 교도소장이 청구인을 비롯한 경주교도소 수용자의 동절기 취침시간을 21:00로 정한 행위가 청구인의 일반적 행동자유권을 침해하는지 여부: **소극** (헌재 2016.6.30. 2015헌마36)	기각
16	협의상 이혼을 하고자 하는 사람은 부부가 함께 관할 가정법원에 직접 출석하여 협의이혼의사확인신청서를 제출하여야 한다고 규정한 '가족관계의 등록 등에 관한 규칙' 제73조 제1항이 일반적 행동자유권을 침해하는지 여부: **소극** (헌재 2016.6.30. 2015헌마894)	기각
17	일반택시운송사업에서 운전업무에 종사하는 근로자(택시기사)의 최저임금에 산입되는 임금의 범위는 생산고에 따른 임금을 제외한 대통령령으로 정하는 임금으로 하는 최저임금법 제6조 제5항이 계약의 자유 및 평등권을 침해하는지 여부: **소극** (헌재 2016.12.29. 2015헌바327)	합헌
18	건축주가 직접 시공하는 건축물의 경우 허가권자가 해당 건축물의 설계에 참여하지 아니한 자 중에서 공사감리자를 지정하도록 하는 것이 계약의 자유를 침해하는지 여부: **소극** (헌재 2017.5.25. 2016헌마516)	기각
19	이동통신단말장치 '지원금 상한제'가 계약의 자유를 침해하는지 여부: **소극** (헌재 2017.5.25. 2014헌마844)	기각
20	주방에서 발생하는 음식물 찌꺼기 등을 분쇄하여 오수와 함께 배출하는 주방용오물분쇄기의 판매와 사용을 금지하는 환경부고시가 일반적 행동자유권 또는 직업의 자유를 침해하는지 여부: **소극** (헌재 2018.6.28. 2016헌마1511)	기각
21	'카메라 등을 이용하여 성적 욕망 또는 수치심을 유발할 수 있는 다른 사람의 신체를 그 의사에 반하여 촬영하는 행위'를 처벌하는 것이 일반적 행동자유권을 침해하는지 여부: **소극** (헌재 2017.6.29. 2015헌바243)	합헌
22	자동차 좌석안전띠를 착용하지 않은 운전자에 대해서 3만원의 범칙금을 부과하는 것이 일반적 행동자유권을 침해하는지 여부: **소극** (헌재 2003.10.30. 2002헌마518)	기각
23	'세월호 참사에 관하여 일체의 이의를 제기하지 않을 것을 서약한다'는 취지가 기재된 동의서를 제출하도록 규정하고 있는 '4·16세월호참사 피해구제 및 지원 등을 위한 특별법' 시행령 제15조 중 일체의 이의제기를 금지한 부분이 법률유보원칙에 위반하여 일반적 행동의 자유를 침해하는지 여부: **적극** (헌재 2017.6.29. 2015헌마654) ⊘ **비교** 심의위원회의 배상금 등 지급결정에 신청인이 동의한 때에는 국가와 신청인 사이에 민사소송법에 따른 재판상 화해가 성립된 것으로 보는 세월호피해지원법 제16조가 과잉금지원칙을 위반하여 청구인들의 재판청구권을 침해하지 않는다(헌재 2017.6.29. 2015헌마654).	위헌

24	부정청탁 및 금품 등 수수의 금지에 관한 법률[청탁금지법(일명 김영란법)] 사건 [1] 제한되는 기본권 　　청구인들의 일반적 행동자유권을 제한한다. … 심판대상조항에 의하여 직접적으로 언론의 자유와 사학의 자유가 제한된다고 할 수는 없다. 신고조항과 제재조항은 배우자가 수수 금지 금품 등을 받거나 그 제공의 약속 또는 의사표시를 받았다는 객관적 사실을 고지할 의무를 부과할 뿐, 청구인들의 양심의 자유를 직접 제한한다고 볼 수 없다. 　☑ **주의** 　일반적 행동자유권을 제외한 다른 기본권(예 계약의 자유)은 제한되지 않았음 [2] 부정청탁금지조항의 명확성원칙 위배 여부: 소극 　　'부정청탁', '법령', '사회상규'라는 용어는 부정청탁금지조항의 입법배경 및 입법취지와 관련 조항 등을 고려한 법관의 보충적 해석으로 충분히 그 의미내용을 확인할 수 있다. [3] 부정청탁금지조항과 금품수수금지조항의 과잉금지원칙 위배 여부: 소극 [4] 위임조항의 기본권 침해 여부: 소극 [5] 신고조항과 제재조항의 기본권 침해 여부: 소극 　① 죄형법정주의의 명확성원칙 위배 여부: 소극 　② 자기책임 원리와 연좌제금지원칙 위반 여부: 소극 　③ 과잉금지원칙 위반 여부: 소극 [6] 부정청탁금지조항과 금품수수금지조항 및 신고조항과 제재조항의 평등권 침해 여부: 소극 (헌재 2016.7.28. 2015헌마236)	기각
25	자동차 또는 그 사용자의 범위를 제한하는 '액화석유가스의 안전관리 및 사용법 시행규칙' 제40조가 LPG 승용자동차를 소유하고 있거나 운행하려는 청구인들의 일반적 행동자유권 및 재산권을 침해하는지 여부: 소극 (헌재 2017.12.28. 2015헌마997)	기각
26	미결수용자의 변호인 아닌 '타인'과의 접견교통권이 헌법상 기본권인지 여부: 적극 (헌재 2003.11.27. 2002헌마193)	위헌
27	사립학교운영의 자유도 기본권인지 여부: 적극 행복추구권의 한 내용을 이루는 일반적인 행동의 자유권에 의하여 인정되는 기본권의 하나이다(헌재 2001.1.18. 99헌바63).	합헌
28	가사소송에서 변호사가 대리인으로 선임되어 있어도 원칙적으로 변론기일에 소환된 당사자 본인이 출석하도록 규정한 가사소송법 제7조 제1항 등이 일반적 행동의 자유를 침해하는지 여부: 소극 (헌재 2002.10.25. 2011헌마598)	기각
29	상속인의 단순승인 간주: 적극 상속인이 귀책사유 없이 상속채무가 적극재산을 초과하는 사실을 알지 못하여 고려기간 내에 한정승인 또는 포기를 하지 못한 경우에도 단순승인을 한 것으로 본 것은 사적 자치권을 보장한 헌법 제10조 제1항에 위반된다(헌재 1998.8.27. 96헌가22).	헌법 불합치
30	18세 미만의 당구장출입을 금지하는 것이 헌법에 위반되는지 여부: 적극 (헌재 1993.5.13. 92헌마80)	위헌
31	노래연습장에 18세 미만자의 출입을 금지하는 것이 헌법에 위반되는지 여부: 소극 (헌재 1996.2.29. 94헌마13)	기각
32	금전증여 합의해제에 따라 증여받은 재산을 반환하는 경우 처음부터 증여가 없었던 것으로 보는 대상에서 금전을 제외함으로써 증여세를 부과하는 것이 계약의 자유 및 재산권을 침해하는지 여부: 소극 (헌재 2015.12.23. 2013헌바117)	합헌
33	선거범죄 조사에 있어서 자료제출의무를 부과하는 것이 일반적 행동자유권을 침해하는지 여부: 소극 (헌재 2019.9.26. 2016헌바381)	합헌

34	임대차존속기간을 20년으로 제한한 민법 제651조 제1항이 계약의 자유를 침해하는지 여부: **적극** (헌재 2013.12.26. 2011헌바234)	위헌
35	공항고속도로 통행료 징수가 일반적 행동자유권을 제한하는지 여부: **소극** (헌재 2005.12.22. 2004헌바64)	합헌
36	영내거주 군인이 그의 속한 세대의 거주지에서 주민등록을 해야 하는 것이 일반적 행동자유권을 제한하는지 여부: **소극** (헌재 2011.6.30. 2009헌마59)	합헌
37	누구든지 응급의료종사자의 응급환자에 대한 진료를 폭행, 협박, 위계, 위력, 그 밖의 방법으로 방해하는 행위를 금지하는 응급의료에 관한 법률 중 '응급의료를 방해한 사람'에 관한 부분이 헌법에 위반되는지 여부: **소극** (헌재 2019.6.28. 2018헌바128)	합헌
38	비어업인이 잠수용 스쿠버장비를 사용하여 수산자원을 포획·채취하는 것을 금하는 수산자원관리법이 일반적 행동의 자유를 침해하는지 여부: **소극** (헌재 2016.10.27. 2013헌마450)	합헌
39	전동킥보드의 최고속도를 25km/h로 제한한 구 '안전확인대상생활용품의 안전기준' 부속서 32 제2부 5.3.2.가 소비자의 자기결정권 및 일반적 행동의 자유를 침해하는지 여부: **소극** (헌재 2020.2.27. 2017헌마1339)	합헌
40	금지조항 및 정보통신시스템, 데이터 또는 프로그램 등의 운용을 방해할 수 있는 악성프로그램을 유포한 자를 형사처벌하도록 규정한 구 '정보통신망 이용촉진 및 정보보호 등에 관한 법률' 제71조 제9호가 과잉금지원칙에 반하여 일반적 행동의 자유를 침해하는지 여부: **소극** (헌재 2021.7.15. 2018헌바428)	합헌
41	자동차 운전 중 휴대용 전화를 사용하는 것을 금지하고 위반시 처벌하는 구 도로교통법 제49조 제1항 제10호 본문, 구 도로교통법 제156조 제1호 중 제49조 제1항 제10호 본문에 관한 부분이 청구인의 일반적 행동자유권을 침해하는지 여부: **소극** (헌재 2021.6.24. 2019헌바5)	합헌
42	누구든지 금융회사 등에 종사하는 자에게 거래정보 등의 제공을 요구하는 것을 금지하고, 위반시 형사처벌하는 금융실명법 조항이 일반적 행동자유권을 침해하는지 여부: **적극** (헌재 2022.2.24. 2020헌가5)	위헌
43	선불폰 개통에 필요한 증서 등을 타인에게 제공하는 것을 금지하고 위반시 처벌하는 것이 일반적 행동자유권을 침해하는지 여부: **소극** (헌재 2022.6.30. 2019헌가14)	합헌
44	조합 임원의 선출과 관련하여 후보자가 금품을 제공받는 행위를 금지하고 이에 위반한 경우 처벌하는 것이 일반적 행동자유권을 침해하는지 여부: **소극** (헌재 2022.10.27. 2019헌바324)	합헌
45	못된 장난 등으로 다른 사람, 단체 또는 공무수행 중인 자의 업무를 방해한 사람을 20만원 이하의 벌금, 구류 또는 과료의 형으로 처벌하는 경범죄 처벌법 제3조 제2항 제3호가 일반적 행동자유권을 침해하는지 여부: **소극** (헌재 2022.11.24. 2021헌마426)	기각
46	이자제한법에서 정한 최고이자율을 초과하여 이자를 받은 자를 1년 이하의 징역 또는 1천만 원 이하의 벌금에 처하도록 한 이자제한법 제8조 제1항이 계약의 자유를 침해하는지 여부: **소극** (헌재 2023.2.23. 2022헌바22)	합헌
47	도로교통법 제44조 제2항 중 '교통의 안전과 위험방지를 위하여 필요하다고 인정하는 경우'에 관한 부분이 명확성의 원칙에 위배되고, 일반적 행동자유권을 침해하는지 여부: **소극** (헌재 2023.10.26. 2019헌바91)	합헌
48	치료감호 가종료 시 3년의 보호관찰이 시작되도록 한 것이 일반적 행동자유권을 침해하는지 여부: **소극** (헌재 2023.10.26. 2021헌마839)	기각

3. 인격·개성의 자유로운 발현권

(1) 행복추구권

    ① 행복추구권은 구체적인 표현으로서 일반적인 행동자유권과 개성의 자유로운 발현권을 포함함
      (헌재 1998.5.28. 96헌가5)

    ② '인격의 자유로운 발현권'이라고도 함

(2) 교육을 통한 인격 등의 자유로운 발현권

    헌법 제31조 제1항의 능력에 따라 균등하게 교육받을 권리와 구별

📑 판례정리

번호	내용	결정
1	초등학교 정규교과에서 영어를 배제하거나 일정한 시수로 제한하는 '초·중등학교 교육과정에 관한 교육과학기술부 고시'가 청구인들의 인격의 자유로운 발현권, 자녀교육권을 침해하는지 여부: **소극** (헌재 2016.2.25. 2013헌마838)	기각
2	수능시험의 문항 수 기준 70%를 EBS 교재와 연계하여 출제한다는 '2018학년도 대학수학능력시험 시행기본계획'이 학생들의 자유로운 인격발현권을 침해하는지 여부: **소극** (헌재 2018.2.22. 2017헌마691) ⊘ **주의** 균등하게 교육받을 권리는 제한받지 않았음	기각

5 효력

대국가적 효력과 제3자적 효력	행복추구권의 침해를 이유로 침해행위배제·예방청구 또는 손해배상청구 가능
다른 기본권과의 관계	보충적 기본권으로서의 성격을 가짐

6 한계와 제한

한계	타인의 행복추구권을 방해하여서는 안 됨
제한	국가안전보장·질서유지 또는 공공복리를 위하여 제한될 수 있음

📑 판례정리

번호	내용	결정
1	국산영화 의무상영제도가 위헌인지 여부: **소극** (헌재 1995.7.21. 94헌마125)	기각
2	공물이용권이 행복추구권에 포함되는지 여부: **소극** (헌재 2011.6.30. 2009헌마406)	위헌
3	수질개선부담금을 부과하는 것이 위헌인지 여부: **소극** 더욱이 먹는 샘물을 마시는 사람은 유한한 환경재화인 지하수를 소비하는 사람이므로 이들에 대하여 환경보전에 대한 비용을 부담하게 할 수도 있는 것이므로 … 국민이 마시고 싶은 물을 자유롭게 선택할 권리를 빼앗겨 행복추구권을 침해받는다고 할 수 없다(헌재 1998.12.24. 98헌가1).	합헌

4	기부금품모집이 오로지 행정청의 자유로운 재량행사에 맡겨진 것이 행복추구권을 침해하는지 여부: **적극** (헌재 1998.5.28. 96헌가5) ✔ **주의** 오로지 행정청의 재량행사에 맡겨짐	위헌
5	기부금품의 모집에 허가를 받도록 한 기부금품모집규제법 제4조 제1항 등이 과잉금지원칙에 위반하여 기부금품을 모집한 일반적 행동의 자유를 침해하는지 여부: **소극** (헌재 2010.2.25. 2008헌바83) ✔ **주의** 기부 허가제 자체는 위헌	합헌
6	혼인 등의 하객들에게 주류 및 음식물의 접대를 원칙적으로 금지하고, 가정의례의 참뜻에 비추어 합리적인 범위 안에서만 허용하는 것이 위헌인지: **적극** 죄형법정주의의 명확성원칙을 위배하여 청구인의 일반적 행동자유권을 침해하였다(헌재 1998.10.15. 98헌마168).	위헌
7	수사 및 재판단계에서 유죄가 확정되지 아니한 미결수용자에게 재소자용 의류를 입게 하는 것이 위헌인지 여부: **적극** 헌법 제37조 제2항의 기본권제한에서의 비례원칙에 위반되는 것으로서, 무죄추정의 원칙에 반하고 인간으로서의 존엄과 가치에서 유래하는 인격권과 행복추구권, 공정한 재판을 받을 권리를 침해하는 것이다(헌재 1999.5.27. 97헌마137 등).	위헌
8	미군부대의 평택 이전이 평화적 생존권을 침해하는지 여부: **소극** (헌재 2006.2.23. 2005헌마268) [종전판례]	각하
9	2007년 전시증원연습 등의 위헌확인에서 평화적 생존권이 헌법상 보장된 기본권인지 여부: **소극** (헌재 2009.5.28. 2007헌마369) [판례변경]	각하
10	전국기능경기대회 입상자의 국내기능경기대회 재출전을 금지하고 있는 숙련기술장려법 시행령 제27조 제1항·제2항 중 각 '전국기능경기대회에 참가하여 입상한 사실이 없는 사람에게만 참가자격을 부여한 부분'이 행복추구권을 침해하는지 여부: **적극** 이 사건 시행령조항은 전국기능경기대회 입상자의 국내기능경기대회 재도전을 전면적, 일률적으로 금지하고 있으므로 이는 청구인들의 행복추구권을 침해한다(헌재 2015.10.21. 2013헌마757).	헌법불합치
11	한의사가 안압측정기 등 의료기기를 사용하여 진료행위를 한 것이 의료법위반이라는 피청구인의 각 기소유예처분이 청구인들의 평등권과 행복추구권을 침해하였다고 보았다(헌재 2013.12.26. 2012헌마551).	인용
12	광장 벤치 흡연에 대한 과태료 부과가 흡연자의 일반적 행동자유권을 침해하는지 여부: **소극** (헌재 2024.4.25. 2022헌바163)	합헌

> 헌법 제11조 ① 모든 국민은 법 앞에 평등하다. 누구든지 성별·종교 또는 사회적 신분에 의하여 정치적·경제적·사회적·문화적 생활의 모든 영역에 있어서 차별을 받지 아니한다.
> ② 사회적 특수계급의 제도는 인정되지 아니하며, 어떠한 형태로도 이를 창설할 수 없다.
> ③ 훈장 등의 영전은 이를 받은 자에게만 효력이 있고, 어떠한 특권도 이에 따르지 아니한다.

1 평등의 원칙

1. 의의

(1) 우리 헌법의 최고원리로서 헌법개정에 의해서도 폐지될 수 없음

(2) 기회균등과 자의금지원칙을 중심내용으로 함

2. 내용

'법'의 의미	모든 법규범 ⇨ 성문법과 불문법 불문 / 국내법과 국제법 불문
'법 앞에'의 의미	• 법내용평등설(통설) • 법의 집행과 적용뿐만 아니라 법의 제정내용까지도 포함하는 모든 국가작용에 대한 규제원리로 이해
'평등'의 의미	입법과 법의 적용에 있어서 합리적인 근거가 없는 차별을 하여서는 아니 된다는 상대적 평등을 뜻하고 따라서 합리적 근거가 있는 차별 또는 불평등은 인정됨(헌재 1999. 5.27. 98헌바26) ⇨ 정치적 영역에서는 절대적·형식적 평등이, 사회적·경제적 영역에서는 상대적 평등이 보다 중시됨

3. 불합리한 차별의 금지

(1) 합리적 차별 여부에 대한 사법심사기준

자의금지원칙에 따른 심사(완화된 심사)	차별을 정당화하는 합리적인 이유가 있는지만 심사함 ⇨ 비교대상간의 사실상 차이나 입법목적(차별목적)의 발견·확인에 그침
비례의 원칙에 따른 심사(엄격한 심사)	• 차별취급의 목적과 수단간에 엄격한 비례관계가 성립하는지를 심사함 • 비례심사의 경우 단순히 합리적인 이유의 존부문제가 아니라 차별을 정당화하는 이유와 차별간의 상관관계에 대한 심사 또는 입법목적(차별목적)의 비중과 차별의 정도에 적정한 균형관계가 이루어졌는가를 심사함(헌재 2008.11.27. 2006헌가1)
대학 교원들의 단결권	• 대학 교원들의 단결권을 인정하지 않는 것은 헌법에 위반됨 • 교육공무원인 대학 교원(완화된 심사): 교육공무원에게 근로3권을 일체 허용하지 않고 전면적으로 부정하는 것은 합리성을 상실한 과도한 것으로서 입법형성권의 범위를 벗어나 헌법에 위반됨 • 교육공무원이 아닌 대학 교원(엄격한 심사): 과잉금지원칙에 위배됨 ☑ **주의** 위 판례는 심사기준이 다름

📑 판례정리 – 자의금지원칙을 적용한 판례

번호	내용	결정
1	다른 전문직 종사자와 달리 약사는 법인의 형태로 약국개설을 제한하는 것이 평등권침해인지 여부: **적극** (헌재 2002.9.19. 2000헌바84) ☑ **주의** 위 판례는 직업의 자유, 결사의 자유도 침해됨	헌법불합치
2	준법서약서 제출제도가 위헌인지 여부: **소극** (헌재 2002.4.25. 98헌마425)	기각
3	지방의원과 달리 지방자치단체장이 계속하여 재임하는 것을 3기를 초과하지 못하도록 제한하는 것이 위헌인지 여부: **소극** (헌재 2006.2.23. 2005헌마403)	기각
4	장애인가구와 비장애인가구에 대하여 동일한 최저생계비를 지급받게 하는 최저생계비 고시가 평등권을 침해하는지 여부: **소극** (헌재 2004.10.28. 2002헌마328)	기각
5	직계비속을 중혼의 취소청구권자에서 제외한 민법 제818조가 평등원칙에 반하는지 여부: **적극** (헌재 2010.7.29. 2009헌가8)	헌법불합치
6	남자에 한하여 병역의무를 부과하는 법률조항이 평등권을 침해하는지 여부: **소극** (헌재 2010.11.25. 2006헌마328)	기각
7	지방자치단체장의 3기 초과 연임제한이 평등원칙에 반하는지 여부: **소극** (헌재 2006.2.23. 2005헌마403)	기각
8	직계존속에 대한 고소금지조항이 위헌인지 여부: **소극** (헌재 2011.2.24. 2008헌바56)	합헌
9	친고죄에 있어서 고소취소가 가능한 시기를 제1심 판결선고 전까지로 제한한 형사소송법 제232조 제1항이 평등권을 침해하는지 여부: **소극** (헌재 2011.2.24. 2008헌바40)	합헌

📑 판례정리 – 비례의 원칙을 적용한 판례

번호	내용	결정
1	평등권침해 여부 판단시 비례의 원칙(엄격한 심사척도)이 적용되는 경우 [1] 헌법에서 특별히 평등을 요구하고 있는 경우 엄격한 심사척도가 적용될 수 있다. [2] 차별적 취급으로 인하여 관련 기본권에 대한 중대한 제한을 초래하게 된다면 입법형성권은 축소되어 보다 엄격한 심사척도가 적용되어야 할 것이다 (헌재 1999.12.23. 98헌마363).	–
2	혼인과 가족을 이유로 한 차별에 대한 심사기준 – 비례의 원칙 이 사건 세대별 합산규정은 혼인한 자 또는 가족과 함께 세대를 구성한 자를 비례의 원칙에 반하여 개인별로 과세되는 독신자, 사실혼 관계의 부부, 세대원이 아닌 주택 등의 소유자 등에 비하여 불리하게 차별하여 취급하고 있으므로, 헌법 제36조 제1항에 위반된다(헌재 2008.11.13. 2006헌바112 등).	위헌
3	중등교사 임용시험에서 복수·부전공자에게 가산점을 부여하는 것이 위헌인지 여부: **소극** (헌재 2006.6.29. 2005헌가13)	합헌
4	국가공무원 7급시험에서 정보관리기술사·정보처리기사 자격소지자에 대해서만 가산점을 부여하는 것이 정보처리기능사 자격소지자와 차별하여 평등권을 침해하는지 여부: **소극** (헌재 2003.9.25. 2003헌마30)	기각
5	국·공립학교 채용시험의 동점자처리에서 국가유공자 및 그 가족에게 우선권을 부여하는 것이 평등권을 침해하는지 여부: **소극** (헌재 2006.6.29. 2005헌마44)	기각

6	제대군인에게 가산점을 부여하는 것이 위헌인지 여부: **적극** [1] 가산점제도의 평등 위반 여부를 심사함에 있어 적용되는 심사척도 가산점제도는 헌법 제32조 제4항이 특별히 남녀평등을 요구하고 있는 '근로' 내지 '고용'의 영역에서 남성과 여성을 달리 취급하는 제도이고, 또한 헌법 제25조에 의하여 보장된 공무담임권이라는 기본권의 행사에 중대한 제약을 초래하는 것이기 때문에 엄격한 심사척도가 적용된다. [2] 가산점제도로 여성·신체장애자 등의 평등권이 침해되는지 여부: **적극** 가산점제도는 아무런 재정적 뒷받침 없이 제대군인을 지원하려 한 나머지 결과적으로 … '여성과 장애인에 대한 차별금지와 보호'에도 저촉되므로 정책수단으로서의 적합성과 합리성을 상실한 것이다(헌재 1999.12.23. 98헌마363).	위헌
7	국가유공자 가산점제도사건(1차 결정) – 완화된 비례성 심사 구체적인 비례심사의 과정에서는 헌법에서 차별명령규정을 두고 있는 점을 고려하여 보다 완화된 기준을 적용하여야 할 것이다(헌재 2001.2.22. 2000헌마25).	기각
8	국가유공자의 가족에게 10%의 가산점을 부여하는 제도가 위헌인지 여부(2차 결정): **적극** [1] 공무원시험의 경쟁이 갈수록 치열해지는 상황을 고려할 때 헌법 제32조 제6항은 엄격하게 해석할 필요가 있다. 위 조항의 대상자는 '국가유공자', '상이군경' 그리고 '전몰군경의 유가족'이라고 봄이 상당하다. 따라서 '국가유공자의 가족'의 경우 그러한 가산점의 부여는 헌법이 직접 요청하고 있는 것이 아니라 입법정책으로서 채택된 것이라 볼 것이다. [2] 이 사건 조항의 위헌성은 국가유공자 등과 그 가족에 대한 가산점제도 자체가 입법정책상 전혀 허용될 수 없다는 것이 아니고, 그 차별의 효과가 지나치다는 것에 기인한다. … 그때까지 이 사건 조항의 잠정적용을 명한다(헌재 2006.2.23. 2004헌마675).	헌법불합치

☑ **비교** 가산점 관련판례 비교

구분	제대군인 가산점 (98헌마363)	국가유공자 가산점 (2000헌마25)	국가유공자 가산점 (2004헌마75)
헌법상 근거 유무	헌법상 근거 없음	• 유공자 본인, 유가족 모두 • 헌법 제32조 제6항	• 유공자 본인: 헌법상 근거 있음 • 유공자 가족: 헌법상 근거 없음
위헌성 심사기준	엄격한 비례성 심사	완화된 비례성 심사	비례성 심사
가산점 제도를 통하여 실현되는 법익	입법정책상의 법익	헌법 제32조 제6항의 헌법상 법익	• 유공자 본인: 헌법상 법익 • 유공자 가족: 입법정책상 법익
주문	위헌	합헌	헌법불합치(잠정적용)

(2) 적극적 평등실현조치의 문제

의의	• 종래에 사회로부터 차별받아 온 일정 집단에 대해 사회적 이익을 직접 또는 간접으로 부여하는 정책(비례대표의원의 여성할당제, 장애인 채용목표제 등) • 잠정적 우대조치, 역평등이라고도 함
특징	• 결과의 평등을 추구(기회의 평등 ×) • 집단의 일원이라는 것을 근거로 혜택을 줌 • 목적이 실현되면 종료하는 임시적 조치

적극적 평등실현조치와 역차별의 문제	사기업에서 장애인 의무고용제가 사업주의 계약의 자유 등을 침해하는지 여부: **소극** (헌재 2003.7.24. 2001헌바96)
	⊘ **주의** '청년할당제'는 적극적 평등실현조치에 해당되지 않음

2 평등권

1. 의의

국가로부터 부당하게 차별대우를 받지 아니할 소극적 권리면서, 국가에 대하여 적극적으로 평등한 처우를 요구할 수 있는 개인의 주관적 공권

2. 차별금지사유와 차별금지영역

> 헌법 제11조 ① 모든 국민은 법 앞에 평등하다. 누구든지 성별·종교 또는 사회적 신분에 의하여 정치적·경제적·사회적·문화적 생활의 모든 영역에 있어서 차별을 받지 아니한다.
>
> ⊘ **주의**
> 헌법이 규정하고 있는 차별금지사유와 차별영역금지사유는 예시적(통설)

(1) 차별금지사유

성별	• 남녀평등을 의미함 • 남녀의 사실적(생리적) 차이에 의거한 차별이라든가 그 밖의 합리적 이유가 있는 차별은 허용함
종교	종교평등을 의미함
사회적 신분	• 학설: 선천적 신분설은 '신분'의 측면을, 후천적 신분설은 '사회적' 측면을 강조 • 헌법재판소: "헌법 제11조 제1항의 '사회적 신분'이란 사회에서 장기간 점하는 지위로서 일정한 사회적 평가를 수반하는 것을 의미하므로 전과자도 사회적 신분에 해당된다."라고 하여 후천적 신분설을 취함(헌재 1995.2.23. 93헌바43)

📋 **판례정리**

번호	내용	결정
1	존속상해치사죄에 대한 가중처벌이 평등원칙에 위배되는지 여부: **소극** (헌재 2002.3.28. 2000헌바53)	합헌
2	자기의 직계존속을 살해한 자를 일반 살인죄를 저지른 자에 비하여 가중처벌하는 형법 제250조 제2항이 평등원칙에 위배되는지 여부: **소극** (헌재 2013.7.25. 2011헌바267)	합헌

(2) 차별금지영역

인간의 모든 생활영역(제11조 제1항)

3 주체

대한민국 국민, 외국인(국제법과 상호주의원칙에 따름), 법인이나 법인격 없는 사단

4 평등조항 효력

대국가적 효력이며, 간접적용설에 따라 사인 상호간의 법률관계에도 효력이 미침(통설)

5 평등원칙의 구현

1. 사회적 특수계급제도 부인

> 헌법 제11조 ② 사회적 특수계급의 제도는 인정되지 아니하며, 어떠한 형태로도 이를 창설할 수 없다.

2. 영전일대의 원칙 – 영전의 세습제 부인

> 헌법 제11조 ③ 훈장 등의 영전은 이를 받은 자에게만 효력이 있고, 어떠한 특권도 이에 따르지 아니한다.

⊘ **주의**
연금지급이나 유족에 대한 보훈까지 금지하는 것은 아니고, 그로 말미암은 특권(그 자손의 특진, 조세감면, 형벌면제 등)을 부인함

판례정리

번호	내용	결정
1	헌법 제32조 제6항 중 '국가유공자'의 의미에 '가족'도 포함하는지 여부: **소극** (헌재 2006.2.23. 2004헌마675·981·1022)	헌법불합치
2	국가유공자의 서훈등급에 따라 연금을 차등지급하는 것이 위헌인지 여부: **소극** (헌재 1997.6.26. 94헌마52)	기각

3. 근로관계에 있어서 여성차별금지

> 헌법 제32조 ④ 여자의 근로는 특별한 보호를 받으며, 고용·임금 및 근로조건에 있어서 부당한 차별을 받지 아니한다.

4. 국가유공자 등의 근로기회의 우선보장

> 헌법 제32조 ⑥ 국가유공자·상이군경 및 전몰군경의 유가족은 법률이 정하는 바에 의하여 우선적으로 근로의 기회를 부여받는다.

근로기회 우선보장의 대상은 국가유공자, 상이군경, 전몰군경의 유가족에 한정된다. 즉, 국가유공자의 가족, 상이군경의 가족은 제외됨

5. 혼인과 가족생활에 있어서 양성의 평등

> 헌법 제36조 ① 혼인과 가족생활은 개인의 존엄과 양성의 평등을 기초로 성립되고 유지되어야 하며, 국
> 가는 이를 보장한다.

📑 판례정리

번호	내용	결정
1	개별사건법률은 그 자체가 평등원칙에 위배되는 위헌법률인지 여부: **소극** (헌재 1996. 2.16. 96헌가2 등)	합헌
2	교섭단체 소속 의원의 입법활동을 보좌하기 위하여 정책연구위원을 두도록 하는 것이 교섭단체를 구성한 정당과 그렇지 못한 정당을 불합리하게 차별하여 평등원칙에 위반되는지 여부: **소극** (헌재 2008.3.27. 2004헌마654)	기각
3	연합뉴스를 국가기간 뉴스통신사로 지정하고 우대조치를 하는 것이 위헌인지 여부: **소극** [1] 주식회사 연합뉴스를 국가기간 뉴스통신사로 지정하고 이에 대한 재정지원 등을 규정한 뉴스통신 진흥에 관한 법률 제10조 등 심판대상조항이 개인대상법률로서 헌법에 위반되는지 여부: **소극** [2] 경업자인 청구인들의 평등권을 침해하는지 여부: **소극** (헌재 2005.6.30. 2003헌마841)	기각
4	국·공립사범대학 등 출신자에 대한 교사 우선채용이 위헌인지 여부: **적극** (헌재 1990.10.8. 89헌마89)	위헌
5	국가에 대한 가집행선고를 제한한 것이 위헌인지 여부: **적극** (헌재 1989.1.25. 88헌가7)	위헌
6	지방자치단체소유의 공유재산은 시효취득의 대상이 되지 아니한다고 규정한 지방재정법 제74조 제2항을 공유재산 중 잡종재산에 적용하는 것이 헌법에 위반되는지 여부: **적극** (헌재 1992.10.1. 92헌가6·7)	한정위헌
7	국유잡종재산을 시효취득의 대상에 포함시키지 않는 것이 위헌인지 여부: **적극** (헌재 1991.5.13. 89헌가97)	한정위헌
8	제대군인에 대한 가산점제도가 위헌인지 여부: **적극** (헌재 1999.12.23. 98헌마363)	위헌
9	부부의 자산소득합산과세가 위헌인지 여부: **적극** (헌재 2002.8.29. 2001헌바82)	위헌
10	법조경력 15년에 달하지 아니한 변호사의 개업신고 전 2년 이내의 근무지가 속하는 지방법원의 관할구역 안에서는 퇴직한 날로부터 3년간 개업할 수 없도록 변호사 개업지를 제한한 것이 위헌인지 여부: **적극** 직업선택의 자유를 제한함에 있어서 비례의 원칙에 벗어난 것이고, 합리적인 이유 없이 변호사로 개업하고자 하는 공무원을 차별하고 있으며, 병역의무의 이행을 위하여 군법무관으로 복무한 후 개업하는 경우에는 병역의무의 이행으로 불이익한 처우를 받게 되어 헌법에 각 위반된다(헌재 1989.11.20. 89헌가102).	위헌
11	국·공립학교 채용시험의 동점자처리에서 국가유공자 등 및 그 유족·가족에게 우선권을 주도록 하는 것이 일반 응시자들의 평등권을 침해하는지 여부: **소극** (헌재 2006.6.29. 2005헌마44) ✅ **비교** 구 국가유공자 등 예우 및 지원에 관한 법률 제31조 제3항 본문 중 선발예정인원이 3명 이하인 채용시험의 경우 국가유공자법상 가점을 받을 수 없도록 한 부분은 평등권을 침해하지 않는다(헌재 2016.6.29. 2014헌마541).	기각

12	국가공무원 7급시험에서 기능사자격증에는 가산점을 주지 않고 기사 등급 이상의 자격증에는 가산점을 주도록 한 것이 공무담임권 및 평등권을 침해하는지 여부: **소극** (헌재 2003.9.25. 2003헌마30)	기각
13	복수전공 및 부전공 교원자격증소지자에게 가산점을 부여하는 것이 공무담임권이나 평등권을 침해하는지 여부: **소극** (헌재 2006.6.29. 2005헌가13)	합헌
14	6급 이하 지방공무원의 정년을 57세, 5급 이상 지방공무원의 정년을 60세로 한 지방공무원법 제66조 제1항 제1호가 6급 이하 지방공무원의 평등권을 침해하는지 여부: **소극** (헌재 2007.6.28. 2005헌마553)	기각
15	경찰공무원의 정년을 경정 이상은 60세, 경감 이하는 57세로 규정한 경찰공무원법 제24조 제1항 제1호가 평등권을 침해하는지 여부: **소극** (헌재 2007.6.28. 2006헌마207)	기각
16	외국인 산업연수생에 대해서만 근로기준법이 보장한 근로기준 중 주요사항을 적용하지 않는 것이 위헌인지 여부: **적극** (헌재 2007.8.30. 2004헌마670)	위헌
17	법무사 사무원의 수를 제한하는 것이 위헌인지 여부: **소극** (헌재 1996.4.25. 95헌마331)	기각
18	교도소에 수용된 때에는 국민건강보험급여를 정지하도록 한 국민건강보험법 제49조 제4호가 수용자의 평등권 등을 침해하는지 여부: **소극** (헌재 2005.2.24. 2003헌마31·2004헌마695)	기각
19	국고지원에 있어서 지역가입자와 직장가입자의 차별취급이 평등의 원칙에 위배되는지 여부: **소극** (헌재 2000.6.29. 99헌마289)	기각
20	변호사징계사건에 대하여 법원에 의한 사실심리의 기회를 배제함으로써 징계처분을 다투는 의사·공인회계사 등 다른 전문자격종사자에 비교하여 변호사를 차별대우하는 것이 위헌인지 여부: **적극** (헌재 2000.6.29. 99헌가9)	위헌
21	우체국보험에 대한 압류금지규정이 위헌인지 여부: **적극** 우체국보험 가입자의 채권자를 일반 인보험 가입자의 채권자에 비하여 불합리하게 차별취급하는 것이므로, 헌법 제11조 제1항의 평등원칙에 위반된다(헌재 2008.5.29. 2006헌바5).	헌법불합치
22	대한민국 국민인 남자에 한정하여 병역의무를 부과하는 것이 헌법에 위반되는지 여부: **소극** (헌재 2011.6.30. 2010헌마460)	기각
23	후보자의 득표수가 유효투표총수의 100분의 15 이상인 경우 또는 100분의 10 이상 100분의 15 미만인 경우에는 후보자가 지출한 선거비용의 전액 또는 반액을 각각 보전하여 주도록 규정하고 있는 공직선거법 제122조의2 제1항 제1호가 위헌인지 여부: **소극** (헌재 2010.5.27. 2008헌마491)	기각
24	사립학교교원 또는 사립학교교원이었던 자가 재직 중의 사유로 금고 이상의 형을 받은 때에는 대통령령이 정하는 바에 의하여 퇴직급여 및 퇴직수당의 일부를 감액하여 지급하도록 한 것이 위헌인지 여부: **적극** (헌재 2010.7.29. 2008헌가15)	헌법불합치
25	'직무와 관련 없는 과실로 인한 경우' 및 '소속 상관의 정당한 직무상의 명령에 따르다가 과실로 인한 경우'를 제외하고 고의범의 경우에는 직무와 관련이 없는 범죄라 할지라도 재직 중의 사유로 금고 이상의 형을 받은 경우, 퇴직급여 등을 감액하도록 규정한 것이 사립학교교원의 재산권 및 평등권 등을 침해하는지 여부: **소극** (헌재 2013.9.26. 2010헌가89) ✔ **주의** 판례 25는 판례 24에 따른 법 개정 이후의 판례이므로 구별할 것	합헌

26	공무원이 재직 중의 사유로 금고 이상의 형을 받은 때에는 대통령령이 정하는 바에 의하여 퇴직급여 및 퇴직수당의 일부를 감액하여 지급하도록 한 것이 평등의 원칙에 위배되는지 여부: **적극** (헌재 2007.3.29. 2005헌바33)	헌법불합치
27	명예퇴직 공무원이 재직 중의 사유로 금고 이상의 형을 받은 때에는 명예퇴직수당을 필요적으로 환수하도록 한 국가공무원법 제74조의2 제3항 제1호가 재산권을 침해하고 평등원칙에 위배되는지 여부: **소극** (헌재 2010.11.25. 2010헌바93) ☑ **주의** 명예퇴직 공무원에 초점을 두어 26, 27번 판례를 구분할 것	합헌
28	군인 또는 군인이었던 자가 복무 중의 사유로 금고 이상의 형을 받은 때에는 대통령령이 정하는 바에 의하여 퇴직급여 및 퇴직수당의 일부를 감액하여 지급하도록 한 군인연금법 제33조 제1항 제1호가 헌법상 재산권 내지 평등권을 침해하는지 여부: **적극** (헌재 2009.7.30. 2008헌가1 · 2009헌바21)	헌법불합치
29	중혼의 취소청구권자로 직계존속과 4촌 이내의 방계혈족은 포함하면서도 직계비속을 제외한 것이 평등원칙에 반하여 위헌인지 여부: **적극** (헌재 2010.7.29. 2009헌가8)	헌법불합치
30	직계비속이 직계존속을 고소하지 못하도록 한 형사소송법 제224조가 평등권을 침해하는지 여부: **소극** (헌재 2011.2.24. 2008헌바56)	합헌
31	행정관서요원과 달리 국제협력요원으로 근무하다가 순직한 경우 국가유공자로 대우하지 않은 것이 위헌인지 여부: **소극** (헌재 2010.7.29. 2009헌가13)	합헌
32	선택병의원제 및 비급여항목의 도입에 따른 '의료급여수급자'와 '건강보험가입자'를 차별하는 것이 평등권을 침해하는지 여부: **소극** (헌재 2009.11.26. 2007헌마734)	기각
33	친고죄에 있어서 고소취소가 가능한 시기를 제1심 판결선고 전까지로 제한한 형사소송법 제232조 제1항이 평등권을 침해하는지 여부: **소극** (헌재 2011.2.24. 2008헌바40)	합헌
34	계속근로기간 1년 미만인 근로자를 퇴직급여 지급대상에서 제외하는 근로자퇴직급여 보장법 제4조 제1항 단서 중 '계속근로기간이 1년 미만인 근로자' 부분과 같은 법 제8조 제1항 중 '계속근로기간 1년' 부분이 퇴직근로자를 '계속근로기간이 1년 이상인지 여부'에 따라 차별취급하여 평등권을 침해하는지 여부: **소극** (헌재 2011.7.28. 2009헌마408)	기각
35	가맹사업거래의 공정화에 관한 법률에서 정한 계약해지절차를 거치지 아니한 가맹본부의 가맹계약해지에 대하여 불공정거래행위에 해당하지 않는다고 판단하여 한 공정거래위원회의 무혐의처분이 현저히 정의에 반하는 조사 또는 잘못된 법률의 적용이나 증거판단에 따른 자의적 처분으로서 평등권을 침해하는지 여부: **적극** (헌재 2012.2.23. 2010헌마750)	인용
36	1983.1.1. 이후 출생한 A형 혈우병 환자에 한하여 유전자재조합제제에 대한 요양급여를 인정하는 보건복지가족부 고시 제2010-20호 '요양급여의 적용기준 및 방법에 관한 세부사항' 중 관련 조항이 그 이전에 출생한 청구인들의 평등권을 침해하는지 여부: **적극** (헌재 2012.6.27. 2010헌마716)	위헌
37	국회에 청원을 하려고 하는 자는 의원의 소개를 얻어 청원서를 제출하도록 규정한 국회법 제123조 제1항이 평등권을 침해하는지 여부: **소극** (헌재 2012.11.29. 2012헌마330)	기각
38	공인회계사시험의 응시자격을 일정 과목에 대하여 일정 학점을 이수한 사람으로 제한하고 있는 공인회계사법 제5조 제3항이 평등권을 침해하는지 여부: **소극** (헌재 2012.11.29. 2011헌마801)	기각

39	국회의원의 경우 지방공사 직원의 겸직이 허용되는 반면, 지방의회의원의 경우 이 사건 법률조항에 의하여 지방공사 직원의 직을 겸할 수 없는 것이 지방의회의원인 청구인의 평등권을 침해하는지 여부: **소극** (헌재 2012.4.24. 2010헌마605)	기각
40	세종특별자치시의 시장 및 교육감선거는 실시함에도 불구하고 지방의회의원선거는 실시하지 않도록 한 것이 평등권을 침해하는지 여부: **소극** (헌재 2013.2.28. 2012헌마131)	기각
41	독립유공자의 손자녀 중 1명에게만 보상금을 지급하도록 하면서, 독립유공자의 선순위 자녀의 자녀에 해당하는 손자녀가 2명 이상인 경우에 나이가 많은 손자녀를 우선하도록 규정한 독립유공자예우에 관한 법률 제12조 제2항 등 관련 규정이 평등권을 침해하는지 여부: **적극** (헌재 2013.10.24. 2011헌마724)	헌법불합치
42	배우자가 그와 함께 다니는 사람 중에서 지정한 1명도 예비후보자의 명함을 직접 주거나 예비후보자에 대한 지지를 호소할 수 있도록 함으로써 배우자 없는 청구인의 평등권 등을 침해하는지 여부: **적극** (헌재 2013.11.28. 2011헌마267) ✅ **비교 배우자가 지정한 1명 vs 배우자 자체** 예비후보자의 배우자와 직계존·비속이 예비후보자의 선거운동을 위하여 예비후보자의 명함을 직접 주거나 예비후보자에 대한 지지를 호소할 수 있도록 한 공직선거법 제60조의3 제2항 제1호에 대한 심판청구는, 선거절차가 모두 끝나 주관적 권리보호의 이익이 없고, 헌법재판소가 최근에 위 조항이 평등권을 침해하지 아니한다고 결정한 바 있어 예외적으로 심판청구의 이익을 인정할 수 있는 경우도 아니어서 부적법함(헌재 2013.11.28. 2011헌마267)	위헌
43	지방공무원의 집단행위를 금지하면서 지방의원과 지방자치단체의 장에게는 예외를 인정하는 것이 평등권을 침해하는지 여부: **소극** (헌재 2014.8.28. 2011헌바50)	합헌
44	공공기관 및 공기업으로 하여금 매년 정원의 3% 이상씩 청년 미취업자를 채용하도록 한 청년고용촉진 특별법 제5조 제1항 및 동법 시행령 제2조 단서(이른바 청년고용할당제)가 평등권을 침해하는지 여부: **소극** (헌재 2014.8.28. 2013헌마553)	기각
45	교원노조는 일반 노조나 대학교원단체와 달리 정치활동을 제한하는 것이 평등원칙에 위반되는지 여부: **소극** (헌재 2014.8.28. 2011헌바32 등)	합헌
46	사실혼 배우자에게 상속권을 인정하지 않는 민법 제1003조 제1항 중 '배우자' 부분이 사실혼 배우자의 평등권을 침해하는지 여부: **소극** 사실혼은 헌법 제36조 제1항의 보호범위에 포함되지 아니하므로, 이 사건 법률조항은 헌법 제36조 제1항에 위반되지 않는다(헌재 2014.8.28. 2013헌바119).	합헌
47	금고 이상의 형을 받아 그 집행을 종료하거나 면제를 받은 후 3년 내에 금고 이상에 해당하는 죄를 범한 자는 누범으로 처벌하고, 누범의 형은 그 죄에 정한 형의 장기의 2배까지 가중하도록 한 형법 제35조가 평등원칙에 위배되는지 여부: **소극** (헌재 2011.5.26. 2009헌바630)	합헌
48	형법조항의 구성요건 이외에 별도의 가중적 구성요건표지를 규정하지 않고 형법 제207조(통화위조죄)에 규정된 죄를 범한 사람은 사형, 무기 또는 5년 이상의 징역에 처하는 특정범죄 가중처벌 등에 관한 법률 제10조가 형벌체계상의 정당성과 균형을 상실하여 인간의 존엄과 가치를 보장하는 헌법원리 및 평등원칙에 위반되는지 여부: **적극** (헌재 2014.11.27. 2014헌가11 · 2014헌바224)	위헌
49	형법상의 범죄와 똑같은 구성요건을 규정하면서 법정형만 상향 조정한 특정범죄 가중처벌 등에 관한 법률 제5조의4 제1항(상습적으로 형법 제329조부터 제331조까지의 죄 또는 그 미수죄를 범한 사람은 무기 또는 3년 이상의 징역에 처한다) 중 형법 제329조에 관한 부분 등이 헌법에 위반되는지 여부: **적극** (헌재 2015.2.26. 2014헌가16 등)	위헌

50	흉기 기타 위험한 물건을 휴대하여 형법상 '상해죄'를 범한 사람을 가중처벌하는 '폭력행위 등 처벌에 관한 법률' 제3조 제1항 부분이 헌법에 위반되는지 여부: 소극 [1] 죄형법정주의의 명확성원칙 위반 여부: 소극 [2] 책임과 형벌의 비례원칙 위반 여부: 소극 [3] 형벌체계상의 균형성 상실 여부 및 평등원칙 위배 여부: 소극 (헌재 2015.9.24. 2014헌가1)	합헌
51	흉기 기타 위험한 물건을 휴대하여 형법상 폭행죄, 협박죄, 재물손괴죄를 범한 사람을 가중처벌하는 '폭력행위 등 처벌에 관한 법률' 제3조 제1항 부분이 형벌체계상의 균형을 상실하여 평등원칙에 반하는지 여부: 적극 (헌재 2015.9.24. 2015헌가3 등)	위헌
52	직업군인과 단기복무군인 중 여성에게만 육아휴직을 허용하는 것이 의무복무군인인 남성 단기복무장교의 평등권을 침해하는지 여부: 소극 (헌재 2008.10.30. 2005헌마1156)	기각
53	금고 이상의 실형을 선고받고 그 집행이 끝나거나 집행이 면제된 날로부터 3년이 지나지 아니한 사람은 행정사가 될 수 없다고 규정한 행정사법 제6조 제3호가 평등권을 침해하는지 여부: 소극 (헌재 2015.3.26. 2013헌마131)	기각
54	모집정원의 70%를 임직원 자녀 전형으로 선발하고 10%만을 일반전형으로 선발하는 내용의 충남○○고 입학전형요강을 피청구인 충청남도 교육감이 승인한 것이 청구인들의 평등권을 침해하는지 여부: 소극 (헌재 2015.11.26. 2014헌마145) ⊘ **주의** 교육을 받을 권리의 제한이 문제되지 않음	기각
55	독립유공자의 유족으로서 보상받을 권리가 유족등록을 신청한 날이 속하는 달부터 발생하도록 정한 '독립유공자예우에 관한 법률' 제8조가 평등원칙에 위반되는지 여부: 소극 (헌재 2015.9.24. 2015헌바48)	합헌
56	치과전문의 자격 인정 요건으로 '외국의 의료기관에서 치과의사 전문의 과정을 이수한 사람'을 포함하지 아니한 '치과의사전문의의 수련 및 자격 인정 등에 관한 규정 제18조 제1항이 평등권을 침해하는지 여부: 적극 [1] 직업수행의 자유 침해 여부: 적극 심판대상조항은 침해의 최소성원칙에 위반되고 법익의 균형성도 충족하지 못하였다. [2] 평등권 침해 여부: 적극 (헌재 2015.9.24. 2013헌마197)	헌법불합치
57	'농어촌등보건의료를 위한 특별조치법'이 시행되기 이전에 공중보건의사로 복무한 사람이 사립학교 교직원으로 임용된 경우, 공중보건의사로 복무한 기간을 사립학교 교직원 재직기간에 산입하도록 규정하지 아니한 '사립학교 교직원 연금법' 제31조 제2항이 평등원칙에 위반되는지 여부: 적극 (헌재 2016.2.25. 2015헌가15)	헌법불합치
58	고용 허가를 받아 국내에 입국한 외국인근로자의 출국만기보험금을 출국 후 14일 이내에 지급하도록 한 '외국인근로자의 고용 등에 관한 법률' 제13조 제3항 중 '피보험자 등이 출국한 때부터 14일 이내' 부분이 청구인들의 평등권을 침해하는지 여부: 소극 (헌재 2016.3.31. 2014헌마367)	기각
59	현역병 및 사회복무요원과 달리 공무원의 초임호봉 획정에 인정되는 경력에 산업기능요원의 경력을 제외하도록 한 공무원보수규정 제8조 제2항 중 [별표 15]에 따른 [별표 16] 제1호 가목 본문 가운데 산업기능요원의 경력을 제외하는 부분이 산업기능요원인 청구인의 평등권을 침해하는지 여부: 소극 (헌재 2016.6.30. 2014헌마192)	기각
60	'부정청탁 및 금품 등 수수의 금지에 관한 법률' [청탁금지법(일명 김영란법)]이 언론인과 사립학교 관계자의 평등권을 침해하는지 여부: 소극 (헌재 2016.7.28. 2015헌마236 등)	기각

61	'수사가 진행 중이거나 형사재판이 계속 중이었다가 그 사유가 소멸한 경우'에는 잔여 퇴직급여 등에 대해 이자를 가산하는 규정을 두면서, '재심으로 무죄판결을 받아 그 사유가 소멸한 경우'에는 이자 가산 규정을 두지 않은 군인연금법 제33조 제2항이 평등원칙에 위반되는지 여부: **적극** (헌재 2016.7.28. 2015헌바20)	헌법불합치
62	대학·산업대학 또는 전문대학에서 의무기록사 면허에 관한 학문을 전공한 사람에 대해서만 의무기록사 국가시험에 응시할 수 있도록 하고, 사이버대학에서 같은 학문을 전공하는 경우 의무기록사 국가시험에 응시할 수 없도록 한 '의료기사 등에 관한 법률' 제4조 제1항 제1호가 평등권을 침해하는지 여부: **소극** (헌재 2016.10.27. 2014헌마1037)	기각
63	공무상 질병 또는 부상으로 인하여 퇴직 후 장애 상태가 확정된 군인에게 상이연금을 지급하도록 한 개정된 군인연금법 제23조 제1항을 개정법 시행일 이후부터 적용하도록 한 군인연금법 부칙 중 구 군인연금법 제23조 제1항에 관한 부분 및 군인연금법 부칙 제1조 중 군인연금법 제23조 제1항에 관한 부분이 평등원칙에 위반되는지 여부: **적극** (헌재 2016.12.29. 2015헌바208)	헌법불합치
64	폭력행위 등 처벌에 관한 법률 위반(집단·흉기등상해)죄를 국민참여재판 대상에서 제외한 '국민의 형사재판 참여에 관한 법률' 제5조 제1항 제1호 중 구 법원조직법 제32조 제1항 제3호 다목이 평등권을 침해하는지 여부: **소극** (헌재 2016.12.29. 2015헌바63)	합헌
65	지역가입자에 대한 보험료를 산정·부과하는 기준에 관하여 규정한 국민건강보험법 제69조 제5항과 제72조 제1항이 평등원칙에 위배되는지 여부: **소극** (헌재 2016.12.29. 2015헌바199)	합헌
66	현금영수증 미발급에 대한 과태료 부과처분이 평등의 원칙에 위배되는지 여부: **소극** (헌재 2017.5.25. 2017헌바57)	합헌
67	공기업의 직원을 형법상 뇌물죄를 적용함에 있어 공무원으로 의제하는 구 '공공기관의 운영에 관한 법률' 제53조 중 '공기업의 직원'에 관한 부분이 평등원칙에 위배되는지 여부: **소극** (헌재 2016.12.29. 2015헌바225)	합헌
68	약물·알코올 중독자에 대한 치료감호기간 상한은 2년임에 비하여 정신성적 장애인에 대한 치료감호기간 상한은 15년으로 정한 것이 평등권을 침해하는지 여부: **소극** (헌재 2017.4.27. 2015헌마989)	기각
69	개인택시운송사업의 상속을 허용하면서 그 소급 적용의 범위를 제한한 '개인택시 조례'가 평등권을 침해하는지 여부: **소극** (헌재 2017.5.25. 2015헌마1110)	기각
70	현직 국회의원인지 여부를 불문하고 예비후보자가 선거사무소를 설치하고 그 선거사무소에 간판·현판 또는 현수막을 설치·게시할 수 있도록 한 공직선거법 제60조의3 제1항 제1호 등이 평등권을 침해하는지 여부: **소극** (헌재 2017.6.29. 2016헌마110)	각하
71	공무원 퇴직연금의 수급요건이 재직기간 20년에서 10년으로 변경되었으나, 개정법이 2016.1.1. 당시 재직 중인 공무원부터 적용하여 그 이전 퇴직공무원(재직기간이 10년 이상 20년 미만)을 차별한 것이 위헌인지 여부: **소극** (헌재 2017.5.25. 2015헌마933)	기각
72	사립대학 교원이 국회의원으로 당선된 경우 임기개시일 전까지 그 직을 사직하도록 규정한 국회법 규정이 청구인의 평등권을 침해하는지 여부: **소극** (헌재 2015.4.30. 2014헌마621)	기각
73	수석교사 임기 중에 교장 등의 자격을 취득할 수 없도록 한 교육공무원법 제29조의4 제4항이 수석교사로 임용된 청구인들의 평등권을 침해하는지 여부: **소극** (헌재 2017.7.27. 2017헌마599)	기각

74	사무처리를 그르치게 할 목적으로 공무원 또는 공무소의 전자기록 등 특수매체기록을 위작한 사람을 10년 이하의 징역에 처하도록 정한 형법 제227조의2 중 '위작'에 관한 부분이 형벌체계상의 균형성을 상실하여 평등원칙에 위반되는지 여부: 소극 (헌재 2017.8.31. 2015헌가30)	합헌
75	'운행 중'인 운전자를 폭행하여 상해에 이르게 한 경우 형법의 폭행치상 또는 상해보다 가중 처벌하는 것이 평등원칙에 위배되는지 여부: 소극 (헌재 2017.11.30. 2015헌바336)	합헌
76	범인이 형사처분을 면할 목적으로 국외에 있는 경우 그 기간 동안 공소시효가 정지되도록 정한 형사소송법 제253조 제3항이 평등원칙에 위반되는지 여부: 소극 (헌재 2017.11.30. 2016헌바157) ⊘ 비교 외국법원의 확정판결에 기초하여 이루어진 가압류의 피보전채무를 상속재산가액에서 차감되는 채무에 포함시키지 아니한 구 상속세 및 증여세법이 과잉금지의 원칙 및 평등원칙에 위반되지 않음(헌재 2015.4.30. 2011헌바177)	합헌
77	13세 미만의 사람에 대하여 형법 제298조(강제추행)의 죄를 범한 사람은 5년 이상의 유기징역 또는 3천만 원 이상 5천만 원 이하의 벌금에 처하도록 규정한 '성폭력범죄의 처벌 등에 관한 특례법' 제7조 제3항이 평등원칙 등에 위반되는지 여부: 소극 (헌재 2017.12.28. 2016헌바368)	합헌
78	금융기관 임직원이 직무에 관하여 금품 기타 이익을 1억 원 이상 받으면 무기 또는 10년 이상의 징역에 처하는 구 '특정경제범죄 가중처벌 등에 관한 법률' 제5조 제4항 제1호가 평등원칙에 위반되는지 여부: 소극 (헌재 2017.12.28. 2016헌바281)	합헌
79	대한민국 국적을 가지고 있는 영유아 중에서도 재외국민인 영유아를 보육료·양육수당 지원대상에서 제외하는 보건복지부지침이 국내에 거주하면서 재외국민인 영유아를 양육하는 부모인 청구인들의 평등권을 침해하는지 여부: 적극 (헌재 2018.1.25. 2015헌마1047)	위헌
80	집행유예보다 무거운 실형을 선고받고 집행이 종료되거나 면제된 경우에는 자격에 제한을 두지 않으면서 집행유예를 선고받은 경우에 대해서는 이러한 특례조항을 두지 아니한 소년법 제67조가 평등원칙에 위반되는지 여부: 적극 (헌재 2018.1.25. 2017헌가7)	헌법불합치
81	국가에 대한 금전채권의 소멸시효를 5년으로 제한하는 국가재정법 조항이 평등원칙 등에 위배되는지 여부: 소극 (헌재 2018.2.22. 2016헌바470)	합헌
82	대형마트 등에 대하여 영업시간 제한 및 의무휴업일 지정을 할 수 있도록 한 유통산업발전법 제12조의2 제1항 등이 평등원칙에 위배되는지 여부: 소극 (헌재 2018.6.28. 2016헌바77)	합헌
83	대학원재학생과 고아에 대하여 자활사업 참가조건 부과 유예사유를 두지 않은 국민기초생활 보장법 시행령 제8조 제2항 제1호가 평등권을 침해하는지 여부: 소극 (헌재 2017.11.30. 2016헌자448)	기각
84	의료인에 대한 자격정지처분 사유가 발생한 날로부터 5년이 지난 경우 처분을 할 수 없도록 시효규정을 신설하면서, 이미 자격정지처분이 있었던 경우에는 시효규정의 적용대상에서 제외한 의료법 부칙 제4조가 평등권을 침해하는지 여부: 소극 (헌재 2017.11.30. 2016헌마725)	기각

85	보훈보상대상자의 부모에 대한 유족보상금 지급시 수급권자를 1인에 한정하고 나이가 많은 자를 우선하도록 규정한 보훈보상대상자 지원에 관한 법률 제11조 제1항 제2호가 평등권을 침해하여 위헌인지 여부: **적극** (헌재 2018.6.28. 2016헌가14)	헌법불합치
86	교원징계재심위원회의 재심결정에 대한 학교법인의 제소권한을 제한한 것이 위헌인지 여부: **적극** (헌재 2006.2.23. 2005헌가7 등)	위헌
87	법인의 부동산등기에 있어서 대도시와 종소도시의 경우 등록세율을 달리하는 것이 위헌인지 여부: **소극** (헌재 1996.3.28. 94헌바42)	합헌
88	군에서의 형의 집행 및 군수용자의 처우에 관한 법률의 적용을 받은 미결수용자의 면회횟수제한이 위헌인지 여부: **적극** (헌재 2003.11.27. 2002헌마193)	위헌
89	단순매수나 단순판매목적소지의 마약사범에 대하여도 사형·무기 또는 10년 이상의 징역에 처하도록 하는 규정이 지나치게 과도한 형벌로서 책임과 형벌간의 비례성원칙에 어긋나는지 여부 및 법관의 양형선택·판단권을 지나치게 제한하는지 여부: **적극** (헌재 2003.11.27. 2002헌바24)	위헌
90	사망 전 등록한 고엽제 후유증환자에 국한하여 유족보상을 지급하는 것이 위헌인지 여부: **적극** (헌재 2001.6.28. 99헌마516)	헌법불합치
91	외국인 전용 신규 카지노 허가대상기관을 한국관광공사로 한정한 것이 기존 카지노업자들의 평등권을 침해하는지 여부: **소극** (헌재 2006.7.27. 2004헌마924)	기각
92	'다중의 위력으로써' 주거침입을 하는 경우를 '2인 이상이 공동하여' 주거침입을 하는 경우보다 중하게 처벌하는 것이 평등원칙 위반인지 여부: **소극** (헌재 2008.11.27. 2007헌가24)	합헌
93	경찰공무원 교육훈련 또는 직무수행 중 사망한 경우 국가유공자 예우 및 지원에 관한 법률상 순직군경으로 예우받을 수 있는 것과는 달리, 소방공무원은 화재진압, 구조·구급업무수행 또는 이와 관련된 교육훈련 중 사망한 경우에 한하여 순직군경으로서 예우를 받을 수 있도록 하는 소방공무원법 제14조의2 제1항과 제2항이 평등권을 침해하는지 여부: **소극** (헌재 2005.9.29. 2004헌바53)	합헌
94	군인이 공무상 질병 또는 부상으로 '퇴직 이후에 폐질상태가 확정된 군인'에 대해서 일반 공무원과 달리 상이연금지급에 관한 규정을 두지 아니한 군인연금법 제23조 제1항이 평등원칙에 위배되는지 여부: **적극** (헌재 2010.6.24. 2008헌바128) ☑ **비교** 공무상 질병 또는 부상으로 인하여 퇴직 후 장애 상태가 확정된 군인에게 상이연금을 지급하도록 한 개정된 군인연금법 제23조 제1항을 개정법 시행일 이후부터 적용하도록 한 군인연금법 부칙 중 구 군인연금법 제23조 제1항에 관한 부분 및 군인연금법 부칙 제1조 중 군인연금법 제23조 제1항에 관한 부분은 평등원칙에 위반(헌재 2016.12.29. 2015헌바208·2016헌바145)	헌법불합치
95	대통령선거경선후보자가 당내 경선과정에서 탈퇴함으로써 후원회를 둘 수 있는 자격을 상실한 때에는 후원회로부터 받은 후원금 전액을 국고에 귀속하도록 하고 있는 정치자금법 제21조 제3항 제2호 평등원칙 등에 반하여 위헌인지 여부: **적극** (헌재 2009.12.29. 2007헌마412)	위헌
96	당내 경선에 참가한 정당 소속 예비후보자는 불출마하더라도 기탁금을 반환받을 수 있으나 무소속 예비후보자가 후보자등록을 하지 않는 경우에 기탁금을 반환받지 못하게 하는 것은 평등의 원칙에 위배되는지 여부: **소극** (헌재 2010.12.28. 2010헌마79)	기각
97	국가공무원 임용결격사유에 해당하여 공중보건의사 편입이 취소된 사람을 현역병으로 입영하게 하거나 공익근무요원으로 소집함에 있어 의무복무기간에 기왕의 복무기간을 전혀 반영하지 아니하는 구 병역법 제35조 제3항과 병역법 제35조 제3항이 평등의 원칙에 반하여 위헌인지 여부: **적극** (헌재 2010.7.29. 2008헌가28)	헌법불합치

98	변호사에게 전년도에 처리한 수임사건의 건수 및 수임액을 소속 지방변호사회에 보고하도록 규정하고 있는 구 변호사법 제28조의2가 평등원칙을 침해하는지 여부: **소극** (헌재 2009.10.29. 2007헌마667)	기각
99	대학·산업대학 또는 원격대학에 편입학할 수 있는 자격을 전문대학을 졸업한 자로 규정한 고등교육법 제51조가 평등권 등을 침해하여 위헌인지 여부: **소극** (헌재 2010.11.25. 2010헌마144)	기각
100	부동산 실권리자명의 등기에 관한 법률 제5조에 의한 과징금 부과 특례대상을 법률혼만 인정하고 사실혼 배우자 사이에는 인정하지 아니하는 것이 평등권침해인지 여부: **소극** (헌재 2010.12.28. 2009헌바400)	합헌
101	비례대표시·도의회의원후보자에게 지역구후보자와 달리 사전선거운동 등을 허용하지 않는 것이 평등권을 침해하는지 여부: **소극** (헌재 2011.3.31. 2010헌마34)	기각
102	지역구국회의원선거에서 선거방송토론위원회가 주관하는 대담·토론회의 초청자격을 규정하고 있는 공직선거법이 평등권을 침해하는지 여부: **소극** (헌재 2011.5.26. 2010헌마451)	기각
103	고엽제 후유의증환자가 사망한 때에도 유족에게 교육지원과 취업지원을 한다는 내용의 고엽제 후유의증환자지원 등에 관한 법률 제7조 제9항을 위 법률 시행일 이후 사망한 환자의 유족부터 적용한다고 규정한 것이 위 법률 시행일 이전에 사망한 환자의 유족들의 평등권을 침해하여 위헌인지 여부: **적극** (헌재 2011.6.30. 2008헌마715)	위헌
104	산업기능요원 편입이 취소되어 입영하는 경우 1년 이상 종사한 사람으로 한정하여 복무기간을 단축할 수 있도록 규정한 병역법 제41조 제4항의 산업기능요원에 관한 부분이 평등권을 침해하는지 여부: **적극** (헌재 2011.11.24. 2010헌마746) ⊘ **주의** • 산업기능요원의 복무기간을 공무원 호봉산정으로 인정하지 않은 것: 합헌 • 공중보건의사의 복무기간을 교원연금기간에 산정하지 않은 것: 위헌 • 사회복무요원에게 현역병의 봉급에 해당하는 보수를 지급하도록 한 것: 합헌	위헌
105	법무부장관이 제1회 및 제2회 변호사시험의 시험장을 서울 소재 4개 대학교로 선정한 행위가 지방 소재 법학전문대학원 응시자의 평등권을 침해하는지 여부: **소극** (헌재 2013.9.26. 2011헌마782)	기각
106	금고 이상의 형의 집행유예를 선고받고, 그 유예 기간이 지난 후 2년이 지나지 아니한 자의 변호사시험 응시를 금지한 변호사시험법 제6조 제3호가 평등권을 침해하는지 여부: **소극** (헌재 2013.9.26. 2012헌마365)	기각
107	뇌물수수에 이르지 않고 뇌물요구에 그쳤다고 해도 요구한 액수가 1억 원 이상인 때에는 무기 또는 10년 이상의 징역으로 처벌하도록 한 것이 책임과 형벌간의 비례원칙이나 형벌체계상의 균형성에 위배되는지 여부: **소극** (헌재 2013.8.29. 2011헌바364)	합헌
108	자수를 형의 '임의적 감면사유'로 규정한 형법 제52조 제1항이 헌법상 평등원칙에 반하는지 여부: **소극** (헌재 2013.10.24. 2012헌바278)	합헌
109	물리치료사가 의사, 치과의사의 지도하에 업무를 할 수 있도록 정한 구 의료기사 등에 관한 법률 제1조 중 '의사 또는 치과의사의 지도하에 진료 또는 의화학적 검사에 종사하는 자' 중 물리치료사에 관한 부분이 한의사를 의사 및 치과의사에 비하여 합리적 이유 없이 차별하여 한의사의 평등권을 침해하는지 여부: **소극** (헌재 2014.5.29. 2011헌마552)	기각

110	사업주가 제공한 교통수단을 이용하는 등 사업주의 지배관리 아래 출퇴근하다가 발생한 사고만 업무상 재해로 인정하는 산업재해보상보험법 제37조 제1항 제1호 다목이 평등원칙에 위배되는지 여부: 적극 (헌재 2016.9.29. 2014헌바254)	헌법불합치
111	강도상해죄 또는 강도치상죄를 무기 또는 7년 이상의 징역에 처하도록 규정한 형법 제337조가 형벌체계상 균형을 상실하여 평등원칙에 위반되는지 여부: 소극 (헌재 2016.9.29. 2014헌바183)	합헌
112	관광진흥개발기금 관리·운용업무에 종사하도록 하기 위하여 문화체육관광부장관에 의하여 채용된 민간전문가에 대하여 형법상 뇌물죄의 적용에 있어서 공무원으로 의제하는 관광진흥개발기금법 제13조가 신체의 자유나 평등원칙에 위배되는지 여부: 소극 (헌재 2014.7.24. 2012헌바188)	합헌
113	아동·청소년대상 성폭력범죄를 저지른 자에 대하여 신상정보를 공개하도록 하는 것이 아동대상 일반 범죄를 저지른 사람과 차별하여 평등권을 침해하는지 여부: 소극 (헌재 2013.10.24. 2011헌바106)	합헌
114	교원징계재심위원회의 재심결정에 대한 학교법인의 불복을 금지하는 교원지위향상을 위한 특별법 제10조가 평등권을 침해하는지 여부: 적극 (헌재 2006.2.23. 2005헌가7 등)	위헌
115	행정청이 과징금을 부과할 당시에 법위반자의 명의신탁 관계가 이미 종료된 경우에도, 과징금 부과시점의 부동산가액을 과징금 산정기준으로 한 것이 평등권을 침해하는지 여부: 적극 (헌재 2006.5.25. 2005헌가17 등)	헌법불합치
116	국가인권위원회 위원의 퇴직 후 2년간 공직취임 및 선거출마를 금지하는 국가인권위원회법 제11조가 평등의 원칙에 위배되는지 여부: 적극 (헌재 2004.1.29. 2002헌마788)	위헌
117	출생에 의한 국적취득에 있어 부계혈통주의를 규정한 구 국적법 제2조 제1항 제1호가 헌법상 평등의 원칙에 위배되는지 여부: 적극 (헌재 2000.8.31. 97헌가12)	헌법불합치
118	구법상 부가 외국인이기 때문에 대한민국 국적을 취득할 수 없었던 한국인 모의 자녀 중에서 신법 시행 전 10년 동안에 태어난 자에게만 대한민국 국적을 취득하도록 하는 경과규정인 국적법 부칙 제7조 제1항이 평등원칙에 위배되는지 여부: 적극 (헌재 2000.8.31. 97헌가12)	헌법불합치
119	1978.6.14.부터 1998.6.13. 사이에 태어난 모계출생자가 대한민국 국적을 취득할 수 있는 특례를 두면서 2004.12.31.까지 국적취득신고를 한 경우에만 대한민국 국적을 취득하도록 한 국적법 부칙 제7조 제1항 중 '2004년 12월 31일까지 대통령령이 정하는 바에 의하여 법무부장관에게 신고함으로써' 부분이 평등원칙에 위배되는지 여부: 소극 (헌재 2015.11.26. 2014헌바211)	합헌
120	상소제기기간 등을 법정산입 대상에 포함하지 않고 있는 형사소송법 제482조 제1항이 평등원칙에 위배되는지 여부: 적극 (헌재 2000.7.20. 99헌가7)	헌법불합치
121	금융기관 임·직원의 수재행위를 공무원보다 가중처벌하는 특정범죄 가중처벌 등에 관한 법률 제2조 제1항이 평등의 원칙에 위반되는지 여부: 적극 (헌재 2006.4.27. 2006헌가5)	위헌
122	야간의 흉기휴대 협박에 대한 가중처벌을 규정하고 있는 형법 제283조가 평등원칙에 위배되는지 여부: 적극 (헌재 2004.12.16. 2003헌가12)	위헌
123	대한민국 국적을 갖고 있지 아니한 국외강제동원 희생자의 유족을 위로금 지급대상에서 제외한다고 규정한 '대일항쟁기 강제동원 피해조사 및 국외강제동원 희생자 등 지원에 관한 특별법' 제7조 제4호 등이 위헌인지 여부: 소극 (헌재 2015.12.23. 2011헌바139)	합헌
124	특별시·광역시가 아닌 시에 지방자치단체가 아닌 행정구를 두고 그 구청장은 시장이 임명하도록 한 지방자치법 제3조 제3항이 주민의 평등권을 침해하는지 여부: 소극 (헌재 2019.8.29. 2018헌마129)	기각

125	가축 사육시설에 대하여 적법화 이행기간의 특례를 규정하면서, '개 사육시설'을 적용대상에서 제외한 것이 평등권을 침해하는지 여부: 소극 (헌재 2019.8.29. 2018헌마297 등)	기각
126	현금영수증 발급의무 위반에 대한 과태료를 부과하며 과태료 부과금액을 미발급 거래대금의 100분의 50으로 일률적으로 정하고 있는 것이 직업수행의 자유 및 평등원칙에 위배되는지 여부: 소극 (헌재 2019.8.29. 2018헌바265)	합헌
127	근로자가 사업주의 지배관리 아래 출퇴근하던 중 발생한 사고로 부상 등이 발생한 경우만 업무상 재해로 인정하는 산업재해보상보험법 제37조 제1항 등이 평등원칙에 위배되는지 여부: 적극 (헌재 2016.9.29. 2014헌바254)	헌법불합치
128	업무상 재해에 통상의 출퇴근 재해를 포함시키는 개정 법률조항을 개정법 시행 후 최초로 발생하는 재해부터 적용하도록 하는 산업재해보상보험법 부칙 제2조 중 '제37조의 개정규정'에 관한 부분이 헌법상 평등원칙에 위반되는지 여부: 적극 심판대상조항이 신법 조항의 소급적용을 위한 경과규정을 두지 않음으로써 개정법 시행일 전에 통상의 출퇴근 사고를 당한 비혜택근로자를 보호하기 위한 최소한의 조치도 취하지 않은 것은, 산재보험의 재정상황 등 실무적 여건이나 경제상황 등을 고려한 것이라고 하더라도, 그 차별을 정당화할 만한 합리적인 이유가 있는 것으로 보기 어렵고, 이 사건 헌법불합치결정의 취지에도 어긋난다. 따라서 심판대상조항은 헌법상 평등원칙에 위반된다(헌재 2019.9.26. 2018헌바218 등).	헌법불합치
129	시·도지사후보자에게 5천만 원의 기탁금 조항 및 선거방송토론위원회 주관 대담·토론회의 초청요건을 정한 공직선거법 조항이 평등권을 침해하는지 여부: 소극 (헌재 2019.9.26. 2018헌마128)	기각
130	골프장 부가금 납부의무자에 대한 부가금이 부가금 징수 대상 체육시설을 이용하지 않는 그 밖의 국민과 차별하는 것이 평등권을 침해하는지 여부: 적극 (헌재 2019.12.27. 2017헌가21)	위헌
131	자사고를 지원한 학생에게는 외국어고·국제고 및 자사고를 제외한 평준화지역의 후기학교에 중복지원하는 것을 금지하는 조항은 청구인 학생 및 학부모의 평등권을 침해하여 헌법에 위반된다(헌재 2019.4.11. 2018헌마221). ✅ 비교 동시선발조항(후기학교가 아닌 것)은 합헌	위헌
132	특별시장·광역시장·특별자치시장·도지사·특별자치도지사선거의 예비후보자를 후원회지정권자에서 제외하고 있는 정치자금법 제6조 제6호 부분이 청구인들의 평등권을 침해하는지 여부: 적극 (헌재 2019.12.27. 2018헌마301·430) ✅ 주의 공무담임권 침해는 해당되지 않음 ✅ 비교 자치구의 지역구의회의원 선거의 예비후보자를 후원회지정권자에서 제외하고 있는 정치자금법 제6조 제6호 부분은 청구인들의 평등권을 침해한다고 볼 수 없음(헌재 2019.12.27. 2018헌마301·430)	헌법불합치
133	6·25전쟁에 참전하여 전투 중 전사하거나 부상을 입은 군경들 중에서도 '이 사건 전투기간 중에 전사한 군경'의 자녀는 다른 경우에 비하여 희생의 정도 및 사회·경제적인 어려움에 처했을 가능성이 더 크고 추가적인 보상의 필요성도 더 절실하다고 볼 수 있으므로, 심판대상조항이 6·25전몰군경자녀수당의 지급 대상자를 '이 사건 전투기간 중 전사한 군경'의 자녀로 설정함으로써 결과적으로 '이 사건 전투기간 중 부상 후 사망한 군경'의 자녀와의 사이에 차별적 취급이 발생하였다고 하더라도 이에 대한 합리적인 이유를 확인할 수 있어 평등의 원칙에 위배되지 아니한다(헌재 2018.11.29. 2017헌바252).	합헌

134	'수사가 진행 중이거나 형사재판이 계속 중이었다가 그 사유가 소멸한 경우'에는 잔여 퇴직급여 등에 대해 이자를 가산하는 규정을 두면서, '형이 확정되었다가 그 사유가 소멸한 경우'에는 이자 가산 규정을 두지 않은 군인연금법 제33조 제2항이 평등원칙을 위반하는지 여부: 적극 (헌재 2016.7.28. 2015헌바20)	헌법불합치
135	가구 수가 증가하지 아니하는 개발사업분을 학교용지부담금 부과대상에서 제외하는 규정을 두지 아니한 것이 평등원칙에 위배되는지 여부: 적극 (헌재 2014.4.24. 2013헌가28) ⊘ **주의** 　• 수분양자에게 학교용지 부담금을 부과하는 것은 위헌 　• 개발사업자에게 부담금을 부과하는 것은 합헌	위헌
136	혼인한 등록의무자 모두 배우자가 아닌 본인의 직계존·비속의 재산을 등록하도록 공직자윤리법 제4조 제1항 제3호가 개정되었음에도 불구하고, 개정 전 공직자윤리법 조항에 따라 이미 배우자의 직계존·비속의 재산을 등록한 혼인한 여성 등록의무자는 종전과 동일하게 계속해서 배우자의 직계존·비속의 재산을 등록하도록 규정한 공직자윤리법 부칙이 평등원칙에 위배되는지 여부: 적극 (헌재 2021.9.30. 2019헌가3)	위헌
137	득표율에 따라 기탁금 반환 금액을 차등적으로 정한 공직선거법 제57조 제1항 제1호 중 '지방자치단체의 장선거'에 관한 부분으로서 '유효투표총수의 100분의 15 이상을 득표한 경우'에 관한 부분 등이 '유효투표총수의 100분의 10'에 미치지 못하는 득표율을 얻은 청구인의 평등권을 침해하는지 여부: 소극 (헌재 2021.9.30. 2020헌마899)	기각, 각하
138	변경회생계획인가결정에 대한 불복방식을 '즉시항고'로 정한 채무자회생법 제282조 제3항 중 제247조 제1항 본문을 준용하는 부분이 평등원칙에 위배되는지 여부: 소극 (헌재 2021.7.15. 2018헌바484)	합헌, 각하
139	강도상해죄 또는 강도치상죄의 법정형의 하한을 강간상해죄 또는 강간치상죄, 현주건조물등방화치상죄 등에 비하여 높게 규정한 것이 형벌체계상의 균형을 상실하여 평등원칙에 위반되는지 여부: 소극 (헌재 2021.6.24. 2020헌바527)	합헌
140	국민참여재판 대상사건을 합의부 관할 사건 및 이에 해당하는 사건의 미수죄·교사죄·방조죄·예비죄·음모죄에 해당하는 사건, 위 사건과 형사소송법 제11조에 따른 관련 사건으로서 병합하여 심리하는 사건 등으로 한정하고 있는 '국민의 형사재판 참여에 관한 법률' 제5조 제1항이 평등권을 침해하는지 여부: 소극 (헌재 2021.6.24. 2020헌마1421)	기각
141	피고인이 무죄판결을 받지는 않았으나 원판결보다 가벼운 형으로 유죄판결이 확정됨에 따라 원판결에 따른 구금형 집행이 재심판결에서 선고된 형을 초과하게 된 경우, 초과 구금에 대한 형사보상을 규정하지 않은 형사보상법이 평등권을 침해하는지 여부: 적극 (헌재 2022.2.24. 2018헌마998)	헌법불합치
142	국가를 상대로 한 당사자소송에는 가집행선고를 할 수 없도록 규정하고 있는 '행정소송법 제43조가 평등원칙에 위반되는지 여부: 적극 (헌재 2022.2.24. 2020헌가12)	위헌
143	군인이 군사기지·군사시설에서 군인을 폭행한 경우 반의사불벌죄(형법 제260조 제3항)의 적용을 배제하도록 한 군형법 제60조의6이 평등원칙에 위반되는지 여부: 소극 (헌재 2022.3.31. 2021헌바62)	합헌
144	대마를 수입한 자를 무기 또는 5년 이상의 징역에 처하도록 규정한 '마약류 관리에 관한 법률' 제58조 제1항 제5호 중 '대마를 수입한 자' 부분이 평등원칙에 위배되는지 여부: 소극 (헌재 2022.3.31. 2019헌바242)	합헌
145	현역병 등의 복무기간과는 달리 사관생도의 사관학교 교육기간을 연금 산정의 기초가 되는 복무기간에 산입할 수 있도록 규정하지 아니한 것이 평등권을 침해하는지 여부: 소극 (헌재 2022.6.30. 2019헌마150)	기각

146	경유차 소유자로부터 환경개선부담금을 부과·징수하도록 정한 환경개선비용 부담법 제9조 제1항이 평등원칙에 위배되는지 여부: **소극** (헌재 2022.6.30. 2019헌바440)	합헌
147	SK케미칼이 제조하고 애경산업이 판매하였던 가습기살균제 제품인 '홈클리닉 가습기메이트'의 표시·광고와 관련하여 공정거래위원회가 2016년에 행한 사건처리 중, 위 제품 관련 인터넷 신문기사 3건을 심사대상에서 제외한 행위는 청구인의 평등권과 재판절차진술권을 침해하는지 여부: **적극** (헌재 2022.9.29. 2016헌마773)	인용 (위헌확인)
148	공무원이 지위를 이용하여 범한 공직선거법위반죄의 경우 일반인이 범한 공직선거법위반죄와 달리 공소시효를 10년으로 정한 공직선거법 제268조 제3항이 평등원칙에 위배되는지 여부: **소극** (헌재 2022.8.31. 2018헌바440)	합헌
149	근로자의 날을 관공서 공휴일에 포함시키지 않은 규정이 평등권을 침해하는 지 여부: **소극** (헌재 2022.8.31. 2020헌마1025)	기각
150	가사사용인에 대해서는 근로자퇴직급여 보장법을 적용하지 않도록 한 것이 평등원칙에 위배되는지 여부: **소극** (헌재 2022.10.27. 2019헌바454)	합헌
151	국회의원을 후원회지정권자로 정하면서 '지방의원'을 후원회지정권자에서 제외하고 있는 정치자금법 제6조 제2호가 지방의원의 평등권을 침해하는지 여부: **적극** (헌재 2022.11.24. 2019헌마528)	헌법불합치
152	국내에 귀환하여 등록절차를 거친 국군포로에게만 보수를 지급하도록 규정한 '국군포로의 송환 및 대우 등에 관한 법률' 제9조 제1항 평등권을 침해하는지 여부: **소극** (헌재 2022.12.22. 2020헌바39)	합헌
153	5억 원 이상의 국세징수권의 소멸시효기간을 10년으로 규정하는 구 국세기본법 제27조 제1항 제1호가 평등원칙에 위반되는지 여부: **소극** (헌재 2023.6.29. 2019헌가27)	합헌
154	음주운전 금지규정을 2회 이상 위반한 경우 운전면허를 필요적으로 취소하는 것이 과잉금지원칙 및 평등원칙에 위반되는지 여부: **소극** (헌재 2023.6.29. 2020헌바182)	합헌
155	폭행죄로 2회 이상 징역형을 받은 사람이 다시 같은 죄를 범하여 누범으로 처벌하는 경우 가중처벌하는 것이 책임과 형벌 간의 비례원칙 및 평등원칙에 위반되는지 여부: **소극** (헌재 2023.6.29. 2022헌바178)	합헌
156	특별교통수단에 있어 표준휠체어만을 기준으로 휠체어 고정설비의 안전기준을 정하고 있는 '교통약자의 이동편의 증진법 시행규칙' 제6조 제3항 별표 1의2가 합리적 이유 없이 표준휠체어를 이용할 수 있는 장애인과 표준휠체어를 이용할 수 없는 장애인을 달리 취급하여 청구인의 평등권을 침해하는지 여부: **적극** (헌재 2023.5.25. 2019헌마1234)	헌법불합치
157	농업협동조합중앙회 회장선거의 관리를 선거관리위원회법에 따른 중앙선거관리위원회에 위탁하도록 한 농업협동조합법 제130조 제8항이 농협중앙회 및 회원조합의 결사의 자유를 침해하거나 평등원칙에 위반되는지 여부: **소극** (헌재 2023.5.25. 2021헌바136)	합헌
158	디엔에이증거 등 그 죄를 증명할 수 있는 과학적인 증거가 있는 특정 성폭력범죄는 공소시효를 10년 연장하는 조항이 명확성원칙, 평등원칙에 위배되는지 여부: **소극** (헌재 2023.5.25. 2020헌바309)	합헌
159	공무원과 이혼한 배우자의 분할연금 수급요건을 정한 공무원연금법 제45조 제1항을 2016. 1. 1. 이후 이혼한 사람부터 적용하도록 한 공무원연금법 부칙 제4조 제1항 전문 중 '제45조 제1항의 개정규정은 2016년 1월 1일 이후에 이혼한 사람부터 적용한다' 부분이 평등원칙에 위반되는지 여부: **소극** (헌재 2023.3.23. 2022헌바108)	합헌

160	위험한 물건을 휴대하여 상해의 죄를 범한 때에는 1년 이상 10년 이하의 징역에 처하도록 규정한 형법 제258조의2 제1항 중 '위험한 물건을 휴대하여 제257조 제1항의 죄를 범한 때'에 관한 부분(이하 '심판대상조항'이라 한다)이 책임과 형벌 간의 비례원칙 및 평등원칙에 위배되는지 여부: **소극** (헌재 2023.3.23. 2021헌바424)	합헌
161	건설근로자의 고용개선 등에 관한 법률 제14조 제2항 중 구 산업재해보상보험법 제63조 제1항 가운데 '그 근로자가 사망할 당시 대한민국 국민이 아닌 자로서 외국에서 거주하고 있던 유족을 제외하는 것이 평등원칙에 위반되는지 여부: **적극** (헌재 2023.3.23. 2020헌바471)	위헌
162	피해자보호명령에 우편을 이용한 접근금지에 관한 규정을 두지 아니한 구 가정폭력범죄의 처벌 등에 관한 특례법 제55조의2 제1항이 평등원칙에 위반되는지 여부: **소극** (헌재 2023.2.23. 2019헌바43)	합헌
163	전시·사변 등 국가비상사태에 있어서 전투에 종사하는 자에 대하여는 각령이 정하는 바에 의하여 전투근무수당을 지급하도록 한 구 군인보수법 제17조가 명확성원칙 및 평등원칙에 위반되는지 여부: **소극** (헌재 2023.8.31. 2020헌바594)	합헌
164	내국인등과 달리 보험료를 체납한 경우에는 다음 달부터 곧바로 보험급여를 제한하는 국민건강보험법 제109조 제10항(이하 '보험급여제한 조항')이 청구인들의 평등권을 침해하는지 여부: **적극** (헌재 2023.9.26. 2019헌마1165)	헌법불합치
165	외국인은 내국인등과 달리 보험료 납부단위인 '세대'의 인정범위를 가입자와 그의 배우자 및 미성년 자녀로 한정한 위 보건복지부고시 제6조 제1항에 의한 별표 2 제4호 평등권을 침해하는지 여부: **소극** (헌재 2023.9.26. 2019헌마1165)	기각
166	경상국립대학교의 교원, 직원 및 조교, 학생에게 총장선거권을 부여하고 '강사'에게는 부정하는 것이 평등권을 침해하는지 여부: **소극** (헌재 2023.9.26. 2020헌마553)	기각
167	지원에 의하여 현역복무를 마친 여성을 일반적인 여성의 경우와 동일하게 예비역 복무의무자의 범위에서 제외하는 군인사법이 평등권을 침해하는지 여부: **소극** (헌재 2023.10.26. 2018헌마357)	기각
168	국회의원이 아닌 원외 당협위원장 또는 국회의원선거를 준비하는 자 등을 후원회지정권자에서 제외하여 정치자금을 모금할 수 없도록 하고 이를 위반하면 처벌하는 것이 평등원칙에 위배되는지 여부: **소극** (헌재 2023.10.26. 2020헌바402)	합헌
169	문화재보호구역에 있는 부동산을 재산세 경감 대상으로 규정하면서 역사문화환경보존지역에 있는 부동산을 재산세 경감 대상으로 규정하지 않은 것이 조세평등주의에 위배되는지 여부: **소극** (헌재 2024.1.25. 2020헌바479)	합헌
170	외국인 중 영주권자 및 결혼이민자만을 긴급재난지원금 지급대상에 포함시키고 난민인정자를 제외한 것이 평등권을 침해하는지 여부: **적극** (헌재 2024.3.28. 2020헌마1079)	인용 (위헌확인)
171	국립대학교 법학전문대학원에 입학원서를 제출한 제칠일안식일예수재림교 신자 甲이 1단계 서류전형 평가 합격 통지와 함께 토요일 오전반으로 면접고사 일정이 지정되자, 토요일 일몰 전에 세속적 행위를 금지하는 안식일에 관한 종교적 신념을 지키기 위해 면접 일정을 토요일 오후 마지막 순번으로 변경해 달라는 취지의 이의신청서를 제출했으나, 총장이 이를 거부하고 면접평가에 응시하지 않은 甲에게 불합격 통지를 한 사안에서, 甲의 면접일시 변경을 거부함으로써 甲이 종교적 신념을 이유로 받게 된 중대한 불이익을 방치한 총장의 행위는 헌법상 평등원칙을 위반한 것으로 위법하고, 위법하게 지정된 면접일정에 응시하지 않았음을 이유로 한 불합격처분은 취소되어야 한다(대판 2024.4.4. 2022두56661).	인용

172	회계관계직원의 국고손실에 대해 형법상 횡령죄나 업무상횡령죄의 법정형보다 가중처벌을 하도록 한 것이 평등원칙에 위배되는지 여부: 소극 (헌재 2024.4.25. 2021헌바21)	합헌
173	헌법불합치결정에 따라 실질적인 혼인관계가 존재하지 아니한 기간을 제외하고 분할연금을 산정하도록 개정된 국민연금법 조항을 개정법 시행 후 최초로 분할연금 지급사유가 빌생한 경우부터 직용하도록 하는 국민연금법 부칙 제2조가 평등원칙에 위반되는지 여부: 적극 (헌재 2024.5.30. 2019헌가29)	헌법불합치
174	직계혈족, 배우자, 동거친족, 동거가족 또는 그 배우자 이외의 친족 간에 권리행사방해죄를 범한 때는 고소가 있어야 공소를 제기할 수 있도록 한 형법 제328조 제2항이 평등원칙에 위배되는지 여부: 소극 (헌재 2024.6. 27. 2023헌바449)	합헌
175	집합금지조치로 인한 손실을 보상하는 규정을 두고 있지 않은 구 감염병의 예방 및 관리에 관한 법률 제70조 제1항이 실내체육시설을 운영하는 청구인들의 평등권을 침해하는지 여부: 소극 (헌재 2024.8.29. 2021헌마175)	기각
176	정부조직법에 따른 각급 행정기관의 근로자가 가구원인 경우 해당 가구의 격리자를 생활지원비 지원제외 대상으로 정한 '코로나바이러스감염증 – 19 관련 입원·격리자 생활지원비 지원사업 안내 2 – 5판' 규정이 행정기관의 근로자를 가구원으로 둔 청구인의 평등권을 침해하는지 여부: 소극 (헌재 2024.8.29. 2021헌마450)	기각
177	농업협동조합법 제49조 제1항 제8호에 규정된 죄와 다른 죄의 경합범에 대해 분리 선고하도록 하는 농업협동조합법 제49조의2 제1항이 평등원칙에 위배되는지 여부: 소극 (헌재 2025.1.23. 2021헌바268)	합헌
178	변리사 자격을 가진 변호사가 구성원이나 소속변호사로 있는 법무법인에게 변리사 업무를 수행할 수 있는 권한을 특허법인과 동일한 수준으로 부여하는 것이 평등원칙에 위배되는지 여부: 소극 (헌재 2025.1.23. 2022헌바61)	합헌
179	병원·치과병원·종합병원과 달리 정신병원의 경우에는 한의사를 두어 한의과 진료과목을 추가로 설치 운영할 수 있다고 규정하지 아니한 의료법 제43조 제1항 정신병원을 운영하는 청구인의 평등권을 침해하는지 여부: 적극 (헌재 2025.1.23. 2021헌마886)	헌법불합치
180	살처분 명령을 이행한 자에게 보상금을 지급하도록 규정하면서 이동제한명령 또는 일시 이동중지 명령을 이행한 자에 대해서는 보상금을 지급하도록 하는 규정을 두지 아니한 부진정입법부작위가 평등권을 침해하는지 여부: 소극 (헌재 2025.1.23. 2021헌마1192)	기각

제1절 인신의 자유권

1 생명권

1. 헌법적 근거

(1) 헌법에 명문의 규정이 없다 하더라도 … 선험적이고 자연법적인 권리로서 기본권 중의 기본권(헌재 1996.11.28. 95헌바1)

(2) 제37조 제1항(다수설)

2. 법적 성격

(1) 생명을 방어하려는 대국가적 방어권

(2) 제3자의 침해로부터 보호하여 줄 것을 국가에 요구할 수 있는 청구권

3. 내용

국가의 보호의무	국가는 사인을 제3자에 의한 생명권 침해로부터 보호하여야 할 의무를 가짐
보호청구권	사인은 국가에게 제3자의 생명권 침해로부터 자신을 보호해 줄 것을 국가에게 청구할 권리를 가짐
자살권의 인정 여부	자살권은 인정되지 않음(헌재 2009.11.26. 2008헌마385)

4. 주체

(1) 내·외국인을 불문

(2) 법인은 인정 ✕

판례정리

번호	내용	결정
1	태아가 생명권의 주체인지 여부: **적극** (헌재 2008.7.31. 2004헌바81)	적극
2	초기배아가 생명권의 주체인지 여부: **소극** 초기배아는 … 기본권 주체성을 인정하기 어렵다. 다만, … 초기배아라는 원시생명체에 대하여도 위와 같은 헌법적 가치가 소홀히 취급되지 않도록 노력해야 할 국가의 보호의무가 있다(헌재 2010.5.27. 2005헌마346).	소극

5. 효력

모든 국가권력을 직접 구속하고, 사인 상호간에도 효력을 미침

6. 한계와 제한

(1) 생명에 관한 사회적·법적 평가

① 원칙적으로 허용 ✕

② 타인의 생명을 부정하거나 둘 이상의 생명이 충돌할 경우에는 예외적으로 허용

③ 헌법 제37조 제2항에 의한 일반적 법률유보의 대상에 해당함

(2) 사형제도

📋 **판례정리**

번호	내용	결정
1	사형제도가 위헌인지 여부: 소극 [1] 생명권의 제한이 곧 생명권의 본질적 내용에 대한 침해인지 여부: 소극 생명권 역시 헌법 제37조 제2항에 의한 일반적 법률유보의 대상이다. [2] 사형제도가 헌법 제37조 제2항에 위반하여 생명권을 침해하는지 여부: 소극 사형제도에 의하여 달성되는 범죄예방을 통한 무고한 일반 국민의 생명보호 등 중대한 공익의 보호와 정의의 실현 및 사회방위라는 공익은 사형제도로 발생하는 극악한 범죄를 저지른 자의 생명권이라는 사익보다 결코 작다고 볼 수 없다(헌재 2010.2.25. 2008헌가23).	합헌
2	국가보안법 제13조의 사형 규정: 적극 비교적 경미한 범죄라도 사형까지 선고할 수 있도록 한 것은 그 법정형이 형벌체계 상의 균형성을 현저히 상실하여 정당성을 잃은 것이고 … (헌재 2002.11.28. 2002헌가5). ☑ **주의** 생명권 역시 헌법 제37조 제2항의 일반적 법률유보의 대상이지만, 생명권의 제한은 정당한 이유 없이 타인의 생명을 부정하거나 그에 못지 아니한 중대한 공공이익을 침해한 경우에 한하여, 즉 엄격한 비례원칙하에서만 허용될 수 있음. 따라서 국가보안법 제13조의 사형규정은 위헌임	위헌
3	상관살해죄의 유일한 법정형인 사형 규정: 적극 (헌재 2007.11.29. 2006헌가13)	위헌

(3) 낙태

📋 **판례정리**

번호	내용	결정
1	임신한 여성의 자기낙태를 처벌하는 형법 제269조 제1항 등이 자기결정권을 침해하는지 여부: 적극 자기낙태죄 조항은 모자보건법에서 정한 사유에 해당하지 않는다면 결정가능기간 중에 다양하고 광범위한 사회적·경제적 사유를 이유로 낙태갈등 상황을 겪고 있는 경우까지도 예외 없이 전면적·일률적으로 임신의 유지 및 출산을 강제하고, 이를 위반한 경우 형사처벌하고 있다. 따라서 자기낙태죄 조항은 입법목적을 달성하기 위하여 필요한 최소한의 정도를 넘어 임신한 여성의 자기결정권을 제한하고 있어 침해의 최소성을 갖추지 못하였고, 태아의 생명 보호라는 공익에 대하여만 일방적이고 절대적인 우위를 부여함으로써 법익균형성의 원칙도 위반하였다고 할 것이므로, 과잉금지원칙을 위반하여 임신한 여성의 자기결정권을 침해하는 위헌적인 규정이다(헌재 2019.4.11. 2017헌바127).	헌법불합치

(4) 안락사

① 소극적 안락사(존엄사): 죽음에 직면한 환자가 죽음을 맞도록 하기 위하여 생명유지장치를 중지하는 것(치료중단)은 위법성이 조각됨

📋 **판례정리**

번호	내용	결정

1	회복불가능한 사망단계에 진입한 환자에 대한 진료 중단이 허용되는지 여부: **적극** (대판 2009.5.21. 2009다17417 전합)
	☑ **주의**
	  • 안락사는 헌법상 기본권인 자기결정권의 한 내용으로서 보장됨
	  • 요건: 환자의 사전의료지시가 있거나 연명치료 중단에 관한 환자의 의사를 추정할 수 있는 경우
		각하

2	'연명치료 중단 등에 관한 법률'을 제정해야 하는 입법의무가 있는지 여부: **소극** (헌재 2009.11.26. 2008헌마385) ☑ **비교** 연명치료 중인 환자의 자녀들이 제기한 입법부작위에 관한 헌법소원은 자기관련성이 없음 연명치료 중단에 관한 결정 및 그 실행이 환자의 생명단축을 초래한다 하더라도 이를 생명에 대한 임의적 처분으로서 자살이라고 평가할 수 없고, 오히려 인위적인 신체침해 행위에서 벗어나서 자신의 생명을 자연적인 상태에 맡기고자 하는 것으로서 인간의 존엄과 가치에 부합함	각하

② 적극적 안락사

간접적 안락사	고통제거의 부수적 결과로서 생명단축이 발생한 경우(말기암환자에 대한 모르핀 주사)는 위법성이 조각됨
직접적 안락사	불치 또는 빈사의 환자 고통을 제거하기 위하여 살해하는 것(청산가리주사)은 엄격한 요건을 갖추면 허용된다는 견해가 있으나 남용위험이 있어 허용될 수 없음

(5) 전투·정당방위

① 생명권을 침해하는 위헌행위가 되지 않음

② 군인·경찰관 등의 전투·정당방위·직무수행으로 인한 살인

③ 군인·경찰관·의료업무종사자 등에 대하여 타인의 생명을 구출하기 위해 다른 생명의 희생을 감수하도록 강요하는 것

(6) 생명의 포기

① 생명포기권: 인정 ✕ ⇨ 자살에 대한 법적 제재 ✕

② 생명처분권을 타인에게 위임: 허용 ✕

③ 부탁·허락을 받아 타인을 살해: 형법상 촉탁·승낙에 의한 살인죄로 처벌

7. 침해시 구제방법

오판에 의한 사형집행	국가에 대하여 형사보상청구권을 행사
공무원의 직무상 불법행위로 생명권 침해	국가배상청구권을 행사
사인이 생명권을 침해	형사상의 처벌 및 민사상의 손해배상책임

2 신체의 자유 - 법적 보장

1. 신체를 훼손당하지 아니할 권리에 대한 명문규정은 없지만 헌법 제10조, 제12조 제1항, 제37조 제1항에 의하여 헌법상 보장됨(다수설)

2. 천부적 · 초국가적 자연권

3. 국가에 대한 개인의 소극적 · 방어적 공권

4. 국가안전보장이나 질서유지를 위하여 제한이 가능한 상대적 자연권

> 헌법 제12조 ① 모든 국민은 신체의 자유를 가진다. 누구든지 법률에 의하지 아니하고는 체포 · 구속 · 압수 · 수색 또는 심문을 받지 아니하며, 법률과 적법한 절차에 의하지 아니하고는 처벌 · 보안처분 또는 강제노역을 받지 아니한다.
>
> ✅ **주의**
> 여기서의 처벌은 형벌만을 의미하는 것이 아니라 일체의 불이익을 뜻함
>
> ② 모든 국민은 고문을 받지 아니하며, 형사상 자기에게 불리한 진술을 강요당하지 아니한다.
>
> ③ 체포 · 구속 · 압수 또는 수색을 할 때에는 적법한 절차에 따라 검사의 신청에 의하여 법관이 발부한 영장을 제시하여야 한다. 다만, 현행범인인 경우와 장기 3년 이상의 형에 해당하는 죄를 범하고 도피 또는 증거인멸의 염려가 있을 때에는 사후에 영장을 청구할 수 있다.
>
> ✅ **주의**
> • 적법절차의 원칙: 현행 9차
> • 고문을 받지 아니할 권리: 5차
> • 현행범인 경우: 장기 3년 ○ / 5년 ×
>
> ④ 누구든지 체포 또는 구속을 당한 때에는 즉시 변호인의 조력을 받을 권리를 가진다. 다만, 형사피고인이 스스로 변호인을 구할 수 없을 때에는 법률이 정하는 바에 의하여 국가가 변호인을 붙인다.
>
> ✅ **주의** 변호인의 조력을 받을 권리
> • 형사사건과 행정절차에서 구금된 경우: 인정 ○
> • 민사재판, 수형자: 인정 ×
>
> ⑤ 누구든지 체포 또는 구속의 이유와 변호인의 조력을 받을 권리가 있음을 고지받지 아니하고는 체포 또는 구속을 당하지 아니한다. 체포 또는 구속을 당한 자의 가족 등 법률이 정하는 자에게는 그 이유와 일시 · 장소가 지체 없이 통지되어야 한다.
>
> ⑥ 누구든지 체포 또는 구속을 당한 때에는 적부의 심사를 법원에 청구할 권리를 가진다.
>
> ✅ **주의**
> 구속적부심사: 건국헌법
>
> ⑦ 피고인의 자백이 고문 · 폭행 · 협박 · 구속의 부당한 장기화 또는 기망 기타의 방법에 의하여 자의로 진술된 것이 아니라고 인정될 때 또는 정식재판에 있어서 피고인의 자백이 그에게 불리한 유일한 증거일 때에는 이를 유죄의 증거로 삼거나 이를 이유로 처벌할 수 없다.
>
> ✅ **주의**
> 자백이 불리한 유일한 증거일 경우 증거로 삼지 않는 조항: 제5차 개정헌법

제13조 ① 모든 국민은 행위시의 법률에 의하여 범죄를 구성하지 아니하는 행위로 소추되지 아니하며, 동일한 범죄에 대하여 거듭 처벌받지 아니한다.

③ 모든 국민은 자기의 행위가 아닌 친족의 행위로 인하여 불이익한 처우를 받지 아니한다.

> **주의**
> • 연좌제 금지: 제8차 개정헌법
> • '친족'은 예시적 ⇨ 연좌제 금지 조항은 타인 모두에게 해당함
> • 이중처벌금지에서의 처벌은 형사처벌만을 의미함

제27조 ③ 모든 국민은 신속한 재판을 받을 권리를 가진다. 형사피고인은 상당한 이유가 없는 한 지체 없이 공개재판을 받을 권리를 가진다.

> **주의**
> • 신속한 재판, 공개재판은 문언상 명시 / 그러나 공정한 재판은 명시 ×(당연히 인정)
> • 신속한 재판을 받을 권리는 헌법상 권리가 아닌 법률상 권리

④ 형사피고인은 유죄의 판결이 확정될 때까지는 무죄로 추정된다.

> **주의**
> 무죄추정의 원칙: 제8차 개정헌법

제28조 형사피의자 또는 형사피고인으로서 구금되었던 자가 법률이 정하는 불기소처분을 받거나 무죄판결을 받은 때에는 법률이 정하는 바에 의하여 국가에 정당한 보상을 청구할 수 있다.

> **주의**
> 형사보상청구권: 건국헌법

3 신체의 자유 - 내용(헌법 제12조 제1항)

1. 불법한 체포·구속·압수·수색·심문으로부터의 자유

2. 불법한 처벌·보안처분·강제노역으로부터의 자유

(1) 처벌

형사상의 처벌 + 행정질서벌 + 기타 본인에게 불이익이 되는 일체의 제재처분

판례정리

번호	내용	결정
1	검사조사실에서의 계구사용을 원칙으로 규정하고 있는 계호근무준칙 제298조 제1호·제2호가 신체의 자유를 침해하는지 여부: **적극** (헌재 2005.5.26. 2004헌마49)	인용 (위헌확인)

(2) 보안처분

① 종류: 치료감호, 보호처분, 보안관찰처분, 보호감호처분

> **주의**
> 보호감호처분은 다른 보안처분에 비해 형벌의 실질이 강함

② 보호감호와 소급금지

형벌	과거의 범죄에 대한 책임, 소급금지의 원칙 적용	
보안처분 (장래의 범죄 예방목적)	보호감호 (보호감호소에 수용하므로 징역과 유사)	실질적으로 형벌과 유사하므로 소급금지원칙이 적용됨. 다만, 형벌과 병과해도 이중처벌은 아니며, 이미 선고한 보호감호는 사회보호법이 폐지되어도 집행 가능함
	보안관찰	
	전자장치, 신상정보등록	침해가 경미하므로 소급적용이 가능함
	DNA 검사 보관	

(3) 강제노역

판결을 통한 징역형과 환형처분으로서의 노역장 유치는 법률에 근거하여 부과되는 것이기 때문에
합헌(헌재 2011.9.29. 2010헌바188)

☑ **주의**

노역장유치조항을 시행일 이후 최초로 공소제기되는 경우부터 적용하도록 한 형법 부칙 제2조 제1항이 형벌불소급원칙에 위반됨

4 신체의 자유 - 실체적 보장

1. 죄형법정주의

헌법 제12조 ① … 법률과 적법한 절차에 의하지 아니하고는 처벌·보안처분 또는 강제노역을 받지 아니
한다.

제13조 ① 모든 국민은 행위시의 법률에 의하여 범죄를 구성하지 아니하는 행위로 소추되지 아니하며, ….

(1) '법률'의 의의

원칙	국회에서 제정한 형식적 의미의 법률
예외	사회현상의 복잡화에 따라 국민의 권리·의무에 관한 사항이어도 예외적으로 하 위법령(대통령령 등 법규명령, 조례)에 위임하는 것을 허용
하위법령에 위임할 경우	• 특히 긴급한 필요가 있거나 미리 법률로써 자세히 정할 수 없는 경우에 한함 • 구성요건은 처벌대상인 행위를 구체적으로 정하고, 형벌의 종류 및 그 상한과 폭을 명확히 규정하여야 함

(2) 파생원칙

형벌법규법률주의 (관습형법금지원칙)	범죄와 형벌은 성문의 형식적 의미의 '법률'로써 규정되어야 함(제12조 제1항 제2 문 전단) ⇨ 처벌법규도 부득이한 경우에는 엄격한 요건하에서 위임이 허용됨
형벌불소급의 원칙 (소급입법에 의한 처벌금지)	법적 안정성 도모

절대적 부정기형금지의 원칙	• 절대적 부정기형: 자유형에 대한 선고형의 기간을 재판에서 확정하지 않고 행형의 경과를 참작하여 사후에 결정하는 형벌제도 • 상대적 부정기형 허용: 소년범에 대하여 상대적 부정기형을 인정(소년법 제60조) • 특히 보안처분은 위험성이 계속되는 한 집행할 것을 요하기 때문에 기간의 부정기를 본질로 함(헌재 1989.7.14. 88헌가5 등)
명확성의 원칙	• 건전한 상식과 통상적인 법감정을 가진 사람이 그 적용대상자가 누구이며 구체적으로 어떠한 행위가 금지되고 있는지를 충분히 알 수 있도록 규정되어 있다면 명확성의 원칙에 위배 ✕ • 그러나 처벌법규의 구성요건이 다소 광범위하여 법관의 보충적인 해석을 필요로 한다고 할지라도 처벌법규의 명확성에 반드시 배치되지 않음
유추해석금지의 원칙	법률에 규정이 없는 사항에 그와 유사한 성질을 가지는 사항에 관한 법률 또는 법률조항을 적용하거나 확장해석금지

📋 판례정리

번호	내용	결정
1	정관 위반행위에 대한 형사처벌규정이 죄형법정주의에 위반되는지 여부: 적극 (헌재 2001.1.18. 99헌바112)	위헌
2	범죄의 구성요건을 단체협약에 위임한 것이 죄형법정주의에 반하는지 여부: 적극 (헌재 1998.3.26. 96헌가20)	위헌
3	시혜적 소급입법이 허용되는지 여부: 적극 (헌재 1995.12.28. 95헌마196)	기각
4	사실상 노무에 종사하는 공무원을 제외한 지방공무원의 노동운동을 금지하면서 '사실상 노무에 종사하는 공무원'의 범위를 조례로 정하도록 한 것이 죄형법정주의에 위배되는지 여부: 소극 (헌재 2005.10.27. 2003헌바50 등)	합헌
5	지방자치단체가 지방공무원법 제58조 제2항의 위임에 따라 '사실상 노무에 종사하는 공무원의 범위'를 정하는 조례를 제정하지 아니한 부작위가 청구인들의 근로3권을 침해하는지 여부: 적극 (헌재 2009.7.30. 2006헌마358)	인용 (위헌확인)
6	청소년유해매체물의 범위를 법률에서 직접 확정하지 않고 청소년보호위원회로 하여금 결정하도록 하는 청소년보호법 제8조 제1항이 죄형법정주의에 위배되는지 여부: 소극 (헌재 2000.6.29. 99헌가16)	합헌
7	종전 판례에 의하면 처벌되지 않던 행위가 판례변경으로 처벌된다면 형벌불소급원칙에 위배되는지 여부: 소극 (대판 1999.9.17. 97도3349)	기각
8	과태료가 죄형법정주의의 규율대상인지 여부: 소극 (헌재 1998.5.28. 96헌바83)	합헌
9	교도소수감자에 대한 과도한 금속수갑 등의 계구사용행위가 신체의 자유를 침해하는지 여부: 적극 (헌재 2003.12.18. 2001헌마163)	위헌
10	금치처분을 받은 수형자에 대한 운동금지가 위헌인지 여부: 적극 (헌재 2004.12.16. 2002헌마478)	위헌
11	형의 집행 및 수용자의 처우에 관한 법률상 징벌의 일종인 금치처분을 받은 자에 대하여 금치기간 중 집필을 전면 금지한 행형법 시행령 제145조 제2항 본문 중 '집필' 부분이 위헌인지 여부: 적극 (헌재 2005.2.24. 2003헌마289)	위헌

12	형법 제129조 제1항 중 '공무원'에 '구 제주특별자치도 설치 및 국제자유도시 조성을 위한 특별법' 제299조 제2항의 통합영향평가 심의위원회 심의위원 중 위촉위원이 포함되는 것으로 해석하는 것이 죄형법정주의원칙의 유추해석금지에 위배되는지 여부: **적극** (헌재 2012.12.27. 2011헌바117)	한정위헌
13	특정범죄의 수형자로부터 디엔에이감식시료를 채취할 수 있도록 하는 것이 신체의 자유를 침해하는지 여부: **소극** (헌재 2014.8.28. 2011헌마28) ✅ **비교** 디엔에이감식시료채취영장 발부 과정에서 채취대상자에게 자신의 의견을 밝히거나 영장 발부 후 불복할 수 있는 절차 등에 관하여 규정하지 아니한 '디엔에이신원확인정보의 이용 및 보호에 관한 법률' 제8조는 청구인들의 재판청구권을 침해함(헌재 2018.8.30. 2016헌마344 등)	기각
14	전자발찌제도가 시행된 당시 이미 형집행 중이거나 형을 마친 지 3년이 되지 않은 성범죄 전과자들에게도 소급해 전자발찌부착을 명령할 수 있도록 한 것이 형벌불소급원칙에 위배되는지 여부: **소극** [1] 형벌불소급의 원칙 위배 여부: **소극** 이 사건 부착명령은 범죄행위를 한 사람에 대한 응보를 주된 목적으로 그 책임을 추궁하는 사후적 처분인 형벌과 구별되는 비형벌적 보안처분으로서 소급효금지원칙이 적용되지 아니한다. [2] 과잉금지원칙 위배 여부: **소극** (헌재 2012.12.27. 2010헌가82)	합헌
15	외국에서 형의 전부 또는 일부의 집행을 받은 자에 대하여 형을 감경 또는 면제할 수 있도록 규정한 형법 제7조(필요적 감면이 아닌 임의적 감면)가 신체의 자유를 침해하는지 여부: **적극** (헌재 2015.5.28. 2013헌바129) ✅ **주의** 일사부재리의 원칙 침해는 아님	헌법불합치
16	사실상의 관계를 포함하여 4촌 이내의 인척 관계에 의한 강간을 가중처벌하는 '성폭력범죄의 처벌 등에 관한 특례법' 제5조 제1항·제4항이 책임과 형벌간의 비례원칙에 위배되는지 여부: **소극** (헌재 2015.9.24. 2014헌바453)	합헌
17	범죄행위 당시에 없었던 부착명령을 출소예정자에게 소급 적용할 수 있도록 한 '특정 범죄자에 대한 위치추적 전자장치 부착 등에 관한 법률' 부칙 제2조 제1항 등이 이중처벌금지원칙·소급처벌금지원칙 등에 위배되는지 여부: **소극** (헌재 2015.9.24. 2015헌바35)	합헌
18	성폭력범죄를 저지른 성도착증 환자로서 성폭력범죄를 다시 범할 위험성이 있다고 인정되는 19세 이상의 사람에 대한 검사의 약물치료명령 청구에 관한 '성폭력범죄자의 성충동 약물치료에 관한 법률' 제4조 제1항이 위헌인지 여부: **소극** (헌재 2015.12.23. 2013헌가9)	합헌
19	금치기간 중 '실외운동'을 제한하도록 한 형집행법 제112조 제3항 중 제108조 제13호에 관한 부분이 신체의 자유를 침해하는지 여부: **적극** (헌재 2016.5.26. 2014헌마45)	위헌
20	범죄구성요건을 정관에 위임한 구 농업협동조합법 제50조 제4항이 죄형법정주의에 위반되는지 여부: **적극** (헌재 2016.11.24. 2015헌가29)	위헌
21	신상정보 공개·고지명령을 소급적용하는 '성폭력범죄의 처벌 등에 관한 특례법' 부칙 제7조 제1항 등 범죄를 저질러 2008년 4월 16일부터 2011년 4월 15일 사이에 유죄판결(벌금형은 제외한다)이 확정된 사람에 대하여도 적용한다는 부분이 소급처벌금지원칙 등에 위배되는지 여부: **소극** (헌재 2016.12.29. 2015헌바196)	합헌
22	정신성적 장애인에 대한 치료감호기간의 상한을 15년으로 정하고 있는 치료감호법 관련규정이 신체의 자유를 침해하는지 여부: **소극** (헌재 2017.4.27. 2016헌바452)	합헌

23	보호의무자 2인의 동의와 정신건강의학과 전문의 1인의 진단으로 정신질환자에 대한 보호입원이 가능하도록 한 정신보건법 제24조 제1항 및 제2항이 신체의 자유를 침해하는지 여부: **적극** (헌재 2016.9.29. 2014헌가9)	헌법불합치
24	폭행 또는 협박으로 사람에 대하여 추행을 한 자를 10년 이하의 징역 또는 1천 500만 원 이하의 벌금에 처하도록 규정한 헌법 제298조가 죄형법정주의에 위반되는지 여부: **소극** (헌재 2017.11.30. 2015헌바300)	합헌
25	안전조치의무를 위반한 사업주에 대해 형사처벌을 과하는 내용의 산업안전보건법 제 67조 제1호 중 제23조 제3항 부분이 과잉형벌인지 여부: **소극** (헌재 2017.10.26. 2017헌바66)	합헌
26	소위 '황제노역'과 관련하여 노역장유치기간의 하한을 정하면서 개정 전 범죄행위에 대하여도 소급적용하도록 한 형법 부칙 제2조 제1항이 형벌불소급원칙에 위반되는지 여부: **적극** [1] 노역장유치조항의 위헌 여부: **소극** 벌금에 비해 노역장유치기간이 지나치게 짧게 정해지면 경제적 자력이 충분함에도 고액의 벌금 납입을 회피할 목적으로 복역하는 자들이 있을 수 있으므로, 벌금 납입을 심리적으로 강제할 수 있는 최소한의 유치기간을 정할 필요가 있다. [2] 부칙조항의 위헌 여부: **적극** 부칙조항은 노역장유치조항의 시행 전에 행해진 범죄행위에 대해서도 공소제기의 시기가 노역장유치조항의 시행 이후이면 이를 적용하도록 하고 있으므로, 이는 범죄행위 당시보다 불이익한 법률을 소급적용하도록 하는 것으로서 헌법상 형벌불소급원칙에 위반된다(헌재 2017.10.26. 2015헌바239 등).	위헌
27	독립행위가 경합하여 상해의 결과를 발생하게 한 경우에 있어서 원인된 행위가 판명되지 아니한 때에는 공동정범의 예에 의하도록 한 형법 제263조가 책임주의원칙에 위반되는지 여부: **소극** (헌재 2018.3.29. 2017헌가10)	합헌
28	공주교도소장이 2011.7.13. 수형자를 경북북구 제1교도소로 이송함에 있어 4시간 정도에 걸쳐 포승과 수갑 2개를 채운 행위가 청구인의 신체의 자유 및 인격권을 침해하는지 여부: **소극** (헌재 2012.7.26. 2011헌마426)	기각
29	징역형 수형자에게 일률적으로 작업의무를 부과하는 것이 신체의 자유를 침해하는지 여부: **소극** (평등권도 침해하지 아니함)(헌재 2012.11.29. 2011헌마31)	기각
30	교도관이 수형자에게 외부의료시설 진료 후 환소차를 기다리는 과정에서 병원 밖 주차장 의자에 앉아 있을 것을 지시한 행위가 헌법소원의 대상인 공권력의 행사에 해당하는지 여부: **소극** (헌재 2012.10.25. 2011헌마429) **⊘ 주의** 소변제출은 주차장 의자에 앉아 있을 것을 지시한 것과 달리 공권력 행사에 해당함	각하
31	청소년의 성보호에 관한 법률에서 정한 '청소년이용음란물'의 해석과 관련하여 죄형법정주의를 위반하는지 여부: **소극** (헌재 2002.4.25. 2001헌가27)	합헌
32	형의 집행을 유예하면서 사회봉사를 명할 수 있도록 한 형법 제62조의2 제1항이 헌법에 위반되는지 여부: **소극** (헌재 2012.3.29. 2010헌바100) **⊘ 주의** 명확성원칙과 과잉금지원칙에 위배되지 않음	합헌
33	알코올 중독자 등에 대한 치료감호기간의 상한을 원칙적으로 2년으로 정해놓은 것이 신체의 자유를 침해하는지 여부: **소극** (헌재 2012.12.27. 2011헌마276)	기각
34	무기징역의 집행 중에 있는 자의 가석방요건을 종전의 '10년 이상'에서 '20년 이상' 형집행 경과로 강화한 개정 형법 제72조의 제1항을 형법개정 당시에 이미 수용 중인 사람에게도 적용하는 형법 부칙 제2항이 신뢰보호원칙에 위배되어 신체의 자유를 침해하는지 여부: **소극** (헌재 2013.8.29. 2011헌마408)	기각

35	2회 이상 음주운전 금지규정을 위반한 사람을 2년 이상 5년 이하의 징역이나 1천만 원 이상 2천만 원 이하의 벌금에 처하도록 규정한 구 도로교통법 제148조의2 제1항 중 '제44조 제1항을 2회 이상 위반한 사람'에 관한 부분이 책임과 형벌간의 비례원칙에 위배되는지 여부: 적극 (헌재 2021.11.25. 2019헌바)	위헌
36	농업협동조합의 임원선거에 있어 정관이 정하는 행위 외의 선거운동을 한 경우 이를 형사처벌 하도록 하는 농업협농조합법 제172조 제2항 제2호 중 제50조 제4항 부분이 죄형법정주의 원칙에 위반되는지 여부: 적극 (헌재 2010.7.29. 2008헌바106)	위헌
37	행정기관인 청소년보호위원회 등으로 하여금 청소년유해매체물을 결정하도록 하고, 그 결정된 매체물을 청소년에게 판매 등을 하는 경우 형사처벌하도록 하는 것이 죄형법정주의에 위반되는지 여부: 소극 (헌재 2000.6.29. 99헌가16)	합헌
38	강제퇴거명령을 받은 사람을 즉시 대한민국 밖으로 송환할 수 없으면 송환할 수 있을 때까지 보호시설에 보호할 수 있도록 규정한 출입국관리법 제1항이 신체의 자유를 침해하는지 여부: 적극 (헌재 2023.3.23. 2020헌가1)	헌법불합치
39	가정폭력범죄의 처벌 등에 관한 특례법상 사회봉사명령을 부과하면서 행위시법이 아닌 신법을 적용한 것이 위법하다(대결 2008.7.24. 2008어4).	파기환송
40	처벌을 규정하고 있는 법률조항이 구성요건이 되는 행위를 같은 법률조항에서 직접 규정하지 않고 다른 법률조항에서 이미 규정한 내용을 원용하였다면 그 법률조항이 명확성의 원칙에 위배되는지 여부: 소극 (헌재 2010.3.25. 2009헌바121)	합헌
41	정당방위규정에도 죄형법정주의의 명확성원칙이 적용되는지 여부: 적극 (헌재 2001.6.28. 99헌바31)	합헌
42	'공익을 해할 목적으로 전기통신설비에 의하여 공연히 허위의 통신을 한 자'를 처벌하는 전기통신법 제47조 제1항이 명확성의 원칙에 위배되는지 여부(이른바 미네르바사건): 적극 (헌재 2010.12.28. 2008헌바157)	위헌
43	아동·청소년의 성보호에 관한 법률 제8조 제2항 및 제4항 중 "아동·청소년으로 인식될 수 있는 사람이나 표현물이 등장하여 그 밖의 성적 행위를 하는 내용을 표현하는 것" 부분, 즉 가상의 아동·청소년이용음란물 배포 등을 처벌하는 부분이 죄형법정주의의 명확성원칙에 위반되는지 여부: 소극 (헌재 2015.6.25. 2013헌가17 등)	합헌
44	통신매체를 이용한 음란행위를 처벌하는 '성폭력범죄의 처벌 등에 관한 특례법'(2012.12.18. 법률 제11556호로 전부개정된 것) 제13조 중 '성적 수치심이나 혐오감' 부분이 명확성원칙에 위배되는지 여부: 소극 (헌재 2016.3.31. 2014헌바397)	합헌
45	경범죄처벌법상 '과다노출' 금지조항 사건: 적극 알몸을 '지나치게 내놓는' 것이 무엇인지 이를 판단하기 쉽지 않고, '가려야 할 곳'의 의미도 파악하기 어렵다. 심판대상조항 중 '부끄러운 느낌이나 불쾌감'은 사람마다 달리 평가될 수밖에 없고, 노출되었을 때 부끄러운 느낌이나 불쾌감을 주는 신체부위 역시 사람마다 달라 '부끄러운 느낌이나 불쾌감'을 통하여 '지나치게'와 '가려야 할 곳' 의미를 확정하기도 곤란하다. … 심판대상조항은 죄형법정주의의 명확성원칙에 위배된다(헌재 2016.11.24. 2016헌가3).	위헌
46	공중도덕상 유해한 업무에 취업시킬 목적으로 근로자를 파견한 사람을 형사처벌하도록 규정한 '파견근로자보호 등에 관한 법률' 제42조 제1항 중 '공중도덕상 유해한 업무' 부분이 죄형법정주의의 명확성원칙에 위배되는지 여부: 적극 (헌재 2016.11.24. 2015헌가23)	위헌
47	금융투자업자의 투자자에 대한 단정적 판단 제공행위를 처벌하는 것이 명확성의 원칙에 위배되는지 여부: 소극 (헌재 2017.5.25. 2014헌바459)	합헌

48	'성매매알선 등 행위의 처벌에 관한 법률' 제19조 제1항 제1호 중 '성매매를 권유하는 행위'에 관한 부분이 명확성의 원칙에 위배되는지 여부: **소극** (헌재 2017.9.28. 2016헌바376)	합헌
49	사용자가 근로자를 정당한 이유 없이 해고한 경우에 형사처벌한다는 근로기준법 제30조 제1항의 '정당한 이유 없이' 부분이 명확성원칙에 위배되는지 여부: **소극** (헌재 2005.3.31. 2003헌바12)	합헌
50	미성년자보호법 제2조의2 제1호 등 위헌제청 [1] 미성년자에게 음란성 또는 잔인성을 조장할 우려가 있거나 기타 미성년자로 하여금 범죄의 충동을 일으킬 수 있게 하는 만화의 반포 등 행위를 금지하고 이를 위반하는 자를 처벌하는 이 사건 미성년자보호법조항이 명확성원칙에 위배되는지 여부: **적극** [2] 아동의 덕성을 심히 해할 우려가 있는 도서·간행물·광고물 기타 내용물의 제작 등 행위를 금지하고, 이를 위반하는 자를 처벌하는 이 사건 아동보호법조항이 명확성원칙에 위배되는지 여부: **적극** (헌재 2002.2.28. 99헌가8)	위헌
51	'추업에 사용할 목적으로 부녀를 매매한 자'를 무기 또는 5년 이상의 징역에 처하도록 규정한 특정범죄 가중처벌 등에 관한 법률 제5조의2 제4항이 명확성원칙에 위배되는지 여부: **소극** (헌재 2006.5.25. 2005헌바4)	합헌
52	군대 내에서 불온도서의 소지 등을 금지하고 있는 군인복무규율 제16조의2가 명확성원칙, 과잉금지원칙 등에 반하는지 여부: **소극** (헌재 2010.10.28. 2008헌마638)	기각
53	정당한 명령 또는 규칙을 준수할 의무가 있는 자가 이를 위반하거나 준수하지 아니한 때에 형사처벌을 하도록 규정한 구 군형법 제47조가 명확성의 원칙에 반하여 위헌인지 여부: **소극** (헌재 2011.3.31. 2009헌가12)	합헌
54	변호사에 대한 징계사유로 '직무의 내외를 막론하고 변호사로서의 품위를 손상하는 행위를 한 경우'를 규정한 구 변호사법 제91조 제2항 제3호 등이 명확성원칙에 위배되는지 여부: **소극** (헌재 2012.11.29. 2010헌바454)	합헌
55	관계 중앙행정기관의 장이 소관 분야의 산업경쟁력 제고를 위하여 법령에 따라 지정 또는 고시·공고한 기술을 범죄구성요건인 산업기술의 요건으로 하고 있는 구 산업기술의 유출방지 및 보호에 관한 법률 제36조 제2항 중 제14조 제1호 가운데 부정한 방법에 의한 산업기술 취득행위에 관한 부분이 죄형법정주의의 명확성 원칙에 위배되는지 여부: **적극** (헌재 2013.7.25. 2011헌바39)	위헌
56	"건축물의 소유자 또는 관리자는 그 건축물·대지 및 건축설비를 항상 이 법 또는 이 법의 규정에 의한 명령이나 처분과 관계법령이 정하는 기준에 적합하도록 유지·관리하여야 한다."는 건축법 제26조 규정에 위반한 자를 처벌하도록 규정하고 있는 건축법 제79조 제4호가 죄형법정주의의 명확성의원칙에 위배되는지 여부: **적극** (헌재 1997.9.25. 96헌가16)	위헌
57	구 도시 및 주거환경정비법 제86조 제7호의 "제91조 제2항의 규정" 중 '중요한 회의' 부분이 죄형법정주의의 명확성원칙을 위반하였는지 여부: **적극** (헌재 2011.10.25. 2010헌가29)	위헌
58	구 산업안전보건법 제69조 제1호 중 "이 법 또는 이 법에 의한 명령의 시행을 위하여 필요한 사항"이라는 제10조 제1항에 관한 부분이 죄형법정주의의 명확성원칙에 위배되는지 여부: **적극** (헌재 2010.2.25. 2008헌가6)	위헌
59	가정의례의 참뜻에 비추어 합리적인 범위 내라는 소극적 범죄구성요건을 규정한 가정의례에 관한 법률이 죄형법정주의의 명확성의 원칙을 위배한 것인지 여부: **적극** (헌재 1998.10.15. 98헌마168)	위헌

60	공공수역에 다량의 토사를 유출하거나 버려 상수원 또는 하천·호소를 현저히 오염 되게 한 자를 처벌하는 수질 및 수생태계 보전에 관한 법률 제78조 제4호가 명확성 원칙에 위배되는지 여부: **적극** (헌재 2013.7.25. 2011헌가26)	위헌
61	구 경범죄처벌법 제1조 제13호 중 '함부로 광고물 등을 붙이거나 거는 행위' 부분이 죄형법정주의의 명확성원칙에 위배되는지 여부: **소극** (헌재 2015.5.28. 2013헌바385)	합헌
62	구 국민건강보험법 제52조의 제1항 중 '사위 기타 부당한 방법'과 제23조 제1항 중 '속임수 그 밖의 부당한 방법'이 명확성원칙에 위배되는지 여부: **소극** (헌재 2015.7.30. 2014헌바298)	합헌
63	법률사건의 수임에 관하여 알선의 대가로 금품을 제공하거나 이를 약속한 변호사를 형사처벌하는 구 변호사법 제34조 제2항 중 '법률사건의 수임에 관하여 알선' 부분이 죄형법정주의의 명확성원칙에 위반되는지 여부: **소극** (헌재 2013.2.28. 2012헌바62)	합헌
64	구 학교보건법 제6조 제1항 제14호 중 '미풍양속을 해하는 행위 및 시설' 부분이 죄 형법정주의 원칙에 위반되는지 여부: **소극** (헌재 2008.4.24. 2004헌바92)	합헌
65	노동조합 및 노동관계조정법 제92조 제1호 다목 중 '중요한 절차' 부분이 죄형법정 주의의 명확성원칙에 위반되는지 여부: **소극** (헌재 2007.7.26. 2006헌가9)	합헌
66	청소년의 성보호에 관한 법률 제2조 제3호 및 제8조 제1항이 각 법 조항에서 정한 '청소년이용음란물'의 해석과 관련하여 죄형법정주의에 위반하는지 여부: **소극** (헌재 2002.4.25. 2001헌가27)	합헌
67	공공의 질서 및 선량한 풍속을 문란하게 할 염려가 있는 상표는 등록받을 수 없다 고 규정한 구 상표법 제7조 제1항 제4호가 명확성원칙에 위반되는지 여부: **소극** (헌 재 2014.3.27. 2012헌바55)	합헌
68	특가법 제5조의4 제6항 중 "제1항 또는 제2항의 죄로 두 번 이상 실형을 선고받고 그 집행이 끝나거나 면제된 후 3년 이내에 다시 제1항 중 형법 제329조에 관한 부분 의 죄를 범한 경우에는 그 죄에 대하여 정한 형의 단기의 2배까지 가중한다."는 부분 이 죄형법정주의의 명확성원칙에 위배되는지 여부: **적극** (헌재 2015.11.26. 2013헌바343)	위헌
69	공무원연금법 제64조 제3항의 급여제한을 퇴직 후의 사유에도 적용하는 것이 명확 성의 원칙에 위배되는지 여부: **적극** (헌재 2002.7.18. 2000헌바57)	한정위헌
70	관광진흥개발기금 관리·운용 업무에 종사토록 하기 위해 문화체육관광부 장관에 의해 채용된 민간 전문가에 대해 형법상 뇌물죄의 적용에 있어서 공무원으로 의제 하는 관광진흥개발기금법이 신체의 자유를 과도하게 제한하는지 여부: **소극** (헌재 2014.7.24. 2012헌바188)	합헌
71	비방할 목적으로 정보통신망을 이용하여 공공연하게 사실을 드러내어 다른 사람의 명예를 훼손한 자를 처벌하고 있는 구 정보통신망 이용촉진 및 정보 보호 등에 관 한 법률이 명확성원칙에 위배되는지 여부: **소극** (헌재 2016.2.25. 2013헌바105)	합헌
72	형사소송법 제420조 제5항 중 '명백한 증거가 새로 발견된 때'를 재심사유로 하고 있는 부분이 명확성원칙에 위배되는지 여부: **소극** (헌재 2014.7.24. 2012헌바277)	합헌
73	단체나 다중의 위력으로써 헌법상 상해죄를 가중처벌하는 구 폭력행위 등 처벌에 관 한 법률 제3조 제1항 중 '단체나 다중의 위력으로써 형법 제257조 제1항(상해)의 죄를 범한 자' 부분이 명확성원칙에 위배되는지 여부: **소극** (헌재 2017.7.27. 2015헌바450)	합헌
74	유사군복을 판매목적으로 소지하는 행위에 대하여 1년 이하의 징역 또는 1천만 원 이하의 벌금을 처하도록 규정한 '군복 및 군용장구의 단속에 관한 법률'에서 '판매목 적'에 대한 부분이 명확성원칙에 위배되는지 여부: **소극** (헌재 2019.4.11. 2018헌가14)	합헌

75	'국내에 널리 인식된 타인의 성명, 상호, 표장(標章), 그 밖에 타인의 영업임을 표시하는 표지와 동일하거나 유사한 것을 사용하여 타인의 영업상의 시설 또는 활동과 혼동하게 하는 행위'를 부정경쟁행위로 정의하고 있는 '부정경쟁방지 및 영업비밀보호에 관한 법률' 제2조 제1호 나목이 명확성원칙에 위배되는지 여부: 소극 (헌재 2021.9.30. 2019헌바217)	합헌
76	방송편성에 관하여 간섭을 금지하는 방송법 제4조 제2항의 '간섭'에 관한 부분이 죄형법정주의의 명확성원칙에 위반되는지 여부: 소극 (헌재 2021.8.31. 2019헌바439)	합헌
77	구 도로교통법 제60조 제1항 본문 중 "자동차의 운전자는 고속도로 등에서 자동차의 고장 등 부득이한 사정이 있는 경우를 제외하고는 갓길로 통행하여서는 아니 된다." 부분 중 '부득이한 사정' 부분이 죄형법정주의의 명확성원칙에 위배되는지 여부: 소극 (헌재 2021.8.31. 2020헌바100)	합헌
78	선거운동기간 외에는 중소기업중앙회 회장선거에 관한 선거운동을 제한하고, 이를 위반하면 형사처벌하는 중소기업협동조합법 제125조 전문 중 제53조 제1항을 준용하는 부분이 죄형법정주의의 명확성원칙에 위반되는지 여부: 소극 (헌재 2021.7.15. 2020헌가9)	합헌
79	변호사가 아닌 자가 금품 등 이익을 얻을 목적으로 법률사무를 취급하는 행위 등을 처벌하는 변호사법 제109조 제1호 다목 중 '중재사무를 취급한 자'에 관한 부분, 제109조 제1호 마목 중 '대리사무를 취급한 자'에 관한 부분 가운데 '대리', '중재', '일반의 법률사건' 부분이 죄형법정주의의 명확성원칙에 위반되는지 여부: 소극 (헌재 2021.6.24. 2020헌바38)	합헌
80	음주운전 금지규정 위반 또는 음주측정거부 전력이 있는 사람이 다시 음주운전 금지규정 위반행위를 한 경우 또는 음주운전 금지규정 위반 전력이 있는 사람이 다시 음주측정거부행위를 한 경우를 가중처벌하는 도로교통법이 책임과 형벌 간의 비례원칙에 위반되는지 여부: 적극 (헌재 2022.5.26. 2021헌가30)	위헌
81	음주운항 전력이 있는 사람이 다시 음주운항을 한 경우 2년 이상 5년 이하의 징역이나 2천만원 이상 3천만원 이하의 벌금에 처하도록 규정한 해사안전법 제104조의2 제2항 중 '제41조 제1항을 위반하여 2회 이상 술에 취한 상태에서 선박의 조타기를 조작한 운항자'에 관한 부분(이하 '심판대상조항'이라 한다)이 책임과 형벌 간의 비례원칙에 위반되는지 여부: 적극 (헌재 2022.8.31. 2022헌가10)	위헌
82	음주측정거부 전력이 1회 이상 있는 사람이 다시 음주운전 금지규정 위반행위를 한 경우 2년 이상 5년 이하의 징역이나 1천만원 이상 2천만원 이하의 벌금에 처하도록 한 구 도로교통법 제148조의2 제1항 중 '제44조 제2항을 1회 이상 위반한 사람으로서 다시 같은 조 제1항을 위반한 사람'에 관한 부분(이하 '심판대상조항'이라 한다)이 책임과 형벌 간의 비례원칙에 위반되는지 여부: 적극 (헌재 2022.8.31. 2022헌가14)	위헌
83	가족 중 성년자가 예비군훈련 소집통지서를 예비군대원 본인에게 전달하여야 하는 의무를 위반한 행위를 형사처벌하는 것이 책임과 형벌 간의 비례원칙에 위배되어 위헌인지 여부: 적극 (헌재 2022.5.26. 2019헌가12)	위헌
84	민사재판에 출정하여 법정 대기실 내 쇠창살 격리시설에 유치되어 있는 동안 교도소장이 청구인에게 양손수갑 1개를 앞으로 사용한 행위가 과잉금지원칙을 위반하여 청구인의 신체의 자유 및 인격권을 침해하는지 여부: 소극 (헌재 2023.6.29. 2018헌마1215)	기각
85	허가를 받지 아니하고 폐수배출시설을 설치하거나 이를 이용하여 조업한 자는 형사처벌하는 것이 죄형법정주의의 명확성원칙에 위반되는지 여부: 소극 (헌재 2025.1.23. 2021헌바25)	합헌

| 86 | 형법 제355조 배임죄의 '본인에게 손해를 가한 때' 부분이 죄형법정주의의 명확성원 칙에 위반되는지 여부: **소극** (헌재 2025.1.23. 2024헌바156) | 합헌 |
| 87 | 허위재무제표작성죄와 허위감사보고서작성죄에 대하여 배수벌금형을 규정하면서도, '그 위반행위로 얻은 이익 또는 회피한 손실액이 없거나 산정하기 곤란한 경우'에 관한 벌금 상한액을 규정하지 아니한 '주식회사 등의 외부감사에 관한 법률' 조항이 책임과 형벌 간의 비례원칙에 위배되는지 여부: **적극** (헌재 2024.7.18. 2022헌가6) | 헌법불합치 |

2. 일사부재리의 원칙(이중처벌금지의 원칙)

> 헌법 제13조 ① … 동일한 범죄에 대하여 거듭 처벌받지 아니한다.

(1) 개념

① 판결의 기판력(실체적 확정력)이 발생하면 그 후 동일 사건에 대해 거듭 심판하는 것은 허용되지 않음

② '처벌'은 국가의 형벌권실행으로서의 과벌을 의미 ⇨ 국가가 행하는 일체의 제재나 불이익처분이 모두 포함된다고 할 수 없음

☑ **주의**
형벌과 행정제재처분의 중복은 이중처벌금지의 원칙 문제가 아니라 과잉금지원칙의 문제이므로 전자발찌구형, 이행강제금 등은 이중처벌금지의 원칙 위반이 아님

(2) 적용범위

① 유·무죄 실체판결과 면소판결·집행유예·선고유예를 불문하고 적용됨

② 피고인이 동일한 행위에 관하여 외국에서 형사처벌을 과하는 확정판결을 받았더라도 외국판결은 우리나라에서 기판력이 없으므로 일사부재리의 원칙이 적용될 수 없음(대판 1983.10.25. 83도2366)

☑ **주의**
그러나 판례는 필요적 감면은 필요하다는 입장임

📑 **판례정리**

번호	내용	결정
1	누범의 가중처벌이 일사부재리원칙에 위배되는지 여부: **소극** (헌재 1995.2.23. 93헌바43)	합헌
2	상습범의 가중처벌이 일사부재리원칙에 위배되는지 여부: **소극** (헌재 1995.3.23. 93헌바59)	합헌
3	추징금 미납자에 대한 출국금지가 이중처벌금지원칙에 위배되는지 여부: **소극** (헌재 2004.10.28. 2003헌가18)	합헌
4	공정거래법상 부당내부거래를 한 사업자에 대하여 형사처벌과 함께 그 매출액의 2% 범위 내에서 과징금을 부과하는 것이 이중처벌금지원칙에 위배되는지 여부: **소극** (헌재 2003.7.24. 2001헌가25)	합헌
5	사회보호법상 보호감호제도가 일사부재리원칙에 위반되는지 여부: **소극** 보호감호처분은 보안처분으로서 형벌과는 다른 독자적 의의를 가진 사회보호적인 처분이므로, 형벌과 보호감호를 병과한다고 해서 이중처벌금지의 원칙에 위반되지 않는다(헌재 1991.4.1. 89헌마17).	기각

6	형벌과 함께 이행강제금을 부과하는 것이 이중처벌금지원칙에 위배되는지 여부: **소극** (헌재 2004.2.26. 2001헌바80 등)	합헌
7	청소년 성범죄자에 대한 신상공개가 이중처벌금지원칙에 위반되는지 여부: **소극** (헌재 2003.6.26. 2002헌가14)	합헌
8	주취 중 운전금지규정을 2회 이상 위반한 사람이 다시 이를 위반한 때에는 운전면허를 필요적으로 취소하는 것이 이중처벌금지원칙에 위배되는지 여부: **소극** (헌재 2010.3.25. 2009헌바83)	합헌
9	벌금을 납입하지 않은 때에 노역장에 유치하는 것이 이중처벌금지의 원칙에 위배되는지 여부: **소극** (헌재 2009.3.26. 2008헌바52 등)	합헌
10	외국에서 형의 전부 또는 일부의 집행을 받은 자에 대하여 형을 감경 또는 면제할 수 있도록 규정한 형법 제7조(필요적 감면이 아닌 임의적 감면)가 이중처벌금지원칙에 위배되는지 여부: **소극** (헌재 2015.5.28. 2013헌바129) ⊘ **주의** 신체의 자유 침해는 인정	헌법불합치
11	성인대상 성폭력범죄자의 신상정보 공개·고지제도가 이중처벌금지원칙에 위반되는지 여부: **소극** (헌재 2016.5.26. 2015헌바212)	합헌
12	공무원의 징계 사유가 공금 횡령인 경우에는 해당 징계 외에 공금 횡령액의 5배 내의 징계부가금을 부과하도록 한 지방공무원법 제69조의2 제1항 중 '공금의 횡령'에 관한 부분이 이중처벌금지원칙 및 무죄추정원칙에 위배되는지 여부: **소극** (헌재 2015.2.26. 2012헌바435)	합헌
13	의사면허자격정지처분을 받은 자에게 과징금을 부과하는 것이 이중처벌금지의 원칙에 위반되는지 여부: **소극** (헌재 2008.7.31. 2007헌바85)	합헌
14	부동산 실권리자명의 등기에 관한 법률이 실명등기의무이행의 확보수단으로 명의신탁자 등에 대하여 형사처벌 이외에 과징금을 부과하는 것이 이중처벌금지원칙에 반하는지 여부: **소극** (헌재 2001.5.31. 99헌가18 등)	합헌
15	집행유예가 취소되는 경우 사회봉사 등 의무를 이행하였는지 여부와 관계없이 유예되었던 본형 전부를 집행하는 것이 이중처벌금지원칙 등에 위반되는지 여부: **소극** (헌재 2013.6.27. 2012헌바345 등)	합헌
16	구 국민건강보험법 제19조 및 제45조의 부당이득 환수 규정이 이중처벌금지원칙 등에 위반되는지 여부: **소극** (헌재 2015.7.30. 2014헌바298)	합헌
17	부동산실명법상의 의무위반에 대해서 처벌과 동시에 위반자에 대한 100분의 30의 과징금을 부과하는 것이 이중처벌금지원칙 등에 위반되는지 여부: **소극** 이중처벌금지원칙에는 위반되지 않는다. 다만, 과잉금지원칙이나 평등원칙에 위반되어 위헌이다(헌재 2001.5.31. 99헌가18 등).	헌법불합치
18	법무부령이 정하는 금액 이상의 추징금을 납부하지 아니한 자에게 출국을 금지할 수 있도록 한 출입국 관리법 제4조 제1항 제4호가 이중처벌금지원칙에 위배되는지 여부: **소극** (헌재 2004.10.28. 2003헌가18)	합헌
19	국가보안법의 죄에 관하여 유기징역형을 선고할 때에 그 형의 장기 이하의 자격정지를 병과할 수 있도록 정한 국가보안법 제14조 중 '찬양·고무·선전 또는 이에 동조할 목적으로 문서·도화 기타의 표현물을 소지·반포한 자'에 관한 부분이 이중처벌금지원칙에 위배되는지 여부: **소극** (헌재 2018.3.29. 2016헌바361)	합헌

3. 연좌제의 금지 - 1980년 헌법(제8차 개정)에서 처음 규정

> 헌법 제13조 ③ 모든 국민은 자기의 행위가 아닌 친족의 행위로 인하여 불이익한 처우를 받지 아니한다.
>
> ✅ **주의**
> '불이익한 처우'란 형사법상의 불이익만이 아니라 국가로부터의 어떠한 불이익한 처분도 받지 않는다는 것을 의미함

📋 판례정리

번호	내용	결정
1	범죄행위와의 관련성 유무를 불문하고 필요적으로 범죄행위자의 전 재산을 몰수하는 반국가행위자의 처벌에 관한 특별조치법 제8조가 연좌제금지규정에 위반되는지 여부: **적극** (헌재 1996.1.25. 95헌가5)	위헌
2	승객이 사망하거나 부상한 경우에 자동차를 직접 운행하지 않았음에도 불구하고 자동차운행자에게 무과실책임을 지우는 것이 연좌제금지규정에 위배되는지 여부: **소극** (헌재 1998.5.28. 96헌가4 등)	합헌
3	2인 이상이 공동으로 문서를 작성한 경우에 그 작성자는 당해 문서에 대한 인지세를 연대하여 납부할 의무가 있음을 규정한 인지세법 제1조 제2항이 연좌제금지원칙에 위배되는지 여부: **소극** (헌재 2007.5.31. 2006헌마1169)	기각
4	선거사무장 등의 선거범죄로 인한 당선무효를 규정하고 있는 공직선거 및 선거부정방지법 제265조가 헌법상의 연좌제금지에 반하는지 여부: **소극** (대판 1997.4.11. 96도3451)	기각
5	배우자의 선거법 위반행위를 근거로 후보자에게 연대책임을 지우는 것이 연좌제에 해당하는지 여부: **소극** (헌재 2005.12.22. 2005헌마19)	기각
6	국회의원 본인뿐만 아니라 본인과 일정한 친족관계가 있는 자들의 보유주식도 주식의 매각 또는 백지신탁을 명하고 있는 공직자윤리법이 연좌제금지원칙에 반하는지 여부: **소극** (헌재 2012.8.23. 2010헌가65)	합헌
7	친일재산을 취득·증여 등 원인행위시에 국가의 소유로 하도록 규정한 친일반민족행위자 재산의 국가귀속에 관한 특별법 제3조 제1항 본문이 연좌제금지원칙에 반하는지 여부: **소극** (헌재 2011.3.31. 2008헌바141 등)	합헌

5 신체의 자유 - 절차적 보장

1. 적법절차의 원칙

> 헌법 제12조 ① ··· 누구든지 ··· 법률과 적법한 절차에 의하지 아니하고는 처벌·보안처분 또는 강제노역을 받지 아니한다.
> ③ 체포·구속·압수 또는 수색을 할 때에는 적법한 절차에 따라 검사의 신청에 의하여 법관이 발부한 영장을 제시하여야 한다. (후략)

(1) 연혁

제9차 개정(현행헌법)에서 처음 헌법에 명문화

(2) 내용

'적법한' 절차	절차의 적법성, 적정성 내지 정당성까지 요구함
법	• 실정법 • 넓은 의미에서의 법규범을 의미 ⇨ 명령이나 규칙·조례뿐만 아니라 정의·윤리· 사회상규까지도 포함함
절차(process)	특히 집행절차에서 고지·청문·변명 등 방어기회의 제공절차를 의미함

(3) 적용대상

현행헌법 제12조 제1항의 처벌·보안처분·강제노역 등 및 제12조 제3항의 영장주의는 그 적용대상을 예시한 것에 불과함(통설)

(4) 적용범위

형사소송절차에 국한하지 않고 모든 국가작용, 특히 입법작용 전반에 대하여 문제된 법률의 실체적 내용이 합리성과 정당성을 갖추고 있는지 여부를 판단하는 기준으로 적용되고 있음(헌재 1989.9.8. 88헌가6)

📋 판례정리

번호	내용	결정
1	무죄가 선고되면 영장의 효력이 상실되지만 검사로부터 사형·무기 또는 10년 이상의 징역이나 금고의 형에 해당한다는 취지의 의견진술이 있는 경우에는 예외로 하는 형사소송법 제331조 단서규정이 적법절차원칙에 위배되는지 여부: 적극 (헌재 1992.12.24. 92헌가8)	위헌
2	관세범이 도주한 경우에 그 물품을 압수한 날로부터 4월을 경과한 때에는 당해 물품은 별도의 재판이나 처분 없이 국고에 귀속한다고 규정하는 것이 적법절차원칙에 위배되는지 여부: 적극 (헌재 1997.5.29. 96헌가17)	위헌
3	청소년대상 성범죄자의 신상공개제도가 적법절차원칙에 위배되는지 여부: 소극 (헌재 2003.6.26. 2002헌가14)	합헌
4	대통령에 대한 탄핵소추절차에서 적법절차원칙이 적용되는지 여부: 소극 (헌재 2004.5.14. 2004헌나1)	기각
5	형사사건으로 공소제기된 변호사에 대하여 업무정지를 명할 수 있도록 하는 것이 적법절차원칙에 위배되는지 여부: 적극 법무부장관의 일방적 명령에 의하여 변호사업무를 정지시키는 것은 당해 변호사가 자기에게 유리한 사실을 진술하거나 필요한 증거를 제출할 수 있는 청문의 기회가 보장되지 아니하여 적법절차를 존중하지 아니한 것이 된다(헌재 1990.11.19. 90헌가48).	위헌
6	지문채취불응에 대한 형사처벌이 적법절차원칙에 위배되는지 여부: 소극 (헌재 2004.9.23. 2002헌가17 등)	합헌
7	사회보호위원회의 치료감호종료결정이 적법절차원칙에 위배되는지 여부: 소극 사회보호위원회는 독립성과 전문성을 갖춘 특별위원회로서 준사법적 성격을 겸유하는 점, … 적법절차에 위배된다고 할 수 없다(헌재 2005.2.3. 2003헌바1).	합헌
8	불법게임물의 강제수거·폐기시 의견제출 등 절차보장규정을 두지 않은 것이 적법절차원칙에 위배되는지 여부: 소극 (헌재 2002.10.31. 2000헌가12)	합헌

9	보안관찰처분을 다투는 행정소송에서 집행정지(가처분)를 전혀 할 수 없도록 한 보안관찰법이 위헌인지 여부: **적극** (헌재 2001.4.26. 98헌바79)	위헌
10	사법경찰관인 피청구인이 위험발생의 염려가 없음에도 불구하고 사건종결 전에 압수물을 폐기한 행위가 적법절차의 원칙에 반하고, 공정한 재판을 받을 권리를 침해하는지 여부: **적극** (헌재 2012.12.27. 2011헌마351)	인용 (위헌확인)
11	범칙금을 납부기간 내에 납부하지 않으면 지체 없이 즉결심판에 회부하도록 하는 것이 적법절차원칙에 위반되는지 여부: **소극** (헌재 2014.8.28. 2012헌바433)	합헌
12	사회보호법 부칙 제2조가 사회보호법을 폐지하면서 그 전에 이미 판결이 확정된 보호감호를 종전의 사회보호법에 따라 집행하도록 한 것이 적법절차원칙 등에 위배되는지 여부: **소극** (헌재 2015.9.24. 2014헌바222)	합헌
13	전투경찰순경에 대한 징계처분으로 영창을 규정하고 있는 구 전투경찰대 설치법 제5조 제1항·제2항 중 각 '전투경찰순경에 대한 영창' 부분이 적법절차원칙에 위배되는지 여부: **소극** (헌재 2016.3.31. 2013헌바190)	합헌
14	징계시효 연장을 규정하면서 징계절차를 진행하지 아니함을 통보하지 아니한 경우에는 징계시효가 연장되지 않는다는 예외규정을 두지 아니한 구 지방공무원법 제73조의2 등이 적법절차원칙에 위배되는지 여부: **소극** 지방공무원법 제73조 제2항이 수사 중인 사건에 대하여 징계절차를 진행하지 아니할 수 있도록 한 것은, 수사결과에 따라 징계사유를 정확히 판단하여 적정한 징계를 하기 위한 것이다. 그리고 이 사건 법률조항이 수사 중인 사건에 대해 징계절차를 진행하지 아니하는 경우 징계시효가 연장되도록 한 것은, 적정한 징계를 위해 징계절차를 진행하지 아니할 수 있도록 한 것이 오히려 징계를 방해하게 되는 불합리한 결과를 막기 위해서이다(헌재 2017.6.29. 2015헌바29).	합헌
15	성립절차상의 중대한 하자로 효력을 인정할 수 없는 처벌규정을 근거로 한 범죄경력을 보안관찰처분의 기초로 삼는 법률조항이 적법절차원칙에 위배되는지 여부: **적극** (헌재 2001.4.26. 96헌바79)	위헌
16	중형에 해당되는 사건에서 피고인의 귀책사유가 없는 경우까지 궐석재판을 하는 것이 적법절차원칙에 위배되는지 여부: **적극** (헌재 1996.1.25. 95헌가5)	위헌
17	국회가 세무대학 폐지법률을 제정하는 과정에서 별도의 청문절차를 거치지 않은 것이 적법절차원칙에 위배되는지 여부: **소극** (헌재 2001.2.22. 99헌마613)	기각
18	사전 의견진술기회를 부여하지 않은 채 중앙선거관리위원회위원장이 대통령에게 한 '대통령의 선거중립의무 준수 요청조치'가 적법절차원칙에 위배되는지 여부: **소극** (헌재 2008.1.17. 2007헌마700)	기각
19	형사사건으로 공소제기 된 변호사에 대하여 법무부장관이 업무정지를 명할 수 있도록 하는 것이 청문의 기회가 보장되지 아니하여 적법절차원칙에 위배되는지 여부: **적극** (헌재 1990.11.19. 90헌가48)	위헌
20	법관 아닌 사회보호위원회가 치료감호의 종료 여부를 결정하도록 한 형사소송법 조항이 적법절차원칙에 위반되는지 여부: **소극** (헌재 2005.2.3. 2003헌바1)	합헌
21	상당한 의무이행기간을 부여하지 아니한 대집행계고처분 후에 대집행영장으로써 대집행의 시기를 늦춘 경우 그 계고처분의 적부: **소극** (대판 1990.9.14. 90누2048).	기각

22	도시철도법 제34조 제2항 중 "제1항에 따른 운임수입의 배분에 관한 협의가 성립되지 아니한 때에는 당사자의 신청을 받아 국토교통부장관이 결정한다." 부분은 헌법에 위반되지 아니한다. 심판대상조항에서 의견진술의 기회나 처분의 이유 제시 등의 절차에 관하여 정하고 있지 않다고 하더라도 도시철도운영자는 행정절차법에 의하여 처분의 사전통지를 받고, 의견제출을 할 기회가 열려 있으며, 처분의 이유도 제시받을 수 있는 등 행정절차법에 의한 절차보장을 받을 수 있으므로, 심판대상조항에서 별도의 의견진술권 등을 규정하고 있지 않다고 하더라도 이를 이유로 심판대상조항이 적법절차원칙에 위배되는 것으로 볼 수는 없다(헌재 2019.6.28. 2017헌바135).	합헌
23	치료감호 청구권자를 검사로 한정한 구 치료감호법 제4조 제1항이 청구인의 재판청구권을 침해하거나 적법절차의 원칙에 위배되는지 여부: **소극** (헌재 2010.4.29. 2008헌마622)	기각
24	개성공단 전면중단조치가 적법절차원칙에 위반되는지 여부: **소극** (헌재 2022.1.27. 2016헌마364)	기각
25	전기통신사업법 제83조 제3항 중 '검사 또는 수사관서의 장, 정보수사기관의 장의 수사, 형의 집행 또는 국가안전보장에 대한 위해 방지를 위한 정보수집을 위한 통신자료 제공요청'에 관한 부분에 대하여 사후통지절차를 마련하지 않은 것이 적법절차원칙에 위배되어 개인정보자기결정권을 침해하는지 여부: **적극** (헌재 2022.7.21. 2016헌마388)	헌법불합치

2. 영장주의

> 헌법 제12조 ③ 체포·구속·압수 또는 수색을 할 때에는 <u>적법한 절차</u>에 따라 <u>검사의 신청에 의하여 법관이 발부한 영장</u>을 제시하여야 한다. 다만, <u>현행범인</u>인 경우와 장기 <u>3년</u> 이상의 형에 해당하는 죄를 범하고 도피 또는 증거인멸의 염려가 있을 때에는 사후에 영장을 청구할 수 있다.

(1) 적용범위

영장주의가 법원에 의한 사후통제까지 마련되어야 함을 의미하는 것은 아님

✓ **주의**
중립적 기관인 법원의 허가를 요함

영장주의 적용 ○	• 신체에 대한 물리적·직접적 강제력의 행사 • 지방의회의장이 동행명령장을 발부하고 불응시 강제구인(물리적·직접적)하는 것은 영장주의 위반
영장주의 적용 ×	• 신체에 대한 심리적·간접적 강제 • 국민건강보험공단의 개인정보제공행위 • 지문채취 • 소변채취 • 음주측정 • 국회에서 증인에 대한 동행명령장을 발부하고 불응시 국회모독죄로 형사고발(심리적·간접적)하는 것은 영장주의의 문제가 아님

📑 **판례정리**

번호	내용	결정
1	무죄판결이 선고된 경우에도 검사로부터 10년 이상의 징역형 등에 해당한다는 의견진술이 있는 경우 구속영장의 효력을 지속하도록 하는 것이 영장주의에 위배되는지 여부: 적극 (헌재 1992.12.24. 92헌가8)	위헌
2	보석허가결정에 대하여 검사의 즉시항고를 허용하여 항고심의 재판이 확정될 때까지 그 집행이 정지되도록 하는 것이 영장주의에 위배되는지 여부: 적극 (헌재 1993.12.23. 93헌가)	위헌
3	공판단계에서 법원이 직권으로 영장을 발부하는 것이 "… 검사의 신청에 의하여 법관이 발부한 영장을 제시하여야 한다."라는 헌법 제12조 제3항 본문에 위배되는지 여부: 소극 (헌재 1997.3.27. 96헌바28 등)	합헌
4	영장 없는 음주측정이 위헌인지 여부: 소극 (헌재 1997.3.27. 96헌가11)	합헌
5	지문채취불응에 대한 형사처벌이 영장주의 등에 위배되는지 여부: 소극 (헌재 2004.9.23. 2002헌가17 등)	합헌
6	마약류 사범에게 마약류 반응검사를 위하여 월 1회씩 정기적으로 소변을 채취하여 제출하도록 한 것이 영장주의에 위배되는지 여부: 소극 (헌재 2006.7.27. 2005헌마277)	기각
7	검사조사실에서의 계구사용을 원칙으로 규정하고 있는 계호근무준칙 제298조 제1호·제2호가 신체의 자유를 침해하는지 여부: 적극 (헌재 2005.5.26. 2004헌마49)	인용 (위헌확인)
8	영장주의가 행정상 즉시강제에도 적용되는지 여부: 소극 (헌재 2002.10.31. 2000헌가12)	합헌
9	특별검사의 동행명령을 정당한 사유 없이 거부한 참고인에 대하여 1천만원 이하의 벌금에 처하도록 하는 '이명박 특검법' 제6조 제6항과 제18조 제2항이 영장주의에 위배되는지 여부: 적극 (헌재 2008.1.10. 2007헌마1468)	위헌
10	지방의회의 사무감사를 위한 증인의 동행명령장제도가 영장주의에 위배되는지 여부: 적극 (대판 1995.6.30. 93추83)	기각
11	법원의 구속집행정지결정에 대한 검사의 즉시항고를 규정한 형사소송법 제101조 제3항이 헌법상 영장주의와 적법절차원칙에 반하여 위헌인지 여부: 적극 (헌재 2012.6.27. 2011헌가36)	위헌
12	채취대상자가 동의하는 경우에는 영장 없이 디엔에이감식시료를 채취할 수 있도록 한 것이 영장주의에 위반되는지 여부: 소극 (헌재 2014.8.28. 2011헌마28)	기각
13	형사재판에 계속 중인 사람에 대하여 출국을 금지할 수 있다고 규정한 출입국관리법 제4조 제1항 제1호가 영장주의 등을 침해하는지 여부: 소극 (헌재 2015.9.24. 2012헌바302)	합헌
14	체포영장을 집행하는 경우, 필요한 때에는 타인의 주거 등 내에서 피의자 수색을 할 수 있도록 한 형사소송법 제216조 제1항 제1호 중 제200조의2에 관한 부분이 영장주의에 위배되는지 여부: 적극 (헌재 2018.4.26. 2015헌바370) ✅ **주의** 명확주의 위배 ✕	헌법불합치
15	국민건강보험공단이 2013.12.20. 서울용산경찰서장에게 청구인들의 요양급여내역을 제공한 행위가 영장주의에 위배되어 청구인들의 개인정보자기결정권을 침해하는지 여부: 소극 이 사건 사실조회행위는 강제력이 개입되지 아니한 임의수사에 해당하므로, 이에 응하여 이루어진 이 사건 정보제공행위에도 영장주의가 적용되지 않는다 (헌재 2018.8.30. 2014헌마368). ✅ **주의** 영장주의에 위배되지 않음. 다만, 과잉금지원칙에 위반되어 위헌임	인용 (위헌확인)

| 16 | 각급선거관리위원회 위원·직원의 선거범죄 조사에 있어서 피조사자에게 자료 제출의무를 부과한 공직선거법 제272조의2 제3항 중 '제1항의 규정에 의한 자료의 제출을 요구받은 자'에 관한 부분 및 허위자료를 제출하는 경우 형사처벌 하는 구 공직선거법 제256조 제5항 제12호 중 '제272조의2 제3항의 규정에 위반하여 허위의 자료를 제출한 자'에 관한 부분이 영장주의에 위반되는지 여부: 소국 (헌재 2019.9.26. 2016헌바381) | 합헌 |
| 17 | 기지국 수사를 허용하는 통신사실 확인자료 제공요청은 법원의 허가를 받으면, 해당 가입자의 동의나 승낙을 얻지 아니하고도 제3자인 전기통신사업자에게 해당 가입자에 관한 통신사실 확인자료의 제공을 요청할 수 있도록 하는 수사 방법으로, 통신비밀보호법이 규정하는 강제처분에 해당하므로 헌법상 영장주의가 적용된다(헌재 2018.6.28. 2012헌마538).
⊘ **주의**
인터넷회선 감청사건의 경우 영장주의에 대해 판단하지 않음 | 기각 |

(2) 영장주의의 예외

① 현행범인인 경우와 긴급체포를 하는 경우(헌법 제12조 제3항, 형사소송법 제200조의3)
② 비상계엄의 경우(헌법 제77조 제3항)

📋 **판례정리**

번호	내용	결정
1	국가보안법위반죄 등을 범한 자를 법관의 영장 없이 구속·압수·수색할 수 있도록 했던 구 인신구속 등에 관한 임시 특례법 제2조 제1항이 영장주의에 위배되는지 여부: 적극 (헌재 2012.12.27. 2011헌가5)	위헌
2	무죄판결이 선고된 경우에도 검사로부터 10년 이상의 징역형 등에 해당한다는 의견진술이 있는 경우 구속영장의 효력을 지속하도록 하는 것이 영장주의에 위배되는지 여부: 적극 (헌재 1992.12.24. 92헌가8)	위헌

3. 체포·구속적부심사제도

> 헌법 제12조 ⑥ 누구든지 체포 또는 구속을 당한 때에는 적부의 심사를 법원에 청구할 권리를 가진다.

(1) 의의

① 입법자가 법률로써 구체적인 내용을 형성하여야만 실질적으로 행사할 수 있음
② 제도적 보장의 성격이 강한 절차적 기본권(청구권적 기본권)
③ 상대적으로 광범위한 입법형성권이 인정되므로 관련 법률에 대한 위헌성 심사를 할 때는 자의금지원칙이 적용(헌재 2004.3.25. 2002헌바104)

(2) 연혁

1948년 건국헌법
⇨ 1972년 제7차 개정헌법(유신헌법)에서 삭제
⇨ 1980년 제8차 개정헌법에서 부활
⇨ 1987년 제9차 개정헌법(현행헌법)에서 청구권의 배제규정을 삭제하여 구속적부심사의 청구사유를 확대

(3) 법원의 결정에 대한 불복

법원의 기각결정과 석방결정	검사와 피의자 모두 항고 ✕(형사소송법 제214조의2 제8항)
법원의 보증금납입조건부 피의자석방결정	검사나 피의자 모두 항고 ○

(4) 심사청구의 주체

① 헌법재판소는 청구인 적격을 피의자에게만 인정한 구 형사소송법 조항에 헌법불합치 판결을 함(헌재 2004.3.25. 2002헌바104)

② 그 후 형사소송법은 형사피의자뿐만 아니라 형사피고인에게도 체포·구속적부심사권을 인정함

4. 체포·구속이유 등 고지제도(넓은 의미의 미란다원칙)

> 헌법 제12조 ⑤ 누구든지 체포 또는 구속의 이유와 변호인의 조력을 받을 권리가 있음을 고지받지 아니하고는 체포 또는 구속을 당하지 아니한다. 체포 또는 구속을 당한 자의 가족 등 법률이 정하는 자에게는 그 이유와 일시·장소가 지체 없이 통지되어야 한다.

(1) 내용

고지받을 권리의 주체	누구든지 ✓ 주의 형사피의자뿐만 아니라 피고인도 포함
통지받을 권리의 주체	• 가족 등 법률이 정하는 자 ⇨ 변호인·법정대리인·배우자·직계친족·형제자매(형사소송법 제30조 제2항, 제87조 제1항) • 통지는 지체 없이 서면으로 하여야 함(형사소송법 제87조 제2항)

(2) 수사기관이 고지·통지의무를 이행하지 않는 경우

직권남용에 의한 불법행위로 간주되어 형사처벌대상이 됨

5. 무죄추정의 원칙

> 헌법 제27조 ④ 형사피고인은 유죄의 판결이 확정될 때까지는 무죄로 추정된다.

(1) 연혁

1980년 제8차 개정헌법에서 처음 명문화

(2) 성격

판결 이전뿐만 아니라 판결 자체와 판결형성의 과정에서도 준수되어야 함

(3) 적용범위

① 피고인과 피의자

② 유죄판결의 확정

  ㉠ 제1심 또는 제2심판결에서 유죄판결이 선고되더라도 유죄판결이 확정되지 않은 때에는 무죄의 추정을 받음 ⇨ 여기서 유죄판결이란 형선고의 판결, 형면제의 판결과 집행유예·선고유예의 판결을 포함

  ㉡ 면소, 공소기각, 관할 위반의 판결이 확정된 때에는 무죄의 추정이 유지됨

③ 형사절차와 기타 일반 법생활 영역에서의 기본권 제한

인신구속의 제한	• 원칙: 불구속수사·불구속재판원칙 • 예외: 도피할 우려가 있거나 증거를 인멸할 우려가 있는 때에 한하여 구속수사 또는 구속재판이 이루어져야 함
의심스러운 때에는 피고인의 이익으로	범죄혐의에 관하여 입증이 없으면 '의심스러운 때에는 피고인의 이익으로'라는 원칙에 따라 무죄를 선고하여야 함
불이익처우의 금지	유죄임을 전제로 고문·폭행·협박·구속의 부당한 장기화를 통한 무리한 진실 추구를 하여서는 안 됨

📑 판례정리

번호	내용	결정
1	공정거래위원회의 법 위반사실 공표명령제도가 무죄추정의 원칙에 위배되는지 여부: 적극 (헌재 2002.1.31. 2001헌바43)	위헌
2	수사 및 재판단계에서 미결수용자에게 재소자용 의류를 착용하게 하는 것이 위헌인지 여부: 적극 (헌재 1999.5.27. 97헌마137 등)	위헌확인
3	형사사건으로 기소되면 '필요적으로' 직위해제처분을 하도록 한 국가공무원법규정이 무죄추정의 원칙에 위배되는지 여부: 적극 (헌재 1998.5.28. 96헌가12)	위헌
4	형사기소된 국가공무원에 대한 '임의적' 직위해제가 무죄추정원칙에 위배되는지 여부: 소극 (헌재 2006.5.25. 2004헌바12)	합헌
5	형사사건으로 기소된 교원에 대하여 '필요적으로' 직위해제처분을 하도록 한 것이 무죄추정의 원칙에 위배되는지 여부: 적극 (헌재 1994.7.29. 93헌가3)	위헌
6	변호사법 제15조의 공소제기된 변호사에 대한 필요적 업무정지명령이 무죄추정원칙에 위배되는지 여부: 적극 (헌재 1990.11.19. 90헌가48)	위헌
7	공소제기된 변호사에 대한 임의적 업무정지명령을 규정한 변호사법 제102조가 무죄추정의 원칙에 위반되는지 여부: 소극 (헌재 2014.4.24. 2012헌바45)	합헌
8	미결수용자에 대한 국민건강보험급여를 정지하는 것이 무죄추정의 원칙에 위반되는지 여부: 소극 (헌재 2005.2.24. 2003헌마31 등)	기각
9	판결선고 전 구금일수의 산입을 규정한 형법 제57조 제1항 중 '또는 일부' 부분이 헌법상 무죄추정의 원칙 및 적법절차의 원칙 등을 위배하여 신체의 자유를 침해하는지 여부: 적극 (헌재 2009.6.25. 2007헌바25)	위헌
10	형사소송법 제482조 제1항이 상소제기 후 상소취하시까지의 구금일수 통산에 관해서는 규정하지 아니함으로써 이를 본형 산입의 대상에서 제외되도록 한 것이 헌법상 무죄추정의 원칙 및 적법절차의 원칙, 평등원칙 등을 위배하여 합리성과 정당성 없이 신체의 자유를 지나치게 제한함으로써 헌법에 위반되는지 여부: 적극 (헌재 2009.12.29. 2008헌가13·2009헌가5)	헌법불합치
11	지방자치단체의 장이 '금고 이상의 형을 선고받고 그 형이 확정되지 아니한 경우'에 부단체장이 그 권한을 대행하도록 하는 것이 무죄추정의 원칙에 위배되는지 여부: 적극 (헌재 2010.9.2. 2010헌마418)	헌법불합치
12	지방자치단체의 장이 '공소제기된 후 구금상태에 있는 경우' 부단체장이 그 권한을 대행하도록 규정한 지방자치법 제111조 제1항 제2호가 무죄추정원칙에 위배되는지 여부: 소극 (헌재 2011.4.28. 2010헌마474)	기각

13	형사재판에 계속 중인 사람에 대하여 출국을 금지할 수 있다고 규정한 출입국관리법 제4조 제1항 제1호가 무죄추정의 원칙 등에 위반되는지 여부: 소극 (헌재 2015.9.24. 2012헌바302)	합헌
14	공무원의 징계사유가 공금 횡령인 경우에는 해당 징계 외에 공금 횡령액의 5배 내의 징계부가금을 부과하도록 한 지방공무원법 제69조의2 제1항 중 '공금의 횡령'에 관한 부분이 무죄추정원칙에 위반되는지 여부: 소극 (헌재 2015.2.26. 2012헌바435)	합헌
15	부당내부거래행위에 대한 과징금 부과처분에 대하여 그 행정소송에 관한 판결이 확정되기 전에 공정력과 집행력을 인정하는 것이 무죄추정의 원칙에 위배되는지 여부: 소극 (헌재 2003.7.24. 2001헌가25)	합헌
16	증거결정을 취소할 수 있는 소송지휘권행사가 무죄추정을 받을 권리를 침해하는지 여부: 소극 (헌재 1998.12.24. 94헌바46)	합헌
17	군사법경찰관에게 구속기간의 연장을 허용하는 것이 무죄추정의 원칙에 위배되는지 여부: 적극 (헌재 2003.11.27. 2002헌마193)	위헌
18	소년원 수용기간을 항고심 결정에 의한 보호기간에 산입하는 규정을 두지 아니한 소년법 제33조가 무죄추정의 원칙을 위반한 것인지 여부: 소극 (헌재 2015.12.23. 2014헌마768) ⊘ **주의** 신체의 자유 침해 × / 평등권 침해 ×	합헌

6. 자백의 증거능력 및 증명력 제한의 원칙

> 헌법 제12조 ⑦ 피고인의 자백이 고문·폭행·협박·구속의 부당한 장기화 또는 기망 기타의 방법에 의하여 자의로 진술된 것이 아니라고 인정될 때 또는 정식재판에 있어서 피고인의 자백이 그에게 불리한 유일한 증거일 때에는 이를 유죄의 증거로 삼거나 이를 이유로 처벌할 수 없다.

(1) 임의성 없는 자백(고문·폭행·협박·구속의 부당한 장기화 등 증거수집과정에 위법성이 있는 경우)의 증거능력은 부정됨

(2) 보강증거 없는 불리한 유일한 자백은 정식재판에서 증명력을 가질 수 없음 ⇨ 다만, 약식재판(즉결심판 등)에서는 자백만으로도 유죄 선고 가능

7. 고문을 당하지 아니할 권리

절대적 금지로서 법률로도 예외를 인정하지 않음

> 헌법 제12조 ② 모든 국민은 고문을 받지 아니하며 ….

8. 진술거부권(묵비권)

> 헌법 제12조 모든 국민은 … 형사상 자기에게 불리한 진술을 강요당하지 아니한다.

(1) 의의

영미의 '자기부죄거부의 특권'에서 유래함

(2) 주체

① 형사피의자, 형사피고인, 형사피의자의 대리인, 외국인

② 장차 피의자나 피고인이 될 자에게도 보장되며, 형사절차뿐 아니라 행정절차나 국회에서의 조사절차 등에서도 보장됨

(3) 내용

① 진술강요의 금지

ㄱ. 진술거부권은 고문 등 폭행에 의한 강요는 물론 법률로써도 진술을 강요당하지 아니함을 의미함(헌재 1997.3.27. 96헌가11)

ㄴ. 문자로 기재하도록 하는 것도 진술에 포함(헌재 2005.12.22. 2004헌바25)

ㄷ. 그러나 지문과 족형의 채취, 신체의 측정, 사진촬영이나 신체검사, 음주측정 등은 진술에 해당하지 않으므로 진술거부권이 미치지 않음

📑 **판례정리**

번호	내용	결정
1	음주측정불응에 대한 처벌이 진술거부권 침해인지 여부: **소극** (헌재 1997.3.27. 96헌가11)	합헌
2	정치자금의 수입·지출에 관한 내역을 회계장부에 허위기재한 정당의 회계책임자를 형사처벌하는 것이 진술거부권을 침해하는지 여부: **소극** (헌재 2005.12.22. 2004헌바25)	합헌
3	교통사고를 일으킨 운전자에게 신고의무를 부담시키고 있는 도로교통법 제50조 제2항, 제111조 제3호가 진술거부권을 침해하는지 여부: **적극** (헌재 1990.8.27. 89헌가118) ✔ **주의** 형사책임과 관련되는 사항에 적용하지 아니하는 것으로 해석하는 한 합헌	한정합헌
4	독점규제 및 공정거래에 관한 법률 제27조의 공정거래위원회의 법위반사실공표규정이 진술거부권을 침해하는지 여부: **적극** (헌재 2002.1.31. 2001헌바43)	위헌
5	국회에서 허위의 진술을 한 증인을 위증죄로 처벌하는 구 국회에서의 증언·감정 등에 관한 법률 제14조 제1항 본문 중 증인에 관한 부분이 진술거부권을 제한하는지 여부: **소극** 진술거부권은 소극적으로 진술을 거부할 권리를 의미하고, 적극적으로 허위의 진술을 할 권리를 보장하는 것은 아니므로, 당해 사건에서 청구인이 허위의 진술을 하였다는 이유로 위증죄의 처벌을 받은 만큼 진술거부권이 제한된 것은 아니다(헌재 2015.9.24. 2012헌바410).	합헌

② **진술의 범위:** 헌법은 형사상 불리한 진술의 강요를 금지하고 있으나 형사소송법에 따르면 진술 내용의 이익·불이익을 불문함

(4) 고지 및 불고지

번호	내용	결정
1	국가보안법상 불고지죄가 진술거부권을 침해하는지 여부: **소극** (헌재 1998.7.16. 96헌바35)	합헌

9. 변호인의 조력을 받을 권리

헌법 제12조 ④ 누구든지 체포 또는 구속을 당한 때에는 즉시 변호인의 조력을 받을 권리를 가진다. 다만, 형사피고인이 스스로 변호인을 구할 수 없을 때에는 법률이 정하는 바에 의하여 국가가 변호인을 붙인다.

형사소송법 제243조의2【변호인의 참여 등】① 검사 또는 사법경찰관은 피의자 또는 그 변호인·법정대리인·배우자·직계친족·형제자매의 신청에 따라 변호인을 피의자와 접견하게 하거나 정당한 사유가 없는 한 피의자에 대한 신문에 참여하게 하여야 한다.

② 신문에 참여하고자 하는 변호인이 2인 이상인 때에는 피의자가 신문에 참여할 변호인 1인을 지정한다. 지정이 없는 경우에는 검사 또는 사법경찰관이 이를 지정할 수 있다.

③ 신문에 참여한 변호인은 신문 후 의견을 진술할 수 있다. 다만, 신문 중이라도 부당한 신문방법에 대하여 이의를 제기할 수 있고, 검사 또는 사법경찰관의 승인을 얻어 의견을 진술할 수 있다.

④ 제3항에 따른 변호인의 의견이 기재된 피의자신문조서는 변호인에게 열람하게 한 후 변호인으로 하여금 그 조서에 기명날인 또는 서명하게 하여야 한다.

⑤ 검사 또는 사법경찰관은 변호인의 신문참여 및 그 제한에 관한 사항을 피의자신문조서에 기재하여야 한다.

형의 집행 및 수용자의 처우에 관한 법률 제84조【변호인과의 접견 및 편지수수】① 제41조 제4항에도 불구하고 미결수용자와 변호인과의 접견에는 교도관이 참여하지 못하며 그 내용을 청취 또는 녹취하지 못한다. 다만, 보이는 거리에서 미결수용자를 관찰할 수 있다.

② 미결수용자와 변호인 간의 접견은 시간과 횟수를 제한하지 아니한다.

③ 제43조 제4항 단서에도 불구하고 미결수용자와 변호인 간의 편지는 교정시설에서 상대방이 변호인임을 확인할 수 없는 경우를 제외하고는 검열할 수 없다.

제41조【접견】④ 소장은 다음 각 호의 어느 하나에 해당하는 사유가 있으면 교도관으로 하여금 수용자의 접견내용을 청취·기록·녹음 또는 녹화하게 할 수 있다.

1. 범죄의 증거를 인멸하거나 형사 법령에 저촉되는 행위를 할 우려가 있는 때
2. 수형자의 교화 또는 건전한 사회복귀를 위하여 필요한 때
3. 시설의 안전과 질서유지를 위하여 필요한 때

(1) 주체

① 체포·구속된 피의자·피고인, ② 체포·구속을 당하지 아니한 불구속피의자·피고인, ③ 임의동행된 피의자 또는 피내사자, ④ 수형자(기결수)는 원칙적으로 변호인의 조력을 받을 권리의 주체가 될 수 없음(헌재 1998.8.27. 96헌마398)

⊘ **주의**
종전에는 '행정절차에서 구속된 사람은 변호인의 조력을 받을 권리의 주체가 될 수 없다'고 판시하였으나 이후 판례가 변경됨 ⇨ 변호인의 조력을 받을 권리주체 ○

번호	내용	결정
1	불구속피의자·피고인도 변호인의 조력을 받을 권리의 주체가 되는지 여부: **적극** (헌재 2004.9.23. 2000헌마138)	인용 (위헌확인)
2	임의동행된 피의자·피내사자도 변호인의 조력을 받을 권리의 주체가 되는지 여부: **적극** (대결 1996.6.3. 96모18)	기각
3	수형자가 변호인의 조력을 받을 권리의 주체인지 여부: **소극** (헌재 1998.8.27. 96헌마398)	기각
4	행정절차에서 구속된 사람도 변호인의 조력을 받을 권리의 주체인지 여부: **적극** (헌재 2018.5.31. 2014헌마346)	인용 (위헌확인)

(2) 내용

① 변호인선임권: 변호인의 조력을 받을 권리의 가장 기초적인 구성 부분으로 법률로써도 제한할 수 없음(헌재 2004.9.23. 2000헌마138)

② 변호인과의 접견교통권

   ㉠ 변호인의 조력을 받을 권리의 가장 중요한 내용이어서 국가안전보장·질서유지·공공복리 등 어떠한 명분으로도 제한될 수 있는 성질의 것이 아님(헌재 1992.1.28. 91헌마111)

   ㉡ 구속된 자와 변호인간의 '자유로운 접견', 즉 '대화내용의 비밀이 완전히 보장되고 어떠한 제한·영향·압력 또는 부당한 간섭 없이 자유롭게 대화할 수 있는 접견'을 제한할 수 없음

   ㉢ 그러나 변호인과의 접견 자체에 대해 아무런 제한도 가할 수 없음을 의미하는 것은 아니므로 미결수용자의 변호인접견권 역시 국가안전보장·질서유지 또는 공공복리를 위하여 필요한 경우 법률로써 제한될 수 있음(헌재 2011.5.26. 2009헌마341)

번호	내용	결정
1	인천공항출입국·외국인청장이 인천국제공항 송환대기실에 수용된 난민에 대한 변호인 접견신청을 거부한 행위가 변호인의 조력을 받을 권리를 침해하는지 여부: **적극** [1] 헌법 제12조 제4항 본문에 규정된 변호인의 조력을 받을 권리가 행정절차에서 구속된 사람에게도 즉시 보장되는지 여부: **적극** [2] 청구인이 송환대기실에 구속되어 있었는지 여부: **적극** [3] 이 사건 변호인 접견신청 거부가 청구인의 변호인의 조력을 받을 권리를 침해하였는지 여부: **적극** (헌재 2018.5.31. 2014헌마346)	위헌
2	금치처분을 받은 수형자가 교도소장의 서신발송 불허처분에 대하여 소를 제기하기 위하여 변호인과 접견하고자 할 때, 이를 불허하는 교도소장의 처분이 변호인의 조력을 받을 권리를 침해하는지 여부: **소극** (헌재 2004.12.16. 2002헌마478)	기각
3	구속된 사람의 변호인과의 자유로운 접견권은 국가안전보장·질서유지·공공복리 등 어떤 명분으로도 제한할 수 없는 권리인지 여부: **적극** (헌재 2011.5.26. 2009헌마341)	기각

4	변호인과 미결수용자가 접견하고자 하였으나 공휴일이라는 이유로 접견이 불허된 경우, 위 접견불허처분이 변호인의 조력을 받을 권리를 침해하는지 여부: **소극** (헌재 2011.5.26. 2009헌마341)	기각
5	구치소 내의 변호인접견실에 CCTV를 설치하여 미결수용자와 변호인간의 접견을 관찰한 행위와 교도관이 미결수용자와 변호인간에 주고받는 서류를 확인하고, 소송관계서류처리부에 그 제목을 기재하여 등재한 행위가 청구인의 변호인의 조력을 받을 권리를 침해하는지 여부: **소극** (헌재 2016.4.28. 2015헌마243)	기각
6	형사소송법 제165조의2 제3호 중 '피고인 등'에 대하여 차폐시설을 설치하고 신문할 수 있도록 한 부분이 청구인의 공정한 재판을 받을 권리 및 변호인의 조력을 받을 권리를 침해하는지 여부: **소극** (헌재 2016.12.29. 2015헌바221)	합헌
7	'변호인이 되려는 자'의 피의자 접견교통권이 헌법상 기본권인지 여부: **적극** (헌재 2019.2.28. 2015헌마1204)	인용 (위헌확인)

③ 변호인을 통한 소송관계서류의 열람·등사

📑 **판례정리**

번호	내용	결정
1	변호인을 통해 소송관계서류를 열람·등사할 수 있는 권리도 포함되는지 여부: **적극** (헌재 1997.11.27. 94헌마60)	인용 (위헌확인)
2	법원이 수사서류에 대한 열람·등사허용결정을 하였음에도 검사가 변호인의 열람·등사신청을 거부한 행위가 헌법에 위반되는지 여부: **적극** (헌재 2010.6.24. 2009헌마257)	위헌확인
3	법원의 수사서류 열람·등사허용결정에도 불구하고 검사가 해당 수사서류의 '열람'은 허용하고 '등사'를 거부한 경우 위와 같은 검사의 행위가 청구인들의 신속하고 공정한 재판을 받을 권리 및 변호인의 조력을 받을 권리를 침해하는지 여부: **적극** (헌재 2012.12.28. 2015헌마632)	위헌확인

④ 서신비밀보장: 미결수용자와 변호인과의 접견에는 교도관의 참여가 허용되지 않고, 변호인 또는 변호인이 되려는 자와 피의자 또는 피고인 사이의 서신의 경우에도 그 비밀이 보장되어야 함 (헌재 1995.7.21. 92헌마144)

✓ **주의**
서신검열행위는 미결수용자와 변호사 사이에서의 검열만 위헌

📑 **판례정리**

번호	내용	결정
1	미결수용자와 변호인 사이의 서신검열행위가 헌법에 위반되는지 여부: **적극** (헌재 1995.7.21. 92헌마144)	인용 (위헌확인)
2	기결수와 변호인 사이의 서신검열행위가 헌법에 위반되는지 여부: **소극** (헌재 1998.8.27. 96헌마398)	기각
3	미결수용자의 변호사 아닌 자와의 서신에 대한 검열이 헌법에 위반되는지 여부: **소극** (헌재 1995.7.21. 92헌마144)	기각

⑤ 변호인과 상담하고 조언을 구할 권리: 변호인의 조력을 받을 권리의 내용 중 가장 핵심임

번호	내용	결정
1	불구속피의자의 신문시 변호인참여요청의 거부가 변호인의 조력을 받을 권리를 침해하는지 여부: **적극** (헌재 2004.9.23. 2000헌마138)	인용 (위헌확인)

⑥ 국선변호인의 도움을 받을 권리

> 헌법 제12조 ④ … 형사피고인이 스스로 변호인을 구할 수 없을 때에는 법률이 정하는 바에 의하여 국가가 변호인을 붙인다.
>
> 형사소송법 제33조 【국선변호인】 ① 다음 각 호의 어느 하나에 해당하는 경우에 변호인이 없는 때에는 법원은 직권으로 변호인을 선정하여야 한다.
> 1. 피고인이 구속된 때
> 2. 피고인이 미성년자인 때
> 3. 피고인이 70세 이상인 때
> 4. 피고인이 듣거나 말하는 데 모두 장애가 있는 사람인 때
> 5. 피고인이 심신장애가 있는 것으로 의심되는 때
> 6. 피고인이 사형, 무기 또는 단기 3년 이상의 징역이나 금고에 해당하는 사건으로 기소된 때
> ② 법원은 피고인이 빈곤이나 그 밖의 사유로 변호인을 선임할 수 없는 경우에 피고인이 청구하면 변호인을 선정하여야 한다.
> ③ 법원은 피고인의 나이·지능 및 교육 정도 등을 참작하여 권리보호를 위하여 필요하다고 인정하면 피고인의 명시적 의사에 반하지 아니하는 범위에서 변호인을 선정하여야 한다.
>
> ☑ **주의** 변호인 직권 선정(필수)
> 구속되거나 미성년이거나 심신약자이거나 등 형사피고인이 물리적 또는 신체적으로 곤란한 상황에 처해 스스로 변호인을 선임할 수 없는 상황임

㉠ 법적 근거: 형사피고인에 대한 국선변호는 헌법상 기본권, 형사피의자에 대한 국선변호는 법률상 권리

헌법상 근거	형사피고인 ○, 형사피의자 ×
법률상 근거	형사소송법은 형사피고인뿐만 아니라 형사피의자에 대해서도 구속 전 피의자심문절차와 체포·구속적부심절차에서 제한적이나마 국선변호를 인정(입법정책의 문제)

☑ **주의**
헌법소원시 국선변호(대리인)는 헌법재판소법에 명시됨

㉡ 국선변호인의 선임사유

신청 필요 없이 직권으로 선정하여야 하는 경우	• 피고인이 구속된 때 • 미성년자 • 70세 이상인 자 • 농아자 • 심신장애의 의심이 있는 자
신청이 있어야 하는 경우	빈곤 기타의 사유로 변호인을 선임할 수 없는 자

<table>
<tr><td rowspan="1">필요적 변호사건</td><td>• 사형, 무기, 단기 3년 이상의 징역·금고에 해당하는 사건
• 보호감호, 치료감호 등의 청구사건
• 영장실질심사와 체포·구속적부심사 청구사건</td></tr>
</table>

📑 **판례정리**

번호	내용	결정
1	형사피고인과 달리 형사피의자에 대해서는 국선변호인제도를 규정하지 않고 있는 입법부작위가 헌법소원심판의 대상이 되는지 여부: **소극** (헌재 2008.7.1. 2008헌마428)	각하
2	피의자도 헌법상 국선변호인의 조력을 받을 권리가 인정되는지 여부: **소극** (헌재 2008.9.25. 2007헌마1126)	각하

(3) 변호인 자신의 피구속자를 조력할 권리

변호인의 조력할 권리 역시 헌법상의 기본권으로서 보호해야 함. 구속적부심절차에서 변호인이 피구속자에 대한 고소장과 경찰의 피의자신문조서를 열람하는 것은 피구속자를 조력할 권리 중 핵심 부분으로서 변호인의 헌법상 기본권에 해당함(헌재 2003.3.27. 2000헌마474)

📑 **판례정리**

번호	내용	결정
1	'변호인이 되려는 자'의 피의자 접견교통권이 헌법상 기본권인지 여부: **적극** (헌재 2019.2.28. 2015헌마1204)	인용 (위헌확인)
2	구속적부심사건 피의자의 변호인에게 고소장과 피의자신문조서에 대한 열람 및 등사를 거부한 경찰서장의 정보비공개결정이 변호인의 피구속자를 조력할 권리 및 알 권리를 침해하여 헌법에 위반되는지 여부: **적극** (헌재 2003.3.27. 2000헌마474)	인용 (위헌확인)
3	가사소송에서 당사자가 변호사를 대리인으로 선임하여 그 조력을 받는 것이 변호인의 조력을 받을 권리의 보호영역에 포함되는지 여부: **소극** (헌재 2012.10.25. 2011헌마598) ✓ **주의** 가사소송은 '재판받을 권리'의 내용이지 '변호인의 조력을 받을 권리'의 내용이 아님	기각
4	검찰수사관이 피의자신문에 참여한 변호인에게 피의자 후방에 앉으라고 요구한 행위가 변호인의 변호권을 침해한 것으로서 위헌인지 여부: **적극** [1] 이 사건 후방착석요구행위는 권력적 사실행위로서 헌법소원의 대상이 되는 공권력의 행사에 해당한다. [2] 후방착석요구행위는 형사소송법 제417조의 준항고로 다툴 수 있는지 여부가 불분명하므로 보충성 원칙의 예외이다. [3] 권리보호이익 이 사건 후방착석행위는 종료되었으나 헌법적 해명이 필요한 문제에 해당하므로, 심판이익을 인정할 수 있다(헌재 2017.11.30. 2016헌마503).	위헌확인

제2절 사생활의 자유권

1 사생활의 비밀과 자유

> 헌법 제17조 모든 국민은 사생활의 비밀과 자유를 침해받지 아니한다.

1. 연혁

제8차 개정헌법에서 처음 명문화됨

2. 주체

내·외국인을 불문한 모든 인간	가능
사자(死者)	원칙적 불가능 ⇨ 사자의 사생활비밀에 관한 권리의 침해가 동시에 생존자의 그에 관한 권리를 침해하는 경우, 사자와 생존자간에 일정한 관계가 존재할 때에는 생존자에 관해서 문제됨
법인이나 단체 등	원칙적 불가능

3. 내용

사생활의 비밀의 불가침	개인에 관한 난처한 사적 사항, 명예나 신용, 인격적 징표(성명·초상·경력·이미지)를 침해하여서는 아니 됨
사생활의 자유의 불가침	개인은 자유로운 사생활의 형성과 유지를 위협받지 않아야 하며, 적극적·소극적 방법으로 개인의 평온한 사생활이 침해되어서도 아니 됨
성격	소극적 성격과 적극적 청구권의 성질을 함께 가짐

📑 판례정리

번호	내용	결정
1	운전할 때 운전자가 좌석안전띠를 착용하는 문제가 사생활영역의 문제인지 여부: **소극** (헌재 2003.10.30. 2002헌마518)	기각
2	명예보호를 위한 대외적 해명행위가 사생활의 자유에 의하여 보호되는 행위인지 여부: **소극** (헌재 2001.8.30. 99헌바92 등)	합헌
3	존속상해치사죄에 대한 가중처벌 규정이 사생활의 자유를 침해하는지 여부: **소극** (헌재 2002.3.28. 2000헌바53)	합헌
4	변호사의 수임사건의 건수 및 수임액을 소속 지방변호사회에 보고하도록 규정한 변호사법 제28조의2가 사생활의 비밀을 침해하는지 여부: **소극** (헌재 2009.10.29. 2007헌마667)	기각

4. 개인정보자기결정권(자기정보관리통제권)

(1) 의의

① 자신에 관한 정보를 열람·정정·사용중지·삭제 등을 요구할 수 있는 권리

② 헌법 제10조 제1문에서 도출되는 일반적 인격권 및 헌법 제17조의 사생활의 비밀과 자유에 의하여 보장됨(헌재 2005.7.21. 2003헌마282 등)

📑 **판례정리**

번호	내용	결정
1	개인정보자기결정권이 헌법에 명시되지 않은 독자적 기본권인지 여부: **적극** (헌재 2005.5.26. 99헌마513·2004헌마190)	기각
2	공적 생활에서 형성되었거나 이미 공개된 개인정보까지 개인정보자기결정권의 보호대상인지 여부: **적극** (헌재 2005.5.26. 99헌마513·2004헌마190)	기각

(2) 주체

개인정보 보호법은 생존하는 자연인에게만 적용됨. 사자(死者)에게는 적용되지 않음

생존하는 자연인	가능(내·외국인 불문)
법인	명예나 신용이 훼손될 때에는 예외적으로 가능

(3) 내용

① 자기정보열람청구권

② 자기정보정정청구권

③ 자기정보 사용중지·삭제청구권

✓ **주의** 개인정보
- 성명, 주민등록번호 등을 통해 개인을 알아볼 수 있는 정보
- 다른 정보와 쉽게 결합하여 알아볼 수 있는 정보
- 가명처리함으로써 원래의 상태로 복원하기 위한 추가 정보의 사용, 결합 없이는 특정 개인을 알아볼 수 없는 정보

(4) 한계와 제한

국가안전보장·질서유지·공공복리 등을 위하여 불가피한 경우에 제한할 수 있음

5. 효력

주관적 공권으로서 모든 국가권력을 직접 구속하며, 기본권의 제3자적 효력에 관한 간접적용설에 따라 사인간에 구속력을 가짐

6. 한계와 제한

(1) 한계

① 타인의 권리를 침해하지 않아야 하고 사회윤리나 헌법질서에 부합해야 함

② 언론의 자유와의 관계 – 양 법익충돌의 조화적 해결이론

사생활	사생활의 자유와 언론의 자유가 충돌시 문제가 됨
권리포기의 이론	자살자의 경우처럼 일정한 사정하에서는 사생활의 비밀과 자유를 포기하는 것으로 간주됨
공익의 이론	사이비종교·범죄피해자의 공개 등 국민의 알 권리의 대상이 되는 사항은 국민에게 알리는 것이 공공의 이익이 됨
공적 인물의 이론	사생활이 공개되는 것을 어느 정도 수인하여야 함

③ 국정감사·조사권

> 국정감사 및 조사에 관한 법률 제8조 【감사 또는 조사의 한계】 감사 또는 조사는 개인의 사생활을 침해하거나 계속 중인 재판 또는 수사 중인 사건의 소추에 관여할 목적으로 행사되어서는 아니 된다.

④ 범죄수사와의 관계: 범죄수사를 위한 사진촬영이나 감청을 하는 경우도 헌법상의 요건에 따라 사생활의 자유를 필요최소한으로 제한하여야 함

(2) 제한

사생활의 비밀과 자유도 헌법 제37조 제2항에 따라 제한 가능

📑 **판례정리**

번호	내용	결정
1	공적 인물의 공적 활동에 대한 언론보도의 심사기준 – 완화된 심사 **소극** 강원도의회의원 甲이 김일성사망에 대하여 조문편지를 김정일에게 보냈는데, 강원일보가 이에 대하여 '김일성사망 애도편지'라고 17차례에 걸쳐 신문에 보도한 것이 甲의 명예를 훼손하지 않는다(헌재 1999.6.24. 97헌마265).	기각
2	사생활에 관한 사항을 승낙의 범위를 초과하여 보도한 경우에 위법한지 여부: **적극** (대판 1998.9.4. 96다11327)	기각
3	주민등록발급을 위해 수집된 지문정보를 경찰청장이 보관·전산화하여 범죄수사목적에 이용하거나 주민등록발급을 위해 열 손가락의 지문을 날인하게 하는 것이 개인정보자기결정권을 침해하는지 여부: **소극** (헌재 2005.5.26. 99헌마513)	기각
4	국민기초생활 보장법에 따라 급여를 신청할 때 금융거래정보자료 제공동의서를 제출하도록 하는 것이 개인정보자기결정권을 침해하는지 여부: **소극** (헌재 2005.11.24. 2005헌마112)	기각
5	4급 이상 공무원들의 병역면제사유인 질병명을 관보와 인터넷을 통해 공개하도록 하는 것이 사생활의 자유를 침해하는지 여부: **적극** (헌재 2007.5.31. 2005헌마1139) ⊘ **비교** 금융감독원의 4급 이상 직원에 대하여 공직자윤리법상 재산등록의무를 부과하는 공직자윤리법규정은 금융감독원 4급 이상 직원들에 대한 사생활의 비밀의 자유를 침해하지 않음(헌재 2014.6.26. 2012헌마331)	헌법불합치

6	내밀한 사적 영역에 관한 개인정보를 공개함으로써 사생활의 비밀과 자유를 제한하는 국가적 조치에 대한 심사기준 – 엄격한 심사(헌재 2007.5.31. 2005헌마1139)	헌법불합치
7	형의 실효 여부와 관계없이 전과기록을 공개하도록 한 것이 사생활의 자유 등을 침해하는지 여부: 소극 이 사건 법률조항은 피해최소성의 원칙에 반한다고 볼 수 없고, 공익적 목적을 위하여 공직선거 후보자의 사생활의 비밀과 자유를 한정적으로 제한하는 것이어서 법익균형성의 원칙도 충족한다(헌재 2008.4.24. 2006헌마402·531).	기각
8	수용자 중에서 엄중격리대상자를 지정하여 CCTV를 설치하고 24시간 내내 수형자를 감시하는 것이 사생활의 자유 등을 침해하는지 여부: 소극 (헌재 2008.5.29. 2005헌마137·247·376·2007헌마187·1274)	기각
9	채무자와 이해관계가 없는 일반 국민도 누구나 제약 없이 채무불이행자명부를 열람·복사할 수 있도록 한 것이 채무자의 개인정보자기결정권을 침해하는지 여부: 소극 (헌재 2010.5.27. 2008헌마663)	기각
10	보험회사를 상대로 소송을 제기한 교통사고 피해자들의 장해 정도에 관한 증거자료를 수집할 목적으로 보험회사 직원이 피해자들의 일상생활을 촬영한 행위가 사생활의 비밀과 자유를 침해하는지 여부: 적극 (대판 2006.10.13. 2004다16280)	파기환송
11	'혼인을 빙자하여 음행의 상습 없는 부녀를 기망하여 간음한 자'를 처벌하는 형법 제304조 혼인빙자간음죄 처벌조항이 남성의 성적 자기결정권 및 사생활의 비밀과 자유를 침해하는지 여부: 적극 (헌재 2009.11.26. 2008헌바58)	위헌
12	국가경찰공무원 중 경사 계급까지 재산등록의무자로 규정한 공직자윤리법 시행령이 청구인의 헌법상 보장된 기본권인 사생활의 비밀과 자유 및 평등권을 침해하는지 여부: 소극 (헌재 2010.10.28. 2009헌마544)	기각
13	교육정보시스템(NEIS)이라는 전산시스템에 학생들의 성명·생년월일·졸업일자 등을 보유하는 것이 개인정보자기결정권을 침해하는지 여부: 소극 (헌재 2005.7.21. 2003헌마282 등)	기각
14	변호사에게 전년도에 처리한 수임사건의 건수 및 수임액을 소속 지방변호사회에 보고하도록 규정하고 있는 구 변호사법 제28조의2가 사생활의 비밀을 침해하는지 여부: 소극 (헌재 2009.10.29. 2007헌마667)	기각
15	구치소 수용 중 독거실 내에 CCTV를 설치하고 24시간 감시하는 것이 사생활의 자유 등을 침해하는지 여부: 소극 (헌재 2011.9.29. 2010헌마413)	기각
16	구치소장이 청구인과 배우자의 접견을 녹음하여 부산지방검찰청 검사장에게 그 접견녹음파일을 제공한 행위가 사생활의 비밀과 자유를 침해하는지 여부: 소극 (헌재 2012.12.27. 2010헌마153)	기각
17	특별한 사유가 없는 한 사망할 때까지 디엔에이신원확인정보를 데이터베이스에 수록, 관리할 수 있도록 하는 것이 개인정보자기결정권을 침해하는지 여부: 소극 (헌재 2014.8.28. 2011헌마28)	기각
18	'혐의 없음'의 불기소처분을 받은 피의자의 인적 사항·죄명 등을 일정 기간 보존하도록 규정하고 있는 '형의 실효 등에 관한 법률' 제8조의 제1호가 개인정보자기결정권을 침해하는지 여부: 소극 (헌재 2009.10.29. 2008헌마257)	기각
19	청소년 성매수자의 신상을 공개하는 것이 이들의 인격권 및 사생활의 비밀과 자유를 침해하는지 여부: 소극 (헌재 2003.6.26. 2002헌가14)	합헌

20	범죄의 경중·재범의 위험성 여부를 불문하고 모든 신상정보 등록대상자의 등록정보를 20년 동안 보존·관리하도록 한 성폭력범죄의 처벌 등에 관한 특례법 관련 규정이 신상정보 등록대상자의 개인정보자기결정권을 침해하는지 여부: **적극** (헌재 2015.7.30. 2014헌마340 등)	헌법불합치
21	아동·청소년 성매수죄로 유죄가 확정된 자는 신상정보 등록대상자가 되도록 규정한 '성폭력범죄의 처벌 등에 관한 특례법' 제42조 제1항 중 관련 부분이 개인정보자기결정권을 침해하는지 여부: **소극** (헌재 2016.2.25. 2013헌마630)	기각
22	통신매체이용음란죄로 유죄판결이 확정된 자는 신상정보 등록대상자가 된다고 규정한 '성폭력범죄의 처벌 등에 관한 특례법' 제42조 제1항 중 "제13조의 범죄로 유죄판결이 확정된 자는 신상정보 등록대상자가 된다."는 부분이 청구인의 개인정보 자기결정권을 침해하는지 여부: **적극** (헌재 2016.3.31. 2015헌마688)	위헌
23	강제추행죄로 유죄판결이 확정된 자는 신상정보 등록대상자가 되도록 규정한 '성폭력범죄의 처벌 등에 관한 특례법' 제42조 제1항 중 '제2조 제1항 제3호 가운데 형법 제298조의 범죄로 유죄판결이 확정된 자'에 관한 부분이 청구인의 개인정보자기결정권을 침해하는지 여부: **소극** (헌재 2016.3.31. 2014헌마457)	기각
24	주거침입준강제추행죄의 유죄판결이 확정되면 신상정보 등록대상자가 되도록 하는 규정이 개인정보자기결정권을 침해하는지 여부: **소극** (헌재 2017.5.25. 2016헌마786)	기각
25	성적목적공공장소침입죄로 유죄판결이 확정된 자는 신상정보 등록대상자가 된다고 규정한 '성폭력범죄의 처벌 등에 관한 특례법' 제42조 제1항 중 '제12조의 범죄로 유죄판결이 확정된 자'에 관한 부분이 청구인의 개인정보자기결정권을 침해하는지 여부: **소극** (헌재 2016.10.27. 2014헌마709)	기각
26	주거침입강간상해, 강간으로 유죄판결이 확정된 자는 신상정보 등록대상자가 되도록 한 '성폭력범죄의 처벌 등에 관한 법률' 제42조 제1항 중 관련 부분이 청구인의 개인정보자기결정권을 침해하는지 여부: **소극** (헌재 2017.9.28. 2016헌마964)	기각
27	아동·청소년이용음란물 배포 및 소지 행위로 유죄판결이 확정된 자는 신상정보 등록대상자로 하는 것이 개인정보자기결정권을 침해하는지 여부: **소극** (헌재 2017.10.26. 2016헌마656)	기각
28	공중밀집장소추행죄로 유죄판결이 확정된 자를 신상정보 등록대상자가 되도록 한 성폭력범죄의 처벌에 관한 특례법 제42조 등이 개인정보자기결정권을 침해하는지 여부: **소극** (헌재 2017.12.28. 2016헌마124)	기각
29	성폭력범죄를 2회 이상 범하여 습벽이 인정되고 재범의 위험성이 있는 자에게 검사의 청구에 따라 법원이 10년의 범위 내에서 위치추적 전자장치를 부착할 수 있도록 한 것이 개인정보자기결정권을 침해하는지 여부: **소극** (헌재 2012.12.27. 2010헌바187)	합헌
30	형법상 강제추행죄로 유죄판결이 확정된 자는 신상정보 등록대상자가 되도록 규정한 구 성폭력범죄의 처벌 등에 관한 특례법 규정이 개인정보자기결정권을 침해하는지 여부: **소극** (헌재 2014.7.24. 2013헌마423)	기각
31	주민등록번호 유출 또는 오·남용으로 인하여 발생할 수 있는 피해 등에 대한 아무런 고려 없이 주민등록번호 변경을 일률적으로 허용하지 않은 것이 개인정보자기결정권을 침해하는지 여부: **적극** (헌재 2015.12.23. 2013헌바68)	헌법불합치
32	형제자매에게 가족관계등록부 등의 기록사항에 관한 증명서 교부청구권을 부여하는 '가족관계의 등록 등에 관한 법률' 제14조 제1항 본문 중 '형제자매' 부분이 과잉금지원칙을 위반하여 청구인의 개인정보자기결정권을 침해하는지 여부: **적극** (헌재 2016.6.30. 2015헌마924)	위헌

33	학교폭력 가해학생에 대한 조치사항을 학교생활기록부에 기재하고 졸업할 때까지 보존하는 것이 과잉금지원칙에 위배되어 가해학생의 개인정보자기결정권을 침해하는지 여부: 소극 (헌재 2016.4.2. 2012헌마630)	기각
34	검사의 기소유예처분 등에 관한 수사경력자료의 보존 및 그 보존기간을 정한 형의 실효 등에 관한 법률 제8조의2 제1항 제1호 및 제2항 제2호 중 기소유예의 불기소처분이 있는 경우에 관한 부분이 개인정보자기결정권을 침해하는지 여부: 소극 (헌재 2016.6.30. 2015헌마828)	기각
35	국민건강보험공단이 서울용산경찰서장에게 급여일자, 요양기관명 등 요양급여내역을 제공한 행위가 개인정보자기결정권을 침해한 것으로 위헌인지 여부: 적극 (헌재 2018.8.30. 2014헌마368) ⊘ 주의 영장주의원칙에 위배된 것은 아님 ⊘ 비교 피청구인 김포시장이 2015.7.3. 피청구인 김포경찰서장에게 청구인들의 이름, 생년월일, 전화번호, 주소를 제공한 행위가 영장주의에 위배되어 청구인들의 개인정보자기결정권을 침해한다고 볼 수 없음(헌재 2018.8.30. 2016헌마483)	위헌
36	어린이집에 폐쇄회로 텔레비전(CCTV)을 원칙적으로 설치하도록 정한 법 제15조의4 제1호 등이 어린이집 보육교사의 사생활의 비밀과 자유 등을 침해하는지 여부: 소극 (헌재 2017.12.28. 2015헌마994)	기각
37	연말정산간소화를 위하여 의료기관에 환자들의 의료비 내역에 관한 정보를 국세청에 제출하도록 하는 것이 환자들의 개인정보자기결정권을 침해하는지 여부: 소극 (헌재 2008.10.30. 2006헌마401 등)	각하
38	국군보안사가 민간인을 대상으로 평소의 동향을 감시하고 사적 정보를 수집·관리하는 행위가 사생활의 자유를 침해하였는지 여부: 적극 (대판 1998.7.24. 96다42789)	기각
39	법원의 제출명령이 있을 때 금융거래정보 등을 제공할 수 있도록 한 '금융실명거래 및 비밀보장에 관한 법률' 제4조 제1항이 명확성원칙 및 개인정보자기결정권을 침해하는지 여부: 소극 (헌재 2010.9.30. 2008헌바132)	합헌
40	수사경력자료의 보존 및 보존기간을 정하면서 범죄경력자료의 삭제에 대하여 규정하지 않은 '형의 실효 등에 관한 법률' 제8조의2가 개인정보자기결정권을 침해하는지 여부: 소극 (헌재 2012.7.26. 2010헌마446)	기각
41	주민등록표를 열람하거나 그 등·초본을 교부받는 경우 소정의 수수료를 부과하도록 하는 것이 개인정보자기결정권 및 재산권을 침해하는지 여부: 소극 (헌재 2013.7.25. 2011헌마364)	기각
42	형법 제243조 중 '음란한 물건을 판매한 자'에 관한 부분 및 제244조 중 '판매할 목적으로 음란한 물건을 소지한 자'에 관한 부분이 성기구 판매자의 직업수행의 자유 및 소비자의 사생활의 비밀과 자유를 침해하는지 여부: 소극 (헌재 2013.8.29. 2011헌바176)	합헌
43	특정 범죄자에 대한 위치추적 전자장치 부착 등에 관한 법률 제5조가 개인정보자기결정권을 침해하는지 여부: 소극 (헌재 2012.12.27. 2011헌바89)	합헌
44	게임물 관련사업자에게 게임물 이용자의 회원가입시 본인인증을 할 수 있는 절차를 마련하도록 하고 있는 게임산업진흥에 관한 법률 규정이 개인정보자기결정권을 침해하는지 여부: 소극 (헌재 2015.3.26. 2013헌마517)	기각

45	정보통신서비스 제공자가 이용자의 주민등록번호를 수집·이용하는 것을 원칙적으로 금지한 후, 정보통신서비스 제공자가 본인확인기관으로 지정받은 경우 예외적으로 이를 허용하는 정보통신망 이용촉진 및 정보보호 등에 관한 법률 제23조의2 제1항 제1호가 개인정보자기결정권을 침해하는지 여부: 소극 (헌재 2015.6.25. 2014헌마463)	기각
46	개인별로 주민등록번호를 부여하면서 주민등록번호 변경에 관한 규정을 두고 있지 않은 주민등록법 제7조가 개인정보자기결정권을 침해하는지 여부: 적극 (헌재 2015.12.23. 2014헌마449)	헌법불합치
47	인터넷게시판을 설치·운영하는 정보통신서비스 제공자에게 본인확인조치의무를 부과하여 게시판 이용자로 하여금 본인확인절차를 거쳐야만 게시판을 이용할 수 있도록 하는 본인확인제를 규정한 정보통신망 이용촉진 및 정보보호 등에 관한 법률이 개인정보자기결정권을 침해하는지 여부: 적극 (헌재 2012.8.23. 2010헌마47) ☑ **주의** 개인정보자기결정권뿐만 아니라 청구인의 표현의 자유, 청구인 회사의 언론의 자유까지 침해한다고 결론 내린 판례임	위헌
48	가상의 아동·청소년이용 음란물 배포행위로 유죄판결이 확정된 자는 신상정보 등록 대상자가 된다고 규정한 성폭력 범죄의 처벌 등에 관한 특례법이 개인정보 자기결정권을 과도하게 제한하는지 여부: 소극 (헌재 2016.3.31. 2014헌마785)	합헌
49	인터넷언론사는 선거운동기간 중 당해 홈페이지 게시판 등에 정당·후보자에 대한 지지·반대 등의 정보를 게시하는 경우 실명을 확인받는 기술적 조치를 하도록 정한 공직선거법 조항이 게시판 등 이용자의 익명표현의 자유 및 개인정보자기결정권과 인터넷언론사의 언론의 자유를 침해하는지 여부: 적극 (헌재 2021.1.28. 2018헌마456 등)	위헌
50	소년에 대한 수사경력자료의 삭제와 보존기간에 대하여 규정하면서 법원에서 불처분결정된 소년부송치 사건에 대하여 규정하지 않은 구 '형의 실효 등에 관한 법률' 제8조의2 제1항 및 제3항이 과잉금지원칙에 반하여 개인정보자기결정권을 침해하는지 여부: 적극 (헌재 2021.6.24. 2018헌가2)	헌법불합치
51	보안관찰처분 대상자가 교도소 등에서 출소한 후 7일 이내에 <u>출소사실을 신고하도록 한 부분</u> 및 이를 위반할 경우 처벌하도록 정한 보안관찰법이 사생활의 비밀과 자유 및 개인정보자기결정권을 침해하는지 여부: 소극 (헌재 2021.6.24. 2017헌바479)	합헌
52	보안관찰처분 대상자의 <u>변동신고조항</u> 및 이를 위반할 경우 처벌하도록 정한 보안관찰법 제27조 제2항 중 제6조 제2항 전문에 관한 부분이 보안관찰처분 대상자의 사생활의 비밀과 자유 및 개인정보자기결정권을 침해하는지 여부: 적극 (헌재 2021.6.24. 2017헌바479)	헌법불합치
53	인체면역결핍 바이러스에 감염된 사람이 혈액 또는 체액을 통하여 다른 사람에게 전파매개행위를 하는 것을 금지하고 이를 위반한 경우를 3년 이하의 징역형으로 처벌하는 것이 사생활의 자유를 침해하는지 여부: 소극 (헌재 2023.10.26. 2019헌가30)	합헌
54	동성 군인 사이의 합의에 의한 성적 행위라 하더라도 그러한 행위가 근무장소나 임무수행 중에 이루어진다면 처벌하는 것이 평등원칙, 성적자기결정권, 사생활의 자유를 침해하는지 여부: 소극 (헌재 2023.10.26. 2017헌가16)	합헌
55	피청구인이 미결수용자인 청구인에게 징벌을 부과한 뒤 그 규율위반 내용 및 징벌처분 결과 등을 관할 법원에 양형 참고자료로 통보한 행위가 청구인의 개인정보자기결정권을 침해하는지 여부: 소극 (헌재 2023.9.26. 2022헌마926)	기각

56	통계작성, 과학적 연구, 공익적 기록보존을 위하여 정보주체의 동의 없이 가명정보를 처리할 수 있도록 한 개인정보보호법 및 신용정보제공·이용자, 신용정보회사, 신용정보집중기관이 통계작성, 연구, 공익적 기록보존을 위하여 가명정보를 제공하는 경우에는 신용정보주체로부터 개별적으로 동의를 받지 않아도 된다고 규정한 '신용정보의 이용 및 보호에 관한 법률'이 개인정보자기결정권을 침해하는지 여부: **소극** (헌재 2023.10.26. 2020헌마476)	기각
57	혼인무효판결에 따라 정정된 가족관계등록부가 그대로 보존되는 것이 개인정보자기결정권을 침해하는지 여부: **소극** (헌재 2024.1.25. 2020헌바65)	기각
58	19세 이상의 사람이 13세 이상 16세 미만인 사람을 상대로 성행위를 한 경우, 설령 그것이 피해자의 동의에 의한 것이라 하더라도, 강간죄, 유사강간죄 또는 강제추행죄의 예에 따라 처벌하도록 한 것이 성적 자기결정권 및 사생활의 비밀과 자유를 침해하는지 여부: **소극** (헌재 2024.6.27. 2022헌바106 등)	합헌
59	감염병 예방 및 감염 전파의 차단을 위하여 감염병의심자 등에 관한 인적사항 수집을 허용하는 것이 개인정보자기결정권을 침해하는지 여부: **소극** (헌재 2024.4.25. 2020헌마1028)	기각
60	아동에게 성적 수치심을 주는 성희롱 등의 성적 학대행위를 하여 아동복지법을 위반하여 벌금형이 확정된 자도 신상정보등록대상자로 규정하고 그 등록정보의 보존기간을 10년으로 정한 성폭력범죄의 처벌 등에 관한 특례법 제42조 등이 개인정보자기결정권을 침해하는지 여부: **소극** (헌재 2025.1.23. 2021헌마853 등)	기각

2 주거의 자유

> 헌법 제16조 모든 국민은 주거의 자유를 침해받지 아니한다. 주거에 대한 압수나 수색을 할 때에는 검사의 신청에 의하여 법관이 발부한 영장을 제시하여야 한다.

⊘ 주의
사생활의 비밀과 자유가 주거의 자유보다 넓은 개념

1. 주체

개념	일정한 주거에 거주하며 그 장소로부터 사생활상의 편익을 얻는 자면 누구나 주체
법인	법인의 주체성 부정(다수설)
공장이나 학교	원칙적으로 관리자인 공장장이나 교장이 주체
주택이나 호텔객실	현실적으로 거주하고 있는 입주자나 투숙객이 주체

2. 내용 – 영장주의

원칙	주거에 대한 압수나 수색에는 정당한 이유(증거물건의 발견이나 보전의 필요성이 객관적으로 인정되는 경우)가 있어야 하며, 검사의 신청에 따라 법관이 발부한 영장 필요
예외	현행범인을 체포하거나 긴급체포를 할 때 합리적인 범위 내에서 영장 없이 주거에 대한 압수나 수색 허용(통설)

번호	내용	결정
1	체포영장을 집행하는 경우 필요한 때에는 타인의 주거 등에서 피의자 수사를 할 수 있도록 한 형사소송법 제216조 제1항 제1호 등이 헌법 제16조의 영장주의에 위반되는지 여부: **적극** 헌법 제12조 제3항과는 달리 헌법 제16조 후문은 "주거에 대한 압수나 수색을 할 때에는 검사의 신청에 의하여 법관이 발부한 영장을 제시하여야 한다."라고 규정하고 있을 뿐 영장주의에 대한 예외를 명문화하고 있지 않다. 헌법 제16조의 영장주의에 대해서도 그 예외를 인정하되, 이는 ① 그 장소에 범죄혐의 등을 입증할 자료나 피의자가 존재할 개연성이 소명되고, ② 사전에 영장을 발부받기 어려운 긴급한 사정이 있는 경우에만 제한적으로 허용될 수 있다고 보는 것이 타당하다. … 체포영장이 발부된 피의자가 타인의 주거 등에 소재할 개연성은 소명되나, 수색에 앞서 영장을 발부받기 어려운 긴급한 사정이 인정되지 않는 경우에도 영장 없이 피의자 수색을 할 수 있다는 것이므로, 헌법 제16조의 영장주의 예외 요건을 벗어나는 것으로서 영장주의에 위반된다(헌재 2018.4.26. 2015헌바370 등).	헌법불합치

3. 제한

헌법 제37조 제2항에 따라 법률로써 제한 가능

번호	내용	결정
1	외국인이 주거의 자유 주체가 될 수 있는지 여부: **적극** (헌재 2012.8.23. 2008헌마430)	기각
2	불법체류 외국인을 출입국관리법상 긴급보호하는 과정에서 서울출입국관리사무소 직원들이 외국인의 주거에 들어간 것이 주거의 자유를 침해한 것인지 여부: **소극** (헌재 2012.8.23. 2008헌마430)	기각

❸ 거주·이전의 자유

> 헌법 제14조 모든 국민은 거주·이전의 자유를 가진다.

1. 연혁

(1) 건국헌법 이래 규정됨

(2) 제7차 개정헌법(유신헌법)에서 법률유보조항을 두었으나, 제8차 개정헌법에서 삭제됨

2. 주체

한국 국적을 가진 모든 자연인과 국내 법인	가능 ☑ **주의** 법인이 어디에서 영업할 것인지는 영업의 자유 문제도 되지만, 거주·이전의 자유 문제도 해당됨
외국인	원칙적으로 불가능 ⇨ 입국의 자유는 인정되지 않으나, 출국의 자유는 인정됨(다수설) ☑ **주의** 외국인 주거의 자유 ○ / 거주·이전의 자유 ×

3. 내용

(1) 국내에서의 거주·이전의 자유

(2) 국외이주와 해외여행, 귀국의 자유

① 국외이주의 자유

② 해외여행의 자유

출국의 자유	병역의무자의 출국의 자유를 제한하는 것은 거주·이전의 자유의 침해라고 볼 수 없음
입국의 자유	입국에는 대한민국의 영역에 속하면서도 대한민국의 통치권이 미치지 아니하는 북한지역에서 대한민국의 통치지역으로 들어오는 것도 포함됨

③ 귀국의 자유

(3) 국적이탈(변경)의 자유

① 한국 국적을 포기하고 외국 국적을 취득할 수 있는 자유

② 누구나 자신의 일방적 의사에 의하여 언제든지 아무런 제약을 받지 아니하고 한국의 국적을 포기할 수 있음

⊘ **주의**

한국의 국적을 이탈하여 무국적자가 되는 자유까지 보장하지 않음

4. 효력

대국가적 효력과 동시에 대사인적 효력

📑 **판례정리**

번호	내용	결정
1	여권발급신청인이 북한고위직 출신의 탈북 인사로서 신변에 대한 위해 우려가 있다는 이유로 신청인의 미국방문을 위한 여권발급을 거부한 것이 거주·이전의 자유를 침해하는지 여부: **적극** (대판 2008.1.24. 2007두10846)	기각
2	1980년 해직공무원의 보상 등에 관한 특별조치법 제2조 제5항의 보상금 산출을 위한 기간산정에 있어 '이민'을 이유로 보상에 제한을 둔 것이 거주·이전의 자유를 침해하는지 여부: **소극** (헌재 1993.12.23. 89헌마189)	기각
3	병역의무자에 대한 국외 여행허가제가 위헌인지 여부: **소극** (대결 1990.6.22. 90마310)	파기환송
4	테러위험지역에는 봉사활동이 목적인 경우라도 여권사용을 제한한 것이 거주·이전의 자유 등을 침해하는지 여부: **소극** (헌재 2008.6.26. 2007헌마1366) ⊘ **비교** 외교부장관의 허가 없이 여행금지국가를 방문한 사람을 처벌하는 여권법은 거주·이전의 자유를 침해하지 않음(헌재 2020.2.27. 2016헌마945)	기각

	추징금 미납자에 대한 출국금지조치가 출국의 자유를 침해하는지 여부: **소극** (헌재 2004.10. 28. 2003헌가18)	
5	재산을 해외로 도피할 우려가 있는지 여부 등을 확인하지 아니한 채 단순히 일정 금액 이상의 조세를 미납하였고 그 미납에 정당한 사유가 없다는 사유만으로 바로 출국금지 처분을 하는 것은 위와 같은 헌법상의 기본권 보장 원리 및 과잉금지의 원칙에 비추어 허용되지 아니한다(대판 2013.12.26. 2012두18363). ☑ **주의** 무국적의 자유까지 보장하는 것은 아니라고 한 판례	합헌
6	대도시 내의 법인부동산등기에 대하여 통상세율의 5배를 중과세하는 것이 법인의 거주·이전의 자유를 침해하는지 여부: **소극** (헌재 1998.2.27. 97헌바79)	합헌
7	생활의 근거지에 이르지 못하는 일시적인 이동을 위한 장소의 선택과 변경도 거주· 이전의 자유의 보호영역에 포함되는지 여부: **소극** (헌재 2011.6.30. 2009헌마406) ☑ **주의** 경찰청장의 서울광장 통행제지 사건 이 사건은 위헌인 판례이나 헌법재판소는 그 이유를 일반적 행동자유권의 침해로 들고, 이 사건이 거주·이전의 자유를 제한하는 것은 아니라고 판시하고 있음	인용 (위헌확인)
8	거주지를 기준으로 중·고등학교 입학을 제한하는 것이 거주·이전의 자유를 침해 하는지 여부: **소극** (헌재 1995.2.23. 91헌마204)	기각
9	형사재판에 계속 중인 사람에 대하여 출국을 금지할 수 있다고 규정한 출입국관리 법 제4조 제1항 제1호가 출국의 자유를 침해하는지 여부: **소극** (헌재 2015.9.24. 2012 헌바302)	합헌
10	법무부장관으로 하여금 거짓이나 그 밖의 부정한 방법으로 귀화허가를 받은 자에 대하여 그 허가를 취소할 수 있도록 규정하면서도 그 취소권의 행사기간을 따로 정 하고 있지 아니한 국적법 제21조 중 귀화허가취소에 관한 부분이 거주·이전의 자유 를 침해하는지 여부: **소극** (헌재 2015.9.24. 2015헌바26)	합헌
11	한약업사의 허가 및 영업행위에 대하여 지역적 제한을 가하는 것이 거주·이전의 자유를 침해하는지 여부: **소극** (헌재 1991.9.16. 89헌마231)	합헌
12	병영 내 기거하는 현역병의 주민등록을 그가 속한 세대의 거주지에서 하도록 한 것이 거주·이전의 자유, 선거권 등을 침해하는지 여부: **소극** (헌재 2011.6.30. 2009헌마59)	기각
13	제1국민역의 경우 특별한 사정이 없는 한 27세까지만 단기 국외여행을 허용하는 병 역의무자 국외여행 업무처리규정이 거주·이전의 자유를 침해하는지 여부: **소극** (헌 재 2013.6.27. 2011헌마475)	기각
14	지방자치단체장의 피선거권 자격요건으로서 90일 이상 관할구역 내에 주민등록이 되어 있을 것을 요구하는 공직선거법 조항이 거주·이전의 자유를 침해하는지 여부: **소극** (헌재 1996.6.26. 96헌마200) ☑ **주의** • 공무담임권이 제한될 수는 있어도 거주·이전의 자유가 제한된다고 볼 수 없음 • 공무담임권의 제한도 과잉금지원칙에 위배된다고 볼 수 없어 본 조항은 합헌	기각
15	직계존속이 외국에서 영주할 목적 없이 체류한 상태에서 출생한 자는 병역의무를 해소한 경우에만 국적이탈을 신고할 수 있도록 하는 국적법 제12조 제3항이 국적이 탈의 자유를 침해하는지 여부: **소극** (헌재 2023.2.23. 2019헌바462)	합헌
16	복수국적자가 외국에 주소가 있는 경우에만 국적이탈을 신고할 수 있도록 하는 국 적법 제14조 제1항 본문이 국적이탈의 자유를 침해하는지 여부: **소극** (헌재 2023.2. 23. 2020헌바603)	합헌

4 통신의 자유

> 헌법 제18조 모든 국민은 통신의 비밀을 침해받지 아니한다.

1. 연혁

1948년 건국헌법부터 통신의 자유를 독립된 권리로 규정

2. 주체

(1) 자국민 ○, 외국인 ○, 법인과 법인격 없는 단체 ○

(2) 교정시설에 수용 중인 수형자 ○

⊘ 비교

수용자의 서신검열이 허용되며 교도관의 참여하에 서신을 수발하게 하는 등 일반인에 비하여 많은 제한을 받음

3. 내용

통신의 비밀	• 통신이란 협의로는 격지자간의 의사의 전달을 말하고, 광의로는 신서, 전화, 전신, 텔렉스, 팩스, 전자우편 그 밖의 우편물 등 체신기관과 컴퓨터기기에 의하여 다루어지는 격지자간의 의사의 전달과 물품의 수수를 말함 • 헌법 제18조의 통신의 개념은 광의의 의미로 봄
비밀의 불가침	열람의 금지, 누설의 금지, 정보의 금지 등
헌법재판소 판시내용	자유로운 의사소통은 통신내용의 비밀을 보장하는 것만으로는 충분하지 아니하고 구체적인 통신으로 발생하는 외형적인 사실관계, 특히 통신관여자의 인적 동일성·통신시간·통신장소·통신횟수 등 통신의 외형을 구성하는 통신이용의 전반적 상황의 비밀까지도 보장해야 함(헌재 2018.6.28. 2012헌마191 등)

4. 효력

대국가적 효력	국가기관(수사기관이나 정보기관 등)으로부터 통신의 비밀의 자유를 보장받음
대사인적 효력	• 사인이 통신의 자유를 침해하는 경우에도 통신비밀보호법 제4조가 적용됨(다수설) • 사인이 타인의 통신의 비밀을 침해시, 형법상의 비밀침해죄(형법 제316조)로 처벌받거나 민법상 불법행위책임(민법 제750조)을 짐

5. 한계와 제한

(1) 한계

① 통신사실 확인자료의 제공

㉠ 범죄수사를 위하여 필요하거나 재판상 필요한 경우 또는 국가안전보장에 대한 위해를 방지하기 위하여 전기통신사업자에게 통신사실 확인자료의 제공을 요청할 수 있음

㉡ 종전에는 법원의 허가 없이 통신사실 확인자료 제공을 요청할 수 있었으나, 2005년 통신비밀보호법 개정으로 범죄수사를 위한 경우 지방법원 또는 지원의 허가를 받아야 하고, 국가안보를 위한 경우 고등법원 수석부장판사 또는 대통령의 승인을 얻어야 함

② 발신자 전화번호 통보제도

> **전기통신사업법 제84조【송신인의 전화번호의 고지 등】** ① 전기통신사업자는 수신인의 요구가 있으면 송신인의 전화번호를 알려줄 수 있다. 다만, 송신인이 전화번호의 송출을 거부하는 의사표시를 하는 경우에는 그러하지 아니하다.
> ② 전기통신사업자는 제1항 단서에도 불구하고 다음 각 호의 어느 하나에 해당하는 경우에는 송신인의 전화번호 등을 수신인에게 알려줄 수 있다.
> 1. 전기통신에 의한 폭언·협박·희롱 등으로부터 수신인을 보호하기 위하여 대통령령으로 정하는 요건과 절차에 따라 수신인이 요구를 하는 경우
> 2. 특수번호 전화서비스 중 국가안보·범죄방지·재난구조 등을 위하여 대통령령으로 정하는 경우

③ 업무 도중 범죄내용을 청취한 경우: 현행범이론에 의하여 경찰에 통보하는 것이 허용됨

(2) 제한

① 헌법 제37조 제2항에 의한 제한 가능

② 관련법률: 통신비밀보호법, 형사소송법, 형의 집행 및 수용자의 처우에 관한 법률, 채무자 회생 및 파산에 관한 법률, 국가보안법 등

③ 감청과 도청: 원칙적으로 금지

> **통신비밀보호법 제3조【통신 및 대화비밀의 보호】** ① 누구든지 이 법과 형사소송법 또는 군사법원법의 규정에 의하지 아니하고는 우편물의 검열·전기통신의 감청 또는 통신사실확인자료의 제공을 하거나 공개되지 아니한 <u>타인간의 대화를 녹음 또는 청취하지 못한다.</u> (후략)
>
> ✓ **주의**
> 본인과 타인간의 대화는 녹음 또는 청취가 가능함
>
> **제4조【불법검열에 의한 우편물의 내용과 불법감청에 의한 전기통신내용의 증거사용 금지】** 제3조의 규정에 위반하여, 불법검열에 의하여 취득한 우편물이나 그 내용 및 불법감청에 의하여 <u>지득 또는 채록된 전기통신의 내용은 재판 또는 징계절차에서 증거로 사용할 수 없다.</u>
>
> **제14조【타인의 대화비밀 침해금지】** ① 누구든지 공개되지 아니한 타인간의 대화를 녹음하거나 전자장치 또는 기계적 수단을 이용하여 청취할 수 없다.
>
> **제16조【벌칙】** ① 다음 각 호의 어느 하나에 해당하는 자는 1년 이상 10년 이하의 징역과 5년 이하의 자격정지에 처한다.
> 1. 제3조의 규정에 위반하여 우편물의 검열 또는 전기통신의 감청을 하거나 공개되지 아니한 타인간의 대화를 녹음 또는 청취한 자
> 2. 제1호에 따라 알게 된 통신 또는 대화의 내용을 공개하거나 누설한 자

번호	내용	결정
1	미결수용자와 변호인 사이의 서신검열행위가 헌법에 위반되는지 여부: **적극** (헌재 1995.7.21. 92헌마144)	인용 (위헌확인)
2	기결수와 변호인 사이의 서신검열행위가 헌법에 위반되는지 여부: **소극** (헌재 1998.8.27. 96헌마398)	기각
3	감청설비제조·수입 등의 경우 정보통신부장관의 인가를 받도록 하되, 국가기관에 대해서는 예외를 인정하는 통신비밀보호법 제10조 제1항이 통신의 자유를 침해하는지 여부: **소극** (헌재 2001.3.21. 2000헌바25)	합헌
4	통신제한조치기간의 연장을 허가함에 있어 총 기간 또는 연장 횟수의 제한을 두고 있지 않은 통신비밀보호법 제6조 제7항 단서 중 '전기통신에 관한 부분'이 청구인들의 통신의 비밀을 침해하여 위헌인지 여부: **적극** (헌재 2010.12.28. 2009헌가30)	헌법불합치
5	수용자가 국가기관(국무총리실, 감사원 등)에 서신을 발송할 경우 교도소장의 허가를 받도록 하는 것이 통신비밀의 자유를 침해하는지 여부: **소극** (헌재 2001.11.29. 99헌마713)	기각
6	육군 신병교육 지침서 중 '신병훈련소에서 교육훈련을 받는 동안 전화사용 통제' 부분이 통신의 자유를 침해하는지 여부: **소극** (헌재 2010.10.28. 2007헌마890)	기각
7	"수용자는 보내려는 서신을 봉함하지 않은 상태로 교정시설에 제출하여야 한다."라고 규정한 형의 집행 및 수용자의 처우에 관한 법률 시행령 제65조가 통신의 자유를 침해하는지 여부: **적극** (헌재 2012.2.23. 2009헌마333)	위헌
8	금치 기간 중 서신수수를 금지하도록 한 '형의 집행 및 수용자의 처우에 관한 법률' 제112조 제3항 본문이 통신의 자유를 침해하는지 여부: **소극** (헌재 2014.8.28. 2012헌마623)	기각
9	수용자가 작성한 집필문의 외부반출을 규정한 '형의 집행 및 수용자의 처우에 관한 법률' 제49조 제3항의 '문서'에 관한 부분 등이 수용자의 통신의 자유를 침해하는지 여부: **소극** (헌재 2016.5.26. 2013헌바98)	합헌
10	수사기관이 수사의 필요성 있는 경우 전기통신사업자에게 위치정보 추적자료를 제공요청할 수 있도록 한 통신비밀보호법 제13조 제1항 등이 개인정보자기결정권과 통신의 자유를 침해하는지 여부: **적극** [1] 명확성원칙에 위배되지는 않는다. [2] 과잉금지원칙에 반하여 청구인들의 개인정보자기결정권과 통신의 자유를 침해한다. [3] 이 사건 허가조항에 대한 판단 [4] 이 사건 통지조항에 대한 판단 (헌재 2018.6.28. 2012헌마191)	[1] – [2] 헌법불합치 [3] 기각 [4] 헌법불합치
11	수사의 필요성이 있는 경우 기지국수사를 허용한 통신비밀보호법 제13조 제1항 중 '검사 또는 사법경찰관은 수사를 위하여 필요한 경우 전기통신사업법에 의한 전기통신사업자에게 제2조 제11호 가목 내지 라목의 통신사실 확인자료의 열람이나 제출을 요청할 수 있다' 부분이 개인정보자기결정권과 통신의 자유를 침해하는지 여부: **적극** [1] 기지국수사에 대한 판단 [2] 이 사건 요청조항에 대한 판단: 침해의 최소성 및 법익의 균형성이 인정 × [3] 이 사건 허가조항에 대한 판단 (헌재 2018.6.28. 2012헌마538)	[1] 각하 [2] 헌법불합치 [3] 기각

12	인터넷회선 감청(패킷감청)이 통신의 자유 및 사생활의 자유를 침해하는지 여부: **적극** (헌재 2018.8.30. 2016헌마263) **⊘ 주의** 개인정보자기결정권에 대한 문제가 아님	헌법불합치
13	이동통신서비스 가입시 본인확인제가 통신의 자유 등을 침해하는지 여부: **소극** (헌재 2019.9.26. 2017헌마1209) **⊘ 주의** 익명통신의 자유, 개인정보자기결정권이 문제가 된 것이지 사생활의 비밀과 자유는 문제가 되지 않았음	기각
14	교도소장이 법원, 검찰청 등이 수용자에게 보낸 문서를 열람한 행위가 수용자의 통신의 자유를 침해하는지 여부: **소극** (헌재 2021.9.30. 2019헌마919)	기각
15	방송통신심의위원회가 불법정보 및 청소년에게 유해한 정보 등 심의가 필요하다고 인정되는 정보에 해당하는 정보통신서비스제공자 등에 대하여 895개 웹사이트에 대한 접속차단의 시정을 요구한 행위가 통신의 비밀과 자유 및 알 권리를 침해하는지 여부: **소극** (헌재 2023.10.26. 2019헌마158)	기각

제3절 정신적 자유권

1 양심의 자유

> 헌법 제19조 모든 국민은 양심의 자유를 가진다.

📑 판례정리

번호	내용	결정
1	양심상의 결정이 어떠한 종교관·세계관 또는 그 외의 가치체계에 기초하고 있는가와 관계없이 모든 내용의 양심상 결정이 양심의 자유에 의하여 보장되는지 여부: **적극** (헌재 2004.8.26. 2002헌가1)	합헌
2	주민등록발급을 위해 열 손가락의 지문을 날인하게 하는 것이 양심의 자유를 침해하는지 여부: **소극** (헌재 2005.5.26. 99헌마513)	기각
3	주취운전에 불응한 사람을 처벌하는 도로교통법 제41조 제2항 등이 양심의 자유를 침해하는지 여부: **소극** (헌재 1997.3.27. 96헌가11)	합헌
4	공정거래법 위반사실에 대하여 법 위반사실의 공표를 명할 수 있도록 규정하고 있는 독점규제 및 공정거래에 관한 법률 제27조가 양심의 자유를 침해하는지 여부: **소극** (헌재 2002.1.31. 2001헌바43)	위헌
5	좌석안전띠착용강제가 양심의 자유를 침해하는지 여부: **소극** (헌재 2003.10.30. 2002헌마518)	기각
6	선거운동 기간 중 실명을 확인하지 아니하면 인터넷언론사의 게시판 등에 의견을 게시할 수 없도록 하는 공직선거법 제82조의6 제1항이 양심의 자유를 침해하는지 여부: **소극** (헌재 2010.2.25. 2008헌마324)	소극

| 7 | 양심의 자유는 내심에서 우러나오는 윤리적 확신과 이에 반하는 외부적 법질서의 요구가 서로 회피할 수 없는 상태로 충돌할 때에만 침해될 수 있다(헌재 2002.4.25. 98헌마425). | 기각 |

✓ **주의** 양심의 자유가 침해된 대표적 판례 3가지
- 사죄광고 사건(법인 ✕, 법인대표자 ○)
- 시말서 사건
- 양심적 병역거부 중 병역종류에 대한 조항

1. 법적 성격

최상급 기본권	양심의 자유가 보장되지 않으면 종교·학문·예술의 자유를 비롯하여 정치적 활동의 자유까지도 실질적으로 보장될 수 없음
이중적 성격	주관적 공권, 객관적 가치질서로서의 성격
절대적 기본권	내심에 머무르는 한 절대적 자유권

2. 주체

자연인	가능
단체나 법인	성질상 불가능 ⇨ 법인의 경우라면 그 대표자가 주체

3. 내용

(1) 양심형성의 자유

(2) 침묵의 자유

① 양심추지의 금지

개념	양심을 일정한 행동에 의해 간접적으로 표명하도록 강제받지 아니할 자유
예외	십자가 밟기나 충성선서 등은 허용하지 않음

② 반양심적 행위의 강제금지

증언거부권	재판절차에서 단순한 사실에 관한 증언거부는 침묵의 자유에 포함되지 아니하므로, 양심의 자유에 의해 보호받을 수 없음
취재원묵비권	• 양심의 자유에 포함 ✕ • 취재의 자유에 포함되는지 여부: 부정설(미국판례, 우리나라 다수설)
집총 거부 – 우리나라의 '양심적 병역거부' 논의	• 헌법재판소는 양심적 병역거부자를 형사처벌하는 병역법 제88조 제1항에 대해서 합헌으로 결정함(헌재 2004.8.26. 2002헌가1) ⇨ 대법원도 ○ • 양심적 병역거부자 형사처벌로 제한되는 기본권: 양심의 자유 중 부작위에 의한 양심실현의 자유(헌재 2004.8.26. 2002헌가1)
사죄광고의 강제	침묵의 자유의 파생인 양심에 반하는 행위의 강제금지에 저촉되는 것이며 따라서 정신적 기본권의 하나인 양심의 자유의 제약으로 위헌임(헌재 1991.4.1. 89헌마160)

번호	내용	결정
1	[헌법재판소] 양심적 병역거부 사건 [1] 입법은 하였으나 그 내용이 대체복무제를 포함하지 아니하여 불충분하다는 부진정입법부작위를 다투는 것이라고 봄이 상당하다. [2] '양심에 반하는 행동을 강요당하지 아니할 자유', 즉 '부작위에 의한 양심실현의 자유'를 제한하고 있다. [3] 양심의 자유의 침해 여부를 판단하는 이상 별도로 인간의 존엄과 가치나 행복추구권 침해 여부는 판단하지 아니한다. [4] 양심적 병역거부자에 대한 대체복무제를 규정하지 아니한 병역종류조항은 과잉금지원칙에 위배하여 양심적 병역거부자의 양심의 자유를 침해한다. [5] 처벌조항은 법익의 균형성 요건을 충족한다. 그렇다면 처벌조항은 과잉금지원칙을 위반하여 양심의 자유를 침해하지 아니한다. [6] 병역법 제5조 제1항은 모두 헌법에 합치되지 아니한다. 위 조항들은 2019.12.31.을 시한으로 입법자가 개정할 때까지 계속 적용된다(헌재 2018.6.28. 2011헌바379 · 2015헌가5).	[1] – [2] – [3] – [4] 헌법불합치 [5] 합헌 [6] –
2	[대법원] 양심적 병역거부 사건 [판례변경] 여호와의 증인 신도인 피고인이 지방병무청장 명의의 현역병입영통지서를 받고도 입영일부터 3일이 지나도록 종교적 양심을 이유로 입영하지 않고 병역을 거부하여 병역법 위반으로 기소된 사안에서, 제반 사정에 비추어 피고인의 입영거부 행위는 진정한 양심에 따른 것으로서 구 병역법 제88조 제1항에서 정한 '정당한 사유'에 해당할 여지가 있는데도, 피고인이 주장하는 양심이 위 조항의 정당한 사유에 해당하는지 심리하지 아니한 채 양심적 병역거부가 정당한 사유에 해당하지 않는다고 보아 유죄를 인정한 원심판결에 법리오해의 잘못이 있다(대판 2018.11.1. 2016도10912 전합).	파기환송

③ 침묵의 자유의 한계: 재판절차에 있어서의 단순한 사실에 관한 증인의 증언거부, 신문기자의 취재원에 관한 증언거부 등은 헌법 제19조의 양심의 자유에 의하여 보호받지 못함

(3) 양심실현의 자유

대법원	양심상 결정에 반하는 행위를 강제받지 아니할 자유도 함께 포함되어 있다고 하여 긍정설의 입장임(대판 2004.7.15. 2004도2965 전합)
헌법재판소	• 양심실현의 자유란 양심을 표명하거나 또는 양심을 표명하도록 강요받지 아니할 자유(양심표명의 자유), 양심에 반하는 행동을 강요받지 아니할 자유(부작위에 의한 양심실현의 자유), 양심에 따른 행동을 할 자유(작위에 의한 양심실현의 자유)를 모두 포함함(헌재 2004.8.26. 2002헌가1) • 양심실현의 자유는 타인의 기본권이나 다른 헌법적 질서와 저촉되는 경우 헌법 제37조 제2항에 따라 국가안전보장 · 질서유지 또는 공공복리를 위하여 법률에 의하여 제한될 수 있는 상대적 자유임(헌재 1998.7.16. 96헌바35)

번호	내용	결정
1	준법서약서제출제도가 양심의 자유를 침해하는지 여부: **소극** (헌재 2002.4.25. 98헌마425·99헌마170·498)	기각
2	사업자단체의 법 위반사실을 공표하도록 한 공정거래위원회의 명령이 양심의 자유를 침해하는지 여부: **소극** (헌재 2002.1.31. 2001헌바43)	위헌
3	국기에 대한 경례를 우상숭배라고 거부한 학생을 제적처분한 것이 위헌인지 여부: **소극** (대판 1976.4.27. 75누249)	기각
4	현역병으로 입대한 자를 전투경찰순경으로 전임시켜 공격적인 양상의 시위진압에 나서게 하는 것이 양심의 자유를 침해하는지 여부: **소극** (헌재 1995.12.28. 91헌마80)	기각
5	국가보안법상의 불고지죄를 처벌하는 것이 양심의 자유를 침해하는지 여부: **소극** (헌재 1998.7.16. 96헌바35)	합헌
6	사용자가 근로자에게 자신의 잘못을 반성하고 사죄한다는 내용의 시말서제출을 명령하는 것이 양심의 자유를 침해하는지 여부: **적극** (대판 2010.1.14. 2009두6605)	기각
7	비례원칙의 일반적 심사과정이 양심의 자유에 있어서도 그대로 적용되는지 여부: **소극** 헌법 제37조 제2항의 비례원칙은, 단순히 기본권제한의 일반원칙에 그치지 않고, 모든 국가작용은 정당한 목적을 달성하기 위하여 필요한 범위 내에서만 행사되어야 한다는 국가작용의 한계를 선언한 것이므로, 비록 이 사건 법률조항이 헌법 제39조에 규정된 국방의 의무를 형성하는 입법이라 할지라도 그에 대한 심사는 헌법상 비례원칙에 의하여야 한다(헌재 2018.6.28. 2011헌바379 등).	• 종류조항: 헌법불합치 • 체벌조항: 합헌
8	투표용지에 후보자들에 대한 '전부 거부' 표시방법을 마련하지 않은 공직선거법 제150조 등이 양심의 자유를 침해하는지 여부: **소극** (헌재 2007.8.30. 2005헌마975)	각하
9	사죄광고가 양심의 자유에 대한 제약으로서 위헌인지 여부: **적극** (헌재 1991.4.1. 89헌마160) ☑ **주의** 방송통신위원회의 사업시행자(법인)에 대한 사과명령은 인격권 침해이지 양심의 자유를 제한하지 않음	한정위헌
10	보안관찰법상 보안관찰처분이 양심의 자유를 침해하는지 여부: **소극** (1997.11.27. 92헌바28)	합헌
11	환자의 진료비 내역에 관한 정보를 국세청에 제출하도록 의무를 부과하는 소득세법규정이 양심의 자유 등을 침해하는지 여부: **소극** (헌재 2008.10.30. 2006헌마1401·1409) ☑ **주의** • 양심의 자유를 제한하지만 침해는 아님 • 자신의 태도나 입장을 외부에 설명하거나 해명하는 행위는 표현의 자유의 문제이지 양심의 자유 문제가 아님	기각
12	가해학생에 대한 조치로 피해학생에 대한 서면사과를 규정한 구 '학교폭력예방 및 대책에 관한 법률' 제17조 제1항 제1호가 가해학생의 양심의 자유와 인격권을 침해하는지 여부: **소극** (헌재 2023.2.23. 2019헌바93)	합헌
13	대체복무요원의 복무기간을 '36개월'로 하고 대체복무요원으로 하여금 '합숙'하여 대체복무기관을 '교정시설'로 한정하여 복무하도록 한 '대체역의 편입 및 복무 등에 관한 법률' 제18조 제1항 등이 양심의 자유를 침해하는지 여부: **소극** (헌재 2024.5.30. 2021헌마117 등)	기각

4. 효력

대국가적 효력	입법권·행정권·사법권 등 모든 공권력을 구속함
제3자적 효력	간접적용설에 입각한 제3자적 효력 ○(다수설)

5. 제한과 한계

학설 – 내면적 무제한설 (다수설)	양심이 외부에 표명되는 경우에는 일정한 제한이 따르지만, 내심의 작용으로 머물러 있는 경우에는 제한을 받지 않음
헌법재판소	국가의 존립·안전에 저해가 되는 죄를 범한 자라는 사실을 알고서도 그것이 본인의 양심이나 사상에 비추어 범죄가 되지 아니한다거나 이를 수사기관 또는 정보기관에 고지하는 것이 양심이나 사상에 어긋난다는 등의 이유로 고지하지 아니하는 것은 결국 부작위에 의한 양심실현, 즉 내심의 의사를 외부에 표현하는 행위가 되는 것이고 이는 이미 순수한 내심의 영역을 벗어난 것이므로 이에 대하여 필요한 경우 법률에 의한 제한이 가능함(헌재 1998.7.16. 96헌바35)
대법원	헌법이 보장한 양심의 자유는 정신적인 자유로서 어떠한 사상·감정이 내심에 머무르는 한 절대적인 자유이므로 제한할 수 없음(대판 1984.1.24. 82누163)

2 종교의 자유

> 헌법 제20조 ① 모든 국민은 종교의 자유를 가진다.
> ② 국교는 인정되지 아니하며, 종교와 정치는 분리된다.

1. 종교의 자유

(1) 우리나라 연혁

제헌헌법 당시에는 신앙의 자유와 함께 규정하였고, 이후 제5차 개정헌법부터 양심의 자유와 분리하여 규정함

(2) 주체

모든 국민과 외국인	외국선교사도 포함
종교단체	선교나 예배의 자유가 인정됨
법인	내심적 자유인 신앙의 자유의 주체는 될 수 없지만 종교적 행위의 자유의 주체는 될 수 있음

(3) 내용

신앙의 자유	신앙선택의 자유, 신앙을 포기할 자유 및 개종(변경)의 자유, 신앙고백 및 신앙 불표현의 자유, 무신앙의 자유
종교적 행사의 자유	신앙의 모든 의식행사를 방해 ✕, 종교의식의 참가를 강제 ✕
종교적 집회·결사의 자유	종교적 집회·결사의 자유란 종교를 위한 집회나 단체를 형성하는 자유뿐만 아니라 그러한 집회 및 단체에 참가·가입·이탈할 수 있는 자유를 포함

선교의 자유	타 종교 비판이나 개종의 자유를 포함
종교교육의 자유	국립 또는 공립의 학교는 어느 종교를 위한 교육을 하여서는 안 됨(교육법 제5조 제2항)

판례정리

번호	내용	결정
1	사립대학에서 예배참석을 졸업요건으로 한 학칙이 종교의 자유를 침해하는지 여부: **소극** (대판 1998.11.10. 96다37268)	기각
2	종교단체가 운영하는 학교의 설립인가제가 종교의 자유를 침해하는지 여부: **소극** (헌재 2000.3.30. 99헌바14)	합헌
3	종립학교(종교단체가 설립한 사립학교)가 특정 종교의 교리를 전파하는 종교행사와 종교과목 수업을 실시하면서 참가거부가 사실상 불가능한 분위기를 조성하는 등의 행위가 신앙을 가지지 않은 학생들의 인격적 법익을 침해하여 위법한지 여부: **적극** (대판 2010.4.22. 2008다38288 전합) ⊘ **주의** 위 판례는 기본권 충돌의 사례임	파기환송

(4) 효력

① 대국가적 효력, 제3자적 효력(간접적용설)

② 다만, 종교단체의 권징결의는 교인으로서 비위가 있는 자에게 징계·제재하는 종교단체 내부의 규제이므로, 사법심사의 대상이 되지 않음(대판 1981.9.22. 81다276)

(5) 제한

① 신앙의 자유는 제한할 수 없는 절대적 자유임

② 반면 종교적 행사의 자유, 종교적 집회·결사의 자유, 선교의 자유 등은 헌법유보나 법률유보에 의하여 제한될 수 있는 상대적 기본권에 해당함

판례정리

번호	내용	결정
1	사법시험을 일요일에 실시하는 것이 종교의 자유를 침해하는지 여부: **소극** (헌재 2001.9.27. 2000헌마159)	기각
2	학교정화구역 안에서의 납골시설 설치를 금지하는 것이 종교의 자유를 침해하는지 여부: **소극** (헌재 2009.7.30. 2008헌가2)	합헌
3	테러위험이 있는 해외 위난지역으로의 출국을 금지하는 외교부 고시가 이곳에서 선교활동을 하려는 자들의 종교의 자유를 침해하는지 여부: **소극** (헌재 2008.6.26. 2007헌마1366)	기각
4	미결수용자에 대하여만 일률적으로 종교행사 등의 참석을 불허한 구치소장의 행위가 미결수용자의 종교의 자유를 침해하는지 여부: **적극** (헌재 2011.12.29. 2009헌마527)	인용

5	부산구치소장이 미결수용자 및 미지정 수형자의 종교집회 참석을 제한한 행위가 청구인의 종교의 자유를 침해하는지 여부: **적극** (헌재 2014.6.26. 2012헌마782)	인용 (위헌확인)
6	종교시설에서 운영하는 양로시설이라고 하더라도 일정 규모 이상이라면 신고를 해야 하고 신고의무를 위반한 경우에는 일률적으로 형사처벌로 제재하는 것이 종교의 자유 등을 침해하는지 여부: **소극** (헌재 2016.6.30. 2015헌바46) ☑ **비교** 종교시설의 건축행위에 대하여 기반시설부담금 부과를 제외하거나 감경하지 아니하였더라도 종교의 자유를 침해하는 것은 아님(헌재 2010.2.25. 2007헌바131)	합헌
7	전통사찰의 소유로서 전법에 제공되는 경내지의 건축물과 토지에 관하여는 특정한 경우 외에는 금전채권으로 압류하지 못하도록 규정한 전통사찰의 보존 및 지원에 관한 법률 규정이 종교의 자유를 제한하는지 여부: **소극** (헌재 2012.6.27. 2011헌바34)	합헌
8	미결수용자에 대한 구치소장의 교정시설 안에서 매주 화요일에 실시하는 종교집회 참여 제한 행위가 종교의 자유를 침해하는지 여부: **적극** (헌재 2014.6.26. 2012헌마782) ☑ **비교** 미결수용자를 대상으로 한 개신교 종교행사를 4주에 1회, 일요일이 아닌 요일에 실시한 행위는 청구인의 종교의 자유를 침해하지 않음(헌재 2015.4.30. 2013헌마190)	인용 (위헌확인)
9	육군훈련소장이 훈련병들에 대하여 육군훈련소 내 종교 시설에서 개최되는 개신교, 불교, 천주교, 원불교 종교행사 중 하나에 참석하도록 한 행위가 종교의 자유를 침해하여 위헌인지 여부: **적극** (헌재 2022.11.24. 2019헌마941)	인용 (위헌확인)
10	연 2회 실시하는 2021년도 간호조무사 국가시험의 시행일시를 모두 토요일 일몰 전으로 정한 '2021년도 간호조무사 국가시험 시행계획 공고'(이하 '이 사건 공고'라 한다)가 청구인의 종교의 자유를 침해하는지 여부: **소극** (헌재 2023.6.29. 2021헌마171)	기각

2. 국교부인과 정교분리의 원칙

(1) 연혁

제헌헌법부터 규정

(2) 내용

① 종교의 정치관여금지

② 국가에 의한 종교교육금지

③ 국가에 의한 특정 종교의 차별금지 ⇨ 단, 크리스마스나 석가탄신일의 공휴일제는 예외

📄 **판례정리**

번호	내용	결정
1	일요일이 일반적 공휴일이 아닌 특별한 종교의 종교의식일인지 여부: **소극** (헌재 2001.9.27. 2000헌마159)	기각
2	군종장교가 종교활동을 하면서 소속 종단의 종교를 선전하거나 타 종교를 비판한 것이 종교적 중립준수의무나 정교분리원칙에 위반하여 위법한지 여부: **소극** (대판 2007.4.26. 2006다87903)	기각

| 3 | 지방자치단체가 유서 깊은 천주교성당 일대를 문화관광지로 조성하기 위하여 문화관광지 조성계획을 승인받은 후 사업부지 내 토지 등을 수용재결한 것이 정교분리원칙에 위배되는지 여부: 소극 (대판 2009.5.28. 2008두16933) | 기각 |
| 4 | 육군훈련소 내 종교행사에 참석하도록 한 행위가 정교분리원칙에 위배되는지 여부: 적극 (헌재 2022.11.24. 2019헌마941) | 인용 (위헌확인) |

3 언론·출판의 자유

> 헌법 제21조 ① 모든 국민은 언론·출판의 자유와 집회·결사의 자유를 가진다.
> ② 언론·출판에 대한 허가나 검열과 집회·결사에 대한 허가는 인정되지 아니한다.
> ③ 통신·방송의 시설기준과 신문의 기능을 보장하기 위하여 필요한 사항은 법률로 정한다.
> ④ 언론·출판은 타인의 명예나 권리 또는 공중도덕이나 사회윤리를 침해하여서는 아니 된다. 언론·출판이 타인의 명예나 권리를 침해한 때에는 피해자는 이에 대한 피해의 배상을 청구할 수 있다.

1. 의의

(1) 개념

현대적 의미	의사표현의 자유 외에 알 권리, 액세스권, 반론권, 언론기관설립의 자유 및 언론기관의 자유까지 포함
표현의 자유와의 관계	표현의 자유는 언론·출판의 자유보다 넓은 개념
상징적 표현의 문제	흑색리본의 착용, 연좌데모, 피켓팅과 같은 비언어적 행동도 표현의 자유에 포함

(2) 연혁

제헌헌법	법률에 유보
제2공화국 (제3차 개정헌법)	언론·출판의 허가나 검열을 금지, 집회·결사의 허가를 금지
제3공화국 (제5차 개정헌법)	언론·출판과 집회·결사에 대한 허가나 검열은 금지하였으나, 영화나 연예에 대한 검열은 허용
제4공화국 (제7차 개정헌법)	검열제와 허가제금지규정을 삭제
제5공화국 (제8차 개정헌법)	"언론·출판이 타인의 명예나 권리를 침해한 때에는 피해자는 이에 대한 피해의 배상을 청구할 수 있다."라는 조항을 신설
현행헌법 (제9차 개정헌법)	검열제와 허가제금지규정이 부활

2. 법적 성격

자유권성	국가권력의 방해를 받지 아니하고 자유로이 사상·의견을 발표
청구권성	개인의 인격발현과 정치적 의사형성을 위해서는 널리 정보를 수집·청구할 수 있어야 함
제도적 보장성	민주적·법치국가적 질서를 형성하고 유지하기 위해서는 자유로운 여론형성과 여론존중이 보장되어야 함

📑 **판례정리**

번호	내용	결정
1	방송의 자유가 제도적 보장으로서의 성격도 있는지 여부: **적극** 방송의 자유는 주관적 권리로서의 성격과 함께 신문의 자유와 마찬가지로 자유로운 의견형성이나 여론형성을 위해 필수적인 기능을 행하는 객관적 규범질서로서 제도적 보장의 성격을 함께 가진다(헌재 2003.12.18. 2002헌바49).	합헌

3. 주체

국민, 외국인	다만, 외국인의 경우 현행법은 내국인에 비하여 제한을 둠
법인	신문사나 통신사 등 법인에 대해서도 보도의 자유 등이 보장됨

4. 내용

(1) 고전적 언론·출판의 자유의 내용

① 불특정 다수인을 상대로 자신의 의견이나 사상을 자유로이 표현할 수 있는 자유
② 국가권력은 사실적이든 법적이든 의사표명 또는 사상전달을 방해하거나 금지할 수 없으므로 인신구속이나 사전검열뿐만 아니라 입법조치나 도청 등을 하여서도 안 됨

(2) 현대적 언론·출판의 자유의 내용

① 의사표현의 자유

의사표현의 전달방법	• 담화·연설·토론·연극·방송·음악·영화·가요 등과 문서·소설 등 모든 형상의 의사표현 또는 의사전파의 매개체를 포함 • 선거기간 중 인터넷언론사의 선거와 관련한 게시판·대화방 등
헌법 제21조	표현의 자유에는 익명 또는 가명으로 자신의 사상이나 견해를 표명하고 전파할 자유도 포함

📑 **판례정리**

번호	내용	결정
1	상업광고가 표현의 자유의 보호대상인지 여부: **적극** (헌재 2002.12.18. 2000헌마764)	적극
2	상업광고규제의 심사기준 - 완화된 심사(헌재 2005.10.27. 2003헌가3)	–

3	청소년이용음란물이 언론·출판의 자유에 의하여 보호되는 의사표현의 매개체인지 여부: **적극** (헌재 2002.4.25. 2001헌가27)	적극
4	음란표현이 언론출판의 자유의 보호영역 내에 있는지 여부: **적극** (헌재 2009.5.28. 2006헌바109) [판례변경]	적극
5	의료광고의 규제가 표현의 자유를 침해하는지 여부: **적극** (헌재 2005.10.27. 2003헌가3)	위헌
6	의료법인·의료기관 또는 의료인이 '치료효과를 보장하는 등 소비자를 현혹할 우려가 있는 내용의 광고'를 한 경우 형사처벌하도록 규정한 의료법 제89조 중 제56조 제2항 제2호 부분이 죄형법정주의의 명확성원칙에 위배되는지 여부 및 의료인 등의 표현의 자유, 직업수행의 자유를 침해하는지 여부: **소극** (헌재 2014.9.25. 2013헌바28)	합헌
7	숙취해소용 천연차를 개발하여 특허권을 획득한 자로 하여금 '음주 전후, 숙취해소'라는 표시광고를 하지 못하도록 하는 것이 직업의 자유, 표현의 자유, 재산권을 침해하는지 여부: **적극** (헌재 2000.3.30. 99헌마143)	위헌
8	식품·식품첨가물에 관하여 질병치료에 효능이 있다는 내용 또는 의약품으로 혼동할 우려가 있는 표시·광고를 금지하는 것이 영업의 자유 및 표현의 자유를 침해하는지 여부: **소극** (헌재 2000.3.30. 97헌마108)	합헌
9	금치처분을 받은 수형자에 대하여 집필을 전면금지하는 것이 표현의 자유를 침해하는지 여부: **적극** (헌재 2005.2.24. 2003헌마289)	위헌
10	금치기간 중 집필을 금지하도록 한 '형의 집행 및 수용자의 처우에 관한 법률'(이하 '형집행법'이라 한다) 제112조 제3항 본문이 표현의 자유를 침해하는지 여부: **소극** (헌재 2014.8.28. 2012헌마623)	기각
11	국가가 교과서의 저작·발행·공급을 독점하는 국정교과서제도가 교사들의 출판의 자유를 침해하는지 여부: **소극** (헌재 1992.11.12. 89헌마88)	기각
12	출판의 자유에 모든 사람이 스스로 저술한 책자가 교과서가 될 수 있도록 주장할 수 있는 권리까지 포함되어 있는지 여부: **소극** (헌재 1992.11.12. 89헌마88)	기각
13	선거일 전 180일부터 선거일까지 '인터넷상 정치적 표현 내지 선거운동(트위터, 페이스북 등 SNS를 이용한 선거운동)'을 금지하는 것이 선거운동의 자유 내지 정치적 표현의 자유를 침해하는지 여부: **적극** (헌재 2011.12.29. 2007헌마1001)	한정위헌
14	시·군·구를 보급지역으로 하는 신문사업자 및 일일 평균 이용자 수 10만 명 미만인 인터넷언론사가 선거일 전 180일부터 선거일의 투표마감시각까지 선거여론조사를 실시하려면 여론조사의 주요 사항을 사전에 관할 선거관리위원회에 신고하도록 한 공직선거법 제108조 제3항 제4호 및 제7호가 청구인들의 언론·출판의 자유를 침해하는지 여부: **소극** (헌재 2015.4.30. 2014헌마360)	기각
15	이른바 본인확인제(인터넷실명제)가 인터넷게시판 이용자의 표현의 자유, 개인정보자기결정권 및 인터넷게시판을 운영하는 정보통신서비스제공자의 언론의 자유를 침해하는지 여부: **적극** (헌재 2012.8.23. 2010헌마47)	위헌
16	공공기관 등으로 하여금 정보통신망상에 게시판을 설치·운영하려면 게시판 이용자의 본인 확인을 위한 방법 및 절차의 마련 등 대통령령으로 정하는 필요한 조치를 하도록 한 것이 익명표현의 자유를 침해하는지 여부: **소극** (헌재 2022.12.22. 2019헌마654)	기각

17	교원의 노동조합 설립 및 운영 등에 관한 법률 규정상 교원노조의 '일체의' 정치활동을 금지하는 것이 명확성의 원칙과 교원의 정치적 표현의 자유를 침해하는지 여부: **소극** (헌재 2014.8.28. 2011헌바32 등)	합헌
18	안성시시설관리공단의 상근직원이 당내경선에서 경선운동을 할 수 없도록 하고 이를 위반할 경우 처벌하는 공직선거법이 정치적 표현의 자유를 침해하는지 여부: **적극** (헌재 2022.12.22. 2021헌가36)	위헌
19	대한민국 또는 헌법상 국가기관에 대하여 모욕, 비방, 사실 왜곡, 허위사실 유포 또는 기타 방법으로 대한민국의 안전, 이익 또는 위신을 해하거나 해할 우려가 있는 표현이나 행위에 대하여 형사처벌하도록 규정한 구 형법 제104조의2(국가모독죄 조항)가 표현의 자유를 침해하는지 여부: **적극** (헌재 2015.10.21. 2013헌가20)	위헌
20	대한민국을 모욕할 목적으로 국기를 손상, 제거 또는 오욕한 자를 처벌하는 형법 제105조 중 국기에 관한 부분이 과잉금지원칙에 위배되어 표현의 자유를 침해하는지 여부: **소극** (헌재 2019.12.27. 2016헌바96)	합헌
21	군인의 대통령에 대한 모욕행위를 상관모욕죄로 처벌하는 군형법 제64조 제2항의 상관 중 '명령복종 관계에서 명령권을 가진 사람'에 관한 부분이 표현의 자유를 침해하는지 여부: **소극** (헌재 2016.2.25. 2013헌바111)	합헌
22	공포심이나 불안감을 유발하는 문언을 반복적으로 상대방에게 도달하게 하는 '사이버스토킹' 처벌규정이 표현의 자유를 침해하는지 여부: **소극** (헌재 2016.12.29. 2014헌바434)	합헌
23	'금융지주회사법'상 공개되지 아니한 정보 또는 자료 누설금지 및 처벌조항이 표현의 자유를 침해하여 위헌인지 여부: **소극** (헌재 2017.8.31. 2016헌가11)	합헌
24	"교통수단을 이용한 광고는 교통수단 소유자에 관한 광고에 한하여 할 수 있다."라고 규정하고 있는 옥외광고물 등 관리법 시행령 제13조 제9항이 표현의 자유를 침해하는지 여부: **소극** (헌재 2012.12.18. 2000헌마764)	합헌
25	청소년유해매체물의 전자적 표시제도의 위헌 여부: **소극** (헌재 2004.1.29. 2001헌마894)	각하
26	중앙선거관리위원회가 대통령의 선거중립의무 준수요청을 한 것이 대통령의 표현의 자유를 침해하였는지 여부: **소극** (헌재 2008.1.17. 2007헌마700)	기각
27	서울특별시 학생인권조례가 법률유보원칙에 위배되어 표현의 자유를 침해하는지 여부: **소극** (헌재 2019.11.28. 2017헌마1356)	기각
28	정보통신망을 통하여 음란한 화상 또는 영상을 공공연하게 전시하여 유통하는 것을 금지하고 이를 위반하는 자를 처벌하는 것이 과잉금지원칙에 위배되어 표현의 자유를 침해하는지 여부: **소극** (헌재 2023.2.23. 2019헌바305)	합헌
29	국가보안법 제7조 제1항 중 '찬양·고무·선전 또는 이에 동조한 자'에 관한 부분(이하 '이적행위조항'이라 한다) 및 제7조 제5항 중 '제1항 가운데 찬양·고무·선전 또는 이에 동조할 목적으로 제작·소지·운반·반포 또는 취득한 자'에 관한 부분(이하 '이적표현물조항'이라 한다)이 죄형법정주의의 명확성원칙, 책임과 형벌의 비례원칙에 위배되고, 과잉금지원칙에 위배되어 표현의 자유, 양심의 자유 내지 사상의 자유를 침해하는 것으로 헌법에 위반되는지 여부: **소극** (헌재 2023.9.26. 2017헌가27 등)	합헌

30	남북합의서 위반행위로서 전단등 살포를 하여 국민의 생명·신체에 위해를 끼치거나 심각한 위험을 발생시키는 것을 금지하는 남북관계 발전에 관한 법률 제24조 제1항 제3호 및 이에 위반한 경우 처벌하는 같은 법 제25조 중 제24조 제1항 제3호에 관한 부분이 표현의 자유를 침해하는지 여부: **적극** (헌재 2023.9.26. 2020헌마1724)	위헌
31	한국방송공사 수신료를 분리징수하도록 하는 것이 방송의 자유를 침해하는지 여부: **소극** (헌재 2024.5.30. 2023헌마820)	기각
32	장교는 군무와 관련된 고충사항을 집단으로 진정 또는 서명하는 행위를 하여서는 아니 된다고 규정한 '군인의 지위 및 복무에 관한 기본법' 제31조 제1항 제5호 중 '장교'에 관한 부분이 표현의 자유를 침해하는지 여부: **소극** (헌재 2024.4.25. 2021헌마1258)	기각
33	당선되지 못하게 할 목적으로 후보자가 되고자 하는 자에 관하여 허위의 사실을 공표한 자를 처벌하는 공직선거법 제250조 제2항 중 '후보자가 되고자 하는 자에 관하여 허위의 사실을 공표한 자'에 관한 부분(허위사실공표금지 조항)이 죄형법정주의의 명확성원칙에 위배되거나 과잉금지원칙에 위배되어 정치적 표현의 자유를 침해하는지 여부: **소극** (헌재 2024.6.27. 2023헌바78)	합헌
34	당선되거나 되게 하거나 되지 못하게 할 목적으로 공연히 사실을 적시하여 후보자가 되고자 하는 자를 비방한 자를 처벌하는 공직선거법 제251조 중 '후보자가 되고자 하는 자'에 관한 부분(비방금지 조항)이 과잉금지원칙에 위배되어 정치적 표현의 자유를 침해하는지 여부: **적극** (헌재 2024.6.27. 2023헌바78)	위헌
35	테러단체 가입을 타인에게 선동하는 자를 처벌하는 '국민보호와 공공안전을 위한 테러방지법' 조항이 표현의 자유를 침해하는지 여부: **소극** (헌재 2025.1.23. 2019헌바317)	합헌

② 알 권리

개념	• 모든 정보원으로부터 일반적 정보를 수집하고 처리할 수 있는 권리 • 개인에게는 공공기관과 사회집단 등에 대하여 정보공개를 요구할 권리 • 언론기관에는 공공기관과 사회집단 등에 대하여 정보공개를 청구할 수 있는 권리, 그에 관한 취재의 자유를 의미함
헌법적 근거	• 우리 헌법에 명문으로 규정되지는 않았지만, 그 법적 근거를 헌법 제21조에서 찾음(헌재 1991.5.13. 90헌마133) • 우리나라에서도 '공공기관의 정보공개에 관한 법률'이 1996년 12월 31일에 제정·시행됨
법적 성격	• 사상 또는 의견의 자유로운 표명과 전파할 자유(전달의 자유)를 의미함 • '알 권리'는 표현의 자유와 표리일체의 관계에 있으며 자유권적 성질과 청구권적 성질을 공유함 • 현대사회에서 '알 권리'는 생활권적 성질을 가짐
내용	• 정보접근·수집·처리의 자유: 일반적으로 정보에 접근하고 수집·처리함에 있어서 국가권력의 방해를 받지 않음 • 정보공개청구권: 공공기관의 정보공개에 관한 법률이 있음
한계와 제한	헌법 제37조 제2항에 의하여 제한될 수 있음

번호	내용	결정
1	알 권리를 실현하기 위해서 법률의 제정에 의한 구체화가 필요한지 여부: **소극** (헌재 1991.5.13. 90헌마133)	–
2	'저속'한 간행물의 출판금지가 성인의 알 권리를 침해하는지 여부: **적극** (헌재 1998.4.30. 95헌가16) ☑ **비교** '음란'간행물의 출판금지 및 유통억제의 필요성과 공익은 현저히 크다고 볼 수밖에 없어 과잉금지의 원칙에 위반되지 않음(헌재 1998.4.30. 95헌가16)	위헌
3	구속적부심사과정에서 고소장과 피의자신문조서를 공개하는 것이 공공기관의 정보공개에 관한 법률에 위배되는지 여부: **소극** (헌재 2003.3.27. 2000헌마474)	–
4	수용자에 대한 일간지 일부 기사 삭제처분이 위헌인지 여부: **소극** (헌재 1998.10.29. 98헌마4)	기각
5	'대선후보자 방송토론위원회'의 참석후보자 제한조치가 국민의 알 권리와 후보자선택의 자유를 침해하는지 여부: **소극** (헌재 1998.8.27. 97헌마372)	기각
6	대통령선거에서 선거일 공고일로부터 선거일까지의 선거기간 중에 선거에 관한 여론조사의 결과 등의 공표를 금지하도록 한 법률규정이 위헌인지 여부: **소극** (헌재 1995.7.21. 92헌마177)	기각
7	법원이 형을 선고받은 피고인에게 재판서를 송달하지 않는 것이 알 권리를 침해하는지 여부: **소극** (헌재 1995.3.23. 92헌바1)	합헌
8	공지의 사실도 국가기밀이 되는지 여부: **소극** (헌재 1997.1.16. 92헌바6 등)	소극
9	변호사시험 성적 공개를 금지한 변호사시험법 제18조 제1항 본문이 알 권리(정보공개청구권)를 침해하여 헌법에 위반되는지 여부: **적극** (헌재 2015.6.25. 2011헌마769 등)	위헌
10	인터넷을 이용하여 정보를 제공하는 자는 청소년유해매체물임을 나타낼 수 있는 전자적 표시를 하도록 하는 것이 성인의 알 권리를 침해하는지 여부: **소극** (헌재 2004.1.29. 2001헌마894)	기각
11	확정된 형사소송기록의 등사신청을 거부한 행위가 '알 권리'의 위반인지 여부: **적극** (헌재 1991.5.13. 90헌마133)	인용(취소)
12	정치자금의 수입·지출내역 및 첨부서류 등의 열람기간을 공고일로부터 3개월간으로 제한한 것이 위헌인지 여부: **적극** (헌재 2021.5.27. 2018헌마1168)	위헌
13	군내 불온도서의 소지·전파 등을 금지하는 군인복무규율이 알 권리를 침해하는지 여부: **소극** (헌재 2010.10.28. 2008헌마638)	기각
14	시험에 관한 사항으로서 공개될 경우 업무의 공정한 수행이나 연구·개발에 현저한 지장을 초래한다고 인정할 만한 상당한 이유가 있는 정보는 공개하지 아니할 수 있도록 규정하고 있는 공공기관의 정보공개에 관한 법률 제9조 제1항 제5호 중 '시험'에 관한 부분이 청구인의 알 권리를 침해하는지 여부: **소극** (헌재 2011.3.31. 2010헌바29)	각하
15	교원의 개인정보공개를 금지하고 있는 '교육관련기관의 정보공개에 관한 특례법' 제3조 제2항이 과잉금지원칙에 반하여 학부모들의 알 권리를 침해하는지 여부: **소극** (헌재 2011.12.29. 2010헌마293)	기각

16	헌법재판소가 헌법소원사건의 결정서 정본을 국선대리인에게만 송달하고 당사자인 청구인에게는 송달하지 않은 부작위가 알 권리를 침해하는지 여부: **소극** (헌재 2012.11.29. 2011헌마693)	각하
17	한·중마늘교역에 관한 합의서 중 한국민간기업의 자유로운 마늘 수입을 규정한 부속서를 공개하지 아니한 것이 마늘재배농가의 알 권리를 침해하는지 여부: **소극** (헌재 2004.12.16. 2002헌마579)	각하
18	불기소이유 발급신청을 할 때 발급신청 수수료를 부과하는 것이 알 권리를 침해하는지 여부: **소극** (헌재 2013.7.25. 2012헌마167)	기각
19	변호사시험법 부칙 제2조 중 '이 법 시행일부터 6개월 내에' 부분(성적 공개 청구기간)이 과잉금지원칙에 위배되어 청구인의 정보공개청구권을 침해하는지 여부: **적극** (헌재 2019.7.25. 2017헌마1329)	위헌
20	정보위원회 회의를 비공개하도록 규정한 국회법 조항이 알 권리를 침해하는지 여부: **적극** (헌재 2022.1.27. 2018헌마1162)	위헌
21	신문의 편집인·발행인, 방송사의 편집책임자 등으로 하여금 아동보호사건에 관련된 '아동학대행위자'를 특정하여 파악할 수 있는 인적 사항이나 사진 등을 신문 등 출판물에 싣거나 방송매체를 통하여 방송할 수 없게 금지하는 것이 언론·출판의 자유와 국민의 알 권리를 침해하는지 여부: **소극** (헌재 2022.10.27. 2021헌가4)	합헌

③ 액세스권(Access권, 언론기관접근권)

개념	• 광의의 액세스권: 일반 국민이 자신의 사상 또는 의견발표를 위하여 언론매체에 자유로이 접근하여 이용할 수 있는 권리 • 협의의 액세스권: 자신과 관계가 있는 보도에 대한 반론 내지 해명의 기회를 요구할 수 있는 반론권 및 해명권
특징	언론·출판의 자유와 제3자적 효력의 문제로서 국가권력의 발동을 적극적으로 요청하는 청구권적 권리의 성격
내용	정정보도청구, 반론보도청구, 추후보도청구

구분	정정보도청구	반론보도청구
평가적 주장에 대한 인정 여부	사실적 주장에 대해서만 가능	
대상	진실하지 않은 보도내용	보도내용의 진실 여부 불문
고의·과실 요부	언론사의 고의·과실·위법성을 요하지 않음	
중재절차의 필요성	언론중재위원회의 중재절차는 임의적 절차	
가처분절차 위헌 여부	가처분절차에 의하도록 한 것 ⇨ 위헌	가처분절차에 의하도록 한 것 ⇨ 합헌
절차	민사소송법의 소송절차	민사집행법의 가처분절차

번호	내용	결정
1	정정보도청구시에 언론사 등의 고의·과실이나 위법성을 요건으로 하지 않은 것이 신문의 자유를 침해하는지 여부: **소극** (헌재 2006.6.29. 2005헌마165 등)	합헌
2	반론보도청구의 소를 신속·간이한 심판절차인 가처분절차에 의하도록 하는 것이 재판청구권을 침해하는지 여부: **소극** (헌재 1996.4.25. 95헌바25)	합헌
3	정정보도청구의 소를 민사집행법상의 가처분절차에 의하여 재판하도록 규정한 언론중재법 제26조 제6항이 공정한 재판을 받을 권리를 침해하는지 여부: **적극** (헌재 2006.6.29. 2005헌마165 등)	위헌

④ 언론기관설립의 자유

> 헌법 제21조 ③ 통신·방송의 시설기준과 신문의 기능을 보장하기 위하여 필요한 사항은 법률로 정한다.
>
> ⊘ **주의**
> 동 조항은 언론기관설립의 자유를 제한하는 의미와 언론기관 남설(濫設)의 폐해를 방지하려는 의미임

번호	내용	결정
1	신문법 제15조 제2항 및 제3항과 제17조의 위헌 여부 [1] 신문법 제15조 제2항의 위헌 여부 - 이종 미디어간 겸영금지 [2] 신문법 제15조 제3항의 위헌 여부 - 신문의 복수소유규제 [3] 신문법 제17조의 위헌 여부(헌재 2006.6.29. 2005헌마165 등)	[1] 합헌 [2] 헌법불합치 [3] 위헌
2	인터넷신문의 취재 및 편집 인력 5명 이상을 상시 고용하고, 이를 확인할 수 있는 서류를 제출할 것을 규정한 '신문 등의 진흥에 관한 법률 시행령' 제2조 제1항 제1호 등이 인터넷신문사업자인 청구인들의 언론의 자유를 침해하는지 여부: **적극** (헌재 2016.10.27. 2015헌마1206) ⊘ **주의** 직업의 자유가 침해되지는 않음	위헌
3	신문 또는 인터넷신문의 편집 또는 발행인 등의 결격사유를 정하고 있는 신문 등의 진흥에 관한 법률 규정 중 발행인 또는 편집인의 결격사유로 미성년자를 규정한 부분이 청구인의 언론·출판의 자유를 침해하는지 여부: **소극** (헌재 2012.4.24. 2010헌마437)	기각

⑤ 언론기관의 자유

대외적 자유	• 보도 및 논평의 자유, 취재의 자유, 보급의 자유, 출간시기의 결정·편집활동 등 보조활동의 자유 등 • 취재의 자유에 취재원묵비권이 포함되는지 여부: 부정설(일본·미국 판례, 우리나라 다수설)
내부적 자유	경영권으로부터의 편집권의 독립

5. 효력

대국가적 효력	모든 국가기관을 구속하며, 영조물법인·공법상의 재단·공무수탁사인까지도 구속
대사인적 효력	• 언론·출판의 자유는 사인간에도 적용 • 다만, 직접적으로 적용된다는 견해와 사법상의 일반 조항을 통하여 간접적으로 적용된다는 견해가 대립

6. 한계와 책임

> 헌법 제21조 ④ 언론·출판은 타인의 명예나 권리 또는 공중도덕이나 사회윤리를 침해하여서는 아니 된다. 언론·출판이 타인의 명예나 권리를 침해한 때에는 피해자는 이에 대한 피해의 배상을 청구할 수 있다.

7. 제한

(1) 사전제한

① 허가제의 금지(헌법 제21조 제2항): 언론·출판에 대한 등록제는 허용

📋 **판례정리**

번호	내용	결정
1	옥외광고물 설치 사전허가규정이 사전허가금지에 위반되는지 여부: 소극 (헌재 1998.2.27. 96헌바2)	합헌
2	방송사업의 허가제규정이 사전허가금지에 위반되는지 여부: 소극 (헌재 2001.5.31. 2000헌바43 등)	합헌
3	게임물판매업자에 대한 등록제가 헌법이 금지하는 사전검열에 해당하는지 여부: 소극 (헌재 2002.2.28. 99헌바117)	합헌
4	정기간행물의 등록제가 검열인지 여부: 소극 (헌재 1992.6.26. 90헌가23)	–

② 검열제의 금지

사전검열	법률로써도 불가능한 것으로 절대적으로 금지
검열의 요소	• 허가를 받기 위한 표현물의 제출의무 • 행정권이 주체가 된 사전심사(행정권이 주체인지는 실질적으로 판단함) • 표현물의 내용에 대한 심사(방법에 대한 사전제한은 검열이 아님) • 허가받지 아니한 의사표현의 금지와 사전심사절차를 관철할 수 있는 강제수단
검토	영화인과 연예인들 자신에 의한 독자적·임의적·권고적 사전심사제는 무방함(권영성)

번호	내용	결정
1	법원(사법부)에 의한 방영금지가처분이 검열인지 여부: 소극 (헌재 2001.8.30. 2000헌바36)	합헌
2	영화 사전심의규정이 검열인지 여부: 적극 (헌재 1996.10.4. 93헌가13 등)	위헌
3	'공연윤리위원회'의 심의를 받지 않은 음반판매금지규정이 위헌인지 여부: 적극 (헌재 1996.10.31. 94헌가6)	위헌
4	'한국공연예술진흥협의회'의 사전심의조항이 위헌인지 여부: 적극 (헌재 1999.9.16. 99헌가1)	위헌
5	비디오물 복제시 '공연윤리위원회'의 사전심의규정이 위헌인지 여부: 적극 (헌재 2000.2.24. 99헌가17)	위헌
6	구 민사소송법 제714조 제2항에 의한 방영금지가처분을 허용하는 것이 헌법상 검열금지의 원칙에 위반되는지 여부: 소극 (헌재 2001.8.30. 2000헌바36)	합헌
7	건강기능식품 사전심의가 위헌인지 여부: 적극 한국건강기능식품협회가 행하는 이 사건 건강기능식품 기능성광고 사전심의는 헌법이 금지하는 사전검열에 해당하므로 헌법에 위반된다. 종래 이와 견해를 달리하여 건강기능식품 기능성광고의 사전심의절차를 규정한 구 건강기능식품법 관련조항이 헌법상 사전검열금지원칙에 위반되지 않는다고 판단한 우리 재판소 결정(헌재 2010.7.29. 2006헌바75)은, 이 결정 취지와 저촉되는 범위 안에서 변경하기로 한다(헌재 2018.6.28. 2016헌가8·2017헌바476).	위헌
8	영화에 대한 '등급분류보류' 제도가 검열이어서 위헌인지 여부: 적극 (헌재 2001.8.30. 2000헌가9)	위헌
9	영상물등급위원회에 의한 비디오물 '등급분류보류' 제도가 검열인지 여부: 적극 (헌재 2008.10.30. 2004헌가18) ✓ 주의 등급분류보류제도가 아닌 단순한 등급분류는 검열이 아님	위헌
10	외국비디오물의 수입추천제도가 검열인지 여부: 적극 (헌재 2005.2.3. 2004헌가8)	위헌
11	외국음반 국내 제작추천제도가 검열인지 여부: 적극 (헌재 2006.10.26. 2005헌가14)	위헌
12	비디오물 사전 '등급분류제도'가 검열인지 여부: 소극 (헌재 2007.10.4. 2004헌바36)	합헌
13	교과서 검·인정제도가 사전검열금지원칙에 반하여 위헌인지 여부: 소극 (헌재 1992.11.12. 89헌마88)	기각
14	정기간행물의 납본제도가 사전검열에 해당하는지 여부: 소극 (헌재 1992.6.26. 90헌바26)	합헌
15	텔레비전방송광고 사전심의제도가 검열인지 여부: 적극 (헌재 2008.6.26. 2005헌마506) ✓ 주의 라디오 부분은 판단 ×	위헌

16	영화에 대한 '제한상영가' 등급제도가 위헌인지 여부: **적극** (헌재 2008.7.31. 2007헌가4) ✅ **주의** 제한상영가 등급제도가 검열에 해당 ×, 명확성원칙 및 포괄위임금지원칙에 위배되어 위헌 판결함	헌법불합치
17	사전심의를 받지 아니한 의료광고를 금지하고 이를 위반한 경우 처벌하는 의료법 제56조 제2항 제9호 등의 의료광고 사전심의제가 헌법이 금지하는 사전검열에 해당하여 표현의 자유를 침해하는지 여부: **적극** (헌재 2015.12.23. 2015헌바75)	위헌
18	교통수단을 이용하여 타인의 광고를 할 수 없도록 하고 있는 옥외광고물등 관리법 시행령 규정이 표현의 자유를 침해하는지 여부: **소극** (헌재 2002.12.18. 2000헌마764)	기각

③ 국가비상사태하에서의 사전통제

> **헌법 제77조** ③ 비상계엄이 선포된 때에는 법률이 정하는 바에 의하여 영장제도, 언론·출판·집회·결사의 자유, 정부나 법원의 권한에 관하여 특별한 조치를 할 수 있다.

(2) 사후제한

① 일반적 법률유보에 의한 제한: 헌법 제37조 제2항에 따라 법률에 의하여 제한

② 긴급명령과 비상계엄에 의한 제한

(3) 표현제한입법의 합헌성 판단기준

① 명확성의 원칙 – 무효(void for vagueness)이론: 표현의 자유를 제한하는 법률이 불명확한 경우에는 그 내용이 막연하기 때문에 무효라는 이론

📋 **판례정리**

번호	내용	결정
1	공공의 안녕질서 또는 미풍양속을 해하는 내용의 통신을 금하는 전기통신사업법 제53조 제1항이 명확성의 원칙에 위배되는지 여부: **적극** (헌재 2002. 6.27. 99헌마480) ✅ **비교** 학교 보건법상 '미풍양속을 해하는 행위 및 시설' 부분은 명확성원칙에 위배되지 않는다고 본 사례(헌재 2008.4.24. 2004헌바92)	위헌
2	공익을 해할 목적으로 공연히 허위의 통신을 한 자를 형사처벌하는 전기통신기본법 제47조 제1항이 명확성원칙에 위배되어 위헌인지 여부: **적극** (헌재 2010.12.28. 2008헌바157)	위헌

	모욕죄를 규정하고 있는 형법 제311조의 '모욕' 부분이 명확성원칙에 위배되는지 여부: 소극	
3	표현의 자유를 규제하는 입법에 있어서 명확성원칙은 특별히 중요한 의미를 지닌다. 현대 민주사회에서 표현의 자유가 국민주권주의 이념의 실현에 불가결한 것인 점에 비추어 볼 때, 불명확한 규범에 의한 표현의 자유의 규제는 헌법상 보호받는 표현에 대한 위축적 효과를 야기하고, 그로 인하여 다양한 의견, 견해, 사상의 표출을 가능케 함으로써 그러한 표현들이 상호 검증을 거치도록 한다는 표현의 자유의 본래의 기능을 상실케 한다. 따라서 표현의 자유를 규제하는 법률은 규제되는 표현의 개념을 세밀하고 명확하게 규정할 것이 헌법적으로 요구된다(헌재 2013.6.27. 2012헌바37).	합헌

② 피해최소성의 원칙

③ **명백하고 현존하는 위험의 원칙**: 언론을 규제하기 위해서는 언론이 법률상 금지된 해악을 초래할 명백하고 현존하는 위험을 가지고 있음을 입증하여야 함

4 집회의 자유

> 헌법 제21조 ① 모든 국민은 언론·출판의 자유와 집회·결사의 자유를 가진다.
> ② 언론·출판에 대한 허가나 검열과 집회·결사에 대한 허가는 인정되지 아니한다.

1. 의의 및 성격

(1) 개념

> 집회 및 시위에 관한 법률 제2조 【정의】 이 법에서 사용하는 용어의 뜻은 다음과 같다.
> 1. '옥외집회'란 천장이 없거나 사방이 폐쇄되지 아니한 장소에서 여는 집회를 말한다.
> 2. '시위'란 여러 사람이 공동의 목적을 가지고 도로, 광장, 공원 등 일반인이 자유로이 통행할 수 있는 장소를 행진하거나 위력 또는 기세를 보여, 불특정한 여러 사람의 의견에 영향을 주거나 제압을 가하는 행위를 말한다.

구분	집회	결사
개념	일시적인 모임	계속적인 조직
계속성요건	×	○
인적 요건	3인	2인

판례정리

번호	내용	결정
1	'집회'의 의미 및 2인이 모인 집회가 위 법의 규제대상이 되는지 여부: 적극 (대판 2012.5.24. 2010도11381)	기각

(2) 개념적 요소 – 3인 이상의 다수인(다수설), 공동의 목적, 일시적 회합

인적 요건 (다수인)	집회의 주최자는 집회의 필수적 요소가 아니며 최소한 3인 이상이 모여야 함 ⊘ **주의** 　1인 릴레이시위는 집회 및 시위에 관한 법률에서의 시위가 아님
목적요건 (공동목적)	공적인 사항(정치적 의사교환목적) ⇨ 사적인 사항에 관한 것이라도 의사표현을 위한 것이면 인정
일시적 회합	집회는 일시적인 회합이라는 점에서 비교적 계속성을 지닌 결사와 다름
집단적 시위	집회의 개념에 포함됨
헌법재판소	시위를 '이동하는 집회'로 보고 있음

⊘ **주의**
- 신고하지 않은 집회라도 바로 위법 ×
- 시위는 반드시 일반인이 자유로이 통행할 수 있는 장소에서 이루어져야 하는 것 ×, 행진 등 장소 이동을 동반해야만 성립 ×

(3) 법적 성격

기본권적 성격	초실정권적 권리, 주관적 권리, 민주적 기본권, 공물이용권
제도적 보장 여부	부정설(다수설) ⇨ 집회의 일시성을 이유로 부정하거나 집회를 집단적 기본권을 행사하는 것으로 봄

2. 주체

자연인, 제한된 범위 내의 법인	가능
외국인	가능하나, 국민에 비해 제한이 가중될 수 있음(통설)

3. 내용

(1) 적극적으로 집회 개최·집회 진행·집회 참가의 자유

(2) 소극적으로 집회를 개최하지 아니할 자유, 집회에 참가하지 아니할 자유

📋 **판례정리**

번호	내용	결정
1	집회장소의 의미 집회의 자유는 다른 법익의 보호를 위하여 정당화되지 않는 한, 집회장소를 항의의 대상으로부터 분리시키는 것을 금지한다(헌재 2003.10.30. 2000헌바67 등).	위헌

4. 효력

(1) 주관적 공권으로 모든 국가기관을 구속함

(2) 사인간에도 기본권의 제3자적 효력에 관한 간접적용설이 적용됨(다수설)

5. 한계와 제한

(1) 한계

① 집회나 시위는 평화적·비폭력적이어야 함

② 헌법은 집회의 자유를 국민의 기본권으로 보장함으로써, 평화적 집회 그 자체는 공공의 안녕 질서에 대한 위험이나 침해로서 평가되어서는 아니 되며, 개인이 집회의 자유를 집단적으로 행사함으로써 불가피하게 발생하는 일반대중에 대한 불편함이나 법익에 대한 위험은 보호법익과 조화를 이루는 범위 내에서 국가와 제3자에 의하여 수인되어야 한다는 것을 헌법 스스로 규정하고 있는 것임(헌재 2003.10.30. 2000헌바67 등)

(2) 제한

사전제한	집회 또는 시위에 대한 허가제는 인정되지 않음(헌법 제21조 제2항) ☑ 주의 그러나 집회 또는 시위가 미치는 사회적 혼란예방 및 공물의 안전관리를 위한 신고제는 사전제한이 아니므로 인정
사후제한	헌법 제37조 제2항에 따라 법률로써 제한함

> 집회 및 시위에 관한 법률 제3조 【집회 및 시위에 대한 방해 금지】 ① 누구든지 폭행, 협박 그 밖의 방법으로 평화적인 집회 또는 시위를 방해하거나 질서를 문란하게 하여서는 아니 된다.
> ② 누구든지 폭행, 협박 그 밖의 방법으로 집회 또는 시위의 주최자나 질서유지인의 이 법의 규정에 따른 임무 수행을 방해하여서는 아니 된다.
> ③ 집회 또는 시위의 주최자는 평화적인 집회 또는 시위가 방해받을 염려가 있다고 인정되면 관할 경찰관서에 그 사실을 알려 보호를 요청할 수 있다. 이 경우 관할 경찰관서의 장은 정당한 사유 없이 보호요청을 거절하여서는 아니 된다.
>
> 제4조 【특정인 참가의 배제】 집회 또는 시위의 주최자 및 질서유지인은 특정한 사람이나 단체가 집회나 시위에 참가하는 것을 막을 수 있다. 다만, 언론사의 기자는 출입이 보장되어야 하며, 이 경우 기자는 신분증을 제시하고 기자임을 표시한 완장을 착용하여야 한다.
>
> 제5조 【집회 및 시위의 금지】 ① 누구든지 다음 각 호의 어느 하나에 해당하는 집회나 시위를 주최하여서는 아니 된다.
> 1. 헌법재판소의 결정에 따라 해산된 정당의 목적을 달성하기 위한 집회 또는 시위
> 2. 집단적인 폭행, 협박, 손괴, 방화 등으로 공공의 안녕 질서에 직접적인 위협을 끼칠 것이 명백한 집회 또는 시위
>
> ② 누구든지 제1항에 따라 금지된 집회 또는 시위를 할 것을 선전하거나 선동하여서는 아니 된다.
>
> 제6조 【옥외집회 및 시위의 신고 등】 ① 옥외집회나 시위를 주최하려는 자는 그에 관한 다음 각 호의 사항 모두를 적은 신고서를 옥외집회나 시위를 시작하기 720시간 전부터 48시간 전에 관할 경찰서장에게 제출하여야 한다. 다만, 옥외집회 또는 시위 장소가 두 곳 이상의 경찰서의 관할에 속하는 경우에는 관할 시·도경찰청장에게 제출하여야 하고, 두 곳 이상의 시·도경찰청 관할에 속하는 경우에는 주최지를 관할하는 시·도경찰청장에게 제출하여야 한다.
> ☑ 주의
> 신고서를 옥외집회나 시위를 시작하기 720시간 전부터 48시간(24시간 ✕) 전에 관할 경찰서장에게 제출하여야 함
> 1. 목적
> 2. 일시(필요한 시간을 포함한다)
> 3. 장소

4. 주최자(단체인 경우에는 그 대표자를 포함한다), 연락책임자, 질서유지인에 관한 다음 각 목의 사항

　가. 주소

　나. 성명

　다. 직업

　라. 연락처

5. 참가 예정인 단체와 인원

6. 시위의 경우 그 방법(진로와 약도를 포함한다)

제8조【집회 및 시위의 금지 또는 제한 통고】 ① 제6조 제1항에 따른 신고서를 접수한 관할경찰관서장은 신고된 옥외집회 또는 시위가 다음 각 호의 어느 하나에 해당하는 때에는 신고서를 접수한 때부터 48시간 이내에 집회 또는 시위를 금지할 것을 주최자에게 통고할 수 있다. 다만, 집회 또는 시위가 집단적인 폭행, 협박, 손괴, 방화 등으로 공공의 안녕 질서에 직접적인 위험을 초래한 경우에는 남은 기간의 해당 집회 또는 시위에 대하여 신고서를 접수한 때부터 48시간이 지난 경우에도 금지 통고를 할 수 있다.

1. 제5조 제1항, 제10조 본문 또는 제11조에 위반된다고 인정될 때

2. 제7조 제1항에 따른 신고서 기재 사항을 보완하지 아니한 때

3. 제12조에 따라 금지할 집회 또는 시위라고 인정될 때

② 관할경찰관서장은 집회 또는 시위의 시간과 장소가 중복되는 2개 이상의 신고가 있는 경우 그 목적으로 보아 서로 상반되거나 방해가 된다고 인정되면 각 옥외집회 또는 시위 간에 시간을 나누거나 장소를 분할하여 개최하도록 권유하는 등 각 옥외집회 또는 시위가 서로 방해되지 아니하고 평화적으로 개최·진행될 수 있도록 노력하여야 한다.

③ 관할경찰관서장은 제2항에 따른 권유가 받아들여지지 아니하면 뒤에 접수된 옥외집회 또는 시위에 대하여 제1항에 준하여 그 집회 또는 시위의 금지를 통고할 수 있다.

제9조【집회 및 시위의 금지 통고에 대한 이의 신청 등】 ① 집회 또는 시위의 주최자는 제8조에 따른 금지 통고를 받은 날부터 10일 이내에 해당 경찰관서의 바로 위의 상급경찰관서의 장에게 이의를 신청할 수 있다.

② 제1항에 따른 이의신청을 받은 경찰관서의 장은 접수 일시를 적은 접수증을 이의 신청인에게 즉시 내주고 접수한 때부터 24시간 이내에 재결을 하여야 한다. 이 경우 접수한 때부터 24시간 이내에 재결서를 발송하지 아니하면 관할경찰관서장의 금지 통고는 소급하여 그 효력을 잃는다.

③ 이의 신청인은 제2항에 따라 금지 통고가 위법하거나 부당한 것으로 재결되거나 그 효력을 잃게 된 경우 처음 신고한 대로 집회 또는 시위를 개최할 수 있다. 다만, 금지 통고 등으로 시기를 놓친 경우에는 일시를 새로 정하여 집회 또는 시위를 시작하기 24시간 전에 관할경찰관서장에게 신고함으로써 집회 또는 시위를 개최할 수 있다.

제10조【옥외집회와 시위의 금지 시간】 누구든지 해가 뜨기 전이나 해가 진 후에는 옥외집회 또는 시위를 하여서는 아니 된다. 다만, 집회의 성격상 부득이하여 주최자가 질서유지인을 두고 미리 신고한 경우에는 관할경찰관서장은 질서 유지를 위한 조건을 붙여 해가 뜨기 전이나 해가 진 후에도 옥외집회를 허용할 수 있다.

제11조【옥외집회와 시위의 금지 장소】 누구든지 다음 각 호의 어느 하나에 해당하는 청사 또는 저택의 경계 지점으로부터 100미터 이내의 장소에서는 옥외집회 또는 시위를 하여서는 아니 된다.

1. 국회의사당. 다만, 다음 각 목의 어느 하나에 해당하는 경우로서 국회의 기능이나 안녕을 침해할 우려가 없다고 인정되는 때에는 그러하지 아니하다.

　가. 국회의 활동을 방해할 우려가 없는 경우

　나. 대규모 집회 또는 시위로 확산될 우려가 없는 경우

2. 각급 법원, 헌법재판소. 다만, 다음 각 목의 어느 하나에 해당하는 경우로서 각급 법원, 헌법재판소의 기능이나 안녕을 침해할 우려가 없다고 인정되는 때에는 그러하지 아니하다.

　가. 법관이나 재판관의 직무상 독립이나 구체적 사건의 재판에 영향을 미칠 우려가 없는 경우

　나. 대규모 집회 또는 시위로 확산될 우려가 없는 경우

3. 대통령 관저(官邸), 국회의장 공관, 대법원장 공관, 헌법재판소장 공관

4. 국무총리 공관. 다만, 다음 각 목의 어느 하나에 해당하는 경우로서 국무총리 공관의 기능이나 안녕을 침해할 우려가 없다고 인정되는 때에는 그러하지 아니하다.

　가. 국무총리를 대상으로 하지 아니하는 경우

　나. 대규모 집회 또는 시위로 확산될 우려가 없는 경우

5. 국내 주재 외국의 외교기관이나 외교사절의 숙소. 다만, 다음 각 목의 어느 하나에 해당하는 경우로서 외교기관 또는 외교사절 숙소의 기능이나 안녕을 침해할 우려가 없다고 인정되는 때에는 그러하지 아니하다.

　가. 해당 외교기관 또는 외교사절의 숙소를 대상으로 하지 아니하는 경우

　나. 대규모 집회 또는 시위로 확산될 우려가 없는 경우

　다. 외교기관의 업무가 없는 휴일에 개최하는 경우

* [헌법불합치, 헌재 2022.12.22. 2018헌바48·2019헌가1; 집회 및 시위에 관한 법률(2020.6.9. 법률 제17393호로 개정된 것) 제11조 제3호 중 '대통령 관저(官邸)' 부분 및 제23조 제1호 중 제11조 제3호 가운데 '대통령 관저(官邸)'에 관한 부분은 헌법에 합치되지 아니한다. 위 법률조항은 2024.5.31.을 시한으로 개정될 때까지 계속 적용된다]

* [헌법불합치, 2021헌가1, 2023.3.23. 1. 구 집회 및 시위에 관한 법률(2007.5.11. 법률 제8424호로 전부개정되고, 2020.6.9. 법률 제17393호로 개정되기 전의 것) 제11조 제2호 중 '국회의장 공관'에 관한 부분 및 제23조 제3호 중 제11조 제2호 가운데 '국회의장 공관'에 관한 부분은 헌법에 합치되지 아니한다. 법원 기타 국가기관 및 지방자치단체는 위 법률조항의 적용을 중지하여야 한다. 2. 집회 및 시위에 관한 법률(2020.6.9. 법률 제17393호로 개정된 것) 제11조 제3호 중 '국회의장 공관'에 관한 부분 및 제23조 제3호 중 제11조 제3호 가운데 '국회의장 공관'에 관한 부분은 헌법에 합치되지 아니한다. 위 법률조항은 2024.5.31.을 시한으로 개정될 때까지 계속 적용된다]

제12조【교통 소통을 위한 제한】 ① 관할경찰관서장은 대통령령으로 정하는 주요 도시의 주요 도로에서의 집회 또는 시위에 대하여 교통 소통을 위하여 필요하다고 인정하면 이를 금지하거나 교통질서 유지를 위한 조건을 붙여 제한할 수 있다.

② 집회 또는 시위의 주최자가 질서유지인을 두고 도로를 행진하는 경우에는 제1항에 따른 금지를 할 수 없다. 다만, 해당 도로와 주변 도로의 교통소통에 장애를 발생시켜 심각한 교통 불편을 줄 우려가 있으면 제1항에 따른 금지를 할 수 있다.

제15조【적용의 배제】 학문, 예술, 체육, 종교, 의식, 친목, 오락, 관혼상제 및 국경행사에 관한 집회에는 제6조부터 제12조까지의 규정을 적용하지 아니한다.

제16조【주최자의 준수 사항】 ① 집회 또는 시위의 주최자는 집회 또는 시위에 있어서의 질서를 유지하여야 한다.

② 집회 또는 시위의 주최자는 집회 또는 시위의 질서 유지에 관하여 자신을 보좌하도록 <u>18세 이상</u>의 사람을 질서유지인으로 임명할 수 있다.

③ 집회 또는 시위의 주최자는 제1항에 따른 질서를 유지할 수 없으면 그 집회 또는 시위의 종결을 선언하여야 한다.

제19조【경찰관의 출입】 ① 경찰관은 집회 또는 시위의 주최자에게 알리고 그 집회 또는 시위의 장소에 정복을 입고 출입할 수 있다. 다만, 옥내집회 장소에 출입하는 것은 직무 집행을 위하여 긴급한 경우에만 할 수 있다.

번호	내용	결정
1	집회의 금지와 해산이 집회를 '허용'하는 가능성을 모두 소진한 후에 비로소 고려될 수 있는 최종적인 수단인지 여부: 적극 (헌재 2003.10.30. 2000헌바67 등) ✓ 주의 '허용'하는 가능성을 모두 소진한 후 ○ / '금지'하는 가능성을 모두 소진한 후 ×	위헌
2	국내 주재 외교기관 청사의 경계지점으로부터 100m 이내의 장소에서의 옥외집회를 전면적으로 금지하고 있는 집회 및 시위에 관한 법률 제11조 제1호 중 국내 주재 외국의 외교기관 부분이 위헌인지 여부: 적극 (헌재 2003.10.30. 2000헌바67 등)	위헌
3	외교기관 인근의 옥외집회나 시위를 원칙적으로 금지하고 외교기관의 기능이나 안녕을 침해할 우려가 없다고 인정되는 구체적인 경우에만 예외적으로 옥외집회나 시위를 허용하는 것이 위헌인지 여부: 소극 (헌재 2010.10.28. 2010헌마111)	기각
4	경찰의 집회 참가자에 대한 촬영행위가 개인정보자기결정권 및 집회의 자유 등을 침해하여 위헌인지 여부: 소극 (헌재 2018.8.30. 2014헌마843)	합헌
5	동시에 접수한 옥외집회신고서를 모두 반려한 행위가 집회의 자유를 침해하는지 여부: 적극 (헌재 2008.5.29. 2007헌마712)	인용 (위헌확인)
6	옥외집회의 사전신고제도가 위헌인지 여부: 소극 (헌재 2009.5.28. 2007헌바22)	합헌
7	사전신고를 하지 아니하고 옥외집회나 시위를 주최한 자에 대하여 행정질서벌인 과태료가 아닌 형벌을 과하도록 규정한 집회 및 시위에 관한 법률규정이 위헌인지 여부: 소극 (헌재 2009.5.28. 2007헌바22)	합헌
8	야간옥외집회를 원칙적으로 금지한 집회 및 시위에 관한 법률 제10조 규정이 위헌인지 여부: 적극 (헌재 2009.9.24. 2008헌가25)	헌법불합치
9	야간옥외집회금지규정에 대한 헌법불합치결정이 소급효가 있는지 여부 및 헌법불합치결정 이전에 유죄판결을 받은 사건에 대해서도 재심이 허용되는지 여부: 적극 (대판 2011.6.23. 2008도7562)	파기환송
10	'야간시위'를 금지한 것이 위헌인지 여부: 적극 (헌재 2014.3.27. 2010헌가2 등)	한정위헌
11	일출시간 전, 일몰시간 후의 옥외집회 또는 시위를 금지하고, 예외적으로 관할경찰관서장이 옥외집회를 허용할 수 있도록 한 구 집회 및 시위에 관한 법률 제10조가 위헌인지 여부: 적극 (헌재 2014.4.24. 2011헌가29)	한정위헌
12	재판에 영향을 미칠 염려가 있거나 미치게 하기 위한 집회 또는 시위와 헌법의 민주적 기본질서에 위배되는 집회 또는 시위를 금지하고 위반시 처벌하도록 한 구 '집회 및 시위에 관한 법률' 제3조 제1항 제2호 등이 집회의 자유를 침해하는지 여부: 적극 (헌재 2016.9.29. 2014헌가3)	위헌
13	민주적 기본질서에 위배되는 집회·시위 금지 및 처벌조항이 집회의 자유를 침해하는지 여부: 적극 (헌재 2016.9.29. 2014헌가3)	위헌
14	미신고 시위에 대한 해산명령에 불응하는 자를 처벌하도록 규정한 '집회 및 시위에 관한 법률' 제24조 제5호 등이 집회의 자유를 침해하는지 여부: 소극 (헌재 2016.9.29. 2014헌바492)	합헌
15	신고범위를 뚜렷이 벗어난 집회·시위에 대한 해산명령불응죄를 처벌하는 것이 집회의 자유를 침해하는지 여부: 소극 (헌재 2016.9.29. 2015헌바309)	합헌

16	서울종로경찰서장이 2015.5.1. 22:13경부터 23:20경까지 사이에 최루액을 물에 혼합한 용액을 살수차를 이용하여 청구인들에게 살수한 행위가 신체의 자유 및 집회의 자유를 침해하는지 여부: 적극 집회의 자유뿐만 아니라 신체의 자유로부터 도출되는 신체를 훼손당하지 아니할 권리에 대한 직접적인 제한을 초래하므로, 그 제한의 본질적 사항에 관한 한 입법자가 법률로 규율하여야 한다. … '경찰관 직무집행법'이나 이 사건 대통령령 등 법령의 구체적 위임 없이 혼합살수방법을 규정하고 있는 이 사건 지침은 법률유보원칙에 위배되고, 이 사건 지침만을 근거로 한 이 사건 혼합살수행위는 청구인들의 신체의 자유와 집회의 자유를 침해한 공권력 행사로 헌법에 위반된다(헌재 2018.5.31. 2015헌마476).	인용 (위헌확인)
17	법원을 대상으로 한 집회라도 사법행정과 관련된 의사표시 전달을 목적으로 한 집회 등 법관의 독립이나 구체적 사건의 재판에 영향을 미칠 우려가 없는 집회도 있다(헌재 2018.7.26. 2018헌바137).	헌법불합치
18	각급 법원의 경계지점으로부터 100미터 이내의 장소에서 옥외집회 또는 시위를 할 경우 형사처벌한다고 규정한 '집회 및 시위에 관한 법률' 제11조 제1호 중 '각급 법원' 부분 등이 집회의 자유를 침해하는지 여부: 적극 (헌재 2018.7.26. 2018헌바137)	헌법불합치
19	누구든지 국무총리 공관의 경계지점으로부터 100미터 이내의 장소에서 행진을 제외한 옥외집회·시위를 할 경우 형사처벌하도록 규정한 '집회 및 시위에 관한 법률' 제11조 제3호 및 제23조 중 제11조 제3호에 관한 부분 등이 집회의 자유를 침해하는지 여부: 적극 (헌재 2018.6.28. 2015헌가28)	헌법불합치
20	국회의사당 경계지점으로부터 100미터 이내의 장소에서 옥외집회 또는 시위를 전면금지하는 것이 집회의 자유를 침해하는지 여부: 적극 (헌재 2018.5.31. 2013헌바322)	헌법불합치
21	대통령 관저 인근에서 집회를 금지하고 이를 위반하여 집회를 주최한 자를 처벌하는 집시법 제11조 제2호가 집회의 자유를 침해하는지 여부: 적극 (헌재 2022.12.22. 2018헌바48)	헌법불합치
22	국회의장 공관의 경계 지점으로부터 100미터 이내의 장소에서의 옥외집회 또는 시위를 일률적으로 금지하고, 이를 위반한 집회·시위의 참가자를 처벌하는 '집회 및 시위에 관한 법률' 제11조 제3호 중 '국회의장 공관'에 관한 부분 및 제23조 제3호 중 제11조 제3호 가운데 '국회의장 공관'에 관한 부분이 집회의 자유를 침해하는지 여부: 적극 (헌재 2023.3.23. 2021헌가1)	헌법불합치
23	집회 또는 시위를 하기 위하여 인천애(愛)뜰 중 잔디마당과 그 경계 내 부지에 대한 사용허가 신청을 한 경우 인천광역시장이 이를 허가할 수 없도록 제한하는 인천애(愛)뜰의 사용 및 관리에 관한 조례가 과잉금지원칙에 위배되어 청구인들의 집회의 자유를 침해하는지 여부: 적극 (헌재 2023.9.26. 2019헌마1417)[위헌] ⊘ 주의 법률유보원칙에 위배되어 집회의 자유를 침해하는 것은 아님	위헌

5 결사의 자유

1. 의의 및 성격

결사의 의의	다수인이 자발적 의사에 따라 공동목적을 위하여 계속적인 단체를 결성하는 것
법적 성격	• 복합적 성격의 기본권: 개인 또는 집단의 자유권적 기본권임과 동시에 정치적 기본권 • 제도적 보장: 견해 대립

2. 주체

외국인	국민에 비하여 보다 많은 제한을 받음
법인 등 결사체	• 다만, 공법상 단체는 결사의 자유의 주체가 될 수 없음 • 헌법재판소는 공법상의 결사에 가입하지 아니할 자유의 근거를 결사의 자유가 아니라 일반적 행동자유권에서 찾고 있음

3. 내용

적극적 내용	단체결성의 자유, 단체존속의 자유, 단체활동의 자유, 결사에의 가입·잔류의 자유
소극적 내용	기존의 단체로부터 탈퇴할 자유, 결사에 가입하지 아니할 자유

4. 효력

공권력을 구속하며, 사인에 대해서는 간접적으로 적용됨

5. 한계와 제한

한계	국가의 존립과 안전에 위해를 가하여서는 아니 되며, 자유민주적 기본질서 등 헌법질서를 위반하여서는 안 됨
제한	헌법 제37조 제2항에 따라 법률로써 제한 가능

📑 판례정리

번호	내용	결정
1	농지개량조합이 결사의 자유의 주체가 될 수 있는지 여부: **소극** (헌재 2000.11.30. 99헌마190)	소극
2	약사 또는 한약사 개인에게만 약국개설을 허용하고, 법인에는 약국개설을 허용하지 않는 것이 결사의 자유를 침해하는지 여부: **적극** (헌재 2002.9.19. 2000헌바84)	헌법불합치
3	지역농협 이사 선거의 경우 전화(문자메시지를 포함한다)·컴퓨터통신(전자우편을 포함한다)을 이용한 지지 호소의 선거운동방법을 금지하고, 이를 위반한 자를 처벌하는 구 농업협동조합법 제50조 제4항 및 농업협동조합법 제50조 제4항이 결사의 자유, 표현의 자유를 침해하는지 여부: **적극** (헌재 2016.11.24. 2015헌바62)	위헌
4	총사원 4분의 3 이상의 동의가 있으면 사단법인을 해산할 수 있도록 규정한 민법 제78조가 결사의 자유를 침해하는지 여부: **소극** (헌재 2017.5.25. 2015헌바260)	합헌

5	직선제 조합장선거의 경우 후보자가 아닌 사람의 선거운동을 전면 금지하고, 이를 위반하면 형사처벌하는 것이 결사의 자유를 침해하는지 여부: **소극** (헌재 2017.6.29. 2016헌가1)	합헌
6	국민건강보험에 강제가입하도록 하는 것이 결사의 자유의 제한인지 여부: **소극** (헌재 2003.10.30. 2000헌마801)	기각
7	직선제 조합장선거의 경우, 선거운동기간을 후보자등록마감일의 다음 날부터 선거일 전일까지로 한정하면서 예비 후보자 제도를 두지 아니한 것 및 법정된 선거운동 방법만을 허용하면서 합동연설회 또는 공개토론회의 개최나 언론기관 및 단체가 주최하는 대담·토론회를 허용하지 아니하는 것이 결사의 자유를 침해하는지 여부: **소극** (헌재 2017.7.27. 2016헌바372)	합헌
8	공동주택의 동별 대표자의 중임을 한 번으로 제한하고 있는 구 주택법 시행령 제50조 제8항 후단이 결사의 자유를 침해하는지 여부: **소극** (헌재 2017.12.28. 2016헌마311)	기각
9	변리사의 변리사회 가입의무를 규정한 변리사법 제11조 중 제5조 제1항에 따라 등록한 변리사 부분이 소극적 결사의 자유 등을 침해하는지 여부: **소극** (헌재 2017.12.28. 2015헌마1000)	기각
10	시각장애인 안마사들이 전국적인 중앙회(대한안마사협회)에 의무적으로 가입하도록 한 의료법 제61조 제3항 등이 결사의 자유를 침해하는지 여부: **소극** (헌재 2008.1.30. 2006헌가15)	합헌
11	지역의료보험조합과 직장의료보험조합을 해산하여 국민건강보험공단으로 통합하는 경우, 조합의 해산으로 인하여 조합원들의 결사의 자유가 침해되는지 여부: **소극** (헌재 2000.6.29. 99헌마289)	기각
12	변리사회 가입강제를 규정하고 있는 변리사법 제11조 중 '변리사' 부분이 결사의 자유를 침해하는지 여부: **소극** (헌재 2008.7.31. 2006헌마666)	기각
13	같은 구역 내에서 2개 이상의 축협설립을 금지하는 축산업협동조합법 제99조 제2항이 결사의 자유를 침해하는지 여부: **적극** (헌재 1996.4.25. 92헌바47)	위헌
14	기존의 축협중앙회를 해산하여 신설되는 농협중앙회에 통합하도록 하는 것이 축협중앙회의 결사의 자유를 침해하는지 여부: **소극** (헌재 2000.6.1. 99헌마553) ✅ **주의** 축협중앙회의 기본권주체성을 인정하나 축협중앙회를 해산하여 신설되는 농협중앙회에 통합하는 것은 합헌이라고 봄 ✅ **비교 농지개량조합** 농지개량조합은 애초에 결사의 자유의 주체가 될 수 없고 축협중앙회는 결사의 자유의 주체가 될 수 있음. 단지, 결사의 자유의 주체성이 인정되는 것이 곧바로 무제한적으로 결사의 자유가 인정될 수 있는 것은 아니고, 일반적 법률유보에 따라 제한될 수 있으며, 이 사안은 합리적인 입법재량하에서 축협중앙회의 결사의 자유가 제한됨	기각
15	국가공무원법 제65조 제1항 중 "국가공무원법 제2조 제2항 제2호의 교육공무원 가운데 초·중등교육법 제19조 제1항의 교원은 그 밖의 정치단체의 결성에 관여하거나 이에 가입할 수 없다." 부분은 명확성원칙에 위배되어 나머지 청구인들의 정치적 표현의 자유, 결사의 자유를 침해한다(헌재 2020.4.23. 2018헌마551).	위헌

6 학문과 예술의 자유

> 헌법 제22조 ① 모든 국민은 학문과 예술의 자유를 가진다.
> ② 저작자·발명가·과학기술자와 예술가의 권리는 법률로써 보호한다.

1. 학문의 자유

(1) 개념
학문적 활동에 대하여 공권력의 간섭이나 방해를 받지 아니할 자유

(2) 법적 성격
개인의 소극적 방어권과 제도적 보장으로서의 성격

(3) 주체
대학교수나 연구소의 연구원, 모든 국민과 외국인. 또한 대학이나 그 밖의 연구단체

(4) 내용

학문연구의 자유	• 학문연구의 자유는 학문의 자유의 본질적 부분 • 학문연구의 자유는 유보 없이 보장되는 절대적 자유이므로 연구대상의 선택, 연구방법, 연구내용, 연구시기, 연구장소 등에 관하여 공권력 등이 개입하여서는 아니 됨
학문연구발표의 자유	최소한의 범위 내에서 국가에 의한 제한을 받음
강학(교수)의 자유	• 대학이나 고등교육기관의 교육자가 자유로이 강의하는 자유 ⊘ **비교** 중·고등학교에서는 강학(교수)의 자유가 인정되지 않음 • "단순히 기존의 지식을 전달하거나 인격을 형성하는 것을 목적으로 하는 '교육'은 학문의 자유의 보호영역이 아니라 교육에 관한 기본권(헌법 제31조)의 보호영역에 속함(헌재 2003.9.25. 2001헌마814 등)
학문적 집회·결사의 자유	일반적 집회·결사의 자유보다 더 많은 보장을 받음

판례정리

번호	내용	결정
1	국정교과서제도가 학문의 자유를 침해하는지 여부: **소극** (헌재 1992.11.12. 89헌마88)	기각
2	법학전문대학원의 인가주의 및 총 입학정원 자체를 제한하는 것이 법학전문대학원을 설치하고자 하는 대학의 자율성을 침해하는지 여부: **소극** (헌재 2009.2.26. 2008헌마370 등)	기각
3	사립학교법인이 의무를 부담하기 위해서는 관할청의 허가를 받아야 한다는 사립학교법 제28조 제1항의 규정이 사립학교법인의 학문·예술의 자유 및 교육을 받을 권리를 침해하는지 여부: **소극** (헌재 2001.1.18. 99헌바63)	합헌

| 4 | 사립학교교원이 선거범죄로 1백만원 이상의 벌금형을 선고받아 그 형이 확정되면 당연퇴직되도록 한 것이 대학의 자율 및 교수의 자유를 침해하는지 여부: **소극** (헌재 2008.4.24. 2005헌마857) | 기각 |
| 5 | 사립학교교원이 파산선고를 받으면 당연퇴직되도록 정하고 있는 사립학교법 제57 조가 대학의 자율성을 침해하는지 여부: **소극** (헌재 2008.11.27. 2005헌가21) | 합헌 |

2. 예술의 자유

(1) 법적 성격

개인의 주관적 공권인 동시에 객관적 가치질서로서의 성격

(2) 주체

① 모든 인간

② 극장·미술관·예술학교 등 예술단체나 법인이 예술의 자유의 주체가 되는지에 관하여는 견해가 대립

📑 판례정리

번호	내용	결정
1	음반제작자도 예술의 자유의 주체가 될 수 있는지 여부: **적극** (헌재 1993. 5.13. 91헌바17)	–

(3) 내용

예술창작의 자유	예술이 목적이 아닌 수단이나 도구로 행해지는 상업광고물, 단순한 기능적인 요리·수공업은 예술의 자유의 보호대상에서 제외(허영)
예술표현의 자유	예술적 비판은 예술의 자유라기보다는 일반적인 표현의 자유에 속함
예술적 집회·결사의 자유	일반적 집회·결사의 자유보다 더 많은 보장을 받음

(4) 효력

① 원칙적으로 국가에 대한 소극적 방어권

② 그러나 오늘날에는 예술진흥을 위한 국가의 지원까지 요구하는 적극적 의미도 가짐

(5) 제한과 한계

예술의 자유의 제한과 그 한계는 학문의 자유에 준함

📑 판례정리

번호	내용	결정
1	학교정화구역 내의 극장시설 및 영업을 금지하고 있는 이 사건 법률조항이 정화구역 내에서 극장업을 하고자 하는 자의 표현의 자유 내지 예술의 자유를 침해하는지 여부: **적극** (헌재 2004.5.27. 2003헌가1·2004헌가4) ◎ **비교** 극장 시설의 영업금지 • 대학 주변에서 금지하는 것 ⇨ 위헌 • 초, 중, 고 주변에서 금지하는 것 ⇨ 헌법불합치	• 대학: 위헌 • 초·중·고: 헌법불합치

3. 지식재산권의 보호

> 헌법 제22조 ② 저작자·발명가·과학기술자와 예술가의 권리는 법률로써 보호한다.

① 산업재산권(특허·상표), ② 저작권, ③ 지식재산권(mp3 복제문제, 해킹 등)으로 분류함

📑 판례정리

번호	내용	결정
1	숙취해소용 천연차를 개발하여 특허권을 획득한 자로 하여금 '음주 전후, 숙취해소'라는 표시광고를 하지 못하도록 하는 것이 특허권을 침해하는지 여부: <u>적극</u> (헌재 2000.3.30. 99헌마143) **⊘ 주의** 특허권은 재산권의 일종임	위헌
2	의약품 아닌 것의 의학적 효능에 관한 광고를 금지하는 약사법 제55조 제1항이 특허권을 침해하는지 여부: <u>소극</u> (헌재 2004.11.25. 2003헌바104)	합헌
3	다른 사람들 상호간에 컴퓨터 등을 이용하여 저작물 등을 전송하도록 하는 것을 주된 목적으로 하는 특수한 유형의 온라인서비스제공자로 하여금 권리자의 요청이 있는 경우 당해 저작물 등의 불법적인 전송을 차단하는 기술적인 조치 등 필요한 조치를 하도록 한 저작권법이 직업수행의 자유를 침해하는지 여부: <u>소극</u> (헌재 2011.2.24. 2009헌바13)	합헌

제1절 재산권

> 헌법 제23조 ① 모든 국민의 재산권은 보장된다. 그 내용과 한계는 법률로 정한다.
> ② 재산권의 행사는 공공복리에 적합하도록 하여야 한다.
> ③ 공공필요에 의한 재산권의 수용·사용 또는 제한 및 그에 대한 보상은 법률로써 하되 정당한 보상을 지급하여야 한다.
>
> ✓ 주의
> 정당한 보상 ○ / 상당한 보상 ×

1 의의

헌법이 보장하고 있는 재산권 ⇨ 경제적 가치가 있는 모든 공법상·사법상의 권리

2 법적 성격

대국가적 방어권으로서 개개인의 재산상 권리를 보장하고 개개인이 재산을 사유할 수 있는 사유재산제도를 보장하는 것(다수설, 헌법재판소)

3 주체

모든 국민과 법인	가능
외국인의 재산권	국제법과 국제조약이 정하는 바에 따라 보장의 범위가 결정(통설)

📑 **판례정리**

번호	내용	결정
1	지방자치단체가 재산권 등의 주체가 될 수 있는지 여부: **소극** 지방자치단체인 서울특별시 서초구는 헌법 제23조가 보장하고 있는 재산권의 주체가 될 수 없으므로, 청구인의 재산권 침해 주장은 이유 없다(헌재 2009.5.28. 2007헌바80).	소극

4 객체

1. 일반재산권

(1) 민법상의 소유권, 재산적 가치가 있는 사법상의 물권·채권 등은 포함되나 단순한 경제적 기회, 기대이익, 반사적 이익, 우연히 발생한 법적 지위 등은 재산권에 포함되지 않음(다수설)

판례정리

번호	내용	결정
1	공법상 권리가 재산권으로 보호받기 위한 요건 첫째, 공법상의 권리가 권리주체에게 귀속되어 개인의 이익을 위하여 이용가능해야 하며(사적 유용성) 둘째, 국가의 일방적인 급부에 의한 것이 아니라 권리주체의 노동이나 투자, 특별한 희생에 의하여 획득되어 자신이 행한 급부의 등가물에 해당하는 것이어야 하며(수급자의 상당한 자기기여) 셋째, 수급자의 생존의 확보에 기여해야 한다(헌재 2000.6.29. 99헌마289).	기각
2	환매권행사의 기간을 '10년'으로 한 것이 재산권침해인지 여부: **적극** (헌재 2020.11.26. 2019헌바131)	헌법불합치
3	국가의 간섭을 받지 아니하고 자유로이 기부행위를 할 수 있는 기회의 보장이 헌법상 보장된 재산권의 보호범위에 속하는지 여부: **소극** (헌재 1998.5.28. 96헌가5) ⊘ **주의** 단지 일반적 행동자유권의 보호범위에 속할 뿐임	위헌
4	퇴역연금수급권이 헌법상 보장되는 재산권에 포함되는지 여부: **적극** (헌재 1994.6.30. 92헌가9)	한정위헌
5	약사의 한약조제권이 재산권인지 여부: **소극** (헌재 1997.11.27. 97헌바10)	합헌
6	강제집행권이 헌법 제23조 제3항 소정의 재산권에 포함되는지 여부: **소극** (헌재 1998.5.28. 96헌마44)	각하
7	'사립학교교직원 연금법'상 퇴직급여 및 퇴직수당을 받을 권리가 헌법 제23조에 의하여 보장되는 재산권인지 여부: **적극** (헌재 2013.9.26. 2013헌바170)	적극
8	태평양전쟁 전후 국외 강제동원희생자 등 지원에 관한 법률에 규정된 위로금이 재산권인지 여부: **소극** (헌재 2015.12.23. 2011헌바139)	합헌
9	임대차 목적물인 상가건물이 유통산업발전법 제2조에 따른 대규모점포의 일부인 경우 임차인의 권리금 회수기회 보호 등에 관한 '상가건물 임대차보호법' 제10조의4를 적용하지 않도록 하는 구 '상가건물 임대차보호법' 제10조의5 제1호 중 대규모점포에 관한 부분이 대규모점포 상가임차인들의 재산권 등을 침해하는지 여부: **소극** (헌재 2020.7.16. 2018헌바242·508)	합헌
10	청구인이 심판대상조항을 적용받지 아니함으로써 재단법인의 설립 없이 유골수를 추가 설치·관리하여 수익을 창출하려 하였던 사정이 재산권의 보호영역에 포함될 수 있는지 여부: **소극** (헌재 2021.8.31. 2019헌바453)	합헌

헌법상 재산권에 포함 ○	• 군인연금법상의 연금수급권(헌재 1994.6.30. 92헌가9) • 공무원연금법상의 연금수급권(헌재 1995.7.21. 94헌바27) • 국가유공자의 보상수급권(헌재 1995.7.21. 93헌가14) • 환매권(헌재 1995.10.26. 95헌바22) • 근로기준법상 임금 및 퇴직금청구권(헌재 1998.6.25. 96헌바27) • 토지소유자가 정당한 지목을 등록함으로써 누리게 될 이익(헌재 1999.6.24. 97헌마315) • 관행어업권(헌재 1999.7.22. 97헌바76) • 의료보험수급권(헌재 2000.6.29. 99헌마289) • 특허권(헌재 2000.3.30. 99헌마143) • 건설업자의 영업권(헌재 2001.3.21. 2000헌바27) • 정리회사의 주식(헌재 2003.12.18. 2001헌바91 등) • 실용신안권(헌재 2002.4.25. 2001헌마200) • 상속권(헌재 1998.8.27. 96헌가22) • 개인택시면허(헌재 2012.3.29. 2010헌마443) • 우편물의 지연배달에 따른 손해배상청구권(헌재 2013.6.27. 2012헌마426)

헌법상 재산권에 포함 ×	• 약사의 한약조제권(헌재 1997.11.27. 97헌바10)
	• 강제집행권(헌재 1998.5.28. 96헌마44)
	• 자신의 토지를 장래에 건축이나 개발목적으로 사용할 수 있으리라는 기대가능성이나 신뢰 및 이에 따른 지가상승의 기회(헌재 1998.12.24. 89헌마214)
	• 관재담당공무원이 그 처리하는 국유재산을 양수하거나 자기의 소유재산과 교환하지 못하게 하는 것(헌재 1999.4.29. 96헌바55)
	• 의료보험조합의 적립금(헌재 2000.6.29. 99헌마289)
	• 사회부조(社會扶助)(헌재 2000.6.29. 99헌마289)
	• 의료급여수급권(헌재 2009.9.24. 2007헌마1092)
	  ⊘ **주의**
	    의료'보험'수급권과 구별해야 함
	• 신고제에서 허가제로의 전환에 따른 폐기물재생처리업자의 영업권(헌재 2000.7.20. 99헌마452)
	• 농지개량조합의 재산(헌재 2000.11.30. 99헌마190)
	• 국립공원의 입장료 수입(헌재 2001.6.28. 2000헌바44)
	• 시혜적 입법에 의해 얻을 수 있는 재산상 이익(헌재 2002.12.18. 2001헌바55)
	• 소멸시효의 기대이익(헌재 2004.3.25. 2003헌바22)
	• 이윤추구의 기회(헌재 2004.12.16. 2002헌마579)
	• 상공회의소의 의결권 또는 회원권(헌재 2006.5.25. 2004헌가1)
	• 특정 장소에서의 영업권(헌재 2003.10.30. 2001헌마700)
	• 교원의 정년단축으로 입는 경제적 불이익(헌재 2000.12.14. 99헌마112 등)
	• 기업활동의 사실적·법적 여건(헌재 2005.2.3. 2003헌마544 등)
	• 환매권소멸 후의 우선매수권(헌재 1998.12.24. 97헌마87 등)
	• 장기미집행 토지의 실효제도
	• 국민연금법상 사망일시금
	• 문화재에 대한 선의취득의배제(헌재 2009.7.30. 2007헌마870)

2. 지식재산권

학문 및 예술의 자유와는 별도로 규정함

✅ **비교 헌법상 근거 조항**
- 학문 및 예술의 자유(제22조 제1항)
- 지식재산권(제22조 제2항)

3. 토지재산권

(1) 가중적 규제

① 토지는 비대체적이며 유한한 재화라는 점, ② 헌법에서 사회국가의 원리와 사회적 시장경제질서를 채택한 점에서 그 밖의 재산권에 비하여 가중된 사회적 규제를 받음

(2) 유형

① 소유제한, ② 권능제한

📑 **판례정리**

번호	내용	결정
1	택지소유상한에 관한 법률 제2조 제1호 나목 등 위헌소원 [1] 특별시·광역시에 있어서 택지의 소유상한을 200평으로 정한 것이 과잉금지원칙에 어긋나는지 여부: **적극** [2] 택지소유상한에 관한 법률 시행 이전부터 택지를 소유하고 있는 사람에게도 일률적으로 택지소유상한제를 적용하는 것이 신뢰이익을 해하는지 여부: **적극** [3] 헌법재판소법 제45조 단서에 따라 법률 전체에 대하여 위헌결정을 한 사례(헌재 1999.4.29. 94헌바37 등)	위헌
2	토지거래허가제가 위헌인지 여부: **소극** (헌재 1989.12.22. 88헌가13)	합헌
3	도시계획법 제21조에 대한 위헌소원 [1] 토지를 종전의 용도대로 사용할 수 있는 경우에 개발제한구역 지정으로 인한 지가의 하락이 토지재산권에 내재하는 사회적 제약의 범주에 속하는지 여부: **적극** [2] 도시계획법 제21조의 위헌 여부: **적극** 도시계획법 제21조에 의한 재산권의 제한은 개발제한구역으로 지정된 토지를 원칙적으로 지정 당시의 지목과 토지현황에 의한 이용방법에 따라 사용할 수 있는 한, 재산권에 내재하는 사회적 제약을 비례의 원칙에 합치하게 합헌적으로 구체화한 것이라고 할 것이나, 종래의 지목과 토지현황에 의한 이용방법에 따른 토지의 사용도 할 수 없거나 실질적으로 사용·수익을 전혀 할 수 없는 예외적인 경우에도 아무런 보상없이 이를 감수하도록 하고 있는 한, 비례의 원칙에 위반되어 당해 토지소유자의 재산권을 과도하게 침해하는 것으로서 헌법에 위반된다(헌재 1989.12.22. 88헌가13).	헌법불합치
4	동물에 대한 재산권 행사 일반적인 물건에 대한 재산권 행사에 비하여 동물에 대한 재산권 행사는 사회적 연관성과 사회적 기능이 매우 크다 할 것이므로 이를 제한하는 경우 입법재량의 범위를 폭넓게 인정함이 타당하다. 그러므로 이 사건 법률조항이 과잉금지원칙을 위반하여 재산권을 침해하는지 여부를 살펴보되 심사기준을 완화하여 적용함이 상당하다(헌재 2013.10.24. 2012헌바431).	합헌

1. 사유재산제의 보장

본질적 내용	생산수단의 사유
제한의 한계	• 모든 생산수단 또는 모든 사영기업을 국·공유화하는 것은 인정되지 않음 • 상속제도는 사유재산제도의 본질적 내용에 해당하므로 이를 근본적으로 부인하는 것은 위헌

2. 사유재산권의 보장

(1) 기본내용

소유권과 상속권뿐 아니라 사용·수익·처분권까지도 보장함

(2) 자의적인 과세권행사의 금지

(3) 소급입법에 의한 재산권박탈의 금지 – 소급입법의 허용 여부

> 헌법 제13조 ② 모든 국민은 소급입법에 의하여 … 재산권을 박탈당하지 아니한다.

① 진정소급입법의 경우

원칙	개인의 신뢰보호와 법적 안정성을 내용으로 하는 법치국가원리에 의하여 헌법적으로 허용되지 아니함
예외적 허용	• 국민이 소급입법을 예상할 수 있는 경우 • 법적 상태가 불확실하여 보호할 만한 신뢰의 이익이 적은 경우 • 소급입법에 의한 당사자의 손실이 없거나 아주 경미한 경우 • 신뢰보호의 요청에 우선하는 심히 중대한 공익상의 사유

② 부진정소급입법의 경우

  ㉠ 원칙적으로 허용
  ㉡ 소급효를 요구하는 공익상의 사유와 신뢰보호의 요청 사이의 교량과정에서 신뢰보호의 관점이 입법자의 형성권에 제한을 가하게 됨(헌재 1995.10.26. 94헌바12)

📋 **판례정리**

번호	내용	결정
1	진정소급입법에 의한 재산권박탈이 예외적으로 허용될 수 있는지 여부: 적극 (헌재 2011.3.31. 2008헌바141 등)	합헌
2	개발이 진행 중인 사업에 개발부담금을 부과하는 것이 소급입법금지의 원칙에 위반되는지 여부: 소극 (헌재 2001.2.22. 98헌바19)	합헌

6 한계

헌법 제23조 제1항 제2문에 따라 재산권의 내용(사용권·수익권·처분권)과 한계(재산권의 대상이 되는 사유재산의 범위)는 법률로 정함

7 제한

1. 목적

국가안전보장·질서유지, 공공복리(헌법 제37조 제2항) 또는 공공필요(헌법 제23조 제3항)

2. 형식

(1) 법률

① 헌법 제23조 제3항은 수용·사용·제한 등 재산권제한의 유형과 그 보상의 기준 및 방법 등을 법률로써 규정함

② **결부조항(불가분조항):** 헌법이 입법위임을 하면서 법률에 일정한 요건이나 내용의 충족을 규정할 것을 요구하는 조항

③ 헌법 제23조 제3항 – 결부조항인지 여부

학설	• 긍정설(다수설): 보상규정이 없는 재산권 제한법률은 위헌 • 부정설: 수용적 보상규정이 없는 경우에도 공용수용법률은 합헌이 되고 단지 입법부에는 보상입법을 하여야 할 의무가 부과됨
헌법재판소	"우리 헌법은 제헌 이래 현재까지 재산의 수용·사용 또는 제한에 대한 보상금을 지급하도록 규정하면서 이를 법률이 정하도록 위임함으로써 국가에 명시적으로 수용 등의 경우 그 보상에 관한 입법의무를 부과하여 왔는바, …"라고 판시함(헌재 1994.12.29. 89헌마2)

(2) 법률 이외의 형식

① 긴급명령·긴급재정경제처분·긴급재정경제명령 등에 의한 제한

② 법률의 위임이 있는 일반 명령형식에 의한 제한 여부: 부정설이 있으나, 위임입법의 한계를 일탈하지 않는 범위에서 법규명령에 의한 재산권제한도 가능함(통설)

③ 조례에 의한 제한 여부

  ㉠ 부정설(다수설)

  ㉡ 헌법재판소는 법률에 위임이 있는 경우에는 조례로도 재산권을 제한할 수 있다고 판시함(헌재 1995.4.20. 92헌마264·279)

3. 제한의 유형

(1) 일반적인 형태로 헌법 제23조 제3항에 규정된 수용·사용·제한과 특수한 형태로 헌법 제122조 및 제126조로 나눌 수 있음

(2) **헌법 제23조 제3항의 '수용'·'사용'·'제한'**

① 공용수용·공용사용·공용제한을 뜻함

② 공공필요를 위하여 국가 등이 개인의 특정 재산권을 법률에 의하여 강제적으로 취득, 사용하는 것과 개인의 특정 재산권에 대하여 공법상 제한하는 것을 의미함

4. 제한조건으로서의 보상

헌법 제23조 제3항은 "공공필요에 의한 재산권의 수용·사용 또는 제한 및 그에 대한 보상은 법률로써
하되, 정당한 보상을 지급하여야 한다."라고 규정함

'정당한 보상' 원칙의 의의	• 원칙적으로 피수용재산의 객관적인 재산가치를 완전하게 보상하여야 한다는 완전보상을 뜻함 • 객관적 가치란 그 물건의 합리적인 매매가능가격 ⇨ 즉, 시가에 의하여 산정됨
'정당한 보상' 원칙의 예외	토지의 경우, 그 특성상 인근 유사토지의 거래가격을 기준으로 하여 토지수용으로 인한 손실보상액의 산정을 '공시지가'를 기준으로 한 것이 헌법상의 정당보상의 원칙에 위배되는 것이 아님(헌재 2002.12.18. 2002헌가4)

5. 제한의 한계

(1) 헌법 제37조 제2항(자유·권리 제한규정)에 따라 제한이 가능함
(2) 재산권의 행사는 공공복리에 적합하도록 하여야 함(헌법 제23조 제2항)

📋 판례정리

번호	내용	결정
1	민간기업이 헌법 제23조 제3항의 재산권수용의 주체가 될 수 있는지 여부: **적극** (헌재 2009.9.24. 2007헌바114)	합헌
2	지방자치단체에 대한 금전채권의 소멸시효를 5년의 단기로 정하고 있는 지방재정법 제69조 제2항이 사법상의 원인에 기한 채권에 대해서도 민법이 정한 기간보다 그 시효기간을 단축하고 있는 것이 재산권을 침해하는지 여부: **소극** (헌재 2004.4.29. 2002헌바58)	합헌
3	성매매 알선 등 행위의 처벌에 관한 법률 제2조 제1항 제2호 다목 중 '성매매에 제공되는 사실을 알면서 건물을 제공하는 행위' 부분이 집창촌에서 건물을 소유하거나 그 관리권한을 가지고 있는 자의 재산권을 침해하는지 여부: **소극** (헌재 2006.6.29. 2005헌마1167)	기각
4	상호신용금고의 예금채권자에게 예탁금의 한도 안에서 상호신용금고의 총재산에 대하여 다른 채권자에 우선하여 변제받을 권리를 부여하고 있는 구 상호신용금고법 제37조의2가 다른 일반 채권자를 합리적 이유 없이 차별하고 그들의 재산권을 침해하는지 여부: **적극** (헌재 2006.11.30. 2003헌가14·15)	위헌
5	건축허가를 받은 자가 그 허가를 받은 날로부터 1년 이내에 공사에 착수하지 아니한 경우 건축허가를 필수적으로 취소하도록 규정한 건축법 제11조 제7항 제1호가 건축주의 토지재산권 등을 침해하는지 여부: **소극** (헌재 2010.2.25. 2009헌바70)	합헌
6	건축연면적 200m²를 초과하는 건축행위에 대하여 기반시설부담금을 부과하는 기반시설부담금에 관한 법률 제6조 제1항 등이 재산권 및 평등권을 침해하여 위헌인지 여부: **소극** (헌재 2010.2.25. 2007헌바131·2009헌가1)	합헌
7	타인에게 임대한 자기 소유의 토지 위에 폐기물이 방치된 경우 당해 토지의 소유자에게도 폐기물에 대한 적정처리를 명할 수 있도록 한 폐기물관리법 및 건설폐기물의 재활용촉진에 관한 법률 관련 조항이 헌법에 위반되는지 여부: **소극** (헌재 2010.5.27. 2007헌바53)	합헌

8	진정소급입법에 의한 재산권박탈도 예외적으로 허용될 수 있는지 여부: 적극 [1] '일제강점하 반민족행위 진상규명에 관한 특별법' 제2조 제6호 내지 제9호의 행위를 한 자를 재산이 국가에 귀속되는 대상인 친일반민족행위자로 보는 '친일반민족행위자재산의 국가귀속에 관한 특별법' 제2조 제1호 가목이 법률의 명확성원칙에 반하는지 여부: 소극 [2] 러·일전쟁 개전시부터 1945년 8월 15일까지 친일반민족행위자가 취득한 재산을 친일행위의 대가로 취득한 재산으로 추정하는 친일재산귀속법 제2조 제2호 후문이 재판청구권을 침해하고 적법절차원칙에 반하는지 여부: 소극 [3] 친일재산을 그 취득·증여 등 원인행위시에 국가의 소유로 하도록 규정한 친일재산귀속법 제3조 제1항 본문이 진정소급입법으로서 헌법 제13조 제2항에 반하는지 여부: 소극 [4] 이 사건 귀속조항이 재산권을 침해하는지 여부: 소극 [5] 이 사건 귀속조항이 평등권을 침해하는지 여부: 소극 [6] 이 사건 귀속조항이 연좌제에 해당하는지 여부: 소극 (헌재 2011.3.31. 2008헌바141 등)	합헌
9	친일반민족행위자 가운데 '한일합병의 공으로 작위를 받거나 계승한 자'를 '일제로부터 작위를 받거나 계승한 자'로 개정하여 친일재산귀속법을 적용하는 것이 소급입법금지원칙에 위반되는지 여부: 소극 (헌재 2013.7.25. 2012헌가1)	합헌
10	건설공사사업시행자에게 지표조사비용을 부담하게 하고, 건설공사를 위하여 문화재 발굴허가를 받아 매장문화재를 발굴하는 경우에 그 발굴비용을 사업시행자가 부담하도록 한 것이 재산권을 침해하는지 여부: 소극 (헌재 2011.7.28. 2009헌바244)	합헌
11	일본국에 대하여 가지는 원폭피해자로서의 배상청구권이 '대한민국과 일본국간의 재산 및 청구권에 관한 문제의 해결과 경제협력에 관한 협정' 제2조 제1항에 의하여 소멸되었는지 여부에 관한 한·일 양국간 해석상 분쟁을 위 협정 제3조가 정한 절차에 따라 해결하지 아니하고 있는 외교부의 부작위가 위헌인지 여부: 적극 (헌재 2011.8.30. 2008헌마648)	인용
12	사할린 한인 판례 [1] 청구인들의 대일청구권이 '대한민국과 일본국간의 재산 및 청구권에 관한 문제의 해결과 경제협력에 관한 협정'(조약 제172호, 이하 '이 사건 협정'이라 한다) 제2조 제1항에 의하여 소멸하였는지 여부에 관한 한·일 양국간 해석상 분쟁을 이 사건 협정 제3조가 정한 절차에 의하여 해결할 피청구인(외교부장관)의 작위의무가 인정된다. [2] 피청구인이 청구인들이 원하는 수준의 적극적인 노력을 펼치지 않았다 해도, 이 사건 협정 제3조상 분쟁해결절차를 언제, 어떻게 이행할 것인가에 관해서는, … 피청구인에게 상당한 재량이 인정된다. 이러한 사실을 종합하면, 설사 그에 따른 가시적인 성과가 충분하지 않다고 하더라도 피청구인이 자신에게 부여된 작위의무를 이행하지 않고 있다고 볼 수는 없다(헌재 2019.12.27. 2012헌마939).	각하
13	군인 또는 군인이었던 자가 복무 중의 사유로 금고 이상의 형을 받은 때에는 대통령령이 정하는 바에 의하여 퇴직급여 및 퇴직수당의 일부를 감액하여 지급하도록 한 군인연금법 제33조 제1항 제1호가 헌법상 재산권 내지 평등권을 침해하는지 여부: 적극 (헌재 2009.7.30. 2008헌가1·2009헌바21) ✔ 주의 '수단의 적합성'부터 부정함	헌법불합치

14	공무원 또는 공무원이었던 자가 재직 중의 사유로 금고 이상의 형을 받은 때에는 대통령령이 정하는 바에 의하여 퇴직급여 및 퇴직수당의 일부를 감액하여 지급하도록 한 공무원연금법 제64조 제1항 제1호가 재산권을 침해하고 평등의 원칙에 위배되는지 여부: **적극** (헌재 2007.3.29. 2005헌바33)	헌법불합치
15	공무원이 '직무와 관련 없는 과실로 인한 경우' 및 '소속 상관의 정당한 직무상의 명령에 따르다가 과실로 인한 경우'를 제외하고 재직 중의 사유로 금고 이상의 형을 받은 경우 퇴직급여 등을 감액하도록 규정한 공무원연금법이 위헌인지 여부: **소극** [1] 공무원이 '직무와 관련 없는 과실로 인한 경우' 및 '소속 상관의 정당한 직무상의 명령에 따르다가 과실로 인한 경우'를 제외하고 재직 중의 사유로 금고 이상의 형을 받은 경우 퇴직급여 등을 감액하도록 규정한 공무원연금법(2009.12.31. 법률 제9905호로 개정된 것) 제64조 제1항 제1호(이하 '이 사건 감액조항'이라 한다)가 헌법불합치결정(2005헌바33 사건)의 기속력에 반하는지 여부: **소극** [2] 이 사건 감액조항이 청구인들의 재산권, 인간다운 생활을 할 권리를 침해하는지 여부: **소극** [3] 이 사건 감액조항이 평등원칙에 위배되는지 여부: **소극** [4] 2009.12.31. 개정된 이 사건 감액조항을 2009.1.1.까지 소급하여 적용하도록 규정한 공무원연금법 부칙 제1조 단서, 제7조 제1항 단서 후단(이하 이를 합하여 '이 사건 부칙조항'이라 한다)이 소급입법금지원칙에 위배되는지 여부: **적극** (헌재 2013.8.29. 2010헌바354)	합헌 (부칙조항: 위헌)
16	반달가슴곰 등 수입·반입된 국제적 멸종위기종으로부터 증식된 종에 대하여 원칙적으로 수입·반입목적 외 다른 용도의 사용을 금지하는 것이 재산권을 침해하는지 여부: **소극** (헌재 2013.10.24. 2012헌바431)	합헌
17	국민연금법이 조기노령연금의 수급개시연령을 59세에서 60세로 올린 것이 장래 조기노령연금을 받을 기대를 가진 청구인의 재산권과 평등권을 침해하는지 여부: **소극** (헌재 2013.10.24. 2012헌마906)	기각
18	임대차존속기간을 20년으로 제한한 민법 제651조 제1항이 헌법에 위반되는지 여부: **적극** (헌재 2013.12.26. 2011헌바234) ⊘ **주의** 계약의 자유를 침해함	위헌
19	재건축 사유 및 재건축을 이유로 갱신거절권을 행사할 수 있는 시점 등에 대해 분명한 규정을 두고 있지 아니한 상가건물 임대차보호법 제10조 제1항 단서 제7호가 임차인의 재산권을 침해하는지 여부: **소극** (헌재 2014.8.28. 2013헌바76)	합헌
20	사실혼 배우자에게 상속권을 인정하지 않는 민법 제1003조 제1항 중 '배우자' 부분이 사실혼 배우자의 상속권을 침해하는지 여부: **소극** (헌재 2014.8.28. 2013헌바119)	합헌
21	행정기관이 개발촉진지구 지역개발사업으로 실시계획을 승인하고 이를 고시하기만 하면 고급골프장사업과 같이 공익성이 낮은 사업에 대해서까지도 시행자인 민간개발자에게 수용권한을 부여하는 구 '지역균형개발 및 지방중소기업 육성에 관한 법률' 제19조 제1항의 '시행자' 부분 중 '제16조 제1항 제4호'에 관한 부분이 헌법 제23조 제3항에 위배되는지 여부: **적극** (헌재 2014.10.30. 2011헌바172 등)	헌법불합치
22	공직선거법 제265조의2 제1항 전문 중 '제264조의 규정에 따라 당선이 무효로 된 사람은 제57조와 제122조의2에 따라 반환·보전받은 금액을 반환하여야 하는 부분'이 청구인의 재산권을 침해하는지 여부: **소극** (헌재 2015.2.26. 2012헌마581)	기각

23	도로 등 영조물 주변 일정 범위에서 광업권자의 채굴행위를 제한하는 구 광업법 제44조 제1항 제1호 등이 광업권자의 재산권을 침해하는지 여부: 소극 (헌재 2014.2.27. 2010헌바483)	합헌
24	일제에 의하여 군무원으로 강제동원되어 그 노무 제공의 대가를 지급받지 못한 미수금피해자에게 당시의 일본국 통화 1엔에 대하여 대한민국 통화 2천 원으로 환산한 미수금 지원금을 지급하도록 한 구 '태평양전쟁 전후 국외 강제동원희생자 등 지원에 관한 법률' 제5조 제1항이 헌법에 위반되는지 여부: 소극 (헌재 2015.12.23. 2009헌바317)	합헌
25	등기부취득시효에 관하여 규정한 민법 제245조 제2항이 재산권을 침해하는지 여부: 소극 (헌재 2016.2.25. 2015헌바257)	합헌
26	입찰담합행위 등을 한 사업자에게 시정조치 및 매출액의 10% 이내에서 과징금을 부과할 수 있도록 규정한 '독점규제 및 공정거래에 관한 법률' 제21조 등이 재산권 등을 침해하는지 여부: 소극 (헌재 2016.4.28. 2014헌바60)	합헌
27	이사가 고의 또는 과실로 법령 또는 정관에 위반한 행위를 하거나 그 임무를 게을리한 경우 회사에 대하여 연대하여 손해를 배상하도록 규정한 상법 제399조 제1항이 헌법에 위반되는지 여부: 소극 (헌재 2016.4.28. 2015헌바230)	합헌
28	개발부담금을 개발부담금 납부 고지일 후에 저당권 등으로 담보된 채권에 우선하여 징수할 수 있도록 한 '개발이익 환수에 관한 법률' 제22조 제2항이 재산권을 침해하는지 여부: 소극 (헌재 2016.6.30. 2013헌바191)	합헌
29	법률혼 관계에 있었지만 별거·가출 등으로 실질적인 혼인관계가 존재하지 않았던 기간을 일률적으로 혼인 기간에 포함시켜 분할연금을 산정하도록 하는 분할연금제도가 재산권을 침해하는지 여부: 적극 (헌재 2016.12.29. 2015헌바182)	헌법불합치
30	당사자의 약정이 없으면 연 5푼으로 한 민사법정이율 및 반환할 금전에는 그 받은 날로부터 이자를 가하도록 한 민법이 재산권을 침해하는지 여부: 소극 (헌재 2017.5.25. 2015헌바421)	합헌
31	소득에 대한 조세 부담을 부당하게 감소시킨 것으로 인정되는 경우에는 그 거주자의 행위 또는 계산과 관계없이 해당 과세기간의 소득금액을 계산할 수 있도록 한 소득세법 규정이 재산권을 침해하는지 여부: 소극 (헌재 2017.5.25. 2016헌바269)	합헌
32	공동상속인 중 피상속인으로부터 재산의 증여 또는 유증을 받은 자가 있는 경우에 그 수증재산이 자기의 상속분에 달하지 못한 때에는 그 부족한 부분의 한도에서 상속분이 있다고 규정하면서 특별수익자가 배우자인 경우 특별수익 산정에 관한 예외를 두지 아니한 민법 제1008조가 배우자인 상속인의 재산권을 침해하는지 여부: 소극 (헌재 2017.4.27. 2015헌바24)	합헌
33	선의의 투자자에 대한 감사인의 손해배상책임은 그 청구권자가 당해 사실을 안 날로부터 1년 이내 또는 감사보고서를 제출한 날로부터 3년 이내에 청구권을 행사하지 아니한 때에는 소멸한다고 규정한 구 증권거래법 제197조 제1항 등이 재산권을 침해하는지 여부: 소극 (헌재 2017.6.29. 2015헌바376)	합헌
34	임차주택의 양수인은 임대인의 지위를 승계하도록 규정한 구 주택임대차보호법 제3조 제3항이 재산권을 침해하는지 여부: 소극 (헌재 2017.8.31. 2016헌바146)	합헌
35	부동산매매업자가 1세대 3주택 또는 비사업용 토지를 양도한 경우 사업자로서의 종합소득산출세액과 양도소득세율을 적용한 산출세액을 비교하여 그 중 많은 것을 종합소득산출세액으로 계산하는 구 소득세법 제64조 제1항 등이 재산권을 침해하는지 여부: 소극 (헌재 2017.8.31. 2015헌바339)	합헌

36	개발제한구역 중 취락지구가 아닌 지역으로 이축하는 자에게 개발제한구역보전부담금을 부과하는 개발제한구역의 지정 및 관리에 관한 특별조치법 제24조 제2항 등이 재산권을 침해하는지 여부: 소극 (헌재 2017.9.28. 2016헌바76)	합헌
37	재건축 조합 설립에 부동의한 토지 등 소유자를 매도청구의 상대방으로 규정한 도시 및 주거환경정비법 제39조 전문 제1호 중 제16조 제3항에 관한 부분 등이 재산권을 침해하는지 여부: 소극 (헌재 2017.10.26. 2016헌바301)	합헌
38	법인의 토지 등 양도소득을 계산함에 있어 양도가액에서 양도 당시의 정부가액만을 차감하도록 규정하는 구 법인세법 제55조의2 제6항이 재산권을 침해하는지 여부: 소극 (헌재 2017.11.30. 2016헌바182)	합헌
39	연금인 급여를 전국소비자물가변동률에 따라 매년 증액 또는 감액하도록 하는 공무원연금법 제43조의2를 2016.1.1.부터 2020.12.31.까지 적용하지 않도록 한 공무원연금법의 연금동결조항이 재산권을 침해하는지 여부: 소극 (헌재 2017.11.30. 2016헌마101)	기각
40	제대혈의 매매행위를 금지하고 있는 '제대혈 관리 및 연구에 관한 법률' 제5조 제1항 제1호가 계약의 자유 및 재산권 등을 침해하는지 여부: 소극 (헌재 2017.11.30. 2016헌바38)	합헌
41	장기급여에 대한 권리를 5년간 행사하지 아니하면 시효로 소멸한다고 규정한 '사립학교교직원 연금법' 제54조 제1항 중 '장기급여에 관한 부분'이 재산권, 사회보장수급권을 침해하는지 여부: 소극 (헌재 2017.12.28. 2016헌바34)	합헌
42	체납처분의 목적물인 재산의 추산가액이 체납처분비와 우선채권금액에 충당하고 남을 여지가 없더라도, 다른 과세관청의 교부청구가 있는 경우에는 체납처분을 중지하지 아니할 수 있도록 한 국세징수법 제85조 제2항 단서 중 '제56조에 따른 교부청구'에 관한 부분이 청구인의 재산권을 침해하는지 여부: 소극 (헌재 2017.12.28. 2016헌바160)	합헌
43	지역구국회의원 예비후보자의 기탁금 반환 사유를 예비후보자의 사망, 당내경선 탈락으로 한정하여 당내경선에서 배제된 예비후보자들로서 본 선거에서 등록을 하지 않은 경우, 선거에서 진정성이 없거나 불성실하다고 단정할 수 없는 정치신인 등에게 그 기탁금을 반환하지 않는 것이 그들의 재산권을 침해하여 헌법에 위반되는지 여부: 적극 (헌재 2018.1.25. 2016헌마541)	헌법불합치
44	농업협동조합이 취득한 부동산을 2년 이상 해당 용도로 직접 사용하지 아니하고 매각하는 경우 감면된 취득세를 추징하도록 규정한 구 지방세특례제한법 제94조 등이 재산권을 침해하여 헌법에 위반되는지 여부: 소극 (헌재 2018.1.25. 2015헌바277)	합헌
45	피상속인에 대한 부양의무를 이행하지 않은 직계존속의 경우를 상속결격사유로 규정하지 않은 민법 제1004조가 재산권을 침해하는지 여부: 소극 (헌재 2018.2.22. 2017헌바59)	합헌
46	기존 한정면허 사업자를 개정법에 따른 일반면허 사업자로 의제하는 해운법 부칙조항이 재산권을 침해하는지 여부: 소극 (2018.2.22. 2015헌마552)	합헌
47	공무원연금법상 연금수급권의 유족급여대항에서 18세 이상의 자를 배제하는 것이 위헌인지 여부: 소극 (헌재 1999.4.29. 97헌마333)	기각
48	종합부동산세사건 [1] 세대별 합산규정이 위헌인지 여부: 적극 [2] 주택분 종합부동산세를 부과함에 있어서 보유동기, 기간, 조세 지불능력 등에 대한 고려 없이 일률적 또는 무차별적으로 과세하는 것이 위헌인지 여부: 적극 [3] 토지에 대한 종합부동산에 부과가 위헌인지 여부: 소극 (헌재 2008.11.13. 2006헌바112)	[1] 위헌 [2] 헌법 불합치 [3] 합헌

49	토지보상액 산정시 공익사업으로 인한 개발이익을 배제하도록 규정한 공익사업법 제67조 제2항과 공시지가를 기준으로 보상액을 산정하도록 규정한 것이 위헌인지 여부: **소극** (헌재 2010.12.28. 2008헌바57)	합헌
50	구 토지수용법 제71조 제1항 중 환매권자는 '수용일로부터 10년' 이내에 그 토지를 환매할 수 있다고 제한한 것이 재산권침해인지 여부: **소극** (헌재 2011.3.31. 2008헌바26)	합헌
51	선거범죄로 처벌받아 당선이 무효로 된 자로 하여금 이미 반환받은 기탁금과 보전받은 선거비용을 다시 반환하도록 한 것이 재산권을 침해하는지 여부: **소극** (헌재 2011.4.28. 2010헌바232)	합헌
52	가처분이 집행된 후 10년간 본안의 소가 제기되지 아니한 때에는 가처분을 취소할 수 있도록 하고 있는 민사소송법 규정이 가처분채권자의 재산권을 침해하는지 여부: **소극** (헌재 2012.4.24. 2011헌바109)	합헌
53	전통사찰의 전법용 경내지 건조물 등에 대하여 압류를 금지하고 있는 전통사찰의 보존 및 지원에 관한 법률 제14조가 재산권을 침해하는지 여부: **소극** (헌재 2012.6.27. 2011헌바34)	합헌
54	토지거래허가구역 내에서 허가받은 목적대로 토지를 이용할 의무를 이행하지 아니하는 자에게 이행강제금을 부과하는 내용의 국토의 계획 및 이용에 관한 법률 제124조의2 제2항이 재산권을 침해하는지 여부: **소극** (헌재 2013.2.28. 2012헌바94)	합헌
55	권리남용금지를 규정한 민법 제2조 제2항 및 소송비용의 패소자 부담원칙을 규정한 민사소송법 제98조가 재산권 및 재판청구권을 침해하는지 여부: **소극** (헌재 2013.5.30. 2012헌바335)	합헌
56	20년간 소유의 의사로 평온·공연하게 부동산을 점유하는 자는 등기함으로써 그 소유권을 취득하게 하는 민법 제245조 제1항이 재산권을 침해하는지 여부: **소극** (헌재 2013.5.30. 2012헌바387)	합헌
57	종합소득세의 납부의무 위반에 대하여 미납기간을 고려하지 않고 일률적으로 미납세액의 100분의 10에 해당하는 가산세를 부과하도록 한 구 소득세법 제81조 제3항이 비례원칙에 반하여 납세의무자의 재산권을 침해하는지 여부: **소극** (헌재 2013.8.29. 2011헌가27)	합헌
58	공익사업을 위한 토지수용의 경우 '부동산 가격공시 및 감정평가에 관한 법률'이 정한 공시지가를 기준으로 보상하도록 하는 공익사업법 제70조 제1항이 헌법에 위반되는지 여부: **소극** (헌재 2013.12.26. 2011헌바162)	합헌
59	임차인의 파산관재인이 임대차계약을 해지한 경우 임대인의 손해배상청구를 제한하고 있는 민법 제637조 제2항 등이 재산권을 침해하는지 여부: **소극** (헌재 2016.9.29. 2014헌바292)	합헌
60	친일반민족행위자 재산의 국가귀속에 관한 특별법에 따라 그 소유권이 국가에 귀속되는 친일재산의 범위를 규정하고 있는 친일재산귀속법 제2조 제2호 전문이 재산권을 침해하는지 여부: **소극** (헌재 2018.4.26. 2017헌바88)	합헌
61	보유기간이 1년 이상 2년 미만인 자산이 공용수용으로 양도된 경우에도 중과세하는 구 소득세법 제104조 제1항 제2호가 청구인들의 재산권들을 침해하는지 여부: **소극** (헌재 2015.6.25. 2014헌바256)	합헌
62	지역구국회의원선거예비후보자의 기탁금 반환 사유로 예비후보자가 당의 공천심사에서 탈락하고 후보자등록을 하지 않았을 경우를 규정하지 않은 공직선거법 제57조 제1항 제1호 중 지역구국회의원선거와 관련된 부분이 재산권을 침해하는지 여부: **적극** (헌재 2018.1.25. 2016헌마541)	헌법불합치

63	사무장병원의 개설명의자인 의료인으로부터 그동안 지급받은 요양급여비용 및 의료급여비용을 부당이득금으로 징수하도록 한 구 국민건강보험법 규정이 재산권을 침해하는지 여부: **소극** (헌재 2015.7.30. 2014헌바298)	합헌
64	일반택시운송사업자로 하여금 감차보상만 신청할 수 있도록 하고 택시운송사업의 양도를 금지하는 것이 재산권을 침해하는지 여부: **소극** (헌재 2019.9.26. 2017헌바467)	합헌
65	영리를 목적으로 하지 아니하는 상업용 음반을 재생하는 것이 저작재산권자의 재산권을 침해하는지 여부: **소극** (헌재 2019.11.28. 2016헌마1115 등)	기각
66	불공정거래행위에 대한 과징금을 파산채권과는 별도의 재단채권으로 하여 우선변제권을 인정하고 있는 구 파산법 규정이 재산권을 침해하는지 여부: **적극** (헌재 2009.11.26. 2008헌가9) ✅ **주의** 과잉금지원칙에 위배됨	위헌
67	성매매에 제공되는 사실을 알면서 건물을 제공하는 것이 재산권을 침해하는지 여부: **소극** (헌재 2012.12.27. 2011헌바235)	기각
68	구 공익사업을 위한 토지 등의 취득 및 보상에 관한 법률 제78조 제6항이 공익사업의 시행을 인해 농업 등을 계속할 수 없게 된 농민 등에 대한 생활대책 수립 의무를 규정하지 아니한 것이 재산권을 침해하는지 여부: **소극** (헌재 2013.7.25. 2012헌바71)	합헌
69	구 가축전염병예방법 제48조에 의한 가축의 살처분이 재산권을 침해하는지 여부: **소극** (헌재 2014.4.24. 2013헌바110)	합헌
70	피상속인의 4촌 이내의 방계혈족을 4순위 법정상속인으로 규정한 민법 제1000조 제1항 제4호가 재산권을 침해하는지 여부: **소극** (헌재 2020.2.27. 2018헌가11)	합헌
71	유한회사가 납부하여야 할 국세·가산금과 체납처분비에 대한 제2차 납세의무를 '유한책임사원 1명과 그의 특수관계인 중 대통령령으로 정하는 자로서 그들의 출자액 합계가 해당 법인의 출자총액의 100분의 50을 초과하면서 그에 관한 권리를 실질적으로 행사하는 자들'에게 부과하도록 하고 있는 구 국세기본법 제39조 제2호의 '법인' 중 유한회사에 관한 부분이 과잉금지원칙에 위배되어 재산권을 침해하는지 여부: **소극** (헌재 2021.8.31. 2020헌바181)	합헌
72	면세유류 관리기관인 수산업협동조합이 관리 부실로 인하여 면세유류 구입카드 또는 출고지시서를 잘못 교부·발급한 경우 해당 석유류에 대한 부가가치세 등 감면세액의 100분의 20에 해당하는 금액을 가산세로 징수하도록 규정한 구 조세특례제한법 제106조의2 제11항 제2호 중 각 '면세유류 관리기관인 조합' 가운데 '수산업협동조합법에 따른 조합'에 관한 부분이 과잉금지원칙에 반하여 면세유류 관리기관인 수협의 재산권을 침해하는지 여부: **소극** (헌재 2021.7.15. 2018헌바338)	합헌
73	사업연도가 1년 미만인 경우 과세표준을 1년으로 환산한 금액을 기준으로 누진세율을 적용하여 세액을 산출하도록 한 법인세법 제55조 제2항이 재산권을 침해하는지 여부: **소극** (헌재 2021.6.24. 2018헌바44)	합헌
74	개성공단 중단조치가 투자기업인들의 영업의 자유나 재산권을 침해하는지 여부: **소극** 이 사건 중단조치로 투자기업인 청구인들이 입은 피해가 적지 않지만, 그럼에도 불구하고 북한의 핵개발에 맞서 개성공단의 운영 중단이라는 경제적 제재조치를 통해, 대한민국의 존립과 안전 및 계속성을 보장할 필요가 있다는 피청구인 대통령의 판단이 명백히 잘못된 것이라 보기도 어려운바, 이는 헌법이 대통령에게 부여한 권한 범위 내에서 정치적 책임을 지고 한 판단과 선택으로 존중되어야 한다. … 이 사건 중단조치는 과잉금지원칙에 위반되어 투자기업인 청구인들의 영업의 자유와 재산권을 침해하지 아니한다(헌재 2022.1.27. 2016헌마364).	기각

75	지방의회의원으로서 받게 되는 보수가 연금에 미치지 못하는 경우에도 연금 전액의 지급을 정지하는 것이 재산권을 과도하게 제한하여 헌법에 위반되는지 여부: **적극** (헌재 2022.1.27. 2019헌바161)	헌법불합치
76	민법에 따라 등기를 하지 아니한 경우라도 부동산을 사실상 취득한 경우 그 취득물건의 소유자 또는 양수인을 취득자로 보도록 한 구 지방세법이 재산권을 침해하는지 여부: **소극** (헌재 2022.3.31. 2019헌바107)	합헌
77	주택법상 사업주체가 공급질서 교란행위를 이유로 주택공급계약을 취소한 경우 선의의 제3자 보호규정을 두고 있지 않는 구 주택법 제39조 제2항이 재산권을 침해하는지 여부: **소극** (헌재 2022.3.31. 2019헌가26)	합헌
78	공무원이 감봉의 징계처분을 받은 경우 일정기간 승급, 정근수당을 제한하는 국가공무원법이 재산권을 침해하는지 여부: **소극** (헌재 2022.3.31. 2020헌마211)	기각
79	통일부장관의 북한에 대한 신규투자 불허 및 투자확대 금지를 내용으로 하는 대북조치로 인하여 개성공업지구의 토지이용권을 사용·수익할 수 없게 됨에 따라 재산상 손실을 입은 경제협력사업자에 대하여 보상입법을 해야 할 입법의무가 있는지 여부: **소극** (헌재 2022.5.26. 2016헌마95)	각하
80	전기통신금융사기의 사기이용계좌에 대한 지급정지 및 전자금융거래 제한이 재산권을 침해하는지 여부: **소극** (헌재 2022.6.30. 2019헌마579)	기각
81	경유차 소유자로부터 환경개선부담금을 부과·징수하도록 정한 환경개선비용 부담법 제9조 제1항이 재산권 및 평등권을 침해하는지 여부: **소극** (헌재 2022.6.30. 2019헌바440)	합헌
82	재혼을 유족연금수급권 상실사유로 규정한 구 공무원연금법 제59조 제1항 제2호 중 '유족연금'에 관한 부분(이하 '심판대상조항'이라 한다)이 재혼한 배우자의 인간다운 생활을 할 권리와 재산권을 침해하는지 여부: **소극** (헌재 2022.8.31. 2019헌가31)	합헌
83	집합건물 공용부분에 발생한 일부 하자에 대하여 구분소유자의 하자담보청구권 제척기간을 사용검사일 등부터 5년 이하로 제한한 집합건물의 소유 및 관리에 관한 법률이 재산권을 침해하는지 여부: **소극** (헌재 2022.10.27. 2020헌바368)	합헌
84	신규성 상실의 예외를 제한하는 디자인보호법 조항이 재산권을 제한하는지 여부: **소극** (헌재 2023.7.20. 2020헌바497)	합헌
85	집합제한 조치로 발생한 손실을 보상하는 규정을 두지 않은 '감염병의 예방 및 관리에 관한 법률'이 재산권을 제한하는지 여부: **소극** (헌재 2023.6.29. 2020헌마1669)	기각
86	임차인이 3기의 차임액에 해당하는 금액에 이르도록 차임을 연체한 사실이 있는 경우 임대인의 권리금 회수기회 보호의무가 발생하지 않는 것으로 규정한 상가건물 임대차보호법이 재산권을 침해하는지 여부: **소극** (헌재 2023.6.29. 2021헌바264)	합헌
87	면허의 유효기간이 정하여져 있지 아니하거나 그 기간이 1년을 초과하는 면허에 대하여 매년 그 면허가 갱신된 것으로 보아 등록면허세를 매년 부과하도록 정하고 있는 지방세법 제35조 제2항 전단이 재산권을 침해하는지 여부: **소극** (헌재 2023.3.23. 2019헌바482)	합헌
88	수사기관의 수사결과 사무장병원으로 확인된 의료기관에 대한 요양급여비용 지급 보류조항이 재산권을 침해하는 지 여부: **적극** (헌재 2023.3.23. 2018헌바433)	헌법불합치
89	투기과열지구 내 초고가 아파트(시가 15억 원 초과)에 대한 주택구입용 주택담보대출을 금지한 조치가 과잉금지원칙에 반하여 재산권 및 계약의 자유를 침해하는지 여부: **소극** (헌재 2023.3.23. 2019헌마1399)	기각

90	임차인에게 계약갱신요구권을 부여하고, 계약갱신 시 보증금과 차임의 증액 한도를 제한한 조항, 실제 거주 목적으로 갱신거절을 한 후 정당한 사유 없이 제3자에게 임대한 임대인의 손해배상책임을 규정한 조항 및 개정법 시행 당시 존속 중인 임대차에도 개정조항을 적용하도록 한 부칙조항이 계약의 자유와 재산권을 침해하는지 여부: 소극 (2024.2.28. 2020헌마1343)	합헌
91	유류분 제도에 관한 사건(헌재 2024.4.25. 2020헌가4 등) 1. 유류분상실사유를 별도로 규정하지 아니한 민법 제1112조 제1호부터 제3호 및 형제자매의 유류분을 규정한 민법 제1112조 제4호가 재산권을 침해하여 헌법에 위반되는지 여부: 적극 2. 기여분에 관한 민법 제1008조의2를 유류분에 준용하는 규정을 두지 아니한 민법 제1118조가 재산권을 침해하여 헌법에 위반되는지 여부: 적극 3. 형제자매의 유류분을 규정한 민법 제1112조 제4호에 대하여 단순위헌을, 유류분상실사유를 별도로 규정하지 아니한 민법 제1112조 제1호부터 제3호와 기여분에 관한 제1008조의2를 유류분에 준용하는 규정을 두지 아니한 민법 제1118조에 대하여 계속적용 헌법불합치결정을 각 선고한 사례	위헌, 헌법불합치
92	상속개시 후 인지에 의하여 공동상속인이 된 자가 다른 공동상속인에 대해 그 상속분에 상당한 가액의 지급에 관한 청구권(상속분가액지급청구권)을 행사하는 경우에도 상속회복청구권에 관한 10년의 제척기간을 적용하도록 한 민법 조항이 청구인의 재산권과 재판청구권을 침해하여 헌법에 위반되는지 여부: 적극 (헌재 2024.6.27. 2021헌마1588)	위헌
93	법인이 주택을 취득하는 경우 취득세율을 12%로 규정하고 있는 지방세법 제13조의2 제1항 제1호(괄호 부분 제외, 이하 '중과조항'이라 한다)가 재산권을 침해하는지 여부: 소극 (헌재 2024.8.29. 2021헌바131)	합헌
94	수사기관의 수사결과 사무장병원으로 확인된 의료기관에 대한 의료급여비용 지급을 보류할 수 있도록 규정한 의료급여법이 재산권을 침해하는지 여부: 적극 (헌재 2024.6.27. 2021헌가19)	헌법불합치
95	살처분된 가축의 소유자가 축산계열화사업자인 경우에 보상금을 계약사육농가에 지급한다고 규정한 '가축전염병 예방법' 제48조 제1항 제3호 단서가 재산권을 침해하는지 여부: 적극 (헌재 2024.5.30. 2021헌가3)	헌법불합치
96	군인연금법상 퇴역연금 수급자가 지방의회의원에 취임한 경우, 퇴역연금 전부의 지급을 정지하도록 한 것이 과잉금지원칙에 위반되어 지방의회의원으로 취임한 퇴역연금 수급자의 재산권을 침해하는지 여부: 적극 (헌재 2024.4.25. 2022헌가33)	헌법불합치
97	살처분한 날의 시세를 기준으로 하지 않고 전염병이 최초로 발생한 날 전월 평균시세를 기준으로 하도록 한 것이 재산권을 침해하는지 여부: 소극 (헌재 2025.1.23. 2021헌마1192)	기각
98	법인인 조합원의 토지 등 양도에 대해서 조합원 지위의 승계를 인정하는 예외 사유를 별도로 두지 않은 것이 재산권을 침해하는지 여부: 소극 (헌재 2025.1.23. 2021헌마653)	기각
99	국토계획법상의 동의 요건 및 소유 요건을 충족하지 못한 민간공원추진자도 일정한 현금을 예치할 경우 사업시행자 지정요건을 갖춘 것으로 보는 사업시행자조항이 도시공원 부지 내 토지소유자들의 재산권을 침해하는지 여부 및 도시공원 부지 내에 비공원시설을 설치할 수 있도록 한 비공원시설조항이 도시공원 조성사업에 필요한 범위를 넘어 위 토지소유자들의 재산권을 침해하는지 여부: 소극 (헌재 2025.1.23. 2020헌바510)	합헌

| 100 | 골프장 입장행위에 대하여 1명 1회 입장마다 1만 2천 원의 개별소비세를 골프장 경영자에게 부과하는 개별소비세법 제1조 제3항 제4호가 과잉금지원칙에 위반되어 재산권을 침해하는지 여부: 소극 (헌재 2024.8.29. 2021헌바34) | 합헌 |

제2절 직업선택의 자유

> 헌법 제15조 모든 국민은 직업선택의 자유를 가진다.

1 의의

1. 직업의 개념

(1) 생활의 기본적 수요를 충족시키기 위한 계속적인 소득활동

(2) 헌법 제15조 직업선택의 자유는 직업수행 내지 행사의 자유까지 포괄하는 '직업'의 자유를 의미함

(3) 직업의 개념요소

① 생활수단성, 계속성, 공공무해성(다수설)

② 헌법재판소는 공공무해성을 언급하고 있지 않음(헌재 1993.5.13. 92헌마80)

📑 **판례정리**

번호	내용	결정
1	대학생이 방학 기간을 이용하여 학비 등을 벌기 위해 학원강사로서 일하는 행위가 직업에 해당하는지 여부: 적극 (헌재 2003.9.25. 2002헌마519)	기각
2	공립학교 학교운영위원회에 행정직원대표의 입후보를 배제하는 것이 직업의 자유를 침해하는지 여부: 소극 (헌재 2007.3.29. 2005헌마1144)	기각
3	게임 결과물의 환전업이 헌법 제15조가 보장하고 있는 직업에 해당하는지 여부: 적극 (헌재 2010.2.25. 2009헌바38)	합헌
4	게임 결과물의 환전업을 금지하는 것이 국민의 직업선택의 자유를 침해하는지 여부: 소극 (헌재 2010.2.25. 2009헌바38) ⊘ **주의** 헌법재판소는 게임 결과물의 환전업이 직업에는 해당한다고 판시했지만, 환전업을 금지하는 것이 직업선택의 자유를 침해하지는 않는다고 판시함	합헌

2. 연혁

1962년 제5차 개정헌법에서 처음 규정

3. 법적 성격

(1) 자유권적 성격

(2) 경제적 기본권의 성격

(3) 객관적 법질서의 구성요소

2 주체

1. 국민, 외국인, 법인과 단체

2. 다만, 외국인의 경우에 국민과 동일한 수준으로 보장될 수는 없고, 특정 직업이나 특정 영업에 종사하는 것으로 제한될 수 있음(다수설)

📄 판례정리

번호	내용	결정
1	외국인이 직업의 자유 주체가 될 수 있는지 여부: 소극 직업의 자유는 국가자격제도정책과 국가의 경제상황에 따라 법률에 의하여 제한할 수 있는 국민의 권리에 해당한다. 국가정책에 따라 정부의 허가를 받은 외국인은 정부가 허가한 범위 내에서 소득활동을 할 수 있는 것이므로, 외국인이 국내에서 누리는 직업의 자유는 법률에 따른 정부의 허가에 의해 비로소 발생하는 권리이다 (헌재 2014.8.28. 2013헌마359).	각하
2	외국인에게 직장 선택의 자유에 대한 기본권주체성을 한정적으로 긍정한 사례 직업의 자유 중 이 사건에서 문제되는 직장 선택의 자유는 인간의 존엄과 가치 및 행복추구권과도 밀접한 관련을 가지는 만큼 단순히 국민의 권리가 아닌 인간의 권리로 보아야 할 것이므로 외국인도 제한적으로라도 직장 선택의 자유를 향유할 수 있다고 보아야 한다(헌재 2011.9.29. 2007헌마1083).	기각

3 내용

1. 직업결정의 자유

(1) 직종결정·전직의 자유 등을 의미함

(2) 헌법상 근로의 의무는 윤리적 의무로 보는 것이 타당하다는 점에서 무직업의 자유도 포함함(다수설)

(3) 특정인에게 배타적·우월적인 직업선택권이나 독점적인 직업활동의 자유까지 보장하는 것은 아님 (헌재 2001.9.27. 2000헌마208)

2. 직업수행(행사)의 자유

(1) 자신이 결정한 직업을 개업·유지·폐업하는 자유를 의미함

(2) 영업의 자유, 직장선택의 자유도 직업수행의 자유에 포함됨

📑 **판례정리**

번호	내용	결정
1	직업선택의 자유에 '직업교육장선택의 자유'도 포함되는지 여부: **적극** (헌재 2009.2.26. 2007헌마1262)	기각
2	직장선택의 자유에 직장존속보호청구권이 포함되는지 여부: **소극** (헌재 2002.11.28. 2001헌바50)	합헌
3	직업의 자유에 '해당 직업에 합당한 보수를 받을 권리'까지 포함되어 있는지 여부: **소극** (헌재 2004.2.26. 2001헌마718)	–
4	법률로 국가보조 연구기관을 통폐합함에 있어 재산상의 권리·의무만 승계시키고, 근로관계의 당연승계조항을 두지 아니한 것이 위헌인지 여부: **소극** (헌재 2002.11.28. 2001헌바50)	합헌

4 효력

대국가적 효력	모든 국가권력을 직접 구속함
대사인적 효력	예외적으로 제한된 범위 내에서만 제3자적 효력이 인정됨

5 제한

1. 목적 및 형식

(1) 기본권제한의 일반 법리가 적용됨(헌법 제37조 제2항)

(2) 헌법 또는 법률로써 제한하여야 하며, 헌법규정으로는 국방의무(제38조)가 있음

2. 정도(단계이론)

(1) 단계이론의 내용

① 과잉금지원칙 중에서 침해의 최소성원칙을 구체화한 것으로 직업의 자유는 가장 적은 침해를 가져오는 단계에서 제한하여야 함

② 제한의 정도가 클수록 입법형성의 자유가 축소됨

(2) 제한의 단계

직업수행 자유의 제한 (제1단계)	의의	• 직업결정의 자유보다 기본권에 대한 침해가 경미함 • 직업수행 자유의 제한은 완화된 심사기준인 공익을 위한 합목적성의 관점만 고려하면 충분함
	적용례	• 유흥업소의 심야영업제한 • 택시의 10부제 운행 • 변호사 개업지 제한 • 당구장에 18세 미만자에 대한 출입금지표시 • 자도소주구입명령제도 • 노래연습장의 18세 미만자들에 대한 출입금지제도 • 국산영화의무상영제도 • 각종 쿼터제

주관적 사유에 의한 직업결정 자유의 제한 (제2단계)	의의	단순히 공익을 합리적으로 고려하는 것만으로는 불충분하고 개인의 자유보다 우월한 공익이 보호될 필요가 있는 경우에 허용됨
	적용례	• 병원을 개설하고자 하는 자에게 국가시험의 합격을 요구하는 것 • 변호사업무를 수행하고자 하는 자에게 국가시험의 합격을 요구하는 것
객관적 사유에 의한 직업결정 자유의 제한 (제3단계)	의의	중대한 공익에 대한 명백하고 현존하는 위험을 방지하기 위한 경우 허용
	적용례	• 주유소거리제한 • 법무사 인원이 충분하다는 이유로 법무사시험을 실시하지 않는 것 • 경비업자의 겸영을 금지하는 것 • 시각장애인에 한하여 안마사가 되도록 하는 것

3. 한계

과잉금지의 원칙, 본질적 내용의 침해금지, 독점의 제한

📑 판례정리

번호	내용	결정
1	국산영화의무상영제가 직업수행의 자유를 침해하는지 여부: **소극** (헌재 1995.7.21. 94헌마125)	기각
2	유료직업소개사업의 허가규정이 직업의 자유를 침해한 것인지 여부: **소극** (헌재 1996.10.31. 93헌바14) ☑ **주의** 3단계에 해당함	합헌
3	다단계판매행위의 규제가 직업의 자유를 침해하는지 여부: **소극** (헌재 1997.11.27. 96헌바12)	기각
4	법무사법 시행규칙 제3조 제1항(부정기적 법무사시험)이 직업선택의 자유를 침해하는지 여부: **적극** (헌재 1990.10.15. 89헌마178) ☑ **주의** 3단계에 해당함	위헌
5	자도소주구입명령제도가 직업행사의 자유를 침해하는지 여부: **적극** (헌재 1996.12.26. 96헌가18)	위헌
6	탁주의 공급구역제한규정이 직업행사의 자유를 침해하는지 여부: **소극** (헌재 1999.7.22. 98헌가5)	합헌
7	비의료인에게 침구술 및 대체의학시술을 할 수 없도록 하는 것이 위헌인지 여부: **소극** (헌재 2010.7.29. 2008헌가19)	합헌
8	검찰총장퇴임 후 2년 이내에는 모든 공직에의 임명을 금지한 것이 위헌인지 여부: **적극** (헌재 1997.7.16. 97헌마26)	위헌
9	형사사건으로 공소제기된 변호사에 대한 업무정지명령이 위헌인지 여부: **적극** (헌재 1990.11.19. 90헌가48)	위헌
10	형사사건으로 기소된 교원에 대하여 필요적으로 직위해제처분을 하도록 한 것이 위헌인지 여부: **적극** (헌재 1994.7.29. 93헌가3·7)	위헌
11	행정사의 겸직을 일체 금지하는 행정사법이 위헌인지 여부: **적극** (헌재 1997.4.24. 95헌마90)	위헌

12	금고 이상의 형을 선고받고 그 집행이 종료되거나 그 집행을 받지 아니하기로 확정된 후 5년을 경과하지 아니한 자는 변호사가 될 수 없도록 한 변호사법 제5조 제1호가 직업의 자유를 침해하는지 여부: 소극 (헌재 2006.4.27. 2005헌마997)	기각
13	제2차 사법시험에서 해당 문제번호의 답안지에 답안을 작성하지 아니한 자에 대하여 그 과목을 0점처리하도록 규정하고 있는 사법시험법 시행규칙 제7조 제7호가 헌법에 위반되는지 여부: 소극 (헌재 2008.10.30. 2007헌마281)	기각
14	사법시험 제2차 시험시간을 과목당 2시간으로 배정한 것이 위헌인지 여부: 소극 결국 피청구인이 사법시험에서 과목당 시험시간을 2시간으로 정한 것이 청구인의 직업선택의 자유, 평등권 등을 침해하였다고 볼 수 없다(헌재 2008.6.26. 2007헌마917).	기각
15	사법시험에서의 영어시험대체제도 및 법학 35학점 이수제도가 위헌인지 여부: 소극 (헌재 2007.4.26. 2003헌마947 등)	기각
16	사법시험법을 폐지하도록 한 변호사시험법 부칙 제2조가 청구인들의 직업선택의 자유를 침해하는지 여부: 소극 (헌재 2016.9.29. 2012헌마1002 등)	기각
17	노래연습장에 18세 미만자의 출입금지규정이 헌법에 위반되는지 여부: 소극 청구인의 직업행사의 자유를 침해한 것이라고 할 수 없다(헌재 1996.2.29. 94헌마13).	기각
18	건축사법 제28조 제1항 단서 제2호가 위헌인지 여부: 적극 건축사가 업무범위를 위반하여 업무를 행한 경우 이를 필요적 등록취소사유로 규정하고 있는 건축사법 제28조 제1항 단서 제2호는… 제한의 방법이 부적절하고 과잉금지원칙에 위배되어 직업선택의 자유의 본질적 내용을 침해한 것이다(헌재 1995.2.23. 93헌가1).	위헌
19	법무사의 보수를 대한법무사협회 회칙에 정하도록 하고 법무사가 회칙 소정의 보수를 초과하여 보수를 받거나 보수 외에는 명목의 여하를 불문하고 금품을 받는 것을 금지하는 법무사법규정이 직업의 자유를 침해하는지 여부: 소극 (헌재 2003.6.26. 2002헌바3)	합헌
20	공인중개사의 중개보수 한도조항 및 형사처벌조항 등이 직업수행의 자유를 침해하는지 여부: 소극 (헌재 2016.5.26. 2015헌마248)	기각
21	백화점 셔틀버스운행금지규정이 백화점 경영자의 영업의 자유를 침해하는지 여부: 소극 (헌재 2001.6.28. 2001헌마132)	기각
22	"약사 또는 한약사가 아니면 약국을 개설할 수 없다."라고 규정한 약사법 제16조 제1항이 위헌인지 여부: 적극 법인을 구성하여 약국을 개설·운영하려고 하는 약사들 및 이들로 구성된 법인의 직업선택(직업수행)의 자유의 본질적 내용을 침해한다(헌재 2002.9.19. 2000헌바84).	헌법불합치
23	의사면허와 한의사면허를 취득한 복수면허 의료인에게 병의원, 한방병의원과 구별되는 독자적인 '동서결합의'나 '동서결합병원'은 인정하지 않고 있고, 하나의 의료기관만 개설할 수 있도록 한 의료법 제33조 제2항 단서가 직업의 자유를 침해하는지 여부: 적극 (헌재 2007.12.27. 2004헌마1021)	헌법불합치
24	학교정화구역 내 노래연습장 설치금지조항이 직업행사의 자유를 침해하는지 여부: 소극 (헌재 1999.7.22. 98헌마480)	기각
25	학교환경위생정화구역 안에서의 PC방 설치제한이 직업의 자유를 침해하는지 여부: 소극 (헌재 2008.4.24. 2004헌바92)	합헌
26	학교 부근 200m 이내의 정화구역 내에서 납골시설의 설치를 금지하고 있는 학교보건법규정이 청구인들의 종교의 자유 내지 행복추구권, 직업의 자유 등 기본권을 침해하는지 여부: 소극 (헌재 2009.7.30. 2008헌가2)	합헌

27	유치원 주변 학교환경위생정화구역에서 성 관련 청소년유해물건을 제작·생산·유통하는 청소년유해업소를 예외 없이 금지하는 구 학교보건법 제6조 제1항 제19호가 직업의 자유를 침해하는지 여부: **소극** (헌재 2013.6.27. 2011헌바8)	합헌
28	학교 정화구역 내에서의 극장시설 및 영업을 금지하고 있는 학교보건법 제6조 제1항 본문 제2호 중 극장부분 중 대학의 정화구역에서도 극장영업을 일반적으로 금지하고 있는 부분이 직업의 자유를 과도하게 침해하여 위헌인지 여부: **적극** (헌재 2004.5.27. 2003헌가1)	위헌
29	유치원 및 초·중·고등학교의 정화구역 중 극장영업을 절대적으로 금지하고 있는 절대금지구역 부분이 극장 영업을 하고자 하는 자의 직업의 자유를 과도하게 침해하여 위헌인지 여부: **적극** (헌재 2004.5.27. 2003헌가1)	헌법불합치
30	학교환경위생정화구역 안에서는 당구장시설을 할 수 없도록 규정한 학교보건법 제6조 제1항 제13호 "당구장" 부분이 헌법에 위반되는지 여부: **적극** (헌재 1997.3.27. 94헌마196)	위헌
31	태아의 성감별행위 등을 금지한 것이 의사의 직업의 자유 등을 침해하는지 여부: **적극** (헌재 2008.7.31. 2004헌마1010·2005헌바90) ⊘ **주의** 부모의 인격권도 침해 ○ / 알 권리 침해 ✕	헌법불합치
32	'행정사법의 위임 없이 시행령이 자격시험의 실시가 필요하다고 인정하는 때에 시험 실시계획을 수립하도록 한 부분'은 법률유보원칙에 위반하여 직업선택의 자유를 침해하는지 여부: **적극** (헌재 2010.4.29. 2007헌마910)	위헌
33	변호사에게 전년도에 처리한 수임사건의 건수 및 수임액을 소속 지방변호사회에 보고하도록 규정하고 있는 구 변호사법 제28조의2가 영업의 자유를 침해하는지 여부: **소극** (헌재 2009.10.29. 2007헌마667)	기각
34	외국인근로자의 사업장변경 횟수를 3회로 제한하고 대통령령이 정하는 부득이한 사유가 있는 경우에는 1회에 한하여 추가변경을 허용한 구 '외국인근로자의 고용 등에 관한 법률' 제25조 제4항 및 같은 법 시행령 제30조 제2항이 외국인의 직장선택의 자유를 침해하는지 여부: **소극** (헌재 2011.9.29. 2007헌마1083)	기각
35	외국인고용법에 정한 절차에 따라 사업장변경허가신청을 한 후 신청일로부터 2개월 내에 변경허가를 받지 못한 경우 출국대상이 되도록 규정한 외국인고용법 제25조 제3항이 직장선택의 자유를 침해하는지 여부: **소극** (헌재 2011.9.29. 2009헌마351)	기각
36	특허·실용신안·디자인 또는 상표의 침해로 인한 손해배상 등의 민사소송(특허침해소송)에서 변리사에게 소송대리를 허용하지 않고 있는 변리사법 제8조가 청구인들의 직업의 자유를 침해하는지 여부: **소극** (헌재 2012.8.23. 2010헌마740)	기각
37	한의사의 초음파진단기기와 같은 의료기기 사용을 '면허된 것 이외의 의료행위'로 금지하면서 위반하는 경우 형사처벌하도록 하고 있는 의료법 제87조 제1항 제2호 관련 부분이 직업의 자유를 침해하는지 여부: **소극** (헌재 2013.2.28. 2011헌바398)	합헌
38	전문과목을 표시한 치과의원은 그 표시한 전문과목에 해당하는 환자만을 진료하여야 한다고 규정한 의료법 제77조 제3항이 치과전문의인 청구인들의 직업수행의 자유를 침해하는지 여부: **적극** (헌재 2015.5.28. 2013헌마799)	위헌
39	치과전문의 자격 인정 요건으로 '외국의 의료기관에서 치과의사 전문의 과정을 이수한 사람'을 포함하지 아니한 '치과의사전문의의 수련 및 자격 인정 등에 관한 규정' 제18조 제1항이 청구인들의 직업수행의 자유를 침해하는지 여부: **적극** (헌재 2015.9.24. 2013헌마197)	헌법불합치

40	징역형의 집행이 종료된 후에도 20년간 택시운송사업 운전업무 종사자격을 취득할 수 없게 하는 조항들이 직업선택의 자유 등을 침해하는지 여부: **적극** (헌재 2015.12.23. 2014헌바446)	헌법불합치
41	성매매를 한 자를 형사처벌하도록 규정한 '성매매알선 등 행위의 처벌에 관한 법률' 제21조 제1항이 직업선택의 자유를 침해하는지 여부: **소극** (헌재 2016.3.31. 2013헌가2)	합헌
42	성인대상 성범죄로 형을 선고받아 확정된 자는 그 형의 집행을 종료한 날부터 10년 동안 아동·청소년 관련 학원이나 교습소를 개설하거나 위 기관에 취업할 수 없도록 한 '아동·청소년의 성보호에 관한 법률' 제56조 제1항 제3호가 직업의 자유를 침해하는지 여부: **적극** (헌재 2016.7.28. 2015헌마914)	위헌
43	'성폭력범죄의 처벌 등에 관한 특례법' 제2조 제1항에 따른 성폭력범죄로 형을 선고받아 확정된 자는 그 형의 집행을 종료한 날부터 10년 동안 장애인복지시설을 개설하거나 위 기관에 취업할 수 없도록 한 장애인복지법 제59조의3 제1항 등이 직업의 자유를 침해하는지 여부: **적극** (헌재 2016.7.28. 2015헌마915)	위헌
44	성인대상 성범죄로 형을 선고받아 확정된 자는 그 형의 집행을 종료한 날부터 10년 동안 아동복지법 제2조 제5호의 아동복지시설을 개설하거나 위 기관에 취업할 수 없도록 한 구 '아동·청소년의 성보호에 관한 법률' 제44조 제1항 제9호 등이 직업의 자유를 침해하는지 여부: **적극** (헌재 2016.7.28. 2013헌바389)	위헌
45	성인대상 성범죄로 형을 선고받아 확정된 자로 하여금 그 형의 집행을 종료한 날부터 10년 동안 의료기관을 개설하거나 의료기관에 취업할 수 없도록 한 이 사건 법률조항이 청구인들의 직업선택의 자유를 침해하는지 여부: **적극** (헌재 2016.3.31. 2013헌마585 등)	위헌
46	성범죄로 형 또는 치료감호를 선고받아 확정된 자에 대하여 형 또는 치료감호의 집행이 종료·면제·유예된 때부터 10년 동안 아동·청소년 관련기관 등을 개설하거나 위 기관 등에 취업할 수 없도록 한 '아동·청소년의 성보호에 관한 법률' 제56조 제1항이 위헌인지 여부: **적극** (헌재 2016.4.28. 2015헌마98)	위헌
47	성적목적공공장소침입죄로 형을 선고받아 확정된 사람은 그 형의 집행을 종료한 날부터 10년 동안 의료기관을 제외한 아동·청소년 관련기관 등을 운영하거나 위 기관에 취업할 수 없도록 한 '아동·청소년의 성보호에 관한 법률' 제56조 제1항 중 관련 부분이 직업선택의 자유를 침해하는지 여부: **적극** (헌재 2016.10.27. 2014헌마709)	위헌
48	아동학대관련범죄로 형을 선고받아 확정된 자로 하여금 그 형이 확정된 때부터 형의 집행이 종료되거나 집행을 받지 아니하기로 확정된 후 10년 동안 체육시설, '초·중등교육법 제2조 각 호의 학교를 운영하거나 이에 취업 또는 사실상 노무를 제공할 수 없도록 한 아동복지법' 제29조의 제1항 제17호 등이 직업선택의 자유를 침해하는지 여부: **적극** (헌재 2018.6.28. 2017헌마130)	위헌
49	아동학대관련범죄로 벌금형이 확정된 날부터 10년이 지나지 아니한 사람은 어린이집을 설치·운영하거나 어린이집에 근무할 수 없도록 한 것이 직업의 자유를 침해하는지 여부: **적극** (헌재 2022.9.29. 2019헌마813)	위헌
50	일정한 경력을 갖춘 공무원에 대하여 행정사 자격시험의 전부 또는 일부를 면제하도록 한 행정사법 제9조 제1항 제1호 등이 일반 응시자인 청구인들의 평등권 및 직업선택의 자유를 침해하는지 여부: **소극** (헌재 2016.2.25. 2013헌마626 등)	기각
51	변호사의 자격을 가진 자로서 변리사등록을 한 자에게 변리사 자격을 주는 변리사법 제3조 제1항 제2호와 특허청 경력공무원에게 변리사시험의 일부를 면제해 주는 것이 변리사시험을 통하여 변리사가 되고자 하는 일반인들의 평등권 및 직업선택의 자유를 침해하는지 여부: **소극** (헌재 2010.2.25. 2007헌마956)	기각

52	변호사의 자격이 있는 자에게 더 이상 세무사 자격을 부여하지 않는 구 세무사법 제3조가 시행일 이후 변호사 자격을 취득한 청구인들의 직업선택의 자유를 침해하는지 여부: **소극** (헌재 2021.7.15. 2018헌마279)	기각
53	국세관련 경력공무원에 대하여 세무사자격을 부여하지 않도록 개정된 세무사법 제3조가 직업선택의 자유를 침해하는지 여부: **소극** (헌재 2001.9.27. 2000헌마152) ⊘ **주의** 이 판례의 경우 기존 국세관련 경력공무원의 일부에게만 구법 규정을 적용하여 세무사자격을 부여하도록 규정한 세무사법 부칙 제3항에 대해서는 헌법불합치 판결을 내림 ⇨ 신뢰보호원칙, 평등의 원칙 위반	기각
54	공인회계사시험의 응시자격을 대학 등에서 일정 과목에 대하여 일정 학점을 이수하거나 학점인정을 받은 사람으로 제한하는 공인회계사법 제5조 제3항이 직업선택의 자유 및 평등권을 침해하는지 여부: **소극** (헌재 2012.11.29. 2011헌마801)	기각
55	법학전문대학원에 입학할 수 있는 자는 학사학위를 가지고 있거나 법령에 따라 이와 동등 이상의 학력이 있다고 인정된 자로 한다고 규정한 '법학전문대학원 설치·운영에 관한 법률' 제22조가 학사학위가 없는 자의 직업선택의 자유를 침해하는지 여부: **소극** (헌재 2016.3.31. 2014헌마1046)	기각
56	변호사시험 응시자격으로서 법학전문대학원 석사학위를 취득하도록 한 변호사시험법 제5조 제1항이 청구인들의 직업선택의 자유 및 평등권을 침해하는지 여부: **소극** (헌재 2018.2.22. 2016헌마713)	합헌
57	법학전문대학원으로 하여금 필수적으로 외국어능력을 입학전형자료로 활용하도록 규정하고 있는 '법학전문대학원 설치·운영에 관한 법률' 제23조 제2항 중 '외국어능력'에 관한 부분이 직업선택의 자유를 침해하는지 여부: **소극** (헌재 2016.12.29. 2016헌마550)	기각
58	법학전문대학원 입학자 중 법학 외의 분야 및 당해 법학전문대학원이 설치된 대학 외의 대학에서 학사학위를 취득한 자가 차지하는 비율이 입학자의 3분의 1 이상이 되도록 규정한 이 사건 법률 제26조 제2항 및 제3항이 청구인들의 직업선택의 자유를 침해하는지 여부: **소극** (헌재 2009.2.26. 2007헌마1262)	기각
59	변호사시험의 응시기회를 법학전문대학원 석사학위를 취득한 달의 말일부터 5년 내에 5회로 제한한 변호사시험법 제7조 제1항은 청구인들의 직업선택의 자유를 침해하는지 여부: **소극** (헌재 2016.9.29. 2016헌마47)	기각
60	모든 음식점에 대하여 예외 없이 영업시간 전체에 걸쳐 당해 시설 전체를 금연구역으로 지정하도록 한 것이 직업의 자유를 침해하는지 여부: **소극** (헌재 2016.6.30. 2015헌마813)	기각
61	수입 쌀과 국산 쌀 혼합판매 금지 및 생산연도가 다른 미곡 혼합판매를 금지하는 것이 직업의 자유를 침해하여 위헌인지 여부: **소극** (헌재 2017.5.25. 2015헌마869)	기각
62	샘플 화장품 판매 금지와 그 위반자에 대한 형사처벌 조항이 직업수행의 자유를 침해하는지 여부: **소극** (헌재 2017.5.25. 2016헌바408)	합헌
63	현금영수증 미발급에 대한 과태료 부과처분이 직업의 자유를 침해하는지 여부: **소극** (헌재 2017.5.25. 2017헌바57)	합헌
64	문화재수리법위반으로 집행유예를 선고받은 문화재수리기술자에 대해서 그 자격을 취소하도록 한 것이 직업의 자유를 침해하는지 여부: **소극** (헌재 2017.5.25. 2015헌바373)	합헌
65	문화재수리업자가 문화재수리를 직접 수행하지 않고 다른 업체에 하도급하는 것을 금지하고 이를 위반하는 경우 형벌을 부과하도록 한 '문화재수리 등에 관한 법률' 제25조 제1항 등이 직업수행의 자유를 침해하는지 여부: **소극** (헌재 2017.11.30. 2015헌바337)	합헌

66	동물검역기관의 장의 승인을 받지 않고 지정검역물의 관리에 필요한 비용을 화주로부터 징수한 경우 보관관리인 지정을 필요적으로 취소하도록 한 가축전염병 예방법 제43조 제3항 제3호 중 '보관관리인'에 관한 부분이 직업선택의 자유를 침해하는지 여부: 소극 (헌재 2017.4.27. 2014헌바405)	합헌
67	재가장기요양기관의 장이 보건복지부령으로 정하는 재무·회계기준에 따라 재가장기요양기관을 운영하도록 규정한 제35조의2 제1항 등이 직업수행의 자유를 침해하는지 여부: 소극 (헌재 2017.6.29. 2016헌마719)	기각
68	허위로 진료비를 청구하여 환자나 진료비 지급 기관 등을 속임으로써 사기죄로 금고 이상의 형을 선고받고 그 형의 집행이 종료되지 아니하였거나 집행을 받지 아니하기로 확정되지 아니한 의료인에 대하여 필요적으로 면허를 취소하도록 정하고 있는 의료법 제65조 제1항 단서 제1호 등이 직업의 자유를 침해하는지 여부: 소극 (헌재 2017.6.29. 2016헌바394)	합헌
69	건설업자가 부당한 방법으로 건설업의 등록을 한 경우 건설업 등록을 필요적으로 말소하도록 규정한 건설산업기본법 제8조 단서 중 제1호 부분이 법률의 직업의 자유를 침해하는지 여부: 소극 (헌재 2004.7.15. 2003헌바35)	합헌
70	임원이 금고 이상의 형을 선고받은 경우 법인의 건설업 등록을 필요적으로 말소하도록 규정한 구 건설산업기본법 관련 규정이 청구인의 직업수행의 자유를 침해하는지 여부: 적극 (헌재 2014.4.24. 2013헌바25)	위헌
71	법인의 임원이 학원법을 위반하여 벌금형을 선고받은 경우, 법인의 학원설립·운영 등록이 효력을 잃도록 규정하고 있는 학원법이 과잉금지원칙에 위배되어 직업수행의 자유를 침해하는지 여부: 적극 (헌재 2015.5.28. 2012헌마653)	위헌
72	선박급유업을 항만별로 지방해양항만청장에게 등록하도록 하고, 등록한 사항을 위반하여 선박급유업을 한 자를 처벌하도록 하는 구 항만운송사업법 제26조의3 제1항 등이 직업수행의 자유를 침해하는지 여부: 소극 (헌재 2017.8.31. 2016헌바386)	합헌
73	공공기관에 의한 입찰참가자격 제한 제도가 직업의 자유를 침해하는지 여부: 소극 (헌재 2017.8.31. 2015헌바388)	합헌
74	제조업의 직접생산공정업무를 근로자파견의 대상 업무에서 제외하는 '파견근로자보호 등에 관한 법률' 제5조 제1항, 제조업의 직접생산공정업무에 관하여 근로자파견의 역무를 제공받는 것을 금지하고, 위반시 처벌하는 '파견근로자 보호 등에 관한 법률' 제5조 제5항 등이 직업수행의 자유를 침해하는지 여부: 소극 (헌재 2017.12.28. 2016헌바346)	합헌
75	변리사의 연수의무를 규정한 변리사법 제15조 제1항 본문(연수조항)이 직업수행의 자유를 침해하는지 여부: 소극 (헌재 2017.12.28. 2015헌마1000)	기각
76	의료인이나 의료기관이 본인부담금 할인방식의 환자유인행위를 하는 경우 이를 형사처벌하는 의료법 제27조 제3항 본문 중 '본인부담금을 할인하여 유인하는 행위'에 관한 부분 및 구 의료법 제88조 가운데 제27조 제3항 중 '본인부담금을 할인하여 유인하는 행위'에 관한 부분이 직업수행의 자유를 침해하는지 여부: 소극 (헌재 2017.12.28. 2016헌바311)	합헌
77	어린이집이 시·도지사가 정한 수납한도액의 범위를 넘어 필요경비를 수납한 경우 시정 또는 변경을 명할 수 있도록 한 영유아보육법 제44조 제5호 중 제38조에 따른 그 밖의 필요경비에 관한 부분이 직업의 자유와 재산권을 침해하는지 여부: 소극 (헌재 2017.12.28. 2016헌바249)	합헌

78	청원경찰이 금고 이상의 형의 선고유예를 받은 경우 당연퇴직되도록 규정한 청원경찰법 규정이 직업의 자유를 침해하는지 여부: **적극** (헌재 2018.1.25. 2017헌가26) ⊘ **주의** 청원경찰의 경우에는 공무담임권이 아닌 '직업의 자유'를 침해하여 헌법에 위반된다고 판시함 ⊘ **비교** 지방공무원, 군무원, 국가공무원, 경찰공무원, 향토예비군 지휘관, 군무원이 선고유예를 받은 경우 당연히 그 직을 상실하도록 규정한 조항들에 대하여 과잉금지원칙에 반하여 공무담임권을 침해한다는 이유로 위헌 판결	위헌
79	의료기기 거래와 관련하여 리베이트를 주고받은 의료기기업자와 의료인을 처벌하는 구 의료기기법 및 구 의료법 관련 규정이 직업의 자유를 침해하는지 여부: **소극** (헌재 2018.1.25. 2016헌바201)	합헌
80	허가받은 지역 밖에서 응급환자이송업의 영업을 하면 처벌하는 '응급의료에 관한 법률' 제51조 제1항 후문 등이 직업수행의 자유를 침해하는지 여부: **소극** (헌재 2018.2.22. 2016헌바100)	합헌
81	'장애인활동지원 급여비용 등에 관한 고시'상 활동보조기관에게 지급되는 시간당 급여비용을 매일 일반적으로 제공하는 경우에는 9,240원으로, 공휴일과 근로자의 날에 제공하는 경우에는 13,860원으로 정한 조항들이 활동보조기관을 운영하는 청구인들의 직업수행의 자유를 침해하는지 여부: **소극** (헌재 2018.2.22. 2017헌마322)	기각
82	담배제조업의 허가를 받기 위해서는 300억원 이상의 자본금, 연간 50억 개비 이상의 담배를 제조할 수 있는 시설 등을 갖추어야 한다고 규정한 담배사업법 시행령 제4조 제1항 및 제2호가 직업선택의 자유를 침해하는지 여부: **소극** (헌재 2018.2.22. 2017헌마438)	기각
83	세무사 자격 보유 변호사로 하여금 세무사로서 세무사의 업무를 할 수 없도록 규정한 세무사법 제6조 제1항 등이 직업선택의 자유를 침해하여 위헌인지 여부: **적극** (헌재 2018.4.26. 2015헌가19)	헌법불합치
84	대형마트 등에 대하여 영업시간 제한 및 의무휴업일 지정을 할 수 있도록 한 유통산업발전법 제12조의2 제1항 등이 직업수행의 자유를 침해하는지 여부: **소극** (헌재 2018.6.28. 2016헌바77)	합헌
85	온라인서비스제공자에게 자신이 관리하는 정보통신망에서 아동·청소년이용음란물을 발견하기 위하여 대통령령으로 정하는 조치를 취하고, 발견된 아동·청소년이용음란물 즉시 삭제, 전송을 방지 또는 중단하는 기술적인 조치를 할 의무를 부과하고, 이에 위반한 경우 3년 이하의 징역 또는 2,000만원 이하의 벌금에 처하도록 규정한 아동·청소년의 성보호에 관한 법률 제17조 제1항이 영업수행의 자유 등을 침해하는지 여부: **소극** (헌재 2018.6.28. 2016헌가15)	합헌
86	특정인의 사생활 등을 조사하는 일을 업으로 하는 행위와 탐정 유사 명칭의 사용금지를 규정한 '신용정보의 이용 및 보호에 관한 법률' 제40조 후단이 직업선택의 자유를 침해하는지 여부: **소극** (헌재 2018.6.28. 2016헌마473)	기각
87	택시운송비용 전가를 금지하는 택시운송사업의 발전에 관한 법률 제12조 제1항이 직업의 자유를 침해하는지 여부: **소극** (헌재 2018.6.28. 2016헌마153)	기각
88	찜질방출입을 22:00 이후부터 05:00까지 보호자가 동행하지 않는 청소년에 대해서 제한한 것이 찜질방 영업자의 직업의 자유를 침해하는지 여부: **소극** (헌재 2008.1.17. 2005헌마1215)	기각
89	주취 중 운전금지규정을 3회 위반한 자에 대하여 필요적으로 운전면허를 취소하는 것이 위헌인지 여부: **소극** (헌재 2006.5.25. 2005헌바91)	합헌

90	음주측정거부자에 대하여 필요적으로 운전면허를 취소하도록 규정한 구 도로교통법 제78조 제1항 단서 중 제8호 부분이 헌법에 위반되는지 여부: **소극** 직업의 자유를 본질적으로 침해하거나 일반적 행동의 자유를 침해한다고 볼 수 없다(헌재 2007.12.27. 2005헌바95).	합헌
91	운전면허를 받은 사람이 자동차 등을 이용하여 살인 또는 강간 등 행정안전부령이 정하는 범죄행위를 한 때 운전면허를 필요적으로 취소하도록 하는 구 도로교통법 제93조 제1항 제11호가 직업의 자유를 침해하는지 여부: **적극** (헌재 2015.5.28. 2013헌가6)	위헌
92	'다른 사람의 자동차 등을 훔친 경우'를 필요적 운전면허 취소사유로 규정한 도로교통법 조항이 운전면허 소지자의 직업의 자유 및 일반적 행동의 자유를 침해하는지 여부: **적극** (헌재 2017.5.25. 2016헌가6)	위헌
93	여객자동차운송사업의 운전자격을 취득한 자가 도주차량죄를 범한 경우 그 운전자격을 필요적으로 취소하도록 한 것이 직업의 자유를 침해하는지 여부: **소극** (헌재 2017.9.28. 2016헌바339)	합헌
94	사람을 사상한 후 필요한 조치 및 신고를 하지 아니하여 벌금 이상의 형을 선고받고 운전면허가 취소된 사람은 운전면허가 취소된 날부터 4년간 운전면허를 받을 수 없도록 하는 도로교통법 제82조 제2항 제4호가 직업의 자유 및 일반적 행동의 자유를 침해하는지 여부: **소극** (헌재 2017.12.28. 2016헌바254)	합헌
95	'거짓이나 그 밖의 부정한 수단으로 운전면허를 받은 경우'에 관한 부분 가운데 각 '거짓이나 그 밖의 부정한 수단으로 받은 운전면허를 제외한 운전면허'를 필요적으로 취소하도록 한 부분은 모두 헌법에 위반된다(헌재 2020.6.25. 2019헌가9·10). ✅ **주의** 부정취득한 운전면허뿐만 아니라 부정취득하지 않은 운전면허까지 필요적으로 취소하도록 한 부분이 위법	위헌
96	부동산중개 법정수수료제도가 부동산중개업자의 직업의 자유를 침해하는지 여부: **소극** (헌재 2002.6.27. 2000헌마642·2001헌바12)	합헌
97	금고 이상의 실형을 선고받고 그 집행이 종료된 날부터 3년이 경과되지 아니한 자는 중개사무소 개설등록을 할 수 없고, 소속공인중개사 또는 중개보조원도 될 수 없도록 하는 것이 직업선택의 자유를 침해하는지 여부: **소극** (헌재 2008.9.25. 2007헌마419)	기각
98	이륜자동차 운전자의 고속도로 통행을 금지하는 것이 직업수행의 자유를 침해하는지 여부: **소극** (헌재 2011.11.24. 2011헌바51)	합헌
99	상시 50명 이상의 근로자를 고용하는 사업주는 근로자 총수의 100분의 5의 범위에서 대통령령으로 정하는 비율 이상에 해당하는 장애인을 고용하여야 하고, 의무고용률에 못 미치는 장애인을 고용하는 사업주는 장애인 고용부담금을 납부하도록 하는 것이 직업의 자유 및 재산권을 침해하는지 여부: **소극** (헌재 2012.3.29. 2010헌바432)	합헌
100	지방의회의원의 지방공사 직원 겸직을 금지하는 것이 직업선택의 자유 및 평등권을 침해하는지 여부: **소극** (헌재 2012.4.24. 2010헌마605)	기각
101	PC방 전체를 금연구역으로 지정하도록 한 국민건강증진법 제9조 제4항 제23호 중 '인터넷컴퓨터게임 시설제공업소' 부분 등이 직업수행의 자유를 침해하는지 여부: **소극** (헌재 2013.6.27. 2011헌마315)	기각
102	농협·축협조합장이 금고 이상의 형을 선고받고 그 형이 확정되지 아니한 경우에도 이사가 그 직무를 대행하도록 규정한 농업협동조합법 제46조 제4항 제3호 중 '조합장'에 관한 부분 등이 과잉금지원칙에 반하여 조합장인 청구인들의 직업수행의 자유를 침해하는지 여부: **적극** (헌재 2013.8.29. 2010헌마562)	위헌

103	법학전문대학원 출신 변호사는 6개월 이상 법률사무종사기관에서 의무종사 또는 의무연수를 마치지 않으면 사건을 단독 또는 공동으로 수임할 수 없도록 규정하고 있는 변호사법이 직업수행의 자유를 침해하는지 여부: **소극** (헌재 2013.10.24. 2012헌마480)	기각
104	숙박업을 하고자 하는 자에게 신고의무를 부과하고 이를 이행하지 아니한 자를 형사처벌하도록 규정하고 있는 공중위생관리법 제2조 제1항 등이 직업의 자유를 침해하는지 여부: **소극** (헌재 2016.9.29. 2015헌바121)	합헌
105	도로교통법 제63조 중 이륜자동차 운전자의 고속도로 통행을 금지하는 부분이 청구인들의 직업수행의 자유를 침해하는지 여부: **소극** (헌재 2008.7.31. 2007헌바90)	합헌
106	공무원보수규정의 봉급액 책정에 있어서 경장의 봉급액과 중사의 봉급액을 다르게 규정한 것이 이들의 직업선택의 자유를 침해하는지 여부: **소극** (헌재 2008.12.26. 2007헌마444)	기각
107	의료인의 면허된 의료행위 이외의 의료행위를 금지하고 처벌하는 의료법에 대한 심판청구에 대하여 외국인인 청구인의 직업의 자유 및 평등권에 관한 기본권 주체성이 인정되는지 여부: **소극** (헌재 2014.8.28. 2013헌마359) ⊘ **주의** 헌법재판소는 외국인이 국내에서 누리는 직업의 자유는 법률 이전에 헌법에 의해서 부여된 기본권이라고 할 수는 없고, 외국인이 대한민국 법률에 따른 허가를 받아 국내에서 일정한 직업을 수행함으로써 근로관계가 형성된 경우에만 인정되는 자유라고 봄	각하
108	한국방송광고공사와 이로부터 출자를 받은 회사가 아니면 지상파방송사업자에 대해 방송광고 판매대행을 할 수 없도록 규정하고 있는 구 방송법 제73조 제5항이 방송광고판매대행업자인 청구인의 직업수행의 자유를 침해하는지 여부: **적극** (헌재 2008.11.27. 2006헌마352)	헌법불합치
109	자동차운전전문학원을 졸업하고 운전면허를 받은 사람 중 교통사고를 일으킨 비율이 대통령령이 정하는 비율을 초과하는 때에는 학원의 등록을 취소하거나 1년 이내의 운영정지를 명할 수 있도록 한 도로교통법 조항이 직업의 자유를 침해하는지 여부: **적극** (헌재 2005.7.21. 2004헌가30)	위헌
110	의료기관의 시설 또는 부지의 일부를 분할·변경 또는 개수하여 약국을 개설하는 것을 금지한 약사법 규정이 직업행사의 자유를 침해하는지 여부: **소극** (헌재 2003.10.30. 2001헌마700)	합헌
111	변호사선임서 등을 공공기관에 제출할 때 소속 지방변호사회를 경유하도록 한 변호사법 제29조가 변호사 직업수행의 자유를 침해하는지 여부: **소극** (헌재 2013.5.30. 2011헌마131)	기각
112	정원제로 사법시험의 합격자를 결정하는 방법이 '객관적인 사유'에 의한 직업선택의 자유의 제한에 해당하는지 여부: **소극** (헌재 2010.5.27. 2008헌바110) ⊘ **주의** 정원제로 사법시험의 합격자를 결정하는 방법은 주관적인 사유에 의한 제한에 해당함	합헌
113	사법시험의 합격자를 정원제로 선발하도록 규정하고 있는 사법시험법 제4조가 직업선택의 자유를 침해하는지 여부: **소극** (헌재 2010.5.27. 2008헌바110)	합헌
114	시각장애인에 대하여만 안마사 자격인정을 받을 수 있도록 하는 이른바 비맹제외기준을 설정하고 있는 구 의료법 조항이 비시각장애인의 직업선택의 자유를 침해하는지 여부: **소극** (헌재 2008.10.30. 2006헌마1098) ⊘ **주의** 객관적 사유에 의한 직업결정의 자유의 제한이지만 합헌인 사례	기각
115	비의료인의 문신시술을 금지하고 위반하면 처벌하는 것이 직업의 자유를 침해하는지 여부: **소극** (헌재 2022.3.31. 2017헌마1343)	기각

116	의료인은 어떠한 명목으로도 둘 이상의 의료기관을 운영할 수 없다고 규정한 의료법 제33조 제8항 등이 의료인의 직업수행의 자유를 침해하는지 여부: 소극 (헌재 2019.8.29. 2014헌바212·2014헌가15 등)	합헌
117	의료인의 의료기관 중복 개설을 금지하는 의료법 제33조 제8항 본문 중 '개설' 부분 및 이를 위반한 자를 처벌하는 구 의료법 제87조 제1항 제2호 중 제33조 제8항 본문 가운데 '개설' 부분이 의료인의 직업수행의 자유를 침해하는지 여부: 소극 (헌재 2021.6.24. 2019헌바342)	합헌
118	교통사고로 사람을 사상한 후 필요한 조치를 하지 아니한 경우 운전면허 임의적 취소조항이 일반적 행동의 자유 또는 직업의 자유를 침해하는지 여부: 소극 (헌재 2019.8.29. 2018헌바4)	합헌
119	'학원의 설립·운영 및 과외교습에 관한 법률'을 위반하여 벌금형을 선고받은 후 1년이 지나지 아니한 자는 학원설립·운영의 등록을 할 수 없도록 규정한 학원법 제9조 제1항 제4호가 과잉금지원칙에 위배되어 직업선택의 자유를 침해하는지 여부: 소극 (헌재 2015.5.28. 2012헌마653)	기각
120	법인의 임원이 학원법을 위반하여 벌금형을 선고받은 경우, 법인의 학원설립·운영 등록이 효력을 잃도록 규정하고 있는 학원법 제9조 제2항 본문 중 제9조 제1항 제7호 가운데 제9조 제1항 제4호에 관한 부분이 과잉금지원칙에 위배되어 직업 수행의 자유를 침해하는지 여부: 적극 (헌재 2015.5.28. 2012헌마653)	위헌
121	담배자동판매기의 설치제한 및 철거를 규정한 조례가 직업수행의 자유를 침해하는지 여부: 소극 (헌재 1995.4.20. 92헌마264·279)	기각
122	국제결혼중개업의 등록요건으로 1억 원 이상의 자본금을 요구하는 결혼중개업법 제24조의3이 직업선택의 자유를 침해하는지 여부: 소극 (헌재 2014.3.27. 2012헌마745)	기각
123	의료법에 따라 개설된 의료기관이 당연히 국민건강보험 요양기관이 되도록 규정하고 있는 약사법 규정이 직업의 자유를 침해하는지 여부: 소극 (헌재 2014.4.24. 2012헌마865)	기각
124	파산신고를 받은 교원의 지위 박탈이 직업수행의 자유를 침해하는지 여부: 소극 (헌재 2008.11.27. 2005헌가21) ✔ **주의** 과잉금지의 원칙에 위배되지 않는다고 본 사안임	합헌
125	금융감독원의 4급 이상 직원에 대하여 퇴직일부터 3년간 퇴직 전 5년 동안 소속하였던 부서 또는 기관의 업무와 밀접한 관련성이 있는 취업심사대상기관에의 취업을 제한하는 공직자윤리법이 직업의 자유를 침해하는지 여부: 소극 (헌재 2021.11.25. 2019헌마555)	기각
126	사립유치원의 교비회계에 속하는 예산·결산 및 회계 업무를 교육부장관이 지정하는 정보처리장치로 처리하도록 규정한 사학기관 재무·회계 규칙(교육부령 제175호)이 사립학교 운영의 자유를 침해하는지 여부: 소극 (헌재 2021.11.25. 2019헌마542)	기각
127	나무의사만이 수목진료를 할 수 있도록 규정한 산림보호법 제21조의4 제1항의 '나무의사조항'이 과잉금지원칙에 위배되어 직업선택의 자유를 침해하는지 여부: 소극 (헌재 2020.6.25. 2018헌마974)	기각, 각하
128	유골 500구 이상을 안치할 수 있는 사설봉안시설을 설치·관리하려는 자는 민법에 따라 봉안시설의 설치·관리를 목적으로 하는 재단법인을 설립하도록 하는 구 '장사 등에 관한 법률' 제15조 제3항 본문 중 '설치·관리하려는 자' 부분이 과잉금지원칙에 위반되어 직업의 자유를 침해하는지 여부: 소극 (헌재 2021.8.31. 2019헌바453)	합헌

129	건설업 등록기준 중 자본금기준에 미달하여 영업정지처분을 받았던 건설업자가 3년 안에 다시 동일한 자본금기준에 미달한 경우 건설업 등록을 필요적으로 말소하도록 한 구 건설산업기본법 제83조 단서 중 제3호의3 가운데 제10조 제2호에 관한 부분이 직업의 자유를 침해하는지 여부: **소극** (헌재 2021.7.15. 2019헌바230)	합헌
130	건설폐기물 수집·운반업자가 건설폐기물을 임시보관장소로 수집·운반할 수 있는 사유 중 하나로 '매립대상 폐기물을 반입규격에 맞게 절단하기 위한 경우'를 포함하지 않고 있는 건설폐기물의 재활용촉진에 관한 법률 제13조의2 제2항이 신뢰보호원칙에 반하여 직업수행의 자유를 침해하는지 여부: **소극** (헌재 2021.7.15. 2019헌마406)	기각
131	변호사법 제109조 제2호 중 제34조 제2항 가운데(변호사는 법률사건의 수임에 관하여 알선의 대가로 금품을 제공하거나 이를 약속하여서는 아니 된다) 부분이 변호사의 직업의 자유를 침해하는지 여부: **소극** (헌재 2013.2.28. 2012헌바62)	합헌
132	변호사가 아닌 자가 금품 등 이익을 얻을 목적으로 법률사무를 취급하는 행위 등을 처벌하는 변호사법 제109조 제1호 다목 중 '중재사무를 취급한 자'에 관한 부분, 제109조 제1호 마목 중 '대리사무를 취급한 자'에 관한 부분 가운데 '대리', '중재', '일반의 법률사건' 부분이 청구인의 직업의 자유를 침해하는지 여부: **소극** (헌재 2021.6.24. 2020헌바38)	합헌
133	안경사 면허를 가진 자연인에게만 안경업소의 개설 등을 할 수 있도록 한 의료기사 등에 관한 법률 제12조 제1항과, 그 위반시 처벌하도록 정한 구 의료기사 등에 관한 법률 제30조 제1항 제6호 등이 과잉금지원칙에 반하여 자연인 안경사와 법인의 직업의 자유를 침해하는지 여부: **소극** (헌재 2021.6.24. 2017헌가31)	합헌
134	소송사건의 대리인인 변호사가 수용자를 접견하고자 하는 경우 소송계속 사실을 소명할 수 있는 자료를 제출하도록 요구하는 것이 과잉금지원칙에 위배되어 변호사의 직업수행의 자유를 침해하는지 여부: **적극** (헌재 2021.10.28. 2018헌마60)	위헌
135	접촉차단시설이 설치되지 않은 장소에서 수용자와 접견할 수 있는 예외 대상의 범위에 소송대리인이 되려는 변호사를 포함시키지 않은 것이 변호사인 청구인의 직업수행의 자유를 침해하는지 여부: **소극** (헌재 2022.2.24. 2018헌마1010)	기각
136	변호사 광고의 내용, 방법 등을 규제하는 대한변호사협회의 '변호사 광고에 관한 규정'(변협규정)이 표현의 자유와 직업의 자유를 침해하는지 여부: **적극** (헌재 2022.5.26. 2021헌마619) [1] 광고금지규정이 법률유보원칙에 위반되는지: **적극** 광고금지규정은 수권법률로부터 위임된 범위 내에서 명확하게 규율 범위를 정하고 있다고 보기 어려우므로, 법률유보원칙에 위반되어 청구인들의 표현의 자유, 직업의 자유를 침해한다. [2] 대가수수 광고금지규정이 과잉금지원칙에 위반되는지: **적극** 대가수수 광고금지규정은 과잉금지원칙에 위반되어 청구인들의 표현의 자유와 직업의 자유를 침해한다.	위헌
137	사회복무요원이 복무기관의 장의 허가 없이 다른 직무를 겸하는 것을 제한하는 병역법 제33조 제2항 본문 제4호 후단이 직업의 자유를 침해하는지 여부: **소극** (헌재 2022.9.29. 2019헌마938)	기각
138	집단급식소에 근무하는 영양사의 직무를 규정한 조항인 식품위생법 제52조 제2항을 위반한 자를 처벌하는, 식품위생법 제96조 중 '제52조 제2항을 위반한 자'에 관한 부분이 헌법에 위반되는지 여부: **적극** (헌재 2023.3.23. 2019헌바141)	위헌

139	'제10회 변호사시험 일시·장소 및 응시자준수사항 공고'(법무부공고 제2020 –360호) 및 '코로나19 관련 제10회 변호사시험 응시자 유의사항 등 알림' 중 코로나19 확진환자의 응시를 금지하고, 자가격리자 및 고위험자의 응시를 제한한 부분이 직업선택의 자유를 침해하는지 여부: **적극** (헌재 2023.2.23. 2020헌마1736)	인용 (위헌확인)
140	택시운전근로자의 최저임금에 산입되는 범위를 정한 최저임금법 제6조 제5항 중 '생산고에 따른 임금을 제외한'부분이 계약의 자유와 직업의 자유를 침해하는지 여부: **소극** (헌재 2023.2.23. 2020헌바11)	합헌
141	다른 사람에게 자기의 건설업 등록증을 빌려준 경우 그 건설업자의 건설업 등록을 필요적으로 말소하도록 하는 것이 직업의 자유를 침해하는지 여부: **소극** (헌재 2023.2.23. 2019헌바196)	합헌
142	간행물 판매자에게 정가 판매 의무를 부과하고, 가격할인의 범위를 가격할인과 경제상의 이익을 합하여 정가의 15퍼센트 이하로 제한하는 출판문화산업 진흥법 제22조 제4항 및 제5항이 직업의 자유를 침해하는지 여부: **소극** (헌재 2023.7.20. 2020헌마104)	기각
143	금고 이상의 형의 집행유예선고를 받고 그 유예기간 중에 있는 자는 특수경비원이 될 수 없다고 규정한 구 경비업법 제10조 제2항 제2호 중 제1항 제4호에 관한 부분(이하 '심판대상조항'이라 한다)이 과잉금지원칙에 위배하여 특수경비원의 직업의 자유를 침해하는지 여부: **소극** (헌재 2023.6.29. 2021헌마157)	기각
144	문화체육관광부장관이 정부광고 업무를 한국언론진흥재단에 위탁하도록 한 것이 광고대행업에 종사하는 청구인들의 직업수행의 자유를 침해하는지 여부: **소극** (헌재 2023.6.29. 2019헌마227)	기각
145	동물약국 개설자가 수의사 또는 수산질병관리사의 처방전 없이 판매할 수 없는 동물용의약품을 규정한 '처방대상 동물용의약품 지정에 관한 규정'(2020.11.12. 농림축산식품부고시 제2020 – 90호로 개정된 것) 제3조가 동물약국 개설자인 청구인들의 직업수행의 자유를 침해하는지 여부: **소극** (헌재 2023.6.29. 2021헌마199)	기각
146	허가된 어업의 어획효과를 높이기 위하여 다른 어업의 도움을 받아 조업활동을 하는 행위를 금지(공조조업금지)한 수산자원관리법 제22조 제2호가 과잉금지원칙에 위배되어 직업수행의 자유를 침해하는지 여부: **소극** (헌재 2023.5.25. 2020헌바604)	합헌
147	어린이집 원장 또는 보육교사가 아동학대관련범죄로 처벌을 받은 경우 행정청이 재량으로 그 자격을 취소할 수 있도록 정한 영유아보육법 제48조 제1항 제3호 중 '아동복지법 제17조 제5호를 위반하여 아동복지법 제71조 제1항 제2호에 따라 처벌받은 경우'에 관한 부분이 직업선택의 자유를 침해하는지 여부: **소극** (헌재 2023.5.25. 2021헌바234)	합헌
148	행정사로 하여금 그 사무소 소재지를 관할하는 특별시장·광역시장·특별자치시장·도지사·특별자치도지사가 시행하는 연수교육을 받도록 하는 행정사법 제25조 제3항이 청구인의 직업의 자유를 침해하는지 여부: **소극** (헌재 2023.3.23. 2021헌마50)	기각
149	시설경비업을 허가받은 경비업자로 하여금 허가받은 경비업무 외의 업무에 경비원을 종사하게 하는 것을 금지하고, 이를 위반한 경비업자에 대한 허가를 취소하도록 정하고 있는 경비업법 제7조 제5항 중 '시설경비업무'에 관한 부분과 경비업법 제19조 제1항 제2호 중 '시설경비업무'에 관한 부분이 시설경비업을 수행하는 경비업자의 직업의 자유를 침해하는지 여부: **적극** (헌재 2023.3.23. 2020헌가19)	헌법불합치

150	음주운전 금지규정을 위반하여 자동차를 운전한 사람이 다시 음주운전 금지규정을 위반하여 자동차를 운전해서 운전면허 정지사유에 해당된 경우 필요적으로 그의 운전면허를 취소하도록 한 것이 직업의 자유 및 일반적 행동자유권을 침해하는지 여부: **소극** (헌재 2023.10.26. 2020헌바186)	합헌
151	생활폐기물 수집·운반 대행계약과 관련하여 뇌물공여, 사기 등 범죄를 범하여 일정한 형을 선고받은 자를 3년간 위 대행계약 대상에서 제외하도록 규정한 폐기물관리법 제14조 제8항 제7호가 직업의 자유를 침해하는지 여부: **소극** (헌재 2023.12.21. 2020헌바189)	합헌
152	시장·군수·구청장이 지방자치단체의 조례로 정하는 바에 따라 일정한 구역을 지정·고시하여 가축의 사육을 제한할 수 있도록 한 '가축분뇨의 관리 및 이용에 관한 법률' 제8조 제1항이 직업수행의 자유를 침해하는지 여부: **소극** (헌재 2023.12.21. 2020헌바374)	합헌
153	아파트 장기일반민간임대주택과 단기민간임대주택의 임대의무기간이 종료한 날 그 등록이 말소되도록 하는 것이 임대사업자의 직업의 자유를 침해하는지 여부: **소극** (헌재 2024.2.28. 2020헌마1482)	기각
154	주 52시간 근로시간 상한제조항이 계약의 자유 및 직업의 자유를 침해하는지 여부: **소극** (헌재 2024.2.28. 2019헌마500)	기각
155	고용보험 및 산재보험 보험사무를 대행할 수 있는 기관의 자격을 일정한 기준을 충족하는 단체 또는 법인, 공인노무사 또는 세무사로 한정하고 개인 공인회계사를 제외한 것이 직업수행의 자유를 침해하는지 여부: **소극** (헌재 2024.2.28. 2020헌마139)	기각
156	국민권익위원회의 5급 이하 7급 이상의 일반직공무원에 대하여 퇴직일부터 3년간 취업을 제한한 공직자윤리법이 직업선택이 자유를 침해하는지 여부: **소극** (헌재 2024.3.28. 2020헌마1527)	기각
157	고체 형태의 세안용 비누(이하 '고형세안비누'라 한다)를 수입·판매하려는 청구인에게 화장품책임판매업 등록을 하도록 하면서, 책임판매관리자를 의무적으로 두도록 요구하는 화장품법 제3조 제3항 중 '고형세안비누를 취급하는 화장품책임판매업자'에 관한 부분(이하 '심판대상조항'이라 한다)이 청구인의 직업선택의 자유를 침해하는지 여부: **소극** (헌재 2024.5.30. 2021헌마291)	기각
158	대형트롤어업의 허가를 할 때 동경 128도 이동수역에서 조업하여서는 아니 된다는 조건을 붙이도록 한 구 '어업의 허가 및 신고 등에 관한 규칙'이 직업수행의 자유를 침해하는지 여부: **소극** (헌재 2024.7.18. 2021헌마533)	기각
159	비변호사가 변호사를 고용하여 법률사무소를 개설·운영하거나 비변호사가 변호사 업무를 통해 보수 등을 분배 받아 동업하는 것을 금지하는 변호사법 제34조 제4항, 제5항의 직업의 자유 침해 여부: **소극** (헌재 2024.8.29. 2020헌마839)	기각
160	법무사 1인당 사무원 수를 제한하는 법무사규칙 제37조 제5항의 직업의 자유 침해 여부: **소극** (헌재 2024.8.29. 2020헌마839)	기각
161	강제추행죄로 벌금형이 확정된 체육지도자의 자격을 필요적으로 취소하도록 한 구 국민체육진흥법이 강제추행죄로 벌금형이 확정된 체육지도자의 직업선택의 자유를 침해하는지 여부: **소극** (헌재 2024.8.29. 2023헌가10)	합헌
162	육계 또는 육용오리농가로 하여금 일제 입식 및 출하를 준수하도록 하고 입식제한 기간을 14일 미만으로 축소하지 않도록 한 '가축전염병 예방법 시행규칙'이 직업수행의 자유를 침해하는지 여부: **소극** (헌재 2025.1.23. 2021헌마1194)	기각

163	보조금수령자가 거짓이나 그 밖의 부정한 방법으로 보조금을 지급받은 사유로 보조금법 제33조에 따라 보조금 반환명령을 1회 이상 받은 경우 중앙관서의 장으로 하여금 해당 보조금수령자를 소관 보조사업의 수행 대상에서 배제하는 것이 직업수행의 자유를 침해하는지 여부: **소극** (헌재 2025.1.23. 2021헌가35)	합헌
164	개인택시운송사업자의 운전면허가 취소된 경우에는 개인택시운송사업면허를 취소하는 것이 직업의 자유 및 재산권을 침해하는지 여부: **소극** (헌재 2025.1.23. 2021헌바155)	합헌
165	음주운전으로 운전면허 정지처분을 받은 경우 필요적으로 택시운전자격을 취소하도록 규정한 것이 과잉금지원칙에 반하여 택시운수종사자의 직업선택의 자유를 침해하는지 여부: **소극** (헌재 2025.1.23. 2023헌가17 등)	합헌

제3절 소비자의 권리

> 헌법 제124조 국가는 건전한 소비행위를 계도하고 생산품의 품질향상을 촉구하기 위한 소비자보호운동을 법률이 정하는 바에 의하여 보장한다.

1 의의

1. 연혁

1980년 제8차 개정헌법에서 '소비자보호운동조항'을 최초로 규정

2. 근거

현행헌법이 소비자보호운동의 보장차원에서 규정한 것으로 기본권으로 명시하지 않음

2 법적 성격

① 자유권적 기본권의 성격, ② 경제적 기본권의 성격, ③ 청구권적 기본권의 성격, ④ 사회적 기본권의 성격을 가진 복합적 기본권

3 주체

소비자인 이상 자연인과 법인 및 내·외국인을 가리지 않음

4 효력

대국가적 효력	원칙적으로 모든 국가권력을 구속함
대사인적 효력	사인간에도 적용함

공권력에 의한 침해와 구제	• 청원권·국가배상청구권 또는 행정소송이나 헌법소원을 제기함 • 특히 피해자는 다수이면서 피해액은 소액인 소비자피해의 특성상 미국의 Class Action제도나 독일의 단체소송과 같은 집단소송제도의 도입이 요청됨
사인에 의한 침해와 구제	소비자는 물품 등의 사용으로 인한 피해의 구제를 한국소비자원에 신청(소비자기본법 제55조 제1항)할 수 있음은 물론, 민사소송을 제기할 수 있음

📑 판례정리

번호	내용	결정
1	헌법이 보장하는 소비자보호운동의 일환으로 행해지는 소비자불매운동의 헌법적 허용한계 – 형법 제314조 위계에 의한 업무방해죄 사건 [1] 형법 제314조 제1항 중 '제313조의 방법 중 기타 위계로써 또는 위력으로써 사람의 업무를 방해한 자' 부분, 제324조 중 '협박으로 사람의 권리행사를 방해하거나 의무없는 일을 하게 한 자' 부분, 제350조, 형법 제30조가 죄형법정주의의 명확성원칙에 위배되는지 여부: 소극 [2] 헌법이 보장하는 소비자보호운동의 일환으로 행해지는 소비자불매운동이 헌법적 허용한계를 가지는지 여부: 적극 구매력을 무기로 소비자가 자신의 선호를 시장에 실질적으로 반영하려는 시도인 소비자불매운동은 모든 경우에 있어서 그 정당성이 인정될 수는 없고, 헌법이나 법률의 규정에 비추어 정당하다고 평가되는 범위에 해당하는 경우에만 형사책임이나 민사책임이 면제된다고 할 수 있다. [3] 소비자들이 집단적으로 벌이는 소비자불매운동에 위 법률조항들을 적용하는 것이 헌법이 소비자보호운동을 보장하는 취지에 반하는지 여부: 소극 헌법과 법률이 보장하고 있는 한계를 넘어선 소비자불매운동 역시 정당성을 결여한 것으로서 정당행위 기타 다른 이유로 위법성이 조각되지 않는 한 업무방해죄로 형사처벌할 수 있다고 할 것이다(헌재 2011.12.29. 2010헌바54 등).	합헌

제5장 | 정치적 기본권(참정권)

1 법적 성격 및 주체

법적 성격	• 실정권: 연령 등 자격요건을 합리적인 범위 내에서 법률로써 강화, 완화 가능 • 일신전속적 권리: 참정권은 일신전속적 권리로서 대리행사는 인정되지 않음 • 의무성은 없음
주체	국민 ○ / 외국인 ×

2 내용

1. 직접참정권

(1) 유형

국민발안권	• 개념: 국민이 헌법개정안이나 법률안을 제안할 수 있는 권리 • 국민입법제: 국민이 법안의 세부적인 내용까지 직접 작성하여 국민투표로 확정하는 것
국민투표권 (국민표결권)	신임만을 묻는 국민투표뿐만 아니라 정책과 연계한 신임 국민투표도 헌법 제72조의 정책 국민투표에 포함되지 않음(헌법재판소)
국민소환권	국민이 공직자를 임기만료 전에 해임시킬 수 있는 권리로, 현행법상 지방자치단체장과 지역구지방의원, 교육감과 교육의원 소환제도를 도입함

📋 **판례정리**

번호	내용	결정
1	대통령이 자신에 대한 신임을 국민투표의 형식으로 물을 수 있는지 여부: 소극 (헌재 2004.5.14. 2004헌나1)	기각
2	대통령이 국회 본회의에서 행한 시정연설에서 정책과 결부하지 않고 단순히 대통령의 신임 여부만을 묻는 국민투표를 실시하고자 한다고 밝힌 것이 헌법소원의 대상이 되는 '공권력의 행사'에 해당하는지 여부: 소극 (헌재 2003.11.27. 2003헌마694)	각하
3	국민에게 특정의 국가정책에 관하여 국민투표에 회부할 것을 요구할 권리가 인정되는지 여부: 소극 (헌재 2005.11.24. 2005헌마579)	각하
4	주민등록이나 국내거소신고가 되어 있지 않은 재외국민(재외선거인)에 국민투표권을 제한하는 국민투표법 제14조 제1항이 위헌인지 여부: 적극 (헌재 2014.7.24. 2009헌마256)	헌법불합치

(2) 현행헌법의 규정

① 헌법개정안에 대한 국민투표권(제5차 개정헌법부터)

> 헌법 제130조 ① 국회는 헌법개정안이 공고된 날로부터 60일 이내에 의결하여야 하며, 국회의 의결은 재적의원 3분의 2 이상의 찬성을 얻어야 한다.
> ② 헌법개정안은 국회가 의결한 후 30일 이내에 국민투표에 부쳐 국회의원선거권자 과반수의 투표와 투표자 과반수의 찬성을 얻어야 한다.
> ③ 헌법개정안이 제2항의 찬성을 얻은 때에는 헌법개정은 확정되며, 대통령은 즉시 이를 공포하여야 한다.

② 국가안위에 관한 중요정책에 대한 국민투표권(제2차 개정헌법부터)

> 헌법 제72조 대통령은 필요하다고 인정할 때에는 외교·국방·통일 기타 국가안위에 관한 중요정책을 국민투표에 부칠 수 있다.

- ㉠ 제2차 개정헌법: 대한민국의 주권의 제약 또는 영토의 변경을 가져올 국가안위에 관한 중대사항에 대한 국민투표(제7조의2)
- ㉡ 제7차 개정헌법: 국가의 중요한 정책에 대한 국민투표(제49조)
- ㉢ 제8차 개정헌법: 외교·국방·통일 기타 국가안위에 관한 중요정책에 대한 국민투표(제47조)

③ 헌법 제72조와 제130조의 국민투표

구분	성격	대상	필수성 여부	부의 여부	정족수
제72조 국민투표	견해대립	중요정책	임의적	재량	헌법상 규정 없음
제130조 국민투표	레퍼렌덤 (Referendum)	헌법개정안	필수적	재량 없음 (의무)	국회의원선거권자 과반수의 투표와 투표자 과반수의 찬성

④ 국민투표에 대한 이의제기

> 국민투표법 제92조 【국민투표무효의 소송】 국민투표의 효력에 관하여 이의가 있는 투표인은 투표인 10만인 이상의 찬성을 얻어 중앙선거관리위원회위원장을 피고로 하여 투표일로부터 20일 이내에 대법원에 제소할 수 있다.
> 제93조 【국민투표무효의 판결】 대법원은 제92조의 규정에 의한 소송에 있어서 국민투표에 관하여 이 법 또는 이 법에 의하여 발하는 명령에 위반하는 사실이 있는 경우라도 국민투표의 결과에 영향이 미쳤다고 인정하는 때에 한하여 국민투표의 전부 또는 일부의 무효를 판결한다.

2. 간접참정권

(1) 선거권

> 헌법 제24조 모든 국민은 법률이 정하는 바에 의하여 선거권을 가진다.
>
> 공직선거법 제15조 【선거권】① 18세 이상의 국민은 대통령 및 국회의원의 선거권이 있다. 다만, 지역구국회의원의 선거권은 18세 이상의 국민으로서 제37조 제1항에 따른 선거인명부작성기준일 현재 다음 각 호의 어느 하나에 해당하는 사람에 한하여 인정된다.
>
> 1. 주민등록법 제6조 제1항 제1호 또는 제2호에 해당하는 사람으로서 해당 국회의원지역선거구 안에 주민등록이 되어 있는 사람
> 2. 주민등록법 제6조 제1항 제3호에 해당하는 사람으로서 주민등록표에 3개월 이상 계속하여 올라 있고 해당 국회의원지역선거구 안에 주민등록이 되어 있는 사람
>
> ② 18세 이상으로서 제37조 제1항에 따른 선거인명부작성기준일 현재 다음 각 호의 어느 하나에 해당하는 사람은 그 구역에서 선거하는 지방자치단체의 의회의원 및 장의 선거권이 있다.
>
> 1. 주민등록법 제6조 제1항 제1호 또는 제2호에 해당하는 사람으로서 해당 지방자치단체의 관할구역에 주민등록이 되어 있는 사람
> 2. 주민등록법 제6조 제1항 제3호에 해당하는 사람으로서 주민등록표에 3개월 이상 계속하여 올라 있고 해당 지방자치단체의 관할구역에 주민등록이 되어 있는 사람
> 3. 출입국관리법 제10조에 따른 영주의 체류자격 취득일 후 3년이 경과한 외국인으로서 같은 법 제34조에 따라 해당 지방자치단체의 외국인등록대장에 올라 있는 사람
>
> ⊘ **주의**
> 선거권행사연령은 헌법이 아닌 법률(공직선거법 제15조)에 규정되어 있음
>
> 제18조 【선거권이 없는 자】① 선거일 현재 다음 각 호의 어느 하나에 해당하는 사람은 선거권이 없다.
>
> 1. 금치산선고를 받은 자
> 2. 1년 이상의 징역 또는 금고의 형의 선고를 받고 그 집행이 종료되지 아니하거나 그 집행을 받지 아니하기로 확정되지 아니한 사람. 다만, 그 형의 집행유예를 선고받고 유예기간 중에 있는 사람은 제외한다.
> 3. 선거범, 정치자금법 제45조(정치자금부정수수죄) 및 제49조(선거비용관련 위반행위에 관한 벌칙)에 규정된 죄를 범한 자 또는 대통령·국회의원·지방의회의원·지방자치단체의 장으로서 그 재임중의 직무와 관련하여 형법 제129조(수뢰, 사전수뢰) 내지 제132조(알선수뢰)·특정범죄가중처벌 등에 관한 법률 제3조(알선수재)에 규정된 죄를 범한 자로서, 100만원 이상의 벌금형의 선고를 받고 그 형이 확정된 후 5년 또는 형의 집행유예의 선고를 받고 그 형이 확정된 후 10년을 경과하지 아니하거나 징역형의 선고를 받고 그 집행을 받지 아니하기로 확정된 후 또는 그 형의 집행이 종료되거나 면제된 후 10년을 경과하지 아니한 자(형이 실효된 자도 포함한다)
> 4. 법원의 판결 또는 다른 법률에 의하여 선거권이 정지 또는 상실된 자

번호	내용	결정
1	집행유예 기간 중인 자와 수형자의 선거권을 제한하고 있는 공직선거법 제18조 제1항 제2호가 위헌인지 여부: **적국** [1] 특히 집행유예자는 집행유예선고가 실효되거나 취소되지 않는 한 교정시설에 구금되지 않고 일반인과 동일한 사회생활을 하고 있으므로 그들의 선거권을 제한해야 할 필요성이 크지 않다. 따라서 심판대상조항은 청구인들의 선거권을 침해하고, 보통선거원칙에 위반하여 집행유예자와 수형자를 차별취급하는 것이므로 평등원칙에도 어긋난다. [2] 심판대상조항 중 수형자에 관한 부분의 위헌성은 지나치게 전면적·획일적으로 수형자의 선거권을 제한한다는 데 있다. … 심판대상조항 중 수형자에 관한 부분에 대해 헌법불합치결정을 선고한다(헌재 2014.1.28. 2012헌마409).	[1] 위헌 [2] 헌법불합치
2	농협조합장선거에서 조합장을 선출하거나 조합장을 선출될 권리 등은 헌법에 의하여 보호되는 선거권이 아니다(헌재 2012.2.23. 2011헌바154).	합헌
3	지방자치단체의 장 선거권이 헌법상 보장되는 기본권인지 여부: **적국** (헌재 2016.10.27. 2014헌마797)	기각

(2) 공무담임권

헌법 제25조 모든 국민은 법률이 정하는 바에 의하여 공무담임권을 가진다.

공직선거법 제16조 【피선거권】 ① 선거일 현재 <u>5년 이상</u> 국내에 거주하고 있는 <u>40세</u> 이상의 국민은 대통령의 피선거권이 있다. 이 경우 공무로 외국에 파견된 기간과 국내에 주소를 두고 일정기간 외국에 체류한 기간은 국내거주기간으로 본다.

② <u>18세</u> 이상의 국민은 국회의원의 피선거권이 있다.

③ 선거일 현재 계속하여 <u>60일</u> 이상(공무로 외국에 파견되어 선거일 전 60일 후에 귀국한 자는 선거인명부 작성기준일부터 계속하여 선거일까지) <u>해당 지방자치단체의 관할구역에 주민등록</u>이 되어 있는 주민으로서 <u>18세 이상의 주민</u>은 그 지방의회의원 및 지방자치단체의 장의 피선거권이 있다. 이 경우 60일의 기간은 그 지방자치단체의 설치·폐지·분할·합병 또는 구역변경(제28조 각 호의 어느 하나에 따른 구역변경을 포함한다)에 의하여 중단되지 아니한다.

제19조 【피선거권이 없는 자】 선거일 현재 다음 각 호의 어느 하나에 해당하는 자는 피선거권이 없다.

1. 제18조(선거권이 없는 자) 제1항 제1호·제3호 또는 제4호에 해당하는 자
2. 금고 이상의 형의 선고를 받고 그 형이 실효되지 아니한 자
3. 법원의 판결 또는 다른 법률에 의하여 피선거권이 정지되거나 상실된 자
4. 국회법 제166조(국회 회의 방해죄)의 죄를 범한 자로서 다음 각 목의 어느 하나에 해당하는 자(형이 실효된 자를 포함한다)
   가. 500만원 이상의 벌금형의 선고를 받고 그 형이 확정된 후 5년이 경과되지 아니한 자
   나. 형의 집행유예의 선고를 받고 그 형이 확정된 후 10년이 경과되지 아니한 자
   다. 징역형의 선고를 받고 그 집행을 받지 아니하기로 확정된 후 또는 그 형의 집행이 종료되거나 면제된 후 10년이 경과되지 아니한 자

<table>
<tr><td rowspan="2">개념</td><td>• 입법부·행정부·사법부, 지방자치단체·공공단체의 구성원으로 선임되어 공무를 담당할 수 있는 권리</td></tr>
<tr><td>• 각종 선거에 입후보하여 당선될 수 있는 피선거권과 공직에 임명될 수 있는 공직취임권 포함</td></tr>
<tr><td rowspan="5">보호영역</td><td>• 공직취임기회의 자의적인 배제뿐 아니라 공무원신분의 부당한 박탈, 권한(직무)의 부당한 징지도 포함</td></tr>
<tr><td>• 특정의 장소에서의 근무 또는 특정의 보직 근무를 포함하는 일종의 '공무수행의 자유'까지 보호영역에 포함 ✕</td></tr>
<tr><td>• 공무원의 퇴직급여, 공무상 재해보장을 할 것을 포함 ✕</td></tr>
<tr><td>• 승진기회의 보장문제는 공무담임권의 보호영역에 포함 ✕</td></tr>
<tr><td>☑ 주의
공무담임권은 취임한 뒤 승진할 때에도 균등한 기회제공을 요구함</td></tr>
</table>

📄 판례정리

번호	내용	결정
1	검찰총장퇴임 후 2년 이내에는 모든 공직에의 임명을 금지하는 것이 직업선택의 자유와 공무담임권을 침해하는지 여부: 적극 (헌재 1997.7.16. 97헌마26)	위헌
2	금고 이상의 형의 '집행유예'를 받은 경우 지방공무원직에서 당연히 퇴직하도록 한 것이 공무담임권, 평등권을 침해하는지 여부: 소극 (헌재 2003.12.18. 2003헌마409)	기각
3	향토예비군 지휘관이 금고 이상의 형의 '선고유예'를 받은 경우 당연 해임되도록 하고 있는 구 향토예비군 설치법 시행규칙 제10조 제3항 제5호 부분이 헌법에 위반되는지 여부: 적극 (헌재 2005.12.22. 2004헌마947)	위헌
4	금고 이상 형의 '선고유예'를 받은 공무원을 당연퇴직사유로 한 것이 위헌인지 여부: 적극 (헌재 2003.10.30. 2002헌마684 등) ☑ 주의 금고 이상의 형의 선고유예를 받고 그 기간 중에 있는 자를 임용결격사유로 삼고, 위 사유에 해당하는 자가 임용되더라도 이를 당연무효로 하는 국가공무원법은 합헌(헌재 2016.7.28. 2014헌바437). 즉, 임용결격사유가 당연퇴직사유보다 넓음	위헌
5	'수뢰죄'를 범하여 금고 이상의 형의 선고유예를 받은 국가공무원을 당연퇴직하도록 한 국가공무원법 제69조 단서 중 '형법 제129조 제1항'에 관한 부분이 과잉금지원칙에 반하여 청구인의 공무담임권을 침해하는지 여부: 소극 (헌재 2013.7.25. 2012헌바409)	합헌
6	금고 이상 형의 '선고유예'를 받은 군무원을 당연퇴직사유로 한 것이 위헌인지 여부: 적극 (헌재 2007.6.28. 2007헌가3)	위헌
7	자격정지 이상의 형의 '선고유예'를 받은 경찰공무원의 당연퇴직규정이 위헌인지 여부: 적극 (헌재 2005.12.22. 2004헌가12)	위헌
8	국가인권위원회위원의 퇴직 후 2년간 공직취임 및 선거출마금지를 규정한 국가인권위원회법 규정이 공무담임권을 침해하는지 여부: 적극 (헌재 2004.1.29. 2002헌마788)	위헌
9	국·공립학교 채용시험의 동점자처리에서 국가유공자 등 및 그 유족·가족에게 우선권을 주도록 하고 있는 국가유공자 등 예우 및 지원에 관한 법률 등의 해당 조항들이 일반 응시자들의 공무담임권을 침해하는지 여부: 소극 (헌재 2006.6.29. 2005헌마44)	기각

10	지방자치단체의 장이 '금고 이상의 형을 선고받고 그 형이 확정되지 아니한 경우' 부단체장이 그 권한을 대행하도록 규정한 지방자치법 제111조 제1항 제3호가 자치단체장인 청구인의 공무담임권을 침해하는지 여부: **적극** (헌재 2010.9.2. 2010헌마418)	헌법불합치
11	지방자치단체의 장이 '공소제기된 후 구금상태에 있는 경우' 부단체장이 그 권한을 대행하도록 규정한 지방자치법 제111조 제1항 제2호가 공무담임권을 침해하는지 여부: **소극** (헌재 2011.4.28. 2010헌마474)	기각
12	주민소환투표의 청구시 주민소환의 청구사유를 명시하지 아니하고 있는 '주민소환에 관한 법률' 제7조 제1항이 공무담임권을 침해하여 위헌인지 여부: **소극** (헌재 2011.3.31. 2008헌마355)	기각
13	5급 국가공무원 공채시험응시연령 상한을 32세까지로 제한한 것이 위헌인지 여부: **적극** (헌재 2008.5.29. 2007헌마1105)	헌법불합치
14	경찰대학의 입학연령을 만 17세 이상 21세 미만으로 제한하고 있는 경찰대학의 학사운영에 관한 규정이 공무담임권을 침해하는지 여부: **소극** (헌재 2009.7.30. 2007헌마991)	기각
15	순경 및 소방사 등의 공개채용시험의 응시연령의 상한을 '30세 이하'로 규정한 부분이 공무담임권을 침해하는지 여부: **적극** (헌재 2012.5.31. 2010헌마278)	헌법불합치
16	세종특별자치시의회를 신설하면서 지방의회의원선거를 실시하지 아니하고 연기군의회의원 등에게 세종특별자치시의회의원의 자격을 취득하도록 규정하고 있는 '세종특별자치시 설치 등에 관한 특별법' 부칙 제4조 제1항 등이 공무담임권 등을 침해하는지 여부: **소극** (헌재 2013.2.28. 2012헌마131)	기각
17	법원조직법 개정 시점인 2011.7.18. 당시에 사법시험에 합격하였으나 아직 사법연수원에 입소하지 않은 청구인들의 판사임용자격 취득에 대한 신뢰를 보호하지 않은 것이 공무담임권을 침해하는지 여부: **소극** (헌재 2014.5.29. 2013헌마127)	기각
18	당선인이 당해 선거에 있어 공직선거법 위반죄를 범함으로 인하여 징역형의 선고를 받은 때에는 그 당선을 무효로 하는 부분이 청구인의 공무담임권을 침해하는지 여부: **소극** (헌재 2014.5.29. 2013헌마127)	기각
19	사립대학교원이 국회의원으로 당선된 경우 임기개시일 전까지 그 직을 사직하도록 규정한 국회법 제29조 제2항 단서 제3호 중 사립대학교원에 관한 부분이 청구인의 공무담임권과 직업선택의 자유를 침해하는지 여부: **소극** (헌재 2014.5.29. 2013헌마127·199)	기각
20	검사에 대한 징계로서 면직처분을 인정한 것이 과잉금지원칙에 반하여 공무담임권을 침해하는지 여부: **소극** (헌재 2011.12.29. 2009헌바282)	합헌
21	동일 지역 교육대학 출신 응시자에게 제1차시험 만점의 6% 내지 8%의 지역가산점을 부여하는 임용시험 시행공고 등이 공무담임권을 침해하는지 여부: **소극** (헌재 2014.4.24. 2010헌마747)	기각
22	10년 미만의 법조경력을 가진 사람의 판사임용을 위한 최소 법조경력요건을 단계적으로 2013년부터 2017년까지는 3년, 2018년부터 2021년까지는 5년, 2022년부터 2025년까지는 7년으로 정한 법원조직법 부칙 제2조가 공무담임권을 침해하는지 여부: **소극** (헌재 2016.5.26. 2014헌마427)	기각

23	선거범으로서 벌금 100만원 이상의 형을 선고받은 경우 일정기간 선거권 등을 제한하는 공직선거법 제18조 제1항 제3호 등이 위헌인지 여부: <u>소극</u> (헌재 2018. 1.25. 2015헌마82) ⊘ 주의 선거권, 공무담임권 모두 침해하지 않음	기각
24	총장후보자 지원자에게 기탁금 1,000만원을 납부하도록 한 '전북대학교 총장임용후보자 선정에 관한 규정' 제15조 제3항 등이 공무담임권을 침해하는지 여부: <u>적극</u> (헌재 2018.1.25. 2015헌마821)	위헌
25	5급 승진시험에서 '최종시험 예정일 현재'를 기준으로 하지 않고 '승진시험 요구일 현재'를 기준으로 응시자격을 제한하는 것이 공무담임권을 침해하는지 여부: <u>소극</u> (헌재 2007.6.28. 2005헌마1179)	기각
26	정당이 자치구·시·군의 장후보자를 추천할 수 있도록 한 제도가 무소속후보자의 공무담임권을 침해하는 것인지 여부: <u>소극</u> (헌재 2011.3.31. 2009헌마286)	기각
27	국회의원당선자가 정치자금을 불법수수하여 100만원 이상 벌금형을 선고받은 경우 당연퇴직하도록 한 정치자금법 제57조 등이 공무담임권을 침해하는지 여부: <u>소극</u> (헌재 2008.1.17. 2006헌마1075)	기각
28	7급 및 9급 전산직 공무원시험의 응시자격으로 전산 관련 산업기사 이상의 자격증 소지를 요구하는 공무원임용시험령 제18조 제1항 관련 부분이 공무담임권을 침해하는지 여부: <u>소극</u> (헌재 2012.7.26. 2010헌마264)	기각
29	법원조직법이 개정되어 2013.1.1.부터는 사법연수원 소정의 과정을 마치더라도 바로 판사 임용자격을 취득할 수 없게 된 경우, 법원조직법 개정 시점인 2011.7.18. 당시에 이미 사법연수원에 입소하여 사법연수생의 신분을 가지고 있었던 자의 신뢰보호원칙에 반하여 공무담임권을 침해하는지 여부: <u>적극</u> (헌재 2012.11.29. 2011헌마786) ⊘ 비교 사법연수원에 입소하지 않은 경우 2013.1.1.부터 판사임용자격에 일정기간 법조경력을 요구하는 법원조직법 부칙 제1조 단서 중 제42조 제2항에 관한 부분 및 제2조가 신뢰보호원칙에 반하여 2011.7.18. 법원조직법 개정 당시 사법시험에 합격하였으나 아직 사법연수원에 입소하지 않은 청구인들의 공무담임권을 침해한다고 볼 수 없음(헌재 2014.5.29. 2013헌마127·199)	한정위헌
30	국회의원선거 및 지방의회의원선거에 있어서 피선거권 행사연령을 25세 이상으로 정한 공직선거법 제16조 제2항 및 공직선거법 제16조 제3항 중 '지방의회의원 피선거권' 부분이 25세 미만인 사람의 공무담임권 및 평등권을 침해하는지 여부: <u>소극</u> (헌재 2013.8.29. 2012헌마288)	기각
31	교육공무원법 제10조의4 중 미성년자에 대하여 성범죄를 범하여 형을 선고받아 확정된 자와 성인에 대한 성폭력범죄를 범하여 벌금 100만원 이상의 형을 선고받아 확정된 자는 초·중등교육법상의 교원에 임용될 수 없도록 한 부분이 과잉금지원칙에 반하여 청구인의 공무담임권을 침해하는지 여부: <u>소극</u> (헌재 2019.7.25. 2016헌마754)	기각
32	선거비용 보전 제한조항은 지역구국회의원선거에 있어 선거 후에 선거비용 보전을 제한한 것으로 선거 전에 청구인들이 예비후보자 또는 후보자로 등록하는 것을 제한하여 공직취임 기회를 제한하는 것은 아니므로, 청구인들의 공무담임권 내지 피선거권을 제한하는 것이 아니다(헌재 2018.7.26. 2016헌마524·537).	기각
33	공무원이 감봉의 징계처분을 받은 경우 일정기간 승진임용을 제한하는 국가공무원법이 공무담임권을 침해하는지 여부: <u>소극</u> (헌재 2022.3.31. 2020헌마211)	기각

34	착신전환 등을 통한 중복 응답 등 범죄로 100만원 이상의 벌금형의 선고를 받은 사람은 지방의원직에서 퇴직하도록 한 것이 공무담임권을 침해하는지 여부: **소극** (헌재 2022.3.31. 2019헌마986)	기각
35	'아동에게 성적 수치심을 주는 성희롱 등의 성적 학대행위로 형을 선고받아 그 형이 확정된 사람은 부사관으로 임용될 수 없도록 한 것'이 공무담임권을 침해하는지 여부: **적극** (헌재 2022.11.24. 2020헌마1181)	헌법불합치
36	국가공무원이 피성년후견인이 된 경우 당연퇴직되도록 한 국가공무원법 제69조 제1호 중 제33조 제1호 가운데 '피성년후견인'에 관한 부분이 공무담임권을 침해하는지 여부: **적극** (헌재 2022.12.22. 2020헌가8)	위헌
37	아동·청소년이용음란물임을 알면서 이를 소지한 죄로 형을 선고받아 그 형이 확정된 사람은 국가공무원법상의 일반직공무원으로 임용될 수 없도록 한 것이 공무담임권을 침해하는지 여부: **적극** (헌재 2023.6.29. 2020헌마1605)	헌법불합치
38	과거 3년 이내의 당원 경력을 법관 임용 결격사유로 정하고 있는 법원조직법 조항이 공무담임권을 침해하여 헌법에 위반되는지 여부: **적극** (헌재 2024.7.18. 2021헌마460)	위헌

❸ 제한과 그 한계

1. 일반적 법률유보에 의한 제한

> 헌법 제37조 ② 국민의 모든 자유와 권리는 국가안전보장·질서유지 또는 공공복리를 위하여 필요한 경우에 한하여 법률로써 제한할 수 있으며, 제한하는 경우에도 자유와 권리의 본질적인 내용을 침해할 수 없다.

2. 소급입법에 의한 참정권 제한의 금지(제5차 개정헌법부터)

> 헌법 제13조 ② 모든 국민은 소급입법에 의하여 참정권의 제한을 받거나 재산권을 박탈당하지 아니한다.

제6장 청구권적 기본권

제1절 개설

1 의의

국가기관에 대해 일정한 의견이나 희망사항을 진술할 수 있는 권리로서 국민의 '실체적 기본권'을 보장하기 위한 '절차적 기본권'

2 성격

1. 헌법규정에서 직접적 효력을 갖는 권리이나, 법률에 의하여 그 행사절차가 구체화되어야 비로소 행사 가능
2. 청구권적 기본권에 있어서 상대적으로 광범위한 입법형성권이 인정됨

3 주체

외국인	• 청원권 · 재판청구권 · 형사보상청구권은 외국인도 인정됨 • 그러나 국가배상청구권과 범죄피해자구조청구권은 상호주의원칙에 따름
법인	• 청원권 · 재판청구권 · 국가배상청구권은 법인도 주체가 됨 • 신체구금을 전제로 하는 형사보상청구권과 생명과 신체에 대한 범죄피해를 전제로 하는 범죄피해자구조청구권의 경우, 성질상 법인은 주체가 될 수 없음

4 종류

청원권	국민이 국가에 문서로 청원할 수 있는 권리
재판청구권	적어도 한 번의 사실심과 법률심을 받을 권리
국가배상청구권	공무원의 직무상 불법행위로 인한 배상을 청구할 권리
형사보상청구권	구금된 피의자가 불기소처분을 받은 경우 또는 구금된 피고인이 무죄로 된 경우
범죄피해자 구조청구권	생명이나 신체에 대한 피해자가 국가에 대해 배상을 청구할 수 있는 권리

제2절 청원권

> 헌법 제26조 ① 모든 국민은 법률이 정하는 바에 의하여 국가기관에 <u>문서</u>로 청원할 권리를 가진다.
> ② 국가는 청원에 대하여 <u>심사할 의무</u>를 진다.

1 의의

1. 적법한 청원을 한 모든 국민에게 국가기관이 청원을 수리할 뿐만 아니라 이를 심사하여, 청원자에게 적어도 그 처리결과를 통지할 것을 요구할 수 있는 권리
2. 청원에 대한 심사의무는 헌법상 의무(헌법 제26조 제2항)
3. 심사결과의 통지의무는 법률상 의무(청원법 제21조 제2항)

2 주체

1. 국민, 외국인도 인정되며, 자연인뿐만 아니라 법인도 주체가 됨
2. 공무원·군인·수형자 등도 청원 가능, 직무와 관련된 청원과 집단적 청원은 할 수 없음
3. 자기와 직접 이해관계 없는 사항에 대해서도 청원 가능함

📑 판례정리

번호	내용	결정
1	청원권의 행사를 제3자인 중개인이나 대리인을 통해서 할 수 있는지 여부: **적극** (헌재 2005.11.24. 2003헌바108)	합헌

3 내용

1. 청원사항

> **청원법 제5조 【청원사항】** 국민은 다음 각 호의 어느 하나에 해당하는 사항에 대하여 청원기관에 청원할 수 있다.
> 1. 피해의 구제
> 2. <u>공무원의 위법·부당한 행위에 대한 시정이나 징계의 요구</u>
> 3. <u>법률·명령·조례·규칙 등의 제정·개정 또는 폐지</u>
> 4. 공공의 제도 또는 시설의 운영
> 5. 그 밖에 청원기관의 권한에 속하는 사항
>
> **제6조 【청원 처리의 예외】** <u>청원기관의 장은 청원이 다음 각 호의 어느 하나에 해당하는 경우에는 처리를 하지 아니할 수 있다.</u> 이 경우 사유를 청원인(제11조 제3항에 따른 공동청원의 경우에는 대표자를 말한다)에게 알려야 한다.
> 1. 국가기밀 또는 공무상 비밀에 관한 사항

2. 감사·수사·재판·행정심판·조정·중재 등 다른 법령에 의한 조사·불복 또는 구제절차가 진행 중인 사항
3. 허위의 사실로 타인으로 하여금 형사처분 또는 징계처분을 받게 하는 사항
4. 허위의 사실로 국가기관 등의 명예를 실추시키는 사항
5. 사인간의 권리관계 또는 개인의 사생활에 관한 사항
6. 청원인의 성명, 주소 등이 불분명하거나 청원내용이 불명확한 사항

제16조【반복청원 및 이중청원】 ① 청원기관의 장은 동일인이 같은 내용의 청원서를 같은 청원기관에 2건 이상 제출한 반복청원의 경우에는 나중에 제출된 <u>청원서를 반려하거나 종결처리할 수 있고</u>, 종결처리하는 경우 이를 청원인에게 알려야 한다.

✓ **주의**
반려하여야 한다. ✕ / 반려할 수 있다. ○

② 동일인이 같은 내용의 청원서를 2개 이상의 청원기관에 제출한 경우 소관이 아닌 청원기관의 장은 청원서를 소관 청원기관의 장에게 이송하여야 한다. 이 경우 반복청원의 처리에 관하여는 제1항을 준용한다.

③ 청원기관의 장은 제1항 및 제2항의 청원(반복청원을 포함한다)이 같은 내용의 청원인지 여부에 대해서는 해당 청원의 성격, 종전 청원과의 내용적 유사성·관련성 및 종전 청원과 같은 답변을 할 수밖에 없는 사정 등을 종합적으로 고려하여 결정하여야 한다.

제25조【모해의 금지】 누구든지 타인을 모해할 목적으로 허위의 사실을 적시한 청원을 하여서는 아니 된다.

2. 대상기관

헌법은 국가기관이라고만 규정함

청원법 제4조【청원기관】 이 법에 따라 국민이 청원을 제출할 수 있는 기관(이하 '청원기관'이라 한다)은 다음 각 호와 같다.
1. 국회·법원·헌법재판소·중앙선거관리위원회·중앙행정기관(대통령 소속 기관과 국무총리 소속 기관을 포함한다)과 그 소속기관
2. 지방자치단체와 그 소속 기관
3. 법령에 따라 행정권한을 가지고 있거나 행정권한을 위임 또는 위탁받은 법인·단체 또는 그 기관이나 개인

3. 방법과 절차

청원법 제9조【청원방법】 ① 청원은 청원서에 청원인의 성명(법인인 경우에는 명칭 및 대표자의 성명을 말한다)과 주소 또는 거소를 적고 서명한 문서(전자문서 및 전자거래 기본법에 따른 전자문서를 포함한다)로 하여야 한다.

✓ **주의**
익명, 구두로는 청원이 불가함

② 제1항에 따라 전자문서로 제출하는 청원(이하 '온라인청원'이라 한다)은 본인임을 확인할 수 있는 전자적 방법을 통해 제출하여야 한다. 이 경우 서명이 대체된 것으로 본다.

③ 제2항에 따른 본인임을 확인할 수 있는 전자적 방법은 대법원규칙, 헌법재판소규칙, 중앙선거관리위원회규칙 및 대통령령으로 정한다.

제11조【청원서의 제출】① 청원인은 청원서를 해당 청원사항을 담당하는 청원기관에 제출하여야 한다.
② 청원인은 청원사항이 제5조 제3호 또는 제4호에 해당하는 경우 청원의 내용, 접수 및 처리 상황과 결과를 온라인청원시스템에 공개하도록 청원(이하 '공개청원'이라 한다)할 수 있다. 이 경우 청원서에 공개청원으로 표시하여야 한다.
③ 다수 청원인이 공동으로 청원(이하 '공동청원'이라 한다)을 하는 경우에는 그 처리결과를 통지받을 3명 이하의 대표자를 선정하여 이를 청원서에 표시하여야 한다.
④ 청원인은 청원서에 이유와 취지를 밝히고, 필요한 때에는 참고자료를 붙일 수 있다.

제15조【청원서의 보완 요구 및 이송】① 청원기관의 장은 청원서에 부족한 사항이 있다고 판단되는 경우에는 보완사항 및 보완기간을 표시하여 청원인(공동청원의 경우 대표자를 말한다)에게 보완을 요구할 수 있다.
② 청원기관의 장은 청원사항이 다른 기관 소관인 경우에는 지체 없이 소관 기관에 청원서를 이송하고 이를 청원인(공동청원의 경우 대표자를 말한다)에게 알려야 한다.
③ 그 밖에 청원서의 보완 요구 및 이송 등에 필요한 사항은 대법원규칙, 헌법재판소규칙, 중앙선거관리위원회규칙 및 대통령령으로 정한다.

판례정리

번호	내용	결정
1	국회청원시 국회의원의 필수적 소개규정의 위헌 여부: 소극 (헌재 2006.6.29. 2005헌마604) ⊘ 주의 국회법의 개정으로 국회청원시 국회의원의 소개 또는 일정 수 이상의 국민의 동의로도 국회청원 가능	기각
2	지방의회청원시 지방의회의원의 필수적 소개규정의 위헌 여부: 소극 (헌재 1999.11.25. 97헌마54) ⊘ 주의 지방의회청원은 여전히 지방의회의원의 소개로만 가능	기각

4 효력

헌법 제26조 ② 국가는 청원에 대하여 심사할 의무를 진다.
청원법 제26조【차별대우의 금지】누구든지 청원을 하였다는 이유로 청원인을 차별대우하거나 불이익을 강요해서는 아니 된다.

판례정리

번호	내용	결정
1	청원결과통지의무에 이유명시의무가 포함되는지 여부: 소극 (헌재 1994.2.24. 93헌마213 등)	각하
2	청원결과가 청원인의 기대에 미치지 못하는 경우에 이를 헌법소원으로 다툴 수 있는지 여부: 소극 (헌재 2004.10.28. 2003헌마898)	각하

3	수용자가 발송하는 서신이 국가기관에 대한 청원적 성격을 가지고 있는 경우에도 해당 서신에 대하여 교도소장의 허가를 받도록 하는 것이 청원권의 본질적 내용을 침해하는지 여부: **소극** (헌재 2001.11.29. 99헌마713)	기각
4	공무원이 취급하는 사건 또는 사무에 관하여 청탁 명목으로 금품을 수수하는 행위 (이른바 '사건브로커'행위)를 형사처벌하는 것이 위헌인지 여부: **소극** (헌재 2012.4.24. 2011헌바40)	합헌
5	공무원의 직무에 속한 사항의 알선에 관하여 금품이나 이익을 수수·요구 또는 약속한 자는 공무원의 신분을 가지고 있는지 여부를 불문하고 형사처벌하는 특정범죄 가중처벌 등에 관한 법률 제3조가 국민의 청원권이나 일반적 행동의 자유권을 침해하는지 여부: **소극** (헌재 2005.11.24. 2003헌바108)	합헌
6	국민동의조항과 그 위임을 받아 청원서를 제출하기 위한 구체적인 절차로서 국민의 찬성·동의를 받는 기간과 그 인원수 등을 규정한 국회청원심사규칙 제2조의2 제2항 중 '등록일부터 30일 이내에 100명 이상의 찬성을 받고' 부분 및 구 국회청원심사규칙 제2조의2 제3항(이하 위 세 조항들을 합하여 '국민동의법령조항들'이라 한다)이 청원권을 침해하는지 여부: **소극** (헌재 2023.3.23. 2018헌마460)	기각

제3절 재판청구권

> 헌법 제27조 ① 모든 국민은 헌법과 법률이 정한 법관에 의하여 법률에 의한 재판을 받을 권리를 가진다.
> ② 군인 또는 군무원이 아닌 국민은 대한민국의 영역 안에서는 중대한 군사상 기밀·초병·초소·유독음식물공급·포로·군용물에 관한 죄 중 법률이 정한 경우와 비상계엄이 선포된 경우를 제외하고는 군사법원의 재판을 받지 아니한다.
> ⊘ 주의
> 군용물 ○ / 군사시설 ✕
> ③ 모든 국민은 신속한 재판을 받을 권리를 가진다. 형사피고인은 상당한 이유가 없는 한 지체 없이 공개재판을 받을 권리를 가진다.
> ④ 형사피고인은 유죄의 판결이 확정될 때까지는 무죄로 추정된다.
> ⑤ 형사피해자는 법률이 정하는 바에 의하여 당해 사건의 재판절차에서 진술할 수 있다.

1 의의

국가에 재판을 청구할 수 있는 권리로서 독립한 법원에서 신분이 보장된 법관에 의하여 적법절차에 따라 공정한 재판을 받을 권리

2 주체

기본권의 주체가 될 수 있는 자는 외국인이든 법인이든 불문함

1. '헌법과 법률이 정한 법관에 의하여' 재판을 받을 권리

(1) 헌법과 법률이 정한 법관

① 법관의 자격을 구비하고(법원조직법 제42조)

② 적법절차에 따라 임명되고(법원조직법 제41조)

③ 임기·정년 및 신분이 보장되고(헌법 제105조, 제106조)

④ 직무상 독립이 보장되고(헌법 제103조)

⑤ 법률상 그 재판에 관여가 금지되지 아니한 법관

판례정리

번호	내용	결정
1	특허쟁송에서 특허청의 심판 이후 곧바로 대법원의 재판을 받게 하는 것이 재판받을 권리의 본질적 내용침해인지 여부: **적극** (헌재 1995.9.28. 92헌가11·93헌가8·9·10)	헌법불합치
2	재판청구권의 위헌성심사기준 – 합리성원칙 재판청구권과 같은 절차적 기본권은 원칙적으로 제도적 보장의 성격이 강하기 때문에 자유권적 기본권 등 다른 기본권의 경우와 비교하여 볼 때 상대적으로 광범위한 입법형성권이 인정되므로 관련 법률에 대한 위헌심사기준은 합리성원칙 내지 자의금지원칙이 적용된다(헌재 2005.5.26. 2003헌가7).	합헌

(2) 군사재판(현역군인 또는 군판사에 의한 재판)

① 군사법원은 특별법원으로서 헌법 제110조에 근거를 둔다는 점

② 헌법 제27조 제2항에서 군사법원에 의한 예외적인 재판을 규정하고 있다는 점

③ 군사법원에 의한 재판의 상고심은 원칙적으로 대법원의 관할이라는 점에서 위헌이 아님(통설)

구분	평시	비상계엄시
군인·군무원	3심제	단심제(사형선고는 제외)
일반인	3심제: 중대한 군사상 기밀·초병·초소·유독음식물공급·포로·군용물에 관한 죄 중 법률이 정한 경우	• 3심제(원칙): 계엄법 제10조 제1항에 규정된 13개항(**예** 내란죄·외환죄 등) • 단심제(예외): 군사에 관한 간첩죄의 경우와 초병·초소·유독음식물공급·포로에 관한 죄 중 법률이 정한 경우(사형선고는 제외)

(3) 배심재판

국민의 형사재판 참여에 관한 법률 제5조【대상사건】① 다음 각 호에 정하는 사건을 국민참여재판의 대상사건(이하 '대상사건'이라 한다)으로 한다.
1. 법원조직법 제32조 제1항(제2호 및 제5호는 제외한다)에 따른 합의부 관할 사건
2. 제1호에 해당하는 사건의 미수죄·교사죄·방조죄·예비죄·음모죄에 해당하는 사건
3. 제1호 또는 제2호에 해당하는 사건과 형사소송법 제11조에 따른 관련 사건으로서 병합하여 심리하는 사건

② 피고인이 국민참여재판을 원하지 아니하거나 제9조 제1항에 따른 배제결정이 있는 경우는 국민참여재판을 하지 아니한다.

제7조【필요적 국선변호】이 법에 따른 국민참여재판에 관하여 변호인이 없는 때에는 법원은 직권으로 변호인을 선정하여야 한다.

제8조【피고인 의사의 확인】① 법원은 대상사건의 피고인에 대하여 국민참여재판을 원하는지 여부에 관한 의사를 서면 등의 방법으로 반드시 확인하여야 한다. 이 경우 피고인 의사의 구체적인 확인방법은 대법원규칙으로 정하되, 피고인의 국민참여재판을 받을 권리가 최대한 보장되도록 하여야 한다.

② 피고인은 공소장 부본을 송달받은 날부터 7일 이내에 국민참여재판을 원하는지 여부에 관한 의사가 기재된 서면을 제출하여야 한다. 이 경우 피고인이 서면을 우편으로 발송한 때, 교도소 또는 구치소에 있는 피고인이 서면을 교도소장·구치소장 또는 그 직무를 대리하는 자에게 제출한 때에 법원에 제출한 것으로 본다.

③ 피고인이 제2항의 서면을 제출하지 아니한 때에는 국민참여재판을 원하지 아니하는 것으로 본다.

제13조【배심원의 수】① 법정형이 사형·무기징역 또는 무기금고에 해당하는 대상사건에 대한 국민참여재판에는 9인의 배심원이 참여하고, 그 외의 대상사건에 대한 국민참여재판에는 7인의 배심원이 참여한다. 다만, 법원은 피고인 또는 변호인이 공판준비절차에서 공소사실의 주요내용을 인정한 때에는 5인의 배심원이 참여하게 할 수 있다.

제16조【배심원의 자격】배심원은 만 20세 이상의 대한민국 국민 중에서 이 법으로 정하는 바에 따라 선정된다.

제44조【배심원의 증거능력 판단 배제】배심원 또는 예비배심원은 법원의 증거능력에 관한 심리에 관여할 수 없다.

제46조【재판장의 설명·평의·평결·토의 등】① 재판장은 변론이 종결된 후 법정에서 배심원에게 공소사실의 요지와 적용법조, 피고인과 변호인 주장의 요지, 증거능력 그 밖에 유의할 사항에 관하여 설명하여야 한다. 이 경우 필요한 때에는 증거의 요지에 관하여 설명할 수 있다.

② 심리에 관여한 배심원은 제1항의 설명을 들은 후 유·무죄에 관하여 평의하고, 전원의 의견이 일치하면 그에 따라 평결한다. 다만, 배심원 과반수의 요청이 있으면 심리에 관여한 판사의 의견을 들을 수 있다.

③ 배심원은 유·무죄에 관하여 전원의 의견이 일치하지 아니하는 때에는 평결을 하기 전에 심리에 관여한 판사의 의견을 들어야 한다. 이 경우 유·무죄의 평결은 다수결의 방법으로 한다. 심리에 관여한 판사는 평의에 참석하여 의견을 진술한 경우에도 평결에는 참여할 수 없다.

④ 제2항 및 제3항의 평결이 유죄인 경우 배심원은 심리에 관여한 판사와 함께 양형에 관하여 토의하고 그에 관한 의견을 개진한다. 재판장은 양형에 관한 토의 전에 처벌의 범위와 양형의 조건 등을 설명하여야 한다.

⑤ 제2항부터 제4항까지의 평결과 의견은 법원을 기속하지 아니한다.

번호	내용	결정
1	국민참여재판을 받을 권리가 헌법상 재판청구권으로서 보호되는지 여부: **소극** (헌재 2009.11.26. 2008헌바12)	합헌

(4) 통고처분

① 행정심판이나 행정소송의 대상으로서의 처분이 아님

② 통고처분에 대하여 이의가 있으면 고발되어 형사재판절차에서 다툴 수 있기 때문에 관세법 제 38조 제3항 제2호가 법관에 의한 재판받을 권리를 침해한다든가 적법절차의 원칙에 저촉된다고 볼 수 없음(헌재 1998.5.28. 96헌바4)

(5) 행정기관에 의한 재결·결정

> 헌법 제107조 ③ 재판의 전심절차로서 행정심판을 할 수 있다. <u>행정심판의 절차는 법률로 정하되, 사법절차가 준용되어야 한다.</u>
>
> ✓ **주의**
> 행정심판은 헌법에 명문화되어 있음

행정심판을 전심절차가 아니라 종심절차로 규정함으로써 정식재판의 기회를 배제하거나 어떤 행정심판을 필요적 전심절차로 규정하면서도 그 절차에 사법절차가 준용되지 않는다면 이는 헌법 제107조 제3항, 나아가 재판청구권을 보장하고 있는 헌법 제27조에도 위반됨(헌재 2001.6.28. 2000헌바30)

✓ **주의**
다만, 어떤 행정심판절차에 사법절차가 준용되지 않더라도 임의적 전치제도로 규정함에 그치고 있다면 위 헌법조항에 위반된다 할 수 없음

(6) 즉결심판·가사심판·보호처분·약식절차

① 시·군법원의 즉결심판, 가정법원의 가사심판, 가정(또는 지방)법원 소년부의 보호처분 등은 헌법과 법률이 정한 법관에 의한 재판이라는 점에서 재판청구권의 침해가 아님

② 약식절차도 공판 전의 간이소송절차에 불과하며, 이의가 있는 경우 정식재판을 통해 불복할 수 있으므로 재판청구권의 침해는 아님(통설)

2. '법률에 의한' 재판을 받을 권리

합헌적인 실체법과 절차법에 따라 행하여지는 재판을 의미함

3. '재판'을 받을 권리

(1) 재판청구권 행사의 요건

구체적 사건성	구체적이고 현실적인 법적 분쟁이 있어야 함
당사자적격성	자신의 권리를 침해당하였거나 쟁송사건에 대해 법적 이해관계를 가진 자의 청구가 있어야 함
소의 이익	그 청구와 관련하여 소송을 수행할 실질적 이익이 있어야 함
사건의 성숙성	구체적인 사건으로 성숙되지 아니한 장래의 문제에 대해서는 재판청구권을 행사하지 못함

(2) 재판을 '받을 권리'의 유형

민사재판청구권 · 형사재판청구권 · 행정재판청구권 · 헌법재판청구권 등

(3) 대법원의 재판(상고심에서의 재판)을 받을 권리

헌법이 대법원을 최고법원으로 규정하였다고 하여 대법원이 곧바로 모든 사건을 상고심으로서 관할하여야 한다는 결론이 당연히 도출되는 것은 아니고, 대법원이 어떤 사건을 제1심으로서 또는 상고심으로서 관할할 것인지는 법률로 정할 수 있음(헌재 1997.10.30. 97헌바37 등)

(4) 군사재판을 '받지 아니할' 권리

> 헌법 제27조 ② 군인 또는 군무원이 아닌 국민은 대한민국의 영역 안에서는 중대한 군사상 기밀 · 초병 · 초소 · 유독음식물공급 · 포로 · 군용물에 관한 죄 중 법률이 정한 경우와 비상계엄이 선포된 경우를 제외하고는 군사법원의 재판을 받지 아니한다.
>
> ⊘ 주의
> '군사시설'에 관한 죄는 포함하지 않음

📋 **판례정리**

번호	내용	결정
1	'군사시설에 관한 죄'를 범한 일반 국민에 대해 군사법원의 재판권을 인정하는 것이 재판받을 권리를 침해하는지 여부: **적극** (헌재 2013.11.28. 2012헌가10)	위헌

4. '신속한 공개재판'을 받을 권리

(1) 신속한 재판

> 헌법 제27조 ③ 모든 국민은 신속한 재판을 받을 권리를 가진다.

📋 **판례정리**

번호	내용	결정
1	헌법 제27조 제3항의 헌법규정으로부터 신속한 재판을 위한 직접적이고 구체적인 청구권이 발생하는지 여부: **소극** (헌재 1999.9.16. 98헌마75)	각하
2	배당기일에 이의한 사람이 배당이의의 소의 첫 변론기일에 출석하지 아니한 때에는 소를 취하한 것으로 보도록 한 민사집행법 제158조가 이의한 사람의 재판청구권을 침해하는지 여부: **소극** (헌재 2005.3.31. 2003헌바92)	합헌

(2) 공개의 재판

> 헌법 제27조 ③ … 형사피고인은 상당한 이유가 없는 한 지체 없이 공개재판을 받을 권리를 가진다.
>
> 제109조 재판의 심리와 판결은 공개한다. 다만, 심리는 국가의 안전보장 또는 안녕질서를 방해하거나 선량한 풍속을 해할 염려가 있을 때에는 법원의 결정으로 공개하지 아니할 수 있다.
>
> ⊘ 주의
> • '심리'는 비공개할 수 있으나 '판결'은 무조건 공개해야 함
> • 재판의 심리 비공개 사유와 국회의 비공개 사유(국가안전보장)를 구별할 것

① 심리는 공개하지 아니할 수 있으나, 판결(선고)은 반드시 공개함
② 다만, 소년보호사건의 심리는 공개하지 아니함(소년법 제24조 제2항)

5. '공정한 재판'을 받을 권리

(1) 의의

우리 헌법에 명문의 규정은 없으나 국민의 기본권으로 보장하고 있음이 명백하며, 공개된 법정의 법관 앞에서 모든 증거자료가 조사되고 검사와 피고인이 서로 공격·방어할 수 있는 공평한 기회가 보장되는 재판을 받을 권리를 포함

(2) 대심구조(당사자주의와 구두변론주의에 입각한 재판구조)

순수한 소송사건에서 권리·의무의 종국적 확정은 대심구조가 요구되지만, 비송사건절차·가사소송절차·파산절차 등에는 대심구조를 채택하지 않더라도 정당한 재판을 받을 권리를 침해하지 않음

(3) 적법한 관할

📑 **판례정리**

번호	내용	결정
1	위험발생의 염려가 없는 압수물임에도 사건종결 전에 임의로 이를 폐기한 행위가 적법절차원칙에 반하고, 공정한 재판을 받을 권리를 침해하는지 여부: **적극** (헌재 2012.12.27. 2011헌마351)	인용 (위헌확인)
2	성폭력범죄 피해아동의 진술이 수록된 영상녹화물에 관하여 피해아동의 법정진술 없이도 증거능력을 인정할 수 있도록 규정한 아동·청소년의 성보호에 관한 법률 제18조의2 제5항이 피고인의 공정한 재판을 받을 권리를 침해하는지 여부: **소극** (헌재 2013.12.26. 2011헌바108)	합헌
3	검사가 법원의 증인으로 채택된 수감자를 그 증언에 이르기까지 거의 매일 검사실로 하루 종일 소환하여 피고인 측 변호인이 접근하는 것을 차단하고, 검찰에서의 진술을 번복하는 증언을 하지 않도록 회유·압박하는 한편, 때로는 검사실에서 그에게 편의를 제공하기도 한 행위가 공정한 재판을 받을 권리를 침해하는지 여부: **적극** (헌재 2001.8.30. 99헌마496)	인용 (위헌확인)
4	특별검사가 공소제기한 사건의 재판 기간과 상소절차진행기간을 일반 사건보다 단축하는 것이 공정한 재판을 받을 권리를 침해하는지 여부: **소극** (헌재 2008.1.10. 2007헌마1468)	기각
5	정식재판청구 기간을 '약식명령의 고지를 받은 날로부터 7일 이내'로 규정한 형사소송법 제453조 제1항이 피고인의 공정한 재판을 받을 권리를 침해하는지 여부: **소극** (헌재 2013.10.24. 2012헌바428)	합헌
6	헌법 제27조가 보장하는 재판청구권에는 공정한 헌법재판을 받을 권리도 포함되고, … 국회는 공정한 헌법재판을 받을 권리의 보장을 위하여 공석인 재판관의 후임자를 선출하여야 할 구체적 작위의무를 부담한다고 할 것이다(헌재 2014.4.24. 2012헌마2).	각하
7	형사재판에서 사실·법리·양형과 관련하여 피고인이 자신에게 유리한 주장과 자료를 제출할 기회를 보장하는 것이 헌법이 보장한 '공정한 재판을 받을 권리'의 보호영역에 포함되는지 여부: **적극** (헌재 2021.8.31. 2019헌마516)	기각, 각하

6. 형사피해자의 재판절차진술권(현행신설)

> 헌법 제27조 ⑤ 형사피해자는 법률이 정하는 바에 의하여 당해 사건의 재판절차에서 진술할 수 있다.

⊘ 비교

헌법 제27조 제5항의 형사피해자는 모든 범죄행위로 인한 피해자를 의미한다는 점에서, 생명과 신체의 피해를 받은 자에 한정되는 제30조 범죄피해자보다 넓은 개념임

📑 판례정리

번호	내용	결정
1	검사의 자의적인 불기소처분에 의해 침해되는 기본권 [1] 헌법상 　① 피해자: 평등권, 재판절차진술권(헌재 1989.7.14. 89헌마10) 　② 피의자: 행복추구권, 재판청구권, 평등권 침해 [2] 형사소송법상 　① 고발인: 검사의 불기소처분에 대해 헌법소원 ✕ 　② 고소인: 검찰 항고 ⇨ 재정신청 ⇨ 고등법원(재판) - 인용 - 기각 ⇨ 항고 가능 　　**⊘ 주의** 　　재정신청 기각결정에 대한 재항고 금지는 재판청구권 침해로 위헌 　③ 고소하지 않은 형사 피해자: 헌법소원 　④ 피의자: 검사의 자의적인 불기소처분(기소유예·기소중지)에 대해 헌법소원	인용(취소)
2	위증죄 불기소처분에 대한 위증피해자의 헌법소원청구인적격: 적극 (헌재 1992.2.25. 90헌마91)	기각
3	교통사고 사망자 부모의 헌법소원청구인적격: 적극 (헌재 1993.3.11. 92헌마48)	기각
4	교통사고처리 특례법 제4조 제1항 본문 중 업무상 과실 또는 중대한 과실로 인한 교통사고로 말미암아 피해자로 하여금 '중상해'에 이르게 한 경우 공소를 제기할 수 없도록 규정한 부분이 재판절차진술권 및 평등권을 침해하였는지 여부: 적극 (헌재 2009.2.26. 2005헌마764) **⊘ 주의** • 피해자가 '중상해'를 입은 경우: 재판절차진술권 침해 ○ / 평등권 침해 ○ / 기본권 보호의무 위반 ✕ • 피해자가 '중상해가 아닌 상해'를 입은 경우: 재판절차진술권 침해, 평등권 침해, 기본권 보호의무 위반 모두 ✕	위헌
5	직계혈족, 배우자, 동거친족, 동거가족 또는 그 배우자간의 권리행사방해죄는 그 형을 면제하도록 한 형법 제328조 제1항(친족상도례)이 형사피해자의 재판절차진술권을 침해하는지 여부: 적극 (헌재 2024.6.27. 2020헌마468 등)	헌법불합치

4 제한

1. 일반적 제한

헌법 제37조 제2항에 따라 법률에 의하여 제한

2. 법원의 재판에 대한 헌법소원의 제한

> 헌법재판소법 제68조 【청구 사유】 ① 공권력의 행사 또는 불행사로 인하여 헌법상 보장된 기본권을 침해받은 자는 법원의 재판을 제외하고는 헌법재판소에 헌법소원심판을 청구할 수 있다. (후략)

* [한정위헌, 헌재 2016.4.28. 2016헌마33; 헌법재판소법(2011.4.5. 법률 제10546호로 개정된 것) 제68조 제1항 본문 중 "법원의 재판을 제외하고는" 부분은, 헌법재판소가 위헌으로 결정한 법령을 적용함으로써 국민의 기본권을 침해한 재판이 포함되는 것으로 해석하는 한 헌법에 위반된다]
* [단순위헌, 헌재 2022.6.30. 2014헌마760·763; 헌법재판소법(2011.4.5. 법률 제10546호로 개정된 것) 제68조 제1항 본문 중 '법원의 재판' 가운데 '법률에 대한 위헌결정의 기속력에 반하는 재판' 부분은 헌법에 위반된다]

☑ **주의**
재판의 지연도 헌법소원으로 다룰 수 없음

원칙	헌법소원이 제한됨
예외	법원이 헌법재판소가 위헌으로 결정하여 그 효력을 전부 또는 일부 상실하거나 위헌으로 확인된 법률을 적용함으로써 국민의 기본권을 침해한 경우, 법원의 재판에 대한 헌법소원이 허용됨(헌재 1997.12.24. 96헌마172·173)

📋 **판례정리**

번호	내용	결정
1	국가배상심의회의 배상결정에 대해 동의한 때에는 재판상 화해가 성립된 것으로 보는 것이 재판청구권을 침해하는지 여부: 적극 (헌재 1995.5.25. 91헌가7) ☑ **주의** 기본적으로 동의한 때 재판상 화해가 성립된 것으로 보는 판례는 합헌임. 그러나 위 판례는 과정상의 하자로 인해 동의로 인한 재판상 화해가 재판청구권을 침해하는 예외적인 판례에 해당함	위헌
2	보상금 등의 지급결정에 동의한 때에는 특수임무수행 등으로 인하여 입은 피해에 대하여 재판상 화해가 성립된 것으로 보는 '특수임무수행자 보상에 관한 법률' 제17조의2가 재판청구권을 침해하는지 여부: 소극 (헌재 2011.2.24. 2010헌바199)	합헌
3	교원에게만 행정소송을 제기할 수 있도록 하고 학교법인에는 이를 금지한 교원지위향상을 위한 특별법 제10조 제3항이 재판청구권을 침해하는지 여부: 적극 (헌재 2006.2.23. 2005헌가7 등)	위헌
4	교원에 대한 징계처분에 관하여 재심청구를 거치지 아니하고는 행정소송을 제기할 수 없도록 한 구 국가공무원법 제16조 제2항이 재판청구권을 침해하는지 여부: 소극 (헌재 2007.1.17. 2005헌바86)	합헌
5	피고인이 스스로 치료감호를 청구할 수 있는 권리가 헌법상 재판청구권의 보호범위에 속하는지 여부: 소극 (헌재 2010.4.29. 2008헌마622)	기각
6	피고인을 퇴정시키고 증인신문할 수 있도록 한 특정범죄신고자 등 보호법 제11조 제2항·제3항·제6항 중 "피고인을 퇴정시키고 증인신문을 행할 수 있다."라는 부분이 위헌인지 여부: 소극 (헌재 2010.11.25. 2009헌바57)	합헌
7	형사재판의 즉시항고제기 기간을 3일로 규정한 형사소송법 제405조가 재판청구권 및 평등권을 침해하는지 여부: 적극 (헌재 2018.12.27. 2015헌바77)	헌법불합치
8	대한변호사협회 징계위원회에서 징계를 받은 변호사는 법무부 징계위원회에서의 이의절차 후 곧바로 대법원에 즉시항고하도록 하는 불복규정이 위헌인지 여부: 적극 (헌재 2000.6.29. 99헌가9)	위헌
9	패소할 것이 명백한 경우 소송구조의 거부를 인정하는 민사소송법 제118조 제1항 단서가 국민의 재판청구권을 침해하는지 여부: 소극 (헌재 2001.2.22. 99헌바74)	합헌
10	재판청구권이 구체적 소송에 있어서 특정의 당사자가 승소의 판결을 받을 권리도 포함하는지 여부: 소극 (헌재 1996.1.25. 93헌바5 등)	합헌

11	심리불속행제도(상고심절차에 관한 특례법 제4조)가 위헌인지 여부: **소극** (헌재 1997. 10.30. 97헌바37)	합헌
12	반국가행위자의 처벌에 관한 특별조치법상 상소권회복청구제한규정이 위헌인지 여부: **적극** 반국가행위자의 처벌에 관한 특별조치법 제11조 제1항에 피고인이 체포되거나 임의로 검사에게 출석하지 아니하면 상소를 할 수 없도록 제한한 것과 동법 제13조 제1항에서 상소권회복청구의 길을 전면 봉쇄한 것은 결국 상소권을 본질적으로 박탈하는 것이어서 헌법상 재판청구권을 침해하는 것이다(헌재 1993.7.29. 90헌바35).	위헌
13	범죄인 인도법 제3조가 법원의 범죄인 인도심사결정에 대한 불복절차를 인정하지 않은 것이 적법절차원칙에 위배하거나 재판청구권을 침해하는지 여부: **소극** (헌재 2003.1.30. 2001헌바95)	합헌
14	법관이 아닌 사법보좌관이 소송비용액확정재판을 할 수 있도록 정한 법원조직법 제54조가 재판청구권을 침해하는지 여부: **소극** (헌재 2009.2.26. 2007헌바8) ✓ **주의** 사법보좌관은 법관의 감독을 받아 업무를 수행하며, 사법보좌관의 처분에 대하여는 대법원규칙이 정하는 바에 따라 법관에 대하여 이의신청을 할 수 있음	합헌
15	재심청구권이 헌법 제27조에서 규정한 재판을 받을 권리에 당연히 포함되는지 여부: **소극** (헌재 2000.6.29. 99헌바66 등)	합헌
16	국민참여재판의 대상사건을 제한한 재판참여법률 제5조 제1항이 국민의 재판을 받을 권리 및 평등권을 침해하는지 여부: **소극** (헌재 2009.11.26. 2008헌바12)	합헌
17	현역병의 군입대 전 범죄에 대한 군사법원의 재판권을 규정하고 있는 군사법원법 제2조 제2항 중 제1항 제1호가 재판청구권을 침해하여 헌법에 위반되는지 여부: **소극** (헌재 2009.7.30. 2008헌바162)	합헌
18	피청구인이 출정비용납부거부 또는 상계동의거부를 이유로 청구인의 행정소송변론기일에 청구인의 출정을 제한한 행위가 청구인의 재판청구권을 침해하는지 여부: **적극** (헌재 2012.3.29. 2010헌마475)	인용 (위헌확인)
19	변호사와 접견하는 경우에도 수용자의 접견은 원칙적으로 접촉차단시설이 설치된 장소에서 하도록 규정하고 있는 형의 집행 및 수용자의 처우에 관한 법률 시행령 제58조 제4항이 재판청구권을 침해하는지 여부: **적극** (헌재 2013.8.29. 2011헌마122) ✓ **주의** 변호인의 조력을 받을 권리가 침해 × ⇨ 수용자는 변호인의 조력을 받을 권리의 주체가 아님	헌법불합치
20	수형자가 헌법소원사건의 대리인인 변호사를 접견함에 있어서 교도소장이 그 접견 내용을 녹음·기록한 행위가 수형자의 재판을 받을 권리를 침해하는지 여부: **적극** (헌재 2013.9.26. 2011헌마398)	인용
21	재정신청권자를 '고발을 한 후보자와 정당(중앙당에 한함) 및 해당 선거관리위원회'로 제한하고, 재정신청대상범죄에 공직선거법 제243조 위반죄를 포함하지 아니한 구 공직선거법 제273조 제1항이 청구인의 재판청구권을 침해하는지 여부: **소극** (헌재 2015.2.26. 2014헌바181)	합헌
22	'피수용자인 구제청구자'의 즉시항고 제기기간을 '3일'로 정한 인신보호법 제15조의 해당 부분이, 청구인의 재판청구권을 침해하는지 여부: **적극** (헌재 2015.9.24. 2013헌가21)	위헌
23	형사재판에 계속 중인 사람에 대하여 출국을 금지할 수 있다고 규정한 출입국관리법 제4조 제1항 제1호가 공정한 재판받을 권리를 침해하는지 여부: **소극** (헌재 2015.9.24. 2012헌바302)	합헌

24	수형자와 소송대리인인 변호사와의 접견 시간은 일반 접견과 동일하게 회당 30분 이내로, 횟수는 다른 일반 접견과 합하여 월 4회로 제한하는 것이 재판청구권을 침해하는지 여부: **적극** (헌재 2015.11.26. 2012헌마858)	헌법불합치
25	형의 집행 및 수용자의 처우에 관한 법률(이하 '형집행법'이라 한다) 제88조가 형사재판의 피고인으로 출석하는 수형자에 대하여 사복착용에 관한 형집행법 제82조를 준용하지 아니한 것은 청구인의 공정한 재판을 받을 권리 등을 침해하는지 여부: **적극** [1] '형사재판'에 피고인으로 출석하는 수형자에 대하여 사복착용을 불허하는 것의 기본권 침해 여부: **적극** [2] '민사재판'에 당사자로 출석하는 수형자에 대하여 사복착용을 불허하는 것의 기본권 침해 여부: **소극** (헌재 2015.12.23. 2013헌마712)	헌법불합치
26	소송을 대리한 변호사에게 당사자가 지급하였거나 지급할 보수는 대법원규칙이 정하는 금액의 범위 안에서 소송비용으로 인정한다고 규정한 민사소송법 제109조 제1항이 재판청구권을 침해하는지 여부: **소극** (헌재 2016.6.30. 2013헌바370)	합헌
27	형사소송법 제165조의2 제3호 중 '피고인 등'에 대하여 차폐시설을 설치하고 신문할 수 있도록 한 부분이 청구인의 공정한 재판을 받을 권리 및 변호인의 조력을 받을 권리를 침해하는지 여부: **소극** (헌재 2016.12.29. 2015헌바221)	합헌
28	주세법상 의제주류판매업면허취소처분에 대한 행정소송에 관하여 필요적 행정심판전치주의를 적용하는 것이 재판청구권을 침해하는지 여부: **소극** (헌재 2016.12.29. 2015헌바229)	합헌
29	상속재산분할에 관한 사건을 가사비송사건으로 분류하고 있는 가사소송법 제2조 제1항 제2호 등이 상속재산분할에 관한 사건을 제기하고자 하는 자의 공정한 재판을 받을 권리를 침해하는지 여부: **소극** (헌재 2017.4.27. 2015헌바24)	합헌
30	4·16세월호참사 피해구제 및 지원 등을 위한 특별법 제16조 규정이 심의위원회의 배상금 등 지급결정에 동의한 때에는 국가와 신청인 사이에 재판상 화해가 성립한 것으로 간주하는 것이 재판청구권을 침해하는지 여부: **소극** (헌재 2017.6.29. 2015헌마654)	기각
31	인지상한제를 도입하지 않은 채 인지액을 납부하도록 하는 것이 재판청구권을 침해하는지 여부: **소극** (헌재 2017.8.31. 2016헌바447)	합헌
32	국세정보통신망에 저장하는 방법에 의한 전자송달의 효력발생시점을 송달할 서류가 국세정보통신망에 저장된 때로 정한 국세기본법 제12조 제1항 단서 중 '국세정보통신망에 저장하는 경우에는 저장된 때' 부분이 재판청구권을 침해하고 적법절차원칙에 위반되는지 여부: **소극** (헌재 2017.10.26. 2016헌가19)	합헌
33	취소소송 등의 제기시 집행부정지원칙을 규정한 행정소송법 제23조 제1항 및 집행정지의 요건을 규정한 행정소송법 제23조 제2항이 재판청구권을 침해하는지 여부: **소극** (헌재 2018.1.25. 2016헌바208)	합헌
34	매각허가결정에 대한 즉시항고시 보증으로 매각대금의 10분의 1에 해당하는 금전 또는 유가증권을 공탁하도록 하고, 이를 증명하는 서류를 제출하지 않은 경우 결정으로 각하하도록 규정한 민사집행법 제130조 제3항이 재판청구권을 침해하는지 여부: **소극** (헌재 2018.1.25. 2016헌바220)	합헌
35	디엔에이감식시료채취영장 발부 과정에서 채취대상자가 자신의 의견을 진술하거나 영장발부에 대하여 불복하는 등의 절차를 두지 아니한 '디엔에이신원확인정보의 이용 및 보호에 관한 법률' 제8조가 재판청구권을 침해하는지 여부: **적극** (헌재 2018.8.30. 2016헌마344) ⊘ **주의** 목적의 정당성 및 수단의 적합성은 인정되지만 과잉금지원칙을 위반하여 위헌	헌법불합치
36	인지첩부제도가 재판청구권을 침해하는지 여부: **소극** (헌재 1996.8.29. 93헌바57)	합헌

37	상소심 인지액의 단계적 차등규정의 위헌 여부: 소극 (헌재 1994.2.24. 93헌바10)	합헌
38	구성요건의 일부를 행정기관이 결정하도록 한 규정이 법관에 의한 재판을 받을 권리를 침해하는지 여부: 소극 (헌재 2000.6.29. 99헌가16)	합헌
39	일사부재리규정을 둔 헌법재판소법 제39조가 재판청구권을 침해하는지 여부: 소극 (헌재 2005.12.22. 2005헌마330)	기각
40	국가정보원 직원이 사건 당사자로서 직무상의 비밀에 속한 사항을 진술하고자 할 때에는 미리 원장의 허가를 받아야 하는 것이 소송 당사자의 재판청구권을 침해하는 것인지 여부: 적극 (헌재 2002.11.28. 2001헌가28)	헌법불합치
41	변호사의 보수를 일정한 범위 안에서 소송비용으로 인정하는 것이 헌법에 위배되는지 여부: 소극 (헌재 2011.5.26. 2010헌바204)	합헌
42	소액사건의 상고를 제한하는 소액사건심판법 제3조가 재판받을 권리를 침해하는지 여부: 소극 (헌재 2011.6.30. 2010헌바395)	합헌
43	공판조서의 절대적 증명력을 규정한 형사소송법 제56조가 재판받을 권리를 침해하는지 여부: 소극 (헌재 2012.4.24. 2010헌바379)	합헌
44	형사소송에서 증거채택 여부를 법원의 재량으로 결정할 수 있도록 규정한 형사소송법 제295조 등이 공정한 재판받을 권리를 침해하는지 여부: 소극 (헌재 2012.5.31. 2010헌바403)	합헌
45	민사소송 양쪽 당사자가 변론기일에 2회 불출석하고 그로부터 1개월 이내에 기일지정신청을 하지 아니한 경우 소가 취하된 것으로 간주하는 민사소송법 제268조 제1항 및 제2항이 재판청구권을 침해하는지 여부: 소극 (헌재 2012.11.29. 2012헌바180)	합헌
46	항소심기일에 2회 불출석한 경우 형소취하간주를 규정한 민사소송법이 청구인의 재판청구권을 침해하는지 여부: 소극 (헌재 2013.7.25. 2012헌마656)	기각
47	공시송달의 방법으로 기일통지서를 송달받은 당사자가 변론기일에 출석하지 아니한 경우 자백간주 규정을 준용하지 않는 민사소송법 제150조 제3항 단서가 그 상대방의 효율적이고 공정한 재판을 받을 권리를 침해하는지 여부: 소극 (헌재 2013.3.21. 2012헌바28)	합헌
48	형사소송법 제297조 제1항 전문 중 "재판장은 증인이 피고인의 면전에서 충분한 진술을 할 수 없다고 인정한 때에는 피고인을 퇴정하게 하고 진술하게 할 수 있다."는 부분이 피고인의 공정한 재판을 받을 권리를 침해하는지 여부: 소극 (헌재 2012.7.26. 2010헌바62)	합헌
49	형사피고인의 구속기간을 제한하고 있는 형사소송법 제92조 제1항이 피고인의 공정한 재판을 받을 권리를 침해하는지 여부: 소극 (헌재 2001.6.28. 99헌가14)	합헌
50	재정신청이 이유 없는 때에는 기각결정이 확정된 사건에 대하여 다른 중요한 증거를 발견한 경우를 제외하고는 소추를 금지하는 형사소송법 제262조 제4항이 재정신청인의 형사피해자 재판절차진술권을 침해하는지 여부: 소극 (헌재 2011.10.25. 2010헌마243)	기각
51	학교안전사고에 대한 공제급여결정에 대하여 학교안전공제보상심사위원회가 재결을 행한 경우에는 학교안전공제회와 재심사청구인간에 당해 재결내용과 동일한 합의가 성립된 것으로 간주하는 학교안전사고 예방 및 보상에 관한 법률 제64조가 공제회의 재판청구권을 침해하는지 여부: 적극 (헌재 2015.7.30. 2014헌가7)	위헌
52	상고심 심리를 속행하지 아니하는 경우에 이유를 붙이지 아니할 수 있도록 한 특례법 제5조 제1항이 재판청구권을 침해하는지 여부: 소극 (헌재 2005.9.29. 2005헌마567)	기각
53	약식명령의 고지대상자 및 정식재판 청구권자에서 형사피해자를 제외한 형사소송법 조항이 재판절차진술권을 침해하는지 여부: 소극 (헌재 2019.9.26. 2018헌마1015)	기각

54	판단누락을 이유로 든 재심의 제기기간을 판결이 확정된 뒤 그 사유를 안 날부터 30일 이내로 제한한 민사소송법 제456조 제1항 중 제451조 제1항 제9호에 관한 부분이 민사소송 당사자의 재판청구권 및 평등권을 침해하는지 여부: **소극** (헌재 2019.12.27. 2018헌바84)	합헌
55	유류분 반환청구권의 소멸시효기간을 '반환하여야 할 증여를 한 사실을 안 때로부터 1년'으로 규정한 민법 제1117조 전문 부분이 유류분 관리자의 재산권, 평등권, 재판청구권을 침해하는지 여부: **소극** (헌재 2010.12.28. 2009헌바20)	합헌
56	재판업무의 수행상 필요가 있는 경우 고등법원 부(원외재판부)로 하여금 그 관할구역 안의 지방법원 소재지에서 사무를 처리할 수 있도록 한 법원조직법 제27조 제4항, 고등법원 원외재판부의 재판사무 범위를 정한 고등법원 부의 지방법원 소재지에서의 사무처리에 관한 규칙 제4조 제1항 제1호 및 제2호가 재판받을 권리를 침해하는지 여부: **소극** (헌재 2013.6.27. 2012헌마1015)	기각
57	특수임무수행자 등이 보상금 등의 지급결정에 동의한 때에는 특수임무수행 또는 이와 관련한 교육훈련으로 입은 피해에 대하여 재판상 화해가 성립된 것으로 보는 '특수임무수행자 보상에 관한 법률' 제17조의2 가운데 특수임무수행 또는 이와 관련한 교육훈련으로 입은 피해 중 '정신적 손해'에 관한 부분이 재판청구권을 침해하는지 여부: **소극** (헌재 2021.9.30. 2019헌가28)	합헌
58	소송기록에 의하여 청구가 이유 없음이 명백한 때 법원이 변론 없이 청구를 기각할 수 있도록 규정한 소액사건심판법 제9조 제1항이 재판청구권을 침해하는지 여부: **소극** (헌재 2021.6.24. 2019헌바133)	합헌
59	'교원, 사립학교법 제2조에 따른 학교법인 등 당사자'의 범위에 포함되지 않는 공공단체인 한국과학기술원의 총장이 교원소청심사결정에 대하여 행정소송을 제기할 수 없도록 한 것이 재판청구권을 침해하는지 여부: **소극** (헌재 2022.10.27. 2019헌바117)	합헌
60	행정소송에 관하여 변론을 종결할 때까지만 청구의 취지 또는 원인을 변경할 수 있도록 하는 것이 재판청구권을 침해하는지 여부: **소극** (헌재 2023.2.23. 2019헌바244)	합헌
61	판결의 증거가 된 문서, 그 밖의 물건이 가벌성 있는 위조 또는 변조행위에 의한 것일 때를 재심사유로 규정한 민사소송법 제451조 제1항 제6호가 재판을 받을 권리를 침해하는지 여부: **소극** (헌재 2023.6.29. 2020헌바519)	합헌
62	판단누락을 이유로 한 재심의 제기기간인 '판결이 확정된 뒤 재심의 사유를 안 날부터 30일'을 불변기간으로 정한 민사소송법 제456조 제2항 중 '제451조 제1항 제9호'에 관한 부분(이하 '불변기간조항'이라 한다)이 재판을 받을 권리를 침해하는지 여부: **소극** (헌재 2023.6.29. 2020헌바519)	합헌
63	민사소송법 제45조 제1항 중 '기피신청이 소송의 지연을 목적으로 하는 것이 분명한 경우'에 관한 부분(이하 '기피신청조항'이라 한다)이 각하하는 기간을 규정하지 않아 신속한 재판을 받을 권리를 침해하는지 여부: **소극** (헌재 2023.3.23. 2020헌바149)	합헌
64	군사법원 피고인의 비용보상청구권의 제척기간을 '무죄판결이 확정된 날부터 6개월'로 정한 구 군사법원법 제227조의12 제2항이 재판청구권을 침해하는지 여부: **적극** (헌재 2023.8.31. 2020헌바252)	위헌
65	판결에 영향을 미칠 중요한 사항에 관하여 판단을 누락한 때에 해당함을 이유로 가사소송의 확정판결에 대하여 재심을 제기하는 경우, 재심제기기간을 30일로 정한 것이 재판청구권을 침해하는지 여부: **소극** (헌재 2023.9.26. 2020헌바481)	합헌
66	송달받을 자가 전산정보처리시스템에 등재된 전자문서를 확인하지 않더라도 그 등재 사실을 통지한 날부터 1주가 지나면 송달된 것으로 보는 민사소송 등에서의 전자문서 이용 등에 관한 법률이 재판청구권을 침해하는지 여부: **소극** (헌재 2024.7.18. 2022헌바4)	합헌

<table>
<tr><td rowspan="1">67</td><td>매각허가결정에 대한 소유자의 항고가 기각되면 공탁한 항고보증금을 돌려 줄 것을 요구하지 못하는 것이 재판청구권을 침해하는지 여부: 소극 (헌재 2025.1.23. 2021헌바100)</td><td>합헌</td></tr>
</table>

제4절 국가배상청구권

> **헌법 제29조** ① 공무원의 직무상 불법행위로 손해를 받은 국민은 법률이 정하는 바에 의하여 <u>국가 또는</u> 공공단체에 정당한 배상을 청구할 수 있다. 이 경우 공무원 자신의 책임은 면제되지 아니한다.
>
> ✅ **주의**
> 건국헌법 이래 계속하여 국가배상청구권을 규정하고 있음
>
> ✅ **비교**
> - 헌법: 국가 또는 공공단체
> - 국가배상법: 국가나 지방자치단체

1 법적 성격 – 청구권적 기본권인지 재산권인지 여부

다수설(통설)	• 청구권적 기본권 • 공권적 청구권(주관적 공권)
헌법재판소	재산권의 성질과 청구권의 성질을 아울러 가지는 것으로 봄
대법원	• 청구권적 기본권(다수의견) • 국가배상청구소송을 민사소송절차에 의하게 하므로 사권설의 입장

2 주체

대한민국 국민이면 자연인과 법인을 가리지 않으며(통설), 외국인은 상호보증주의(국가배상법 제7조)에 따름

3 내용

1. 유형

국가배상법 제2조	공무원의 직무상 불법행위로 인하여 손해가 발생한 경우
국가배상법 제5조	영조물의 설치·관리의 하자로 손해가 발생한 경우

2. 공무원의 직무상 불법행위로 인한 국가배상청구권의 성립요건

(1) '공무원'

널리 공무를 위탁받아 실질적으로 공무에 종사하고 있는 자로 공무의 위탁이 일시적이고 한정적인 사항에 관한 활동을 위한 경우도 포함

긍정	부정
• 전입신고에 확인인을 찍는 통장 • 파출소에 근무하는 방범원 • 미군부대의 카투사 • 시청소차의 운전수 • 철도건널목의 간수 • 교통안내업무를 위탁받은 교통할아버지	• 의용소방대원 • 시영버스운전수

(2) 직무상 행위

범위	• 협의설: 권력행위만 해당됨 • 광의설(다수설, 헌법재판소): 공권력 행사로서의 권력행위와 비권력적 관리행위가 해당됨 ⊘ **주의** 　사경제주체로서의 행위(사법상의 행위)는 포함되지 않음(대판 2001.1.5. 98다39060)
판단기준	외관을 객관적으로 관찰하여 공무원의 직무행위로 보여질 때에는 비록 그것이 실질적으로 직무집행행위가 아니어도 행위자의 주관적 의사에 관계없이 공무원의 직무집행행위라 볼 것이며, 공무집행행위가 아니라는 사정을 피해자가 알았더라도 이에 대한 국가의 배상책임은 부정할 수 없음(대판 1966.6.28. 66다781)

(3) 불법행위

공무원의 고의나 과실	• 개념: 공무원이 그 직무를 수행할 때 평균적으로 갖추어야 할 주의의무를 게을리함 • 공무원의 법령해석에 있어서의 과실: 법령에 대한 해석이 복잡·미묘하여 워낙 어렵고 이에 대한 학설과 판례조차 귀일되어 있지 않은 등의 특별한 사정이 없는 한 일반적으로 공무원이 관계법규를 알지 못하였거나 필요한 지식을 갖추지 못하여 법규의 해석을 그르쳐 행정처분을 하였다면 공무원의 법령해석에 있어서의 과실이 인정됨(대판 1981.8.25. 80다1598) • 공무원의 시행령 제정에 있어서의 과실: 상위법규에 대한 해석이 그 문언 자체만으로는 명백하지 아니하여 여러 견해가 있을 수 있는데다가 이에 대한 선례나 학설·판례 등도 하나로 통일된 바 없어 해석상 다툼의 여지가 있는 경우, 그 공무원이 나름대로 합리적인 근거를 찾아 어느 하나의 견해에 따라 상위법규를 해석한 다음 그에 따라 시행령 등을 제정하게 되었다면, 그와 같은 상위법규의 해석이 나중에 대법원이 내린 해석과 같지 아니하여 시행령과 그에 따른 행정처분이 위법하게 되더라도 이러한 경우에까지 국가배상법상 공무원의 과실이 있다고 할 수 없음(대판 1997.5.28. 95다15735)
법령 위반	성문법과 불문법 등 법령뿐만 아니라 인권 존중, 권리남용금지, 신의성실의 원칙, 공서양속 등을 포함하고 더 나아가 당해 직무행위가 객관적으로 정당성을 결한 경우를 의미함(통설)

📑 **판례정리**

번호	내용	결정
1	국가배상청구권의 성립요건으로서 공무원의 고의 또는 과실을 규정함으로써 무과실책임을 인정하지 않은 국가배상법 제2조 제1항 본문 중 '고의 또는 과실로' 부분이 헌법상 국가배상청구권을 침해하는지 여부: **소극** (헌재 2015.4.30. 2013헌바395)	합헌

2	국회의원의 입법행위와 배상책임 그 입법 내용이 헌법의 문언에 명백히 위배됨에도 불구하고 국회가 굳이 입법을 한 경우, 헌법에 의하여 부과되는 구체적인 입법의무를 부담하고 있음에도 불구하고 그 입법에 필요한 상당한 기간이 경과하도록 고의 또는 과실로 이러한 입법의무를 이행하지 아니하는 극히 예외적인 경우에만 국가배상법상의 배상책임이 인정될 수 있다(대판 2008.5.29. 2004다33469).	기각
3	긴급조치 제9호의 발령부터 적용·집행에 이르는 일련의 국가작용에 대한 국가배상책임이 인정되는지 여부: 적극 (대판 2022.8.30. 2018다212610 전합) [판례변경]	인용

(4) 타인에 대한 손해의 발생

① '손해'는 가해행위로 인하여 피해자가 입은 물질적·정신적 불이익을 모두 포함
② 이때 손해발생과 공무원의 직무행위간에는 상당인과관계가 있을 것을 요함

📄 판례정리

번호	내용	결정
1	거리질서확립 등의 공무를 위탁하여 집행하게 하던 중 '교통할아버지'로 선정된 노인이 위탁받은 업무범위를 넘어 교차로 중앙에서 교통정리를 하다가 교통사고를 발생시킨 경우 지방자치단체가 국가배상법 제2조 소정의 배상책임을 부담하는지 여부: 적극 (대판 2001.1.5. 98다39060)	기각

3. 배상책임의 본질

(1) 학설

자기책임설	국가(공공단체)가 공무원의 직무상 불법행위에 대하여 책임을 부담하는 것은 공무원을 자신의 기관으로 사용한 것에 대한 자기책임으로 자신의 행위에 대한 책임을 자신이 부담하는 것
대위책임설	국가의 배상책임은 국가(공공단체)가 피해자구제를 위하여 직무상 불법행위를 한 공무원을 대신하여 책임을 지는 것
절충설	공무원의 위법행위가 고의나 중과실인 경우는 대위책임이나, 경과실일 경우 자기책임임 (대판 1996.2.15. 95다38677 전합)

(2) 검토

국가배상청구권은 국가가 공무원을 자신의 기관으로 사용한 것에 대한 자기책임으로, 자신의 행위에 대한 책임을 부담하는 것으로 이해하는 것이 타당하다고 봄

⊘ 주의
대위책임 × / 자기책임 ○

4. 배상청구의 상대방

(1) 국가에 대한 청구권

대국가적 청구권설(다수설)	국가(공공단체)에 대해서만 청구할 수 있고, 공무원 개인에게는 청구할 수 없음
대법원	• 공무원이 경과실로 타인에게 손해를 입힌 경우 배상책임을 전적으로 국가 등에만 귀속시키고, 고의·중과실에 기한 경우 공무원 개인에게 손해배상책임을 부담함 • 다만, 그 행위의 외관을 객관적으로 관찰하여 공무원의 직무집행으로 보여질 때에는 피해자인 국민을 두텁게 보호하기 위하여 국가 등이 공무원 개인과 중첩적으로 배상책임을 부담함(대판 1996.2.15. 95다38677 전합)

(2) 선택적 청구권의 문제(명문 ×)

가해공무원의 선임·감독을 맡은 자와 가해공무원의 봉급·급여 기타의 비용을 부담하는 자가 동일하지 아니한 경우, 피해자는 어느 쪽이든 배상청구 가능

5. 구상청구권

(1) 가해공무원에게 고의나 중과실이 있는 때에는 국가 또는 지방자치단체는 가해공무원에게 구상권 행사 가능

⊘ **주의**
  경과실인 경우 구상권 행사 ×

(2) 선임·감독자와 비용부담자가 다를 때에는 손해를 배상한 자가 내부 관계에서 손해배상책임이 있는 자(선임·감독자)에게 구상권 행사 가능(다수설)

⊘ **주의**
  비용부담자가 아닌 선임·감독자에게 구상권 행사 가능

6. 배상청구절차와 배상범위

(1) 임의적 배상결정전치주의

> 국가배상법 제9조 【소송과 배상신청의 관계】 이 법에 따른 손해배상의 소송은 배상심의회(이하 '심의회'라 한다)에 배상신청을 하지 아니하고도 이를 제기할 수 있다.

📑 **판례정리**

번호	내용	결정
1	국가배상법 제9조 배상결정전치주의가 재판청구권을 침해하는지 여부: **소극** (헌재 2000.2.24. 99헌바17)	합헌

(2) 배상범위

① 원칙적으로 가해행위와 상당인과관계에 있는 모든 손해(정신적 손해도 포함)
② 다만, 생명·신체에 대한 손해와 물건의 멸실·훼손으로 인한 손해에 대해서는 국가배상법 제3조에서 배상기준을 규정함

번호	내용	결정
1	민법 제166조 제1항, 제766조 제2항 중 '진실·화해를 위한 과거사정리 기본법' 제2조 제1항 제3호의 '민간인 집단 희생사건', 제4호의 '중대한 인권침해사건·조작의혹사건'에 적용되는 부분이 국가배상청구권을 침해하여 위헌인지 여부: 적극 (헌재 2018.8.30. 2014헌바148 등) ⊘ 주의 객관적 기산점(5년) 부분은 위헌이나 주관적 기산점(3년) 부분은 합헌임에 주의해야 함	위헌
2	보상금 등의 지급결정에 동의한 때 '민주화운동과 관련하여 입은 피해'에 대해 재판상 화해의 성립을 간주하는 심판대상조항이 정신적 손해에 대한 국가배상청구권을 침해하는지 여부: 적극 (헌재 2018.8.30. 2014헌바180등)	위헌

7. 헌법과 국가배상법의 비교

구분	헌법	국가배상법
배상의 유형	• 공무원의 직무상 불법행위로 인한 배상만 규정 • 영조물책임에 대한 규정이 없음	• 공무원의 직무상 불법행위로 인한 배상과 영조물책임에 대한 규정이 둘 다 있음 • 영조물책임은 무과실책임
배상책임의 주체	국가 또는 공공단체(지방자치단체, 사단·재단, 영조물법인)	국가 또는 지방자치단체의 소속 공무원만
공공단체의 불법행위	헌법과 국가배상법의 규정의 차이 때문에 공공단체(공사·공단)의 불법행위에 대해서는 민법이 적용되고 민사소송으로 처리됨. 즉, 한국토지공사는 국가배상법상의 공무원이 아님	

4 제한

1. 헌법 제29조 제2항의 이중배상금지

> 헌법 제29조 ② 군인·군무원·경찰공무원 기타 법률이 정하는 자가 전투·훈련 등 직무집행과 관련하여 받은 손해에 대하여는 법률이 정하는 보상 외에 국가 또는 공공단체에 공무원의 직무상 불법행위로 인한 배상은 청구할 수 없다.
>
> 국가배상법 제2조 【배상책임】 ① 국가나 지방자치단체는 공무원 또는 공무를 위탁받은 사인(이하 '공무원'이라 한다)이 직무를 집행하면서 고의 또는 과실로 법령을 위반하여 타인에게 손해를 입히거나, 자동차손해배상 보장법에 따라 손해배상의 책임이 있을 때에는 이 법에 따라 그 손해를 배상하여야 한다. 다만, 군인·군무원·경찰공무원 또는 예비군대원이 전투·훈련 등 직무집행과 관련하여 전사·순직하거나 공상을 입은 경우에 본인이나 그 유족이 다른 법령에 따라 재해보상금·유족연금·상이연금 등의 보상을 지급받을 수 있을 때에는 이 법 및 민법에 따른 손해배상을 청구할 수 없다.

(1) 헌법 제29조 제2항의 입법배경

제3공화국 당시에 국가배상법상의 이중배상금지규정이 위헌판결 ⇨ 위헌시비를 불식시키고자 제4공화국 헌법(제7차 개정헌법)부터 규정

(2) 헌법 제29조 제2항 및 국가배상법 제2조 제1항 단서의 위헌 여부(헌재 2001.2.22. 2000헌바38)

헌법 개별규정의 위헌심사 가부	위헌심사의 대상이 되는 법률은 형식적인 법률을 의미하므로 헌법의 개별규정 자체는 헌법소원 대상이 아님
국가배상법 제2조 제1항 단서의 위헌 여부	헌법 제29조 제1항에 의하여 보장되는 국가배상청구권을 헌법 내재적으로 제한하는 헌법 제29조 제2항에 직접 근거하고, 실질적으로 그 내용을 같이하는 것이므로 헌법에 위반되지 않음

📑 판례정리

번호	내용	결정
1	**전투경찰** 헌법 제29조 제2항 및 국가배상법 제2조 제1항 단서 중의 '경찰공무원'에 해당한다 (헌재 1996.6.13. 94헌마118 등).	기각
2	**경찰관이 숙직 중 사망** 숙직실은 전투훈련에 관련된 시설이라고 볼 수 없으므로 위 경찰공무원의 유족은 국가배상법 및 민법의 규정에 의한 손해배상을 청구할 수 있다(대판 1979.1.30. 77다2389).	파기환송
3	국가배상법 제2조 제1항 단서에 '향토예비군대원'을 포함시킨 것이 위헌인지 여부: 소극 (헌재 1996.6.13. 94헌바20)	합헌
4	민간인과 직무집행 중인 군인 등의 공동불법행위로 인하여 직무집행 중인 다른 군인 등이 피해를 입은 경우 민간인의 피해군인 등에 대한 손해배상의 범위 및 민간인이 피해군인 등에게 자신의 귀책부분을 넘어서 배상한 경우 국가 등에 구상권을 행사할 수 있는지 여부 - 헌법재판소와 대법원의 견해대립 [1] 헌법재판소의 입장: 적극 국가배상법 제2조 제1항 단서 중 군인에 관련되는 부분을 일반 국민이 직무집행 중인 군인과의 공동불법행위로 직무집행 중인 다른 군인에게 공상을 입혀 그 피해자에게 공동의 불법행위로 인한 손해를 배상한 다음 공동불법행위자인 군인의 부담 부분에 관하여 국가에 대하여 구상권을 행사하는 것을 허용하지 않는다고 해석한다면 이는 … 합리적인 이유 없이 일반 국민을 국가에 대하여 지나치게 차별하는 경우에 해당하므로 헌법 제11조, 제29조에 위반되며, … 헌법 제37조 제2항에 의하여 기본권을 제한할 때 요구되는 비례의 원칙에 위배하여 일반 국민의 재산권을 과잉제한하는 경우에 해당하여 헌법 제23조 제1항 및 제37조 제2항에도 위반된다(헌재 1994.12.29. 93헌바21). [2] 대법원의 입장: 소극 일반 국민이 공동불법행위책임·사용자책임·자동차운행자책임 등에 의하여 그 손해를 자신의 귀책 부분을 넘어서 배상한 경우에도 국가 등은 피해군인 등에 대한 국가배상책임을 면할 뿐만 아니라 나아가 민간인에 대한 국가의 귀책비율에 따른 구상의무도 부담하지 않는다. … 예외적으로 민간인은 피해군인 등에 대하여 그 손해 중 국가 등이 민간인에 대한 구상의무를 부담한다면 그 내부적인 관계에서 부담하여야 할 부분을 제외한 나머지 자신의 부담 부분에 한하여 손해배상의무를 부담하고, 한편 국가 등에 대하여는 그 귀책부분의 구상을 청구할 수 없다고 해석함이 상당하다(대판 2001.2.15. 96다42420 전합).	[1] 한정위헌 [2] 파기환송

2. 법률에 의한 제한

헌법 제37조 제2항에 따라 법률로써 제한 가능

📋 판례정리

번호	내용	결정
1	국가배상청구권에도 소멸시효제도를 적용하도록 한 것이 위헌인지 여부: **소극** (헌재 1997.2.20. 96헌바24)	합헌

제5절 국가보상청구권

1 손실보상청구권

> 헌법 제23조 ③ 공공필요에 의한 재산권의 수용·사용 또는 제한 및 그에 대한 보상은 법률로써 하되, 정당한 보상을 지급하여야 한다.
>
> ☑ 주의
> 손실보상청구권에 대한 일반법은 존재 ✕

1. 개념

적법한 공권력의 행사로 재산상 특별한 희생을 당한 자가 국가에 대하여 재산적 손실의 전보(塡補)를 청구할 수 있는 권리

☑ 주의
손해배상과 달리 신체·생명에 대한 피해는 포함하지 않음

2. 주체

(1) 자연인과 법인, 공권력의 행사로 말미암아 재산권을 특별히 희생당한 개인

(2) 외국인과 외국법인 중 우리나라에서 재산권을 향유한 자

3. 성립요건

재산권	사법상 또는 공법상 경제적 가치가 있는 모든 권리
공공필요	공익사업 시행, 공공복리달성을 위해 재산권이 제한되는 경우
공권력에 의한 침해	공권력이란 국가 또는 공공단체의 권력적 작용을 뜻하고, 침해란 재산권에 대한 일체의 훼손을 뜻함
특별희생	재산권자의 수인한도를 넘어서는 것을 의미
보상규정	손실보상청구권이 성립하기 위한 전제요건

4. 손실보상의 방법

공용침해의 적법성	• 재산권의 제한은 원칙적으로 형식적 의미의 법률에 의해서 가능함 • 예외적으로 대통령의 재정경제처분·명령과 비상계엄선포의 경우에 한하여 법률 이외의 형식으로 재산권을 제한하는 것이 인정됨
정당한 보상의 의미	피수용재산의 객관적인 재산가치를 완전하게 보상함을 뜻하고, 객관적 가치란 … 합리적인 매매가능가격, 즉 시가에 의하여 산정되는 것이 보통임(헌재 1990.6.25. 89헌마107)

2 형사보상청구권

> 헌법 제28조 형사피의자 또는 형사피고인으로서 구금되었던 자가 법률이 정하는 불기소처분을 받거나 무죄판결을 받은 때에는 법률이 정하는 바에 의하여 국가에 정당한 보상을 청구할 수 있다.

1. 의의

개념	• 구금되었던 자가 불기소처분이나 무죄판결을 받은 경우 그가 입은 정신적·물질적 손실의 보상을 국가에 청구할 수 있는 권리 • 고의나 과실을 요건으로 하지 않으므로, 형사보상은 결과책임인 무과실손실보상책임을 인정한 것(손실보상설, 통설)
연혁	• 건국헌법부터 피고인보상을 규정함 • 현행헌법(제9차 개정헌법)에서 형사피고인에만 인정되었던 것을 형사피의자까지 확대 적용함

2. 법적 성격

직접적 효력규정설(다수설)

3. 주체

(1) 형사피고인과 형사피의자

(2) 본인이 청구를 하지 아니하고 사망했거나 또는 사형이 집행된 때에는 상속인이 청구 가능

(3) 외국인 ○ / 구금될 수 없는 법인 ×

4. 내용

(1) 성립요건

    ① 형사피고인으로서 구금되었던 자가 무죄판결을 받은 경우

        ㉠ 형사피고인: 형사피고인은 검사에 의하여 공소를 제기당한 자

        ㉡ 무죄판결

> **형사보상 및 명예회복에 관한 법률 제2조 【보상 요건】** ① 형사소송법에 따른 일반 절차 또는 재심(再審)이나 비상상고(非常上告)절차에서 무죄재판을 받아 확정된 사건의 피고인이 미결구금(未決拘禁)을 당하였을 때에는 이 법에 따라 국가에 대하여 그 구금에 대한 보상을 청구할 수 있다.

제26조【면소 등의 경우】① 다음 각 호의 어느 하나에 해당하는 경우에도 국가에 대하여 구금에 대한 보상을 청구할 수 있다.

1. 형사소송법에 따라 면소(免訴) 또는 공소기각(公訴棄却)의 재판을 받아 확정된 피고인이 면소 또는 공소기각의 재판을 할 만한 사유가 없었더라면 무죄재판을 받을 만한 현저한 사유가 있었을 경우

* [헌법불합치, 헌재 2022.2.24. 2018헌마998; 형사보상 및 명예회복에 관한 법률(2011.5.23. 법률 제10698호로 전부개정된 것) 제26조 제1항은 헌법에 합치되지 아니한다. 위 조항은 2023.12.31.을 시한으로 입법자가 개정할 때까지 계속 적용된다]

ⓒ 피고인에 대한 보상의 전부 또는 일부 기각사유

형사보상 및 명예회복에 관한 법률 제4조【보상하지 아니할 수 있는 경우】다음 각 호의 어느 하나에 해당하는 경우에는 법원은 재량으로 보상청구의 전부 또는 일부를 기각할 수 있다.

1. 형법 제9조(형사미성년자) 및 제10조 제1항(심신상실)의 사유로 무죄재판을 받은 경우
2. 본인이 수사 또는 심판을 그르칠 목적으로 거짓자백을 하거나 다른 유죄의 증거를 만듦으로써 기소, 미결구금 또는 유죄재판을 받게 된 것으로 인정된 경우
3. 1개의 재판으로 경합범(競合犯)의 일부에 대하여 무죄재판을 받고 다른 부분에 대하여 유죄재판을 받았을 경우

② 형사피의자로서 구금되었던 자가 법률이 정하는 불기소처분을 받은 경우

피의자	범죄 혐의를 받아 수사의 대상인 자로서 아직 공소를 제기당하지 않은 자
불기소처분	피의자보상청구가 가능한 불기소처분은 협의의 불기소처분(혐의 없음, 죄가 안 됨, 공소권 없음)이며, 기소중지·기소유예처분을 받은 피의자는 보상을 청구할 수 없음

③ 구금: 미결구금과 형집행을 말하므로 불기소처분이나 무죄판결을 받은 경우라도 불구속되었던 자는 형사보상청구가 불가능

④ 무과실책임: 형사보상책임은 관계기관의 고의나 과실을 요건으로 하지 않음

(2) 형사보상의 청구

① 형사피고인보상

형사보상 및 명예회복에 관한 법률 제7조【관할법원】보상청구는 무죄재판을 한 법원에 대하여 하여야 한다.

제8조【보상청구의 기간】보상청구는 무죄재판이 확정된 사실을 안 날부터 3년, 무죄 재판이 확정된 때부터 5년 이내에 하여야 한다.

📋 **판례정리**

번호	내용	결정
1	형사보상청구권행사기간을 '무죄재판이 확정된 때'로부터 1년 이내로 제한하는 것이 위헌인지 여부: 적극 (헌재 2010.7.29. 2008헌가4)	헌법불합치

2	[1] 헌법 제28조의 형사보상청구권은 국가의 형사사법권이라는 공권력에 의해 인신구속이라는 중대한 법익의 침해가 발생한 국민에게 그 피해를 보상해주는 기본권이다. 이러한 형사보상청구권은 국가의 공권력 작용에 의하여 신체의 자유를 침해받은 국민에 대해 금전적인 보상을 청구할 권리를 인정하는 것이므로 형사보상청구권이 제한됨으로 인하여 침해되는 국민의 기본권은 단순히 금전적인 권리에 불과한 것이라기보다는 실질적으로 국민의 신체의 자유와 밀접하게 관련된 중대한 기본권이라고 할 것이다. [2] 반면 형사보상청구권과 직접적인 이해관계를 가진 당사자는 형사피고인과 국가밖에 없는데, 국가가 무죄판결을 선고받은 형사피고인에게 넓게 형사보상청구권을 인정함으로써 감수해야 할 공익은 경제적인 것에 불과하고 그 액수도 국가 전체 예산규모에 비추어 볼 때 미미하다고 할 것이다. 또한 형사피고인에게 넓게 형사보상청구권을 인정한다고 하여 법적 혼란이 초래될 염려도 전혀 없다(헌재 2010.7.29. 2008헌가4).	헌법불합치

② 형사피의자보상

> 형사보상 및 명예회복에 관한 법률 제27조 【피의자에 대한 보상】 ③ 피의자보상에 관한 사항을 심의·결정하기 위하여 <u>지방검찰청에 피의자보상심의회</u>(이하 '심의회'라 한다)를 둔다.
>
> 제28조 【피의자보상의 청구 등】 ① 피의자보상을 청구하려는 자는 불기소처분을 한 검사가 소속된 지방검찰청(지방검찰청 지청의 검사가 불기소처분을 한 경우에는 그 지청이 소속하는 지방검찰청을 말한다) 또는 불송치결정을 한 사법경찰관이 소속된 경찰관서에 대응하는 지방검찰청의 심의회에 보상을 청구하여야 한다.
>
> ③ <u>피의자보상의 청구</u>는 불기소처분 또는 불송치결정의 고지(告知) 또는 통지를 받은 날부터 <u>3년</u> 이내에 하여야 한다.
>
> ⑤ <u>심의회의 보상결정이 송달</u>(제4항의 심판을 청구하거나 소송을 제기한 경우에는 그 재결 또는 판결에 따른 심의회의 보상결정이 송달된 때를 말한다)<u>된 후 2년 이내에</u> 보상금지급청구를 하지 아니할 때에는 그 권리를 상실한다.

(3) 청구에 관한 재판과 결정

구분	'피고인'보상청구권	'피의자'보상청구권
연혁	건국헌법에 규정	현행헌법(제9차 개정헌법)에서 신설
사유	무죄판결	법률이 정하는 불기소처분
청구기간	무죄재판이 확정된 사실을 안 날부터 3년, 확정된 때부터 5년 이내	검사로부터 공소를 제기하지 아니하는 처분의 고지 또는 통지를 받은 날부터 3년 이내
청구기관	무죄재판을 한 법원	지방검찰청의 피의자보상심의회

(4) 형사보상의 재판과 결정에 대한 불복

① 형사피고인보상

> 형사보상 및 명예회복에 관한 법률 제20조 【불복신청】 ① 제17조 제1항에 따른 보상결정에 대하여는 1주일 이내에 즉시항고를 할 수 있다.
> ② 제17조 제2항에 따른 청구기각 결정에 대하여는 <u>즉시항고를 할 수 있다</u>.

판례정리

번호	내용	결정
1	형사보상의 청구에 대한 보상결정에 대하여는 불복을 신청할 수 없도록 하여 형사보상의 결정을 단심재판으로 제한한 것이 형사보상청구권 및 재판청구권을 침해하는지 여부: 적극 (헌재 2010.10.28. 2008헌마514)	위헌

② 형사피의자보상

> 형사보상 및 명예회복에 관한 법률 제28조 【피의자보상의 청구 등】 ④ 피의자보상의 청구에 대한 심의회의 결정에 대하여는 행정심판법에 따른 행정심판을 청구하거나 행정소송법에 따른 행정소송을 제기할 수 있다.

(5) 형사보상의 내용

① 정당한 보상

> 헌법 제28조 형사피의자 또는 형사피고인으로서 구금되었던 자가 법률이 정하는 불기소처분을 받거나 무죄판결을 받은 때에는 법률이 정하는 바에 의하여 국가에 정당한 보상을 청구할 수 있다.
>
> 형사보상 및 명예회복에 관한 법률 제5조 【보상의 내용】 ① 구금에 대한 보상을 할 때에는 그 구금일수에 따라 1일당 보상청구의 원인이 발생한 연도의 최저임금법에 따른 일급(日給) 최저임금액 이상 대통령령으로 정하는 금액 이하의 비율에 의한 보상금을 지급한다.
>
> 시행령 제2조 【보상의 한도】 형사보상 및 명예회복에 관한 법률 제5조 제1항에 따른 구금에 대한 보상금의 한도는 1일당 보상청구의 원인이 발생한 해의 최저임금법에 따른 일급의 최저임금액의 5배로 한다.

판례정리

번호	내용	결정
1	형사보상 및 명예회복에 관한 법률 시행령에서 보상금액의 상한을 일급 최저임금액의 5배로 정한 규정이 위헌인지 여부: 소극 헌법 제28조에서 규정하는 정당한 보상은 헌법 제23조에서 규정하는 정당한 보상과는 차이가 있다. 헌법 제28조에서 규정하는 정당한 보상은 객관적인 가치를 산정할 수 없고, 보상금 시행령에서 규정하고 있는 1일 일급최저임금액의 5배라는 금액이 지나치게 낮은 금액이라고 볼 사정도 없다(헌재 2010.10.28. 2008헌마514).	기각

② 명예회복

> 형사보상 및 명예회복에 관한 법률 제30조 【무죄재판서 게재 청구】 무죄재판을 받아 확정된 사건(이하 '무죄재판사건'이라 한다)의 피고인은 무죄재판이 확정된 때부터 3년 이내에 확정된 무죄재판사건의 재판서(이하 '무죄재판서'라 한다)를 법무부 인터넷홈페이지에 게재하도록 해당 사건을 기소한 검사가 소속된 지방검찰청(지방검찰청 지청을 포함한다)에 청구할 수 있다.
>
> 제32조 【청구에 대한 조치】 ① 제30조에 따른 청구가 있을 때에는 그 청구를 받은 날부터 1개월 이내에 무죄재판서를 법무부 인터넷 홈페이지에 게재하여야 한다. 다만, 청구를 받은 때에 무죄재판사건의 확정재판기록이 해당 지방검찰청에 송부되지 아니한 경우에는 무죄재판사건의 확정재판기록이 해당 지방검찰청에 송부된 날부터 1개월 이내에 게재하여야 한다.

③ 형사보상결정의 공시제

> 형사보상 및 명예회복에 관한 법률 제25조 【보상결정의 공시】 ① 법원은 보상결정이 확정되었을 때에는 2주일 내에 보상결정의 요지를 관보에 게재하여 공시하여야 한다. 이 경우 보상결정을 받은 자의 신청이 있을 때에는 그 결정의 요지를 신청인이 선택하는 두 종류 이상의 일간신문에 각각 한 번씩 공시하여야 하며 그 공시는 신청일부터 30일 이내에 하여야 한다.

(6) 다른 손해배상청구권과의 관계

> 형사보상 및 명예회복에 관한 법률 제6조 【손해배상과의 관계】 ① 이 법은 보상을 받을 자가 다른 법률에 따라 손해배상을 청구하는 것을 금지하지 아니한다.

(7) 보상청구권의 양도금지

> 형사보상 및 명예회복에 관한 법률 제23조 【보상청구권의 양도 및 압류의 금지】 보상청구권은 양도하거나 압류할 수 없다. 보상금 지급청구권도 또한 같다.

제6절 범죄피해자구조청구권

> 헌법 제30조 타인의 범죄행위로 인하여 생명·신체에 대한 피해를 받은 국민은 법률이 정하는 바에 의하여 국가로부터 구조를 받을 수 있다.
>
> ⊘ 주의
> - 현행헌법(제9차 개정헌법)에서 신설됨
> - 재산에 대한 피해는 범죄피해자구조청구권의 범위에 속하지 않음
>
> 범죄피해자 보호법 제1조 【목적】 이 법은 범죄피해자 보호·지원의 기본 정책 등을 정하고 타인의 범죄행위로 인하여 생명·신체에 피해를 받은 사람을 구조함으로써 범죄피해자의 복지 증진에 기여함을 목적으로 한다.

1 주체

1. 범죄피해로 사망한 경우 유가족 / 장해 또는 중상해를 당한 경우 피해자 본인

2. 외국인은 상호보증이 있는 때 가능(범죄피해자 보호법 제23조) ⇨ 원칙적 주체는 아님

📑 판례정리

번호	내용	결정
1	해외에서 발생한 범죄피해를 범죄피해자구조청구권의 대상이 되는 범죄피해의 범위에서 제외하고 있는 것이 위헌인지 여부: **소극** (헌재 2011.12.29. 2009헌마354)	기각

2 내용

1. 성립요건

(1) 적극적 요건

> **범죄피해자 보호법 제3조【정의】** ① 이 법에서 사용하는 용어의 뜻은 다음과 같다.
> 4. '구조대상 범죄피해'란 대한민국의 영역 안에서 또는 대한민국의 영역 밖에 있는 대한민국의 선박이나 항공기 안에서 행하여진 사람의 생명 또는 신체를 해치는 죄에 해당하는 행위(형법 제9조, 제10조 제1항, 제12조, 제22조 제1항에 따라 처벌되지 아니하는 행위를 포함하며, 같은 법 제20조 또는 제21조 제1항에 따라 처벌되지 아니하는 행위 및 과실에 의한 행위는 제외한다)로 인하여 사망하거나 장해 또는 중상해를 입은 것을 말한다.
>
> **제9조【사생활의 평온과 신변의 보호 등】** ① 국가 및 지방자치단체는 범죄피해자의 명예와 사생활의 평온을 보호하기 위하여 필요한 조치를 하여야 한다.
>
> **제10조【교육·훈련】** 국가 및 지방자치단체는 범죄피해자에 대한 이해 증진과 효율적 보호·지원 업무 수행을 위하여 범죄 수사에 종사하는 자, 범죄피해자에 대한 상담·의료 제공 등의 업무에 종사하는 자, 그 밖에 범죄피해자 보호·지원 활동과 관계가 있는 자에 대하여 필요한 교육과 훈련을 실시하여야 한다.
>
> **제16조【구조금의 지급요건】** 국가는 구조대상 범죄피해를 받은 사람(이하 '구조피해자'라 한다)이 다음 각 호의 어느 하나에 해당하면 구조피해자 또는 그 유족에게 범죄피해 구조금(이하 '구조금'이라 한다)을 지급한다.
> 1. 구조피해자가 피해의 전부 또는 일부를 배상받지 못하는 경우
> 2. 자기 또는 타인의 형사사건의 수사 또는 재판에서 고소·고발 등 수사단서를 제공하거나 진술, 증언 또는 자료제출을 하다가 구조피해자가 된 경우

① 타인의 범죄행위로 인한 피해발생

② 생명 또는 신체에 대한 장해 또는 중상해로 피해의 전부 또는 일부를 배상받지 못할 것

③ 범죄피해자 보호법은 종전의 요건이었던 가해자의 불명 또는 무자력을 제외하고, 중상해의 피해뿐만 아니라 장해의 경우도 피해자에 포함시켜 범죄피해자의 구조범위를 확대함

(2) 소극적 요건

> 범죄피해자 보호법 제19조 【구조금을 지급하지 아니할 수 있는 경우】 ① 범죄행위 당시 구조피해자와 가해자 사이에 다음 각 호의 어느 하나에 해당하는 친족관계가 있는 경우에는 구조금을 지급하지 아니한다.
>   1. 부부(사실상의 혼인관계를 포함한다)
>   2. 직계혈족
>   3. 4촌 이내의 친족
>   4. 동거친족
> ② 범죄행위 당시 구조피해자와 가해자 사이에 제1항 각 호의 어느 하나에 해당하지 아니하는 친족관계가 있는 경우에는 구조금의 일부를 지급하지 아니한다.
> ③ 구조피해자가 다음 각 호의 어느 하나에 해당하는 행위를 한 때에는 구조금을 지급하지 아니한다.
>   1. 해당 범죄행위를 교사 또는 방조하는 행위
>   2. 과도한 폭행·협박 또는 중대한 모욕 등 해당 범죄행위를 유발하는 행위
>   3. 해당 범죄행위와 관련하여 현저하게 부정한 행위
>   4. 해당 범죄행위를 용인하는 행위
>   5. 집단적 또는 상습적으로 불법행위를 행할 우려가 있는 조직에 속하는 행위(다만, 그 조직에 속하고 있는 것이 해당 범죄피해를 당한 것과 관련이 없다고 인정되는 경우는 제외한다)
>   6. 범죄행위에 대한 보복으로 가해자 또는 그 친족이나 그 밖에 가해자와 밀접한 관계가 있는 사람의 생명을 해치거나 신체를 중대하게 침해하는 행위
> ④ 구조피해자가 다음 각 호의 어느 하나에 해당하는 행위를 한 때에는 구조금의 일부를 지급하지 아니한다.
>   1. 폭행·협박 또는 모욕 등 해당 범죄행위를 유발하는 행위
>   2. 해당 범죄피해의 발생 또는 증대에 가공(加功)한 부주의 또는 부적절한 행위
> ⑤ 유족구조금등을 지급하지 아니할 수 있는 경우에 관하여는 제1항부터 제4항까지를 준용한다. 이 경우 "구조피해자"는 "구조피해자 또는 맨 앞의 순위인 유족"으로 본다.
> ⑥ 구조피해자 또는 그 유족과 가해자 사이의 관계, 그 밖의 사정을 고려하여 구조금의 전부 또는 일부를 지급하는 것이 사회통념에 위배된다고 인정될 때에는 구조금의 전부 또는 일부를 지급하지 아니할 수 있다.
> ⑦ 제1항부터 제6항까지의 규정에도 불구하고 구조금의 실질적인 수혜자가 가해자로 귀착될 우려가 없는 경우 등 구조금을 지급하지 아니하는 것이 사회통념에 위배된다고 인정할 만한 특별한 사정이 있는 경우에는 구조금의 전부 또는 일부를 지급할 수 있다.

2. 구조금의 신청과 결정

> 범죄피해자 보호법 제25조 【구조금의 지급신청】 ② 제1항에 따른 신청은 해당 구조대상범죄피해의 발생을 안 날부터 3년이 지나거나 해당 구조대상범죄피해가 발생한 날부터 10년이 지나면 할 수 없다.
>
> 제27조 【재심신청】 ① 지구심의회에서 구조금 지급신청을 기각(일부기각된 경우를 포함한다) 또는 각하하면 신청인은 결정의 정본이 송달된 날부터 2주일 이내에 그 지구심의회를 거쳐 본부심의회에 재심을 신청할 수 있다.

3. 구조금의 지급

범죄피해자 보호법 제21조【손해배상과의 관계】 ① 국가는 구조피해자나 유족이 해당 구조대상범죄피해를 원인으로 하여 손해배상을 받았으면 그 범위에서 구조금을 지급하지 아니한다.

② 국가는 지급한 구조금의 범위에서 해당 구조금을 받은 사람이 구조대상범죄피해를 원인으로 하여 가지고 있는 손해배상청구권을 대위한다.

제24조【범죄피해구조심의회 등】 ① 구조금 지급 및 제21조 제2항에 따른 손해배상청구권 대위에 관한 사항을 심의·결정하기 위하여 각 지방검찰청에 범죄피해구조심의회(이하 '지구심의회'라 한다)를 두고 법무부에 범죄피해구조본부심의회(이하 '본부심의회'라 한다)를 둔다.

제31조【소멸시효】 구조금을 받을 권리는 그 구조결정이 해당 신청인에게 송달된 날부터 2년간 행사하지 아니하면 시효로 인하여 소멸된다.

제32조【구조금 수급권의 보호】 구조금을 받을 권리는 양도하거나 담보로 제공하거나 압류할 수 없다.

제41조【형사조정 회부】 ① 검사는 피의자와 범죄피해자(이하 '당사자'라 한다) 사이에 형사분쟁을 공정하고 원만하게 해결하여 범죄피해자가 입은 피해를 실질적으로 회복하는 데 필요하다고 인정하면 당사자의 신청 또는 직권으로 수사 중인 형사사건을 형사조정에 회부할 수 있다.

제1절　인간다운 생활권

> 헌법 제34조 ① 모든 국민은 인간다운 생활을 할 권리를 가진다.
> ② 국가는 사회보장·사회복지의 증진에 노력할 의무를 진다.
> ③ 국가는 여자의 복지와 권익의 향상을 위하여 노력하여야 한다.
> ④ 국가는 노인과 청소년의 복지향상을 위한 정책을 실시할 의무를 진다.
> ⑤ 신체장애자 및 질병·노령 기타의 사유로 생활능력이 없는 국민은 법률이 정하는 바에 의하여 국가의 보호를 받는다.
> ⑥ 국가는 재해를 예방하고 그 위험으로부터 국민을 보호하기 위하여 노력하여야 한다.

1 의의

1. 개념

인간의 존엄성에 상응하는 건강하고 문화적인 생활을 영위할 권리

2. 연혁

제5차 개정헌법에서 명문화

2 법적 성격

📄 판례정리

번호	내용	결정
1	인간다운 생활을 할 권리로부터는 인간의 존엄에 상응하는 생활에 필요한 최소한의 '물질적'인 생활의 유지에 필요한 급부를 요구할 수 있는 구체적인 권리가 상황에 따라서는 직접 도출될 수 있다고 할 수는 있어도 동 기본권이 직접 그 이상의 급부를 내용으로 하는 구체적인 권리를 발생하게 한다고는 볼 수 없다고 할 것이다. 이러한 구체적 권리는 국가가 재정형편 등 여러 가지 상황들을 종합적으로 감안하여 법률을 통하여 구체화할 때에 비로소 인정되는 '법률적' 권리라고 할 것이다(헌재 1995.7.21. 93헌가14). **⊘ 주의** 입법부와 행정부에 대해서는 최대한의 요구이지만 헌법재판에 있어서는 최소한의 조치를 다하였는지에 대한 심사기준이라는 차이가 있음	합헌

3 주체

국민·법인	• 국민: 가능 • 법인: 불가능
외국인	원칙적 불가능하나, 국가재정이 허용하는 범위 내 외국인에게도 생활보호와 사회보장을 해주는 것이 바람직하다는 견해 있음

4 내용 - 인간다운 생활의 보장

1. 인간다운 생활의 의미

인간의 존엄성유지에 상응하는 건강하고 문화적인 생활

2. 헌법이 보장하는 인간다운 생활의 수준 - 생물학적 최저생존수준설(다수설)

현상적 인간이 생물학적·생리학적 차원에서 생명을 보전하고 건강을 유지할 수 있는 정도

⊘ 주의 헌법상의 권리
　사회보장수급권 ✕, 의료보험수급권 ✕

5 효력

직접적으로 국가권력을 구속하며, 사인간에도 간접적용설에 입각하여 제3자적 효력이 인정되는 경우가 있음

⊘ 주의
　인간다운 생활권을 침해한 판례는 없음

📑 **판례정리**

번호	내용	결정
1	최저생계비에도 못 미치는 생계보호수준이 인간다운 생활을 할 권리를 침해하는지 여부: 소극 (헌재 1997.5.29. 94헌마33)	기각
2	장애인가구의 추가지출비용이 반영되지 않은 보건복지부장관의 최저생계비 고시가 인간다운 생활을 할 권리를 침해하는지 여부: 소극 (헌재 2004.10.28. 2002헌마328)	기각
3	교도소에 수용된 때에는 국민건강보험급여를 정지하도록 한 것이 수용자의 인간다운 생활을 할 권리를 침해하는지 여부: 소극 (헌재 2005.2.24. 2003헌마31 등)	기각
4	교도소·구치소에 수용 중인 자를 기초생활보장급여의 지급대상에서 제외하고 있는 '국민기초생활 보장법 시행령' 제2조 제2항 제3호가 인간다운 생활을 할 권리 등을 침해하는지 여부: 소극 (헌재 2011.3.31. 2009헌마617)	기각
5	60세 이상 국민에 대한 국민연금제도 가입제한이 위헌인지 여부: 소극 (헌재 2001.4.26. 2000헌마390)	기각
6	공무원연금법상 급여의 수급권자에게 2 이상의 급여의 수급권이 발생한 때 수급권자의 선택에 의하여 그 중의 하나만을 지급하고 다른 급여의 지급을 정지하도록 한 것이 기본권제한의 입법한계를 넘어 재산권인 급여를 받을 권리와 평등권을 침해하는지 여부: 소극 (헌재 2000.6.1. 97헌마190)	기각

7	장애인을 위한 '저상버스'를 도입하여야 할 국가의 구체적 의무가 헌법으로부터 도출되는지 여부: **소극** (헌재 2002.12.18. 2002헌마52)	각하
8	대학원재학생과 '고아'에 대하여 자활사업 참가조건 부과 유예사유를 두지 않은 국민기초생활 보장법 시행령 제8조 제2항 제1호가 인간다운 생활을 할 권리를 침해하는지 여부: **소극** (헌재 2017.11.30. 2016헌마448)	기각
9	국가유공자의 상이등급에 따른 기본연금의 차별이 인간다운 생활을 할 권리를 침해하는지 여부: **소극** (헌재 2003.5.15. 2002헌마90)	기각
10	국가 등의 양로시설에 입소한 국가유공자에 대하여 연금 등을 지급정지하는 것이 인간다운 생활을 할 권리를 침해하는지 여부: **소극** (헌재 2000.6.1. 98헌마216)	기각
11	국민연금에서 연금보험료 및 급여 산정의 기준이 되는 표준소득월액을 등급별로 대통령령으로 정하도록 한 국민연금법 제3조 제1항 제5호가 청구인의 인간다운 생활을 할 권리를 침해하는지 여부: **소극** (헌재 2007.8.30. 2004헌바88)	합헌
12	공무원이 직무와 관련 없는 과실로 인한 경우 및 소속상관의 정당한 직무상의 명령에 따르다가 과실로 인한 경우를 제외하고 재직 중의 사유로 금고 이상의 형을 받은 경우, 퇴직급여 등을 감액하도록 규정한 공무원연금법 제64조 제1항 제1호가 인간다운 생활을 할 권리를 침해하는지 여부: **소극** (헌재 2013.8.29. 2010헌바354) ⊘ **주의** 다만, 이 사건에서 문제된 감액조항을 2009.1.1.까지 소급하여 적용하도록 규정한 부칙 단서들은 소급입법금지원칙에 위배되어 위헌	합헌
13	경과실에 의한 범죄행위에 기인하는 보험사고에 대하여 의료보험급여를 제한하는 것이 사회적 기본권으로서의 의료보험수급권의 본질을 침해하는지 여부: **적극** (헌재 2003.12.18. 2002헌바1)	한정위헌
14	고용보험법 제70조 제2항 본문 중 '육아휴직이 끝난 날 이후 12개월 이내에 신청하여야 한다' 부분이 육아휴직 급여수급권자의 인간다운 생활을 할 권리를 침해하는지 여부: **소극** (헌재 2023.2.23. 2018헌바240)	합헌
15	공무원에게 재해보상을 위하여 실시되는 급여의 종류로 일반 근로자에 대한 산업재해보상보험법과 달리 휴업급여 또는 상병보상연금 규정을 두고 있지 않은 '공무원 재해보상법' 제8조가 인간다운 생활할 권리를 침해하는지 여부: **소극** (헌재 2024.2.28. 2020헌마1587)	기각
16	유자녀(幼子女) 생활자금 대출금의 상환의무를 대출신청자(법정대리인) 아닌 유자녀에게 부과하는 것이 인간다운 생활할 권리를 침해하는지 여부: **소극** (헌재 2024.4.25. 2021헌마473)	기각
17	징계에 의하여 파면된 경우에 해당하여 퇴직연금을 감액받은 사람이 퇴직 후 재임용되어 종전의 재직기간을 재임용 후의 재직기간에 합산하더라도 종전의 재직기간에 대한 퇴직연금을 합산 전과 동일하게 감액하여 지급하도록 한 것이 퇴직연금수급자의 재산권과 인간다운 생활을 할 권리를 침해하는지 여부: **소극** (헌재 2025.1.23. 2021헌마806)	기각

제2절 교육을 받을 권리

> 헌법 제31조 ① 모든 국민은 능력에 따라 균등하게 교육을 받을 권리를 가진다.
> ② 모든 국민은 그 보호하는 자녀에게 적어도 <u>초등교육과 법률이 정하는</u> 교육을 받게 할 의무를 진다.
> ☑ **주의**
>   초등교육 ○ / 초등교육 6년 ×
> ③ 의무교육은 <u>무상</u>으로 한다.
> ☑ **주의** 의무교육 무상
>   법률이 정하는 바에 의해서 ×
> ④ 교육의 자주성·전문성·정치적 중립성 및 대학의 자율성은 법률이 정하는 바에 의하여 보장된다.
> ⑤ 국가는 평생교육을 진흥하여야 한다.
> ⑥ 학교교육 및 평생교육을 포함한 교육제도와 그 운영, 교육재정 및 교원의 지위에 관한 기본적인 사항은 법률로 정한다.

1 주체

1. 국민에게만 보장 ○ / 외국인 × / 법인 ×
2. 일반 국민 또한 평생교육을 받을 권리의 주체가 됨

2 내용

1. '능력에 따라' 교육을 받을 권리(능력주의와는 다른 개념)

(1) 능력이란 일신전속적인 재능을 의미함

(2) 능력에 따른 교육은 정신적·육체적 능력에 상응한 적절한 교육을 의미함

(3) 입학시험 등을 통한 신입생 선발제도는 위헌이 아님

📋 **판례정리**

번호	내용	결정
1	취학연령을 만 6세로 규정함으로써 만 4세의 조기입학을 제한하는 것이 위헌인지 여부: **소극** (헌재 1994.2.24. 93헌마192)	기각
2	고등학교에서 퇴학된 날로부터 6월이 지나지 아니한 자를 고등학교 졸업학력 검정고시를 받을 수 있는 자의 범위에서 제외하는 것이 교육받을 권리를 침해하는지 여부: **소극** (헌재 2008.4.24. 2007헌마1456)	기각
3	상위법령의 위임도 없이 고졸 검정고시에 합격한 자는 재차 고졸 검정고시에 응시할 수 없도록 한 '전라남도 교육청 공고'가 교육받을 권리를 침해하는지 여부: **적극** (헌재 2012.5.31. 2010헌마139)	인용

2. '균등하게' 교육을 받을 권리

자유권적 측면	능력 이외의 성별·종교·사회적 신분 등에 의하여 교육을 받을 기회 차별 금지
사회권적 측면	국민이 국가에 대하여 균등하게 교육을 받을 수 있도록 교육시설을 설치·운영하고 무상의무교육을 확대보장하는 등 교육의 외적 조건을 정비해 줄 것을 청구할 수 있음

📑 판례정리

번호	내용	결정
1	농·어촌 특별전형에 있어서 신활력지역으로 선정된 시 지역을 2009학년도부터 2011학년도 지원자에 한하여 농·어촌지역으로 인정한 부분이 군에 소재하는 고등학교 3학년에 재학 중인 청구인들의 교육을 받을 권리를 침해하는지 여부: **소극** (헌재 2008.9.25. 2008헌마456)	각하
2	대학·산업대학 또는 원격대학에 편입학할 수 있는 자격을 전문대학을 졸업한 자로 규정하고 있는 고등교육법 규정이 교육을 받을 권리를 침해하는지 여부: **소극** (헌재 2010.11.25. 2010헌마144)	기각
3	학교폭력 가해학생에 대한 징계조치 중 출석기간의 상한을 두지 않은 것이 위헌인지 여부: **소극** 학교폭력예방법과 그 시행령에 따라 가해학생에 대한 조치와 관련한 기준이 마련되어 있고, 가해학생이 진급이나 진학에 있어 지나친 불이익을 받지 않도록 운용할 수 있으므로, 이 사건 징계조치조항이 입법 목적 달성에 필요한 최소한의 정도를 넘어 가해학생의 학습의 자유를 제한한다고 볼 수 없다(헌재 2019.4.11. 2017헌바140·141).	합헌
4	최대 2점의 가산점을 부여하도록 한 서울대학교 '2022학년도 대학 신입학생 정시모집 안내' 부분이 균등하게 교육받을 권리를 침해하는지 여부: **소극** (헌재 2022.3.31. 2021헌마1230)	기각
5	저소득학생 특별전형의 모집인원을 모두 수능위주전형으로 선발하도록 정한 서울대학교 2023학년도 대학 신입학생 입학전형 시행계획이 균등하게 교육을 받을 권리를 침해하는지 여부: **소극** (헌재 2022.9.29. 2021헌마929)	기각
6	사립학교법상 교비회계의 다른 회계로의 전용을 금지하는 규정과 위 금지규정을 위반한 경우 처벌하는 규정이 사립학교 운영의 자유를 침해하는지 여부: **소극** (헌재 2023.8.31. 2021헌바180)	합헌

3. '교육'을 받을 권리

(1) 주로 학교교육을 의미하며 그 밖에 사회교육·공민교육·가정교육 등도 포함함

(2) 우리 헌법은 동조 제5항에서 국가의 평생교육 진흥의무를 규정하여 특히 강조함

4. 무상의 의무교육

(1) 의무교육

> 헌법 제31조 ② 모든 국민은 그 보호하는 자녀에게 적어도 초등교육과 법률이 정하는 교육을 받게 할 의무를 진다.

주체	취학연령의 미성년자(6 ~ 15세)
교육을 받게 할 의무의 주체	학력아동의 친권자 또는 후견인
의무교육	6년의 초등교육 및 3년의 중등교육으로 함(교육기본법 제8조 제1항)
의무교육의 무상원칙	헌법 제31조 제3항은 초등교육에 관하여는 직접적인 효력규정으로서 헌법상의 권리
중학교 이상의 교육	국가의 재정형편 등을 고려하여 입법권자가 법률로 정한 경우에 한하여 인정될 수 있음

📋 **판례정리**

번호	내용	결정
1	종전 '교육기본법 제8조 제2항'에서 3년의 중등교육에 관한 의무교육을 국가의 재정여건을 고려하여 대통령령이 정하는 바에 의하여 순차적으로 실시하도록 한 것이 위헌인지 여부: 소극 (헌재 1991.2.11. 90헌가27)	합헌
2	검정고시로 고등학교 졸업학력을 취득한 사람들의 수시모집을 지원을 제한하는 내용의 피청구인 국립교육대학교 등의 2017학년도 신입생 수시모집 입시요강이 청구인들이 균등하게 교육을 받을 권리를 침해하는지 여부: 적극 (헌재 2017.12.28. 2016헌마649)	인용 (위헌확인)

(2) 의무교육의 무상성

> 헌법 제31조 ③ 의무교육은 무상으로 한다.

무상의 범위로는 헌법상 교육의 기회균등을 실현하기 위해 필수불가결한 비용이 포함됨
⑩ 수업료나 입학금, 학교와 교사 등 인적·물적 기반 및 그 기반을 유지하기 위한 인건비와 시설유지비, 신규시설투자비 등

📋 **판례정리**

번호	내용	결정
1	의무교육대상인 중학생의 학부모들에게 급식 관련 비용의 일부를 부담하도록 하는 것이 헌법상 의무교육의 무상원칙에 위배되는지 여부: 소극 (헌재 2012.4.24. 2010헌바164)	합헌
2	학부모들이 부담하는 학교운영지원비를 학교회계세입항목에 포함시켜 의무교육과정의 비용으로 사용하는 것이 의무교육의 무상원칙에 위배되는지 여부: 적극 (헌재 2012.8.23. 2010헌바220)	위헌
3	공동주택을 분양받은 자에게 학교용지 확보를 위하여 부담금을 부과·징수할 수 있다는 부분이 헌법상 의무교육의 무상원칙에 반하는지 여부: 적극 (헌재 2005.3.31. 2003헌가20)	위헌
4	수분양자가 아닌 개발사업자를 부과대상자로 하는 학교용지부담금제도가 위헌인지 여부: 소극 (헌재 2008.9.25. 2007헌가1)	합헌

5	학교용지 확보 등에 관한 특례법 제5조 제1항 단서 제5호 중 매도나 현금청산의 대상이 되어 제3자에게 분양됨으로써 기존에 비하여 가구수가 증가하지 아니하는 개발사업분을 학교용지부담금 부과대상에서 제외하는 규정을 두지 아니한 것이 평등원칙에 위배되는지 여부: **적극** (헌재 2013.7.25. 2011헌가32)	헌법불합치
6	의무교육 경비를 교부금과 지방자치단체의 일반회계로부터의 전입금으로 충당토록 규정한 지방교육재정교부금법 제11조 제1항 등이 교육재정제도에 관한 헌법의 위임 취지에 명백히 반하여 위헌인지 여부: **소극** (헌재 2005.12.22. 2004헌라3)	기각
7	헌법 제31조 제3항의 의무교육 무상의 원칙이 의무교육을 위탁받은 사립학교를 설치·운영하는 학교법인 등과의 관계에서 관련 법령에 의하여 이미 학교법인이 부담하도록 규정되어 있는 경비까지 종국적으로 국가나 지방자치단체의 부담으로 한다는 취지로 볼 수는 없다(헌재 2017.7.27. 2016헌바374).	합헌

5. 부모의 교육권

(1) 의의 및 근거

① 현행헌법에 부모의 교육권에 대한 명문규정은 없으나, 자연법적 권리인 부모의 친권을 근거로 인정할 수 있음

② 헌법재판소는 그 헌법적 근거로 행복추구권(헌법 제10조), 혼인과 가족생활을 보장하는 헌법 제36조 제1항 그리고 헌법 제37조 제1항과 문화국가원리에서 찾음

(2) 내용

학교선택권	거주지를 기준으로 중·고등학교의 입학을 제한하는 배정제도는 … 학부모의 학교선택권의 본질적 내용을 침해하는 것으로 볼 수 없음(헌재 1995.2.23. 91헌마204)
교육참여권	• 사립학교에도 국·공립학교처럼 의무적으로 운영위원회를 두도록 할 것인지 여부는 입법자의 입법형성영역인 정책문제에 속하고, … 청구인이 이로 인하여 사립학교의 운영위원회에 참여하지 못했더라도 교육참여권이 침해되었다고 볼 수 없음(헌재 1999.3.25. 97헌마130) • 사립학교에도 학교운영위원회를 의무적으로 설치하도록 한 초·중등교육법 제31조에 의하여 사립학교교육의 자주성·전문성이 어느 정도 제한된다고 하더라도, … 사립학교 학교운영위원회제도가 현저히 자의적이거나 비합리적으로 사립학교의 공공성만을 강조하고 사립학교의 자율성을 제한한 것이라 보기 어려움(헌재 2001.11.29. 2000헌마278) • 학교교육에 관한 한 국가와 부모가 함께 교육을 담당함 • 학교 밖의 교육영역에서는 원칙적으로 부모의 교육권이 우선함

📑 **판례정리**

번호	내용	결정
1	학교 밖에서 자녀교육(과외교습)을 원칙적으로 금지하는 것이 위헌인지 여부: **적극** 원칙적으로 모든 과외교습행위를 금지하여 그에 위반된 경우 형사처벌을 하도록 하고, 예외적으로 일정한 요건에 해당하는 과외교습행위만을 적법한 것으로 취급하는 것은 헌법 제37조 제2항의 과잉금지의 원칙에 위반되어 부모의 자녀교육권 등을 침해한다(헌재 2000.4.27. 98헌가16·98헌마429).	위헌

2	학원의 교습시간을 05:00부터 22:00까지 규정하고 있는 '서울특별시 학원의 설립·운영 및 과외교습에 관한 조례' 제5조 제1항이 자녀교육권, 직업의 자유 등을 침해하는지 여부: 소극 (헌재 2009.10.29. 2008헌마635)	기각
3	초등학교 1, 2학년의 정규교과에 영어를 배제하고, 3~6학년의 영어교육을 일정한 시수로 제한하는 부분이 청구인들의 인격의 자유로운 발현권, 자녀교육권을 침해하는지 여부: 소극 (헌재 2016.2.25. 2013헌마838)	기각
4	학원조례조항에 의한 교습시간 제한이 학생의 인격의 자유로운 발현권 및 학부모의 자녀교육권 등을 침해하는지 여부: 소극 (헌재 2016.5.26. 2014헌마374)	기각
5	교과용 도서를 편찬하거나 검정 또는 인정하는 경우 표준어규정을 준수하도록 하고 있는 구 국어기본법 제18조 규정이 부모의 자녀교육권을 침해하는지 여부: 소극 (헌재 2009.5.28. 2006헌마618)	기각
6	[1] 대학수학능력시험의 문항수 기준 70%를 한국교육방송공사교재와 연계하여 출제하도록 하는 '2018학년도 대학수학능력시험 시행기본계획'으로 인해 부모의 자녀교육권을 침해받았다고 주장하면서 헌법소원심판을 청구할 수 있는지 여부: 소극 [2] 심판대상계획이 2018학년도 대학수학능력시험을 준비하는 학생인 청구인들의 교육을 통한 자유로운 인격발현권을 침해하는지 여부: 소극 (헌재 2018. 2.22. 2017헌마691) ⊘ 주의 교육받을 권리는 제한되지도 않음	기각
7	정상적인 학사운영이 불가능한 경우 교육과학기술부장관이 학교폐쇄를 명할 수 있다고 규정한 구 고등교육법 제62조 제1호 및 제2호와 학교법인이 목적 달성이 불가능한 때 교육과학기술부장관이 학교법인에 대하여 해산을 명할 수 있도록 규정한 구 사립학교법 제47조 제1항 제2호가 헌법에 위반되는지 여부: 소극 (헌재 2018.12.27. 2016헌바217)	합헌
8	사회복무요원이 대학에서 수학하는 행위를 제한하는 구 병역법 시행령 제65조의3 제4호 중 고등교육법 제2조 제1호의 '대학'에 관한 부분이 청구인의 교육을 통한 자유로운 인격발현권을 침해하는지 여부: 소극 (헌재 2021.6.24. 2018헌마526)	기각

6. 교사의 수업권

(1) 교사의 수업권의 근거는 헌법 제31조, 대학교수의 강학의 자유(교수의 자유)의 근거는 헌법 제22조(학문의 자유)에 있음

(2) 수업권 < 수학권

(3) 국민의 수학권의 보장을 위하여 교사의 수업권은 일정 범위 내에서 제약을 받음

📑 **판례정리**

번호	내용	결정
1	교과서의 검·인정제와 교사의 수업권제한이 위헌인지 여부: 소극 (헌재 1992.11.12. 89헌마88)	기각
2	교사의 수업거부의 자유가 인정되는지 여부: 소극 (대판 2007.9.20. 2005다25298)	기각

제3절 근로의 권리

> 헌법 제32조 ① 모든 국민은 근로의 권리를 가진다. 국가는 사회적·경제적 방법으로 근로자의 고용의 증진과 <u>적정임금의 보장</u>에 노력하여야 하며, 법률이 정하는 바에 의하여 <u>최저임금제</u>를 시행하여야 한다.
>
> ☑ 주의
> - 최저임금제는 헌법상 기본권 ×
> - 적정임금 보장: 제8차 개정헌법 / 최저임금제 시행: 현행헌법
>
> ② 모든 국민은 근로의 의무를 진다. 국가는 근로의 의무의 내용과 조건을 민주주의원칙에 따라 법률로 정한다.
>
> ③ 근로조건의 기준은 인간의 존엄성을 보장하도록 법률로 정한다.
>
> ④ <u>여자의 근로</u>는 특별한 보호를 받으며, 고용·임금 및 근로조건에 있어서 부당한 차별을 받지 아니한다.
>
> ⑤ <u>연소자의 근로</u>는 특별한 보호를 받는다.
>
> ☑ 주의
> 장애인의 근로는 명문화되어 있지 않음
>
> ⑥ 국가유공자·상이군경 및 전몰군경의 유가족은 법률이 정하는 바에 의하여 우선적으로 근로의 기회를 부여받는다.

1 의의

1. 개념

근로자가 자신의 의사와 능력에 따라 근로관계를 형성·유지하고, 근로의 기회를 얻지 못한 경우 국가에 대하여 근로기회의 제공을 요구할 수 있는 권리

2. 연혁

이익분배균점권을 건국헌법에서 규정, 제5차 개정헌법에서 삭제

📑 **판례정리**

번호	내용	결정
1	외국인이 국가에 대하여 근로기회의 제공을 청구할 권리가 인정되는지 여부: **소극** (헌재 2011.9.29. 2009헌마351) ☑ 주의 그러나 근로의 권리에는 자유권적 기본권의 성격을 가진 것도 있으므로, 이 부분에 관한 한 외국인에게도 기본권 주체성이 인정됨	기각
2	외국인이 근로기준법상의 근로자인지 여부: **적극** (대판 1995.9.15. 94누12067)	기각
3	외국인근로자에게도 근로의 권리 중 일할 환경에 대한 권리의 주체성이 인정되는지 여부: **적극** (헌재 2007.8.30. 2004헌마670)	적극

2 내용

1. 구체적 내용

근로기회제공청구권설 (다수설)	근로의 의사와 능력이 있음에도 불구하고 취업의 기회를 얻지 못한 자가 국가에 대해 근로의 기회를 제공하여 주도록 요구할 수 있음
생계비지급청구권설	더 나아가 그 요구가 충족되지 아니한 때 상당한 생계비의 지급을 청구할 수 있음을 그 내용으로 함

2. 보충적 내용

(1) 국가의 고용증진의무

> 헌법 제32조 ① … 국가는 사회적·경제적 방법으로 근로자의 고용의 증진 … 에 노력하여야 하며 ….

(2) 사용자의 해고의 자유를 제한

긍정설(다수설)	헌법 제32조가 국가와 국민 사이뿐만 아니라, 개별적 노사관계에도 적용되므로 사용자의 해고의 자유를 제한하는 근거가 됨
검토	헌법 제32조의 근로권조항은 개별적 노사관계에도 적용되며, 사용자의 정당한 이유 없는 해고는 위헌·무효가 됨

📑 **판례정리**

번호	내용	결정
1	사용자가 기간제근로자를 사용하는 경우 최장 2년까지만 사용할 수 있도록 정하고 있는 '기간제 및 단시간근로자 보호 등에 관한 법률' 제4조 제1항이 계약의 자유를 침해하는지 여부: 소극 (헌재 2013.10.24. 2010헌마219)	기각
2	퇴직급여를 청구할 수 있는 권리가 헌법상 권리인지 여부: 소극 (헌재 2011.7.28. 2009헌마408)	기각
3	월급근로자로서 6개월이 되지 못한 자를 해고예고제도의 적용예외 사유로 규정하고 있는 근로기준법 제35조 제3호가 근무기간이 6개월 미만인 월급근로자의 근로의 권리를 침해하고 평등원칙에 위배되는지 여부: 적극 (헌재 2015.12.23. 2014헌바3)	위헌
4	고용 허가를 받아 국내에 입국한 외국인근로자의 출국만기보험금을 출국 후 14일 이내에 지급하도록 한 '외국인근로자의 고용 등에 관한 법률' 제13조 제3항 중 '피보험자등이 출국한 때부터 14일 이내' 부분이 청구인들의 근로의 권리를 침해하는지 여부: 소극 (헌재 2016.3.31. 2014헌마367)	기각
5	해고예고제도의 적용예외 사유로서 '일용근로자로서 3개월을 계속 근무하지 아니한 자'를 규정하고 있는 근로기준법 제35조 제1호가 근로의 권리를 침해하는지 여부: 소극 (헌재 2017.5.25. 2016헌마640)	기각
6	계속근로기간 1년 이상인 근로자가 근로연도 중도에 퇴직한 경우 중도퇴직 전 1년 미만의 근로에 대하여 유급휴가를 보장하지 않는 근로기준법 제60조 제2항이 근로의 권리를 침해하는지 여부: 소극 (헌재 2015.5.28. 2013헌마619)	기각

7	정당한 이유 없는 해고 등을 제한하는 근로기준법 제30조 제1항이 명확성원칙에 위반되는지 여부: **소극** (헌재 2013.12.26. 2012헌바375)	합헌
8	퇴직금 우선변제규정의 위헌 여부: **적극** (헌재 1997.8.21. 94헌바19)	헌법불합치
9	사용자의 파산시 최종 3개월분의 임금과 최종 3년간 퇴직금에 대하여 최우선변제권을 인정하는 구 근로기준법 제37조 제2항 제1호 및 제2호가 사용자에 대한 담보물권자의 재산권 등 기본권을 침해하는지 여부: **소극** (헌재 2008.11.27. 2007헌바36)	합헌
10	임금 및 퇴직금 우선변제와 관련하여 우선변제제도의 소급효를 인정하는 특별규정을 두지 않은 것이 헌법에 위반되는지 여부: **소극** (헌재 2006.7.27. 2004헌바20)	합헌

(3) 적정임금의 보장(제8차 개정헌법에서 신설)

> 헌법 제32조 ① … 국가는 … 적정임금의 보장에 노력하여야 하며, 법률이 정하는 바에 의하여 최저임금제를 시행하여야 한다.
> ④ 여자의 근로는 특별한 보호를 받으며, 고용·임금 및 근로조건에 있어서 부당한 차별을 받지 아니한다.

① 적정임금: 근로자와 그 가족이 인간의 존엄성에 상응하는 건강하고 문화적인 생활을 영위하는 데 필요한 정도의 임금수준

② 무노동·무임금의 원칙

  ☑ **주의** 대법원의 태도 변화
   무노동·부분임금 ⇨ 무노동·무임금의 원칙

③ 최저임금제의 실시(제9차 개정헌법에서 신설)

> 헌법 제32조 ① … 법률이 정하는 바에 의하여 최저임금제를 시행하여야 한다.

  ㉠ 근로자를 사용하는 모든 사업 또는 사업장에 적용됨
  ㉡ 다만, 동거하는 친족만을 사용하는 사업과 가사(家事)사용인에게는 적용되지 아니함(최저임금법 제3조)

④ 동일노동에 대한 동일임금의 원칙

> 헌법 제32조 ④ 여자의 근로는 특별한 보호를 받으며, 고용·임금 및 근로조건에 있어서 부당한 차별을 받지 아니한다.

📑 **판례정리**

번호	내용	결정
1	근로기준법에서 '통상임금'에 대한 직접적인 정의규정을 두고 있지 않은 것이 명확성의 원칙에 위반되는지 여부: **소극** (헌재 2014.8.28. 2013헌바172)	합헌
2	최저임금을 청구할 수 있는 권리가 헌법에서 직접 도출되는지 여부: **소극** (헌재 2012.10.25. 2011헌마307)	기각

(4) 근로조건기준의 법정주의

> 헌법 제32조 ③ 근로조건의 기준은 인간의 존엄성을 보장하도록 법률로 정한다.

📑 판례정리

번호	내용	결정
1	근로기준법의 적용대상사업장 한정조항의 위헌 여부: **소극** '상시사용근로자수 5인'이라는 기준에 따라 근로기준법의 전면적용 여부를 달리한 것에는 합리적 이유가 있다고 인정되고, 그 기준이 인간의 존엄성을 전혀 보장할 수 없을 정도라고 볼 수 없으므로 위 헌법조항에 위반된다고 할 수 없다(헌재 1999.9.16. 98헌마310).	기각
2	정직일수를 연가일수에서 공제하도록 규정하고 있는 국가공무원복무규정이 근로의 권리를 침해하는지 여부: **소극** (헌재 2008.9.25. 2005헌마586) ✓ **비교** 퇴직연금은 사회적 기본권의 하나인 사회보장수급권의 성격과 재산권의 성격이 불가분적으로 혼재되어 있으므로, 적어도 퇴직연금의 지급정지는 기본권제한의 한계를 정한 헌법의 규정에 따라야 할 것이다. 따라서 헌법의 제원칙을 벗어나지 않는 한, 입법자가 사회정책, 연금제도의 취지, 연금재정상황 등을 종합적으로 고려하여 본인이 기여한 범위 내에서 소득에 따라 연금의 일부를 지급정지하는 것은 헌법 제37조 제2항에 의한 비례의 원칙에 어긋난다고 할 수 없으므로 재산권의 침해라고 할 수 없음(헌재 2003.9.25. 2001헌마93·138·143)	기각
3	동물의 사육 사업 근로자에 대하여 근로기준법 제4장에서 정한 근로시간 및 휴일 규정의 적용을 제외하도록 한 구 근로기준법 제63조 제2호 중 '동물의 사육' 가운데 '제4장에서 정한 근로시간, 휴일에 관한 규정'에 관한 부분이 청구인의 근로의 권리를 침해하는지 여부: **소극** (헌재 2021.8.31. 2018헌마563)	기각

(5) 여자·연소자근로의 특별 보호

> 헌법 제32조 ④ 여자의 근로는 특별한 보호를 받으며, 고용·임금 및 근로조건에 있어서 부당한 차별을 받지 아니한다.
> ⑤ 연소자의 근로는 특별한 보호를 받는다.

(6) 국가유공자 등의 근로기회의 우선보장

> 헌법 제32조 ⑥ 국가유공자·상이군경 및 전몰군경의 유가족은 법률이 정하는 바에 의하여 우선적으로 근로의 기회를 부여받는다.
> ✓ **주의**
> '근로의 기회'는 예시적인 것

3 효력

대국가적 효력 외의 사인간에서도 제3자적 효력을 가짐

제4절 근로3권

> 헌법 제33조 ① 근로자는 근로조건의 향상을 위하여 자주적인 단결권·단체교섭권 및 단체행동권을 가진다.
> ② 공무원인 근로자는 법률이 정하는 자에 한하여 <u>단결권·단체교섭권 및 단체행동권</u>을 가진다.
> ③ 법률이 정하는 주요방위산업체에 종사하는 근로자의 <u>단체행동권</u>은 법률이 정하는 바에 의하여 이를 제한하거나 인정하지 아니할 수 있다.

1 연혁 및 법적 성격

1. 연혁

건국헌법	근로3권(법률유보), 사기업체근로자의 이익분배균점권
제5차 개정	근로3권(법률유보 삭제), 공무원인 근로자의 근로3권 제한, 사기업체 근로자의 이익분배균점권 삭제
제7차 개정	근로3권(법률유보 부활)
제8차 개정	근로3권 중 단체행동권만 법률유보
제9차 개정	근로3권(법률유보 삭제)

2. 법적 성격

자유권	단결·단체교섭·단체행동을 함에 있어 국가로부터 부당한 간섭이나 제재를 받지 않음
사회권	근로자가 인간다운 생활을 확보하기 위하여 국가적 배려와 보호를 요구할 수 있음
헌법재판소	근로3권을 '사회적 보호기능을 담당하는 자유권'이라 하여 자유권적 기능을 강조함(헌재 1998.2.27. 94헌바13 등)

2 단결권

1. 의의

근로자들이 근로조건의 향상(유지·개선)을 목적으로 사용자와 대등한 교섭력을 위해 단체를 자주적으로 결성하고, 가입하여 활동할 수 있는 권리

주의
계속성은 단결권의 요건이 되지 않음

2. 주체

(1) 근로자와 단결체

근로3권의 주체는 1차적으로 근로자 개개인이지만, 단결체(근로자집단)도 주체가 됨

<table>
<tr><td rowspan="4">근로자</td><td>• 임금·급료에 의하여 생활하는 육체적, 정신적 근로자</td></tr>
<tr><td>• 자신의 재산으로서 생업을 영위하는 자영업자나 자유직업종사자는 포함하지 않음</td></tr>
<tr><td>• 근로자가 회사로부터 해고를 당하였더라도 상당한 기간 내에 노동위원회에 부당노동행위 구제신청을 하여 그 해고의 효력을 다투고 있었다면 … 노동조합원으로서의 지위를 상실하는 것이라고 볼 수 없음(대판 1992.3.31. 91다14413)</td></tr>
<tr><td>단결체</td><td>법인격을 구비해야 하는 것은 아니며, 노동조합과 같은 계속적인 단체 외에 쟁의단과 같은 일시적인 단체도 단결권의 주체가 됨</td></tr>
</table>

📋 판례정리

번호	내용	결정
1	실업자도 근로3권의 주체가 될 수 있는지 여부: **적극** (대판 2004.2.27. 2001두8568)	기각
2	불법체류 중인 외국인근로자도 노동조합을 설립하거나 노동조합에 가입할 수 있는지 여부: **적극** (대판 2015.6.25. 2007두4995 전합)	기각
3	노동조합을 설립할 때 행정관청에 설립신고서를 제출하게 하고 그 요건을 충족하지 못하는 경우 설립신고서를 반려하도록 하고 있는 '노동조합 및 노동관계조정법' 제12조 제3항 제1호가 헌법상 금지된 단체결성에 대한 허가제에 해당하는지 여부: **소극** (헌재 2012.3.29. 2011헌바53)	합헌
4	"노동조합이 아니면 노동조합이라는 명칭을 사용할 수 없다."라고 규정한 노동조합 및 노동관계조정법 제7조 제3항이 단결권을 침해하는지 여부: **소극** (헌재 2008.7.31. 2004헌바9)	합헌
5	노동조합으로 하여금 행정관청이 요구하면 결산결과와 운영상황을 보고하도록 하고 위반시 과태료를 부과할 수 있도록 한 것이 노동조합의 단결권을 침해하는지 여부: **소극** (헌재 2013.7.25. 2012헌바116)	합헌

(2) 사용자와 단체결성

사용자는 헌법 제33조 제1항 단결권의 주체는 될 수 없으나, 헌법 제21조 제1항에 근거하여 사용자단체를 결성하는 것은 가능(권영성)

⊘ 주의
헌법 제21조 제1항은 결사의 자유임(일반적 결사)

3. 유형

(1) 적극적 단결권

노동조합을 결성하고, 이에 가입하며 활동할 수 있는 권리 ⇨ 단결권의 중심내용

(2) 소극적 단결권

① 의의: 근로자 개인이나 근로자단체가 단체에 가입하지 아니하거나 이미 가입한 단체에서 자유로이 탈퇴할 수 있는 자유

② 단결강제: 노동조합 및 노동관계조정법 제81조 제2호 단서는 단결강제의 한 유형인 유니언 샵(Union Shop) 조항을 인정

번호	내용	결정
1	소극적 단결권이 헌법 제33조의 단결권에 포함되는지 여부: 소극 "헌법상 보장된 근로자의 단결권은 단결할 자유만을 가리킬 뿐이고 단결하지 아니할 자유, 이른바 소극적 단결권은 이에 포함되지 않는다."라고 하여 헌법 제33조 제1항의 단결권에 소극적 단결권이 포함되지 않는다는 입장이다(헌재 1999.11.25. 98헌마141). ⊘ 주의 헌법재판소가 근로자의 소극적 단결권 자체를 인정하지 않은 것은 아님. 다만, 헌법재판소는 근로자의 소극적 단결권의 근거를 헌법 제33조의 단결권으로 보는 것이 아니라 헌법 제10조의 행복추구권과 헌법 제21조의 결사의 자유에서 찾고 있음	기각
2	유니언 샵(Union Shop) 조항(사업장에 종사하는 근로자의 3분의 2 이상을 대표하는 노동조합이 조합의 조직유지·강화를 위하여 체결하는 Union Shop협약, 즉 단체협약에 대한 조항을 말한다)이 위헌인지 여부: 소극 (헌재 2005.11. 24. 2002헌바95 등)	합헌

4. 침해와 구제

국가가 단결권을 침해하는 경우	• 위헌·위법 • 불법행위를 구성하게 되면 형사책임 또는 배상책임을 짐
사용자가 단결권을 침해하는 경우	사용자에 대한 제재와 단결권의 구제가 가능함

3 단체교섭권

1. 주체

근로자 측의 주체는 노동조합, 사용자 측의 주체는 사용자

번호	내용	결정
1	하나의 사업 또는 사업장에 2개 이상의 노동조합이 있는 경우 단체교섭에 있어 그 창구를 단일화하도록 하여 교섭대표가 된 노동조합에만 단체교섭권을 부여하는 것이 단체교섭권을 침해하는지 여부: 소극 (헌재 2012.4.24. 2011헌마338)	기각

2. 내용

(1) 단체교섭의 대상 - 근로조건

경영권이나 인사권 관련 사항이 단체교섭의 대상이 될 수 있는지 견해의 대립이 있으나, 대법원은 … 노동조합과 인사처분에 관한 논의를 하여 의견의 합치를 보아 인사처분을 하도록 규정된 경우 그 절차를 거치지 아니한 인사처분은 원칙적으로 무효라고 함(대판 1993.9.28. 91다30620)

📋 **판례정리**

번호	내용	결정
1	구조조정이나 합병 등 기업의 경쟁력을 강화하기 위한 경영주체의 경영상 조치가 노동쟁의의 대상이 될 수 있는지 여부: 소극 (대판 2003.11.13. 2003도687)	기각
2	경영권에 속한 사항이라도 근로자들의 근로조건과도 밀접한 관련이 있는 부분은 단체협약의 대상이 될 수 있는지 여부: 적극 (대판 1994.8.26. 93누8993)	기각
3	한국고속철도건설공단의 인사에 관한 사항은 건설교통부장관의 승인을 얻도록 한 것이 위헌인지 여부: 소극 (헌재 2004.8.26. 2003헌바28)	합헌
4	사용자가 노동조합의 운영비를 원조하는 행위를 부당노동행위로 금지하는 '노동조합 및 노동관계조정법' 제81조 제4호 중 '노동조합의 운영비를 원조하는 행위'에 관한 부분이 단체교섭권을 침해하여 위헌인지 여부: 적극 (헌재 2018.5.31. 2012헌바90)	헌법불합치
5	국가비상사태하에서 근로자의 단체교섭권을 제한한 국가보위에 관한 특별조치법이 국가긴급권의 실체적 발동조건, 사후통제 절차, 시간적 한계에 위반되는지 여부: 적극 (헌재 2015.3.26. 2014헌가5)	위헌
6	복수 노동조합이 구성된 경우 교섭대표노동조합을 통해 교섭하도록 하고 일정기간 내에 자율적으로 교섭대표노동조합을 정하지 못할 경우 과반수 노동조합이 교섭대표노동조합이 되도록 한 노동조합 및 노동관계조정법이 단체교섭권을 침해하는지 여부: 소극 (헌재 2024.6.27. 2020헌마237 등)	합헌

(2) 사용자 측의 단체교섭거부와 부당노동행위

노동조합은 단체교섭을 요구할 수 있는 권리가 있고 사용자는 이에 응할 의무가 있으므로 사용자가 정당한 이유 없이 단체교섭을 거부할 경우 부당노동행위에 해당함

(3) 단체교섭권에 단체협약체결권 포함: ○

(4) 단체협약의 효력

노사간의 분쟁을 해결하는 자주법으로서의 법원성을 취득함

4 단체행동권

1. 의의

(1) 쟁의행위 등을 할 수 있는 권리로서 최후의 강제수단을 의미함

(2) 단체행동은 단체교섭이 행해지는 도중에는 행사할 수 없음

2. 주체

근로자 개개인이지만, 실질적으로 노동조합이라고 할 수 있음

3. 유형

(1) 근로자 측의 쟁의행위

파업(Strike)	생산활동이나 업무 수행을 일시적으로 중단하는 행위
태업(Sabotage)	고의로 작업능률을 떨어뜨리는 행위

불매운동(Boycott)	특정한 상품을 사지 않는 행위
감시행위(Picketting)	근로자들의 사업장 출입을 저지하고 파업에 협력할 것을 구하는 행위
생산관리	근로자들이 사업장 또는 공장을 점거하고, 조합간부의 지휘 아래 노무를 제공하는 행위

(2) 사용자 측의 쟁의행위

문제점	사업장을 봉쇄하는 행위를 말하며, 사용자의 직장폐쇄는 쟁의행위가 개시된 후에 행사할 수 있음(노동조합법 제46조 제1항)
검토	• 사용자 측의 직장폐쇄는 헌법 제33조에 근거한 단체행동권의 행사로 볼 수 없음 • 근로자 측의 부당한 쟁의행위에 대하여 사용자 측의 자기방어수단으로 볼 수 있음 • 그 근거는 헌법 제23조 제1항과 제119조 제1항에서 찾을 수 있음

4. 내용

국가권력에 대한 관계	정당한 단체행동인 경우에는 근로자는 형사상 책임을 지지 않음
사용자에 대한 관계	정당한 단체행동인 경우에는 사용자는 근로자에 대하여 채무불이행 또는 불법행위를 이유로 민사상 책임을 추궁하지 못하며 근로자를 해고하거나 그 밖의 불이익을 주는 행위를 하지 못함

5. 한계 - 정당성이 전제되어야 함

목적상 한계	• 단체행동권은 근로조건의 향상을 위한 노사간의 자치적 교섭을 조성하는 데 있어야 하며, 순수한 정치적 파업은 허용되지 않음 • 근로자의 지위에 직접 관계되는 사항을 쟁점으로 하는 산업적 정치파업은 정당한 쟁의행위로서 허용됨(다수설)
수단상 한계	• 그 수단이 사용자의 재산권과 조화를 이루어야 함은 물론 폭력행사에 해당하지 않아야 함 • 대법원: 조합원의 직장점거는 사용자측의 점유를 배제하지 아니하고 그 조업도 방해하지 않는 부분적·병존적 점거일 경우에 한하여 정당함(대판 1990.5.15. 90도357)

📑 **판례정리 - 수단상 한계**

번호	내용	결정
1	쟁의행위로서 파업이 업무방해죄의 '위력'에 해당하는지 여부: 적극 쟁의행위로서 파업이 언제나 업무방해죄에 해당하는 것으로 볼 것은 아니고, 전후 사정과 경위 등에 비추어 사용자가 예측할 수 없는 시기에 전격적으로 이루어져 사용자의 사업운영에 심대한 혼란 내지 막대한 손해를 초래하는 등으로 사용자의 사업계속에 관한 자유의사가 제압·혼란될 수 있다고 평가할 수 있는 경우에 비로소 집단적 노무제공의 거부가 위력에 해당하여 업무방해죄가 성립한다고 보는 것이 타당하다(대판 2011.3.17. 2007도482). ⊘ **주의** 근로자들이 집단적으로 근로의 제공을 거부하여 사용자의 정상적인 업무 운영을 저해하고 손해를 발생하게 하여 위법성이 조각되지 아니한다 해도 바로 형법상 업무방해죄에 해당하는 것은 아님	기각

5 근로3권의 효력

대국가적 효력	당연히 인정됨
대사인적 효력	'직접적용설(다수설)'과 '간접적용설(허영)'이 대립함

6 제한과 그 한계

1. 공무원인 근로자의 근로3권의 제한

> 헌법 제33조 ② 공무원인 근로자는 법률이 정하는 자에 한하여 단결권·단체교섭권 및 단체행동권을 가진다.

(1) 국회는 공무원에게 단결권·단체교섭권·단체행동권을 인정할 것인지 여부 등에 대하여 광범위한 입법형성의 자유를 가짐

(2) '법률이 정하는 자' 이외의 공무원은 노동3권의 주체가 되지 못함(헌재 2008.12.26. 2005헌마971)

> 국가공무원법 제66조【집단 행위의 금지】① 공무원은 노동운동이나 그 밖에 공무 외의 일을 위한 집단 행위를 하여서는 아니 된다. 다만, 사실상 노무에 종사하는 공무원은 예외로 한다.

📑 **판례정리**

번호	내용	결정
1	사실상 노무에 종사하는 공무원에 대하여서만 근로3권을 보장하고 그 이외의 공무원들에 대하여는 근로3권의 행사를 제한하는 것이 위헌인지 여부: 소극 (헌재 2007.8.30. 2003헌바51 등)	합헌
2	'사실상 노무에 종사하는 공무원의 범위'를 조례로 제정하지 않은 부작위가 위헌인지 여부: 적극 (헌재 2009.7.30. 2006헌마358)	인용 (위헌확인)

2. 공무원의 노동조합 설립 및 운영에 관한 법률에 의한 공무원의 근로3권

> 공무원의 노동조합 설립 및 운영에 관한 법률 제2조【정의】이 법에서 '공무원'이란 국가공무원법 제2조 및 지방공무원법 제2조에서 규정하고 있는 공무원을 말한다. 다만, 국가공무원법 제66조 제1항 단서 및 지방공무원법 제58조 제1항 단서에 따른 사실상 노무에 종사하는 공무원과 교원의 노동조합 설립 및 운영 등에 관한 법률의 적용을 받는 교원인 공무원은 제외한다.

📑 **판례정리**

번호	내용	결정
1	청원경찰의 복무에 관하여 국가공무원법 제66조 제1항을 준용함으로써 노동운동을 금지하는 청원경찰법 제5조 제4항 등이 근로3권을 침해하는지 여부: 적극 (헌재 2017.9.28. 2015헌마653)	헌법불합치

2	공무원노동조합의 설립 최소단위를 '행정부'로 규정하여 노동부만의 노동조합결성을 제한한 공무원의 노동조합 및 운영 등에 관한 법률규정이 단결권 및 평등권을 침해하는지 여부: **소극** (헌재 2008.12.26. 2006헌마518) ✅ **주의** 공무원노조 관련 판례는 모두 합헌	기각
3	노동조합에 가입할 수 있는 특정직 공무원의 범위를 '6급 이하의 일반직 공무원에 상당하는 외무행정·외교정보관리직 공무원'으로 한정하여 소방공무원을 노동조합 가입대상에서 제외한 공무원의 노동조합 설립 및 운영 등에 관한 법률이 소방공무원인 청구인의 단결권 또는 평등권을 침해하는지 여부: **소극** (헌재 2008.12.26. 2006헌마462)	기각
4	공무원의 노동조합 설립 및 운영 등에 관한 법률 제6조(가입범위)와 제8조(단체교섭권) 제1항 단서, 제9조(교섭의 절차) 제4항, 제10조(단체협약의 효력) 제1항, 제11조(쟁의행위의 금지) 등이 결사의 자유·근로3권·행복추구권·평등권 등을 침해하는지 여부: **소극** (헌재 2008.12.26. 2005헌마971)	기각
5	노동조합이 비과세혜택을 받을 권리가 근로3권의 당연한 내용인지 여부: **소극** (헌재 2009.2.26. 2007헌바27)	합헌
6	교원의 노동조합 설립 및 운영 등에 관한 법률의 적용을 받는 교원의 범위를 초·중등학교에 재직 중인 교원으로 한정하고 있는 교원의 노동조합 설립 및 운영 등에 관한 법률 제2조가 청구인 전국교직원노동조합 및 해직 교원들의 단결권을 침해하는지 여부: **소극** (헌재 2015.5.28. 2013헌마671 등)	기각
7	교원노조법의 적용대상을 초·중등교육법 제19조 제1항의 교원이라고 규정함으로써 고등교육법에서 규율하는 대학교원의 단결권을 일체 인정하지 않는 '교원의 노동조합 설립 및 운영 등에 관한 법률' 제2조 본문이 대학 교원들의 단결권을 침해하는지 여부: **적극** (헌재 2018.8.30. 2015헌가38) ✅ **주의** 위 판례는 단결권을 침해한 판례이지, 평등권을 침해한 판례는 아님 ✅ **비교 국립대교원과 사립대교원** 국립대교원은 입법형성권의 문제로 보고 완화된 심사를 하였고, 사립대교원은 과잉금지원칙에 따라 엄격한 심사를 함	헌법불합치
8	공항·항만 등 국가중요시설의 경비업무를 담당하는 특수경비원에게 경비업무의 정상적인 운영을 저해하는 일체의 쟁의행위를 금지하는 경비업법 제15조 제3항이 헌법 제33조 제1항에 위배되는지 여부: **소극** (헌재 2009.10.29. 2007헌마1359)	기각
9	국가 또는 지방자치단체의 정책결정에 관한 사항이나 기관의 관리·운영에 관한 사항으로서 근무조건과 직접 관련되지 아니하는 사항을 공무원노동조합의 단체교섭 대상에서 제외하고 있는 공무원의 노동조합 설립 및 운영 등에 관한 법률 제8조 제1항 단서 중 '직접' 부분이 명확성원칙에 위반되는지 여부: **소극** (헌재 2013.6.27. 2012헌바169)	합헌
10	사립학교의 설립·경영자들은 교원노조와 개별적으로 단체교섭을 할 수 없고 반드시 연합하여 단체교섭에 응하도록 규정한 교원의 노동조합 설립 및 운영 등에 관한 법률 제6조 제1항 후문이 비례의 원칙에 어긋나게 사립학교의 설립·경영자인 청구인들의 결사의 자유를 침해하는지 여부: **소극** (헌재 2006.12.28. 2004헌바67)	합헌
11	형법 제314조 제1항 중 '위력으로써 사람의 업무를 방해한 자'부분이 단체행동권을 침해하는지 여부: **소극** (헌재 2022.5.26. 2012헌바66)	합헌
12	'교섭대표노동조합'에 의하여 주도되지 아니한 쟁의행위를 금지하는 조항이 과잉금지원칙을 위반하여 청구인들의 단체행동권을 침해하는지 여부: **소극** (헌재 2024.6.27. 2020헌마237 등)	합헌

3. 주요방위산업체에 종사하는 근로자의 단체행동권제한

헌법 제33조 ③ 법률이 정하는 주요방위산업체에 종사하는 근로자의 <u>단체행동권</u>은 법률이 정하는 바에 의하여 이를 제한하거나 인정하지 아니할 수 있다.

☑ **주의** 주요방위산업체에 종사하는 근로자에게 인정되지 아니할 수 있는 것
단체행동권 ○ / 단결권× / 단체교섭권 ×

4. 헌법 제37조 제2항에 의한 제한

판례정리

번호	내용	결정
1	제3자 개입금지조항이 위헌인지 여부: 소극 근로자가 단순한 상담이나 조력을 받는 것을 금지하고자 하는 것은 아니므로 근로자의 근로3권 등을 제한하는 것이라고는 볼 수 없다(헌재 1993.3.11. 92헌바33).	합헌
2	필수공익사업에서의 강제중재제도가 위헌인지 여부: 소극 (헌재 2003.5.15. 2001헌가31)	합헌
3	노조전임자에 대한 급여를 원칙적으로 금지 및 근로시간 면제제도인 소위 '타임오프제'가 위헌인지 여부: 소극 (헌재 2014.5.29. 2010헌마606)	기각
4	특수경비원의 파업·태업 그 밖에 경비업무의 정상적인 운영을 저해하는 일체의 쟁의행위를 금지하는 경비업법 제15조 제3항(이하 '심판대상조항'이라 한다)이 나머지 청구인들의 단체행동권을 침해하는지 여부: 소극 (헌재 2023.3.23. 2019헌마937)	기각

5. 국가비상사태하에서의 제한

판례정리

번호	내용	결정
1	국가비상사태하에서 근로자의 단체행동권을 제한한 국가보위에 관한 특별조치법이 국가긴급권의 실체적 발동조건, 사후통제 절차, 시간적 한계에 위반되는지 여부: 적극 (헌재 2015.3.26. 2014헌가5)	위헌

제5절 환경권

> 헌법 제35조 ① 모든 국민은 건강하고 쾌적한 환경에서 생활할 권리를 가지며, 국가와 국민은 환경보전
> 을 위하여 노력하여야 한다.
> ② 환경권의 내용과 행사에 관하여는 법률로 정한다.
> ③ 국가는 주택개발정책 등을 통하여 모든 국민이 쾌적한 주거생활을 할 수 있도록 노력하여야 한다.
>
> ⊘ **주의**
> 1980년 제8차 개정헌법에서 환경권이 헌법상 기본권으로 채택됨

1 법적 성격

1. 총합적 기본권성

인간의 존엄성 존중을 그 이념적 기초로 하면서 여러 가지 성격을 아울러 가짐

2. 추상적 권리성

환경권은 권리의 주체·대상·내용·행사방법 등이 구체적으로 정립되어야만 인정되는 것으로, 환경권을 인정하는 명문의 규정이 없는데도 환경권에 기하여 직접 방해배제청구권을 인정할 수는 없음(대판 1999. 7.27. 98다47528)

📋 **판례정리**

번호	내용	결정
1	국민은 국가로부터 건강하고 쾌적한 환경을 향유할 수 있는 자유를 침해당하지 않을 권리를 행사할 수 있고, 일정한 경우 국가에 대하여 건강하고 쾌적한 환경에서 생활할 수 있도록 요구할 수 있는 권리가 인정되기도 하는바, 환경권은 그 자체 종합적 기본권으로서의 성질을 가진다(헌재 2008.7.31. 2006헌마711).	기각
2	헌법상 환경권규정을 근거로 구체적인 사법상의 권리가 인정되는지 여부: **소극** (대결 1995.5.23. 94마2218)	기각

2 주체

자연인	환경권의 주체가 될 수 있음
자연	자연은 권리주체가 아니므로 부정하는 것이 타당함(계희열) ⊘ **주의** 도롱뇽의 당사자능력 인정 ×

3 내용

1. 공해예방청구권

2. 공해배제청구권

3. 쾌적한 주거생활권(적극적인 주택정책 등을 요구할 수 있는 권리)

번호	내용	결정
1	공직선거의 선거운동 과정에서 후보자들이 확성장치를 사용할 수 있도록 허용하면서도 그로 인한 소음의 규제기준을 정하지 아니한 공직선거법 제79조 제3항 제2호가 환경권을 침해하여 위헌인지 여부: **적극** 심판대상조항이 선거운동의 자유를 감안하여 선거운동을 위한 확성장치를 허용할 공익적 필요성이 인정된다고 하더라도 정온한 생활환경이 보장되어야 할 주거지역에서 출근 또는 등교 이전 및 퇴근 또는 하교 이후 시간대에 확성장치의 최고출력 내지 소음을 제한하는 등 사용시간과 사용지역에 따른 수인한도 내에서 확성장치의 최고출력 내지 소음 규제기준에 관한 규정을 두지 아니한 것은, 국민이 건강하고 쾌적하게 생활할 수 있는 양호한 주거환경을 위하여 노력하여야 할 국가의 의무를 부과한 헌법 제35조 제3항에 비추어 보면, 적절하고 효율적인 최소한의 보호조치를 취하지 아니하여 국가의 기본권 보호의무를 과소하게 이행한 것으로서, 청구인의 건강하고 쾌적한 환경에서 생활할 권리를 침해하므로 헌법에 위반된다(헌재 2019.12.27. 2018헌마730).	헌법불합치
2	탄소중립기본법 제8조 제1항은 2031년부터 2049년까지의 감축목표에 관하여 그 정량적 수준을 어떤 형태로도 제시하지 않았다는 점에서 과소보호금지원칙 및 법률유보원칙에 반하여 기본권 보호의무를 위반하였으므로 청구인들의 환경권을 침해한다(헌재 2024.8.29. 2020헌마389 등).	헌법불합치

4 침해와 구제

1. 사인에 의한 침해와 구제

(1) 구제수단

유지청구	현실적으로 환경피해가 발생 또는 발생이 예견되는 경우에 피해자가 환경피해의 배제 또는 예방을 법원에 구하는 방법
손해배상청구	환경정책기본법에서는 환경피해에 대한 사업자의 무과실책임을 규정하고 있음

(2) 수인한도론(위법성 판단의 문제)

가해자 측과 피해자 측의 사정 및 지역적 특성 등을 비교형량하여 피해가 일반인이 통상 견딜 수 있는 한도를 넘어서는 경우 위법성이 인정(예 일조권의 침해, 공직선거에서 확성장치 사용 등)

2. 공권력에 의한 침해시 구제수단

행정쟁송·국가배상·손실보상·헌법소원을 제기 또는 행정개입청구권을 행사함

번호	내용	결정
1	환경영향평가대상지역 안의 주민들이 갖고 있는 환경상의 이익이 주민 개개인에 대하여 개별적으로 보호되는 직접적·구체적인 이익인지 여부: **적극** (대판 2001.7.27. 99두2970)	기각
2	환경영향평가대상지역 밖의 주민에게 원고적격이 인정되기 위한 요건 환경영향평가대상지역 밖의 주민이라 할지라도 공유수면매립면허처분 등으로 인하여 그 처분 전과 비교하여 수인한도를 넘는 환경피해를 받거나 받을 우려가 있는 경우에는 공유수면매립면허처분 등으로 인하여 환경상 이익에 대한 침해 또는 침해 우려가 있다는 것을 입증함으로써 그 처분 등의 무효확인을 구할 원고적격을 인정받을 수 있다(대판 2006.3.16. 2006두330 전합).	기각
3	헌법 제35조 제1항은 환경정책에 관한 국가적 규제와 조정을 뒷받침하는 헌법적 근거가 되며 국가는 환경정책 실현을 위한 재원마련과 환경침해적 행위를 억제하고 환경보전에 적합한 행위를 유도하기 위한 수단으로 환경부담금을 부과·징수하는 방법을 선택할 수 있다(헌재 2007.12.27. 2006헌바25).	합헌
4	환경권에 대하여 국가의 보호의무를 인정한 것은, 환경피해는 생명·신체의 보호와 같은 중요한 기본권적 법익 침해로 이어질 수 있다는 점 등을 고려한 것이므로(헌재 2008.7.31. 2006헌마711), 환경권 침해 내지 환경권에 대한 국가의 보호의무위반도 궁극적으로는 생명·신체의 안전에 대한 침해로 귀결된다(헌재 2015.9.24. 2013헌마384).	기각
5	국민의 생명·신체의 안전이 질병 등으로부터 위협받거나 받게 될 우려가 있는 경우 국가로서는 그 위험의 원인과 정도에 따라 사회·경제적인 여건 및 재정사정 등을 감안하여 국민의 생명·신체의 안전을 보호하기에 필요한 적절하고 효율적인 입법·행정상의 조치를 취하여 그 침해의 위험을 방지하고 이를 유지할 포괄적인 의무를 진다(헌재 2008.12.26. 2008헌마419·423·436). ⊘ **주의** 포괄적인 의무 ○ / 구체적이고 직접적인 의무 ×	기각
6	교도소 독거실 내 화장실 창문과 철격자 사이에 안전철망을 설치한 행위가 인격권, 환경권을 침해하는지 여부: **소극** (헌재 2014.6.26. 2011헌마150)	기각
7	학교시설에서의 유해중금속 등 유해물질의 예방 및 관리 기준을 규정한 학교보건법 시행규칙에 마사토 운동장에 대한 규정을 두지 아니한 것이 청구인의 환경권을 침해하는지 여부: **소극** (헌재 2024.4.25. 2020헌마107)	기각
8	외교부 북미국장과 주한미군사령부 부사령관 사이에 사드배치 부지의 사용을 공여하는 내용으로 체결한 협정이 건강권 및 환경권 등을 침해하는지 여부: **소극** (헌재 2024.3.28. 2017헌마372)	각하
9	탄소중립기본법 제8조 제1항이 2031년부터 2049년까지의 감축목표에 관하여 그 정량적 수준을 어떤 형태로도 제시하지 않은 것이 과소보호금지원칙에 위반하여 환경권을 침해하는지 여부: **적극** (헌재 2024.8.29. 2020헌마389 등)	헌법불합치

제6절 보건권과 모성을 보호받을 권리

1 보건권

헌법 제36조 ③ 모든 국민은 보건에 관하여 국가의 보호를 받는다.

1. 연혁

건국헌법에서부터 보건권을 규정함

2. 주체

모든 국민

3. 내용

보호대상	가족만의 건강이 아니라 모든 국민의 건강
구체적 내용	• 국가는 공권력의 행사를 통해 개인의 건강을 침해하여서는 안 됨 • 국민의 위생과 건강을 위하여 필요한 정책을 적극적으로 수립하고 추진할 의무가 있음

📋 **판례정리**

번호	내용	결정
1	치과의사자격시험 불실시로 인해 국민의 보건권이 침해되는지 여부: **소극** (헌재 1998. 7.16. 96헌마246) ☑ **주의** 　위 판례는 직업의 자유 침해를 인정함 ☑ **비교 변호사 성적 공개 판례** 　알 권리 침해 ○ / 직업의 자유 침해 ×	인용 (위헌확인)

2 모성을 보호받을 권리

헌법 제36조 ② 국가는 모성의 보호를 위하여 노력하여야 한다.

모성건강의 특별 보호	모자보건법 등에서 규정함
모성으로 인한 불이익의 금지	모성을 이유로 근로조건(고용·해고·임금 등)에 있어 부당한 차별을 하여서는 안 됨
모성에 대한 적극적 보호	근로기준법과 모자복지법 등에서 규정함 ☑ **비교** • 부모가 자녀의 이름을 지을 권리(헌법 제36조 제1항과 제10조에서 도출) • 성명권(헌법 제10조에서 도출) • 부모의 자녀에 대한 교육권(헌법 제10조, 제36조 제1항, 제37조 제1항에서 도출)

제8장 국민의 기본적 의무

제1절 고전적 의무

> 헌법 제23조 ② 재산권의 행사는 공공복리에 적합하도록 하여야 한다.
>
> 제31조 ② 모든 국민은 그 보호하는 자녀에게 적어도 초등교육과 법률이 정하는 교육을 받게 할 의무를 진다.
>
> 제32조 ② 모든 국민은 근로의 의무를 진다. 국가는 근로의 의무의 내용과 조건을 민주주의원칙에 따라 법률로 정한다.
>
> 제35조 ① 모든 국민은 건강하고 쾌적한 환경에서 생활할 권리를 가지며, 국가와 국민은 환경보전을 위하여 노력하여야 한다.
>
> 제38조 모든 국민은 법률이 정하는 바에 의하여 납세의 의무를 진다.
>
> 제39조 ① 모든 국민은 법률이 정하는 바에 의하여 국방의 의무를 진다.
> ② 누구든지 병역의무의 이행으로 인하여 불이익한 처우를 받지 아니한다.

⊘ 주의
근대 시민국가의 헌법에는 납세와 국방의 의무만 규정 ⇨ 근대 헌법 이래 국민의 2대 의무로 간주함

1 납세의 의무

> 헌법 제38조 모든 국민은 법률이 정하는 바에 의하여 납세의 의무를 진다.
>
> **⊘ 비교**
> • 납세의 의무: 타인에 의한 대체적 이행이 가능한 의무
> • 국방의 의무: 대체적 이행 불가능

주체	• 자연인·법인을 가리지 않고 모든 국민이 주체가 됨 • 외국인: 과세대상이 되는 행위를 하거나 국내에 재산을 가지고 있는 경우 주체가 됨
내용	• 조세평등주의: 담세능력에 따라 공정하고 평등한 과세가 이루어져야 함 • 조세법률주의: 과세요건법정주의, 과세요건명확주의, 소급과세금지의 원칙

📑 판례정리

번호	내용	결정
1	재정사용의 합법성과 타당성을 감시하는 납세자의 권리가 헌법에 열거되지 않은 기본권인지 여부: 소국 (헌재 2005.11.24. 2005헌마579 등)	각하

2 국방의 의무

> 헌법 제39조 ① 모든 국민은 법률이 정하는 바에 의하여 국방의 의무를 진다.
> ② 누구든지 병역의무의 이행으로 인하여 불이익한 처우를 받지 아니한다.
>
> ✓ 주의
> 타인에 의한 대체적 이행이 불가능한 일신전속적인 의무

병역법에 따라 징집에 응하는 직접적인 병력형성의무	예비군법에 따른 예비군복무의무, 민방위기본법에 의한 민방위응소의무 등 간접적인 병력형성의무를 포함
불이익처우의 금지	• 헌법 제39조 제2항에서 금지하는 '불이익한 처우'란 단순한 사실상·경제상의 불이익을 모두 포함하는 것이 아니라 법적인 불이익을 의미함 • 병역의무 그 자체를 이행하느라 받는 불이익은 헌법 제39조 제1항에 규정된 국방의 의무를 이행하느라 입는 불이익이라고 할 수는 있을지언정, 헌법 제39조 제2항의 병역의무의 이행으로 불이익한 처우를 받는 것이라고는 할 수 없음(헌재 1999.2.25. 97헌바3)

📋 판례정리

번호	내용	결정
1	소집되어 실역에 복무 중인 예비역 등에게 현역군인에 준하여 군형법을 적용하는 것이 헌법 제39조 제2항 위반인지 여부: 소극 (헌재 1999.2.25. 97헌바3)	합헌
2	군 법무관 출신의 변호사 개업지제한규정이 위헌인지 여부: 적극 (헌재 1989.11.20. 89헌가102)	위헌
3	군복무로 인한 휴직 기간을 법무사시험의 일부 면제에 관한 법무사법 제5조의2 제1항의 공무원 근무경력에 산입하지 않은 것이 헌법 제39조 제2항에 위반되는지 여부: 소극 (헌재 2006.6.30. 2004두4802)	기각
4	국가정보원의 채용자격을 남자의 경우 '병역을 필한 자'라고 규정한 채용공고가 불이익한 처우금지에 위배되는지 여부: 소극 이는 병역의무 그 자체를 이행하느라 받는 불이익으로서 병역의무 중에 입는 불이익에 해당될 뿐, 병역의무의 이행을 이유로 한 불이익은 아니다(헌재 2007.5.31. 2006헌마627).	기각

제2절 현대적 의무

1 교육을 받게 할 의무

> 헌법 제31조 ② 모든 국민은 그 보호하는 자녀에게 적어도 초등교육과 법률이 정하는 교육을 받게 할 의무를 진다.

2 근로의 의무

> 헌법 제32조 ② 모든 국민은 근로의 의무를 진다. 국가는 근로의 의무의 내용과 조건을 민주주의원칙에 따라 법률로 정한다.

3 환경보전의 의무

> 헌법 제35조 ① 모든 국민은 건강하고 쾌적한 환경에서 생활할 권리를 가지며, 국가와 국민은 환경보전을 위하여 노력하여야 한다.
>
> ⊘ 주의
> - 주체: 국민 ○ / 외국인 ○ / 법인 ○
> - 헌법상 규정된 의무이므로 법률로써 강제할 수 있음(다수설)

📑 판례정리

번호	내용	결정
1	토지소유자에 대한 폐기물 처리명령이 재산권을 침해하는지: **소극** 환경의 보호는 국가의 의무일 뿐만 아니라 모든 국민이 함께 달성하여야 할 중요한 과제라는 점을 감안하면, 폐기물을 발생시키는 사업을 하는 자에게 자신의 토지를 임대하는 소유자 역시 폐기물로 인한 환경 피해가 없도록 주의하여야 할 것이다(헌재 2010.5.27. 2007헌바53).	합헌

4 재산권행사의 사회적 구속성

> 헌법 제23조 ② 재산권의 행사는 공공복리에 적합하도록 하여야 한다.

재산권행사의무설	재산권행사의 공공복리적합의무를 규정한 것으로 이해함
재산권제한설	재산권의 내용 자체에 대한 제한가능성을 규정한 것으로 이해함
헌법원리설	20세기 헌법들이 재산권 자체에 필연적으로 수반되는 내재적 제약성을 명문화한 헌법적 원리로 이해함

gosi.Hackers.com

제3편
통치구조론

제1절　대의제

1 의의

1. 주권자인 국민이 직접 국가의사를 결정하지 않고 대표자를 선출하여 그 대표자를 통해서 간접적으로 국가정책 등을 결정하는 의사결정의 원리

2. 국민투표와 같은 직접민주주의적 요소는 헌법이 규정하는 경우에만 예외적으로 허용됨

3. 대의제와 직접민주주의

구분	대의제	직접민주주의
경험적 의사와 추정적 의사의 관계	대립할 수 있음 (치자 ≠ 피치자)	항상 일치함 (치자 = 피치자)
국가기관이 국민과 다른 독자적인 의사를 보유할 수 있는지 여부	○	×
국민의 의사가 대표될 수 있는지 여부	○	×
위임형태	자유·무기속위임(면책)	명령·기속위임, 국민소환
국가기관구성원과 정책결정권의 분리 여부	분리 찬성 (이분법적 사고)	분리 반대

판례정리

번호	내용	결정
1	전국구의원이 소속 정당을 탈당한 경우에 의원직을 상실하는지 여부: **소극** (헌재 1994.4.28. 92헌마153)	각하
2	국회 내 정당간의 의석분포를 결정할 권리 내지 국회구성권이 헌법소원으로 다툴 수 있는 국민의 기본권인지 여부: **소극** (헌재 1998.10.29. 96헌마18)	기각
3	구 국회의원선거법상 전국구의원이 소속정당을 탈당한 경우 그 정당의 차순위 후보자에 대하여 전국구의원 의석계승결정을 하지 않은 것이 헌법에 위반되는 공권력의 불행사인지 여부: **소극** (헌재 1994.4.28. 92헌마153)	각하
4	주민이 지방의회 본의회 또는 위원회의 안건 심의 중 참고인 등의 자격이 아닌 방청인으로서 안건에 관하여 발언하는 것이 허용되는지 여부: **소극** (대판 1993.2.26. 92추109)	인용

| 5 | 자유위임은 의회 내에서의 정치의사형성에 정당의 협력을 배척하는 것이 아니며, 의원이 정당과 교섭단체의 지시에 기속되는 것을 배제하는 근거가 되는 것도 아니다(헌재 2003.10.30. 2002헌라1). | 기각 |
| 6 | 국회의원은 자신의 사적인 이해관계와 국민에 대한 공적인 이해관계가 충돌할 경우 당연히 후자를 우선하여야 할 이해충돌회피의무 내지 직무전념의무를 지게 되는바, 이를 국회의원 개개인의 양심에만 맡겨둘 것이 아니라 국가가 제도적으로 보장할 필요성 또한 인정된다(헌재 2012.8.23. 2010헌가65). | 합헌 |

2 우리나라의 대의제

1. 헌정사

| 국민표결제 채택 | • 제2차 개정헌법에서 최초로 도입 ⇨ 국가의 중대사항(주권의 제약 및 영토의 변경시) 국민투표
• 제5차 개정헌법에서 헌법개정안에 대한 국민투표제 도입 |
| 국민발안제 | 제2차 ~ 제6차 개정헌법까지 채택 |

2. 현행헌법

> 헌법 제72조 대통령은 필요하다고 인정할 때에는 외교·국방·통일 기타 국가안위에 관한 중요정책을 국민투표에 부칠 수 있다.
>
> ☑ **주의** 중요정책 국민투표
> 대통령의 임의사항
>
> 제130조 ② 헌법개정안은 국회가 의결한 후 30일 이내에 국민투표에 부쳐 국회의원선거권자 과반수의 투표와 투표자 과반수의 찬성을 얻어야 한다.

(1) 예외적으로 직접민주제를 채택 ⇨ 다만, 국민발안제와 국민소환제는 채택하지 않음

(2) 헌법적인 차원에서 직접민주제를 직접 헌법에 규정하는 것은 별론으로 하더라도 법률에 의하여 직접민주제를 도입하는 경우에는 기본적으로 대의제와 조화를 이루어야 하고, 대의제의 본질적인 요소나 근본적인 취지를 부정하여서는 아니 됨(헌재 2009.3.26. 2007헌마843)

☑ **주의**
국민의 직접입법제의 전면적인 도입은 불가능함

1 권력분립의 개념

1. 국가작용을 입법·행정·사법의 다른 작용으로 분할하여, 국가기관 상호간의 견제·균형을 유지하도록 하여 국민의 자유와 권리를 보장하기 위한 통치구조의 구성원리
2. 권력분립은 국민주권의 원리가 아니라 자유주의적 조직원리로서 발전된 것임

2 위임입법과의 관계

정치적·행정적 수요에 발맞추어 위임입법을 허용하되, 그와 함께 권력분립의 원리를 구현하기 위하여나 법치주의의 원리를 수호하기 위하여 위임입법의 통제가 필요함

3 헌법 조문

건국헌법(1948년)	대통령이 국무총리를 임명한 후 국회의 승인함
제1차 개헌(1952년)	민의원의 국무원불신임권이 인정됨

4 권력분립론 비교

로크의 권력분립론 (최초로 주장)	• 일반론 – '시민정부이론': 국가의 최고권력(주권)은 국민에게 있다고 전제, 그 최고권력 아래에 입법권이 있으며, 입법권 아래에 집행권과 연합권(동맹권)이 있어야 함 • 입법권의 우월성 • 입법부와 집행부의 분리: 2권분립론 • 사법권의 미독립: 집행권에 포함됨 • 영국의 의원내각제에 영향
몽테스키외 (Montesquieu)의 권력분립론 (3권분립론)	• 일반론 – '법의 정신': 입법권·행정권·사법권 • 3권의 분리(균형과 견제): "시민의 생명과 자유의 확보를 위해서는 이들 권력이 서로 분리되어야만 한다."라고 하면서 권력 상호간의 억제와 균형을 이상적인 것으로 생각함 • 사법권의 소극적 독립: 사법권에 관해서는 소극적 독립성을 강조함 • 미국 대통령제에 영향을 줌

📋 판례정리

번호	내용	결정
1	반국가행위자의 처벌에 관한 특별조치법 사건 법관으로 하여금 사실판단도 하지 말고 검사의 의견만 듣고 형을 선고하라는 것이 권력분립의 원리에 위반되는지 여부: 적극 (헌재 1996.1.25. 95헌가5)	위헌
2	행정공무원이 지방입법기관에서 입법에 참여하면 권력분립의 원리에 배치된다(헌재 1991.3.11. 90헌마28).	기각

3	지방의회의원이 지방공사 직원의 직을 겸할 수 없도록 규정하고 있는 지방자치법 규정이 직업선택의 자유를 침해하는지 여부: **소극** (헌재 2012.4.24. 2010헌마605) ✔ **주의** 　헌법재판소는 이 사건 법률조항에 대해 '헌법상 권력분립'과 '정치적 중립성' 보장의 실현을 근거로 들어 기각 결정을 내렸고, 지방공사직원도 지방공무원과 마찬가지로 정치적 중립성이 보장되어야 한다고 판시함	기각
4	회사정리절차의 개시와 진행의 여부를 실질적으로 금융기관의 의사에 종속시키는 위 규정은, 회사의 갱생가능성 및 정리계획의 수행가능성의 판단을 오로지 법관에게 맡기고 있는 회사정리법의 체계에 위반하여 사법권을 형해화시키는 것으로서, 지시로부터의 독립도 역시 그 내용으로 하는 사법권의 독립에 위협의 소지가 있다 (헌재 1990.6.25. 89헌가98·101).	위헌
5	대통령후보 이명박 특검법 사건 대법원장에게 특별검사후보자를 추천하도록 한 특검법이 권력분립의 원칙에 위배되는지 여부: **소극** (헌재 2008.1.10. 2007헌마1468)	기각

제3절 정부형태

1 정부형태의 유형

구분	의원내각제	대통령제	이원정부제
대통령 선출	간선	직선	직선
행정부의 구조	이원적(형식적)	일원적	이원적(실질적)
민주적 정당성	일원적(의회)	이원적(대통령·의회)	이원적(대통령·의회)
행정부와 의회의 관계	의존적	독립적	의존적
국회의 행정부에 대한 법적 책임 추궁	○	○	○
국회의 행정부에 대한 정치적 책임 추궁(내각불신임)	○	×	○
의회해산제도	○	×	○(대통령)
각료와 의원 겸임	○	×	×

✔ **주의**
의원내각제에 양원제가 필수적인 것은 아님

대통령제 요소	• 대통령은 국가원수인 동시에 행정부 수반의 지위와 권한을 보유함(제66조) • 대통령은 국민에 의해 직접 선출(제67조 제1항) • 국회는 대통령에 대한 불신임결의권이 없고, 대통령은 국회해산권이 없음 • 법률안거부권(제53조) ⊘ **주의** 　입법부와 행정부의 성립과 존속이 상호 독립적이며, 상호 견제를 통한 권력적 균형을 유지함
의원내각제 요소	• 국무회의(외형상 의원내각제의 내각과 유사) 설치(제88조) • 국무총리제도 및 국무총리 임명에 국회동의요구(제86조) • 국회의원과 국무위원의 겸직허용(국회법 제29조) • 국회의 국무총리와 국무위원에 대한 해임건의권(제63조) ⊘ **비교** 　제4·5공화국은 해임건의권이 아닌 해임의결권이었음 • 부서제도(제82조) • 국무총리·국무위원·정부위원의 국회 및 그 위원회의 출석·발언권(제62조 제1항), 국회와 그 위원회의 국무총리·국무위원·정부위원의 출석·답변요구권(제62조 제2항) • 정부의 법률안제출권(제52조)

⊘ **비교 주요국가의 정부형태**
- 프랑스
  - 이원정부제
  - 하원이 정부에 대한 불신임결의안 행사 ○
  - 대통령에 대해서는 불신임 불가
- 독일: 차기 수상을 선임하지 아니하고는 내각불신임 불가(건설적 불신임제도)

제4절 정당제도(복수정당제)

1 현행헌법과 정당제도

> 헌법 제8조 ① 정당의 설립은 자유이며, 복수정당제는 보장된다.
> ② 정당은 그 목적·조직과 활동이 민주적이어야 하며, 국민의 정치적 의사형성에 참여하는 데 필요한 조직을 가져야 한다.
> ③ 정당은 법률이 정하는 바에 의하여 국가의 보호를 받으며, 국가는 법률이 정하는 바에 의하여 정당운영에 필요한 자금을 보조할 수 있다.
> ④ 정당의 목적이나 활동이 민주적 기본질서에 위배될 때에는 정부는 헌법재판소에 그 해산을 제소할 수 있고, 정당은 헌법재판소의 심판에 의하여 해산된다.
> ⊘ **주의**
> 　• 복수정당제는 헌법에 의해 보장 / 정당은 법률이 정하는 바에 의해 보호받음
> 　• 위 조항의 '민주적 기본질서'는 좁게 해석함
>
> **선생님 tip**
> • 목조활(목적 조직 활동): 민주적
> • 목활(목적 활동): 민, 위

1. 연혁

건국헌법	헌법에는 규정 ✕, 국회법만 존재 ⇨ 승인·합법화 단계
제3차 개헌	헌법에 정당에 관한 규정을 처음 규정 ⇨ 위헌정당 해산규정, 참의원선거 대선거구제
제5차 개헌	대통령·국회의원선거 입후보시 정당 추천 필수화, 탈당·해산시 의원직 상실(제명의 경우는 의원직 유지) ⇨ 극단적 정당국가, 복수정당제 규정
제7차 개헌	무소속 입후보 허용 ⇨ 정당국가적 경향 완화, 국회의원 중선거구제
제8차 개헌	정당 운영자금 국고보조 조항 신설
제9차 개헌	정당 목적의 민주화 추가

2. 정당의 개념(헌법재판소)

(1) 매개체설

정당은 자발적 조직이기는 하지만 ⋯ 국정을 책임지는 공권력으로까지 매개하는 중요한 공적 기능을 수행함

(2) 요건

① 국가와 자유민주주의 또는 헌법질서를 긍정할 것

② 공익의 실현에 노력할 것

③ 선거에 참여할 것

④ 정강이나 정책을 가질 것

⑤ 국민의 정치적 의사형성에 참여할 것

⑥ 구성원들이 당원이 될 수 있는 자격을 구비할 것을 요구함

(3) 당원의 자격

정당법 제22조【발기인 및 당원의 자격】① 16세 이상의 국민은 공무원 그 밖에 그 신분을 이유로 정당가입이나 정치활동을 금지하는 다른 법령의 규정에 불구하고 누구든지 정당의 발기인 및 당원이 될 수 있다. 다만, 다음 각 호의 어느 하나에 해당하는 자는 그러하지 아니하다.

1. 국가공무원법 제2조(공무원의 구분) 또는 지방공무원법 제2조(공무원의 구분)에 규정된 공무원. 다만, 대통령, 국무총리, 국무위원, 국회의원, 지방의회의원, 선거에 의하여 취임하는 지방자치단체의 장, 국회 부의장의 수석비서관·비서관·비서·행정보조요원, 국회 상임위원회·예산결산특별위원회·윤리특별위원회 위원장의 행정보조요원, 국회의원의 보좌관·비서관·비서, 국회 교섭단체대표의원의 행정비서관, 국회 교섭단체의 정책연구위원·행정보조요원과 고등교육법 제14조(교직원의 구분) 제1항·제2항에 따른 교원은 제외한다.
2. 고등교육법 제14조 제1항·제2항에 따른 교원을 제외한 사립학교의 교원
3. 법령의 규정에 의하여 공무원의 신분을 가진 자
4. 공직선거법 제18조 제1항에 따른 선거권이 없는 사람

② 대한민국 국민이 아닌 자는 당원이 될 수 없다.

3. 정당의 법적 형태

(1) 법인격 없는 사단설의 입장임(헌재 1993.7.29. 92헌마262)

(2) 정당의 자유는 국민의 기본권일 뿐만 아니라, 단체로서의 정당이 가지는 기본권이기도 함(헌재 2004.12.16. 2004헌마456)

4. 정당 설립의 자유

> 헌법 제8조 ① 정당의 설립은 자유이며, 복수정당제는 보장된다.

(1) 정당을 설립할 자유와 복수정당제를 헌법 차원에서 제도적으로 보장함

(2) 헌법 제8조 제1항은 정당존속의 자유와 정당활동의 자유를 포함함

(3) 정당 조직선택의 자유, 선택된 조직을 결성할 자유, 원하는 명칭 사용의 자유, 합당 및 분당의 자유, 정당해산의 자유, 특정 정당에 가입하지 아니할 자유, 탈퇴할 자유 등 모두 포함함

(4) '위헌적인 정당을 금지해야 할 공익'도 정당설립의 자유에 대한 입법적 제한을 정당화하지 못하도록 한 것이 헌법의 객관적 의사라면 입법자의 정당설립금지조항 도입은 원칙적으로 위헌 ⇨ 정당설립의 자유에 관해서는 엄격한 비례심사

5. 정당의 조직

> 정당법 제4조【성립】① 정당은 중앙당이 중앙선거관리위원회에 <u>등록함으로써</u> 성립한다.
> ② 제1항의 등록에는 제17조(법정시·도당수) 및 제18조(시·도당의 법정당원수)의 요건을 구비하여야 한다.
>
> ☑ **주의**
> 등록 ○ / 허가 ✕
>
> 제6조【발기인】창당준비위원회는 중앙당의 경우에는 <u>200명 이상의</u>, 시·도당의 경우에는 <u>100명 이상의</u> 발기인으로 구성한다.
>
> 제15조【등록신청의 심사】등록신청을 받은 관할 선거관리위원회는 <u>형식적 요건을 구비하는 한 이를 거부하지 못한다.</u> 다만, 형식적 요건을 구비하지 못한 때에는 상당한 기간을 정하여 그 보완을 명하고, <u>2회 이상 보완을 명하여도 응하지 아니할 때에는 그 신청을 각하할 수 있다.</u>
>
> 제17조【법정시·도당수】정당은 <u>5 이상의 시·도당</u>을 가져야 한다.
>
> 제18조【시·도당의 법정당원수】① 시·도당은 <u>1천인 이상</u>의 당원을 가져야 한다.
>
> 제19조【합당】⑤ 합당으로 신설 또는 존속하는 정당은 합당 전 정당의 권리·의무를 승계한다.
>
> 제28조【강령 등의 공개 및 당헌의 기재사항】① 정당은 그 <u>강령(또는 기본정책)과 당헌을 공개하여야 한다.</u>
> ② 제1항의 당헌에는 다음 각 호의 사항을 규정하여야 한다.
> 4. 당원의 입당·탈당·제명과 권리 및 의무에 관한 사항
>
> 제31조【당비】① 정당은 당원의 정예화와 정당의 재정자립을 도모하기 위하여 당비납부제도를 설정·운영하여야 한다.
> ② <u>정당의 당원은 같은 정당의 타인의 당비를 부담할 수 없으며</u>, 타인의 당비를 부담한 자와 타인으로 하여금 자신의 당비를 부담하게 한 자는 당비를 낸 것이 확인된 날부터 1년간 당해 정당의 당원자격이 정지된다.

번호	내용	결정
1	정당의 등록요건으로 '5 이상의 시·도당과 각 시·도당 1,000명 이상의 당원'을 요구하는 것이 정당설립의 자유를 침해하여 위헌인지 여부: **소극** (헌재 2006.3.30. 2004헌마246)	기각
2	누구든지 2 이상의 정당의 당원이 되지 못하도록 한 정당법이 정당가입·활동의 자유를 침해하는지 여부: **소극** (헌재 2022.3.31. 2020헌마1729)	기각
3	정당의 시·도당은 1천인 이상의 당원을 가져야 한다고 규정한 정당법 제18조 제1항이 정당의 자유를 침해하는지 여부: **소극** (헌재 2022.11.24. 2019헌마445)	기각
4	초·중등교원의 정치활동과 선거운동을 일체 금지하는 것이 정당가입 및 선거운동의 자유를 침해하는지 여부: **소극** (헌재 2004.3.25. 2001헌마710)	기각
5	경찰청장 퇴임 후 2년간 정당의 발기인이 되거나 당원이 될 수 없도록 한 것이 정당설립 및 가입의 자유를 침해하는지 여부: **적극** (헌재 1999.12.23. 99헌마135) ✓ **주의** 위 판례는 공무담임권이 침해된 판례가 아님	위헌
6	지구당 및 당연락소의 폐지가 위헌인지 여부: **소극** (헌재 2004.12.16. 2004헌마456)	기각
7	정당의 당원협의회 사무소 설치를 금지하고 위반시 처벌하는 내용의 정당법 제37조 제3항 단서 및 제59조 제1항 제3호가 헌법에 위반되는지 여부: **소극** 당원협의회에 사무소 설치를 허용한다면 사실상 과거 지구당 제도를 부활하는 것과 다름이 없게 되고, … (헌재 2016.3.31. 2013헌가22).	합헌
8	국회의원 선거권이 있는 자(19세 이상)만 정당의 발기인 및 당원이 될 수 있도록 규정하고 있는 정당법 규정이 19세 미만인 사람의 정당의 자유를 침해하는지 여부: **소극** (헌재 2014.4.24. 2012헌마287)	기각
9	정당법에 의한 합당의 경우, 합당으로 인한 권리의무의 승계에 관하여 정당의 결의로써 제한할 수 있는지 여부: **소극** (대판 2002.2.8. 2001다68969) ✓ **주의** 권리의무 승계조항은 강행규정	기각

6. 등록취소

> **정당법 제44조 【등록의 취소】** ① 정당이 다음 각 호의 어느 하나에 해당하는 때에는 당해 <u>선거관리위원회</u>는 그 등록을 취소한다.
>
> 1. 제17조(법정시·도당수) 및 제18조(시·도당의 법정당원수)의 요건을 구비하지 못하게 된 때. 다만, 요건의 흠결이 공직선거의 선거일 전 <u>3월</u> 이내에 생긴 때에는 선거일 후 <u>3월</u>까지, 그 외의 경우에는 요건흠결시부터 <u>3월</u>까지 그 취소를 유예한다.
>   **선생님 tip** 선거일 전 3월 / 선거일 후 3월 / 요건흠결시부터 3월 (333)
> 2. 최근 4년간 임기만료에 의한 국회의원선거 또는 임기만료에 의한 지방자치단체의 장선거나 시·도의회의원선거에 참여하지 아니한 때
> 3. <u>임기만료에 의한 국회의원선거에 참여하여 의석을 얻지 못하고 유효투표총수의 100분의 2 이상을 득표하지 못한 때</u>
>
> * [단순위헌, 헌재 2014.1.28. 2012헌마431·2012헌가19; 정당법(2005.8.4. 법률 제7683호로 개정된 것) 제44조 제1항 제3호는 헌법에 위반된다]

제45조【자진해산】 ① 정당은 그 대의기관의 결의로써 해산할 수 있다.

② 제1항의 규정에 의하여 정당이 해산한 때에는 그 대표자는 지체 없이 그 뜻을 관할 선거관리위원회에 신고하여야 한다.

제48조【해산된 경우 등의 잔여재산 처분】 ① 정당이 제44조(등록의 취소) 제1항의 규정에 의하여 등록이 취소되거나 제45조(자진해산)의 규정에 의하여 자진해산한 때에는 그 잔여재산은 당헌이 정하는 바에 따라 처분한다.

☑ 주의
국고귀속 ×

② 제1항의 규정에 의하여 처분되지 아니한 정당의 잔여재산 및 헌법재판소의 해산결정에 의하여 해산된 정당의 잔여재산은 국고에 귀속한다.

☑ 주의 재산의 처분
- 자진해산시: 당헌이 정하는 바에 따라
- 헌법재판소의 해산 결정시: 국고에 귀속

제33조【정당소속 국회의원의 제명】 정당이 그 소속 국회의원을 제명하기 위해서는 당헌이 정하는 절차를 거치는 외에 그 소속 국회의원 전원의 2분의 1 이상의 찬성이 있어야 한다.

☑ 주의
- 정당의 국회의원 제명: 당헌의 절차 + 소속 국회의원 1/2 이상 찬성(반만 찬성해도 탈당시킬 수 있음)
- 위 규정에 의해 정당에서 국회의원이 제명되었다고 해도, 국회의원직은 유지됨

자진해산, 등록취소시 잔여재산 처분	당헌에 따름
헌법재판의 해산결정(강제해산)시 잔여재산	국고에 귀속됨

📑 **판례정리**

번호	내용	결정
1	정당이 등록취소된 경우에도 헌법소원능력이 있는지 여부: **적극** (헌재 2006.3.30. 2004헌마246)	기각
2	국회의원선거에 참여하여 의석을 얻지 못하고 유효투표총수의 100분의 2 이상을 득표하지 못한 정당에 대하여 그 등록을 취소하도록 한 정당법 제44조 제1항 제3호가 위헌인지 여부: **적극** (헌재 2014.1.28. 2012헌마431 등)	위헌

7. 위헌정당의 해산(정당의 강제해산)

(1) 헌법 제8조 제4항의 의의(통설)

헌법 제8조 ④ 정당의 목적이나 활동이 민주적 기본질서에 위배될 때에는 정부는 헌법재판소에 그 해산을 제소할 수 있고, 정당은 헌법재판소의 심판에 의하여 해산된다.

☑ 주의
- 정당존립의 특권을 보장하는 동시에 정당활동 자유에 한계를 설정함
- 목적이나 활동 ○ / 목적과 활동 × / 목적이나 조직 ×

(2) 실질적 요건

정당	• 정당으로서 등록을 필한 기성정당(정당법 제4조 제1항)·목적이나 활동이 자유민주적 기본질서에 위배될 때에 한하여 해산함 • 정당의 일부를 구성하는 부분조직도 위헌정당의 해산에 해당함. 다만, 정당과 법적으로 독립된 조직 같은 경우에는 행정처분의 대상이 됨
목적이나 활동	• 정당의 목적을 인식할 수 있는 자료: 정당의 강령이나 기본정책 또는 당헌, 당수와 당간부의 연설, 당기관지, 출판물, 선전자료 등 • 정당의 활동에 당수와 당간부의 활동은 물론 평당원의 활동도 포함 　✓ 주의 　　사적인 활동은 포함되지 않음 • 목적이나 활동 중 하나라도 민주적 기본질서에 위배되면 정당해산의 사유가 될 수 있음(헌재 2014.12.19. 2013헌다1)
민주적 기본질서	• 정당이 자유민주적 기본질서(기본적 인권의 존중, 권력분립, 의회제도, 복수정당제도, 선거제도, 사유재산제도와 시장경제를 골간으로 하는 경제질서 및 사법권의 독립 등)를 부정할 때 헌법재판소가 그 위헌성을 확인하는 경우 • 헌법 제8조 제4항의 민주적 기본질서는 최대한 엄격하고 협소한 의미로 이해해야 함. 따라서 민주적 기본질서를 현행 헌법이 채택한 민주주의의 구체적 모습과 동일하게 보아서는 안 됨(헌재 2014.12.19. 2013헌다1)
위배될 때	모든 정당의 목적과 활동에 관련된 사소한 위헌성까지 위배하는 것을 의미하는 것이 아니라 그 정당의 목적이나 활동이 우리 사회의 민주적 기본질서에 대하여 실질적인 해악을 끼칠 수 있는 구체적 위험성을 초래하는 경우를 의미함(헌재 2014.12.19. 2013헌다1)
비례의 원칙	헌법재판소가 정당해산결정을 내리기 위해서는 그 해산결정이 비례원칙에 부합하는지를 숙고해야 하고, 비례원칙 준수 여부는 다른 대안적 수단이 없고, 정당해산결정을 통하여 얻을 수 있는 사회적 이익이 정당해산결정으로 인해 초래되는 정당의 정당활동 자유 제한으로 인한 불이익과 민주주의 사회에 대한 중대한 제약이라는 사회적 불이익을 초과할 수 있을 정도로 큰 경우에 한하여 헌법적으로 정당화될 수 있음(헌재 2014.12.19. 2013헌다1)

(3) 절차적 요건

① 정부의 제소

> 헌법재판소법 제55조 【정당해산심판의 청구】 정당의 목적이나 활동이 민주적 기본질서에 위배될 때에는 정부는 국무회의의 심의를 거쳐 헌법재판소에 정당해산심판을 청구할 수 있다.
>
> **선생님 tip** 목활 – 민, 위
>
> 제57조 【가처분】 헌법재판소는 정당해산심판의 청구를 받은 때에는 직권 또는 청구인의 신청에 의하여 종국결정의 선고시까지 피청구인의 활동을 정지하는 결정을 할 수 있다.

번호	내용	결정
1	정당해산심판에서 가처분을 허용하는 조항 등이 위헌인지 여부(과잉금지원칙 위배 여부): **소극** 가처분제도를 두지 않으면 종국결정이 선고되더라도 그 실효성이 없어 회복하기 어려운 불이익을 주게 되고, … 헌법질서의 유지·수호를 위하여 일정한 요건 아래에서는 정당의 활동을 임시로 정지할 필요성이 있으므로, 가처분조항은 입법목적의 정당성 및 수단의 적정성이 인정된다. … 따라서 가처분조항은 과잉금지원칙에 위배하여 정당활동의 자유를 침해한다고 볼 수 없다(헌재 2014.2.27. 2014헌마7).	기각

② 헌법재판소의 해산결정

> 헌법 제113조 ① 헌법재판소에서 법률의 <u>위헌결정</u>, <u>탄핵의 결정</u>, <u>정당해산의 결정</u> 또는 헌법소원에 관한 인용결정을 할 때에는 재판관 <u>6인 이상의 찬성</u>이 있어야 한다.

③ 해산결정의 집행

> 헌법재판소법 제58조【청구 등의 통지】② 정당해산을 명하는 결정서는 <u>피청구인 외에 국회, 정부 및 중앙선거관리위원회</u>에도 송달하여야 한다.
>
> ⊘ **주의**
> 중앙선거관리위원회에 송달 ○ / 법원에 송달 ✕
>
> 제60조【결정의 집행】정당의 해산을 명하는 헌법재판소의 결정은 <u>중앙선거관리위원회</u>가 정당법에 따라 집행한다.
>
> ⊘ **주의**
> 정당해산판결은 헌법재판소 / 정당해산집행은 중앙선거관리위원회

④ 강제해산의 효과

㉠ 정당의 자동해산

> 헌법재판소법 제59조【결정의 효력】정당의 해산을 명하는 결정이 선고된 때에는 그 정당은 해산된다.
>
> ⊘ **주의**
> 해산을 명하는 결정이 선고된 때에 '즉시' 해산
>
> 정당법 제47조【해산공고 등】제45조(자진해산)의 신고가 있거나 헌법재판소의 해산결정의 통지나 중앙당 또는 그 창당준비위원회의 시·도당 창당승인의 취소통지가 있는 때에는 <u>당해 선거관리위원회</u>는 그 정당의 등록을 말소하고 지체 없이 그 뜻을 공고하여야 한다.
>
> ⊘ **주의**
> • 당해 선거관리위원회가 정당의 등록 말소 및 공고
> • 국회 ✕ / 정부 ✕ / 법원 ✕

ⓒ 잔여재산의 국고귀속

> 정당법 제48조【해산된 경우 등의 잔여재산 처분】② … 헌법재판소의 해산결정에 의하여 해산된 정당의 잔여재산은 <u>국고에 귀속</u>한다.

ⓒ 대체정당의 창당금지

> 정당법 제40조【대체정당의 금지】정당이 헌법재판소의 결정으로 해산된 때에는 해산된 정당의 강령(또는 기본정책)과 <u>동일하거나</u> <u>유사한 것</u>으로 정당을 창당하지 못한다.

ⓔ 명칭사용금지

> 정당법 제41조【유사명칭 등의 사용금지】① 이 법에 의하여 등록된 정당이 아니면 그 명칭에 정당임을 표시하는 문자를 사용하지 못한다.
> ② 헌법재판소의 결정에 의하여 해산된 정당의 명칭과 <u>같은 명칭</u>은 정당의 명칭으로 다시 사용하지 못한다.
> ④ 제44조(등록의 취소) 제1항의 규정에 의하여 등록취소된 정당의 명칭과 같은 명칭은 등록취소된 날부터 최초로 실시하는 임기만료에 의한 국회의원선거의 선거일까지 정당의 명칭으로 사용할 수 없다.

판례정리

번호	내용	결정
1	정당법상 등록된 정당이 아니면 정당이라는 명칭을 사용하지 못하게 하는 정당법 제41조 제1항이 헌법에 위반되는지 여부: **소극** (헌재 2023. 9.26. 2021헌가23)	합헌

ⓜ 해산된 정당의 목적을 달성하기 위한 집회 또는 시위금지

> 집회 및 시위에 관한 법률 제5조【집회 및 시위의 금지】① 누구든지 다음 각 호의 어느 하나에 해당하는 집회 또는 시위를 주최하여서는 아니 된다.
> 1. 헌법재판소의 결정에 따라 해산된 정당의 목적을 달성하기 위한 집회 또는 시위

ⓑ 소속 국회의원의 의원직 상실 여부: 학설은 소속 의원의 국회의원 자격이 상실된다는 견해(다수설) ⇨ 오늘날의 정당제 민주주의에서 유권자는 선거에서 후보자 개인보다는 정당을 투표의 기준으로 하는 것이 일반적임. 또 위헌정당으로 해산된 정당의 소속 국회의원이 의원직을 계속 보유한다면 정당제 민주주의 및 방어적 민주주의의 원리에 위배되고 위헌결정 자체가 무의미해짐

8. 정당의 등록취소와 강제해산

구분	중앙선거관리위원회에 의하여 등록취소된 정당	헌법재판소에 의하여 강제해산된 정당
헌법상 근거	헌법 제8조 제2항	헌법 제8조 제4항
사유	• 형식적 요건을 구비하지 못한 때 • 정당이 국민의사 형성에 참여하고 있지 아니한 때	정당의 목적이나 활동이 민주적 기본질서에 위배될 때
기존정당의 명칭사용	사용 가능, 다만 등록취소된 날부터 다음 총선거일까지는 사용 불가 (정당법 제41조 제4항)	불가능
기존정당의 목적과 유사한 정당 설립	가능	대체정당 설립 불가
잔여재산	1차는 당헌에 따라, 나머지는 국고귀속	국고귀속
소속 의원	무소속으로 자격 유지	자격 상실(다수설)
법원제소	제소 가능	제소 불허용

📑 판례정리

번호	내용	결정
1	통합진보당 해산사건 [1] 대통령의 해외 순방 중 국무총리가 주재한 국무회의에서 이루어진 정당해산심판청구서 제출안에 대한 의결이 위법한지 여부: 소극 [2] 정당해산의 사유 강제적 정당해산은 헌법상 핵심적인 정치적 기본권인 정당활동의 자유에 대한 근본적 제한이므로, 헌법재판소는 이에 관한 결정을 할 때 헌법 제37조 제2항이 규정하고 있는 비례원칙을 준수하여야만 한다. [3] 한국사회의 특수성으로서 남북한 대립상황에 대한 고려의 필요성 여부: 적극 [4] 피청구인의 목적이나 활동이 민주적 기본질서에 위배되는지 여부: 적극 피청구인이 추구하는 가치 내지 이념적 지향점은 '진보적 민주주의'이다. … 피청구인 주도세력의 형성과정, 대북자세, 활동경력, 이념적 동일성 등을 종합해 볼 때 피청구인 주도세력은 북한을 추종하고 있다. … 피청구인은 진보적 민주주의를 실현하기 위해서는 전민항쟁 등 폭력을 행사하여 자유민주주의체제를 전복할 수 있다고 하는데 이 역시 민주적 기본질서에 정면으로 저촉된다. [5] 피청구인에 대한 해산결정이 비례원칙에 위배되는지 여부: 소극 [6] 정당해산결정이 선고되는 경우 그 정당 소속 국회의원이 의원직을 상실하는지 여부: 적극 정당해산결정이 있는 경우 그 정당 소속 국회의원의 의원직은 당선방식을 불문하고 모두 상실되어야 한다(헌재 2014.12.19. 2013헌다1). ✓ 주의 위 판례에서 국회의원의 의원직은 상실되어야 한다고 판시하였으나, 지방의원들의 의원직에 대해서는 판단하지 않음. 따라서 지방의원들은 의원직을 유지함	인용·(해산)

2	통합진보당 재심사건 [1] 정당해산결정에 대한 재심 허용 여부 정당해산심판은 일반적 기속력과 대세적·법규적 효력을 가지는 법령에 대한 헌법재판소의 결정과 달리 원칙적으로 해당 정당에게만 그 효력이 미친다. … 따라서 정당해산심판절차에서는 재심을 허용하지 아니함으로써 얻을 수 있는 법적 안정성의 이익보다 재심을 허용함으로써 얻을 수 있는 구체적 타당성의 이익이 더 크므로 재심을 허용하여야 한다. 한편, 이 재심절차에서는 원칙적으로 민사소송법의 재심에 관한 규정이 준용된다(헌법재판소법 제40조 제1항). [2] 적법한 재심사유의 존재 여부 재심대상결정의 심판대상은 재심청구인의 목적이나 활동이 민주적 기본질서에 위배되는지, 재심청구인에 대한 해산결정을 선고할 것인지, 해산결정을 할 경우 그 소속 국회의원에 대하여 의원직 상실을 선고할 것인지 여부이다. 재심대상결정은 재심청구인 소속 국회의원과 당원 일부가 남북 대치상황에서 국내 주요시설을 파괴하여 유사시 북한을 돕는다는 등의 논의를 한 행위를 민주적 기본질서에 위배되는 행위유형의 하나로 보았다. 그러나 재심대상결정은 이런 행위가 형법상 내란음모에 해당하는지 여부에 대하여는 판단하지 않았다. 내란음모 등 형사사건에서 내란음모 혐의에 대한 유·무죄 여부는 재심대상결정의 심판 대상이 아니었고 논리적 선결문제도 아니다. 따라서 재심대상결정에 민사소송법 제451조 제1항 제8호의 재심사유가 있다고 할 수 없다(헌재 2016.5.26. 2015헌아20).	각하

2 정당과 정치자금

1. 현행법상 정치자금원

> **정치자금법 제2조 【기본원칙】** ① 누구든지 이 법에 의하지 아니하고는 정치자금을 기부하거나 받을 수 없다.
> ⑤ 누구든지 타인의 명의나 가명으로 정치자금을 기부할 수 없다.

(1) 당비

정당의 당헌·당규 등에 의하여 정당의 당원이 부담하는 금전이나 유가증권 그 밖에 물건(정치자금법 제3조 제3호)

> **정치자금법 제4조 【당비】** ① 정당은 소속 당원으로부터 당비를 받을 수 있다.
> ② 정당의 회계책임자는 타인의 명의나 가명으로 납부된 당비는 국고에 귀속시켜야 한다.

(2) 후원회

① **개념**: 정치자금의 기부를 목적으로 설립·운영되는 단체로서 관할 선거관리위원회에 등록된 단체(정치자금법 제3조 제7호)

② **후원회의 설치**

> **정치자금법 제6조 【후원회지정권자】** 다음 각 호에 해당하는 자(이하 "후원회지정권자"라 한다)는 각각 하나의 후원회를 지정하여 둘 수 있다.
>   1. 중앙당(중앙당창당준비위원회를 포함한다)

2. 국회의원(국회의원선거의 당선인을 포함한다)

2의2. 지방의회의원(지방의회의원선거의 당선인을 포함한다)

2의3. 대통령선거의 후보자 및 예비후보자(이하 "대통령후보자등"이라 한다)

3. 정당의 대통령선거후보자 선출을 위한 당내경선후보자(이하 "대통령선거경선후보자"라 한다)

4. 지역선거구(이하 "지역구"라 한다)국회의원선거의 후보자 및 예비후보자(이하 "국회의원
   후보자등"이라 한다). 다만, 후원회를 둔 국회의원의 경우에는 그러하지 아니하다.

5. 중앙당 대표자 및 중앙당 최고 집행기관(그 조직형태와 관계없이 당헌으로 정하는 중앙당
   최고 집행기관을 말한다)의 구성원을 선출하기 위한 당내경선후보자(이하 "당대표경선후
   보자등"이라 한다)

6. 지역구지방의회의원선거의 후보자 및 예비후보자(이하 "지방의회의원후보자등"이라 한다)
   다만, 후원회를 둔 지방의회의원의 경우에는 그러하지 아니하다.

7. 지방자치단체의 장선거의 후보자 및 예비후보자(이하 "지방자치단체장후보자등"이라 한다.

* [헌법불합치, 헌재 2022.11.24. 2019헌마528; 정치자금법(2005.8.4. 법률 제7682호로 전부개정된 것) 제6조 제2호는
헌법에 합치되지 아니한다. 위 법률조항은 2024.5.31.을 시한으로 입법자가 개정할 때까지 계속 적용된다]

☑ 비교 후원회지정권자
- 국회의원, 대통령선거의 후보자 및 예비후보자, 대통령선거경선 후보자, 지역구국회의원 후보자 및 예비후보자, 당대표경선
  후보자, 지방자치단체장 후보자 및 예비후보자가 후원회의 지정권자가 됨
- 비례대표국회의원의 후보자 및 예비후보자, 지방의회의원은 후원회의 지정권자가 될 수 없음

📋 판례정리

번호	내용	결정
1	국회의원을 후원회지정권자로 정하면서 '지방의원'을 후원회지정권자에서 제외하고 있는 정치자금법 제6조 제2호가 지방의원의 평등권을 침해하는지 여부: **적극** (헌재 2022.11.24. 2019헌마528)	헌법불합치
2	정당후원회를 금지한 정치자금법 제6조가 정당의 정당활동의 자유와 국민의 정치적 표현의 자유를 침해하는지 여부: **적극** [1] 정경유착의 문제는 일부 재벌기업과 부패한 정치세력에 국한된 것이고 대다수 유권자들과는 직접적인 관련이 없으므로 일반 국민의 정당에 대한 정치자금 기부를 원천적으로 봉쇄할 필요는 없고, 기부 및 모금한도액의 제한, 기부내역 공개 등의 방법으로 정치자금의 투명성을 충분히 확보할 수 있다. [2] 현행 기탁금 제도는 중앙선거관리위원회가 국고보조금의 배분비율에 따라 각 정당에 배분·지급하는 일반기탁금제도로서, 기부자가 자신이 지지하는 특정 정당에 재정적 후원을 하는 것과는 전혀 다른 제도이므로 이로써 정당후원회를 대체할 수 있다고 보기 어렵다. [3] 정당에 대한 재정적 후원이 전면적으로 금지됨으로써 정당이 스스로 재정을 충당하고자 하는 정당활동의 자유와 국민의 정치적 표현의 자유에 대한 제한이 매우 크므로, 이 사건 법률조항은 정당의 정당활동의 자유와 국민의 정치적 표현의 자유를 침해한다(헌재 2015.12.23. 2013헌바168).	헌법불합치
3	기초자치단체장선거의 예비후보자는 후원회를 통한 정치자금의 모금을 할 수 없도록 하고, 이를 위반하면 형사처벌하는 것이 평등권을 침해하는지 여부: **소극** (헌재 2016.9.29. 2015헌바228)	합헌

4	광역자치단체장 선거의 예비후보자를 후원회지정권자에서 제외하고 있는 정치자금법 제6조 제6호 부분이 청구인들의 평등권을 침해하는지 여부: **적극** (헌재 2019.12.27. 2018헌마301) ◇ **주의** 정치자금법 제6조에 따르면 지방자치단체의 장 선거의 예비후보자는 후원회의 지정권자가 될 수 없음. 하지만 최근의 판례는 광역자치단체장 선거의 예비후보자를 후원회지정권자에서 제외하고 있는 정치자금법 제6조 제6호 부분이 평등권을 침해한다고 판시하였고(헌재 2019.12.27. 2018헌마301 헌법불합치), 현재는 정치자금법이 개정되어 정당도 후원회를 둘 수 있음	헌법불합치
5	대통령선거경선후보자가 당내경선 과정에서 탈퇴함으로써 후원회를 둘 수 있는 자격을 상실한 때에는 후원회로부터 후원받은 후원금 전액을 국고에 귀속하도록 하고 있는 구 정치자금법 제21조 제3항 제2호가 평등권 및 선거의 자유를 침해하는지 여부: **적극** (헌재 2009.12.29. 2007헌마1412)	위헌
6	국회의원예비후보자가 당내경선에 참여하지 않고 정식 후보자 등록을 하지 않음으로써 후원회를 둘 수 있는 자격을 상실한 때에는 후원회로부터 후원받은 후원금 전액을 국고에 귀속하도록 하고 있는 정치자금법 제21조 제3항 제2호가 평등권 및 선거의 자유를 침해하는지 여부: **적극** (헌재 2009.12.29. 2008헌마141)	위헌

(3) 기탁금

① **개념**: 정치자금을 정당에 기부하고자 하는 개인이 이 법에 의하여 선거관리위원회에 기탁하는 금전이나 유가증권 그 밖의 물건(정치자금법 제3조 제5호)

② **선거관리위원회에 기탁**: 정당에 정치자금을 기부하고자 하는 자는 기명으로 선거관리위원회에 직접 기탁하여야 함

> **정치자금법 제22조 【기탁금의 기탁】** ① 기탁금을 기탁하고자 하는 개인(당원이 될 수 없는 공무원과 사립학교 교원을 포함한다)은 각급 선거관리위원회(읍·면·동선거관리위원회를 제외한다)에 기탁하여야 한다.
>
> ② 1인이 기탁할 수 있는 기탁금은 1회 1만원 또는 그에 상당하는 가액 이상, 연간 1억원 또는 전년도 소득의 100분의 5 중 다액 이하로 한다.
>
> ③ 누구든지 타인의 명의나 가명 또는 그 성명 등 인적사항을 밝히지 아니하고 기탁금을 기탁할 수 없다. 이 경우 기탁자의 성명 등 인적사항을 공개하지 아니할 것을 조건으로 기탁할 수 있다.
>
> ◇ **주의**
> - 선거관리위원회에 기탁 ○ / 정당에 기탁 ×
> - 기탁시: 기명 원칙

③ **기탁금 기부제한자**

> **정치자금법 제31조 【기부의 제한】** ① 외국인, 국내·외의 법인 또는 단체는 정치자금을 기부할 수 없다.
>
> ② 누구든지 국내·외의 법인 또는 단체와 관련된 자금으로 정치자금을 기부할 수 없다.
>
> ◇ **주의**
> - 외국인 정치자금 기부 ×
> - 법인이나 단체명으로도 기부 ×
> - 오로지 개인만 기부 ○

④ 기탁금 분배

> **정치자금법 제23조【기탁금의 배분과 지급】** ① <u>중앙선거관리위원회</u>는 기탁금의 모금에 직접 소요된 경비를 공제하고 지급 당시 제27조(보조금의 배분)의 규정에 의한 국고보조금 배분율에 따라 기탁금을 배분·지급한다.

(4) 보조금

① 개념

㉠ 정당의 보호·육성을 위하여 국가가 정당에 지급하는 금전이나 유가증권(정치자금법 제3조 제6호)

㉡ 국고보조금제도는 각종 이익집단으로부터 부당한 영향력을 배제하여 정치부패를 방지하고 정당간 자금조달의 격차를 줄여 공평한 경쟁을 유도하는 데 입법목적이 있음(헌재 2006.7.27. 2004헌마655)

② 보조금의 배분(정치자금법 제27조)

전체의 100분의 50	동일 정당의 소속의원으로 교섭단체를 구성한 정당에 대하여 정당별로 균등하게 분할하여 배분
100분의 5	교섭단체를 구성하지 못한 5석 이상의 의석을 얻은 정당
100분의 2	㉠ 최근에 실시된 국회의원선거에 참여한 정당의 경우 그 국회의원선거에서 유효투표총수의 100분의 2 이상 득표한 정당 ㉡ 최근에 실시된 국회의원선거에 참여한 정당 중 ㉠에 해당하지 아니하는 정당으로서 의석을 얻은 정당의 경우 최근에 전국적으로 실시된 정당의 후보추천이 허용되는 지방의회의원 또는 지방자치단체의 장의 선거에서 유효투표총수의 100분의 0.5 이상 득표한 정당 ㉢ 최근에 실시된 국회의원선거에 참여하지 아니한 정당의 경우 최근에 전국적으로 실시된 정당의 후보추천이 허용되는 지방의회의원 또는 지방자치단체장의 선거에서 유효투표총수의 100분의 2 이상 득표한 정당
잔여분 중 100분의 50	지급 당시 국회의석을 가진 정당에 그 의석수의 비율에 따라 배분
그 잔여분 (나머지 100분의 50)	최근에 실시된 국회의원선거에서 득표한 정당의 득표수 비율에 따라 배분

📑 **판례정리**

번호	내용	결정
1	정당에 대한 보조금 지급규정이 교섭단체를 구성한 정당과 이를 구성하지 못한 정당을 차별하여 평등권을 침해하는지 여부: **소극** (헌재 2006.7.27. 2004헌마655)	기각
2	정치인에게 직접 정치자금을 무상대여한 경우 처벌하는 정치자금법 제45조 제1항 등이 정치활동의 자유 등을 침해하는지 여부: **소극** (헌재 2017.8.31. 2016헌바45)	합헌

2. 정치자금기부의 제한

> 정치자금법 제31조 【기부의 제한】 ① 외국인, 국내·외의 법인 또는 단체는 정치자금을 기부할 수 없다.
> ② 누구든지 국내·외의 법인 또는 단체와 관련된 자금으로 정치자금을 기부할 수 없다.

(1) 헌법재판소는 노동단체만에 대한 정치자금의 기부금지(노동조합법) 조항에 대해 위헌결정을 함 (헌재 1999.11.25. 95헌마154)

(2) 다만, 노동단체만이 아니라 누구든지 단체와 관련된 자금으로 정치자금을 기부할 수 없도록 한 구 정치자금에 관한 법률 제12조 제2항(현 법률 제31조 제2항)에 대해서는 합헌결정을 함(헌재 2010.12.28. 2008헌바89)

☑ **주의**
'노동단체만에 대한 정치자금의 기부금지'와 '노동단체에 대한 정치자금의 기부금지'를 구분할 것

제5절 선거제도

1️⃣ 선거인과 대표기관과의 관계

1. 무기속위임 원칙

2. 법적 대표관계가 아닌 정치적 대표관계

2️⃣ 선거제도의 기본원칙

1. 보통선거의 원칙

(1) 일정한 연령에 달한 모든 국민에게 선거권을 인정함

(2) 선거법상 요구되는 기탁금이 지나치게 고액이면, 헌법상 보통선거의 원칙에 반하여 위헌임(헌재 1989.9.8. 88헌가6) ⇨ 실질적으로 재력을 요건으로 하는 결과를 가져오게 되어 선거참여의 기회를 박탈하게 됨

📋 **판례정리**

번호	내용	결정
1	국회의원선거법 제33조, 제34조의 위헌심판 국회의원기탁금 2,000만원은 지나치게 고액이어서 보통선거의 원칙에 반한다(헌재 1989.9.8. 88헌가6). ☑ **주의** 현행 1,500만원	헌법불합치
2	지방의회의원선거법 제36조 제1항에 대한 헌법소원 광역의원기탁금 700만원은 너무 과다하여 평등권을 침해한다(헌재 1991.3.11. 91헌마21). ☑ **주의** 현행 300만원	헌법불합치

3	지방의회의원선거법 제36조 제1항에 대한 헌법소원 기초의원기탁금 200만원은 공영비용을 담보하고 불성실한 후보자에 대한 제재목적을 달성하기 위한 금액으로서 과다하다고 할 수는 없다(헌재 1995.5.25. 91헌마44). ☑ **주의** 　현행 200만원 동일	기각
4	대통령선거법 제26조 제1항 등 위헌확인 대통령기탁금 3억원은 입법재량의 범위를 일탈한 과다한 금액이라고 할 수 없다(헌재 1995.5.25. 92헌마269). ☑ **주의** 　5억 ⇨ 헌법불합치, 현행 3억원	기각
5	공직선거법 제15조 위헌확인 선거권 연령을 20세로 규정한 것은 입법부의 합리적 재량을 벗어난 것이 아니다(헌재 1997.6.26. 96헌마89). ☑ **주의** 　현행 18세	기각
6	공직선거법 제56조 제1항 제2호 등 위헌확인 비례대표국회의원선거에서 실제 정당에게 부과된 전체 과태료 및 행정대집행비용의 액수는 후보자 1명에 대한 기탁금액인 1,500만원에도 현저히 미치지 못하는데, 후보자 수에 비례하여 기탁금을 증액하는 것은 지나치게 과다한 기탁금을 요구하는 것이다. 나아가 이러한 고액의 기탁금은 거대정당에게 일방적으로 유리하고, 다양해진 국민의 목소리를 제대로 대표하지 못하여 사표를 양산하는 다수대표제의 단점을 보완하기 위하여 도입된 비례대표제의 취지에도 반하는 것이다. 따라서 비례대표 기탁금조항은 침해의 최소성 원칙에 위반되며, 위 조항을 통해 달성하고자 하는 공익보다 제한되는 정당활동의 자유 등의 불이익이 크므로 법익의 균형성 원칙에도 위반된다. 그러므로 비례대표 기탁금조항은 과잉금지원칙을 위반하여 정당활동의 자유 등을 침해한다(헌재 2016.12.29. 2015헌마509). ☑ **주의** 　• 법률 개정: 비례대표국회의원 기탁금 1,500만원 ⇨ 500만원 　• 기탁금 반환 유효투표 1/3 이상, 유효투표 20% 이상은 위헌 / 유효투표 15% 이상은 합헌	헌법불합치

2. 평등선거의 원칙

(1) 의의

① 1표 1가제를 원칙으로 하는 선거제도

② ㉠ 첫째로 투표의 수적 평등(1인 1표씩)을, ㉡ 둘째로 투표의 성과가치의 평등을, ㉢ 셋째로 선거참여자의 평등(특히 피선거권의 측면에서 무소속 입후보자나 정당 이외의 단체를 정당과 차별해서는 안 됨)을 요구함

(2) 우리나라 선거구 인구의 불평등(헌법재판소)

1995년 결정	국회의원지역선거구간 인구편차가 4 : 1(평균인구수기준 상하 60% 편차)을 초과할 경우 위헌(헌재 1995.12.27. 95헌마224 등)
2001년 결정	국회의원지역선거구간 인구편차가 3 : 1(평균인구수기준 상하 50% 편차)을 초과할 경우 위헌이라고 하여 헌법불합치결정(헌재 2001.10.25. 2000헌마92)
2014년 결정	국회의원지역선거구간 인구편차 2 : 1(평균인구수기준 상하 33⅓% 편차)을 초과할 경우 위헌이라고 하여 헌법불합치결정(헌재 2014.10.30. 2012헌마190)

☑ **비교**
- 시·도의회의원선거구: 인구편차 상하 50%(3 : 1)
- 자치구·시·군의원선거구: 인구편차 상하 50%(3 : 1)

📑 **판례정리**

번호	내용	결정
1	인구비례가 아니라 행정구역별로 시·도의원 정수를 2인으로 배분하고 있는 공직선거법 제22조 제1항의 위헌 여부: **적극** (헌재 2007.3.29. 2005헌마985)	헌법불합치
2	헌법재판소가 입법개선시한을 정하여 헌법불합치결정을 하였음에도 국회가 입법개선시한까지 개선입법을 하지 아니하여 국회의원의 선거구에 관한 법률이 존재하지 아니하게 된 경우 국회에 국회의원의 선거구를 입법할 헌법상 의무가 존재하는지 여부: **적극** (헌재 2016.4.28. 2015헌마1177) ☑ **주의** 다만, 심판청구 이후 국회가 국회의원의 선거구를 획정함으로써 청구인들의 주관적 목적이 달성되어 권리보호이익이 소멸된 것으로 봄	–

3. 직접선거의 원칙

(1) 유권자가 직접 선거 행위를 해야 한다는 원칙

(2) 국민의 직접선거에 의하여 무소속을 포함한 국회의 정당간의 의석분포를 결정하는 권리는 인정 ✕

📑 **판례정리**

번호	내용	결정
1	1인 1표제하의 비례대표국회의원선거방식이 직접선거원칙 등에 위반하여 위헌인지 여부: **적극** (헌재 2001.7.19. 2000헌마91 등)	위헌
2	고정명부식 정당투표제가 직접선거원칙 등에 위반하여 위헌인지 여부: **소극** (헌재 2001.7.19. 2000헌마91 등) ☑ **주의** 다만, 1인 1표제하의 비례대표국회의원 선거방식이 직접선거원칙 등에 위반하여 이 사건 자체는 위헌판결	한정위헌

4. 비밀선거의 원칙

(1) 무기명투표제

(2) 투표내용에 관한 진술거부제

5. 자유선거의 원칙(명문규정 ✕)

선거권자의 의사형성 및 의사실현의 자유를 말하며, 구체적으로 투표의 자유, 입후보의 자유, 선거운동의 자유를 의미함

1. 대표제의 유형

(1) 다수대표제

① 의의
- ㉠ 대표의 선출을 선거구에 거주하는 다수자의 의사에 따르게 하는 것으로, 소수자는 대표를 내는 것이 불가능한 대표제
- ㉡ 다수대표제는 소선거구제와 연결되어 다수당에 유리함

② 장·단점

장점	• 양대정당제 확립으로 안정된 정치상황 확보 • 선거인과 의원간의 거리감 감소 • 선거인의 대표선택 용이
단점	• 당선인 이외의 자가 획득한 표가 사표가 될 우려 • 정당의 득표율과 의석배분의 불균형 • 지방적 소인물(小人物)이 당선될 가능성이 커서 의원의 질 저하 우려 • 매수 기타 부정에 의한 부패가능성이 큼 • 표에서는 이기고 의석에서는 지는 Bias현상이 발생할 가능성이 큼

(2) 소수대표제

① 의의
- ㉠ 한 선거구에서 2인 이상의 대표를 선출하는 제도
- ㉡ 중선거구제·대선거구제와 연결되어 소수당도 대표자를 낼 수 있음

② 장·단점

장점	• 사표방지가 용이 • 인물선택의 범위가 넓기 때문에 국민대표에 적합한 후보자 선택이 가능 • 선거간섭이 적어 선거공정이 기대됨 • 정당의 강령이나 정책대결로 후보자나 유권자의 수준 향상
단점	• 군소정당의 난립으로 정국불안 초래 • 선거비용의 과다지출 • 유권자가 후보자의 인격이나 식견을 자세히 알기 어려워 양자간의 거리감 증가 • 보궐선거나 재투표 실시가 곤란

(3) 비례대표제

① 의의
- ㉠ 각 정당에 득표수에 비례하여 의석을 배분하는 대표제
- ㉡ 정당명부식 비례대표제가 그 전형이며, 선거인이 각 정당의 합동명부에 대하여 투표하고 득표수비율에 따라 당선자를 결정함

② 장·단점

장점	• 선거인의 의사를 정확하게 반영한 대표 선출 • 민주정치의 요체인 정당정치에 적합 • 소수당에도 의석을 배분하여 다수횡포방지에 용이
단점	• 군소정당의 난립으로 정국불안 초래 • 기술적 곤란성과 절차적 복합성 수반 • 선거인과 의원 사이가 소원해짐

③ 투표방식 – 고정명부식

   ㉠ 명부상의 후보자와 순위가 정당에 의하여 미리 결정되어 있는 방식

   ㉡ 선거인은 한 표를 가지고 각 정당이 제시한 명부 중 한 정당의 명부만을 그 전체로서 선택함

2. 선거구제

(1) 의의

선거인단을 지역단위로 분할하는 방식

(2) 유형(대표제와 선거구제)

대표제	다수대표제	• 절대다수대표제: 50% 이상의 득표를 한 1명을 선출하는 제도 • 상대다수대표제: 1표라도 많은 득표를 한 1명을 선출하는 제도
	소수대표제	1선거구에서 2인 이상의 대표를 선출하는 제도
	비례대표제	정당의 득표율에 따라 의석을 배분하는 제도
선거구제	소선거구	1선거구에서 1명의 대표를 선출하는 제도(게리멘더링의 위험이 큼) • 투표는 단기(후보자 1명에게 투표)를 원칙으로 하고 결정은 다수결에 의함 • 다수결에는 절대다수결주의와 상대다수결주의가 있음
	중선거구	1선거구에서 2명 이상 4명(또는 5명)의 대표를 선출하는 제도(기초의회)
	대선거구	1선거구에서 4명(또는 6명) 이상의 대표를 선출하는 제도

(3) 현재 비례대표 의원선거와 기초자치단체 지역구의원선거에서만 중선거구제를 도입, 이를 제외한 나머지 선거에서는 소선거구제 다수대표제로 운영함

(4) 현행법상 국회의원선거구의 확정

> 공직선거법 제24조【국회의원선거구획정위원회】① 국회의원지역구의 공정한 획정을 위하여 임기만료에 따른 국회의원선거의 선거일 전 <u>18개월</u>부터 해당 국회의원선거에 적용되는 국회의원지역구의 명칭과 그 구역이 확정되어 효력을 발생하는 날까지 국회의원선거구획정위원회를 설치·운영한다.
>
> 제24조의2【국회의원지역구 확정】① 국회는 국회의원지역구를 선거일 전 1년까지 확정하여야 한다.

④ 우리나라의 선거제도

1. 선거제도의 기본원칙

(1) 헌법에서 보통·평등·직접·비밀선거제(제41조 제1항, 제67조 제1항)를 규정

(2) 자유선거에 관해서는 규정이 없지만 헌법재판소는 자유선거원칙도 선거의 기본원칙으로 인정함
(헌재 1999.6.24. 98헌마153)

2. 선거공영제

> 헌법 제116조 ② 선거에 관한 경비는 법률이 정하는 경우를 제외하고는 정당 또는 후보자에게 부담시킬 수 없다.

3. 선거제도의 기본내용

(1) 의원정수

① 국회의원정수

> 헌법 제41조 ① 국회는 국민의 보통·평등·직접·비밀선거에 의하여 선출된 국회의원으로 구성한다.
> ② 국회의원의 수는 법률로 정하되, <u>200인 이상으로 한다.</u>
>
> 공직선거법 제21조【국회의 의원정수】① <u>국회의 의원정수는 지역구국회의원 254명과 비례대표국회의원 46명을 합하여 300명으로 한다.</u>
> ② 하나의 국회의원지역선거구(이하 '국회의원지역구'라 한다)에서 선출할 국회의원의 정수는 1인으로 한다.
>
> ☑ **주의 국회의원 수**
> 200인 이상은 헌법, 300명은 공직선거법

② 비례대표국회의원 의석배분

> 공직선거법 제189조【비례대표국회의원 의석의 배분과 당선인의 결정·공고·통지】① 중앙선거관리위원회는 다음 각 호의 어느 하나에 해당하는 정당(이하 이 조에서 "의석할당정당"이라 한다)에 대하여 <u>비례대표국회의원의석</u>을 배분한다.
> 1. 임기만료에 따른 비례대표국회의원선거에서 전국 <u>유효투표총수의 100분의 3 이상</u>을 득표한 정당
> 2. 임기만료에 따른 지역구국회의원선거에서 <u>5 이상</u>의 의석을 차지한 정당
>
> ☑ **주의 의석할당정당의 요건**
> • 유효투표총수의 100분의 3 이상 또는 지역구국회의원총선거에서 5석 이상
> • 둘 중의 하나만 충족 ○
>
> ☑ **비교**
> 비례대표지방의원 의석할당 요건은 유효투표총수 100분의 5 이상

(2) 선거기간과 선거일

공직선거법 제33조 【선거기간】 ① 선거별 선거기간은 다음 각 호와 같다.
1. 대통령선거는 23일
2. 국회의원선거와 지방자치단체의 의회의원 및 장의 선거는 14일
③ '선거기간'이란 다음 각 호의 기간을 말한다.
1. 대통령선거: 후보자등록마감일의 다음 날부터 선거일까지
2. 국회의원선거와 지방자치단체의 의회의원 및 장의 선거: 후보자등록마감일 후 6일부터 선거일까지

제34조 【선거일】 ① 임기만료에 의한 선거의 선거일은 다음 각 호와 같다.
1. 대통령선거는 그 임기만료일 전 70일 이후 첫 번째 수요일

> ⊘ 주의
> 헌법상으로는 임기만료 70일 내지 40일 전

2. 국회의원선거는 그 임기만료일 전 50일 이후 첫 번째 수요일
3. 지방의회의원 및 지방자치단체의 장의 선거는 그 임기만료일 전 30일 이후 첫 번째 수요일

선생님 tip 작은 단위부터 3, 5, 7

제35조 【보궐선거 등의 선거일】 ① 대통령의 궐위로 인한 선거 또는 재선거는 그 선거의 실시사유가 확정된 때부터 60일 이내에 실시하되, 선거일은 늦어도 선거일 전 50일까지 대통령 또는 대통령권한대행자가 공고하여야 한다.
② 보궐선거·재선거·증원선거와 지방자치단체의 설치·폐지·분할 또는 합병에 의한 지방자치단체의 장선거의 선거일은 다음 각 호와 같다.
1. 국회의원·지방의회의원의 보궐선거·재선거 및 지방의회의원의 증원선거는 매년 1회 실시하고, 지방자치단체의 장의 보궐선거·재선거는 매년 2회 실시하되, 다음 각 목에 따라 실시한다. 이 경우 각 목에 따른 선거일에 관하여는 제34조 제2항을 준용한다.
   가. 국회의원·지방의회의원의 보궐선거·재선거 및 지방의회의원의 증원선거는 4월 첫 번째 수요일에 실시한다. 다만, 3월 1일 이후 실시사유가 확정된 선거는 그 다음 연도의 4월 첫 번째 수요일에 실시한다.
   나. 지방자치단체의 장의 보궐선거·재선거 중 전년도 9월 1일부터 2월 말일까지 실시사유가 확정된 선거는 4월 첫 번째 수요일에 실시한다.
   다. 지방자치단체의 장의 보궐선거·재선거 중 3월 1일부터 8월 31일까지 실시사유가 확정된 선거는 10월 첫 번째 수요일에 실시한다.

제200조 【보궐선거】 ① 지역구국회의원·지역구지방의회의원 및 지방자치단체의 장에 궐원 또는 궐위가 생긴 때에는 보궐선거를 실시한다.
② 비례대표국회의원 및 비례대표지방의회의원에 궐원이 생긴 때에는 선거구선거관리위원회는 궐원통지를 받은 후 10일 이내에 그 궐원된 의원이 그 선거 당시에 소속한 정당의 비례대표국회의원후보자명부 및 비례대표지방의회의원후보자명부에 기재된 순위에 따라 궐원된 국회의원 및 지방의회의원의 의석을 승계할 자를 결정하여야 한다.
③ 제2항에도 불구하고 의석을 승계할 후보자를 추천한 정당이 해산되거나 임기만료일 전 120일 이내에 궐원이 생긴 때에는 의석을 승계할 사람을 결정하지 아니한다.
④ 대통령권한대행자는 대통령이 궐위된 때에는 중앙선거관리위원회에, 국회의장은 국회의원이 궐원된 때에는 대통령과 중앙선거관리위원회에 그 사실을 지체 없이 통보하여야 한다.

번호	내용	결정
1	공직선거법 제200조 제2항 단서 중 '비례대표국회의원당선인이 제264조의 규정에 의하여 당선이 무효로 된 때' 부분이 대의제 민주주의원리 내지 자기책임원리에 위배되어 궐원된 의원이 속한 정당의 비례대표국회의원후보자명부상의 차순위후보자의 공무담임권을 침해하는지 여부: 적극 [1] 심판대상조항은 선거범죄를 범한 비례대표국회의원당선인 본인의 의원직 박탈로 그치지 아니하고 그로 인하여 궐원된 의석의 승계를 인정하지 아니함으로써 결과적으로 그 정당에 비례대표국회의원 의석을 할당받도록 한 선거권자들의 정치적 의사표명을 무시하고 왜곡하는 결과를 초래한다는 점에서 헌법의 기본원리인 대의제 민주주의원리에 부합되지 않는다. [2] 선거범죄에 관하여 귀책사유도 없는 정당이나 차순위후보자에게 불이익을 주는 것은 필요 이상의 지나친 제재를 규정한 것이라고 보지 않을 수 없으므로, 과잉금지원칙에 위배하여 청구인들의 공무담임권을 침해한 것이다 (헌재 2009.10.29. 2009헌마350). ✅ 비교 비례대표지방의원에 대한 부분도 동일한 이유로 위헌결정됨(헌재 2009.6.25. 2007헌마40)	위헌
2	공직선거법 제200조 제2항 단서 중 '임기만료일 전 180일 이내에 비례대표국회의원에 궐원이 생긴 때' 부분이 대의제 민주주의원리에 위배되어 궐원된 의원이 속한 정당의 비례대표국회의원후보자명부상의 차순위후보자의 공무담임권을 침해하는지 여부: 적극 180일이라는 잔여임기는 비례대표국회의원으로서의 국정수행에 결코 짧지 않은 기간이라 할 수 있으므로, 심판대상조항은 과잉금지원칙에 위배하여 청구인의 공무담임권을 침해한 것이다(헌재 2009.6.25. 2008헌마413).	헌법불합치
3	국회의원 선거기간을 14일로 정하고 있는 공직선거 및 선거부정방지법 제33조 제1항 제2호가 청구인의 정치적 기본권을 침해하는지 여부: 소극 (헌재 2005.2.3. 2004헌마216)	기각

(3) 후보자

① 후보자의 추천

> 공직선거법 제47조 【정당의 후보자추천】 ① 정당은 선거에 있어 선거구별로 선거할 정수 범위 안에서 그 소속 당원을 후보자(이하 '정당추천후보자'라 한다)로 추천할 수 있다. 다만, 비례대표자치구·시·군의원의 경우에는 그 정수 범위를 초과하여 추천할 수 있다.
> ② 정당이 제1항에 따라 후보자를 추천하는 때에는 민주적인 절차에 따라야 한다.
> ③ 정당이 비례대표국회의원선거 및 비례대표지방의회의원선거에 후보자를 추천하는 때에는 그 후보자 중 100분의 50 이상을 여성으로 추천하되, 그 후보자명부 순위의 매 홀수에는 여성을 추천하여야 한다.
> ④ 정당이 임기만료에 따른 지역구국회의원선거 및 지역구지방의회의원선거에 후보자를 추천하는 때에는 각각 전국 지역구총수의 100분의 30 이상을 여성으로 추천하도록 노력하여야 한다.
> ✅ 주의
> 제3항을 위반하면 당선무효처리되지만, 제4항은 권고사항이므로 위반한다고 당선무효가 되는 것은 아님

② 기탁금

공직선거법 제56조【기탁금】 ① 후보자등록을 신청하는 자는 등록신청시에 후보자 1명마다 다음 각 호의 기탁금을 중앙선거관리위원회규칙으로 정하는 바에 따라 관할 <u>선거구선거관리위원회</u>에 납부하여야 한다. 이 경우 예비후보자가 해당 선거의 같은 선거구에 후보자등록을 신청하는 때에는 제60조의2 제2항에 따라 납부한 기탁금을 제외한 나머지 금액을 납부하여야 한다.

1. 대통령선거는 3억원

> ☑ **주의** 대통령선거 기탁금
> 5억원: 위헌

2. 지역구국회의원선거는 1천500만원

2의2. 비례대표국회의원선거는 500만원

3. 시·도의회의원선거는 300만원

4. 시·도지사선거는 5천만원

5. 자치구·시·군의 장선거는 1천만원

6. 자치구·시·군의원선거는 200만원

② 제1항의 기탁금은 체납처분이나 강제집행의 대상이 되지 아니한다.

제57조【기탁금의 반환 등】 ① 관할 선거구선거관리위원회는 다음 각 호의 구분에 따른 금액을 선거일 후 30일 이내에 기탁자에게 반환한다. 이 경우 반환하지 아니하는 기탁금은 국가 또는 지방자치단체에 귀속한다.

1. 대통령선거, 지역구국회의원선거, 지역구지방의회의원선거 및 지방자치단체의 장선거

    가. 후보자가 당선되거나 사망한 경우와 유효투표총수의 100분의 15 이상(후보자가 장애인복지법 제32조에 따라 등록한 장애인이거나 선거일 현재 39세 이하인 경우에는 유효투표총수의 100분의 10 이상을 말한다)을 득표한 경우에는 기탁금 전액

    나. 후보자가 유효투표총수의 100분의 10 이상 100분의 15 미만(후보자가 장애인복지법 제32조에 따라 등록한 장애인이거나 선거일 현재 39세 이하인 경우에는 유효투표총수의 100분의 5 이상 100분의 10 미만을 말한다)을 득표한 경우에는 기탁금의 100분의 50에 해당하는 금액

    > ☑ **비교** 기탁금의 반환
    > • 당선, 사망, 유효투표총수의 15/100 이상 득표시: 전액 반환
    > • 유효투표총수의 10/100 이상 15/100 미만: 50%만 반환

    다. 예비후보자가 사망하거나, 당헌·당규에 따라 소속 정당에 후보자로 추천하여 줄 것을 신청하였으나 해당 정당의 추천을 받지 못하여 후보자로 등록하지 않은 경우에는 제60조의2 제2항에 따라 납부한 기탁금 전액

    > ☑ **주의**
    > 헌법재판소는 당내경선에서 배제된 예비후보자들로서 본 선거에서 등록을 하지 않은 경우도 기탁금 반환 대상에서 제외하고 있는 제57조 제1항 제1호 다목 중 지역구국회의원선거와 관련된 부분에 대하여 헌법불합치결정을 선고함(헌재 2018.1.25. 2016헌마541) ⇨ 현재는 법이 개정됨

2. 비례대표국회의원선거 및 비례대표지방의회의원선거

    당해 후보자명부에 올라 있는 후보자 중 당선인이 있는 때에는 기탁금 전액. 다만, 제189조 및 제190조의2에 따른 당선인의 결정 전에 사퇴하거나 등록이 무효로 된 후보자의 기탁금은 제외한다.

번호	내용	결정
1	지역구지방의회의원선거에서도 대통령선거나 지역구국회의원선거와 마찬가지로 유효투표총수의 100분의 15 이상의 득표를 기탁금 및 선거비용 전액의 반환 또는 보전의 기준으로, 유효투표총수의 100분의 10 이상 100분의 15 미만의 득표를 기탁금 및 선거비용 반액의 반환 또는 보전의 기준으로 규정한 것이 헌법에 위반되는지 여부: **소극** (헌재 2011.6.30. 2010헌마542)	기각

③ 후보자의 공직사퇴 시한

공직선거법 제53조 【공무원 등의 입후보】 ① 다음 각 호의 어느 하나에 해당하는 사람으로서 후보자가 되려는 사람은 선거일 전 90일까지 그 직을 그만두어야 한다. 다만, 대통령선거와 국회의원선거에 있어서 국회의원이 그 직을 가지고 입후보하는 경우와 지방의회의원선거와 지방자치단체의 장의 선거에 있어서 당해 지방자치단체의 의회의원이나 장이 그 직을 가지고 입후보하는 경우에는 그러하지 아니하다.
1. 국가공무원법 제2조(공무원의 구분)에 규정된 국가공무원과 지방공무원법 제2조(공무원의 구분)에 규정된 지방공무원. 다만, 정당법 제22조(발기인 및 당원의 자격) 제1항 제1호 단서의 규정에 의하여 정당의 당원이 될 수 있는 공무원(정무직공무원을 제외한다)은 그러하지 아니하다.
2. 각급 선거관리위원회위원 또는 교육위원회의 교육위원
3. 다른 법령의 규정에 의하여 공무원의 신분을 가진 자
② 제1항 본문에도 불구하고 다음 각 호의 어느 하나에 해당하는 경우에는 선거일 전 30일까지 그 직을 그만두어야 한다.
1. 비례대표국회의원선거나 비례대표지방의회의원선거에 입후보하는 경우
2. 보궐선거 등에 입후보하는 경우
3. 국회의원이 지방자치단체의 장의 선거에 입후보하는 경우
4. 지방의회의원이 다른 지방자치단체의 의회의원이나 장의 선거에 입후보하는 경우
③ 제1항 단서에도 불구하고 비례대표국회의원이 지역구국회의원 보궐선거 등에 입후보하는 경우 및 비례대표지방의회의원이 해당 지방자치단체의 지역구지방의회의원 보궐선거 등에 입후보하는 경우에는 후보자등록신청 전까지 그 직을 그만두어야 한다.
⑤ 제1항 및 제2항에도 불구하고, 지방자치단체의 장은 선거구역이 당해 지방자치단체의 관할구역과 같거나 겹치는 지역구국회의원선거에 입후보하고자 하는 때에는 당해 선거의 선거일 전 120일까지 그 직을 그만두어야 한다.

번호	내용	결정
1	지방자치단체의 장으로 하여금 당해 지방자치단체의 관할구역과 같거나 겹치는 선거구역에서 실시되는 지역구국회의원선거에 입후보하고자 하는 경우 당해 선거의 선거일 전 180일까지 그 직을 사퇴하도록 규정하고 있는 공직선거법 제53조 제3항이 평등의 원칙에 위배되는지 여부: **적극** (헌재 2003.9.25. 2003헌마106) ☑ **주의** 120일 전은 합헌	위헌

4. 선거운동

(1) 개념

> **공직선거법 제58조 【정의 등】** ① 이 법에서 '선거운동'이라 함은 당선되거나 되게 하거나 되지 못하게 하기 위한 행위를 말한다. 다만, 다음 각 호의 어느 하나에 해당하는 행위는 선거운동으로 보지 아니한다.
> 1. 선거에 관한 단순한 의견개진 및 의사표시
> 2. 입후보와 선거운동을 위한 준비행위
> 3. 정당의 후보자 추천에 관한 단순한 지지·반대의 의견개진 및 의사표시
> 4. 통상적인 정당활동
> 6. 설날·추석 등 명절 및 석가탄신일·기독탄신일 등에 하는 의례적인 인사말을 문자메시지(그림말·음성·화상·동영상 등을 포함한다. 이하 같다)로 전송하는 행위
> ② 누구든지 자유롭게 선거운동을 할 수 있다. 그러나 이 법 또는 다른 법률의 규정에 의하여 금지 또는 제한되는 경우에는 그러하지 아니하다.
>
> **제58조의2 【투표참여 권유활동】** 누구든지 투표참여를 권유하는 행위를 할 수 있다. 다만, 다음 각 호의 어느 하나에 해당하는 행위의 경우에는 그러하지 아니하다.
> 1. 호별로 방문하여 하는 경우
> 2. 사전투표소 또는 투표소로부터 100미터 안에서 하는 경우
> 3. 특정 정당 또는 후보자(후보자가 되려는 사람을 포함한다. 이하 이 조에서 같다)를 지지·추천하거나 반대하는 내용을 포함하여 하는 경우
> 4. 현수막 등 시설물, 인쇄물, 확성장치·녹음기·녹화기(비디오 및 오디오 기기를 포함한다), 어깨띠, 표찰, 그 밖의 표시물을 사용하여 하는 경우(정당의 명칭이나 후보자의 성명·사진 또는 그 명칭·성명을 유추할 수 있는 내용을 나타내어 하는 경우에 한정한다)

(2) 기회균등의 원칙

> **헌법 제116조** ① 선거운동은 각급 선거관리위원회의 관리하에 법률이 정하는 범위 안에서 하되, 균등한 기회가 보장되어야 한다.

(3) 제한

① 시간상 제한

> **공직선거법 제59조 【선거운동기간】** 선거운동은 선거기간 개시일부터 선거일 전일까지에 한하여 할 수 있다. 다만, 다음 각 호의 어느 하나에 해당하는 경우에는 그러하지 아니하다.
> 1. 제60조의3(예비후보자 등의 선거운동) 제1항 및 제2항의 규정에 따라 예비후보자 등이 선거운동을 하는 경우
> 2. 문자메시지를 전송하는 방법으로 선거운동을 하는 경우. 이 경우 자동 동보통신의 방법(동시 수신대상자가 20명을 초과하거나 그 대상자가 20명 이하인 경우에도 프로그램을 이용하여 수신자를 자동으로 선택하여 전송하는 방식을 말한다. 이하 같다)으로 전송할 수 있는 자는 후보자와 예비후보자에 한하되, 그 횟수는 8회(후보자의 경우 예비후보자로서 전송한 횟수를 포함한다)를 넘을 수 없으며, 중앙선거관리위원회규칙에 따라 신고한 1개의 전화번호만을 사용하여야 한다.

3. 인터넷 홈페이지 또는 그 게시판·대화방 등에 글이나 동영상 등을 게시하거나 전자우편 (컴퓨터 이용자끼리 네트워크를 통하여 문자·음성·화상 또는 동영상 등의 정보를 주고 받는 통신시스템을 말한다. 이하 같다)을 전송하는 방법으로 선거운동을 하는 경우. 이 경우 전자우편 전송대행업체에 위탁하여 전자우편을 전송할 수 있는 사람은 후보자와 예비후보자에 한한다.

4. 선거일이 아닌 때에 전화(송·수화자 간 직접 통화하는 방식에 한정하며, 컴퓨터를 이용한 자동 송신장치를 설치한 전화는 제외한다)를 이용하거나 말(확성장치를 사용하거나 옥외집회에서 다중을 대상으로 하는 경우를 제외한다)로 선거운동을 하는 경우

5. 후보자가 되려는 사람이 선거일 전 180일(대통령선거의 경우 선거일 전 240일을 말한다) 부터 해당 선거의 예비후보자등록신청 전까지 제60조의3 제1항 제2호의 방법(같은 호 단서를 포함한다)으로 자신의 명함을 직접 주는 경우

② 인적 제한

공직선거법 제9조 【공무원의 중립의무 등】 ① 공무원 기타 정치적 중립을 지켜야 하는 자(기관·단체를 포함한다)는 선거에 대한 부당한 영향력의 행사 기타 선거결과에 영향을 미치는 행위를 하여서는 아니 된다.

⊘ **주의 위 조항 해당 여부**
- 국회의원, 지방의원은 위 조항에 해당되지 않음
- 대통령, 국무총리, 국무위원, 지방자치단체장은 위 조항에 해당됨

제60조 【선거운동을 할 수 없는 자】 ① 다음 각 호의 어느 하나에 해당하는 사람은 선거운동을 할 수 없다. 다만, 제1호에 해당하는 사람이 예비후보자·후보자의 배우자인 경우와 제4호부터 제8호까지의 규정에 해당하는 사람이 예비후보자·후보자의 배우자이거나 후보자의 직계존비속인 경우에는 그러하지 아니하다.

1. 대한민국 국민이 아닌 자. 다만, 제15조 제2항 제3호에 따른 외국인이 해당 선거에서 선거운동을 하는 경우에는 그러하지 아니하다.

2. 미성년자(18세 미만의 자를 말한다. 이하 같다)

3. 제18조(선거권이 없는 자) 제1항의 규정에 의하여 선거권이 없는 자

제60조의3 【예비후보자 등의 선거운동】 ① 예비후보자는 다음 각 호의 어느 하나에 해당하는 방법으로 선거운동을 할 수 있다.

1. 제61조(선거운동기구의 설치) 제1항 및 제6항 단서의 규정에 의하여 선거사무소를 설치하거나 그 선거사무소에 간판·현판 또는 현수막을 설치·게시하는 행위

2. 자신의 성명·사진·전화번호·학력(정규학력과 이에 준하는 외국의 교육과정을 이수한 학력을 말한다. 이하 제4호에서 같다)·경력, 그 밖에 홍보에 필요한 사항을 게재한 길이 9센티미터 너비 5센티미터 이내의 명함을 직접 주거나 지지를 호소하는 행위. 다만, 선박·정기여객자동차·열차·전동차·항공기의 안과 그 터미널·역·공항의 개찰구 안, 병원·종교시설·극장의 옥내(대관 등으로 해당 시설이 본래의 용도 외의 용도로 이용되는 경우는 제외한다)에서 주거나 지지를 호소하는 행위는 그러하지 아니하다.

⊘ **주의**
공직선거법 제60조의3 제1항 제6호(전화를 이용하여 송·수화자간 직접 통화하는 방식으로 지지를 호소하는 행위)는 2020년 공직선거법 개정으로 삭제됨

② 다음 각 호의 어느 하나에 해당하는 사람은 예비후보자의 선거운동을 위하여 제1항 제2호에 따른 예비후보자의 명함을 직접 주거나 예비후보자에 대한 지지를 호소할 수 있다.

1. 예비후보자의 배우자(배우자가 없는 경우 예비후보자가 지정한 1명)와 직계존비속

2. 예비후보자와 함께 다니는 선거사무장·선거사무원 및 제62조 제4항에 따른 활동보조인
3. 예비후보자가 그와 함께 다니는 사람 중에서 지정한 1명

판례정리

번호	내용	결정
1	공직선거법(이하 '공선법'이라 한다) 제9조의 공무원에 대통령이 포함되는지 여부: **적극** 공선법 제9조는 '선거에서 공무원의 중립의무'를 구체화하고 실현하는 법규정이다. 따라서 여기서의 공무원이란 원칙적으로 국가와 지방자치단체의 모든 공무원, 즉 좁은 의미의 직업공무원은 물론이고, 적극적인 정치활동을 통하여 국가에 봉사하는 정치적 공무원(예컨대 대통령, 국무총리, 국무위원, 도지사·시장 등 지방자치단체의 장)을 포함한다(헌재 2004.5.14. 2004헌나1).	기각
2	공직선거법 제9조가 위헌인지 여부: **소극** [1] 대통령의 정치인으로서 지위와 선거중립의무의 관계 결국 선거활동에 관하여 대통령의 정치활동의 자유와 선거중립의무가 충돌하는 경우에는 후자가 강조되고 우선되어야 한다. [2] 이 사건 법률조항이 청구인의 정치적 표현의 자유를 침해하는지 여부: **소극** 민주주의국가에서 공무원 특히 대통령의 선거중립으로 인하여 얻게 될 '선거의 공정성'은 매우 크고 중요한 반면, 대통령이 감수하여야 할 '표현의 자유제한'은 상당히 한정적이다. [3] 이 사건 법률조항이 평등의 원칙에 위배되는지 여부: **소극** (헌재 2008.1.17. 2007헌마700)	기각
3	선거일 전 180일부터 선거일까지 '인터넷상 정치적 표현 내지 선거운동(트위터·페이스북 등 SNS를 이용한 선거운동)'을 금지하는 것이 선거운동의 자유 내지 정치적 표현의 자유를 침해하는지 여부: **적극** (헌재 2011.12.29. 2007헌마1001)	한정위헌
4	유권자가 금품수수시에 부과할 과태료의 액수를 감액의 여지없이 일률적으로 '제공받은 금액 또는 음식물·물품 가액의 50배에 상당하는 금액'으로 정하고 있는 공직선거법이 위헌인지 여부: **적극** (헌재 2009.3.26. 2007헌가22)	헌법불합치
5	한국철도공사 상근직원에 대하여 선거운동을 금지하고 이를 처벌하는 것이 헌법에 위반되는지 여부: **적극** (헌재 2018.2.22. 2015헌바124)	위헌
6	예비후보자의 배우자가 함께 다니는 사람 중에서 지정한 자도 선거운동을 위하여 명함교부 및 지지를 호소할 수 있도록 한 공직선거법 제60조의3 제2항 제1호가 배우자가 없는 청구인의 평등권을 침해하는지 여부: **적극** (헌재 2013.11.28. 2011헌마267)	위헌
7	사전선거운동을 제한하는 공직선거법 제59조가 정치적 표현의 자유를 침해하는지 여부: **소극** (헌재 2015.4.30. 2011헌바163)	합헌
8	후보자와 후보자가 되고자 하는 자가 자신이 개설한 인터넷 홈페이지를 이용한 선거운동을 할 경우에는 그 예외를 인정하지만 일반 유권자의 경우에는 예외를 규정하지 않은 공직선거법 제59조 제3호가 선거운동의 자유를 침해하는지 여부: **소극** (헌재 2010.6.24. 2008헌바169)	합헌
9	명절에 의례적으로 전송하는 문자는 당내경선운동으로 볼 수 없다(대판 2007.2.22. 2006도7847).	기각

10	선거에 의하여 취임하는 지방자치단체의 장의 선거운동을 금지하는 공직선거법 제60조 제1항 제4호 부분 및 이에 위반한 경우 형사처벌을 하도록 한 공직선거법 제255조 제1항 제2호 부분이 헌법에 위반되는지 여부: **소극** (헌재 2020.3.26. 2018헌바90)	합헌
11	투표용지 후보자 기호를 위 순위에 따라 "1, 2, 3" 등 아라비아 숫자로 표시하도록 규정한 공직선거법 제150조 제2항이 평등권을 침해하는지 여부: **소극** (헌재 2020.2.27. 2018헌마454)	기각
12	공무원이 그 지위를 이용하여 선거운동을 하는 것을 금지 및 처벌하는 구 공직선거법 제85조 제2항 전문 중 공무원 가운데 '지방의회의원' 부분이 헌법에 위반되는지 여부: **소극** (헌재 2020.3.26. 2018헌바3)	합헌
13	국회의원 '후보자가 되고자 하는 자'로 하여금 당해 선거구 안에 있는 자나 당해 선거구 밖에 있더라도 그 선거구민과 연고가 있는 자에 대한 기부행위를 금지하고 이를 위반한 경우 형사처벌하도록 규정한 공직선거법 제113조 제1항 중 '후보자가 되고자 하는 자' 부분이 과잉금지원칙에 반하여 선거운동의 자유를 침해하는지 여부: **소극** (헌재 2021.8.31. 2018헌바149)	합헌
14	선거운동 기간 외에는 중소기업중앙회 회장선거에 관한 선거운동을 제한하고, 이를 위반하면 형사처벌하는 중소기업협동조합법 제125조 전문 중 제53조 제1항을 준용하는 부분이 결사의 자유나 표현의 자유를 침해하는지 여부: **소극** (헌재 2021.7.15. 2020헌가9)	합헌

③ 방법상의 제한

> 공직선거법 제47조 【정당의 후보자 추천】 ① 정당은 선거에 있어 선거구별로 선거할 정수 범위 안에서 그 소속 당원을 후보자(이하 '정당추천후보자'라 한다)로 추천할 수 있다. 다만, 비례대표자치구·시·군의원의 경우에는 그 정수 범위를 초과하여 추천할 수 있다.

📄 **판례정리**

번호	내용	결정
1	기초의원선거의 후보자만 정당표방을 금지하는 것이 위헌인지 여부: **적극** [1] 공직선거법 제84조 중 '자치구·시·군의회의원선거의 후보자' 부분이 정치적 표현의 자유를 침해하는지 여부: **적극** 실제로 유권자들이 기초의회의원후보자와 접촉할 수 있는 기회는 그리 많지 않은 데다가, 현실적으로 후보자에 대한 정당의 지지·추천 여부는 유권자들이 선거권을 행사함에 있어서 중요한 참고사항이 될 수밖에 없다. [2] 다른 지방선거후보자와는 달리 기초의회의원선거의 후보자에 대해서만 정당표방을 금지한 것이 평등원칙에 위배되는지 여부: **적극** (헌재 2003.1.30. 2001헌가4) ☑ **주의** 현재는 교육감만 정당표방을 금지하는 것으로 개정됨	위헌

| 2 | 대통령선거·지역구국회의원선거 및 지방자치단체의 장선거에서, 점자형 선거공보를 책자형 선거공보의 면수 이내에서 의무적으로 작성하도록 하면서, 책자형 선거공보에 내용이 음성으로 출력되는 전자적 표시가 있는 경우에는 점자형 선거공보의 작성을 생략할 수 있도록 규정한 공직선거법 제65조 제4항 중 '대통령선거·지역구국회의원선거 및 지방자치단체의 장선거' 부분이 청구인들의 선거권 및 평등권을 침해하는지 여부: 소극 (헌재 2016.12.29. 2016헌마548) | 기각 |

④ 여론·출구조사 등의 제한

> **공직선거법 제8조의8【선거여론조사심의위원회】** ① 중앙선거관리위원회와 시·도선거관리위원회는 선거에 관한 여론조사의 객관성·신뢰성을 확보하기 위하여 선거여론조사심의위원회를 각각 설치·운영하여야 한다.
>
> **제108조【여론조사의 결과공표금지 등】** ① 누구든지 <u>선거일 전 6일부터 선거일의 투표마감시각까지</u> 선거에 관하여 정당에 대한 지지도나 당선인을 예상하게 하는 여론조사(모의투표나 인기투표에 의한 경우를 포함한다. 이하 이 조에서 같다)의 경위와 그 결과를 공표하거나 인용하여 보도할 수 없다.
>
> **제167조【투표의 비밀보장】** ① 투표의 비밀은 보장되어야 한다.
> ② 선거인은 투표한 후보자의 성명이나 정당명을 누구에게도 또한 어떠한 경우에도 진술할 의무가 없으며, 누구든지 선거일의 투표마감시각까지 이를 질문하거나 그 진술을 요구할 수 없다. 다만, 텔레비전방송국·라디오방송국, 신문 등의 진흥에 관한 법률 제2조 제1호 가목 및 나목에 따른 일간신문사가 선거의 결과를 예상하기 위하여 선거일에 <u>투표소로부터 50미터 밖에서</u> 투표의 비밀이 침해되지 않는 방법으로 질문하는 경우에는 그러하지 아니하며 이 경우 투표마감시각까지 그 경위와 결과를 공표할 수 없다.
> ③ 선거인은 자신이 기표한 투표지를 공개할 수 없으며, 공개된 투표지는 무효로 한다.

📑 **판례정리**

번호	내용	결정
1	선거기간 중 여론조사결과의 공표를 금지하는 공직선거법 제108조 제1항이 국민의 알 권리와 참정권 및 언론·표현의 자유를 침해하는지 여부: 소극 (헌재 1999.1.28. 98헌바64)	합헌

5. 선거에 관한 이의와 쟁송

(1) 선거소청

지방의회의원 및 지방자치단체의 장의 선거에 있어서 선거나 당선의 효력에 관하여 이의가 있는 경우 선거관리위원회에 소청 가능(공직선거법 제219조)

(2) 선거소송

공직선거법 제222조【선거소송】① 대통령선거 및 국회의원선거에 있어서 선거의 효력에 관하여 이의가 있는 선거인·정당(후보자를 추천한 정당에 한한다) 또는 후보자는 선거일부터 <u>30일 이내에 당해 선거구선거관리위원회위원장을 피고로 하여 대법원에 소를 제기</u>할 수 있다.

✓ **주의**
대통령 및 국회의원선거는 소청 없이 바로 대법원에 소 제기

② 지방의회의원 및 지방자치단체의 장의 선거에 있어서 선거의 효력에 관한 제220조의 결정에 불복이 있는 소청인(당선인을 포함한다)은 해당 소청에 대하여 기각 또는 각하 결정이 있는 경우(제220조 제1항의 기간 내에 결정하지 아니한 때를 포함한다)에는 <u>해당 선거구선거관리위원회 위원장을</u>, 인용결정이 있는 경우에는 그 인용결정을 한 선거관리위원회 위원장을 피고로 하여 그 결정서를 받은 날(제220조 제1항의 기간 내에 결정하지 아니한 때에는 그 기간이 종료된 날)부터 <u>10일 이내</u>에 비례대표시·도의원선거 및 시·도지사선거에 있어서는 대법원에, <u>지역구시·도의원선거, 자치구·시·군의원선거 및 자치구·시·군의 장 선거에 있어서는 그 선거구를 관할하는 고등법원에 소를 제기</u>할 수 있다.

✓ **비교**
- 비례대표시·도의원선거 및 시·도지사선거: 중앙선거관리위원회에 소청
- 지역구시·도의원선거, 자치구·시·군의원선거 및 자치구·시·군의 장 선거: 관할 선거관리위원회에 소청

③ 제1항 또는 제2항에 따라 피고로 될 위원장이 궐위된 때에는 해당 선거관리위원회 위원 전원을 피고로 한다.

제224조【선거무효의 판결 등】소청이나 소장을 접수한 선거관리위원회 또는 대법원이나 고등법원은 선거쟁송에 있어 선거에 관한 규정에 위반된 사실이 있는 때라도 선거의 결과에 영향을 미쳤다고 인정하는 때에 한하여 선거의 전부나 일부의 무효 또는 당선의 무효를 결정하거나 판결한다.

(3) 선거소송과 당선소송 비교

구분	선거소송 (선거의 효력에 관하여 이의가 있을 때)		당선소송 (당선의 효력에 이의가 있을 때)	
	대통령· 국회의원선거	지방선거	대통령· 국회의원선거	지방선거
제소권자	선거인, 정당, 후보자	선거무효소청의 결정에 불복이 있는 소청인, 당선인	정당, 후보자	당선무효소청의 결정에 불복이 있는 소청인, 당선인
제소기간	선거일로부터 30일	소청결정서를 받은 날로부터 10일	당선인결정일 로부터 30일	소청결정서를 받은 날로부터 10일
관할법원	대법원	비례대표시·도의원선거 및 시·도지사선거는 대법원, 나머지 지방선거는 고등법원	대법원	비례대표시·도의원선거 및 시·도지사선거는 대법원, 나머지 지방선거는 고등법원

번호	내용	결정
1	공직선거법 제15조 제2항 제1호, 제37조 제1항의 주민등록을 요건으로 재외국민의 선거권을 제한하는 것이 재외국민의 선거권을 침해하는지 여부: **적극** (헌재 2007.6.28. 2004헌마644)	헌법불합치
2	주민등록을 요건으로 재외국민의 지방선거권을 제한하는 것이 재외국민의 지방의원선거권을 침해하는지 여부: **적극** (헌재 2007.6.28. 2004헌마644 등)	헌법불합치
3	지방자치단체장선거에서의 '60일 이상' 거주 기간요건을 두는 것이 공무담임권침해인지 여부: **소극** (헌재 2004.12.16. 2004헌마376) ☑ **주의** 국회의원은 위 거주 기간요건이 적용되지 않음	기각
4	지방선거에서 '관할구역 안의 주민등록'만을 기준으로 피선거권을 제한하는 것이 위헌인지 여부: **적극** (헌재 2007.6.28. 2004헌마644 등)	헌법불합치
5	공무원이 공직선거후보자가 되고자 하는 경우 선거일 전 60일까지 그 직을 사퇴하게 하는 공직선거법 제53조 제1항 제1호가 공무담임권을 침해하는지 여부: **소극** (헌재 2008.10.30. 2006헌마547) ☑ **주의** 현재 90일로 요건이 강화됨	기각
6	정당추천후보자와 무소속후보자에 기탁금을 차별하는 것이 위헌인지 여부: **적극** (헌재 1989.9.8. 88헌가6)	헌법불합치
7	자치구·시·군의원선거의 후보자의 정당표방금지규정이 위헌인지 여부: **적극** (헌재 2003.1.30. 2001헌가4 등)	위헌
8	선거권조항 및 재외선거인 등록신청조항이 재외선거인에게 임기만료에 의한 지역구국회의원의 선거권을 인정하지 않은 것이 위헌인지 여부: **소극** (헌재 2014.7.24. 2009헌마256)	기각
9	재외선거인 등록신청조항이 국회의원재·보궐선거의 선거권을 인정하지 않은 것이 위헌인지 여부: **소극** (헌재 2014.7.24. 2009헌마256)	기각
10	재외선거 투표절차조항이 공관방문투표를 채택한 것이 위헌인지 여부: **소극** (헌재 2014.7.24. 2009헌마256)	기각
11	수형자의 선거권제한, 집행유예자의 선거권제한 그가 저지른 범죄의 경중을 전혀 고려하지 않고 수형자와 집행유예자 모두의 선거권을 제한하는 것은 침해의 최소성원칙에 어긋난다. … 심판대상조항은 헌법 제37조 제2항에 위반하여 청구인들의 선거권을 침해하고, 헌법 제41조 제1항 및 제67조 제1항이 규정한 보통선거원칙에 위반하여 집행유예자와 수형자를 차별취급하는 것이므로 평등의 원칙에도 어긋난다(헌재 2014.1.28. 2012헌마409). ☑ **주의** • 위 판례에서 수형자는 헌법불합치판결, 집행유예자는 위헌판결을 내림 • 위와 같이 헌법재판소 위헌판결로 이후 공직선거법이 개정됨(제18조 제1항 제2호 참고) • 위 판례는 엄격한 비례심사를 함	헌법불합치, 위헌
12	"1년 이상의 징역의 형의 선고를 받고 그 집행이 종료되지 아니한 사람"은 선거권을 행사하지 못하도록 한 공직선거법 제18조 제1항 제2호가 선거권을 침해하는지 여부: **소극** (헌재 2017.5.25. 2016헌마292)	기각

13	탈법방법에 의한 광고의 배부를 금지하고 이를 위반한 경우 처벌하는 공직선거법 제93조 제1항 본문 중 '광고의 배부 금지'에 관한 부분 및 제255조 제2항 제5호 중 위 해당 부분이 유권자인 청구인의 선거운동의 자유 내지 정치적 표현의 자유를 침해하는지 여부: **소극** (헌재 2016.3.31. 2013헌바26)	합헌
14	공무원이 공직선거후보자가 되고자 하는 경우 선거일 전 60일까지 그 직을 사퇴하게 하는 공직선거법 제53조 제1항 제1호가 공무담임권을 침해하는지 여부: **소극** (헌재 2008.10.30. 2006헌마547)	기각
15	언론인의 선거운동을 금지하고 그 위반시 처벌하는 공직선거법 제60조 제1항 등이 선거운동의 자유를 침해하는지 여부: **적극** (헌재 2016.6.30. 2013헌가1)	위헌
16	사회복무요원이 선거운동을 할 경우 경고처분 및 연장복무를 하게 하는 병역법 제33조 제2항 제2호 중 공직선거법 제58조 제1항 등이 사회복무요원의 선거운동의 자유를 침해하는지 여부: **소극** (헌재 2016.10.27. 2016헌마252)	기각
17	비례대표국회의원선거 기탁금 등 사건 따라서 후보자 1명마다 1천500만원이라는 기탁금액은 상대적으로 당비나 국고보조금을 지원받기 어렵고 재정상태가 열악한 신생정당이나 소수정당에게 선거에의 참여 자체를 위축시킬 수 있는 지나치게 과다한 금액에 해당한다. 이상을 종합하면, 비례대표 기탁금조항은 침해의 최소성원칙에 위반된다. … 공익에 비하여 비례대표 기탁금조항으로 인하여 비례대표국회의원후보자나 이를 추천하는 정당이 받게 되는 공무담임권 및 정당활동의 자유에 대한 제한의 불이익이 매우 크므로, 비례대표 기탁금조항은 법익의 균형성원칙에도 위반된다. 따라서 비례대표 기탁금조항은 과잉금지원칙을 위반하여 청구인들의 공무담임권 등을 침해한다(헌재 2016.12.29. 2015헌마1160). ☑ **주의** 현재 500만원으로 기탁금 조항이 개정됨	헌법불합치
18	지방자치단체의 장선거권이 헌법에 보장되는 기본권인지 여부: **적극** 주민자치제를 본질로 하는 민주적 지방자치제도가 안정적으로 뿌리내린 현 시점에서 지방자치단체의 장 선거권을 지방의회의원선거권, 더 나아가 국회의원선거권 및 대통령선거권과 구별하여 하나는 법률상의 권리로, 나머지는 헌법상의 권리로 이원화하는 것은 무의미한 것으로 보인다(헌재 2016.10.27. 2014헌마797).	기각
19	지방자치단체의 장선거에서 후보자등록 마감시간까지 후보자 1인만이 등록한 경우 투표를 실시하지 않고, 그 후보자를 당선인으로 결정하도록 하는 공직선거법 조항이 선거권을 침해하는지 여부: **소극** (헌재 2016.10.27. 2014헌마797)	기각
20	1인 1표제하의 비례대표국회의원선거방식이 직접선거원칙 등에 위반하여 위헌인지 여부: **적극** (헌재 2001.7.19. 2000헌마91 등)	위헌
21	공직선거법 제85조 제1항 등 위헌소원 [1] "공무원이 지위를 이용하여 선거에 영향을 미치는 행위" 부분은 죄형법정주의의 명확성원칙에 위배되지 않는다. [2] 이 사건 처벌조항은 공무원이 그 지위를 이용하여 선거에 영향을 미치는 행위를 한 경우 "1년 이상 10년 이하의 징역 또는 1천만 원 이상 5천만 원 이하의 벌금"에 처하도록 규정하고 있는바, 비록 벌금형을 선택형으로 규정하고 있긴 하나 보호법익과 죄질이 동일하거나 유사한 위 조항들과 비교할 때 형벌체계상의 균형 등을 고려하지 않고 법정형만을 전반적으로 상향시켰다. … 그에 관한 처벌규정 부분은 형벌체계상의 균형에 현저히 어긋나므로 헌법에 위반된다(헌재 2016.7.28. 2015헌바6).	[1] 합헌 [2] 위헌

22	공직선거법 제86조 제1항 제2호의 '공무원이 선거운동의 기획에 참여하거나 그 기획의 실시에 관여하는 행위'가 정치적 표현의 자유를 침해하는지 여부: **적극** 이 사건 법률조항은 공무원의 정치적 표현의 자유를 침해하나, 다만 위와 같은 위헌성은 공무원이 '그 지위를 이용하여' 하는 선거운동의 기획행위 외에 사적인 지위에서 하는 선거운동의 기획행위까지 포괄적으로 금지하는 것에서 비롯된 것이므로, 이 사건 법률조항은 공무원의 지위를 이용하지 아니한 행위에까지 적용하는 한 헌법에 위반된다(헌재 2008.5.29. 2006헌마1096). ✅ **주의** 　다만, 이 사건에서는 '공무원이 선거운동의 기획에 참여하거나 그 기획의 실시에 관여하는 행위'가 죄형법정주의의 명확성 원칙에 위배되는지도 쟁점이 되었는데, 헌법재판소는 그 부분에 대해서는 죄형법정주의의 명확성 원칙에 어긋나지 않는다고 판시함	한정위헌
23	선거기간 중 국민운동단체인 바르게살기운동협의회의 모임을 개최한 자를 처벌하는 공직선거법 제256조가 책임주의 원칙, 과잉금지원칙, 평등원칙에 위반되는지 여부: **소극** (헌재 2013.12.26. 2010헌가90)	합헌
24	후보자가 시각장애선거인을 위한 점자형 선거공보 1종을 책자형 선거공보 면수 이내에서 임의로 작성할 수 있도록 한 공직선거법 제65조 제4항이 시각장애인의 선거권과 평등권을 침해하는지 여부: **소극** (헌재 2014.5.29. 2012헌마913)	기각
25	공직선거법 제79조 제1항 및 공직선거법 제101조 중 선거운동기간 중 공개장소에서 비례대표국회의원후보자의 연설·대담을 금지하는 부분이 비례대표국회의원후보자인 청구인의 선거운동의 자유 및 정당활동의 자유를 침해하는지 여부: **소극** (헌재 2013.10.24. 2012헌마311)	기각
26	기부행위의 제한의 적용을 받는 자에 '후보자가 되고자 하는 자'까지 포함하면서 기부행위의 제한기간을 폐지하여 상시 제한하도록 한 공직선거법 조항이 일반적 행동자유권을 침해하는지 여부: **소극** (헌재 2014.2.27. 2013헌바106)	합헌
27	교사들이 선거에 입후보하거나 선거운동을 하기 위해서는 선거일 전 90일까지 교원직을 그만 두도록 하는 공직선거법 제53조 등이 교원의 공무담임권과 평등권을 침해하는지 여부: **소극** (헌재 2019.11.28. 2018헌마222)	기각
28	인터넷언론사에 대해 선거일 전 90일부터 선거일까지 후보자 명의의 칼럼 등을 게재하는 보도를 제한하는 '인터넷선거보도 심의기준 등에 관한 규정' 조항이 과잉금지원칙에 위배되어 표현의 자유를 침해하는지 여부: **적극** (헌재 2019.11.28. 2016헌마90)	위헌
29	지역구국회의원선거예비후보자의 기탁금 반환 사유로 예비후보자가 당의 공천심사에서 탈락하고 후보자등록을 하지 않았을 경우를 규정하지 않은 공직선거법 제57조 제1항 제1호 다목 중 지역구국회의원선거와 관련된 부분이 청구인의 재산권을 침해하는지 여부: **적극** (헌재 2018.1.25. 2016헌마541) ✅ **주의** 관련법 개정 　기탁금 반환 요건에 '예비후보자가 사망하거나, 당헌·당규에 따라 소속 정당에 후보자로 추천하여 줄 것을 신청하였으나 해당 정당의 추천을 받지 못하여 후보자로 등록하지 않은 경우'가 추가됨	헌법불합치
30	선거권자의 연령을 선거일 현재를 기준으로 산정하도록 규정한 공직선거법 제17조 중 '선거권자의 연령은 선거일 현재로 산정한다.' 부분이 구 공직선거법에 따라 선거권이 있는 만 19세 생일이 선거일 이틀 뒤에 있었던 청구인의 선거권을 침해하는지 여부: **소극** (헌재 2021.9.30. 2018헌마300)	기각
31	재외투표기간 개시일 이후에 귀국한 재외선거인 등이 국내에서 선거일에 투표할 수 있도록 하는 절차를 마련하지 아니한 공직선거법 제218조의16 제3항 중 '재외투표기간 개시일 전에 귀국한 재외선거인 등'에 관한 부분이 선거권을 침해하는지 여부: **적극** (헌재 2022.1.27. 2020헌마895)	헌법불합치

32	선거운동기간을 제한하고 이를 위반한 사전선거운동을 형사처벌하도록 규정한 구 공직선거법 제59조 중 선거운동기간 전에 개별적으로 대면하여 말로 하는 선거운동에 관한 부분 등이 정치적 표현의 자유를 침해하는지 여부: **적극** (헌재 2022.2.24. 2018헌바146)	위헌
33	착신전환 등을 통한 중복 응답 등 범죄로 100만 원 이상의 벌금형의 선고를 받고 형이 확정된 후 5년이 경과하지 아니한 경우에 선거권을 제한하는 것이 선거권을 침해하는지 여부: **소극** (헌재 2022.3.31. 2019헌마986)	기각
34	누구든지 일정 기간 동안 선거에 영향을 미치게 하기 위한 광고물 설치·진열·게시, 표시물 착용을 할 수 없도록 하고, 이에 위반한 경우 처벌하도록 한 공직선거법이 위헌인지 여부: **적극** (헌재 2022.7.21. 2017헌가1)	헌법불합치
35	선거기간 중 선거에 영향을 미치게 하기 위한 집회나 모임을 금지하는 것이 집회의 자유, 정치적 표현의 자유를 침해하는지 여부: **적극** (헌재 2022.7.21. 2018헌바164)	위헌
36	누구든지 선거일 전 180일전부터 화환 설치를 금지하는 공직선거법 조항이 정치적 표현의 자유를 침해하는지 여부: **적극** (헌재 2023.6.29. 2023헌가12)	헌법불합치
37	공직선거법 제104조 중 '누구든지 이 법의 규정에 의한 공개장소에서의 연설·대담장소에서 기타 어떠한 방법으로도 연설·대담장소 등의 질서를 문란하게 하거나'에 관한 부분(이하 '심판대상조항'이라 한다) 중 '기타 어떠한 방법으로도'가 죄형법정주의의 명확성원칙 및 정치적 표현의 자유를 침해하는지 여부: **소극** (헌재 2023.5.25. 2019헌가13)	합헌
38	일정기간 동안(선거일전 180일부터 선거일) 선거에 영향을 미치게 하기 위한 벽보 게시, 인쇄물 배부·게시를 금지하는 공직선거법 제93조 제1항 본문 중 '인쇄물 살포'에 관한 부분 및 이에 위반한 경우 처벌하는 공직선거법 제255조 제2항 제5호 중 '제93조 제1항 본문의 인쇄물 살포'에 관한 부분(이하 '심판대상조항'이라 한다)이 정치적 표현의 자유를 침해하는지 여부: **적극** (헌재 2023.3.23. 2023헌가4)	헌법불합치
39	47석의 비례대표의석을 지역구의석과 연동하여 배분하는 준연동형 비례대표제를 채택하기로 한 공직선거법이 위헌인지 여부: **소극** (헌재 2023.7.20. 2019헌마1443)	기각
40	종교단체 내 직무상 지위를 이용한 선거운동을 금지한 것이 정치적 표현의 자유를 침해하는지 여부: **소극** (헌재 2024.1.25. 2021헌바233)	합헌
41	지방공사 상근직원 선거운동 금지하는 것이 선거운동의 자유를 침해하는지 여부: **적극** (헌재 2024.1.25. 2021헌가14)	위헌

6. 각 선거별 비교

구분	대통령선거	국회의원선거	지방자치단체장선거	지방의회의원선거
선거권	18세 이상 국민		• 18세 이상 • 해당 관할구역에 주민등록 영주체류자격 취득 후 3년 경과한 외국인으로서 해당 지방자치단체의 외국인등록대장에 올라 있는 사람	
피선거권	• 40세 이상(헌법) • 5년 이상 국내거주 (공직선거법) • 국회의원 피선거권이 있는 자	• 18세 이상 • 거주요건 없음	• 18세 이상 • 선거일 현재 계속해서 60일 이상 주민등록이 되어 있는 주민	
선거일 (선거기간)	임기만료 전 70일 이후 첫 번째 수요일(23일)	임기만료 전 50일 이후 첫 번째 수요일(14일)	임기만료 전 30일 이후 첫 번째 수요일(14일)	
보궐선거	실시사유가 확정된 때로부터 60일 이내	보궐선거일 법정화(4월 중 첫 번째 수요일)		
기탁금	3억원	1천500만원	• 자치구·시·군: 1천만원 • 시·도: 5천만원	• 자치구·시·군: 200만원 • 시·도: 300만원
최고득표자가 2인 이상일 경우	의회재적 과반수 출석에 다수표 득표자 당선	연장자 당선		
출마자가 1인일 경우	선거권자총수의 3분의 1	무투표 당선		

7. 입후보 전 공직사퇴 시한

구분	대통령선거	국회의원선거	지방자치단체장선거	지방의회의원선거
국회의원	직을 가지고 입후보	직을 가지고 입후보	선거일 전 30일	선거일 전 90일
지방자치단체장	선거일 전 90일	• 선거구역이 당해 지방자치단체의 관할구역과 같거나 겹치는 경우: 선거일 전 120일 • 다른 지방: 선거일 전 90일	• 당해 지방: 직을 가지고 입후보 • 다른 지방: 선거일 전 90일	• 당해 지방: 직을 가지고 입후보 • 다른 지방: 선거일 전 90일
지방의회의원	선거일 전 90일	선거일 전 90일	• 당해 지방: 직을 가지고 입후보 • 다른 지방: 선거일 전 30일	• 당해 지방: 직을 가지고 입후보 • 다른 지방: 선거일 전 30일

제6절 공무원제도

1 공무원의 구분

경력직 공무원	일반직 공무원	기술·연구 또는 행정 일반에 대한 업무를 담당하는 공무원
	특정직 공무원	법관, 검사, 외무공무원, 경찰공무원, 소방공무원, 교육공무원, 군인, 군무원, 헌법재판소 헌법연구관, 국가정보원의 직원과 특수 분야의 업무를 담당하는 공무원으로서 다른 법률에서 특정직 공무원으로 지정하는 공무원
특수경력직 공무원	정무직 공무원	• 선거로 취임하거나 임명할 때 국회의 동의가 필요한 공무원 • 고도의 정책결정업무를 담당하거나 이러한 업무를 보조하는 공무원으로서 법률이나 대통령령에서 정무직으로 지정하는 공무원
	별정직 공무원	비서관·비서 등 보좌업무 등을 수행하거나 특정한 업무 수행을 위하여 법령에서 별정직으로 지정하는 공무원

2 현행헌법과 공무원제도

1. 현행헌법의 규정

헌법 제7조 ① 공무원은 국민전체에 대한 봉사자이며, 국민에 대하여 책임을 진다.
　② 공무원의 신분과 정치적 중립성은 법률이 정하는 바에 의하여 보장된다.

　◇ 주의
　　제1항의 공무원은 최광의의 공무원을 의미하고, 제2항의 공무원은 경력직 공무원만을 의미함

2. 공무원의 헌법상 지위

국민 전체에 대한 봉사자	공무원이란 공무수탁사인을 포함하는 최광의의 공무원을 의미함(다수설)
국민에 대한 책임	기본적으로 윤리적·정치적 책임을 의미하고, 예외적으로만 법적 책임이 인정됨

3. 직업공무원제도

(1) 발전과정

외국헌법	바이마르 헌법이 처음 규정 ⇨ 칼 슈미트가 제도적 보장이론으로 체계화
제3차 개헌	공무원의 신분 보장과 정치적 중립성(직업공무원제도)을 처음 규정
제5차 개헌	국민 전체에 대한 봉사자로서의 공무원 규정(자유위임의 근거)
제9차 개헌	국군의 정치적 중립을 처음 규정

(2) 적용범위

① 국가 또는 공공단체와 근로관계를 맺고 공법상 특별권력관계 내지 특별행정법관계 아래 공무를 담당하는 협의의 공무원

② 정치적 공무원, 임시적 공무원은 포함되지 않음(헌재 1989.12.18. 89헌마32·33; 통설)

(3) 내용

정치적 중립성	• 원칙: 정치활동 금지, 정당 가입 금지, 선거운동 금지 • 예외 　- 정당 가입이 가능한 공무원: 정무직, 별정직, 조교수 이상의 교원 　- 선거에서 중립성이 요구되지 않는 공무원: 국회의원, 지방의원
공무원의 신분보장	• 정권교체의 영향을 받지 않음 • 동일한 정권하에서도 정당한 이유 없이 해임당하지 않음
실적주의	• 인사행정에 있어 정치적 또는 정실적 요소를 배제함 • 공무원의 임용은 시험성적·근무성적 그 밖의 능력의 실증에 의하여 행함(국가공무원법 제26조, 지방공무원법 제25조)

📋 판례정리

번호	내용	결정
1	후임자 임명처분에 의한 공무원직 상실규정이 위헌인지 여부: **적극** (헌재 1989.12.18. 89헌마32·33)	위헌
2	국가안전기획부직원에 대한 계급정년을 새로이 규정하면서 이를 소급적용하도록 한 것이 위헌인지 여부: **소극** (헌재 1994.4.28. 91헌바15·19 등)	합헌
3	금고 이상 형의 '집행유예'를 받은 공무원을 당연퇴직사유로 한 것이 위헌인지 여부: **소극** (헌재 2003.12.18. 2003헌마409)	기각
4	금고 이상 형의 '선고유예'를 받은 지방공무원을 당연퇴직사유로 한 것이 위헌인지 여부: **적극** (헌재 2002.8.29. 2001헌마788·2002헌마173)	위헌
5	공무원이 수뢰죄를 범하여 금고 이상의 형의 선고유예를 받은 경우에 당연퇴직사유로 한 것이 위헌인지 여부: **소극** (헌재 2013.7.25. 2012헌바409)	합헌
6	'직제와 정원의 개폐 또는 예산의 감소 등에 의하여 폐직 또는 과원이 된 때'에 직권면직시킬 수 있도록 규정한 지방공무원법 제62조 제1항 제3호가 직업공무원제도를 위반하는지 여부: **소극** (헌재 2004.11.25. 2002헌바8)	합헌
7	형사사건으로 기소되면 '필요적으로' 직위해제처분을 하도록 한 국가공무원법규정이 위헌인지 여부: **적극** (헌재 1998.5.28. 96헌가12)	위헌
8	형사사건으로 기소된 공무원을 '임의적으로' 직위해제할 수 있도록 규정한 구 국가공무원법 제73조의2 제1항 제4호 부분이 공무담임권을 침해하는지 여부: **소극** (헌재 2006.5.25. 2004헌바12)	합헌
9	공무원의 집단행위를 금지하고 있는 지방공무원법 제82조 중 제58조 제1항이 정치적 표현의 자유를 침해하는지 여부: **소극** (헌재 2014.8.28. 2011헌바50)	합헌
10	공무원은 직무의 내외를 불문하고 품위손상행위를 하여서는 아니 된다고 규정하고 직무의 내외를 불문하고 체면이나 위신을 손상하는 행위를 한 때를 공무원의 징계사유로 규정한 국가공무원법 제63조 등이 명확성의 원칙에 위배되는지 여부: **소극** (헌재 2016.2.25. 2013헌바435)	합헌
11	금고 이상의 형의 선고유예를 받고 그 기간 중에 있는 자를 임용결격사유로 삼고, 위 사유에 해당하는 자가 임용되더라도 이를 당연무효로 하는 구 국가공무원법 제33조 제1항 제5호가 공무담임권을 침해하는지 여부: **소극** (헌재 2016.7.28. 2014헌바437)	합헌

12	임용결격자가 공무원으로 임용되어 사실상 근무하여 온 경우 공무원연금법상 퇴직급여 등을 청구할 수 있는지 여부: **소극** (대판 1997.7.12. 96누3333)	기각
13	임명권자의 후임자가 임명되면 국회사무처와 국회도서관의 직원이 공무원직을 상실하도록 규정한 국가보위입법회의법 부칙 4항이 직업공무원제도의 본질적 내용을 침해하는지 여부: **적극** (헌재 1989.12.28. 89헌마32)	위헌
14	지방자치단체의 장은 다른 지방자치단체의 장의 동의를 얻어 그 소속 공무원을 전입할 수 있다고 규정한 지방공무원법 제29조의3이 공무원의 신분보장 원칙에 위배되는지 여부: **소극** (헌재 2002.11.28. 98헌바101) ☑ **주의 동의가 없는 지방공무원의 전보** 헌법재판소는 지방자치단체의 장이 다른 지방자치단체장의 동의를 얻어 지방공무원을 전입할 수 있게 한 위 규정에는 '당연히 지방공무원의 동의가 있을 것'이라는 전제를 포함한다고 해석함. 즉, 위 규정이 합헌이라고 해서 지방공무원의 전보에 있어서 지방공무원의 동의가 필요하지 않다는 뜻이 아니라, 위 규정이 전보대상이 된 지방공무원의 동의까지 요구하고 있다는 뜻으로 이해해야 하고, 따라서 지방공무원의 동의가 없는 지방공무원의 전보는 위법하게 됨	합헌
15	금융기관 임직원의 수재행위를 공무원의 수뢰죄와 같은 수준으로 가중처벌하도록 한 규정이 위헌인지 여부: **소극** (헌재 2012.12.27. 2011헌바217) ☑ **비교** 금융기관 임직원의 수재행위를 공무원보다 더 중한 법정형으로 처벌하는 규정은 위헌(헌재 2006.4.27. 2006헌가5)	합헌
16	선거관리위원회 공무원에 대해 특정 정당이나 후보자를 지지·반대하는 단체에의 가입·활동 등을 금지하는 것이 선거관리위원회 공무원의 정치적 표현의 자유 등을 침해하는지 여부: **소극** (헌재 2012.3.29. 2010헌마97)	기각

4. 공무원의 기본권제한

(1) 정치적 활동의 제한

> 국가공무원법 제65조【정치 운동의 금지】① 공무원은 정당이나 그 밖의 정치단체의 결성에 관여하거나 이에 가입할 수 없다.

(2) 근로3권의 제한

> 헌법 제33조 ② 공무원인 근로자는 법률이 정하는 자에 한하여 단결권·단체교섭권 및 단체행동권을 가진다.
>
> 제37조 ② 국민의 모든 자유와 권리는 국가안전보장·질서유지 또는 공공복리를 위하여 필요한 경우에 한하여 법률로써 제한할 수 있으며, 제한하는 경우에도 자유와 권리의 본질적인 내용을 침해할 수 없다.
>
> ☑ **주의 헌법 제37조 제2항**
> - 일명 과잉금지의 원칙
> - 필요한 경우에 한하여 '법률'로써만 제한(제한의 요건을 헌법에 명시)
> - 본질적인 내용 침해 금지(제3차 도입 / 제7차 삭제 / 제8차 부활)

(3) 특수한 신분관계에 의한 제한

협의의 공무원은 국가와 공법상 특수한 신분관계이므로 일반 국민보다 더 많은 기본권의 제한을 받음

위헌 결정	• 자격정지 이상 형의 '선고유예'를 받은 직업군인의 당연제적 • 자격정지 이상 형의 '선고유예'를 받은 경찰공무원의 당연퇴직 • 검찰총장의 퇴직 후 2년 이내에 모든 공직에의 취임금지 • 국가인권위원회위원의 퇴직 후 2년간 교육공무원을 제외한 모든 공직에의 취임금지 • 지방자치단체장이 '금고 이상의 형의 선고를 받은 경우' 부단체장의 권한대행제도 ⊘ 주의 '금고 이상의 형의 선고를 받은 경우'와 '구금된 경우'를 구별할 것
합헌 결정	• 교육경력자의 지방교육위원 우선당선조항 • 초·중등학교 교원의 정년을 65세에서 62세로 하향조정 • 지방자치단체의 직제가 폐지된 경우 해당 공무원을 직권면직할 수 있도록 한 것 • 정부투자기관직원의 지방의회의원 겸직금지 • 지방공사직원의 지방의회의원 겸직금지 • 국가안전기획부직원에 대하여 임용 당시의 연령정년제를 계급정년제로 변경하는 것 • 선거기간 중 정상적인 업무 외의 출장을 한 공무원의 당연퇴직 • 지방공무원의 정년을 5급 이상은 60세, 6급 이하는 57세로 차별하는 것 • 경찰공무원의 정년을 경정 이상은 60세, 경감 이하는 57세로 차별하는 것

제7절 지방자치제도

1 본질

1. 특정 지방자치단체를 통·폐합하는 것은 가능하나, 모든 지방자치단체를 폐지하는 것은 '자치단체 보장'을 침해하는 것이 되므로 허용될 수 없음

2. 일정 지역 내의 지방자치단체인 시·군을 모두 폐지하여 지방자치단체의 중층구조를 단층화하는 것이 헌법상 지방자치제도의 보장에 위배되는 것은 아님(헌재 2006.4.27. 2005헌마1190)

📑 판례정리

번호	내용	결정
1	주민소환제 자체가 지방자치의 본질적인 내용인지 여부: **소극** (헌재 2009.3.26. 2007헌마843)	기각
2	감사원에 의한 지방자치단체의 자치사무에 대한 합목적성 감사가 지방자치권의 본질을 침해하여 위헌인지 여부: **소극** (헌재 2009.5.28. 2006헌라6)	–
3	법률로 특정 지방자치단체를 폐지하여 다른 지방자치단체에 병합하는 것이 지방자치제도의 본질적 내용을 침해하는지 여부: **소극** (헌재 1995.3.23. 94헌마175)	기각

2 우리나라의 지방자치제도

1. 헌법규정

> 헌법 제117조 ① 지방자치단체는 주민의 복리에 관한 사무를 처리하고 재산을 관리하며, 법령의 범위 안에서 자치에 관한 규정을 제정할 수 있다.
> ② 지방자치단체의 종류는 법률로 정한다.
>
> 제118조 ① 지방자치단체에 의회를 둔다.
> ② 지방의회의 조직·권한·의원선거와 지방자치단체의 장의 선임방법 기타 지방자치단체의 조직과 운영에 관한 사항은 법률로 정한다.

헌법이 직접 규정	법률로 규정하도록 명시
• 자치사무, 재산관리권	• 지방자치단체의 종류
• 자치에 관한 규정 제정권	• 지방의회의 조직·권한·의원선거
• 지방의회의 설치(지방의회는 헌법상 필수기관)	• 지방자치단체장의 선임방법

2. 지방자치단체의 종류

> 헌법 제117조 ② 지방자치단체의 종류는 법률로 정한다.

(1) 일반지방자치단체

> 지방자치법 제2조【지방자치단체의 종류】① 지방자치단체는 다음의 두 가지 종류로 구분한다.
> 1. 특별시, 광역시, 특별자치시, 도, 특별자치도
> 2. 시, 군, 구

(2) 특별지방자치단체

> 지방자치법 제2조【지방자치단체의 종류】③ 제1항의 지방자치단체 외에 특정한 목적을 수행하기 위하여 필요하면 따로 특별지방자치단체를 설치할 수 있다. (후략)

(3) 지방자치단체의 법인격

> 지방자치법 제3조【지방자치단체의 법인격과 관할】① 지방자치단체는 법인으로 한다.

3. 지방자치단체의 기관

(1) 지방의회

① 구성: 헌법상 지방의회는 필수적 기관(헌법 제118조 제1항), 임기 4년의 지방의회의원들로써 구성되며(지방자치법), 반드시 의원선거에 의하여 선출되어야 함(헌법 제118조 제2항)

> ⊘ 주의
> 지방의회의원을 명예직으로 한다는 규정은 삭제됨

② 운영

> 지방자치법 제53조 【정례회】 ① 지방의회는 <u>매년 2회 정례회</u>를 개최한다.
>   ② 정례회의 집회일, 그 밖에 정례회 운영에 필요한 사항은 해당 지방자치단체의 조례로 정한다.
> 제62조 【의장·부의장 불신임의 의결】 ① 지방의회의 의장이나 부의장이 법령을 위반하거나 정당한 사유 없이 직무를 수행하지 아니하면 지방의회는 불신임을 의결할 수 있다.
>   ② 제1항의 불신임 의결은 재적의원 4분의 1 이상의 발의와 재적의원 과반수의 찬성으로 한다.
>   ③ 제2항의 불신임 의결이 있으면 지방의회의 의장이나 부의장은 그 직에서 해임된다.
> 제72조 【의사정족수】 ① 지방의회는 <u>재적의원 3분의 1 이상의 출석으로 개의(開議)</u>한다.
>   ② 회의 참석 인원이 제1항의 정족수에 미치지 못할 때에는 지방의회의 의장은 회의를 중지하거나 산회(散會)를 선포한다.
> 제73조 【의결정족수】 ① 회의는 이 법에 특별히 규정된 경우 외에는 재적의원 과반수의 출석과 출석의원 과반수의 찬성으로 의결한다.
>   ② 지방의회의 의장은 의결에서 표결권을 가지며, 찬성과 반대가 같으면 부결된 것으로 본다.

③ 권한

> 지방자치법 제49조 【행정사무 감사권 및 조사권】 ① 지방의회는 매년 <u>1회</u> 그 지방자치단체의 사무에 대하여 <u>시·도에서는 14일의 범위에서, 시·군 및 자치구에서는 9일의 범위에서 감사</u>를 실시하고, 지방자치단체의 사무 중 특정 사안에 관하여 본회의 의결로 본회의나 위원회에서 조사하게 할 수 있다.
>   ② 제1항의 조사를 발의할 때에는 이유를 밝힌 서면으로 하여야 하며, 재적의원 3분의 1 이상의 찬성이 있어야 한다.
>   ③ 지방자치단체 및 그 장이 위임받아 처리하는 국가사무와 시·도의 사무에 대하여 <u>국회와 시·도의회가 직접 감사하기로 한 사무 외에는</u> 그 감사를 각각 해당 <u>시·도의회와 시·군 및 자치구의회가 할 수 있다</u>. 이 경우 국회와 시·도의회는 그 감사 결과에 대하여 그 지방의회에 필요한 자료를 요구할 수 있다.
> 제51조 【행정사무처리상황의 보고와 질의응답】 ② 지방자치단체의 장이나 관계 공무원은 지방의회나 그 위원회가 요구하면 출석·답변하여야 한다. 다만, 특별한 이유가 있으면 지방자치단체의 장은 관계 공무원에게 출석·답변하게 할 수 있다.

승인권	지방자치단체의 장은 지방의회의 의결을 거쳐야 할 사항에 대하여 선결처분을 할 수 있는데(지방자치법 제122조 제1항), 이를 지체 없이 지방의회에 보고하여 승인을 얻어야 함(지방자치법 제122조 제2항·제3항)
각종 선출 및 선임권	지방의회는 의장·부의장·임시의장을 선출하고(지방자치법 제57조, 제60조), 위원회의 위원을 선임함(지방자치법 제64조 제3항)
자율권	지방의회의 조직·의원신분·운영 등의 사항에 대하여 <u>스스로 결정·규제함</u>

④ 지방의회의원의 권리·의무

권리	의안제출권, 임시회 및 위원회소집권, 표결권, 질문 및 질의권, 토론권, 청원의 소개권, 의정활동비·여비·월정수당 청구권 등 **⊘ 주의 국회의원과의 비교** • 불체포 특권·면책특권: 국회의원 ○ / 지방의원 ✕ • 권한쟁의능력: 국회의원 ○ / 지방의원 ✕ • 징계의결 제소: 국회의원 ✕ / 지방의원 ○
의무	공익우선의무, 청렴 및 품위유지의무, 이권불개입의무, 영업금지의무, 회의장에서의 질서유지·모욕적 발언금지·발언방해금지 등 의사진행에 관한 의무, 본회의와 위원회에 출석할 의무 등

⑤ 지방의회와 국회

구분	지방의회	국회
최초의 임시회	임기 개시일부터 25일 이내	임기 개시 후 7일에 집회
임시회소집요구	지방자치단체의 장이나 조례로 정하는 수 이상의 지방의회의원이 요구	재적의원 4분의 1 이상
의사정족수	재적의원 3분의 1 이상	재적의원 5분의 1 이상
의결정족수	재적 과반수출석 + 출석 과반수찬성	재적 과반수출석 + 출석 과반수찬성
회의비공개발의	의원 3인 이상	의원 10인 이상
회기일수제한	당해 지방자치단체의 조례로 정함	정기회는 100일을, 임시회는 30일을 초과할 수 없음
연간회의일수제한	당해 지방자치단체의 조례로 정함	없음

📑 판례정리

번호	내용	결정
1	지방의회의장선거가 항고소송의 대상이 되는지 여부: **적극** (대판 1995.1.12. 94누2602)	파기환송
2	지방의회의 의원징계의결에 대해서 행정소송으로 다툴 수 있는지 여부: **적극** (대판 1993.11.26. 93누7341)	기각
3	국회의원의 경우 지방공사 직원의 겸직이 허용되는 반면, 지방의회의원의 경우 이 사건 법률조항에 의하여 지방공사직원의 직을 겸할 수 없는 것이 지방의회의원의 평등권 등을 침해하는지 여부: **소극** (헌재 2012.4.24. 2010헌마605)	기각
4	세종특별자치시의회를 신설하면서 지방의회의원선거를 실시하지 아니하고 연기군의회의원 등에게 세종특별자치시의회의원의 자격을 취득하도록 규정하고 있는 세종특별자치시 설치 등에 관한 특별법 부칙 제4조 제1항, 제2항 전단이 충남 연기군 주민의 선거권 및 공무담임권을 침해하는지 여부: **소극** (헌재 2013.2.28. 2012헌마131)	기각

(2) 지방자치단체의 장

① 의의: 지방자치단체의 사무를 처리하고 지방의회의 의결사항을 집행하는 일반 집행기관

> **지방자치법 제106조【지방자치단체의 장】** 특별시에 특별시장, 광역시에 광역시장, 특별자치시에 특별자치시장, 도와 특별자치도에 도지사를 두고, 시에 시장, 군에 군수, 자치구에 구청장을 둔다.

② 선출과 지위

> **지방자치법 제107조【지방자치단체의 장의 선거】** 지방자치단체의 장은 주민의 보통·평등·직접·비밀선거로 선출한다.
>
> **제108조【지방자치단체의 장의 임기】** 지방자치단체의 장의 임기는 4년으로 하며, 3기 내에서만 계속 재임(在任)할 수 있다.

③ 권한

> **지방자치법 제29조【규칙】** 지방자치단체의 장은 법령 또는 조례의 범위에서 그 권한에 속하는 사무에 관하여 규칙을 제정할 수 있다.
>
> **제114조【지방자치단체의 통할대표권】** 지방자치단체의 장은 지방자치단체를 대표하고, 그 사무를 총괄한다.
>
> **제116조【사무의 관리 및 집행권】** 지방자치단체의 장은 그 지방자치단체의 사무와 법령에 따라 그 지방자치단체의 장에게 위임된 사무를 관리하고 집행한다.
>
> **제118조【직원에 대한 임면권 등】** 지방자치단체의 장은 소속 직원(지방의회의 사무직원은 제외한다)을 지휘·감독하고 법령과 조례·규칙으로 정하는 바에 따라 그 임면·교육훈련·복무·징계 등에 관한 사항을 처리한다.
>
> **제120조【지방의회의 의결에 대한 재의 요구와 제소】** ① 지방자치단체의 장은 지방의회의 의결이 월권이거나 법령에 위반되거나 공익을 현저히 해친다고 인정되면 그 의결사항을 이송받은 날부터 20일 이내에 이유를 붙여 재의를 요구할 수 있다.
> ② 제1항의 요구에 대하여 재의한 결과 재적의원 과반수의 출석과 출석의원 3분의 2 이상의 찬성으로 전과 같은 의결을 하면 그 의결사항은 확정된다.
> ③ 지방자치단체의 장은 제2항에 따라 재의결된 사항이 법령에 위반된다고 인정되면 대법원에 소를 제기할 수 있다. 이 경우에는 제192조 제4항을 준용한다.
>
> **⊘ 주의**
> • 재의결된 사항에 대해서는 법령위반의 경우에만 대법원에 소 제기 가능
> • 월권, 공익을 현저히 해친다는 이유로 대법원에 소 제기 불가

④ 이외의 권한: 조례공포권, 지방의회의 임시회요구권, 지방의회에의 의안발의권, 주민투표부의권 등

번호	내용	결정
1	지방자치단체의 장이 '금고 이상의 형을 선고받고 그 형이 확정되지 아니한 경우'에 부단체장이 그 권한을 대행하도록 하는 것이 위헌인지 여부: **적극** (헌재 2010.9.2. 2010헌마418)	헌법불합치
2	지방자치단체의 장이 '공소제기된 후 구금상태에 있는 경우' 부단체장이 그 권한을 대행하도록 규정한 지방자치법 제111조 제1항 제2호가 공무담임권을 침해하는지 여부: **소극** (헌재 2011.4.28. 2010헌마474)	기각
3	지방의회 사무직원의 임용권을 지방자치단체의 장에게 부여하고 있는 구 지방자치법 제91조 제2항이 지방의회와 지방자치단체의 장 사이의 상호견제와 균형의 원리에 어긋나는지 여부: **소극** (헌재 2014.1.28. 2012헌바216)	합헌
4	지방자치단체장의 계속 재임을 3기로 제한한 지방자치법 제87조 제1항이 지방자치단체장들의 공무담임권을 침해하여 헌법에 위배되는지 여부: **소극** (헌재 2006.2.23. 2005헌마403)	기각

4. 지방자치단체의 권능

(1) 자치입법권 – 조례제정권

① 조례제정권의 근거와 조례규정조항

> 헌법 제117조 ① 지방자치단체는 … 법령의 범위 안에서 자치에 관한 규정을 제정할 수 있다.
>
> 지방자치법 제28조 【조례】 ① 지방자치단체는 법령의 범위에서 그 사무에 관하여 조례를 제정할 수 있다. 다만, 주민의 권리 제한 또는 의무 부과에 관한 사항이나 벌칙을 정할 때에는 법률의 위임이 있어야 한다.
>
> 제29조 【규칙】 지방자치단체의 장은 법령 또는 조례의 범위에서 그 권한에 속하는 사무에 관하여 규칙을 제정할 수 있다.
>
> 제30조 【조례와 규칙의 입법한계】 시·군 및 자치구의 조례나 규칙은 시·도의 조례나 규칙을 위반해서는 아니 된다.

② 법률의 위임의 요부 및 정도

원칙	국가의 사무를 제외한 모든 사무는 법률의 수권이나 위임이 없을지라도 법령에 위배되지 않는 한 조례로써 규정 가능
주민의 권리·의무에 관한 조례	헌법재판소와 대법원은 포괄적 위임으로 족하다고 판시
조례에 의한 벌칙규정 (조례와 죄형법정주의)	1,000만원 이하의 과태료를 규정하는 경우 법률의 위임이 필요 없으나, 징역·벌금 등 벌칙을 규정하는 경우에는 반드시 법률의 위임이 있어야 함(지방자치법 제28조 제1항 단서, 제34조)

번호	내용	결정
1	조례에 의한 규제를 지역의 특성에 따라 다르게 하는 것이 위헌인지 여부: **소극** (헌재 1995.4.20. 92헌마264 등)	기각
2	교육부장관이 관할 교육감에게, 甲 지방의회가 의결한 학생인권조례안에 대하여 재의요구를 하도록 요청하였으나 교육감이 이를 거절하고 학생인권조례를 공포하자, 조례안 의결에 대한 효력 배제를 구하는 소를 제기한 사안에서, 위 조례안이 국민의 기본권이나 주민의 권리 제한에서 요구되는 법률유보원칙에 위배된다고 할 수 없고, 내용이 법령의 규정과 모순·저촉되어 법률우위원칙에 어긋난다고 볼 수 없다(대판 2015.5.14. 2013추98).	기각
3	학교 운영자나 학교의 장, 교사, 학생 등으로 하여금 성별, 종교, 나이, 사회적 신분, 출신지역, 출신국가, 출신민족, 언어, 장애, 용모 등 신체조건, 임신 또는 출산, 가족형태 또는 가족상황, 인종, 경제적 지위, 피부색, 사상 또는 정치적 의견, 성적 지향, 성별 정체성, 병력, 징계, 성적 등의 사유를 이유로 한 차별적 언사나 행동, 혐오적 표현 등을 통해 다른 사람의 인권을 침해하지 못하도록 규정하고 있는 '서울특별시 학생인권조례' 제5조 제3항이 법률유보원칙에 위배되어 학교 구성원인 청구인들의 표현의 자유를 침해하는지 여부: **소극** (헌재 2019.11.28. 2017헌마1356)	기각
4	행정정보공개조례의 제정에 법률의 위임 여부: **소극** (대판 1992.6.23. 92추17)	기각

③ 조례제정권의 한계

조례제정사항	• 지방자치단체의 고유사무인 자치사무와 개별 법령에 의하여 자치단체에 위임된 이른바 단체위임사무에 한하고, 국가사무로서 지방자치단체의 장에게 위임된 이른바 기관위임사무에 관한 사항은 조례의 제정범위 밖임(대판 1992.7.28. 92추31) • 기관위임사무에 있어서도 개별 법령에서 일정한 사항을 조례로 정하도록 위임하고 있는 경우에는 위임조례를 정할 수 있음 • 그러나 이때도 그 내용은 개별 법령의 취지에 부합해야 하고, 그 범위를 벗어난 경우 위임조례로서의 효력도 인정할 수 없음
법률우위의 원칙	• 의의: 조례는 법령의 범위 내에서 제정 ✅ **주의** • 조례는 법률과 명령에 위반되지 않아야 함 • 시·군·구의 조례는 시·도의 조례에 위반하여서는 아니 됨 • 조례와 법률의 관계 – 수정법률선점이론(다수설): 법률이 전국적으로 일률적 기준을 두어 평등한 규제를 실시할 때, 조례로써 당해 법률의 규제범위 이외의 사항이나 법률 이상의 엄격한 기준을 두어 규제하는 것은 허용될 수 없지만, 반대로 법률이 최소한의 규제조치를 정하고 있는 때, 지방자치단체가 그 영역의 특수한 사정을 고려하여 법률의 규제보다 엄격히 규제하는 것이 허용됨

④ 조례제정절차

구분	조례제정	법률제정
발의	• 지방자치단체장 • 조례로 정하는 수 이상의 지방의회의원 • 의원 10인 이상 • 위원회 • 교육감	• 정부 • 의원 10인 이상 • 위원회
재의요구	• 이송 후 20일 이내 • 일부거부·수정거부할 수 없음	• 이송 후 15일 이내 • 일부거부·수정거부할 수 없음
재의결정족수	재적의원 과반수의 출석과 출석의원 3분의 2 이상의 찬성	

> 지방자치법 제32조【조례와 규칙의 제정 절차 등】① 조례안이 지방의회에서 의결되면 지방의회의 의장은 의결된 날부터 5일 이내에 그 지방자치단체의 장에게 이송하여야 한다.
> ② 지방자치단체의 장은 제1항의 조례안을 이송받으면 20일 이내에 공포하여야 한다.
> ③ 지방자치단체의 장은 이송받은 조례안에 대하여 이의가 있으면 제2항의 기간에 이유를 붙여 지방의회로 환부하고, 재의를 요구할 수 있다. 이 경우 지방자치단체의 장은 조례안의 일부에 대하여 또는 조례안을 수정하여 재의를 요구할 수 없다.
> ④ 지방의회는 제3항에 따라 재의 요구를 받으면 조례안을 재의에 부치고 재적의원 과반수의 출석과 출석의원 3분의 2 이상의 찬성으로 전과 같은 의결을 하면 그 조례안은 조례로서 확정된다.
> ☑ **비교** 지방의회의 재의결 정족수
> 국회의 재의결 정족수와 동일함
>
> **선생님 tip** 재과 + 출2/3
> ⑤ 지방자치단체의 장이 제2항의 기간에 공포하지 아니하거나 재의 요구를 하지 아니하더라도 그 조례안은 조례로서 확정된다.
> ⑥ 지방자치단체의 장은 제4항과 제5항에 따라 확정된 조례를 지체 없이 공포하여야 한다. 제5항에 따라 조례가 확정된 후 또는 제4항에 따라 확정된 조례가 지방자치단체의 장에게 이송된 후 5일 이내에 지방자치단체의 장이 공포하지 아니하면 지방의회의 의장이 공포한다.
> ⑦ 제2항 및 제6항 전단에 따라 지방자치단체의 장이 조례를 공포하였을 때에는 즉시 해당 지방의회의 의장에게 통지하여야 하며, 제6항 후단에 따라 지방의회의 의장이 조례를 공포하였을 때에는 그 사실을 즉시 해당 지방자치단체의 장에게 통지하여야 한다.
> ⑧ 조례와 규칙은 특별한 규정이 없으면 공포한 날부터 20일이 지나면 효력을 발생한다.

📋 **판례정리**

번호	내용	결정
1	지방자치단체가 과세를 면제하는 조례를 제정하고자 할 때에 내무부장관 (현 행정안전부장관)의 사전허가를 받도록 규정하는 지방세법 제9조가 위헌인지 여부: **소극** (헌재 1998.4.30. 96헌바62)	합헌

⑤ 조례제정권에 대한 통제

기관소송에 의한 통제	지방자치단체의 장은 조례의 법령 위반을 이유로 재의결한 지방의회를 상대로 대법원에 소를 제기할 수 있음 ⇨ 대법원의 위법결정으로 당해 조례는 무효가 됨
법원의 위헌·위법심사에 의한 통제	조례의 위헌·위법 여부를 심사함으로써 간접적으로 통제(개별적 효력부인)
항고소송에 의한 통제	조례 자체를 처분으로 볼 수 있는 경우, 항고소송의 대상이 됨. 이때 피고는 지방자치단체의 장, 시·도의 교육에 관한 조례의 경우에는 시·도교육감(대판 1996.9.20. 95누8003)
헌법소원	조례제정행위도 공권력 작용이므로 조례가 기본권을 직접·현재 침해한 경우 헌법재판소법 제68조 제1항 헌법소원 제기 가능 ⇨ 헌법재판소에 의한 위헌결정은 당해 조례 자체를 무효로 함

📑 판례정리

번호	내용	결정
1	전라북도 학교급식조례 재의결 무효확인 조례가 조약에 위반되는 경우에 그 효력이 부정되는지 여부: 적극 (대판 2005.9.9. 2004추10)	인용
2	지방재정법 제36조 제1항에 반하는 의회 예산안의 재의결의 효력이 부정되는지 여부: 적극 (대판 2013.1.16. 2012추84)	인용
3	조례가 직접 국민의 권리·의무에 영향을 미치는 경우에 항고소송의 대상이 되는 행정처분인지 여부: 적극 (대판 1996.9.20. 95누8003)	기각
4	두밀분교를 폐교하는 내용을 규율한 조례가 항고소송의 대상이 되는 행정처분인지 여부: 적극 (대판 1996.9.20. 95누7994)	기각
5	조례가 헌법소원의 대상이 될 수 있는지 여부: 적극 (헌재 1995.4.20. 92헌마 264·279)	기각

(2) 자치행정권

구분	자치사무(고유사무)	단체위임사무	기관위임사무
의의	지방자치단체의 고유한 사무	법령에 의하여 지방자치단체에 위임된 사무	국가 또는 광역자치단체로부터 지방자치단체의 집행기관에 위임된 사무
경비부담	지방자치단체가 전액부담	견해 대립	사무를 위임한 국가 또는 상급지방자치단체가 경비를 전액부담
조례제정	○	○	× (개별 법령에서 위임: '위임조례' 제정 가능)

권한쟁의심판	○	○	×
국가감독	합법성 통제 ○ (법령 위반에 한해 감독관청이 시정명령·취소·정지 등 가능)	• 합법성 통제 ○ • 합목적성 통제 ○(법령 위반 + 현저히 부당하여 공익을 해한다고 인정될 때)	• 합법성 통제 ○ • 합목적성 통제 ○
국정감사	×	○	○

📑 **판례정리**

번호	내용	결정
1	기관위임사무를 대상으로 권한쟁의심판을 청구할 수 있는지 여부: 소극 (헌재 2004.9.23. 2000헌라2)	각하
2	건설교통부장관이 고속철도역 명칭을 '천안아산역'으로 결정한 것이 권한쟁의심판의 대상인지 여부: 소극 (헌재 2006.3.30. 2003헌라2)	각하
3	지방선거비용을 해당 지방자치단체에 부담시킨 행위가 지방자치단체인 청구인들의 지방자치권을 침해하는 것인지 여부: 소극 (헌재 2008.6.26. 2005헌라7)	기각
4	수도권 사립대학의 정원규제가 지방자치단체의 권한을 침해하는지 여부: 소극 (헌재 2012.7.26. 2010헌라3)	각하

(3) 자치재정권

지방자치단체는 재산을 관리하며 재산을 형성하고 유지할 권한(재산보유·관리·처분권)을 가짐

5. 주민의 권리와 의무

(1) 주민투표권

① 개념: 주민투표권는 법률상 권리이고, 국민투표권은 헌법상 권리임

> **지방자치법 제18조 【주민투표】** ① 지방자치단체의 장은 주민에게 <u>과도한 부담을 주거나 중대한 영향을 미치는 지방자치단체의 주요 결정사항 등에 대하여 주민투표에 부칠 수 있다.</u>
> ② 주민투표의 대상·발의자·발의요건, 그 밖에 투표절차 등에 관한 사항은 따로 법률로 정한다.
>
> **주민투표법 제5조 【주민투표권】** ① <u>18세</u> 이상의 주민 중 제6조 제1항에 따른 투표인명부 작성기준일 현재 다음 각 호의 어느 하나에 해당하는 사람에게는 주민투표권이 있다. 다만, 공직선거법 제18조에 따라 선거권이 없는 사람에게는 주민투표권이 없다.
> 1. 그 지방자치단체의 관할구역에 주민등록이 되어 있는 사람
> 2. 출입국관리 관계법령에 따라 대한민국에 계속 거주할 수 있는 자격(체류자격변경허가 또는 체류기간연장허가를 통하여 계속 거주할 수 있는 경우를 포함한다)을 갖춘 외국인으로서 지방자치단체의 조례로 정한 사람
> ② 주민투표권자의 연령은 투표일 현재를 기준으로 산정한다.
>
> **제7조 【주민투표의 대상】** ① <u>주민에게 과도한 부담을 주거나 중대한 영향을 미치는 지방자치단체의 주요결정사항은 주민투표에 부칠 수 있다.</u>

제24조【주민투표결과의 확정】① 주민투표에 부쳐진 사항은 <u>주민투표권자 총수의 4분의 1 이상</u>의 투표와 유효투표수 과반수의 득표로 확정된다. (후략)
⑥ 지방자치단체의 장 및 지방의회는 주민투표결과 확정된 사항에 대하여 2년 이내에는 이를 변경하거나 새로운 결정을 할 수 없다. 다만, 제1항 단서의 규정에 의하여 찬성과 반대 양자를 모두 수용하지 아니하거나 양자택일의 대상이 되는 사항 모두를 선택하지 아니하기로 확정된 때에는 그러하지 아니하다.

판례정리

번호	내용	결정
1	주민투표권이 헌법상 참정권인지 여부: **소극** (헌재 2001.6.28. 2000헌마735)	각하
2	제주도지사의 제주도 전역을 대상으로 한 주민투표가 폐지되게 되는 개별 자치단체인 제주시 등의 개별적인 주민투표를 하지 않았더라도 주민투표 권한 및 지방자치권을 침해하였는지 여부: **소극** (헌재 2005.12.22. 2005헌라5) ✅ **주의** 제주 주민이 행정안전부장관에게 제주도를 특별자치도로 개편하는 내용에 대한 주민투표 실시를 요구할 수 없다고 한 사례	각하
3	국가정책에 관한 주민투표에서 주민투표소송을 배제한 주민투표법 제8조 제4항이 재판청구권을 침해하는지 여부: **소극** (헌재 2009.3.26. 2006헌마99)	기각

② 유형

구분	지방자치단체의 결정사항에 관한 주민투표	국가정책에 관한 주민투표
청구권자	지방자치단체장, 지방의회, 주민	중앙행정기관의 장
투표대상	주민에게 과도한 부담을 주거나 중대한 영향을 미치는 주요결정사항으로서 당해 지방자치단체의 조례로 정하는 사항 (제7조 제1항)	중앙행정기관의 장이 지방자치단체의 폐치·분합 또는 구역변경, 주요시설의 설치 등 국가정책의 수립에 관하여 주민의 의견을 듣기 위하여 필요하다고 인정하는 사항(제8조 제1항)
효과	자문적인 주민의견 수렴절차에 그치지 않고 법적 구속력 인정 (제24조 제5항·제6항)	법적 구속력이 인정되지 않는 단순한 자문적인 주민의견 수렴절차에 불과 (제8조 제1항)
주민투표소송	가능(제25조)	불가능(제8조 제4항)

(2) 주민소환권

지방자치법 제25조【주민소환】① 주민은 그 <u>지방자치단체의 장 및 지방의회의원(비례대표 지방의회의원은 제외한다)</u>을 소환할 권리를 가진다.
② 주민소환의 투표 청구권자·청구요건·절차 및 효력 등에 관한 사항은 따로 법률로 정한다.

주민소환에 관한 법률 제2조【주민소환투표의 사무관리】① 주민소환투표사무는 공직선거법 제13조 제1항의 규정에 의하여 해당 지방자치단체의 장선거 및 지방의회의원선거의 선거구선거사무를 행하는 선거관리위원회(이하 '관할선거관리위원회'라 한다)가 관리한다.

제3조【주민소환투표권】① 제4조 제1항의 규정에 의한 주민소환투표인명부 작성기준일 현재 다음 각 호의 어느 하나에 해당되는 자는 주민소환투표권이 있다.
1. 19세 이상의 주민으로서 당해 지방자치단체 관할구역에 주민등록이 되어 있는 자(공직선거법 제18조의 규정에 의하여 선거권이 없는 자를 제외한다)
2. 19세 이상의 외국인으로서 출입국관리법 제10조의 규정에 따른 영주의 체류자격 취득일 후 3년이 경과한 자 중 같은 법 제34조의 규정에 따라 당해 지방자치단체 관할구역의 외국인등록대장에 등재된 자
② 주민소환투표권자의 연령은 주민소환투표일 현재를 기준으로 계산한다.

제8조【주민소환투표의 청구제한기간】제7조 제1항 내지 제3항의 규정에 불구하고, 다음 각 호의 어느 하나에 해당하는 때에는 주민소환투표의 실시를 청구할 수 없다.
1. 선출직 지방공직자의 임기개시일부터 <u>1년</u>이 경과하지 아니한 때
2. 선출직 지방공직자의 임기만료일부터 <u>1년</u> 미만일 때
3. 해당 선출직 지방공직자에 대한 주민소환투표를 실시한 날부터 <u>1년</u> 이내인 때

제21조【권한행사의 정지 및 권한대행】① 주민소환투표대상자는 관할선거관리위원회가 제12조 제2항의 규정에 의하여 주민소환투표안을 공고한 때부터 제22조 제3항의 규정에 의하여 주민소환투표결과를 공표할 때까지 그 권한행사가 정지된다.

제22조【주민소환투표결과의 확정】① 주민소환은 제3조의 규정에 의한 <u>주민소환투표권자(이하 '주민소환투표권자'라 한다) 총수의 3분의 1 이상의 투표와 유효투표 총수 과반수의 찬성으로 확정된다.</u>

📑 판례정리

번호	내용	결정
1	주민의 자치권이 개별 주민들에게 인정되는지 여부: 소극 (헌재 2006.2.23. 2005헌마403)	기각
2	법률에 의하여 특정 지방자치단체를 폐지하여 다른 지방자치단체에 병합하는 것이 지방자치의 본질적 내용을 침해하는지 여부: 소극 (헌재 1995.3.23. 94헌마175)	기각
3	헌법 또는 법률상 지방자치단체에 영토고권이라는 자치권이 부여되어 있는지 여부: 소극 (헌재 2006.3.30. 2003헌라2)	각하
4	공유수면에 대한 지방자치단체의 관할구역과 자치권한이 인정되는지 여부: 적극 (헌재 2006.8.31. 2003헌라1) ✅ **주의** 영토고권과 공유수면에 대한 지방자치단체의 자치권한을 구별할 것	인용 (권한확인)
5	주민소환에 관한 법률 제7조 제1항 제2호 중 시장에 대한 부분이 주민소환의 청구사유에 관하여 아무런 규정을 두지 아니함으로써 과잉금지원칙을 위반하여 청구인의 공무담임권을 침해하는지 여부: 소극 (헌재 2009.3.26. 2007헌마843)	기각
6	주민소환청구권이 헌법상 보장되는 참정권인지 여부: 소극 (헌재 2011.12.29. 2010헌바368) ✅ **주의** 법률이 보장하는 참정권	합헌
7	주민소환투표의 청구를 위한 서명요청 활동을 보장하면서 주민소환투표대상자에 대하여는 아무런 반대활동을 보장하지 아니한 법 제9조 제1항이 공무담임권을 침해하는지 여부: 소극 (헌재 2009.3.26. 2007헌마843)	기각

| 8 | 주민소환투표가 발의되어 공고되었다는 이유만으로 곧바로 주민소환투표대상자의 권한행사를 정지되도록 한 법 제21조 제1항이 과잉금지원칙에 위반하여 청구인의 공무담임권을 침해하거나 평등권을 침해하는지 여부: **소국** (헌재 2009.3.26. 2007헌마843) | 기각 |

(3) 청원권

> 지방자치법 제85조【청원서의 제출】① 지방의회에 청원을 하려는 자는 지방의회의원의 소개를 받아 청원서를 제출하여야 한다.
> ② 청원서에는 청원자의 성명(법인인 경우에는 그 명칭과 대표자의 성명) 및 주소를 적고 서명·날인하여야 한다.

📑 판례정리

번호	내용	결정
1	지방의회에 청원을 하고자 할 때에 반드시 지방의회의원의 소개를 얻도록 한 것이 청원권의 과도한 제한에 해당하는지 여부: **소국** (헌재 1999.11.25. 97헌마54)	기각

(4) 주민소송권

> 지방자치법 제22조【주민소송】① 제21조 제1항에 따라 공금의 지출에 관한 사항, 재산의 취득·관리·처분에 관한 사항, 해당 지방자치단체를 당사자로 하는 매매·임차·도급 계약이나 그 밖의 계약의 체결·이행에 관한 사항 또는 지방세·사용료·수수료·과태료 등 공금의 부과·징수를 게을리한 사항을 <u>감사 청구한 주민</u>은 다음 각 호의 어느 하나에 해당하는 경우에 그 감사 청구한 사항과 관련이 있는 위법한 행위나 업무를 게을리 한 사실에 대하여 해당 지방자치단체의 장(해당 사항의 사무처리에 관한 권한을 소속 기관의 장에게 위임한 경우에는 그 소속 기관의 장을 말한다. 이하 이 조에서 같다)을 상대방으로 하여 소송을 제기할 수 있다.
> ② 제1항에 따라 주민이 제기할 수 있는 소송은 다음 각 호와 같다.
> 1. 해당 행위를 계속하면 회복하기 어려운 손해를 발생시킬 우려가 있는 경우에는 그 행위의 전부나 일부를 중지할 것을 요구하는 소송
> 2. 행정처분인 해당 행위의 취소 또는 변경을 요구하거나 그 행위의 효력 유무 또는 존재 여부의 확인을 요구하는 소송
> ⑤ 제2항 각 호의 소송이 진행 중이면 다른 주민은 같은 사항에 대하여 별도의 소송을 제기할 수 없다.
> ⑥ 소송의 계속(繫屬) 중에 소송을 제기한 주민이 사망하거나 제16조에 따른 주민의 자격을 잃으면 소송절차는 중단된다. 소송대리인이 있는 경우에도 또한 같다.
> ⑭ 제2항에 따른 소송에서 당사자는 법원의 허가를 받지 아니하고는 소의 취하, 소송의 화해 또는 청구의 포기를 할 수 없다.

(5) 조례제정 및 개폐청구권

> 지방자치법 제19조【조례의 제정과 개폐 청구】① 주민은 지방자치단체의 조례를 제정하거나 개정하
> 거나 폐지할 것을 청구할 수 있다.
> ② 조례의 제정·개정 또는 폐지 청구의 청구권자·청구대상·청구요건 및 절차 등에 관한 사항
> 은 따로 법률로 정한다.
> 제20조【규칙의 제정과 개정·폐지 의견 제출】① 주민은 제29조에 따른 규칙(권리·의무와 직접 관련
> 되는 사항으로 한정한다)의 제정, 개정 또는 폐지와 관련된 의견을 해당 지방자치단체의 장에게
> 제출할 수 있다.
> ② 법령이나 조례를 위반하거나 법령이나 조례에서 위임한 범위를 벗어나는 사항은 제1항에 따
> 른 의견 제출 대상에서 제외한다.
> ③ 지방자치단체의 장은 제1항에 따라 제출된 의견에 대하여 의견이 제출된 날부터 30일 이내에
> 검토 결과를 그 의견을 제출한 주민에게 통보하여야 한다.

(6) 감사청구권 등

> 지방자치법 제21조【주민의 감사 청구】① 지방자치단체의 18세 이상의 주민으로서 다음 각 호의 어
> 느 하나에 해당하는 사람(공직선거법 제18조에 따른 선거권이 없는 사람은 제외한다. 이하 이 조
> 에서 "18세 이상의 주민"이라 한다)은 시·도는 300명, 제198조에 따른 인구 50만 이상 대도시는
> 200명, 그 밖의 시·군 및 자치구는 150명 이내에서 그 지방자치단체의 조례로 정하는 수 이상의
> 18세 이상의 주민이 연대 서명하여 그 지방자치단체와 그 장의 권한에 속하는 사무의 처리가 법
> 령에 위반되거나 공익을 현저히 해친다고 인정되면 시·도의 경우에는 주무부장관에게, 시·군
> 및 자치구의 경우에는 시·도지사에게 감사를 청구할 수 있다.
> 1. 해당 지방자치단체의 관할 구역에 주민등록이 되어 있는 사람
> 2. 출입국관리법 제10조에 따른 영주(永住)할 수 있는 체류자격 취득일 후 3년이 경과한 외국인
>   으로서 같은 법 제34조에 따라 해당 지방자치단체의 외국인등록대장에 올라 있는 사람
> ② 다음 각 호의 사항은 감사 청구의 대상에서 제외한다.
> 1. 수사나 재판에 관여하게 되는 사항
> 2. 개인의 사생활을 침해할 우려가 있는 사항
> 3. 다른 기관에서 감사하였거나 감사 중인 사항. 다만, 다른 기관에서 감사한 사항이라도 새로운
>   사항이 발견되거나 중요 사항이 감사에서 누락된 경우와 제22조 제1항에 따라 주민소송의 대
>   상이 되는 경우에는 그러하지 아니하다.
> 4. 동일한 사항에 대하여 제22조 제2항 각 호의 어느 하나에 해당하는 소송이 진행 중이거나 그
>   판결이 확정된 사항
> ③ 제1항에 따른 청구는 사무처리가 있었던 날이나 끝난 날부터 3년이 지나면 제기할 수 없다.

6. 국가의 감독과 통제

(1) 입법적 감독과 통제

① 법률에 의한 통제
② 행정입법에 의한 통제

(2) 사법적 감독과 통제

① 행정심판을 통한 통제: 지방자치단체의 장의 위법·부당한 처분 등의 경우

② 행정소송을 통한 통제

(3) 행정적 감독과 통제

고유사무	단체위임사무	기관위임사무
사후적·합법성 감독	사후적·합법성 및 합목적성 감독	사전적·사후적, 합법성 및 합목적성 감독
① 사전적 통제수단(비권력적 통제가 원칙) • 조언·권고 등 • 재정 및 기술지원 • 감사와 보고징수 • 승인 ② 사후적 통제수단 • 시정명령 및 취소·정지권 • 재의요구명령·제소지시 및 직접제소권	① 사전적 통제수단(비권력적 통제가 원칙) • 조언·권고 등 • 재정 및 기술지원 • 감사와 보고징수 불가능 • 승인 ② 사후적 통제수단 • 시정명령 및 취소·정지권 • 재의요구명령·제소지시 및 직접제소권	① 위임자인 국가나 상급지방자치단체의 포괄적인 지도·감독권 ② 직무이행명령(직무이행명령은 예외적인 경우가 아닌 한 기관위임사무에서만 가능함)

> **지방자치법 제188조【위법·부당한 명령이나 처분의 시정】** ① 지방자치단체의 사무에 관한 지방자치단체의 장(제103조 제2항에 따른 사무의 경우에는 지방의회의 의장을 말한다. 이하 이 조에서 같다)의 명령이나 처분이 법령에 위반되거나 현저히 부당하여 공익을 해친다고 인정되면 시·도에 대해서는 주무부장관이, 시·군 및 자치구에 대해서는 시·도지사가 기간을 정하여 서면으로 시정할 것을 명하고, 그 기간에 이행하지 아니하면 이를 취소하거나 정지할 수 있다.
> ② 주무부장관은 지방자치단체의 사무에 관한 시장·군수 및 자치구의 구청장의 명령이나 처분이 법령에 위반되거나 현저히 부당하여 공익을 해침에도 불구하고 시·도지사가 제1항에 따른 시정명령을 하지 아니하면 시·도지사에게 기간을 정하여 시정명령을 하도록 명할 수 있다.
> ③ 주무부장관은 시·도지사가 제2항에 따른 기간에 시정명령을 하지 아니하면 제2항에 따른 기간이 지난 날부터 7일 이내에 직접 시장·군수 및 자치구의 구청장에게 기간을 정하여 서면으로 시정할 것을 명하고, 그 기간에 이행하지 아니하면 주무부장관이 시장·군수 및 자치구의 구청장의 명령이나 처분을 취소하거나 정지할 수 있다.
> ④ 주무부장관은 시·도지사가 시장·군수 및 자치구의 구청장에게 제1항에 따라 시정명령을 하였으나 이를 이행하지 아니한 데 따른 취소·정지를 하지 아니하는 경우에는 시·도지사에게 기간을 정하여 시장·군수 및 자치구의 구청장의 명령이나 처분을 취소하거나 정지할 것을 명하고, 그 기간에 이행하지 아니하면 주무부장관이 이를 직접 취소하거나 정지할 수 있다.
> ⑤ 제1항부터 제4항까지의 규정에 따른 자치사무에 관한 명령이나 처분에 대한 주무부장관 또는 시·도지사의 시정명령, 취소 또는 정지는 법령을 위반한 것에 한정한다.
> ⑥ 지방자치단체의 장은 제1항, 제3항 또는 제4항에 따른 자치사무에 관한 명령이나 처분의 취소 또는 정지에 대하여 이의가 있으면 그 취소처분 또는 정지처분을 통보받은 날부터 15일 이내에 대법원에 소를 제기할 수 있다.

제189조【지방자치단체의 장에 대한 직무이행명령】① 지방자치단체의 장이 법령에 따라 그 의무에 속하는 국가위임사무나 시·도위임사무의 관리와 집행을 명백히 게을리하고 있다고 인정되면 시·도에 대해서는 주무부장관이, 시·군 및 자치구에 대해서는 시·도지사가 기간을 정하여 서면으로 이행할 사항을 명령할 수 있다.

② 주무부장관이나 시·도지사는 해당 지방자치단체의 장이 제1항의 기간에 이행명령을 이행하지 아니하면 그 지방자치단체의 비용부담으로 대집행 또는 행정상·재정상 필요한 조치(이하 이 조에서 "대집행등"이라 한다)를 할 수 있다. 이 경우 행정대집행에 관하여는 행정대집행법을 준용한다.

③ 주무부장관은 시장·군수 및 자치구의 구청장이 법령에 따라 그 의무에 속하는 국가위임사무의 관리와 집행을 명백히 게을리하고 있다고 인정됨에도 불구하고 시·도지사가 제1항에 따른 이행명령을 하지 아니하는 경우 시·도지사에게 기간을 정하여 이행명령을 하도록 명할 수 있다.

④ 주무부장관은 시·도지사가 제3항에 따른 기간에 이행명령을 하지 아니하면 제3항에 따른 기간이 지난 날부터 7일 이내에 직접 시장·군수 및 자치구의 구청장에게 기간을 정하여 이행명령을 하고, 그 기간에 이행하지 아니하면 주무부장관이 직접 대집행등을 할 수 있다.

제190조【지방자치단체의 자치사무에 대한 감사】① 행정안전부장관이나 시·도지사는 지방자치단체의 자치사무에 관하여 보고를 받거나 서류·장부 또는 회계를 감사할 수 있다. 이 경우 감사는 법령 위반사항에 대해서만 한다.

② 행정안전부장관 또는 시·도지사는 제1항에 따라 감사를 하기 전에 해당 사무의 처리가 법령에 위반되는지 등을 확인하여야 한다.

위법사항을 적발하기 위한 감사는 위법함

제192조【지방의회 의결의 재의와 제소】① 지방의회의 의결이 법령에 위반되거나 공익을 현저히 해친다고 판단되면 시·도에 대해서는 주무부장관이, 시·군 및 자치구에 대해서는 시·도지사가 해당 지방자치단체의 장에게 재의를 요구하게 할 수 있고, 재의 요구 지시를 받은 지방자치단체의 장은 의결사항을 이송받은 날부터 20일 이내에 지방의회에 이유를 붙여 재의를 요구하여야 한다.

• 시·도에 대하여는 주무부장관
• 시·군 및 자치구에 대하여는 시·도지사

② 시·군 및 자치구의회의 의결이 법령에 위반된다고 판단됨에도 불구하고 시·도지사가 제1항에 따라 재의를 요구하게 하지 아니한 경우 주무부장관이 직접 시장·군수 및 자치구의 구청장에게 재의를 요구하게 할 수 있고, 재의 요구 지시를 받은 시장·군수 및 자치구의 구청장은 의결사항을 이송받은 날부터 20일 이내에 지방의회에 이유를 붙여 재의를 요구하여야 한다.

③ 제1항 또는 제2항의 요구에 대하여 재의한 결과 재적의원 과반수의 출석과 출석의원 3분의 2 이상의 찬성으로 전과 같은 의결을 하면 그 의결사항은 확정된다.

④ 지방자치단체의 장은 제3항에 따라 재의결된 사항이 법령에 위반된다고 판단되면 재의결된 날부터 20일 이내에 대법원에 소를 제기할 수 있다. 이 경우 필요하다고 인정되면 그 의결의 집행을 정지하게 하는 집행정지결정을 신청할 수 있다.

⑤ 주무부장관이나 시·도지사는 재의결된 사항이 법령에 위반된다고 판단됨에도 불구하고 해당 지방자치단체의 장이 소를 제기하지 아니하면 시·도에 대해서는 주무부장관이, 시·군 및 자치구에 대해서는 시·도지사(제2항에 따라 주무부장관이 직접 재의 요구 지시를 한 경우에는 주무부장관을 말한다. 이하 이 조에서 같다)가 그 지방자치단체의 장에게 제소를 지시하거나 직접 제소 및 집행정지결정을 신청할 수 있다.

⑥ 제5항에 따른 제소의 지시는 제4항의 기간이 지난 날부터 7일 이내에 하고, 해당 지방자치단체의 장은 제소 지시를 받은 날부터 7일 이내에 제소하여야 한다.

⑦ 주무부장관이나 시·도지사는 제6항의 기간이 지난 날부터 7일 이내에 제5항에 따른 직접 제소 및 집행정지결정을 신청할 수 있다.

📑 판례정리

번호	내용	결정
1	기관위임사무에 관한 조례제정이 가능한지 여부: 소극 (대판 1999.9.17. 99추30) ✅ 주의 기관위임사무는 원칙적으로 조례의 제정범위에 속하지 아니하나, 그에 관한 개별법령에서 일정한 사항을 조례로 정하도록 위임하고 있는 경우에는 위임받은 사항에 관하여 개별법령의 취지에 부합하는 범위 내에서 위임조례를 정할 수 있음	인용
2	중앙행정기관의 장이 지방자치단체의 자치사무에 대하여 법령 위반사항이 드러나지 않은 상황에서 실시하는 포괄적·일반적인 감사가 헌법 및 지방자치법에 의하여 부여된 지방자치단체의 지방자치권을 침해하는지 여부: 적극 (헌재 2009.5.28. 2006헌라6)	인용 (권한침해)
3	지방자치단체가 기관위임사무를 대상으로 한 권한쟁의심판청구를 할 수 있는지 여부: 소극 (헌재 1999.7.22. 98헌라4)	각하
4	지방의회 재의결 일부가 위법하면 의결 전부의 효력이 부정되는지 여부: 적극 (대판 1992.7.28. 92추31)	인용

제8절 교육제도

1 현행헌법의 규정

헌법 제31조 ① 모든 국민은 능력에 따라 균등하게 교육을 받을 권리를 가진다.

② 모든 국민은 그 보호하는 자녀에게 적어도 초등교육과 법률이 정하는 교육을 받게 할 의무를 진다.

③ 의무교육은 무상으로 한다.

④ 교육의 자주성·전문성·정치적 중립성 및 대학의 자율성은 법률이 정하는 바에 의하여 보장된다.

⑤ 국가는 평생교육을 진흥하여야 한다.

⑥ 학교교육 및 평생교육을 포함한 교육제도와 그 운영, 교육재정 및 교원의 지위에 관한 기본적인 사항은 법률로 정한다.

2 교원지위의 법정주의

1. 헌법 제31조 제6항과 교원지위의 법정주의의 의미

(1) 교원의 신분보장과 경제적·사회적 지위보장뿐만 아니라 교원의 의무에 관한 사항도 규정함

(2) 즉, 교원의 기본권을 제한하는 사항까지도 규정함(헌재 1991.7.22. 89헌가106)

2. 교원의 근로관계의 특수성(교원의 근로자성)

교원의 지위에 관련된 사항에 관한 한 헌법 제31조 제6항이 근로기본권에 관한 헌법 제33조 제1항에 우선하여 적용됨

3 대학의 자치(자율성)

1. 주체

헌법재판소는 대학, 교수나 교수회도 주체가 된다는 입장

📋 판례정리

번호	내용	결정
1	교수나 교수회가 중첩적으로 대학자치의 주체가 될 수 있는지 여부: **적극** (헌재 2006.4.27. 2005헌마1047·1048)	기각

2. 내용

(1) 인사에 관한 자주결정권

📋 판례정리

번호	내용	결정
1	대학교육기관의 교원은 당해 학교법인의 정관이 정하는 바에 따라 기간을 정하여 임면할 수 있다고 규정한 구 사립학교법 제53조의2 제3항이 교원지위법정주의에 위반되는지 여부: **적극** (헌재 2003.2.27. 2000헌바26) ⊘ **주의** 기간임용제 자체는 합헌이나 탈락 후 이외의 절차를 두지 않고 있는 부분에서 헌법불합치 판결	헌법불합치

(2) 관리·운영에 관한 자주결정권

(3) 학사에 관한 자주결정권

판례정리

번호	내용	결정
1	교육공무원법 제24조 제4항 등 위헌확인 [1] 교수나 교수회에 헌법 제31조 제4항의 대학의 자율의 보장내용에 포함되는 헌법상 기본권인 국립대학의 장의 후보자 선정에 참여할 권리가 있는지 여부: **적극** (헌재 2006.4.27. 2005헌마1047·2005헌마1048) [2] 위 사안과 관련된 대학의 장 후보자 선출방식을 반드시 직접선출 방식으로 정하여야 하는지 여부: **소극** (헌재 2006.4.27. 2005헌마1047)	기각
2	국립대학 교수들에게 단과대학장 선출에 참여할 권리를 부여하지 않은 교육공무원 임용령 제9조의4가 대학의 자율성을 침해하는지 여부: **소극** (헌재 2014.1.28. 2011헌마239) ⊘ **주의** 단과대학장 선출에 참여할 권리는 대학의 자율권에 포함되지 않음	각하
3	교육부장관이 강원대학교 법학전문대학원의 2015학년도 및 2016학년도 신입생 각 1명의 모집을 정지한 행위가 과잉금지원칙에 반하여 헌법 제31조 제4항이 정하는 대학의 자율권을 침해하는지 여부: **적극** (헌재 2015.12.23. 2014헌마1149)	인용
4	국립대학 서울대학교를 법인인 국립대학법인 서울대학교로 전환하는 국립대학법인 서울대학교 설립·운영에 관한 법률에 대한 헌법소원에 있어서 서울대학교 학생의 자기관련성이 인정되는지 여부: **소극** (헌재 2014.4.24. 2011헌마612)	각하

제9절 가족제도

> 헌법 제36조 ① 혼인과 가족생활은 개인의 존엄과 양성의 평등을 기초로 성립되고 유지되어야 하며, 국가는 이를 보장한다.

1 혼인제도의 보장

1. 혼인관계형성의 자유

혼인결정의 자유	헌법적 근거는 헌법 제10조와 제36조 제1항
혼인퇴직제(독신조항)	실질적으로 혼인의 자유를 제한하여 위헌무효임
사실혼관계	법적인 혼인관계로 인정하지 아니함
혼인의 자유에 대한 예외	미성년자의 혼인시 부모의 동의를 요함(민법 제808조 제1항), 중혼금지(민법 제810조), 근친혼금지(민법 제809조)

2. 혼인관계유지의 자유

📑 판례정리

번호	내용	결정
1	혼인으로 인하여 1세대 3주택 이상 주택에 대해서도 일률적으로 60%의 양도소득세를 부과하는 구 소득세법 제104조 제1항 제2호의3이 혼인의 자유를 침해하는지 여부: **적극** (헌재 2011.11.24. 2009헌바146)	헌법불합치

2 가족제도의 보장

1. 부부관계

(1) 인격 존중, 부부의 평등이 유지
(2) 양성평등은 헌법 제11조에 의하여 보장

2. 친자관계

📑 판례정리

번호	내용	결정
1	동성동본금혼조항(민법 제809조 제1항)(헌재 1997.7.16. 95헌가6)	헌법불합치
2	상속인이 상속개시 있음을 안 날로부터 3월 내에 한정승인이나 포기를 하지 아니한 때에는 단순승인을 한 것으로 보는 의제조항(민법 제1026조 제2호)(헌재 1998.8.27. 96헌가22)	헌법불합치
3	호주제도(민법 제778조 등)(헌재 2005.2.3. 2001헌가9 등)	헌법불합치
4	이혼시 재산분할에 대한 증여세 부과규정(상속세법 제29조의2 제1항 제1호)(헌재 1997.10.30. 96헌바14)	위헌
5	상속회복청구권의 행사기간을 상속 개시일로부터 10년으로 한 상속회복청구권 행사기간 제한규정(민법 제999조 제2항)(헌재 2001.7.19. 99헌바9)	위헌
6	부모의 사망시 인지청구의 소의 제소기간을 사망을 알게 된 때로부터 1년으로 제한한 것(민법 제864조)(헌재 2001.5.31. 98헌가9)	합헌
7	부성제도(헌재 2005.12.22. 2003헌가5 등)	헌법불합치
8	중혼취소 청구권자로 직계비속을 포함하지 않은 것(헌재 2010.7.29. 2009헌가8)	위헌
9	친양자 입양을 청구하기 위해서는 친생부모의 친권상실, 사망 기타 동의할 수 없는 사유가 없는 한 그의 동의를 반드시 요하도록 한 구 민법 제908조의2 제1항 제3호가 위헌인지 여부: **소극** (헌재 2012.5.31. 2010헌바87)	합헌
10	혼인 중인 부부만 친양자 입양을 할 수 있도록 규정한 민법조항이 독신자의 평등권 및 가족생활의 자유를 침해하는지 여부: **소극** (헌재 2013.9.26. 2011헌가42) ☑ **주의** 일반입양과 구별 ⇨ 독신자는 일반입양이 가능하지만 친양자 입양만 불가(일반입양이 가능하기 때문에 심판대상조항이 과잉금지원칙에 위반하여 독신자의 자유를 침해하지 않음)	합헌
11	친생부인의 소의 제척기간을 출생을 안 날로부터 1년으로 제한한 것(민법 제847조 제1항)(헌재 1997.3.27. 95헌가14)	헌법불합치

12	친생부인의 소의 제척기간을 '친생부인의 사유가 있음을 안 날부터 2년 내'로 제한한 민법 제847조 제1항이 친자관계를 부인하고자 하는 부(夫)의 가정생활과 신분관계에서 누려야 할 인격권 및 행복추구권을 침해하는지 여부: 소극 (헌재 2015.3.26. 2012헌바357) ◎ **비교** 판례 11: 1년 vs. 판례 12: 2년	합헌
13	혼인종료 후 300일 이내에 출생한 자를 전남편의 친생자로 추정하는 민법 제844조 제2항 중 '혼인관계종료의 날로부터 300일 내에 출생한 자'에 관한 부분이 모가 가정생활과 신분관계에서 누려야 할 인격권, 혼인과 가족생활에 관한 기본권을 침해하는지 여부: 적극 (헌재 2015.4.30. 2013헌마623)	헌법불합치
14	부모의 양육권과 육아휴직신청권의 법적 성격 [1] 양육권은 공권력으로부터 자녀의 양육을 방해받지 않을 권리라는 점에서는 '자유권적 기본권'으로서의 성격을, 자녀의 양육에 관하여 국가의 지원을 요구할 수 있는 권리라는 점에서는 '사회권적 기본권'으로서의 성격을 아울러 가진다. [2] 육아휴직신청권은 '법률상의 권리'이다(헌재 2008.10.30. 2005헌마1156).	기각
15	8촌 이내 혈족 사이의 혼인 금지(근친혼 금지) 사건 [1] 8촌 이내의 혈족 사이에서는 혼인할 수 없도록 하는 민법 제809조 제1항은 혼인의 자유를 침해하지 아니하여 헌법에 위반되지 아니한다. [2] 민법 제809조 제1항을 위반한 혼인을 무효로 하는 민법 제815조 제2호는 헌법에 합치되지 아니한다(헌재 2022.10.27. 2018헌바115). ◎ **주의** 8촌 이내 혈족간 혼인 금지 ⇨ 단, 이미 혼인한 경우: 무효 ×	[1] 합헌 [2] 헌법불합치

제1절　입법작용

1 법률제정의 절차

1. 제안

주의

국회의원의 법률안 발의를 종이문서로 해야 하는지, 아니면 전자적인 방식으로도 할 수 있는지 여부에 대한 명문의 법률조항은 없으므로 국회 입안 지원시스템을 통해 발의하는 것도 가능함

헌법 제52조 국회의원과 정부는 법률안을 제출할 수 있다.

> **주의**
> - 대통령은 법률안 제출 ×
> - 정부의 법률안 제출: 의원내각제적 요소

제89조 다음 사항은 국무회의의 심의를 거쳐야 한다.

　3. 헌법개정안·국민투표안·조약안·법률안 및 대통령령안

> **주의**
> 총리령, 부령은 국무회의 심의사항 ×

국회법 제5조의3 【법률안 제출계획의 통지】 ① 정부는 부득이한 경우를 제외하고는 매년 <u>1월 31일</u>까지 해당 연도에 제출할 <u>법률안</u>에 관한 계획을 <u>국회</u>에 통지하여야 한다.

② 정부는 제1항에 따른 계획을 변경하였을 때에는 분기별로 주요사항을 국회에 통지하여야 한다.

> **주의**
> 법률안 제출계획은 1월 31일까지 ○ / 11월 30일 ×

제51조 【위원회의 제안】 ① 위원회는 그 소관에 속하는 사항에 관하여 법률안과 그 밖의 의안을 제출할 수 있다.

② 제1항의 의안은 위원장이 제안자가 된다.

> **주의**
> 위원회도 법률안 제출 가능(위원장)

제79조 【의안의 발의 또는 제출】 ① 의원은 <u>10인 이상</u>의 찬성으로 의안을 발의할 수 있다.

② 의안을 발의하는 의원은 안을 갖추고 이유를 붙여 소정의 찬성자와 연서하여 이를 의장에게 제출하여야 한다.

> **비교**
> - 법률안 발의: 의원 10인 이상
> - 헌법 개정안 발의: 재적의원 과반수

제79조의2 【의안에 대한 비용추계 자료 등의 제출】 ① <u>의원</u>이 예산상 또는 기금상의 조치를 수반하는 의안을 발의하는 경우에는 그 의안의 시행에 수반될 것으로 예상되는 비용에 관한 국회예산정책처의 <u>추계서</u> 또는 국회예산정책처에 대한 <u>추계요구서</u>를 함께 제출하여야 한다.

---

② 제1항에 따라 의원이 국회예산정책처에 대한 비용추계요구서를 제출한 경우 국회예산정책처는 특별한 사정이 없으면 제58조 제1항에 따른 위원회의 심사 전에 해당 의안에 대한 비용추계서를 의장과 비용추계를 요구한 의원에게 제출하여야 한다. 이 경우 의원이 제1항에 따라 비용추계서를 제출한 것으로 본다.

③ <u>위원회</u>가 예산상 또는 기금상의 조치를 수반하는 의안을 제안하는 경우에는 그 의안의 시행에 수반될 것으로 예상되는 비용에 관한 국회예산정책처의 <u>추계서</u>를 함께 제출하여야 한다. 다만, 긴급한 사유가 있는 경우 위원회의 의결로 추계서 제출을 생략할 수 있다.

④ <u>정부</u>가 예산상 또는 기금상의 조치를 수반하는 의안을 제출하는 경우에는 그 의안의 시행에 수반될 것으로 예상되는 비용에 관한 <u>추계서</u>와 이에 상응하는 <u>재원조달방안</u>에 관한 자료를 의안에 첨부하여야 한다.

2. 심의 · 의결

국회법 제59조 【의안의 상정시기】 위원회는 의안(예산안, 기금운용계획안 및 임대형 민자사업 한도액안은 제외한다. 이하 이 조에서 같다)이 그 위원회에 회부된 날부터 다음 각 호의 구분에 따른 기간이 경과하지 아니한 때에는 이를 상정할 수 없다. 다만, 긴급하고 불가피한 사유로 위원회의 의결이 있는 경우에는 그러하지 아니하다.

1. 일부개정법률안: <u>15일</u>
2. 제정법률안, 전부개정법률안 및 폐지법률안: <u>20일</u>
3. 체계 · 자구심사를 위하여 법제사법위원회에 회부된 법률안: <u>5일</u>
4. 법률안 외의 의안: <u>20일</u>

제59조의2 【의안 등의 자동상정】 <u>위원회에 회부되어 상정되지 아니한 의안</u>(예산안, 기금운용계획안 및 임대형 민자사업 한도액안은 제외한다) 및 청원은 제59조 각 호의 구분에 따른 기간이 지난 후 <u>30일</u>이 지난 날(청원의 경우에는 위원회에 회부된 후 30일이 지난 날) 이후 처음으로 개회하는 <u>위원회에 상정된 것으로 본다</u>. 다만, 위원장이 간사와 합의하는 경우에는 그러하지 아니하다.

제81조 【상임위원회 회부】 ① <u>의장</u>은 <u>의안</u>이 발의되거나 제출되었을 때에는 이를 인쇄하거나 전산망에 입력하는 방법으로 <u>의원에게 배부</u>하고 <u>본회의에 보고</u>하며, <u>소관상임위원회에 회부</u>하여 그 심사가 끝난 후 본회의에 부의한다. 다만, 폐회 또는 휴회 등으로 본회의에 보고할 수 없을 때에는 이를 생략하고 회부할 수 있다.

② <u>의장</u>은 안건이 어느 상임위원회의 소관에 속하는지 명백하지 아니할 때에는 국회운영위원회와 협의하여 상임위원회에 회부하되, 협의가 이루어지지 아니할 때에는 의장이 소관 상임위원회를 결정한다.

③ <u>의장</u>은 발의되거나 제출된 의안과 직접적인 이해관계가 있는 위원이 소관 상임위원회 재적위원 과반수를 차지하여 그 의안을 공정하게 심사할 수 없다고 인정하는 경우에는 제1항에도 불구하고 <u>국회운영위원회와 협의</u>하여 그 의안을 다른 위원회에 회부하여 심사하게 할 수 있다.

제82조【특별위원회 회부】① 의장은 특히 필요하다고 인정하는 안건에 대해서는 본회의의 의결을 거쳐 이를 특별위원회에 회부한다.

② 의장은 특별위원회에 회부된 안건과 관련이 있는 다른 안건을 그 특별위원회에 회부할 수 있다.

✅ 주의
특별위원회 회부는 '의장'이 '본회의' 의결을 얻어서 진행함

제82조의2【입법예고】① 위원장은 간사와 협의하여 회부된 법률안(체계·자구 심사를 위하여 법제사법위원회에 회부된 법률안은 제외한다)의 입법 취지와 주요 내용 등을 국회공보 또는 국회 인터넷 홈페이지 등에 게재하는 방법 등으로 입법예고하여야 한다. 다만, 다음 각 호의 어느 하나에 해당하는 경우에는 위원장이 간사와 협의하여 입법예고를 하지 아니할 수 있다.

1. 긴급히 입법을 하여야 하는 경우
2. 입법 내용의 성질 또는 그 밖의 사유로 입법예고가 필요 없거나 곤란하다고 판단되는 경우
② 입법예고기간은 10일 이상으로 한다. 다만, 특별한 사정이 있는 경우에는 단축할 수 있다.
③ 입법예고의 시기·방법·절차 그 밖에 필요한 사항은 국회규칙으로 정한다.

✅ 주의
입법예고는 10일 / 국회규칙으로 정함

제83조【관련위원회 회부】① 의장은 소관 위원회에 안건을 회부하는 경우에 그 안건이 다른 위원회의 소관 사항과 관련이 있다고 인정할 때에는 관련위원회에 그 안건을 회부하되, 소관 위원회와 관련위원회를 명시하여야 한다. 안건이 소관 위원회에 회부된 후 다른 위원회로부터 회부요청이 있는 경우 필요하다고 인정할 때에도 또한 같다.

② 의장이 제1항에 따라 관련위원회에 안건을 회부할 때에는 관련위원회가 소관 위원회에 의견을 제시할 기간을 정하여야 하며, 필요한 경우 그 기간을 연장할 수 있다.

③ 소관 위원회는 관련위원회가 특별한 이유 없이 제2항의 기간 내에 의견을 제시하지 아니하는 경우 바로 심사보고를 할 수 있다.

④ 소관 위원회는 관련위원회가 제2항에 따라 제시한 의견을 존중하여야 한다.

제83조의2【예산 관련 법률안에 대한 예산결산특별위원회와의 협의】① 기획재정부 소관인 재정 관련 법률안과 상당한 규모의 예산상 또는 기금상의 조치를 수반하는 법률안을 심사하는 소관 위원회는 미리 예산결산특별위원회와의 협의를 거쳐야 한다.

② 소관 위원회의 위원장은 제1항에 따른 법률안을 심사할 때 20일의 범위에서 협의 기간을 정하여 예산결산특별위원회에 협의를 요청하여야 한다. 다만, 예산결산특별위원회 위원장의 요청에 따라 그 기간을 연장할 수 있다.

③ 소관 위원회는 기획재정부 소관의 재정 관련 법률안을 예산결산특별위원회와 협의하여 심사할 때 예산결산특별위원회 위원장의 요청이 있을 때에는 연석회의를 열어야 한다.

제85조【심사기간】① 의장은 다음 각 호의 어느 하나에 해당하는 경우에는 위원회에 회부하는 안건 또는 회부된 안건에 대하여 심사기간을 지정할 수 있다. 이 경우 제1호 또는 제2호에 해당할 때에는 의장이 각 교섭단체 대표의원과 협의하여 해당 호와 관련된 안건에 대하여만 심사기간을 지정할 수 있다.

1. 천재지변의 경우
2. 전시·사변 또는 이에 준하는 국가비상사태의 경우
3. 의장이 각 교섭단체 대표의원과 합의하는 경우
② 제1항의 경우 위원회가 이유 없이 지정된 심사기간 내에 심사를 마치지 아니하였을 때에는 의장은 중간보고를 들은 후 다른 위원회에 회부하거나 바로 본회의에 부의할 수 있다.

✅ 주의
• 심사기간이 지정되어 있을 때 기간을 도과한 경우에도 의장은 꼭 중간보고를 듣고 회부, 부의를 하여야 함(바로 회부, 부의 ×)
• 중간보고의 형식은 서면 외에 구두로도 가능함

제85조의2 【안건의 신속 처리】 ① 위원회에 회부된 안건(체계·자구 심사를 위하여 법제사법위원회에 회부된 안건을 포함한다)을 제2항에 따른 신속처리대상안건으로 지정하려는 경우 의원은 재적의원 과반수가 서명한 신속처리대상안건 지정요구 동의(이하 이 조에서 '신속처리안건 지정동의'라 한다)를 의장에게 제출하고 안건의 소관 위원회 소속 위원은 소관 위원회 재적위원 과반수가 서명한 신속처리안건 지정동의를 소관 위원회 위원장에게 제출하여야 한다. 이 경우 의장 또는 안건의 소관 위원회 위원장은 지체 없이 신속처리안건 지정동의를 무기명투표로 표결하되, 재적의원 5분의 3 이상 또는 안건의 소관 위원회 재적위원 5분의 3 이상의 찬성으로 의결한다.

> ☑ **주의** 신속처리대상
> • 지정시: 의원이나 위원이 의장 또는 위원장에게 / 과반수
>   의결시: 의장이나 위원장이 / 5분의 3
> • 위 조항은 위원회 중심주의의 성격을 가짐
> • 안건의 신속처리는 입법의 효율성 증진을 위해 도입됨

② 의장은 제1항 후단에 따라 신속처리안건 지정동의가 가결되었을 때에는 그 안건을 제3항의 기간 내에 심사를 마쳐야 하는 안건으로 지정하여야 한다. 이 경우 위원회가 전단에 따라 지정된 안건(이하 '신속처리대상안건'이라 한다)에 대한 대안(代案)을 입안한 경우 그 대안을 신속처리대상안건으로 본다.

> ☑ **주의**
> 신속처리안건지정동의 가결시: 의장이 지정해야 함(기속)

③ 위원회는 신속처리대상안건에 대한 심사를 그 지정일부터 180일 이내에 마쳐야 한다. 다만, 법제사법위원회는 신속처리대상안건에 대한 체계·자구심사를 그 지정일, 제4항에 따라 회부된 것으로 보는 날 또는 제86조 제1항에 따라 회부된 날부터 90일 이내에 마쳐야 한다.

> ☑ **비교**
> • 신속처리대상안건 심사: 180일
> • 단순 체계나 자구 심사: 90일(180일의 절반)

④ 위원회(법제사법위원회는 제외한다)가 신속처리대상안건에 대하여 제3항 본문에 따른 기간 내에 심사를 마치지 아니하였을 때에는 그 기간이 끝난 다음 날에 소관 위원회에서 심사를 마치고 체계·자구 심사를 위하여 법제사법위원회로 회부된 것으로 본다. 다만, 법률안 및 국회규칙안이 아닌 안건은 바로 본회의에 부의된 것으로 본다.

⑤ 법제사법위원회가 신속처리대상안건(체계·자구 심사를 위하여 법제사법위원회에 회부되었거나 제4항 본문에 따라 회부된 것으로 보는 신속처리대상안건을 포함한다)에 대하여 제3항 단서에 따른 기간 내에 심사를 마치지 아니하였을 때에는 그 기간이 끝난 다음 날에 법제사법위원회에서 심사를 마치고 바로 본회의에 부의된 것으로 본다.

> ☑ **주의**
> 기간 내에 심사를 마치지 아니한 신속처리대상안건은 기간종료 다음 날에 자동회부

⑥ 제4항 단서 또는 제5항에 따른 신속처리대상안건은 본회의에 부의된 것으로 보는 날부터 60일 이내에 본회의에 상정되어야 한다.

⑦ 제6항에 따라 신속처리대상안건이 60일 이내에 본회의에 상정되지 아니하였을 때에는 그 기간이 지난 후 처음으로 개의되는 본회의에 상정된다.

⑧ 의장이 각 교섭단체 대표의원과 합의한 경우에는 신속처리대상안건에 대하여 제2항부터 제7항까지의 규정을 적용하지 아니한다.

제85조의3 【예산안 등의 본회의 자동 부의 등】 ① 위원회는 예산안, 기금운용계획안, 임대형 민자사업 한도액안(이하 '예산안 등'이라 한다)과 제4항에 따라 지정된 세입예산안 부수 법률안의 심사를 매년 11월 30일까지 마쳐야 한다.

② 위원회가 예산안 등과 제4항에 따라 지정된 세입예산안 부수 법률안(체계·자구 심사를 위하여 법제사법위원회에 회부된 법률안을 포함한다)에 대하여 제1항에 따른 기한까지 심사를 마치지 아니하였을 때에는 그 다음 날에 위원회에서 심사를 마치고 바로 본회의에 부의된 것으로 본다. 다만, 의장이 각 교섭단체 대표의원과 합의한 경우에는 그러하지 아니하다.

제86조【체계·자구의 심사】 ① 위원회에서 법률안의 심사를 마치거나 입안을 하였을 때에는 법제사법위원회에 회부하여 체계와 자구에 대한 심사를 거쳐야 한다. 이 경우 법제사법위원회 위원장은 간사와 협의하여 심사에서 제안자의 취지 설명과 토론을 생략할 수 있다.

② 의장은 제1항의 심사에 대하여 제85조 제1항 각 호의 어느 하나에 해당하는 경우에는 심사기간을 지정할 수 있으며, 법제사법위원회가 이유 없이 그 기간 내에 심사를 마치지 아니하였을 때에는 바로 본회의에 부의할 수 있다. 이 경우 제85조 제1항 제1호 또는 제2호에 해당할 때에는 의장이 각 교섭단체 대표의원과 협의하여 해당 호와 관련된 안건에 대해서만 심사기간을 지정할 수 있다.

제87조【위원회에서 폐기된 의안】 ① 위원회에서 본회의에 부의할 필요가 없다고 결정된 의안은 본회의에 부의하지 아니한다. 다만, 위원회의 결정이 본회의에 보고된 날부터 폐회 또는 휴회 중의 기간을 제외한 7일 이내에 의원 30명 이상의 요구가 있을 때에는 그 의안을 본회의에 부의하여야 한다.
② 제1항 단서의 요구가 없을 때에는 그 의안은 폐기된다.

제88조【위원회의 제출 의안】 위원회에서 제출한 의안은 그 위원회에 회부하지 아니한다. 다만, 의장은 국회운영위원회의 의결에 따라 그 의안을 다른 위원회에 회부할 수 있다.

제90조【의안·동의의 철회】 ① 의원은 그가 발의한 의안 또는 동의를 철회할 수 있다. 다만, 2명 이상의 의원이 공동으로 발의한 의안 또는 동의에 대해서는 발의의원 2분의 1 이상이 철회의사를 표시하는 경우에 철회할 수 있다.

② 제1항에도 불구하고 의원이 본회의 또는 위원회에서 의제가 된 의안 또는 동의를 철회할 때에는 본회의 또는 위원회의 동의를 받아야 한다.
③ 정부가 본회의 또는 위원회에서 의제가 된 정부제출 의안을 수정하거나 철회할 때에는 본회의 또는 위원회의 동의를 받아야 한다.

제93조의2【법률안의 본회의 상정시기】 본회의는 위원회가 법률안에 대한 심사를 마치고 의장에게 그 보고서를 제출한 후 1일이 지나지 아니하였을 때에는 그 법률안을 의사일정으로 상정할 수 없다. 다만, 의장이 특별한 사유로 각 교섭단체 대표의원과의 협의를 거쳐 이를 정한 경우에는 그러하지 아니하다.

제94조【재회부】 본회의는 위원장의 보고를 받은 후 필요하다고 인정할 때에는 의결로 다시 안건을 같은 위원회 또는 다른 위원회에 회부할 수 있다.

제95조【수정동의】① 의안에 대한 <u>수정동의</u>는 그 안을 갖추고 이유를 붙여 <u>30명</u> 이상의 찬성 의원과 연서하여 미리 의장에게 제출하여야 한다. 그러나 <u>예산안</u>에 대한 수정동의는 의원 <u>50명</u> 이상의 찬성이 있어야 한다.

  ✅ **주의**
- 수정동의 30명 이상 / 예산안 수정동의 50명 이상
- 어떤 의안으로 인해 원안이 본래의 취지를 잃고 전혀 다른 의미로 변경되는 정도에까지 이르지 않는다면 이를 국회법상의 수정안에 해당하는 것으로 보아 의안을 처리할 수 있는 것으로 볼 수 있음(헌재 2006.2.23. 2005헌라6)
- 복수차관제와 일부청의 차관급 격상을 내용으로 하는 정부조직법 개정안에 대한 수정안인 방위사업청 신설을 내용으로 하는 의안을 국회의장이 적법한 수정안에 해당하는 것으로 보고 의안을 처리하였다고 하더라도 법률에 위반된다고 할 수 없음

제96조【수정안의 표결 순서】① 같은 의제에 대하여 여러 건의 수정안이 제출되었을 때에는 의장은 다음 각 호의 기준에 따라 표결의 순서를 정한다.
1. 가장 늦게 제출된 수정안부터 먼저 표결한다.
2. 의원의 수정안은 위원회의 수정안보다 먼저 표결한다.
3. 의원의 수정안이 여러 건 있을 때에는 원안과 차이가 많은 것부터 먼저 표결한다.

② 수정안이 전부 부결되었을 때에는 원안을 표결한다.

3. 정부에의 이송

헌법 제53조 ① 국회에서 의결된 법률안은 정부에 이송되어 <u>15일 이내에 대통령</u>이 공포한다.

  ✅ **비교**
조례(20일)와 구분 / 법률은 15일 이내에 대통령이 공포함

4. 대통령의 거부권행사와 국회의 재의

헌법 제53조 ② 법률안에 이의가 있을 때에는 대통령은 제1항의 기간 내에 이의서를 붙여 국회로 환부하고, 그 재의를 요구할 수 있다. <u>국회의 폐회 중에도 또한 같다.</u>

  ✅ **주의 환부거부 원칙**
대통령이 함 / 폐회 중에도 동일

③ 대통령은 법률안의 일부에 대하여 또는 법률안을 수정하여 재의를 요구할 수 없다.

  ✅ **주의**
수정재의 절대 불가(국민적 합의가 필요)

④ 재의의 요구가 있을 때에는 국회는 재의에 붙이고, <u>재적의원 과반수의 출석과 출석의원 3분의 2</u> 이상의 찬성으로 전과 같은 의결을 하면 그 법률안은 법률로서 확정된다.

  ✅ **주의 재의결 정족수**
재적의원 과반수 출석 + 출석의원 2/3 이상

⑤ 대통령이 제1항의 기간 내에 공포나 재의의 요구를 하지 <u>아니한 때에도 그 법률안은 법률로서 확</u>정된다.

5. 공포

> 헌법 제53조 ⑥ 대통령은 제4항과 제5항의 규정에 의하여 확정된 법률을 지체 없이 공포하여야 한다. 제5항에 의하여 법률이 확정된 후 또는 제4항에 의한 확정법률이 정부에 이송된 후 5일 이내에 대통령이 공포하지 아니할 때에는 국회의장이 이를 공포한다.

(1) 대통령의 공포는 법률의 효력발생요건 ⇨ 공포 없이는 효력 없음

(2) 현행법상 공포는 관보에 게재함으로써 행하는데, 관보에 게재된 시기는 일반 국민이 구독할 수 있는 최초의 시점으로 봄(최초구독시설)

6. 효력발생

> 헌법 제53조 ⑦ 법률은 특별한 규정이 없는 한 공포한 날로부터 20일을 경과함으로써 효력을 발생한다.
>
> ☑ **주의**
> 보통 20일 경과 / 단, 국민의 권리 제한 및 의무 부과는 30일 경과

2 헌법개정의 심의 · 의결권

> 헌법 제128조 ① 헌법개정은 국회재적의원 과반수 또는 대통령의 발의로 제안된다.
>
> ☑ **비교 법률안 제안과 헌법개정안 제안**
> • 법률안: 정부나 국회의원 10인
> • 헌법개정안: 대통령이나 국회 재적의원 과반수
>
> 제130조 ① 국회는 헌법개정안이 공고된 날로부터 60일 이내에 의결하여야 하며, 국회의 의결은 재적의원 3분의 2 이상의 찬성을 얻어야 한다.
>
> **선생님 tip** 숫자 주의 깊게 암기! 국회가 의결할 경우에는 다소 시간이 걸리므로 60일(국민투표는 30일), 만전을 기해야 하므로 국회 재적 2/3 이상 찬성

3 조약의 체결 · 비준에 대한 동의권

> 헌법 제60조 ① 국회는 상호원조 또는 안전보장에 관한 조약, 중요한 국제조직에 관한 조약, 우호통상항해조약, 주권의 제약에 관한 조약, 강화조약, 국가나 국민에게 중대한 재정적 부담을 지우는 조약 또는 입법사항에 관한 조약의 체결 · 비준에 대한 동의권을 가진다.
>
> ☑ **주의 국회의 동의권**
> 열거조항 / 어업조약 ×

4 국회규칙의 제정권

> 헌법 제64조 ① 국회는 법률에 저촉되지 아니하는 범위 안에서 의사와 내부규율에 관한 규칙을 제정할 수 있다.

판례정리

번호	내용	결정
1	국회 재적의원 과반수의 요청이 있으면 국회의장이 의무적으로 직권상정하여야 하는 규정을 반드시 국회법 제85조 제1항에 두어야 한다고 볼 수 없다. 다시 말해, 이 같은 내용의 비상입법절차는 국회법 제85조 제1항의 국회의장의 직권상정제도와는 전혀 별개의 절차에 해당하는 것이다. 따라서 이 사건 입법부작위는, 국회법 제85조 제1항에서 반드시 함께 규율하여야 할 성질의 부진정입법부작위로 보기는 어렵고, 입법자가 재적의원 과반수의 요구에 의해 위원회의 심사를 배제할 수 있는 비상입법절차와 관련하여 아무런 입법을 하지 않음으로써 입법의 공백이 발생한 경우라 할 것이므로 '진정입법부작위'에 해당한다(헌재 2016.5.26. 2015헌라1).	각하

제2절 집행작용

1 의의

> 헌법 제66조 ④ 행정권은 대통령을 수반으로 하는 정부에 속한다.

2 행정권(집행권)에 대한 통제

1. 내부적 통제

(1) 상급행정청 또는 감사원이 행정 내부적으로 통제

(2) 대통령이 공무원 임면 또는 행정입법 등을 통하여 행정각부를 직접 통제

(3) 행정심판제도

(4) 행정절차의 민주화를 실현하고 직업공무원제도를 확립

2. 외부적 통제

국민에 의한 통제	• 공무원에 대한 파면청원 • 국가배상청구권의 행사 • 행정처분에 대한 행정쟁송이나 헌법소원 • 선거나 여론 등
국회에 의한 통제	행정부의 권한을 규정한 입법기능, 국정감사·조사, 탄핵소추 등
법원에 의한 통제	행정작용이 국민의 권익을 침해한 경우 소송절차를 통하여 구제하며, 행정입법이 위헌·위법이라고 판단되면 그 적용을 거부하고, 행정처분이 위헌·위법이라고 판단되면 취소나 무효확인
헌법재판소에 의한 통제	탄핵심판, 권한쟁의심판, 헌법소원심판 등
옴부즈맨에 의한 통제	의회(또는 행정부)가 임명하는 소수의 인사들인 옴부즈맨이 행정부의 업무수행과 관련된 비리·인권침해 등을 독립적으로 조사·보고하고 시정을 권고함으로써 국민의 기본권을 보호하는 제도

제3절 사법작용

1 의의

> 헌법 제101조 ① 사법권은 법관으로 구성된 법원에 속한다.

2 사법권의 범위

1. 민사재판권, 형사재판권, 행정재판권, 헌법재판권
2. 법원은 위헌법률심판제청권과 선거소송에 관한 재판권, 명령·규칙심사권만을 가짐

3 사법권의 한계

1. 실정법상 한계

(1) 군사재판

> 헌법 제27조 ② 군인 또는 군무원이 아닌 국민은 대한민국의 영역 안에서는 중대한 군사상 기밀·초병·초소·유독음식물공급·포로·군용물에 관한 죄 중 법률이 정한 경우와 비상계엄이 선포된 경우를 제외하고는 군사법원의 재판을 받지 아니한다.
>
> ⊘ 주의
> • 군사시설 ×
> • 예외를 제외하고 기본적으로 민간인은 군사법원의 재판을 받지 아니함

(2) 비상계엄하의 군사재판

> 헌법 제110조 ④ 비상계엄하의 군사재판은 군인·군무원의 범죄나 군사에 관한 간첩죄의 경우와
> 초병·초소·유독음식물공급·포로에 관한 죄 중 법률이 정한 경우에 한하여 단심으로 할 수 있
> 다. 다만, 사형을 선고한 경우에는 그러하지 아니하다.
>
> ⊘ **주의**
> - 군용물, 군사시설 ✕
> - 비상계엄시 군사재판은 일정한 경우 단심재판 가능(사형 제외)

(3) 국회의원의 자격심사와 징계

> 헌법 제64조 ② 국회는 의원의 자격을 심사하며, 의원을 징계할 수 있다.
> ③ 의원을 제명하려면 <u>국회재적의원 3분의 2 이상의 찬성</u>이 있어야 한다.
> ④ 제2항과 제3항의 처분에 대하여는 법원에 제소할 수 없다.
>
> ⊘ **주의**
> - 의원을 제명하는 행위는 중대한 사항이므로 까다로운 절차: 재적의원 2/3의 찬성 요함
> - 의원 제명: 국회의 자율권이라 법원에 제소 불가

(4) 헌법재판

> 헌법 제111조 ① 헌법재판소는 다음 사항을 관장한다.
> 1. 법원의 제청에 의한 법률의 위헌여부심판
> 2. 탄핵의 심판
> 3. 정당의 해산심판
> 4. <u>국가기관 상호간, 국가기관과 지방자치단체간 및 지방자치단체 상호간</u>의 권한쟁의에 관한
>   심판
>
> ⊘ **비교**
> 지방자치단체장, 지방의원 등은 대법원 관할 기관소송 담당
> 5. 법률이 정하는 헌법소원에 관한 심판

2. 국제법상 한계

(1) 외교사절과 그 가족 및 수행원, 국제기구의 직원, 군함의 승무원, 책임 있는 지휘관을 가진 군대
등에 대해서는 사법심사가 불가능

(2) 국제사법재판소의 관할에 속하는 사항에 대해서는 우리나라에 사법권이 없음

(3) 조약은 사법심사 가능(다수설)

법률과 동일한 효력을 가진 조약	위헌심사를 헌법재판소가 담당
명령과 동일한 효력을 가지는 조약	법원의 사법심사 가능

3. 권력분립상 한계

(1) 통치행위

고도의 정치적 성격을 띤 행위로서 사법적 심사의 대상으로 하기에는 부적합한 행위 또는 설사
그에 관한 판결이 있더라도 그 집행이 곤란한 행위

헌법재판소	• 대통령의 긴급재정경제명령은 국가긴급권의 일종으로서 고도의 정치적 결단에 의하여 발동되는 행위이고 이른바 통치행위에 속한다고 할 수 있으나, … 그것이 국민의 기본권 침해와 직접 관련되는 경우에는 당연히 헌법재판소의 심판대상이 됨(헌재 1996.2.29. 93헌마186) • 국군의 이라크파견결정은 … 그 성격상 국방 및 외교에 관련된 고도의 정치적 결단을 요하는 문제로서 헌법과 법률이 정한 절차를 지켜 이루어진 것임이 명백하므로 대통령과 국회의 판단은 존중되어야 하고, 헌법재판소가 사법적 기준만으로 이를 심판하는 것은 자제되어야 함(헌재 2004.4.29. 2003헌마814) • 대통령이 한미연합군사훈련의 일종인 2007년 전시증원연습을 하기로 한 결정은 국방에 관련되는 고도의 정치적 결단에 해당하여 사법심사를 자제하여야 하는 통치행위에 해당된다고 보기 어려움(헌재 2009.5.28. 2007헌마369) • 개성공단 전면중단조치는 북한의 핵무기 개발로 인한 위기에 대처하기 위한 조치로서 국가안보와 관련된 대통령의 의사 결정을 포함하고 그러한 의사 결정이 고도의 정치적 결단을 요하는 문제이기는 하나, 사법심사가 배제되는 행위를 대상으로 한 것이어서 부적법하다고는 볼 수 없음(헌재 2022.1.27. 2016헌마364)
대법원	• 법원이 계엄선포의 요건구비나 선포의 당·부당을 심사하는 것은 사법권의 내재적인 본질적 한계를 넘어서는 것(대판 1981.2.10. 80도3147) • 비상계엄의 선포나 확대가 국헌문란의 목적을 달성하기 위하여 행하여진 경우에는 법원은 그 자체가 범죄행위에 해당하는지의 여부에 관하여 심사할 수 있음(대판 1997.4.17. 96도3376) • 남북정상회담의 개최는 고도의 정치적 성격을 지니고 있는 행위라 할 것이므로 그 당부를 심판하는 것은 사법권의 내재적·본질적 한계를 넘어서는 것이 되어 적절하지 못하지만, 남북정상회담의 개최과정에서 재정경제부장관에게 신고하지 아니하거나 통일부장관의 협력사업승인을 얻지 아니한 채 북한 측에 사업권의 대가 명목으로 송금한 행위 자체는 사법심사의 대상이 됨(대판 2004.3.26. 2003도7878)

(2) 행정청의 자유재량행위

① 기속재량(합법성판단)과 자유재량(합목적성판단)으로 나눌 수 있는바, 기속재량행위에 있어서 재량의 위반은 위법이므로 당연히 사법적 심사의 대상이 됨

② 자유재량행위도 재량권의 한계를 벗어난 행위는 위법이라는 점에서 사법적 심사의 대상에 해당(통설)

(3) 특별권력관계에서의 처분

기본권을 침해한다면 사법적 심사의 대상이 됨

(4) 국회의 자율권

① 원칙적으로 사법심사의 대상이 될 수 없음

② 국회의원의 자격심사 및 제명에 대해서는 법원에 제소할 수 없음(헌법 제64조 제4항)

③ 다만, 국회의원에 대한 제명처분은 헌법소원의 대상은 될 수 있음

제3장 · 통치의 기구

제1절 국회

1 국회의 헌법상 지위

1. 국민의 대표기관

정치적·이념적으로 국민을 대표

2. 입법기관

3. 국정통제기관

국회의 행정부 통제	국무총리 임명에 대한 동의권, 예산안 심의 및 결산권, 대통령 등에 대한 탄핵소추의결권, 조약의 체결·비준에 대한 동의권, 국무총리·국무위원 해임건의권, 국정감사·조사권, 예비비설치동의 등 중요재정정책에 대한 동의권, 긴급재정경제명령·처분 및 긴급명령승인권, 계엄해제요구권 등
국회의 사법부 통제	대법원장이나 대법관의 임명에 대한 동의권, 사법부 예산안의 심의·의결권, 국정감사·조사권 등

2 국회의 구성과 조직

1. 한국헌법에서의 국회구성

(1) 현행헌법의 규정

> 헌법 제41조 ① 국회는 국민의 보통·평등·직접·비밀선거에 의하여 선출된 국회의원으로 구성한다.
> ② 국회의원의 수는 법률로 정하되, 200인 이상으로 한다.
> ③ 국회의원의 선거구와 비례대표제 기타 선거에 관한 사항은 법률로 정한다.
> 제42조 국회의원의 임기는 4년으로 한다.
>
> ⊘ 주의
> • 자유선거는 조문에 없음(당연한 기본적 원칙임)
> • 국회의원 수와 임기는 헌법에 규정 ⇨ 국회의원 수를 200명 미만으로 변경할 경우 헌법 개정 필요함
>
> ⊘ 비교 보통·평등·직접·비밀선거
> • 명문 O: 대통령, 국회의원
> • 명문 X: 지방의원, 지방자치단체장

(2) 국회의원의 선거

① 선거권과 피선거권

> 공직선거법 제15조【선거권】① <u>18세 이상</u>의 국민은 대통령 및 국회의원의 선거권이 있다. (후략)
>
> 제16조【피선거권】② <u>18세 이상</u>의 국민은 국회의원의 피선거권이 있다.
>
> ☑ **비교 피선거권 연령**
> - 국회의원의 피선거권 연령은 공직선거법에 존재
> - 대통령의 피선거권 연령은 헌법에 명문화

② 선거구와 의원정수

> 헌법 제41조 ③ 국회의원의 선거구와 비례대표제 기타 선거에 관한 사항은 법률로 정한다.
>
> 공직선거법 제21조【국회의 의원정수】① 국회의 의원정수는 지역구국회의원 <u>254명</u>과 비례대표 국회의원 <u>46명</u>을 합하여 300명으로 한다.

2. 의장단

(1) 의장과 부의장의 수

> 헌법 제48조 국회는 <u>의장 1인과 부의장 2인</u>을 선출한다.
>
> ☑ **주의**
> 의장은 1명, 부의장은 여야 각각 1명씩 / 국회 재적 과반수로 선출

(2) 의장단의 선거

> 국회법 제15조【의장·부의장의 선거】① 의장과 부의장은 국회에서 <u>무기명투표로</u> 선거하고 <u>재적의원 과반수의 득표</u>로 당선된다.
>
> ☑ **주의**
> 임시의장은 재적과반수 출석에 다수 득표자
>
> ② 제1항에 따른 선거는 국회의원 총선거 후 <u>첫 집회일</u>에 실시하며, 처음 선출된 의장 또는 부의장의 임기가 만료되는 경우에는 그 <u>임기만료일 5일 전</u>에 실시한다. 다만, 그 날이 공휴일인 때에는 그 다음 날에 실시한다.

(3) 의장단의 임기

> 국회법 제9조【의장·부의장의 임기】① <u>의장과 부의장의 임기는 2년</u>으로 한다. 다만, 국회의원 총선거 후 처음 선출된 의장과 부의장의 임기는 그 선출된 날부터 개시하여 의원의 임기 개시 후 2년이 되는 날까지로 한다.
>
> ☑ **비교 임기**
> - 국회의원 임기: 4년(헌법)
> - 의장과 부의장 임기: 2년(국회법)
>
> ② <u>보궐선거</u>로 당선된 의장 또는 부의장의 임기는 전임자 임기의 <u>남은 기간</u>으로 한다.

(4) 국회의장과 당적

> 국회법 제20조의2【의장의 당적 보유 금지】① 의원이 의장으로 당선된 때에는 당선된 다음 날부터 의장으로 재직하는 동안은 당적을 가질 수 없다. 다만, 국회의원 총선거에서 공직선거법 제47조에 따른 정당추천후보자로 추천을 받으려는 경우에는 의원 임기만료일 90일 전부터 당적을 가질 수 있다.

(5) 국회의장의 겸직제한

> 국회법 제20조【의장·부의장의 겸직 제한】① 의장과 부의장은 특별히 법률로 정한 경우를 제외하고는 의원 외의 직을 겸할 수 없다.
>
> ☑ **비교 겸직 제한**
> - 국회의장, 부의장: 국무총리 및 국무위원 겸할 수 없음
> - 국회의원: 국무총리 및 국무위원 겸할 수 있음
> - 부의장: 상임위원 겸할 수 있음

(6) 국회의장의 권한

> 국회법 제11조【의장의 위원회 출석과 발언】의장은 위원회에 출석하여 발언할 수 있다. 다만, 표결에는 참가할 수 없다.
>
> ☑ **주의 국회의장의 권한**
> - 위원회 표결 참가 ×(중립의 의무), 캐스팅보트 ×
> - 단, 본회의 표결 참가는 가능(캐스팅보트는 여전히 불가능)
> - 위원회, 본회의 모두 출석, 발언은 가능
> - 국회의장은 실질적 내용의 변경을 초래하지 않는 선에서 위임 없이 법률안 정리 가능
>
> ☑ **비교 국회의장의 캐스팅보트(Casting vote)**
> - 제1·2공화국: 국회의장은 가부동수일 경우 결정권을 가짐
> - 제3·4·5공화국, 현행헌법: 가부동수일 경우 부결된 것으로 봄 / 국회의장은 표결권은 있으나, 캐스팅보트는 없음
>
> 제21조【국회사무처】③ 사무총장은 의장이 각 교섭단체 대표의원과의 협의를 거쳐 본회의의 승인을 받아 임면한다.
>
> 제135조【사직】① 국회는 의결로 의원의 사직을 허가할 수 있다. 다만, 폐회 중에는 의장이 허가할 수 있다.
>
> ☑ **주의**
> '기본적'으로 국회의원은 국회의 의결이 있은 후에야 사직 가능
>
> 제148조의2【의장석 또는 위원장석의 점거금지】의원은 본회의장 의장석이나 위원회 회의장 위원장석을 점거해서는 아니 된다.
>
> 제148조의3【회의장 출입의 방해 금지】누구든지 의원이 본회의 또는 위원회에 출석하기 위하여 본회의장 또는 위원회 회의장에 출입하는 것을 방해해서는 아니 된다.
>
> 제150조【현행범인의 체포】경위나 경찰공무원은 국회 안에 현행범인이 있을 때에는 체포한 후 의장의 지시를 받아야 한다. 다만, 회의장 안에서는 의장의 명령 없이 의원을 체포할 수 없다.
>
> ☑ **주의**
> - 단순한 국회 안의 현행범은 먼저 체포하고 의장 지시받기
> - 그러나 회의장 안에서 만큼은 의장의 명령이 먼저 있어야 체포 가능

(7) 국회의장의 직무대리와 대행

> 국회법 제12조【부의장의 의장 직무대리】① 의장이 사고가 있을 때에는 <u>의장이 지정하는 부의장</u>이 그 직무를 대리한다.
>
> ② 의장이 심신상실 등 부득이한 사유로 의사표시를 할 수 없게 되어 직무대리자를 지정할 수 없을 때에는 <u>소속 의원 수가 많은 교섭단체 소속 부의장의 순</u>으로 의장의 직무를 대행한다.
>
> ☑ **주의** 의장직무대리
> - 순서: 의장이 지정하는 부의장 → 소속 의원수가 많은 교섭단체 소속의 부의장
> - 나이 많은 부의장 ✕ / 최다선의원인 부의장 ✕
>
> 제13조【임시의장】의장과 부의장이 모두 <u>사고</u>가 있을 때에는 임시의장을 선출하여 의장의 직무를 대행하게 한다.
>
> 제14조【사무총장의 의장 직무대행】국회의원 총선거 후 의장이나 부의장이 선출될 때까지는 <u>사무총장</u>이 임시회 집회 공고에 관하여 의장의 직무를 대행한다. 처음 선출된 의장과 부의장의 임기만료일까지 부득이한 사유로 의장이나 부의장을 선출하지 못한 경우와 폐회 중에 의장·부의장이 모두 궐위된 경우에도 또한 같다.
>
> 제17조【임시의장 선거】<u>임시의장은 무기명투표로 선거하고 재적의원 과반수의 출석과 출석의원 다수득표자를 당선자로 한다.</u>
>
> ☑ **주의**
> 상임위원장, 예산결산특별위원장도 임시의장과 동일한 방법으로 선출
>
> 제18조【의장 등 선거 시의 의장 직무대행】의장 등의 선거에서 다음 각 호의 어느 하나에 해당할 때에는 <u>출석의원 중 최다선 의원</u>이, 최다선 의원이 2명 이상인 경우에는 <u>그 중 연장자</u>가 의장의 직무를 대행한다.
> 1. 국회의원 총선거 후 처음으로 의장과 부의장을 선거할 때
> 2. 제15조 제2항에 따라 처음 선출된 의장 또는 부의장의 임기가 만료되는 경우 그 임기만료일 5일 전에 의장과 부의장의 선거가 실시되지 못하여 그 임기 만료 후 의장과 부의장을 선거할 때
> 3. 의장과 부의장이 모두 궐위되어 그 보궐선거를 할 때
> 4. 의장 또는 부의장의 보궐선거에서 의장과 부의장이 모두 사고가 있을 때
> 5. 의장과 부의장이 모두 사고가 있어 임시의장을 선거할 때
>
> 국회사무처법 제4조【사무총장】③ 의장이 한 처분에 대한 행정소송의 피고는 사무총장으로 한다.

(8) 국회의장의 사임

> 국회법 제19조【의장·부의장의 사임】의장과 부의장은 국회의 동의를 받아 그 직을 사임할 수 있다.

(9) 국회의장과 부의장 비교

구분	국회의장	부의장
인원 수	1인	2인
선출방식	재적 과반수, 무기명투표	재적 과반수, 무기명투표
임기	2년	2년
당적보유	✕	○
상임위원 겸직	✕	○
국무위원 겸직	✕	✕
사임	국회동의를 얻어 사임	국회동의를 얻어 사임

3. 위원회

(1) 종류

① 상임위원회: 소관 사항에 관한 의안을 예비적으로 심의하기 위하여 상설

국회운영위원회	• 국회운영에 관한 사항 • 국회법과 국회규칙에 관한 사항 • 국회사무처 소관에 속하는 사항 • 국회도서관 소관에 속하는 사항 • 국회예산정책처 소관에 속하는 사항 • 국회입법조사처 소관에 속하는 사항 • 대통령비서실, 국가안보실, 대통령경호처 소관에 속하는 사항 • 국가인권위원회 소관에 속하는 사항

법제사법위원회	• 법무부 소관에 속하는 사항
	• 법제처 소관에 속하는 사항
	• 감사원 소관에 속하는 사항
	• 고위공직자범죄수사처 소관에 속하는 사항
	• 헌법재판소 사무에 관한 사항
	• 법원·군사법원의 사법행정에 관한 사항
	  ⊘ 주의
	    군사법원의 '재판'은 담당하지 않음
	• 탄핵소추에 관한 사항
	• 법률안·국회규칙안의 체계·형식과 자구의 심사에 관한 사항

정무위원회	• 국무조정실·국무총리비서실 소관에 속하는 사항 • 국가보훈부 소관에 속하는 사항 • 공정거래위원회 소관에 속하는 사항 • 금융위원회 소관에 속하는 사항 • 국민권익위원회 소관에 속하는 사항
기획재정위원회	• 기획재정부 소관에 속하는 사항 • 한국은행 소관에 속하는 사항
교육위원회	• 교육부 소관에 속하는 사항 • 국가교육위원회 소관에 속하는 사항
과학기술정보 방송통신위원회	• 과학기술정보통신부 소관에 속하는 사항 • 방송통신위원회 소관에 속하는 사항 • 원자력안전위원회 소관에 속하는 사항
외교통일위원회	• 외교부 소관에 속하는 사항 • 통일부 소관에 속하는 사항 • 민주평화통일자문회의 사무에 관한 사항
국방위원회	국방부 소관에 속하는 사항

행정안전위원회	• 행정안전부 소관에 속하는 사항 • 인사혁신처 소관에 속하는 사항 • 중앙선거관리위원회 사무에 관한 사항 • 지방자치단체에 관한 사항
문화체육관광위원회	문화체육관광부 소관에 속하는 사항
농림축산식품 해양수산위원회	• 농림축산식품부 소관에 속하는 사항 • 해양수산부 소관에 속하는 사항
산업통상자원 중소벤처기업위원회	• 산업통상자원부 소관에 속하는 사항 • 중소벤처기업부 소관에 속하는 사항
보건복지위원회	• 보건복지부 소관에 속하는 사항 • 식품의약품안전처 소관에 속하는 사항
환경노동위원회	• 환경부 소관에 속하는 사항 • 고용노동부 소관에 속하는 사항
국토교통위원회	국토교통부 소관에 속하는 사항
정보위원회	• 국가정보원 소관에 속하는 사항 • 국가정보원법 제4조 제1항 제5호에 따른 정보 및 보안 업무의 기획·조정 대상 부처 소관의 정보 예산안과 결산 심사에 관한 사항
여성가족위원회	여성가족부 소관에 속하는 사항

㉠ 상임위원회의 구성과 상임위원회위원의 임기

> **국회법 제38조 【상임위원회의 위원 정수】** 상임위원회의 위원 정수는 <u>국회규칙</u>으로 정한다. 다만, <u>정보위원회의 위원 정수는 12명</u>으로 한다.
>
> ⊘ **주의**
> • 상임위원회 위원 정수: 국회규칙 ○ / 국회법 ✕
> • 정보위원회 위원 정수: 12명이라고 국회법에 명시
>
> **제39조 【상임위원회의 위원】** ① <u>의원은 둘 이상의 상임위원이 될 수 있다.</u>
> ② <u>각 교섭단체 대표의원은 국회운영위원회의 위원이 된다.</u>
> ③ <u>의장은 상임위원이 될 수 없다.</u>
> ④ 국무총리 또는 국무위원의 직을 겸한 의원은 상임위원을 사임할 수 있다.
>
> ⊘ **주의**
> • 어느 상임위원회에도 속하지 않은 국회의원이 있을 수 있음
> • 부의장은 상임위원이 될 수 있음
>
> **제40조 【상임위원의 임기】** ① <u>상임위원의 임기는 2년</u>으로 한다. 다만, 국회의원 총선거 후 처음 선임된 위원의 임기는 그 선임된 날부터 개시하여 의원의 임기 개시 후 2년이 되는 날까지로 한다.
> ② 보임되거나 개선된 상임위원의 임기는 전임자 임기의 남은 기간으로 한다.
>
> **제40조의2 【상임위원의 직무 관련 영리행위 금지】** 상임위원은 소관 상임위원회의 직무와 관련한 영리행위를 하여서는 아니 된다.

제48조 【위원의 선임 및 개선】 ① 상임위원은 교섭단체 소속 의원 수의 비율에 따라 각 교섭단체 대표의원의 요청으로 의장이 선임하거나 개선한다. 이 경우 각 교섭단체 대표의원은 국회의원 총선거 후 첫 임시회의 집회일부터 2일 이내에 의장에게 상임위원 선임을 요청하여야 하고, 처음 선임된 상임위원의 임기가 만료되는 경우에는 그 임기만료일 3일 전까지 의장에게 상임위원 선임을 요청하여야 하며, 이 기한까지 요청이 없을 때에는 의장이 상임위원을 선임할 수 있다.

> **⊘ 주의**
> 국회의장이 교섭단체 대표의원의 요청에 따라 상임위원을 강제 사임시키고 다른 의원을 보임시킨 것이 강제사임당한 국회의원의 상임위원회에서의 심의·표결권한을 침해하지 않음(헌재 2003.10.30. 2002헌라1)

② 어느 교섭단체에도 속하지 아니하는 의원의 상임위원 선임은 의장이 한다.

③ 정보위원회의 위원은 의장이 각 교섭단체 대표의원으로부터 해당 교섭단체 소속 의원 중에서 후보를 추천받아 부의장 및 각 교섭단체 대표의원과 협의하여 선임하거나 개선한다. 다만, 각 교섭단체 대표의원은 정보위원회의 위원이 된다.

④ 특별위원회의 위원은 제1항과 제2항에 따라 의장이 상임위원 중에서 선임한다. 이 경우 그 선임은 특별위원회 구성결의안이 본회의에서 의결된 날부터 5일 이내에 하여야 한다.

⑤ 위원을 선임한 후 교섭단체 소속 의원 수가 변동되었을 때에는 의장은 위원회의 교섭단체별 할당 수를 변경하여 위원을 개선할 수 있다.

⑥ 제1항부터 제4항까지에 따라 위원을 개선할 때 임시회의 경우에는 회기 중에 개선될 수 없고, 정기회의 경우에는 선임 또는 개선 후 30일 이내에는 개선될 수 없다. 다만, 위원이 질병 등 부득이한 사유로 의장의 허가를 받은 경우에는 그러하지 아니하다.

ⓛ 상임위원장의 선출방식

국회법 제41조 【상임위원장】 ② 상임위원장은 제48조 제1항부터 제3항까지에 따라 선임된 해당 상임위원 중에서 임시의장 선거의 예에 준하여 본회의에서 선거한다.

📋 판례정리

번호	내용	결정
1	국회상임위원회 위원장이 위원회를 대표해서 의안을 심의하는 권한이 국회의장으로부터 위임된 것이 아니어서 국회의장의 피청구인 적격을 부인한 사례 국회상임위원회가 그 소관에 속하는 의안, 청원 등을 심사하는 권한은 법률상 부여된 위원회의 고유한 권한이므로 … (헌재 2010.12.28. 2008헌라7).	각하

② 특별위원회

㉠ 일반 특별위원회

국회법 제44조 【특별위원회】 ① 국회는 둘 이상의 상임위원회와 관련된 안건이거나 특히 필요하다고 인정한 안건을 효율적으로 심사하기 위하여 본회의의 의결로 특별위원회를 둘 수 있다.

② 제1항에 따른 특별위원회를 구성할 때에는 그 활동기간을 정하여야 한다. 다만, 본회의의 의결로 그 기간을 연장할 수 있다.

제47조【특별위원회의 위원장】① 특별위원회에 위원장 1명을 두되, 위원회에서 호선하고 본회의에 보고한다.

  ✓ **비교**
  • 특별위원회의 위원장: 위원회에서 호선 ○ / 본회의 ✕
  • 예산결산특별위원회(예외): 본회의 재과 + 다수득표자

② 특별위원회의 위원장이 선임될 때까지는 위원 중 연장자가 위원장의 직무를 대행한다.
③ 특별위원회의 위원장은 그 특별위원회의 동의를 받아 그 직을 사임할 수 있다. 다만, 폐회 중에는 의장의 허가를 받아 사임할 수 있다.

ⓛ 예산결산특별위원회

국회법 제45조【예산결산특별위원회】① 예산안, 기금운용계획안 및 결산(세입세출결산과 기금결산을 말한다. 이하 같다)을 심사하기 위하여 예산결산특별위원회를 둔다.

  ✓ **주의**
  예산결산특별위원회는 상설위원회(필수)

② 예산결산특별위원회의 위원 수는 50명으로 한다. 이 경우 의장은 교섭단체 소속 의원 수의 비율과 상임위원회 위원 수의 비율에 따라 각 교섭단체 대표의원의 요청으로 위원을 선임한다.

  ✓ **주의**
  예산은 중요사항이므로 많은 수의 사람이 의논해야 함 ⇨ 50명

③ 예산결산특별위원회 위원의 임기는 1년으로 한다. 다만, 국회의원 총선거 후 처음 선임된 위원의 임기는 그 선임된 날부터 개시하여 의원의 임기 개시 후 1년이 되는 날까지로 하며, 보임되거나 개선된 위원의 임기는 전임자 임기의 남은 기간으로 한다.

  ✓ **주의**
  예산이 1년 단위이므로 예산결산특별위원회의 임기도 1년

④ 예산결산특별위원회의 위원장은 예산결산특별위원회의 위원 중에서 임시의장 선거의 예에 준하여 본회의에서 선거한다.

제84조의3【예산안·기금운용계획안 및 결산에 대한 공청회】예산결산특별위원회는 예산안, 기금운용계획안 및 결산에 대하여 공청회를 개최하여야 한다. 다만, 추가경정예산안, 기금운용계획변경안 또는 결산의 경우에는 위원회의 의결로 공청회를 생략할 수 있다.

ⓒ 윤리특별위원회(비상설)

국회법 제46조【윤리특별위원회】① 의원의 자격심사·징계에 관한 사항을 심사하기 위하여 제44조 제1항에 따라 윤리특별위원회를 구성한다.
③ 윤리특별위원회는 의원의 징계에 관한 사항을 심사하기 전에 윤리심사자문위원회의 의견을 청취하여야 한다. 이 경우 윤리특별위원회는 윤리심사자문위원회의 의견을 존중하여야 한다.
⑥ 윤리특별위원회의 운영 등에 관하여 이 법에서 정한 사항 외에 필요한 사항은 국회규칙으로 정한다.

㉣ 인사청문특별위원회

> **국회법 제46조의3 【인사청문특별위원회】** ① 국회는 다음 각 호의 임명동의안 또는 의장이 각 교섭단체 대표의원과 협의하여 제출한 선출안 등을 심사하기 위하여 인사청문특별위원회를 둔다. 다만, 대통령직 인수에 관한 법률 제5조 제2항에 따라 대통령당선인이 국무총리 후보자에 대한 인사청문의 실시를 요청하는 경우에 의장은 각 교섭단체 대표의원과 협의하여 그 인사청문을 실시하기 위한 인사청문특별위원회를 둔다.
> 1. 헌법에 따라 그 임명에 국회의 동의가 필요한 대법원장·헌법재판소장·국무총리·감사원장 및 대법관에 대한 임명동의안
> 2. 헌법에 따라 국회에서 선출하는 헌법재판소 재판관 및 중앙선거관리위원회 위원에 대한 선출안
> ② 인사청문특별위원회의 구성과 운영에 필요한 사항은 따로 법률로 정한다.

> ☑ **주의** 인사청문특별위원회
> • 국회의 동의를 요하거나 국회가 직접 선출하는 인사를 위한 비상설위원회
> • 인사청문특별위원회는 국회법에 명시 / 구성과 운영 사항은 인사청문회법에 명시

> **인사청문회법 제3조 【인사청문특별위원회】** ① 국회법 제46조의3의 규정에 의한 인사청문특별위원회는 임명동의안 등(국회법 제65조의2 제2항의 규정에 의하여 다른 법률에서 국회의 인사청문을 거치도록 한 공직후보자에 대한 인사청문요청안을 제외한다)이 국회에 제출된 때에 구성된 것으로 본다.
> ② 인사청문특별위원회의 위원 정수는 13인으로 한다.
> ③ 인사청문특별위원회의 위원은 교섭단체 등의 의원 수의 비율에 의하여 각 교섭단체 대표의원의 요청으로 국회의장(이하 '의장'이라 한다)이 선임 및 개선한다. 이 경우 각 교섭단체 대표의원은 인사청문특별위원회가 구성된 날부터 2일 이내에 의장에게 위원의 선임을 요청하여야 하며, 이 기한 내에 요청이 없는 때에는 의장이 위원을 선임할 수 있다.
> ④ 어느 교섭단체에도 속하지 아니하는 의원의 위원 선임은 의장이 이를 행한다.
> ⑤ 인사청문특별위원회는 위원장 1인과 각 교섭단체별로 간사 1인을 호선하고 본회의에 보고한다.

> ☑ **비교** 위원 정수
> • 상임위원회: 국회규칙으로 정함
> • 정보위원회: 12인(국회법)
> • 인사청문특별위원회: 13인(인사청문회법)

> **제6조 【임명동의안 등의 회부 등】** ② 국회는 임명동의안 등이 제출된 날부터 20일 이내에 그 심사 또는 인사청문을 마쳐야 한다.

> **제9조 【위원회의 활동기간 등】** ① 위원회는 임명동의안 등이 회부된 날부터 15일 이내에 인사청문회를 마치되, 인사청문회의 기간은 3일 이내로 한다. 다만, 부득이한 사유로 헌법재판소 재판관 등의 후보자에 대한 인사청문회를 그 기간 이내에 마치지 못하여 제6조 제3항의 규정에 의하여 기간이 정하여진 때에는 그 연장된 기간 이내에 인사청문회를 마쳐야 한다.

> **제12조 【자료제출요구】** ① 위원회는 그 의결 또는 재적의원 3분의 1 이상의 요구로 공직후보자의 인사청문과 직접 관련된 자료의 제출을 국가기관·지방자치단체, 기타 기관에 대하여 요구할 수 있다.
> ② 제1항의 요구를 받은 때에는 기간을 따로 정하는 경우를 제외하고는 5일 이내에 자료를 제출하여야 한다.

ⓔ 인사청문특별위원회와 소관상임위원회 비교

구분	인사청문대상
인사청문 특별위원회	• 임명에 국회의 동의를 요하는 기관: 국무총리, 대법원장, 대법관, 헌법재판소장, 감사원장 ✅ 주의 국무위원은 포함 × • 국회에서 선출하는 기관: 헌법재판소 재판관 3인, 중앙선거관리위원회위원 3인 ✅ 주의 중앙선거관리위원회 위원장은 포함 × • 대통령당선인이 국무총리후보자를 지명하여 인사청문실시를 요청한 경우
소관 상임위원회	• 대통령이 임명: 헌법재판소 재판관 3인, 중앙선거관리위원회위원 3인, 국무위원, 방송통신위원회위원장, 국가정보원장, 공정거래위원회위원장, 금융위원회위원장, 국가인권위원회위원장, 고위공직자범죄수사처장, 국세청장, 검찰총장, 경찰청장, 합동참모의장, 한국은행총재, 특별감찰관 또는 한국방송공사 사장 ✅ 주의 각군참모총장, 국민권익위원회위원장은 국회 인사청문대상자가 아님 • 대법원장이 지명: 헌법재판소 재판관 3인, 중앙선거관리위원회위원 3인

③ 위원회 비교

구분		상설 여부	위원 정수	임기	위원장 선출	회의 공개	폐회 중 월회기
상임 위원회	일반 상임위원회	상설	국회규칙	2년	본회의	공개	월 2회 이상
	정보위원회	상설	12인	2년	본회의	비공개	월 1회 이상
특별 위원회	일반 특별위원회	-	-	-	위원회선출	-	-
	예산결산 특별위원회	상설	50인	1년	본회의	-	-
	윤리 특별위원회	비상설	-	-	-	-	-
	인사청문 특별위원회	비상설	13인 (인사청문회법)	존속시기 동안	위원회선출	-	-

✅ 주의
• 위원회는 공개가 원칙이나 정보위원회는 비공개
• 계수조정소위원회는 비공개가 관행

④ 전원위원회

> **국회법 제63조의2【전원위원회】** ① 국회는 위원회의 심사를 거치거나 위원회가 제안한 의안 중 <u>정부조직에 관한 법률안, 조세 또는 국민에게 부담을 주는 법률안 등 주요의안</u>의 본회의 상정 전이나 본회의 상정 후에 <u>재적의원 4분의 1 이상</u>이 요구할 때에는 그 심사를 위하여 의원 전원으로 구성되는 전원위원회를 개회할 수 있다. 다만, 의장은 주요 의안의 심의 등 필요하다고 인정하는 경우 <u>각 교섭단체 대표의원의 동의를 받아</u> 전원위원회를 개회하지 아니할 수 있다.
>
> **선생님 tip** 전원위원회는 임의사항 / 전원위원회 1/4의 요구 ⇨ 전4(전사)
>
> ④ 전원위원회는 제54조에도 불구하고 <u>재적위원 5분의 1 이상의 출석으로 개회하고, 재적위원 4분의 1 이상의 출석과 출석위원 과반수의 찬성으로 의결</u>한다.
>
> **선생님 tip** 꼼꼼히 숫자 암기: 전원위원회 ⇨ 1/5 1/4 1/2(과반) ⇨ 전542(전우사이)

⑤ 안건조정위원회

> **국회법 제57조의2【안건조정위원회】** ① 위원회는 이견을 조정할 필요가 있는 안건(예산안, 기금운용계획안, 임대형 민자사업 한도액안 및 체계·자구 심사를 위하여 법제사법위원회에 회부된 법률안은 제외한다. 이하 이 조에서 같다)을 심사하기 위하여 <u>재적위원 3분의 1 이상</u>의 요구로 <u>안건조정위원회</u>(이하 이 조에서 '조정위원회'라 한다)를 구성하고 해당 안건을 제58조 제1항에 따른 대체토론이 끝난 후 조정위원회에 회부한다. 다만, 조정위원회를 거친 안건에 대해서는 그 심사를 위한 조정위원회를 구성할 수 없다.

(2) 운영

① 내용

> **국회법 제49조【위원장의 직무】** ① 위원장은 위원회를 대표하고 의사를 정리하며, 질서를 유지하고 사무를 감독한다.
>
> ② 위원장은 위원회의 의사일정과 개회일시를 간사와 협의하여 정한다.
>
> **제49조의2【위원회 의사일정의 작성기준】** 위원장(소위원회의 위원장을 포함한다)은 예측 가능한 국회운영을 위하여 특별한 사정이 없으면 다음 각 호의 기준에 따라 제49조 제2항의 의사일정 및 개회일시를 정한다.
>
> 1. 위원회 개회일시: 매주 월요일·화요일 오후 2시
> 2. 소위원회 개회일시: 매주 수요일·목요일 오전 10시
>
> **제49조의3【위원 회의 출석 현황 공개】** 위원장은 위원회(소위원회는 제외한다) 회의가 종료되면 그 다음 날까지 소속 위원의 회의 출석 여부를 국회공보 또는 인터넷 홈페이지 등에 게재하는 방법으로 공개하여야 한다.
>
> **제51조【위원회의 제안】** ① <u>위원회</u>는 그 소관에 속하는 사항에 관하여 <u>법률안</u>과 그 밖의 의안을 <u>제출할 수 있다.</u>
>
> ② 제1항의 의안은 위원장이 제안자가 된다.
>
> ☑ **주의**
> 위원회도 법률안 제출 가능(제출자: 위원장)
>
> **제52조【위원회의 개회】** 위원회는 다음 각 호의 어느 하나에 해당할 때에 개회한다.
>
> 1. <u>본회의의 의결이 있을 때</u>
> 2. <u>의장이나 위원장이 필요하다고 인정할 때</u>

3. 재적위원 4분의 1 이상의 요구가 있을 때

제54조【위원회의 의사정족수·의결정족수】 위원회는 재적위원 5분의 1 이상의 출석으로 개회하고, 재적위원 과반수의 출석과 출석위원 과반수의 찬성으로 의결한다.

☑ 주의 위원회 – 본회의와 동일
- 재적 1/4 이상의 '요구'시 개회(4요사요)
- 의사정족수: 재적 1/5 이상의 '출석'시 개회(5출오출)
- 일반의결정족수: 재적 과반수 + 출석 과반수

제54조의2【정보위원회에 대한 특례】 ① 정보위원회의 회의는 공개하지 아니한다. (후략)

＊[단순위헌, 헌재 2022.1.27. 2018헌마1162; 국회법(2018.4.17. 법률 제15620호로 개정된 것) 제54조의2 제1항 본문은 헌법에 위반된다]

☑ 주의
헌법 제50조 제1항으로부터 일체의 공개를 불허하는 절대적인 비공개가 허용된다고 볼 수는 없는바, 특정한 내용의 국회의 회의나 특정 위원회의 회의를 일률적으로 비공개한다고 정하면서 공개의 여지를 차단하는 것은 헌법 제50조 제1항에 부합하지 아니함(헌재 2022.1.27. 2018헌마1162) [위헌]

② 정보위원회의 위원 및 소속 공무원(의원 보좌직원을 포함한다. 이하 이 조에서 같다)은 직무수행상 알게 된 국가기밀에 속하는 사항을 공개하거나 타인에게 누설해서는 아니 된다.

제55조【위원회에서의 방청 등】 ① 의원이 아닌 사람이 위원회를 방청하려면 위원장의 허가를 받아야 한다.

제56조【본회의 중 위원회의 개회】 위원회는 본회의 의결이 있거나 의장이 필요하다고 인정하여 각 교섭단체 대표의원과 협의한 경우를 제외하고는 본회의 중에는 개회할 수 없다. 다만, 국회운영위원회는 그러하지 아니하다.

☑ 주의
국회운영위원회는 교섭단체대표의원과 협의를 하지 않아도 본회의 중에 개회 가능

제58조【위원회의 심사】 ① 위원회는 안건을 심사할 때 먼저 그 취지의 설명과 전문위원의 검토보고를 듣고 대체토론(안건 전체에 대한 문제점과 당부에 관한 일반적 토론을 말하며 제안자와의 질의·답변을 포함한다)과 축조심사 및 찬반토론을 거쳐 표결한다.
⑤ 제1항에 따른 축조심사는 위원회의 의결로 이를 생략할 수 있다. 다만, 제정법률안 및 전부개정법률안에 대해서는 그러하지 아니하다.
⑥ 위원회는 제정법률안 및 전부개정법률안에 대해서는 공청회 또는 청문회를 개최하여야 한다. 다만, 위원회의 의결로 이를 생략할 수 있다.
⑦ 위원회는 안건이 예산상의 조치를 수반하는 경우에는 정부의 의견을 들어야 하며, 필요하다고 인정하는 경우에는 의안 시행에 수반될 것으로 예상되는 비용에 관하여 국회예산정책처의 의견을 들을 수 있다.

제58조의2【헌법재판소 위헌결정에 대한 위원회의 심사】 ① 헌법재판소는 종국결정이 법률의 제정 또는 개정과 관련이 있으면 그 결정서 등본을 국회로 송부하여야 한다.
② 의장은 제1항에 따라 송부된 결정서 등본을 해당 법률의 소관 위원회와 관련위원회에 송부한다.
③ 위원장은 제2항에 따라 송부된 종국결정을 검토하여 소관 법률의 제정 또는 개정이 필요하다고 판단하는 경우 소위원회에 회부하여 이를 심사하도록 한다.

제59조【의안의 상정시기】 위원회는 의안(예산안, 기금운용계획안 및 임대형 민자사업 한도액안은 제외한다. 이하 이 조에서 같다)이 그 위원회에 회부된 날부터 다음 각 호의 구분에 따른 기간이 지나지 아니하였을 때에는 그 의안을 상정할 수 없다. 다만, 긴급하고 불가피한 사유로 위원회의 의결이 있는 경우에는 그러하지 아니하다.

1. 일부개정법률안: 15일
2. 제정법률안, 전부개정법률안 및 폐지법률안: 20일
3. 체계·자구심사를 위하여 법제사법위원회에 회부된 법률안: 5일
4. 법률안 외의 의안: 20일

> ✓ **주의**
> 제정, 전부개정, 폐지와 같이 전체를 변경하는 것은 20일

제64조【공청회】 ① <u>위원회</u>(소위원회를 포함한다. 이하 이 조에서 같다)는 <u>중요한 안건 또는 전문지식이 필요한 안건</u>을 심사하기 위하여 그 의결 또는 재적위원 3분의 1 이상의 요구로 공청회를 열고 이해관계자 또는 학식·경험이 있는 사람 등(이하 '진술인'이라 한다)으로부터 의견을 들을 수 있다. 다만, 제정법률안과 전부개정법률안의 경우에는 제58조 제6항에 따른다.

제128조【보고·서류 등의 제출 요구】 ① 본회의, 위원회 또는 소위원회는 그 의결로 안건의 심의 또는 국정감사나 국정조사와 직접 관련된 보고 또는 서류와 해당 기관이 보유한 사진·영상물(이하 이 조에서 "서류등"이라 한다)의 제출을 정부, 행정기관 등에 요구할 수 있다. 다만, 위원회가 청문회, 국정감사 또는 국정조사와 관련된 서류등의 제출을 요구하는 경우에는 그 의결 또는 재적위원 3분의 1 이상의 요구로 할 수 있다.

② **위원회별 정족수 비교**

구분	본회의(임시회)	상임위원회	전원위원회
집회소집 요구 정족수	재적 4분의 1	재적 4분의 1	재적 4분의 1
의사정족수	재적 5분의 1	재적 5분의 1	재적 5분의 1
의결정족수	재적 과반수 + 출석 과반수	재적 과반수 + 출석 과반수	재적 4분의 1+ 출석 과반수

(3) 연석회의

국회법 제63조【연석회의】 ① 소관 위원회는 다른 위원회와 협의하여 <u>연석회의</u>를 열고 의견을 교환할 수 있다. 그러나 <u>표결은 할 수 없다.</u>

> ✓ **주의**
> 소관 위원회는 표결 금지

(4) 원격영상회의

국회법 제73조의2【원격영상회의】 ① 의장은 감염병의 예방 및 관리에 관한 법률 제2조 제2호에 따른 제1급감염병의 확산 또는 천재지변 등으로 본회의가 정상적으로 개의되기 어렵다고 판단하는 경우에는 각 교섭단체 대표의원과 합의하여 본회의를 원격영상회의(의원이 동영상과 음성을 동시에 송수신하는 장치가 갖추어진 복수의 장소에 출석하여 진행하는 회의를 말한다. 이하 이 조에서 같다) 방식으로 개의할 수 있다.
② 의장은 제76조 제2항 및 제77조에도 불구하고 각 교섭단체 대표의원과 합의하여 제1항에 따른 본회의의 당일 의사일정을 작성하거나 변경한다.
③ 의장이 각 교섭단체 대표의원과 합의한 경우에만 제1항에 따른 본회의에 상정된 안건을 표결할 수 있다.
④ 원격영상회의에 출석한 의원은 동일한 회의장에 출석한 것으로 보며, 제111조 제1항에도 불구하고 표결에 참가할 수 있다.

⑤ 제1항에 따라 개의된 본회의에서의 표결은 제6항에 따른 원격영상회의시스템을 이용하여 제112조에 따라 실시한다. 다만, 의장이 필요하다고 인정하는 경우에는 거수로 표결할 수 있다.

＊[법률 제17756호(2020.12.22.) 부칙 제2조의 규정에 의하여 이 조는 2022년 6월 30일까지 유효함]

4. 소위원회

국회법 제57조【소위원회】 ① 위원회는 소관 사항을 분담·심사하기 위하여 상설소위원회를 둘 수 있고, 필요한 경우 특정한 안건의 심사를 위하여 소위원회를 둘 수 있다. 이 경우 소위원회에 대하여 국회규칙으로 정하는 바에 따라 필요한 인원 및 예산 등을 지원할 수 있다.

② 상임위원회는 소관 법률안의 심사를 분담하는 둘 이상의 소위원회를 둘 수 있다.

✓ **주의**
국회법 개정으로 정보위원회도 소위원회를 둘 수 있음

⑤ 소위원회의 회의는 공개한다. 다만, 소위원회의 의결로 공개하지 아니할 수 있다.

✓ **주의**
보통 위원회는 공개가 원칙임 / 소위원회는 의결로 비공개 가능

⑥ 소위원회는 폐회 중에도 활동할 수 있으며, 법률안을 심사하는 소위원회는 매월 3회 이상 개회한다. 다만, 국회운영위원회, 정보위원회 및 여성가족위원회의 법률안을 심사하는 소위원회의 경우에는 소위원장이 개회 횟수를 달리 정할 수 있다.

✓ **주의**
제6항은 강행규정 ⇨ 개회한다. ○ / 개회할 수 있다. ✕

⑦ 소위원회는 그 의결로 의안 심사와 직접 관련된 보고 또는 서류 및 해당 기관이 보유한 사진·영상물의 제출을 정부·행정기관 등에 요구할 수 있고, 증인·감정인·참고인의 출석을 요구할 수 있다. 이 경우 그 요구는 위원장의 명의로 한다.

⑧ 소위원회에 관하여는 이 법에서 다르게 정하거나 성질에 반하지 아니하는 한 위원회에 관한 규정을 적용한다. 다만, 소위원회는 축조심사를 생략해서는 아니 된다.

✓ **주의 축조심사 생략 불가능**
소위원회, 제정, 전부개정

5. 교섭단체

국회법 제33조【교섭단체】 ① 국회에 20명 이상의 소속 의원을 가진 정당은 하나의 교섭단체가 된다. 다만, 다른 교섭단체에 속하지 아니하는 20명 이상의 의원으로 따로 교섭단체를 구성할 수 있다.

② 교섭단체 대표의원은 그 단체의 소속 의원이 연서·날인한 명부를 의장에게 제출하여야 하며, 그 소속 의원에 이동이 있거나 소속 정당의 변경이 있을 때에는 그 사실을 지체 없이 의장에게 보고하여야 한다. 다만, 특별한 사유가 있을 때에는 해당 의원이 관계 서류를 첨부하여 이를 보고할 수 있다.

③ 어느 교섭단체에도 속하지 아니하는 의원이 당적을 취득하거나 소속 정당을 변경한 때에는 그 사실을 즉시 의장에게 보고하여야 한다.

제34조【교섭단체 정책연구위원】 ① 교섭단체 소속 의원의 입법 활동을 보좌하기 위하여 교섭단체에 정책연구위원을 둔다.

② 정책연구위원은 해당 교섭단체 대표의원의 제청에 따라 의장이 임면한다.

③ 정책연구위원은 별정직공무원으로 하고, 그 인원·자격·임면절차·직급 등에 필요한 사항은 국회규칙으로 정한다.

구분	교섭단체	정당
대표	교섭단체대표의원	정당대표
구성원	국회의원	정당원
법적 성격	국회법상 기관(국가기관)	법인격 없는 사단(사적 결사)
헌법소원청구능력 (기본권주체)	×	○
권한쟁의능력	× (판례)	×
양자의 관계	• 의원 20인이 되지 않는 2개 이상의 정당은 하나의 교섭단체를 구성할 수 있음 • 한 교섭단체의원은 동일 정당 소속일 필요가 없음	하나의 정당은 두 개의 교섭단체를 구성할 수 없음

📑 **판례정리**

번호	내용	결정
1	정책연구위원을 교섭단체구성 여부만을 기준으로 배정하는 것이 소수정당의 평등권을 침해하는 것인지 여부: **소극** (헌재 2008.3.27. 2004헌마654)	기각
2	교섭단체의 권한쟁의능력 부정 판례 국회법 제33조 제1항 본문은 정당이 교섭단체가 될 수 있다고 규정하고 있다. 교섭단체는 국회의 원활한 운영을 위하여 소속의원의 의사를 수렴·집약하여 의견을 조정하는 교섭창구의 역할을 하는 조직이다. 그러나 헌법은 권한쟁의심판청구의 당사자로 국회의원들의 모임인 교섭단체에 대해서 규정하고 있지 않다. 국회는 교섭단체와 같이 국회의 내부 조직을 자율적으로 구성하고 그에 일정한 권한을 부여할 수 있으나(헌재 2003.10.30. 2002헌라1 참조), 교섭단체가 갖는 권한은 원활한 국회 의사진행을 위하여 국회법에서 인정하고 있는 권한일 뿐이다. 이러한 점을 종합하면, 교섭단체는 그 권한침해를 이유로 권한쟁의심판을 청구할 수 없다(헌재 2020.5.27. 2019헌라6).	각하

③ 국회의 운영과 의사절차

1. 국회의 입법기와 회기

(1) 입법기(의회기)

국회의원들의 임기개시일부터 임기만료일 또는 국회해산시까지의 시기

(2) 회기

입법기 내에서 국회가 실제로 활동능력을 가지는 일정한 기간, 즉 국회의 회기는 집회일로부터 기산하여 폐회일까지

> 헌법 제47조 ② 정기회의 회기는 <u>100일</u>을, 임시회의 회기는 <u>30일</u>을 초과할 수 없다.
>
> 국회법 제7조 【회기】 ① 국회의 회기는 의결로 정하되, 의결로 연장할 수 있다.
>　② 국회의 회기는 집회 후 즉시 정하여야 한다.

(3) 휴회

휴회일수도 회기에 산입함

> 국회법 제8조【휴회】① 국회는 의결로 기간을 정하여 휴회할 수 있다.
> ② 국회는 휴회 중이라도 대통령의 요구가 있을 때, 의장이 긴급한 필요가 있다고 인정할 때 또는 재적의원 4분의 1 이상의 요구가 있을 때에는 국회의 회의(이하 '본회의'라 한다)를 재개한다.
> ☑ **주의**
> '의장의 긴급한 필요' 휴회 중 회의 재개 ○ / 임시회 소집 ×

2. 정기회와 임시회

(1) 정기회

> 헌법 제47조 ① 국회의 정기회는 법률이 정하는 바에 의하여 매년 1회 집회되며, ….
> ② 정기회의 회기는 100일을, … 초과할 수 없다.
>
> 국회법 제4조【정기회】정기회는 매년 9월 1일에 집회한다. 다만, 그 날이 공휴일인 때에는 그 다음 날에 집회한다.

(2) 임시회

> 헌법 제47조 ① … 국회의 임시회는 대통령 또는 국회재적의원 4분의 1 이상의 요구에 의하여 집회된다.
> ☑ **주의**
> • 임시회는 의장이 요구할 수는 없음
> • 위원회도 재적 1/4의 요구, 임시회도 재적 1/4의 요구
>
> **선생님 tip** 4요사요
>
> ② …, 임시회의 회기는 30일을 초과할 수 없다.
> ③ 대통령이 임시회의 집회를 요구할 때에는 기간과 집회요구의 이유를 명시하여야 한다.
> ☑ **주의**
> 헌법 제47조 제3항은 유신헌법 때 도입됨
>
> 국회법 제5조【임시회】① 의장은 임시회의 집회 요구가 있을 때에는 집회기일 3일 전에 공고한다. 이 경우 둘 이상의 집회 요구가 있을 때에는 집회일이 빠른 것을 공고하되, 집회일이 같은 때에는 그 요구서가 먼저 제출된 것을 공고한다.
> ③ 국회의원 총선거 후 첫 임시회는 의원의 임기 개시 후 7일에 집회하며, 처음 선출된 의장의 임기가 폐회 중에 만료되는 경우에는 늦어도 임기만료일 5일 전까지 집회한다. 다만, 그 날이 공휴일인 때에는 그 다음 날에 집회한다.
>
> 제5조의2【연간 국회 운영 기본일정 등】② 제1항의 연간 국회 운영 기본일정은 다음 각 호의 기준에 따라 작성한다.
> 1. 2월·3월·4월·5월 및 6월 1일과 8월 16일에 임시회를 집회한다. 다만, 국회의원 총선거가 있는 경우 임시회를 집회하지 아니하며, 집회일이 공휴일인 경우에는 그 다음 날에 집회한다.

(3) 개의

> **국회법 제73조 【의사정족수】** ① 본회의는 재적의원 <u>5분의 1 이상</u>의 <u>출석</u>으로 개의한다.
>
> **선생님 tip** 의사정족수: 5출오출
>
> ③ 회의 중 제1항의 정족수에 미치지 못할 때에는 의장은 회의의 중지 또는 산회를 선포한다. 다만, 의장은 교섭단체 대표의원이 의사정족수의 충족을 요청하는 경우 외에는 효율적인 의사진행을 위하여 회의를 계속할 수 있다.
>
> ✓ **주의**
>   정족수에 달하지 못해도 '교섭단체 대표의원이 이의를 제기하지 않는 이상' 의장의 재량하에 회의 계속 진행 가능

구분	국회의 연간 개회 일수 제한	정기회 일수	임시회 일수 제한	임시회 소집정족수
제1공화국(건국·제1차·제2차)	없음	90일	30일	재적 4분의 1
제2공화국(제3차·제4차)		120일	양원의결일치	
제3공화국(제5차·제6차)		120일	30일	
제4공화국(제7차)	150일	90일		재적 3분의 1
제5공화국(제8차)				
현행헌법	없음	100일		재적 4분의 1

3. 의사절차에 관한 원칙

(1) 의사공개의 원칙

> **헌법 제50조** ① 국회의 회의는 공개한다.

① 내용: 방청의 자유, 국회의사록의 공표, 보도의 자유 등

② 적용범위: 국회 본회의, 국회의 위원회의 회의도 원칙적으로 적용(다수설·판례)

③ 예외

> **헌법 제50조** ① 국회의 회의는 공개한다. 다만, <u>출석의원 과반수</u>의 찬성이 있거나 <u>의장이 국가의 안전보장</u>을 위하여 필요하다고 인정할 때에는 <u>공개하지 아니할</u> 수 있다.
>
> ✓ **비교 비공개 사유**
>   • 회의 비공개의 구체적 사유: 국가의 안전보장까지만(질서유지나 공공복리 ✕)
>   • 국회의 회의 비공개 사유: 안녕질서, 선량한 풍속이 속하지 않음
>
> **국회법 제75조 【회의의 공개】** ① 본회의는 공개한다. 다만, <u>의장의 제의</u> 또는 <u>의원 10명 이상</u>의 연서에 의한 동의로 <u>본회의의 의결</u>이 있거나 <u>의장이 각 교섭단체 대표의원과 협의</u>하여 <u>국가의 안전보장</u>을 위하여 필요하다고 인정할 때에는 공개하지 아니할 수 있다.
>
> ② 제1항 단서에 따른 제의나 동의에 대해서는 <u>토론을 하지 아니하고 표결</u>한다.
>
> ✓ **비교 회의의 비공개**
>   • 헌법: 출석 과반수 찬성 / 의장이 국가의 안전보장을 위하여
>   • 국회법: 의장의 제의나 의원 10명(본회의 의결) / 의장이 교섭단체 대표의원과 협의(국가의 안전보장) / 정당의 대표의원과 협의하는 것이 아님

제54조의2 【정보위원회에 대한 특례】① 정보위원회의 회의는 공개하지 아니한다. (후략)

* [단순위헌, 헌재 2022.1.27. 2018헌마1162; 국회법(2018.4.17. 법률 제15620호로 개정된 것) 제54조의2 제1항 본문은 헌법에 위반된다]

> ☑ **주의**
> 헌법 제50조 제1항으로부터 일체의 공개를 불허하는 절대적인 비공개가 허용된다고 볼 수는 없는바, 특정한 내용의 국회의 회의나 특정 위원회의 회의를 일률적으로 비공개한다고 정하면서 공개의 여지를 차단하는 것은 헌법 제50조 제1항에 부합하지 아니함(헌재 2022.1.27. 2018헌마1162) [위헌]

제55조 【위원회에서의 방청 등】① 의원이 아닌 사람이 위원회를 방청하려면 위원장의 허가를 받아야 한다.

② 위원장은 질서 유지를 위하여 필요할 때에는 방청인의 퇴장을 명할 수 있다.

제158조 【징계의 의사】 징계에 관한 회의는 공개하지 아니한다. 다만, 본회의 또는 위원회의 의결이 있을 때에는 그러하지 아니하다.

📑 판례정리

번호	내용	결정
1	국회 상임위원회위원장이 위원회 전체 회의 개의 직전부터 회의가 종료될 때까지 회의장 출입문을 폐쇄하여 회의의 주체인 소수당 소속 상임위원회위원들의 출입을 봉쇄한 상태에서 상임위원회 전체 회의를 개의하여 안건을 상정한 행위 등이 의사공개원칙에 위배되는지 여부: **적극** (헌재 2010.12.28. 2008헌라7) ☑ **주의** • 위 판례는 다수결의 원리에도 위배되었고, 결과적으로 참석하지 못한 소수당 소속 상임위원회위원들의 심의권을 침해한다고 판시함 • 그러나 상정·소위원회 회부행위가 무효는 아니라고 판시함	기각
2	의사공개의 원칙이 위원회의 회의에도 적용되는지 여부: **적극** (헌재 2000.6.29. 98헌마443 등) ☑ **주의** 의사공개 원칙과 마찬가지로 예외적인 회의 비공개에 관한 규정도 본회의뿐만 아니라 위원회, 소위원회에도 적용됨	기각
3	위원회에서는 의원이 아닌 자는 허가를 받아 방청하도록 한 국회법 제55조 제1항이 위헌인지 여부: **소극** (헌재 2000.6.29. 98헌마443 등)	기각
4	예산결산특별위원회의 계수조정소위원회 방청불허조치가 알 권리를 침해하는지 여부: **소극** (헌재 2000.6.29. 98헌마443 등)	기각
5	의원들의 국정감사활동에 대한 평가 및 결과공표의 부적절함을 이유로 국정감사에 대한 시민단체의 방청을 불허한 것이 알 권리를 침해하는지 여부: **소극** (헌재 2000.6.29. 98헌마443 등)	기각

(2) 회기계속의 원칙

회기 중에 의결되지 못한 의안도 폐기되지 아니하고 다음 회기에서 계속 심의할 수 있다는 원칙

> 헌법 제51조 국회에 제출된 법률안 기타의 의안은 회기 중에 의결되지 못한 이유로 폐기되지 아니한다. 다만, 국회의원의 임기가 만료된 때에는 그러하지 아니하다.
>
> ☑ **주의**
> • 회기계속의 원칙: 헌법에 명시 / 임기 만료시 예외
> • 헌법은 의회기 중에는 회기계속의 원칙을 택하고 있으나, 의회기가 종료되는 경우에는 예외적으로 회기불계속의 원칙을 택함
>
> ☑ **비교**
> 일사부재의의 원칙은 헌법이 아닌 국회법에 명시

(3) 일사부재의의 원칙

① 개념

> 국회법 제92조 【일사부재의】 부결된 안건은 같은 회기 중에 다시 발의하거나 제출할 수 없다.

② 일사부재의의 원칙에 반하지 아니하는 것

- ㉠ 철회된 경우: 철회도 부결된 것이 아니므로 철회되어 의결에 이르지 못했다면 다시 발의 가능
- ㉡ 회기를 달리하는 경우: 다음 회기에 다시 발의·심의하는 것은 가능
- ㉢ 사유를 달리하는 경우
- ㉣ 위원회에서 의결된 경우: 국회 자체의 결정이 아니므로 본회의에서 다시 심의 가능
- ㉤ 동일내용의 2개 이상 안건을 일괄의제로 심의하는 경우
- ㉥ 번안동의: 위원회 또는 본회의에서 이미 가결된 의안의 내용에 문제가 있는 경우 이를 다시 심의하여 시정하기 위해 발의되는 동의 ⇨ 이 경우 가결된 의안은 무효가 됨

📋 판례정리

번호	내용	결정
1	재적의원 과반수의 출석수에 미달한 의결을 두고 투표종료선언을 했다가 다시 재적 과반수출석을 하게 하여 표결한 것이 일사부재의원칙에 위배되는지 여부: **적극** (헌재 2009.10.29. 2009헌라8·9·10)	기각

(4) 다수결의 원칙

> 헌법 제49조 국회는 헌법 또는 법률에 특별한 규정이 없는 한 <u>재적의원 과반수의 출석과 출석의원 과반수의 찬성으로 의결한다.</u> <u>가부동수인 때에는 부결된 것으로 본다.</u>
>
> ☑ 주의
> 일반의결정족수: 재과 + 출과

📋 판례정리

번호	내용	결정
1	국회 상임위원회위원장이 위원회 전체 회의 개의 직전부터 회의가 종료될 때까지 회의장 출입문을 폐쇄하여 회의의 주체인 소수당 소속 상임위원회위원들의 출입을 봉쇄한 상태에서 상임위원회 전체 회의를 개의하여 안건을 상정한 행위 등이 다수결의 원칙에 위배되는지 여부: **적극** (헌재 2010.12.28. 2008헌라7)	기각

4. 표결방법

국회법 제107조【의장의 토론참가】 의장이 토론에 참가할 때에는 의장석에서 물러나야 하며, 그 안건에 대한 표결이 끝날 때까지 의장석으로 돌아갈 수 없다.

제111조【표결의 참가와 의사변경의 금지】 ① 표결을 할 때에는 회의장에 있지 아니한 의원은 표결에 참가할 수 없다. 다만, 기명투표 또는 무기명투표로 표결할 때에는 투표함이 폐쇄될 때까지 표결에 참가할 수 있다.

② 의원은 표결에 대하여 표시한 의사를 변경할 수 없다.

제112조【표결방법】 ① 표결할 때에는 전자투표에 의한 기록표결로 가부(可否)를 결정한다. 다만, 투표기기의 고장 등 특별한 사정이 있을 때에는 기립표결로, 기립표결이 어려운 의원이 있는 경우에는 의장의 허가를 받아 본인의 의사표시를 할 수 있는 방법에 의한 표결로 가부를 결정할 수 있다.

② 중요한 안건으로서 의장의 제의 또는 의원의 동의로 본회의 의결이 있거나 재적의원 5분의 1 이상의 요구가 있을 때에는 기명투표·호명투표 또는 무기명투표로 표결한다.

④ 헌법개정안은 기명투표로 표결한다.

⑤ 대통령으로부터 환부된 법률안과 그 밖에 인사에 관한 안건은 무기명투표로 표결한다.

⑥ 국회에서 실시하는 각종 선거는 법률에 특별한 규정이 없으면 무기명투표로 한다. (후략)

⑦ 국무총리 또는 국무위원의 해임건의안이 발의되었을 때에는 의장은 그 해임건의안이 발의된 후 처음 개의하는 본회의에 그 사실을 보고하고, 본회의에 보고된 때로부터 24시간 이후 72시간 이내에 무기명투표로 표결한다. 이 기간 내에 표결하지 아니한 해임건의안은 폐기된 것으로 본다.

제130조【탄핵소추의 발의】 ① 탄핵소추가 발의되었을 때에는 의장은 발의된 후 처음 개의하는 본회의에 보고하고, 본회의는 의결로 법제사법위원회에 회부하여 조사하게 할 수 있다.

② 본회의가 제1항에 따라 법제사법위원회에 회부하기로 의결하지 아니한 경우에는 본회의에 보고된 때부터 24시간 이후 72시간 이내에 탄핵소추 여부를 무기명투표로 표결한다. 이 기간 내에 표결하지 아니한 탄핵소추안은 폐기된 것으로 본다.

5. 정족수 정리

10인 이상	일반의안발의, 회의의 비공개발의 **⊘ 주의** 일반의안발의 정족수는 헌법이 아닌 법률에 명시 ⇨ 법률 개정으로 명수를 바꿀 수 있음
20인 이상	윤리심사, 징계요구, 국무총리·국무위원 등에 대한 출석요구발의, 의사일정의 변경발의, 교섭단체의 성립 **선생님 tip** 윤징현출일(윤리심사, 징계요구, 긴급현안질문, 출석요구, 의사일정 변경발의)
30인 이상	자격심사의 청구, 일반의안수정동의, 위원회에서 폐기한 법률안 본회의 부의
50인 이상	예산안에 대한 수정동의 **⊘ 비교** 예산안과 관련된 '법률안'의 수정동의는 30인 이상
재적 5분의 1 이상	국회 및 위원회 의사정족수, 기명·호명 또는 무기명투표의 요구
재적 4분의 1 이상	임시회소집요구, 휴회 중의 본회의 소집요구, 국정조사발의, 의원의 석방요구발의, 전원위원회 요구
재적 3분의 1 이상	국무총리·국무위원에 대한 해임건의발의, 일반탄핵소추발의, 무제한 토론요구(종결요구)
출석 과반수	회의의 비공개 의견
재적 과반수	해임건의의결, 일반탄핵소추의결, 헌법개정안발의, 대통령에 대한 탄핵소추발의, 의장·부의장선출(국회법 제67조 제2항), 계엄해제요구, 신속처리안건지정동의 **선생님 tip** 해탄개탄 신속계장(해임의결, 탄핵의결, 개헌발의, 대통령탄핵발의, 신속처리안건, 계엄해제요구, 의장·부의장선출)
재적 과반수, 출석 과반수	일반정족수
재적 과반수, 출석 다수득표	국회에서 대통령 선출, 의장·부의장선거에 있어서 결선투표의 경우, 임시의장·상임위원장의 선거, 예산결산특별위원회 위원장
재적 과반수, 출석 3분의 2 이상	법률안재의결, 국무회의의결정족수
재적 5분의 3 이상	신속처리안건지정동의의결, 무제한 토론종결의결 **⊘ 주의** '신속처리안건지정동의의결'과 '신속처리안건지정동의'를 구분할 것
재적 3분의 2 이상	제명, 무자격의결(국회법 제142조 제3항), 헌법개정안의결, 대통령에 대한 탄핵소추의결

4 국회의 권한

1. 입법에 관한 권한

(1) 헌법개정(헌법개정에 관한 발의와 심의·의결권) 및 법률제정에 관한 권한

(2) 조약의 체결·비준에 관한 동의권

> 헌법 제73조 대통령은 조약을 체결·비준하고, 외교사절을 신임·접수 또는 파견하며, 선전포고와 강화를 한다.
>
> 제60조 ① 국회는 <u>상</u>호원조 또는 안전보장에 관한 조약, 중요한 국<u>제</u>조직에 관한 조약, <u>우</u>호통상항해조약, <u>주</u>권의 제약에 관한 조약, <u>강</u>화조약, 국가나 국민에게 중대한 <u>재</u>정적 부담을 지우는 조약 또는 <u>입</u>법사항에 관한 조약의 체결·비준에 대한 동의권을 가진다.
>
> **선생님 tip** 상제우주강재입

범위	헌법 제60조 제1항 ⇨ 열거조항(다수설)
동의시기	기명날인 전의 동의, 즉 사전동의를 의미함
효력	국회의 동의를 얻지 아니하면 국내법으로서의 효력이 발생하지 않음 ⊘ **주의** • 국내법률 × / 국내법 ○ • 국제법적인 효력은 대통령의 비준으로 발생함

(3) 국회규칙의 제정권

> 헌법 제64조 ① 국회는 법률에 저촉되지 아니하는 범위 안에서 의사와 내부규율에 관한 규칙을 제정할 수 있다.

2. 재정에 관한 권한

(1) 재정에 관한 헌법원칙

① 의회의결주의: 재정에 관한 중요사항은 의회로 하여금 의결하게 함

② 조세평등주의

의미	같은 것은 같게, 다른 것은 다르게 취급함으로써 조세정의를 실현함
담세능력에 따른 과세의 원칙	담세능력에 따른 과세의 원칙(응능부담의 원칙)은 동일한 소득은 원칙적으로 동일하게 과세될 것을 요청하며(수평적 조세정의), 소득이 다른 사람들간의 공평한 조세부담의 배분을 요청함(수직적 조세정의)

③ 조세법률주의: 조세의 종목과 세율은 법률로 정함(헌법 제59조)

   ㉠ 내용

과세요건법정주의	납세의무자, 과세물건, 과세표준 및 세율뿐 아니라 조세의 부과·징수절차까지 국회가 제정한 법률로써 규정하여야 함
과세요건명확주의	과세요건의 규정내용이 지나치게 추상적이고 불명확할 경우 과세관청의 자의적인 해석과 집행을 초래할 염려가 있으므로 규정내용이 명확하고 일의적이어야 한다는 원칙

소급과세금지원칙	과거에 소급하여 과세 또는 중과세하는 것은 소급입법과세금지원칙에 위반됨(헌재 2004.7.15. 2002헌바63)
엄격한 해석의 원칙	유추해석이나 확장해석은 허용되지 아니함
실질과세의 원칙	법적 형식과 경제적 실질이 서로 다른 때에는 경제적 실질에 따라 과세함
과세요건입증책임	과세관청에 있음

ⓒ 한계: 사회현상의 복잡화와 국회의 전문적 능력의 한계로 인하여 조세부과에 관련된 모든 법규를 예외 없이 형식적 의미의 법률로써 규정한다는 것은 사실상 불가능함. 그러므로 법률보다 더 탄력성이 있는 행정입법에 위임함이 허용됨(헌재 1999.6.24. 98헌바42)

> ⓢ 주의
> 다만, 행정입법에 위임함에 있어서 포괄위임금지 원칙이 적용되어야 하며, 이 경우 포괄위임금지 원칙은 급부행정의 경우보다 더 엄격하게 적용되어야 함

ⓒ 예외

조례에 의한 지방세의 세목규정	지방자치단체는 지방세의 세목, 과세대상, 과세표준, 세율 그 밖에 부과·징수에 필요한 사항을 정할 때에는 이 법 또는 지방세관계법에서 정하는 범위에서 조례로 정하여야 함(지방세기본법 제5조 제1항)
긴급재정경제처분·명령에 의한 조세부과	대통령은 내우·외환·천재·지변 또는 중대한 재정·경제상의 위기에 있어서 국가의 안전보장 또는 공공의 안녕질서를 유지하기 위하여 긴급한 조치가 필요하고 국회의 집회를 기다릴 여유가 없을 때에 한하여 최소한으로 필요한 재정·경제상의 처분을 하거나 이에 관하여 법률의 효력을 가지는 명령을 발할 수 있음(헌법 제76조 제1항) ⓢ 주의 • 요건에 '공공복리 증진' 없음 • 기다릴 여유가 없을 때 ○ / 불가능할 때 ×
조약에 의한 세율규정	• 국제거래에서 과세의 대상이 되는 소득, 수익, 재산, 행위 또는 거래의 귀속에 관하여 사실상 귀속되는 자가 명의자와 다른 경우에는 사실상 귀속되는 자를 납세의무자로 하여 조세조약을 적용함(국제조세조정에 관한 법률 제3조) • 국제조세조정에 관한 법률은 국세와 지방세에 관하여 규정하는 다른 법률보다 우선 적용됨(국제조세조정에 관한 법률 제4조 제1항)
부담금	• 정책실현목적 부담금: 추구되는 공적 과제가 부담금 수입의 지출 단계에서 비로소 실현 • 재정조달목적 부담금: 추구되는 공적 과제의 전부 혹은 일부가 부담금의 부과 단계에서 이미 실현 • 어떤 공과금이 조세인지 부담금인지는 실질적인 내용을 결정적 기준으로 삼아야 함 • 부담금 관리 기본법의 부담금은 별표에 의한 법률에 의하지 아니하고는 설치할 수 없다고 규정하더라도, 개별법률에 부담금 부과에 관한 근거규정이 존재한다면, 부과 가능함

번호	내용	결정
1	소득세할 주민세의 납부 불성실가산세 산정시에 미납된 기간을 전혀 고려하지 않은 구 지방세법 제177조의2 제4항이 헌법상 평등의 원칙에 위반되는지 여부: **적극** (헌재 2005.10.27. 2004헌가21)	위헌
2	법정기한 내에 취득세 신고는 하였으나 납부하지 않은 자에 대하여 신고와 납부의무를 모두 이행하지 않는 자를 동일한 율로 가산세를 부과하고, 또한 가산세 산정시에 취득세가 미납된 기간을 전혀 고려하지 않은 지방세법 제121조 제1항이 평등원칙에 위반되는지 여부: **적극** (헌재 2003.9.25. 2003헌바16)	헌법불합치
3	종합소득세의 납부의무 위반에 대하여 미납기간을 고려하지 않고 일률적으로 미납세액의 100분의 10에 해당하는 가산세를 부과하도록 한 구 소득세법 제81조 제3항이 평등원칙에 반하여 납세의무자의 재산권을 침해하는지 여부: **소극** (헌재 2013.8.29. 2011헌가27) ✅ **비교** 판례 1, 2, 3의 차이 판례 1과 판례 2는 가산세율을 20/100으로 규정하고 있고, 판례 3은 가산세율을 10/100으로 규정하고 있음 ⇨ 10/100의 가산세율은 가산세가 가지는 제재적 기능의 최소한만을 확보하고자 하는 가산세율이고 이를 상회하는 가산세율을 정하지 않았기 때문에 일률적으로 적용하더라도 비례원칙 및 평등원칙에 어긋나지 않음	합헌
4	법인세할 주민세의 신고의무와 납부의무 중 하나만을 불이행한 사람과 두 가지 의무 모두를 불이행한 사람을 구별하지 아니하고 동일한 율로 가산세를 부과하고, 납부불성실가산세 산정시에 미납된 기간을 전혀 고려하지 않는 구 지방세법 제177조의2 제3항이 평등원칙에 위반되는지 여부: **적극** (헌재 2005.10.27. 2004헌가22)	위헌
5	등록세 및 지방교육세의 신고의무와 납부의무 중 하나만을 불이행한 사람과 두 가지 의무를 모두 불이행한 사람을 구별하지 아니하고 동일한 율로 가산세를 부과하고, 납부불성실가산세 산정시에 미납된 기간을 고려하지 않은 구 지방세법 제151조가 평등원칙에 위반되는지 여부: **소극** (헌재 2005.12.22. 2004헌가31) ✅ **비교** 판례 4, 5의 차이 판례 4는 가산세율을 20/100으로 규정하고 있고, 판례 5는 가산세율을 10/100으로 규정하고 있음 ⇨ 10/100의 가산세율은 가산세가 가지는 제재적 기능의 최소한만을 확보하고자 하는 가산세율이고 이를 상회하는 가산세율을 정하지 않았기 때문에 일률적으로 적용하더라도 비례원칙 및 평등원칙에 어긋나지 않음	합헌
6	골프장을 취득할 경우에 그 취득세율에 대하여 중과하는 구 지방세법 제112조 제2항 전단이 평등의 원칙 내지 조세평등주의에 위배되는지 여부: **소극** (헌재 1999.2.25. 96헌바64) ✅ **비교** 골프장 부가금 심판대상조항이 규정하고 있는 골프장 부가금은 일반 국민에 비해 특별히 객관적으로 밀접한 관련성을 가진다고 볼 수 없는 골프장 부가금 징수 대상 시설 이용자들을 대상으로 하는 것으로서 합리적 이유가 없는 차별을 초래하므로, 헌법상 평등원칙에 위배됨(헌재 2019.12.27. 2017헌가21)	합헌
7	조세감면규정에 조세법률주의가 적용되는지 여부: **적극** (헌재 1996.6.26. 93헌바2)	합헌
8	과세요건법정주의 상속세 부과 당시를 기준으로 상속재산가액을 평가하도록 규정한 구 상속세법 제9조 제2항이 조세법률주의를 위배하는지 여부: **적극** (헌재 1992.12.24. 90헌바21)	위헌

9	과세요건명확주의 양도소득세 과세대상으로서 양도의 개념을 정하고 있는 구 소득세법 제88조 제1항 전문이 과세요건 명확주의원칙에 반하는지 여부: 소극 (헌재 2007.4.26. 2006헌바71)	합헌
10	소급과세금지원칙 부당환급받은 세액을 징수하는 근거규정인 개정조항을 개정된 법 시행 후 최초로 환급세액을 징수하는 분부터 적용하도록 한 법인세법 부칙 제9조가 진정소급입법으로서 재산권을 침해하는지 여부: 적극 (헌재 2014.7.24. 2012헌바105)	위헌
11	실질과세의 원칙 – 이혼시 재산분할을 청구하여 상속세 인정공제액을 초과하는 재산을 취득한 경우 그 초과부분에 대하여 증여세를 부과하도록 규정하고 있는 상속세 규정의 위헌 여부: 적극 이혼시의 재산분할제도는 공동재산의 청산이라는 성격에, 경제적으로 곤궁한 상대방에 대한 부양적 성격이 보충적으로 가미된 제도라 할 것이어서, 재산의 무상취득을 과세원인으로 하는 증여세를 부과할 여지가 없기 때문에 이혼시의 재산분할을 청구하여 상속세 인정공제액을 초과하는 재산에 증여세를 부과하는 것은 증여원인이 없는 증여세 부과로서 실질적 조세법률주의에 위반된다 (헌재 1997.10.30. 96헌바14).	위헌
12	조세법상 위임입법의 엄격성 국민의 재산권을 직접적으로 제한하거나 침해하는 내용의 조세법규에 있어서는 일반적인 급부행정법규에서와 달리 위임입법의 요건과 범위가 보다 엄격하고 제한적으로 규정되어야 한다(헌재 1995.11.30. 93헌바32).	합헌
13	1세대 1주택의 양도 중 비과세대상이 되는 구체적인 경우를 대통령령으로 정하도록한 구 소득세법 규정이 포괄위임에 해당하는지 여부: 소극 (헌재 1997.2.20. 95헌바27)	합헌
14	통상의 취득세율의 100분의 750으로 중과세하면서 그 대상을 "대통령령으로 정하는 고급주택" 또는 "대통령령으로 정하는 고급오락장"이라고 규정하여 대통령령에 위임한 것이 조세법률주의와 포괄위임입법금지 원칙에 위반되는지 여부: 적극 (헌재 1998.7.16. 96헌바52)	위헌
15	유흥주점영업장용 등 고급오락장용 건축물에 대한 재산세의 표준세율을 그 건축물 가액의 1000분의 50으로 규정하고 있는 지방세법 제188조 제1항 제2호 제2목 중 '고급오락장용 건축물' 부분과 고급오락장용 토지에 대한 종합토지세의 세율을 그 과세표준액의 1000분의 50으로 규정하고 있는 법 제234조의16 제3항 제2호 중 '고급오락장용 토지'부분이 조세법률주의와 포괄위임입법금지 원칙에 위반되는지 여부: 소극 (헌재 2003.12.16. 2002헌바16)	합헌
16	대통령령으로 정하는 자산의 양도로 인하여 발생하는 소득을 규정하고 있는 구 소득세법 제23조 제1항 제5호가 조세법률주의 및 포괄위임입법금지 원칙에 위반되는지 여부: 적극 (헌재 2003.4.24. 2002헌가6)	위헌
17	조세입법권을 지방자치단체의 조례로 위임하는 것이 조세법률주의에 위배되는지 여부: 소극 (헌재 1995.10.26. 94헌마242)	기각

| 18 | 부담금의 정당화 요건

부담금은 조세에 대한 관계에서 어디까지나 예외적으로만 인정되어야 하며, 어떤 공적 과제에 관한 재정조달을 조세로 할 것인지 아니면 부담금으로 할 것인지에 관하여 입법자의 자유로운 선택권을 허용하여서는 안 된다. 부담금 납부의무자는 재정조달 대상인 공적 과제에 대하여 일반국민에 비해 '특별히 밀접한 관련성'을 가져야 하며, 부담금이 장기적으로 유지되는 경우에 있어서는 그 징수의 타당성이나 적정성이 입법자에 의해 지속적으로 심사될 것이 요구된다(헌재 2004.7.15. 2002헌바42). | 합헌 |

(2) 예산심의 · 확정권

① 예산의 성질 – 법규범설(통설): 예산은 법규범의 일종이며, 예산은 관계 국가기관만을 구속함

구분	예산	법률
형식	예산(비법률)	법률
제출권자	정부	정부 · 국회
국회의 심의절차	• 폐지 · 삭감: 가능 • 증액 · 항목신설: 정부 동의 없이 불가	수정자유
관보게재형식	공고	공포
효력상의 차이	의결로서 효력발생 ⊘ 주의 예산은 '공포'가 효력발생요건이 아님	공포로서 효력발생
거부권행사	• 불인정 • 국회는 예산심의를 전면 거부할 수 없음 • 대통령은 국회에서 통과된 예산안에 대해서 거부권을 행사할 수 없음	인정
시간적 효력	일(1) 회계연도 내	개폐될 때까지 유효
기속력의 대상	국가기관만	국가기관 · 국민 모두

📑 **판례정리**

번호	내용	결정
1	국회가 의결한 예산 또는 국회의 예산안의결행위가 헌법소원의 대상이 되는지 여부: 소극 (헌재 2006.4.25. 2006헌마409)	각하

② 예산의 성립절차
  ㉠ 예산안의 편성 · 제출 – 정부

> 헌법 제54조 ② 정부는 회계연도마다 예산안을 편성하여 회계연도 개시 90일 전까지 국회
> 에 제출하고, ….
> ✓ **주의 예산안의 제출**
> • 헌법: 90일 전까지
> • 국가재정법: 120일 전까지

국가의 세입 · 세출을 단일회계로 편성하고(단일예산주의), 국가의 총수입과 총지출을 계상
하여 편성하며(총계예산주의), 일 회계연도마다 편성함(예산일년주의)
  ㉡ 예산안의 심의 · 수정 · 의결 – 국회

> 헌법 제54조 ① 국회는 국가의 예산안을 심의 · 확정한다.
>   ② … 국회는 회계연도 개시 30일 전까지 이를 의결하여야 한다.
> 제57조 국회는 정부의 동의 없이 정부가 제출한 지출예산 각 항의 금액을 증가하거나 새
> 비목을 설치할 수 없다.
> ✓ **주의**
> 금액 증가나 새 비목 설치와는 달리, 삭감은 동의를 요하지 않음. 즉, 수정 자체를 못하게 되는 것은 아님

③ 예산의 내용: 예산총칙 · 세입세출예산 · 계속비 · 명시이월비와 국고채무부담행위를 총칭함(예산회
계법 제19조)
  ㉠ 계속비

> 헌법 제55조 ① 한 회계연도를 넘어 계속하여 지출할 필요가 있을 때에는 정부는 연한을 정
> 하여 계속비로서 국회의 의결을 얻어야 한다.

  ㉡ 예비비

> 헌법 제55조 ② 예비비는 총액으로 국회의 의결을 얻어야 한다. 예비비의 지출은 차기 국회
> 의 승인을 얻어야 한다.
> ✓ **주의**
> 다만, 차기 국회의 승인을 얻지 못하더라도 지출행위 그 자체의 효력에는 영향이 없으나 정치적 책임을 짐
> ✓ **비교**
> • 예비비: 차기 국회의 승인(예비비차기)
> • 감사원 결산: 차년도 국회에 보고(결산차년도)

④ 예산의 종류
  ㉠ 임시예산(준예산): 건국헌법부터 1960년까지 가예산(假豫算) 제도 사용

> ✓ **주의**
> 건국헌법부터 1960년까지 가예산(假豫算) 제도 사용(가예산 제도는 사용된 적도 있음)

> 국회법 제84조 【예산안 · 결산의 회부 및 심사】 ① 예산안과 결산은 소관 상임위원회에 회부하
> 고, 소관 상임위원회는 예비심사를 하여 그 결과를 의장에게 보고한다. 이 경우 예산안에
> 대하여는 본회의에서 정부의 시정연설을 듣는다.

② 의장은 예산안과 결산에 제1항의 보고서를 첨부하여 이를 <u>예산결산특별위원회</u>에 회부하고 그 심사가 끝난 후 <u>본회의</u>에 부의한다. 결산의 심사 결과 위법하거나 부당한 사항이 있는 경우에 국회는 본회의 의결 후 정부 또는 해당 기관에 변상 및 징계조치 등 그 시정을 요구하고, 정부 또는 해당 기관은 시정 요구를 받은 사항을 지체 없이 처리하여 그 결과를 국회에 보고하여야 한다.

> ☑ **주의**
> 소관상임위원회에서 예비심사 / 예산결산특별위원회에서 종합심사

⑤ 예산결산특별위원회는 소관 상임위원회의 예비심사내용을 존중하여야 하며, 소관 상임위원회에서 <u>삭감한 세출예산 각 항의 금액을 증가하게 하거나 새 비목을 설치할 경우에는 소관 상임위원회의 동의를 얻어야 한다.</u> 다만, 새 비목의 설치에 대한 동의 요청이 소관 상임위원회에 회부되어 그 회부된 때부터 72시간 이내에 동의 여부가 예산결산특별위원회에 통지되지 아니한 경우에는 소관 상임위원회의 동의가 있는 것으로 본다.

헌법 제54조 ③ 새로운 회계연도가 개시될 때까지 예산안이 의결되지 못한 때에는 정부는 국회에서 예산안이 의결될 때까지 다음의 목적을 위한 경비는 <u>전년도 예산에 준하여 집행할 수 있다.</u>

1. 헌법이나 법률에 의하여 설치된 기관 또는 시설의 유지·운영
2. 법률상 지출의무의 이행
3. 이미 예산으로 승인된 사업의 계속

> ☑ **주의 준예산의 시간적 요건**
> 새로운 회계연도가 개시될 때까지

ⓛ 추가경정예산

헌법 제56조 정부는 예산에 변경을 가할 필요가 있을 때에는 추가경정예산안을 편성하여 국회에 제출할 수 있다.

> ☑ **주의**
> 예산에 변경 ○ / 예산안에 변경 ✕

국가재정법 제89조 【추가경정예산안의 편성】 ① 정부는 다음 각 호의 어느 하나에 해당하게 되어 이미 확정된 예산에 변경을 가할 필요가 있는 경우에는 <u>추가경정예산안</u>을 편성할 수 있다.

1. 전쟁이나 대규모 재해(재난 및 안전관리 기본법 제3조에서 정의한 자연재난과 사회재난의 발생에 따른 피해를 말한다)가 발생한 경우
2. 경기침체, 대량실업, 남북관계의 변화, 경제협력과 같은 대내·외 여건에 중대한 변화가 발생하였거나 발생할 우려가 있는 경우
3. 법령에 따라 국가가 지급하여야 하는 지출이 발생하거나 증가하는 경우

(3) 결산심사권

헌법 제99조 감사원은 세입·세출의 결산을 매년 검사하여 대통령과 <u>차년도국회</u>에 그 결과를 보고하여야 한다.

> ☑ **주의**
> 결산승인권은 국회의 권한

(4) 기타 정부재정행위에 대한 권한

① 긴급재정경제처분·명령에 대한 승인권

> 헌법 제76조 ① 대통령은 내우·외환·천재·지변 또는 중대한 재정·경제상의 위기에 있어서 <u>국가의 안전보장 또는 공공의 안녕질서를 유지하기 위하여 긴급한 조치가 필요하고 국회의 집회를 기다릴 여유가 없을 때에 한하여 최소한으로 필요한 재정·경제상의 처분을 하거나 이에 관하여 법률의 효력을 가지는 명령을 발할 수 있다.
>
> ☑ **주의**
> 이때의 명령은 법률과 효력이 동등
>
> ③ 대통령은 제1항과 제2항의 처분 또는 명령을 한 때에는 지체 없이 국회에 <u>보고하여 그 승인</u>을 얻어야 한다.

② 예비비지출에 대한 승인권

> 헌법 제55조 ② 예비비는 총액으로 국회의 의결을 얻어야 한다. <u>예비비의 지출은 차기국회의 승인을 얻어야 한다.</u>

③ 기채동의권과 예산 외에 국가의 부담이 될 계약체결에 대한 동의권

> 헌법 제58조 국채를 모집하거나 예산 외에 국가의 부담이 될 계약을 체결하려 할 때에는 정부는 미리 국회의 의결을 얻어야 한다.

④ 재정적 부담을 지우는 조약의 체결·비준에 대한 동의권

> 헌법 제60조 ① 국회는 … 국가나 국민에게 중대한 재정적 부담을 지우는 … 조약의 체결·비준에 대한 동의권을 가진다.

3. 헌법기관구성에 관한 권한

(1) 대통령 선출권

> 헌법 제67조 ① 대통령은 국민의 보통·평등·직접·비밀선거에 의하여 선출한다.
> ② 제1항의 선거에 있어서 최고득표자가 <u>2인 이상인 때에는 국회의 재적의원 과반수가 출석한 공개회의에서 다수표를 얻은 자</u>를 당선자로 한다.
>
> ☑ **주의**
> 재과 + 출과 × / 재과 + 다득(得) ○

(2) 헌법기관 선출권

① 헌법재판소 재판관 일부 선출권

> 헌법 제111조 ② 헌법재판소는 법관의 자격을 가진 9인의 재판관으로 구성하며, 재판관은 대통령이 임명한다.
> ③ 제2항의 재판관 중 <u>3인은 국회</u>에서 선출하는 자를, <u>3인은 대법원장</u>이 지명하는 자를 임명한다.
>
> ☑ **주의**
> 헌법재판소 재판관 9명 모두 종국에는 대통령이 임명함

② 중앙선거관리위원회 위원의 일부 선출권

> 헌법 제114조 ② 중앙선거관리위원회는 대통령이 임명하는 3인, 국회에서 선출하는 3인과 대법원장이 지명하는 3인의 위원으로 구성한다. 위원장은 위원 중에서 호선한다.
> ☑ 주의
> • 중앙선거관리위원회는 유일하게 대통령이 구성원 일부에 대해서만 임명권을 행사할 수 있음
> • 중앙선거관리위원회 위원장은 호선하므로 국회 동의 ×

(3) 헌법기관구성에 관한 동의권

① 국무총리 임명동의권

> 헌법 제86조 ① 국무총리는 국회의 동의를 얻어 대통령이 임명한다.
> ☑ 비교
> • 국무총리 임명에서의 동의는 사전동의
> • 국무위원: 국회 동의 ×

건국헌법은 선임명 후동의제(국무총리는 대통령이 임명하고 국회의 승인을 얻어야 한다)를 규정하였으나, 유신헌법 이후에는 선동의 후임명제를 채택함

② 대법원장과 대법관 임명동의권

> 헌법 제104조 ① 대법원장은 국회의 동의를 얻어 대통령이 임명한다.
>   ② 대법관은 대법원장의 제청으로 국회의 동의를 얻어 대통령이 임명한다.
> ☑ 주의
> 대법관, 대법원장은 모두 인사청문특별위원회에서 인사청문을 받음 ⇨ 장과 구성원이 모두 인사청문특별위원회로 가는 유일한 기관임

③ 헌법재판소장 임명동의권

> 헌법 제111조 ④ 헌법재판소의 장은 국회의 동의를 얻어 재판관 중에서 대통령이 임명한다.

④ 감사원장 임명동의권

> 헌법 제98조 ② (감사)원장은 국회의 동의를 얻어 대통령이 임명하고 ….
> ☑ 비교
> • 감사원장: 국회 동의 ○
> • 감사위원: 국회 동의 ×

4. 국정통제에 관한 권한

(1) 탄핵소추권

① 탄핵제도: 우리나라에서는 징계적 처벌의 성질을 가지므로, 공직만을 박탈함에 그침

> 헌법 제65조 ④ 탄핵결정은 공직으로부터 파면함에 그친다. 그러나 이에 의하여 민사상이나 형사상의 책임이 면제되지는 아니한다.

② 국회의 탄핵소추권

> **헌법 제65조** ① 대통령, 국무총리, 국무위원, 행정각부의 장, 헌법재판소 재판관, 법관, 중앙선거관리위원회위원, 감사원장, 감사위원 기타 법률이 정한 공무원이 그 직무집행에 있어서 헌법이나 법률을 위배한 때에는 국회는 탄핵의 소추를 의결할 수 있다.
>
> ⊘ **주의**
> 국회의 탄핵소추 의결은 재량 사항
>
> ⊘ **비교** 탄핵의 대상
> • 헌법재판소 재판관: ○
> • 감사위원: ○ / 감사위원은 임명시 국회의 동의 ✕

㉠ 소추기관: 현행헌법상 국회(헌법 제65조 제1항)
㉡ 헌법 제65조 제1항의 기타 법률이 정한 공무원의 범위: 현행법상 검사, 경찰청장, 방송통신위원회위원장 등. 단, 국회의원은 탄핵대상이 되지 않음
㉢ 소추사유

직무집행과 관련될 것	'직무'란 법제상 소관 직무에 속하는 고유업무 및 통념상 이와 관련된 업무를 말함. 그러나 직무집행과 관계가 없는 사생활에 관한 사항이나 취임 전 또는 퇴임 후의 행위는 탄핵소추의 사유가 될 수 없음
헌법과 법률에 위배될 것	헌법에는 형식적 의미의 헌법뿐만 아니라 헌법적 관행도 포함되며, 법률에는 형식적 의미의 법률뿐만 아니라 법률과 동등한 효력을 가지는 국제조약, 일반적으로 승인된 국제법규, 긴급명령 등이 포함됨(통설)
중대한 법위반	헌법과 법률의 위배는 중대한 법위반에 한정될 것
고의성의 요부	탄핵소추 사유가 꼭 고의적인 필요는 없으며, 과실 또는 법의 무지로 인한 헌법이나 법률의 위반도 탄핵소추 사유가 될 수 있음

📑 **판례정리**

번호	내용	결정
1	**직무집행과의 관련성** 대통령의 직무상 행위에 '대통령당선자'의 지위에서의 행위도 포함되는지 여부: 소극 (헌재 2004.5.14. 2004헌나1) ⊘ **주의** 재직 중 사유에만 한정	기각
2	**헌법과 법률에 위배** 정치적 무능력이나 정책결정상의 잘못 등 직책수행의 성실성 여부가 그 자체로서 소추사유가 될 수 있는지 여부: 소극 (헌재 2004.5.14. 2004헌나1)	기각
3	**중대한 법위반** '헌법수호의 관점에서 중대한 법위반'이란 자유민주적 기본질서를 위협하는 행위로서 법치국가원리와 민주국가원리를 구성하는 기본원칙에 대한 적극적인 위반행위를 뜻하는 것이고, '국민의 신임을 배반한 행위'란 '헌법수호의 관점에서 중대한 법위반'에 해당하지 않는 그 외의 행위유형까지도 모두 포괄하는 것으로서, 자유민주적 기본질서를 위협하는 행위 외에도, 예컨대, 뇌물수수, 부정부패, 국가의 이익을 명백히 해하는 행위의 그의 전형적인 예라 할 것이다(헌재 2004.5.14. 2004헌나1).	기각

㉣ 발의와 의결

> 헌법 제65조 ② 제1항의 탄핵소추는 국회재적의원 3분의 1 이상의 발의가 있어야 하며, 그 의결은 국회재적의원 과반수의 찬성이 있어야 한다. 다만, 대통령에 대한 탄핵소추는 국회재적의원 과반수의 발의와 국회재적의원 3분의 2 이상의 찬성이 있어야 한다.
>
> ☑ **주의 탄핵소추**
> - 일반: 1/3 발의 + 1/2 찬성
> - 대통령: 1/2 발의 + 2/3 찬성
>
> 국회법 제130조 【탄핵소추의 발의】 ① 탄핵소추가 발의되었을 때에는 의장은 발의된 후 처음 개의하는 본회의에 보고하고, 본회의는 의결로 법제사법위원회에 회부하여 조사하게 할 수 있다.
>
> ☑ **주의**
> 법제사법위원회에 회부하여 조사하게 하는 것은 재량임
>
> ② 본회의가 제1항에 따라 탄핵소추안을 법제사법위원회에 회부하기로 의결하지 아니한 경우에는 본회의에 보고된 때부터 24시간 이후 72시간 이내에 탄핵소추 여부를 무기명투표로 표결한다. 이 기간 내에 표결하지 아니한 탄핵소추안은 폐기된 것으로 본다.

📋 **판례정리**

번호	내용	결정
1	탄핵소추절차에도 적법절차원칙이 적용되는지 여부: **소극** (헌재 2004.5.14. 2004헌나1)	기각
2	탄핵대상공무원이 그 직무집행에 있어서 헌법이나 법률을 위배한 때 국회에 탄핵소추의결을 하여야 할 작위의무가 있는지 여부: **소극** (헌재 1996.2.29. 93헌마186)	각하
3	탄핵소추를 하기 전 법제사법위원회에 회부하여 조사하게 하는 것이 의무인지 여부: **소극** (헌재 2004.5.14. 2004헌나1)	기각

㉤ 소추의 효과

> 헌법 제65조 ③ 탄핵소추의 의결을 받은 자는 탄핵심판이 있을 때까지 그 권한행사가 정지된다.
>
> ☑ **주의**
> 권한행사 정지는 의결을 받아야 함. 발의될 시에는 권한행사가 정지되지 않음
>
> 국회법 제134조 【소추의결서의 송달과 효과】 ① 탄핵소추가 의결되었을 때에는 의장은 지체 없이 소추의결서의 정본을 법제사법위원장인 소추위원에게 송달하고, 그 등본을 헌법재판소, 소추된 사람과 그 소속 기관의 장에게 송달한다.
>
> ② 소추의결서가 송달되었을 때에는 소추된 사람의 권한 행사는 정지되며, 임명권자는 소추된 사람의 사직원을 접수하거나 소추된 사람을 해임할 수 없다.
>
> ☑ **주의**
> - 소추의결서가 송달된 때 ○ / 국회에서 탄핵소추가 의결된 때 ×
> - 파면은 가능(파면시 헌재는 기각결정을 해야 함)

③ 헌법재판소에 의한 탄핵심판

　㉠ 탄핵의 심판기관

제1공화국(건국·제1차·제2차)	탄핵재판소
제2공화국(제3차·제4차)	헌법재판소
제3공화국(제5차·제6차)	탄핵심판위원회
제4공화국(제7차)·제5공화국(제8차)	헌법위원회에서 탄핵심판을 담당
현행헌법	헌법재판소에서 담당(헌법 제111조 제1항 제2호)

　㉡ 심판절차

> 헌법재판소법 제30조 【심리의 방식】 ① 탄핵의 심판, 정당해산의 심판 및 권한쟁의의 심판은 구두변론에 의한다.
>
> ☑ 주의
> 　당사자의 의견(방어)이 필요한 사안들이므로 탄핵, 정당해산, 권한쟁의 심판은 구두변론
>
> 제51조 【심판절차의 정지】 피청구인에 대한 탄핵심판청구와 동일한 사유로 형사소송이 진행되고 있는 경우에는 재판부는 심판절차를 정지할 수 있다.
>
> 제52조 【당사자의 불출석】 ① 당사자가 변론기일에 출석하지 아니하면 다시 기일을 정하여야 한다.
> ② 다시 정한 기일에도 당사자가 출석하지 아니하면 그 출석 없이 심리할 수 있다.
>
> 제40조 【준용규정】 ① 헌법재판소의 심판절차에 관하여는 이 법에 특별한 규정이 있는 경우를 제외하고는 헌법재판의 성질에 반하지 아니하는 한도에서 민사소송에 관한 법령을 준용한다. 이 경우 탄핵심판의 경우에는 형사소송에 관한 법령을 준용하고, 권한쟁의심판 및 헌법소원심판의 경우에는 행정소송법을 함께 준용한다.
> ② 제1항 후단의 경우에 형사소송에 관한 법령 또는 행정소송법이 민사소송에 관한 법령과 저촉될 때에는 민사소송에 관한 법령은 준용하지 아니한다.

📑 **판례정리**

번호	내용	결정
1	국회의 탄핵소추사유에 헌법재판소가 구속을 받는지 여부: 적극 (헌재 2004.5.14. 2004헌나1) ☑ 주의 　법규정의 판단에는 구속되지 않음	기각

④ 탄핵의 결정: 탄핵심판사건을 포함하여 모든 헌법재판에서 개별의견을 표시하여야 함(헌법재판소법 제36조 제3항)

　㉠ 의결정족수

> 헌법 제113조 ① 헌법재판소에서 법률의 위헌결정, 탄핵의 결정, 정당해산의 결정 또는 헌법소원에 관한 인용결정을 할 때에는 재판관 6인 이상의 찬성이 있어야 한다.
>
> ☑ 주의 헌법재판소 의결정족수
> 　9명 중 7인 이상 출석하여 6인 이상 찬성해야 함

헌법재판소법 제53조 【결정의 내용】 ① 탄핵심판청구가 이유 있는 경우에는 헌법재판소는 피청구인을 해당 공직에서 파면하는 결정을 선고한다.
② 피청구인이 결정선고 전에 해당 공직에서 파면되었을 때에는 헌법재판소는 심판청구를 기각하여야 한다.

📑 **판례정리**

번호	내용	결정
1	'탄핵심판청구가 이유 있는 때'의 의미 헌법재판소법 제53조 제1항의 '탄핵심판청구가 이유 있는 때'란 모든 법 위반의 경우가 아니라 단지 공직자의 파면을 정당화할 정도로 '중대한' 법 위반의 경우를 말한다(헌재 2004.5.14. 2004헌나1).	기각

ⓛ 효과

일반적 효과	탄핵결정은 공직으로부터 파면함에 그침. 그러나 이에 의하여 민사상이나 형사상의 책임이 면제되지는 아니함(헌법 제65조 제4항)
일정 기간의 공직취임금지	탄핵결정에 의하여 파면된 사람은 결정선고가 있은 날부터 5년이 지나지 아니하면 공무원이 될 수 없음(헌법재판소법 제54조 제2항)
탄핵결정에 대한 사면의 가부	현행헌법에는 명문의 규정은 없으나, 탄핵결정의 실효성 확보를 위해 인정되지 않음(통설)

(2) 국정감사 · 조사권

헌법 제61조 ① 국회는 국정을 감사하거나 특정한 국정사안에 대하여 조사할 수 있으며, 이에 필요한 서류의 제출 또는 증인의 출석과 증언이나 의견의 진술을 요구할 수 있다.
② 국정감사 및 조사에 관한 절차 기타 필요한 사항은 법률로 정한다.

구분	국정감사	국정조사
사안	국정전반	특정사안
시기	• 정기적(매년 정기회 집회일 이전) • 본회의 의결로 정기회 기간 중 감사 실시 가능	재적의원 4분의 1 이상의 요구가 있을 때
기간	30일 이내	의결로 정함
주체	소관 상임위원회	특별위원회, 상임위원회
공개	공개(의결로 비공개 가능)	공개(의결로 비공개 가능)

① 연혁

제1공화국(건국 · 제1차 · 제2차)	
제2공화국(제3차 · 제4차)	국정감사권
제3공화국(제5차 · 제6차)	
제4공화국(제7차)	국정감사권 폐지(감사권 · 조사권 모두 없음)
제5공화국(제8차)	국정조사권 신설
현행헌법	국정감사 · 조사권(모두 규정)

② 대상기관

구분		대상기관
국정감사의 대상기관	위원회 선정대상기관	• 정부조직법 기타 법률에 의하여 설치된 국가기관 • 지방자치단체 중 특별시 · 광역시 · 도 • 공공기관의 운영에 관한 법률 제4조에 따른 공공기관, 한국은행, 농업협동조합중앙회, 수산업협동조합중앙회
	본회의 승인대상기관	• 위원회 선정대상기관 외의 지방행정기관 · 지방자치단체 • 위원회 선정대상기관 외의 감사원법에 의한 감사원의 감사대상기관
국정조사의 대상기관		국회 본회의가 의결서로써 승인한 조사계획서에 기재된 기관에 국한됨

③ 시기와 기간

㉠ 국정감사

> 국정감사 및 조사에 관한 법률 제2조 【국정감사】 ① 국회는 국정 전반에 관하여 소관 상임위원회별로 매년 정기회 집회일 이전에 국정감사(이하 '감사'라 한다) 시작일부터 30일 이내의 기간을 정하여 감사를 실시한다. 다만, 본회의 의결로 정기회 기간 중에 감사를 실시할 수 있다.
> ② 제1항의 감사는 상임위원장이 국회운영위원회와 협의하여 작성한 감사계획서에 따라 한다. 국회운영위원회는 상임위원회 간에 감사대상기관이나 감사일정의 중복 등 특별한 사정이 있는 때에는 이를 조정할 수 있다.
> ✅ 주의
> 감사계획서는 국회운영위원회와 협의하는 것이지, 교섭단체 대표의원 등 다른 주체와 협의하는 것이 아님
> ⑤ 제4항에 따른 감사계획서의 감사대상기관이나 감사일정 등을 변경하는 경우에는 그 내용을 감사실시일 7일 전까지 감사대상기관에 통지하여야 한다.

㉡ 국정조사

> 국정감사 및 조사에 관한 법률 제3조 【국정조사】 ① 국회는 재적의원 4분의 1 이상의 요구가 있는 때에는 특별위원회 또는 상임위원회로 하여금 국정의 특정사안에 관하여 국정조사를 하게 한다.
> **선생님 tip** 조사는 1/4의 요구: 조4조사

④ 공개의 원칙

> 국정감사 및 조사에 관한 법률 제12조 【공개원칙】 감사 및 조사는 공개로 한다. 다만, <u>위원회</u>의 의결로 달리 정할 수 있다.

⑤ 방법
  ㉠ 예비조사

> 국정감사 및 조사에 관한 법률 제9조의2 【예비조사】 위원회는 조사를 하기 전에 전문위원이나 그 밖의 국회사무처 소속 직원 또는 조사대상기관의 소속이 아닌 전문가 등으로 하여금 예비조사를 하게 할 수 있다.

  ㉡ 증인 등의 출석요구, 보고·서류제출요구

> 국정감사 및 조사에 관한 법률 제10조 【감사 또는 조사의 방법】 ① 위원회, 제5조 제1항에 따른 소위원회 또는 반은 감사 또는 조사를 위하여 그 의결로 감사 또는 조사와 관련된 보고 또는 서류 등의 제출을 관계인 또는 그 밖의 기관에 요구하고, 증인·감정인·참고인의 출석을 요구하고 검증을 할 수 있다. 다만, <u>위원회가</u> 감사 또는 조사와 관련된 <u>서류 등의 제출 요구를</u> 하는 경우에는 <u>재적위원 3분의 1 이상</u>의 요구로 할 수 있다.
>
> 제13조 【제척과 회피】 ① 의원은 직접 이해관계가 있거나, 공정을 기할 수 없는 현저한 사유가 있는 경우에는 그 사안에 한정하여 감사 또는 조사에 참여할 수 없다.
> ② 제1항의 사유가 있다고 인정할 때에는 본회의 또는 위원회 의결로 해당 의원의 감사 또는 조사를 중지시키고 다른 의원으로 하여금 감사 또는 조사하게 하여야 한다.
> ③ 제2항에 따른 조치에 대하여 해당 의원의 이의가 있는 때에는 본회의가 의결한다.
> ④ 제1항의 사유가 있는 의원 또는 국회법 제32조의4 제1항의 신고사항에 해당하여 이해충돌이 발생할 우려가 있다고 판단하는 의원은 소속 위원장에게 회피를 신청하여야 한다. 이 경우 회피 신청을 받은 위원장은 간사와 협의하여 회피를 허가할 수 있다.
>
> ⊘ **주의**
> 신청에 의한 배제인 '기피'는 규정 ✕
>
> 국회법 제127조의2 【감사원에 대한 감사 요구 등】 ① <u>국회는 그 의결로 감사원에 대하여 감사원법에 따른 감사원의 직무 범위에 속하는 사항 중 사안을 특정하여 감사를 요구할 수 있다.</u> 이 경우 감사원은 감사 요구를 받은 날부터 <u>3개월 이내</u>에 감사 결과를 국회에 보고하여야 한다.
>
> ⊘ **주의**
> 감사원에 대해 감사 요구가 가능함
>
> 제128조 【보고·서류 등의 제출 요구】 ① 본회의, 위원회 또는 소위원회는 그 의결로 안건의 심의 또는 국정감사나 국정조사와 직접 관련된 보고 또는 서류와 해당 기관이 보유한 사진·영상물(이하 이 조에서 '서류등'이라 한다)의 제출을 정부, 행정기관 등에 요구할 수 있다. 다만, 위원회가 청문회, 국정감사 또는 국정조사와 관련된 <u>서류등의 제출을 요구</u>하는 경우에는 그 의결 또는 <u>재적위원 3분의 1 이상</u>의 요구로 할 수 있다.
> ② 제1항에 따라 서류등의 제출을 요구할 때에는 서면, 전자문서 또는 컴퓨터의 자기테이프·자기디스크, 그 밖에 이와 유사한 매체에 기록된 상태나 전산망에 입력된 상태로 제출할 것을 요구할 수 있다.

ⓒ 청문회의 개최

> **국회법 제65조【청문회】** ① 위원회(소위원회를 포함한다. 이하 이 조에서 같다)는 중요한 안건의 심사와 국정감사 및 국정조사에 필요한 경우 증인·감정인·참고인으로부터 증언·진술을 청취하고 증거를 채택하기 위하여 위원회 의결로 청문회를 열 수 있다.
> ② 제1항에도 불구하고 법률안 심사를 위한 청문회는 재적위원 3분의 1 이상의 요구로 개회할 수 있다. 다만, 제정법률안과 전부개정법률안의 경우에는 제58조 제6항에 따른다.
> ③ 위원회는 청문회 개회 5일 전에 안건·일시·장소·증인 등 필요한 사항을 공고하여야 한다.
> ④ 청문회는 공개한다. 다만, 위원회의 의결로 청문회의 전부 또는 일부를 공개하지 아니할 수 있다.
> ⑤ 위원회는 필요한 경우 국회사무처, 국회예산정책처 또는 국회입법조사처 소속 공무원이나 교섭단체의 정책연구위원을 지정하거나 전문가를 위촉하여 청문회에 필요한 사전조사를 실시하게 할 수 있다.

ⓔ 동행명령제

> **국회에서의 증언·감정 등에 관한 법률 제6조【증인에 대한 동행명령】** ① 국정감사나 국정조사를 위한 위원회(이하 '위원회'라 한다)는 증인이 정당한 이유 없이 출석하지 아니하는 때에는 그 의결로 해당 증인에 대하여 지정한 장소까지 동행할 것을 명령할 수 있다.
> ② 제1항의 동행명령을 할 때에는 위원회의 위원장이 동행명령장을 발부한다.

ⓜ 고발

> **국회에서의 증언·감정 등에 관한 법률 제14조【위증 등의 죄】** ① 이 법에 따라 선서한 증인 또는 감정인이 허위의 진술(서면답변을 포함한다)이나 감정을 하였을 때에는 1년 이상 10년 이하의 징역에 처한다. 다만, 범죄가 발각되기 전에 자백하였을 때에는 그 형을 감경 또는 면제할 수 있다.
> ② 제1항의 자백은 국회에서 안건심의 또는 국정감사나 국정조사를 종료하기 전에 하여야 한다.
> **제15조【고발】** ① 본회의 또는 위원회는 증인·감정인 등이 제12조(불출석 등의 죄)·제13조(국회모욕의 죄) 또는 제14조(위증 등의 죄) 제1항 본문의 죄를 범하였다고 인정한 때에는 고발하여야 한다. 다만, 청문회의 경우에는 재적위원 3분의 1 이상의 연서에 따라 그 위원의 이름으로 고발할 수 있다.
> ② 제1항의 규정에 불구하고 제14조 제1항 단서의 자백이 있는 경우에는 고발하지 아니할 수 있다.

번호	내용	결정
1	국회에서 허위의 진술을 한 증인에 대하여 위증죄로 처벌하는 '국회에서의 증언·감정 등에 관한 법률' 제14조 제1항이 진술거부권을 침해하는지 여부: **소극** (헌재 2015.9.24. 2012헌바410) ✅ **주의** 국회에서의 진술거부권 고지 규정은 없음. 즉, 진술거부권 행사가 가능하다는 것을 알려줄 의무 없음. 단, 형사는 필수적으로 알려줘야 함	합헌

⑥ 장소

> 국정감사 및 조사에 관한 법률 제11조 【감사 또는 조사의 장소】 감사 또는 조사는 위원회에서 정하는 바에 따라 국회 또는 감사·조사대상현장이나 그 밖의 장소에서 할 수 있다.

⑦ 사안과 범위
  ㉠ 국정감사는 국정 전반을 대상으로 하므로 그 범위가 포괄적임
  ㉡ 국정조사는 특정의 국정사안만을 대상으로 하므로 그 범위가 한정적임
⑧ 한계
  ㉠ 권력분립상의 한계

	행정작용	행정작용에 대한 감사·조사는 가능하나, 국회가 직접 구체적인 행정처분을 하거나 행정처분의 취소를 명할 수 없음
사법작용	병행조사의 문제	• 계속 중인 사건에 대해 정치적 압력을 가하거나 재판내용에 개입, 법관의 법정지휘에 관한 절차를 감사·조사하는 것은 허용되지 않음(국정감사 및 조사에 관한 법률 제8조) • 재판 그 자체를 조사대상으로 삼지 않는 한 입법을 위한 감사·조사, 정치적 책임 추궁을 위한 감사·조사 등 다른 목적을 위한 감사·조사는 진행 중인 재판과 병행하여 가능함
	재판 후 재판내용·소송절차의 당부조사의 문제	재판이 종료된 사안일지라도 그와 유사한 사건에서 법관의 자유심증에 영향을 미칠 수 있으므로 조사대상에서 제외됨
	검찰사무	• 검찰사무 중 수사나 공소진행은 실질적으로 준사법적 성질을 가지므로 감사·조사를 하는 경우에도 형사사법의 공정을 기하기 위하여 현재 진행 중인 수사나 소추에 간섭 금지 • 다만, 국정에 대한 비판과 감시를 위한 정치적 목적인 경우라면 감사·조사 가능
지방자치단체의 고유사무		국회의 감사·조사대상에서 제외
감사원의 준사법적 판단행위		변상책임의 판정이나 징계처분과 문책의 요구 등 준사법적 판단행위는 감사원의 독립기관성에 비추어 국정감사·조사의 대상에서 제외(권영성)

    ⓛ 기본권 보장상의 한계

사생활 침해 금지	감사 또는 조사는 개인의 사생활을 침해할 목적으로 행사되어서는 안 되나(국정감사 및 조사에 관한 법률 제8조), 정치자금의 출처나 용도 등 국가작용과 관련이 있는 사항에 대해서는 무방함
강제·강요 금지	증인이나 참고인에게 정치적 신조 또는 직무상의 비밀에 관한 증언을 강제해서는 안 되며, 불리한 진술을 강요해서도 안 됨

  ⑨ 효과

> 국정감사 및 조사에 관한 법률 제15조【감사 또는 조사 결과의 보고】① 감사 또는 조사를 마쳤을 때에는 위원회는 지체 없이 그 감사 또는 조사보고서를 작성하여 의장에게 제출하여야 한다.
> ③ 제1항의 보고서를 제출받은 의장은 이를 지체 없이 본회의에 보고하여야 한다.
> ✓ 비교
>   감사·조사 보고서는 의장에게 보고(국회 ×, 정부 ×, 대통령 ×) ⇨ 의장이 본회의에 보고
>
> 제16조【감사 또는 조사 결과에 대한 처리】① 국회는 본회의의 의결로 감사 또는 조사 결과를 처리한다.
> ② 국회는 감사 또는 조사의 결과 위법하거나 부당한 사항이 있을 때에는 그 정도에 따라 정부 또는 해당 기관에 변상, 징계조치, 제도개선, 예산조정 등 시정을 요구하고, 정부 또는 해당 기관에서 처리함이 타당하다고 인정되는 사항은 정부 또는 해당 기관에 이송한다.
> ③ 정부 또는 해당 기관은 제2항에 따른 시정요구를 받거나 이송받은 사항을 지체 없이 처리하고 그 결과를 국회에 보고하여야 한다.

(3) 긴급명령과 긴급재정경제처분·명령에 대한 승인권

> 헌법 제76조 ③ 대통령은 제1항과 제2항의 처분 또는 명령을 한 때에는 지체 없이 국회에 보고하여 그 승인을 얻어야 한다.
> ④ 제3항의 승인을 얻지 못한 때에는 그 처분 또는 명령은 그때부터 효력을 상실한다. 이 경우 그 명령에 의하여 개정 또는 폐지되었던 법률은 그 명령이 승인을 얻지 못한 때부터 당연히 효력을 회복한다.

(4) 계엄해제요구권

> 헌법 제77조 ⑤ 국회가 재적의원 과반수의 찬성으로 계엄의 해제를 요구한 때에는 대통령은 이를 해제하여야 한다.

(5) 국방 및 외교정책에 관한 동의권

> 헌법 제60조 ① 국회는 상호원조 또는 안전보장에 관한 조약, 중요한 국제조직에 관한 조약, 우호통상항해조약, 주권의 제약에 관한 조약, 강화조약, 국가나 국민에게 중대한 재정적 부담을 지우는 조약 또는 입법사항에 관한 조약의 체결·비준에 대한 동의권을 가진다.
> **선생님 tip** 상제우주강재입
> ② 국회는 선전포고, 국군의 외국에의 파견 또는 외국군대의 대한민국영역 안에서의 주류에 대한 동의권을 가진다.

(6) 일반사면에 대한 동의권

> 헌법 제79조 ② 일반사면을 명하려면 국회의 동의를 얻어야 한다.

☑ **주의**
  특별사면은 국회의 동의를 요하지 않음. 단, 특별사면도 국무회의 심의대상에는 속함

(7) 국무총리·국무위원의 해임건의권

① 해임건의제도의 연혁

	건국헌법	없음
제1공화국	제1차	국무원에 대한 연대불신임결의권
	제2차	개별적 불신임결의권
제2공화국(제3차·제4차)		불신임결의권
제3공화국(제5차·제6차)		해임건의권
제4공화국(제7차)		해임의결권
제5공화국(제8차)		해임의결권
현행헌법		해임건의권

② 절차: 해임건의는 국무총리 또는 국무위원에 대하여 개별적으로 또는 일괄적으로 할 수 있음 (헌법 제63조 제1항)

> 헌법 제63조 ① 국회는 국무총리 또는 국무위원의 해임을 대통령에게 건의할 수 있다.
>   ② 제1항의 해임건의는 국회재적의원 3분의 1 이상의 발의에 의하여 국회재적의원 과반수의 찬성이 있어야 한다.
>
> 국회법 제112조 【표결방법】 ⑦ 국무총리 또는 국무위원의 해임건의안이 발의되었을 때에는 의장은 그 해임건의안이 발의된 후 처음 개의하는 본회의에 그 사실을 보고하고, 본회의에 보고된 때부터 24시간 이후 72시간 이내에 무기명투표로 표결한다. 이 기간 내에 표결하지 아니한 해임건의안은 폐기된 것으로 본다.

③ 대통령을 구속하는지 여부: 명문규정 ✕

학설	대통령은 국무총리 또는 국무위원을 반드시 해임하여야 할 구속을 받지 않음(다수설)
헌법재판소	해임건의의 법적 구속력을 부정함(헌재 2004.5.14. 2004헌나1)

④ 탄핵제도와 해임건의 비교

구분	탄핵제도	해임건의
특성	법적 책임	정치적 책임
정부형태와의 관계	정부형태와 무관 (대통령제에서 필요성이 더 큼)	의원내각제 요소
헌법상 연혁	건국헌법	제1차 개정헌법
대상자	대통령, 국무총리, 국무위원, 행정각부의 장, 헌법재판소 재판관, 법관, 중앙선거관리위원회위원, 감사원장, 감사위원(법률상 검사)	국무총리, 국무위원
직무 관련성	• 직무집행과 관련된 것만 • 사생활, 도덕상 과오는 대상이 아님	• 직무와 관련 없는 사생활 • 도덕상 과오도 대상이 됨
위법성	• 헌법이나 법률을 위배한 경우 • 정책상 과오, 정치적 무능력은 해당 안 됨	• 위법성을 전제로 하지 않음 • 정책상 과오도 해당됨
정족수	• 대통령: 재적 과반수의 발의, 재적 3분의 2 이상의 찬성 • 대통령 이외의 자: 재적 3분의 1의 발의, 재적 과반수의 찬성	재적 3분의 1의 발의, 재적 과반수의 찬성
국회투표	본회의가 보고된 때로부터 24 ~ 72시간 이내에 무기명투표	
국회의결효과	권한행사가 정지됨	권한행사가 정지되지 않음
공직취임금지	5년간 금지됨	5년간 금지되지 않음

(8) 국무총리·국무위원 등의 국회출석요구 및 질문권

> **헌법 제62조** ② 국회나 그 위원회의 요구가 있을 때에는 국무총리·국무위원 또는 정부위원은 출석·답변하여야 하며, 국무총리 또는 국무위원이 출석요구를 받은 때에는 국무위원 또는 정부위원으로 하여금 출석·답변하게 할 수 있다.
>
> ☑ **주의**
> • 국회 또는 위원회가 대통령에게 출석을 요구 ✕
> • 정부위원은 대리 출석, 답변을 요구 ✕
>
> **국회법 제120조【국무위원 등의 발언】** ① 국무총리, 국무위원 또는 정부위원은 본회의나 위원회에서 발언하려면 미리 의장이나 위원장의 허가를 받아야 한다.
>
> ② 법원행정처장, 헌법재판소 사무처장, 중앙선거관리위원회 사무총장은 의장이나 위원장의 허가를 받아 본회의나 위원회에서 그 소관 사무에 관하여 발언할 수 있다.
>
> **제121조【국무위원 등의 출석 요구】** ① 본회의는 의결로 국무총리, 국무위원 또는 정부위원의 출석을 요구할 수 있다. 이 경우 그 발의는 의원 20인 이상이 이유를 구체적으로 밝힌 서면으로 하여야 한다.
>
> ② 위원회는 의결로 국무총리, 국무위원 또는 정부위원의 출석을 요구할 수 있다. 이 경우 위원장은 의장에게 그 사실을 보고하여야 한다.
>
> ③ 제1항이나 제2항에 따라 출석 요구를 받은 국무총리, 국무위원 또는 정부위원은 출석하여 답변을 하여야 한다.

④ 제3항에도 불구하고 국무총리나 국무위원은 의장 또는 위원장의 승인을 받아 국무총리는 국무위원으로 하여금, 국무위원은 정부위원으로 하여금 대리하여 출석·답변하게 할 수 있다. 이 경우 의장은 각 교섭단체 대표의원과, 위원장은 간사와 협의하여야 한다.

⑤ 본회의나 위원회는 특정한 사안에 대하여 질문하기 위하여 <u>대법원장, 헌법재판소장, 중앙선거관리위원회 위원장, 감사원장</u> 또는 그 대리인의 출석을 요구할 수 있다. 이 경우 위원장은 의장에게 그 사실을 보고하여야 한다.

> ☑ **비교 국회법 제121조 제1항과 제4항**
> • 제1항은 20인의 요구가 필요 ○
> • 제4항은 20인의 요구가 필요 ×

5. 국회의 자율권

(1) 집회 및 의사에 관한 권한

① 국회는 헌법과 국회법이 정하는 바에 따라 집회·휴회·폐회·회기 등을 자주적으로 결정할 수 있음

② 국회는 의사일정의 작성, 의안의 발의·동의·수정 등과 같은 의사에 대해서는 스스로 정할 수 있음

(2) 내부조직권

국회는 헌법과 국회법이 정하는 바에 따라 독자적으로 의장·부의장을 선출하고, 위원회를 구성하며, 사무총장과 직원을 임명함

(3) 내부경찰권과 의원가택권

내부경찰권	국회 내부의 질서를 유지하기 위하여 의원·방청객은 물론 원내에 있는 모든 자에 대하여 명령하거나 강제할 수 있는 권한
의원가택권	국회의 의사에 반하여 타인이 국회 내에 침입하는 것을 금지하는 권한

(4) 국회규칙의 제정권

국회규칙은 법률의 하위에 있는 규범(헌법 제64조 제1항)

(5) 의원신분에 관한 권한

① 사직허가권

> 국회법 제135조 【사직】 ① 국회는 의결로 의원의 사직을 허가할 수 있다. 다만, <u>폐회</u> 중에는 의장이 허가할 수 있다.
> ③ 사직의 허가 여부는 <u>토론을 하지 아니하고 표결</u>한다.

② 자격심사권

> 헌법 제64조 ② 국회는 의원의 <u>자격을 심사</u>하며, 의원을 <u>징계</u>할 수 있다.
> ④ 제2항과 제3항의 처분에 대하여는 <u>법원에 제소할 수 없다</u>.
> 국회법 제138조 【자격심사의 청구】 의원이 다른 의원의 자격에 대하여 이의가 있을 때에는 <u>30명 이상</u>의 연서로 의장에게 자격심사를 청구할 수 있다.

> 제142조 【의결】 ① 윤리특별위원회가 심사보고서를 의장에게 제출하면 의장은 본회의에 부의하여야 한다.
> ② 심사대상 의원은 본회의에서 스스로 변명하거나 다른 의원으로 하여금 변명하게 할 수 있다.
> ③ 본회의는 심사대상 의원의 자격 유무를 의결로 결정하되, 그 <u>자격이 없는 것으로 의결할 때에는 재적의원 3분의 2 이상</u>의 찬성이 있어야 한다.

③ 징계권

> 헌법 제64조 ② 국회는 의원의 <u>자격</u>을 심사하며, 의원을 <u>징계</u>할 수 있다.
> ③ <u>의원을 제명하려면 국회재적의원 3분의 2 이상</u>의 찬성이 있어야 한다.
> ④ 제2항과 제3항의 처분에 대하여는 <u>법원에 제소할 수 없다.</u>
>
> 국회법 제155조 【징계】 국회는 의원이 다음 각 호의 어느 하나에 해당하는 행위를 하였을 때에는 윤리특별위원회의 심사를 거쳐 그 의결로써 징계할 수 있다. 다만, 의원이 제10호에 해당하는 행위를 하였을 때에는 윤리특별위원회의 심사를 거치지 아니하고 그 의결로써 징계할 수 있다.
> 10. <u>제148조의2를 위반하여 의장석 또는 위원장석을 점거하고 점거 해제를 위한 제145조에 따른 의장 또는 위원장의 조치에 따르지 아니하였을 때</u>
>
> ✔ **주의** 의장석이나 위원장석 점거
> 윤리특별위원회의 심사 생략 가능
>
> 제163조 【징계의 종류와 그 선포】 ① 제155조에 따른 징계의 종류는 다음과 같다.
> 1. 공개회의에서의 <u>경고</u>
> 2. 공개회의에서의 <u>사과</u>
> 3. 30일(제155조 제2호 또는 제3호에 해당하는 행위를 한 의원에 대한 징계는 90일) 이내의 <u>출석정지</u>. 이 경우 출석정지기간에 해당하는 국회의원의 보좌직원과 수당 등에 관한 법률에 따른 수당·입법활동비 및 특별활동비(이하 '수당등'이라 한다)는 2분의 1을 감액한다.
> 4. <u>제명(除名)</u>
>
> **선생님 tip** 경사출제

📄 **판례정리**

번호	내용	결정
1	탄핵소추의결이 국회의 재량행위인지 여부: **적극** (헌재 1996.2.29. 93헌마186)	각하
2	국회의장이 교섭단체 대표의원의 요청에 따라 그 소속 국회의원을 국회보건복지위원회에서 강제사임시킨 행위가 국회의 조직자율권을 남용한 것인지 여부: **소극** (헌재 2003.10.30. 2002헌라1)	기각
3	국회의장이 야당국회의원들에게 본회의 개의일시를 통지하지 아니한 채 여당 국회의원들만 새벽 6시에 모여 법률안을 변칙적으로 처리한 경우 야당국회의원의 법률안 '심의권·표결권'이 침해되는지 여부: **적극** (헌재 1997.7.16. 96헌라2)	인용 (권한침해)
4	국회의장이 야당국회의원들에게 본회의 개의일시를 통지하지 아니한 채 여당 국회의원들만 새벽 6시에 모여 법률안을 변칙적으로 처리한 경우 국회의장의 '법률안 가결·선포행위'가 헌법 제49조의 다수결원칙에 위배되어 무효인지 여부: **소극** (헌재 1997.7.16. 96헌라2)	기각

| 5 | 국회선진화법 사건 [5(각하) : 2(기각) : 2(인용)]
국회의장이 법률안에 대한 심사기간 지정요청을 거부한 행위 등이 국회의원들의 법률안 심의·표결권을 침해하거나 침해할 위험성이 있는지 여부: **소극** (헌재 2016.5.26. 2015헌라1) | 각하 |
| 6 | 천재지변이나 국가비상사태의 경우 또는 각 교섭단체 대표와의 합의가 있을 때에 한하여 국회의장이 법률안의 심의기간을 지정할 수 있도록 한 국회법 제85조 제1항 및 제86조 제2항과 신속처리대상안건 지정 및 무제한 토론의 종결 동의를 위한 의결정족수에 관하여 규정하고 있는 같은 법 제85조의2 제1항 및 제106조의2 제6항에 대한 헌법소원심판 청구가 적법한지 여부: **소극** (헌재 2016.5.26. 2014헌마795) | 각하 |

5 국회의원

1. 국회의원의 헌법상 지위

국회의 구성원	입법권은 국회에 속하고, 국회는 국민의 보통·평등·직접·비밀선거에 의하여 선출된 국회의원으로 구성함(헌법 제40조, 제41조 제1항)
국민의 대표자	• 무기속위임을 기초로 함 • 국민은 차기 선거나 여론 등을 통해서 정치적 책임을 물음(정치적 대표) ⊘ 주의 　법적 책임은 묻지 않음
정당의 대표자	이중적 지위

⊘ **주의** 국민의 대표자로서의 지위와 정당의 대표자로서의 지위간의 관계
　헌법은 국회의원의 국가이익우선의무를 규정하고 있으므로(제46조 제2항), 국민의 대표자로서의 지위가 정당의 대표자로서의 지위보다 우선함

📑 **판례정리**

번호	내용	결정
1	국회의원이 질의권·토론권 등의 침해를 이유로 헌법소원을 청구할 수 있는지 여부: **소극** (헌재 1995.2.23. 90헌마125)	각하
2	전국구의원(비례대표의원)이 그를 공천한 정당을 탈당할 때 의원직을 상실하는지 여부: **소극** (헌재 1994.4.28. 92헌마153)	각하

2. 의원자격의 발생과 소멸

국회의원직 상실사유 ○	• 임기만료 • 당선무효판결 • 선거법 위반으로 100만원 이상의 벌금형 확정 • 퇴직, 사직 • 국회의 제명의결, 국회의 자격상실결정 • 비례대표의원의 합당·해산·제명 외의 사유로 탈당 • 정당의 강제해산

<table>
<tr><td>국회의원직
상실사유 ×</td><td>

- 정당에서의 제명(당원자격만 상실)
- 탄핵결정(국회의원은 탄핵대상이 아니기 때문임)
- 지역구의원의 탈당
- 비례대표의원의 합당·해산·제명에 의한 당적변경
- 정당의 등록취소, 자진해산에 의한 당적변경
</td></tr>
</table>

> **공직선거법 제192조【피선거권상실로 인한 당선무효 등】** ④ 비례대표국회의원 또는 비례대표지방의회의원이 소속정당의 합당·해산 또는 제명 외의 사유로 당적을 이탈·변경하거나 2 이상의 당적을 가지고 있는 때에는 국회법 제136조(퇴직) 또는 지방자치법 제90조(의원의 퇴직)의 규정에 불구하고 퇴직된다. 다만, 비례대표국회의원이 국회의장으로 당선되어 국회법 규정에 의하여 당적을 이탈한 경우에는 그러하지 아니하다.

3. 겸직제한

> **헌법 제43조** 국회의원은 법률이 정하는 직을 겸할 수 없다.
>
> **국회법 제29조【겸직 금지】** ① 의원은 국무총리 또는 국무위원 직 외의 다른 직을 겸할 수 없다. 다만, 다음 각 호의 어느 하나에 해당하는 경우에는 그러하지 아니하다.
> 1. 공익 목적의 명예직
> 2. 다른 법률에서 의원이 임명·위촉되도록 정한 직
> 3. 정당법에 따른 정당의 직
> ② 의원이 당선 전부터 제1항 각 호의 직 외의 직을 가진 경우에는 임기개시일 전까지(재선거·보궐선거 등의 경우에는 당선이 결정된 날의 다음 날까지를 말한다. 이하 이 항에서 같다) 그 직을 휴직하거나 사직하여야 한다. 다만, 다음 각 호의 어느 하나의 직을 가진 경우에는 임기개시일 전까지 그 직을 사직하여야 한다.
> 1. 공공기관의 운영에 관한 법률 제4조에 따른 공공기관(한국은행을 포함한다)의 임직원
> 2. 농업협동조합법·수산업협동조합법에 따른 조합, 중앙회와 그 자회사(손자회사를 포함한다)의 임직원
> 3. 정당법 제22조 제1항에 따라 정당의 당원이 될 수 있는 교원
>
> **제29조의2【영리업무 종사 금지】** ① 의원은 그 직무 외에 영리를 목적으로 하는 업무에 종사할 수 없다. 다만, 의원 본인 소유의 토지·건물 등의 재산을 활용한 임대업 등 영리업무를 하는 경우로서 의원 직무수행에 지장이 없는 경우에는 그러하지 아니하다.
> ② 의원이 당선 전부터 제1항 단서의 영리업무 외의 영리업무에 종사하고 있는 경우에는 임기 개시 후 6개월 이내에 그 영리업무를 휴업 또는 폐업하여야 한다.
> ③ 의원이 당선 전부터 제1항 단서의 영리업무에 종사하고 있는 경우에는 임기 개시 후 1개월 이내에, 임기 중에 제1항 단서의 영리업무에 종사하게 된 경우에는 지체 없이 이를 의장에게 서면으로 신고하여야 한다.
>
> **제39조【상임위원회의 위원】** ④ 국무총리 또는 국무위원의 직을 겸한 의원은 상임위원을 사임할 수 있다.
>
> **⊘ 주의**
> - 상임위원 사임은 임의사항
> - 기존에 국무총리실장·처의 장, 행정각부의 차관 기타 국가공무원의 직을 겸한 경우도 포함되었으나, 2020년 법 개정으로 삭제됨

4. 국회의원의 불체포특권

> 헌법 제44조 ① 국회의원은 <u>현행법인인 경우를 제외</u>하고는 <u>회기 중</u> 국회의 동의 없이 체포 또는 구금되지 아니한다.
>
> ☑ **주의**
> 회기 중 ○ / 폐회 중 ✕
>
> ② 국회의원이 회기 전에 체포 또는 구금된 때에는 현행범인이 아닌 한 국회의 요구가 있으면 회기 중 석방된다.
>
> ☑ **주의**
> 현행범이면 무조건 체포·구금할 수 있고 석방도 되지 않음(특권 없음)
>
> 국회법 제150조【현행범인의 체포】 경위나 경찰공무원은 국회 안에 현행범인이 있을 때에는 체포한 후 의장의 지시를 받아야 한다. 다만, 회의장 안에서는 의장의 명령 없이 의원을 체포할 수 없다.

(1) 내용

① 원칙

회기 중에는 의원을 체포·구금할 수 없음	• 회기 중: 휴회 중을 포함하여 집회일로부터 폐회일까지의 기간을 의미함 • 형사소송법상의 체포·구금뿐만 아니라 경찰관 직무집행법에 의한 보호조치나 감호조치 또는 격리처분과 같은 행정상의 강제처분까지 포함함 • 의원을 불구속으로 수사 또는 형사소추하거나 판결확정 후에 자유형을 집행하는 것은 가능함
회기 전에 체포·구금한 때에도 국회의 요구가 있으면 석방하여야 함	의원이 석방요구를 발의하려면 재적의원 4분의 1 이상의 연서로 이유를 첨부한 요구서를 의장에게 제출하고(국회법 제28조), 재적의원 과반수의 출석과 출석의원 과반수의 찬성으로 의결함(헌법 제49조)

② 예외

현행범	불체포특권이 인정되지 않으므로 회기 전에 현행범으로 체포·구금된 자에 대하여는 석방을 요구하지 못함. 현행범인인 국회의원이 회의장 내에 있는 경우에는 국회의장의 명령 없이 체포할 수 없음(국회법 제150조 단서)
국회의 동의	• 국회의 동의를 얻으려고 할 때 관할법원의 판사는 영장을 발부하기 전에 체포동의요구서를 정부에 제출하여야 하며, 정부는 지체 없이 국회에 체포동의를 요청하여야 함(국회법 제26조 제1항) ☑ **주의** 정부에 제출 ○ / 대법원장이나 국회에 제출 ✕ • 의장은 체포동의를 요청받은 후 처음 개의하는 본회의에 이를 보고하고, 본회의에 보고된 때부터 24시간 이후 72시간 이내에 표결(국회법 제26조 제2항) • 체포동의안이 72시간 이내에 표결되지 아니하는 경우에는 그 이후에 최초로 개의하는 본회의에 상정하여 표결함 ☑ **주의 체포동의안** 탄핵소추, 해임건의와는 달리, 72시간 내에 표결되지 않는 경우 폐기하는 것이 아니라 표결을 진행함(소위 방탄국회를 막기 위함) • 재적의원 과반수의 출석과 출석의원 과반수의 찬성으로 동의를 하면 회기 중에도 국회의원을 체포 또는 구금할 수 있음

- 정부는 체포 또는 구금된 의원이 있을 때, 지체 없이 의장에게 영장사본을 첨부하여 이를 통지하여야 하고, 구속기간이 연장되었을 때에도 동일함

국회의 석방요구가 없는 경우	회기 전에 체포·구금되고 현행범인이 아닌 경우에도 국회의 석방요구가 없으면 불체포특권은 인정되지 않음

(2) 계엄하에서의 국회의원의 불체포특권 강화

> 계엄법 제13조【국회의원의 불체포특권】계엄 시행 중 국회의원은 현행범인인 경우를 제외하고는 체포 또는 구금되지 아니한다.

(3) 공직선거법상의 불체포특권과의 비교

공직선거법은 각종 선거후보자에 대해 후보자등록이 끝난 날부터 개표종료시까지 불체포특권을 인정

5. 국회의원의 면책특권

> 헌법 제45조 국회의원은 국회에서 직무상 행한 발언과 표결에 관하여 국회 외에서 책임을 지지 아니한다.
> ⊘ 주의
> 일체의 법적 책임을 의미함

(1) 주체

국회의원에 한함. 의원직을 겸한 국무총리·국무위원에 대해서는 의원인 자격에서 행한 원내 발언에 대해서는 면책특권을 인정하여야 한다고 봄(다수설)

(2) 대상

국회 내	국회의 본회의나 위원회 또는 교섭단체가 개최되고 있는 장소 포함
직무행위	• 면책대상행위의 직무 관련성을 최초로 규정(제5차 개정헌법) • 직무집행 그 자체 + 직무집행에 부수된 행위도 포함
발언과 표결	• 발언: 의제에 대한 발의, 토론, 질문 연설 등 • 표결: 의제에 관하여 찬반의 의사를 표시

📋 **판례정리**

번호	내용	결정
1	본회의 발언 30분 전에 국회기자실에서 본회의 질문원고를 사전에 배포한 행위가 면책특권의 대상이 되는 직무부수행위인지 여부: **적극** (대판 1992.9.22. 91도3317)	기각
2	국회의원이 국회예산결산위원회 회의장에서 법무부장관을 상대로 대정부질의를 하던 중 대통령 측근에 대한 대선자금제공의혹과 관련하여 이에 대한 수사를 촉구하는 과정에서 한 발언이 국회의원의 면책특권의 대상이 되는지 여부: **적극** (대판 2007.1.12. 2005다57752)	기각

3	국회의원이 이른바 떡값 리스트를 상임위원회 개의 당일에 국회의원회관에서 기자들에게 배포한 것이 면책특권의 대상이 되는 직무부수행위에 해당하는지 여부: **적극** (대판 2011.5.13. 2009도14442)	파기환송
4	국회의원이 국회 내에서 하는 정부·행정기관에 대한 자료제출의 요구가 직무행위에 포함되는지 여부: **적극** (대판 1996.11.8. 96도1742) ✅ **주의** 직무상 부수행위에 해당함	기각

(3) 효과

국회 외에서의 면책	발언과 표결에 관한 면책특권은 국회 외에서 책임을 지지 않지만, 국회법이나 의사규칙에 규정된 징계사유에 해당하면 국회 내에서 징계처분을 하는 것은 가능함
법적 책임의 면제	• 민·형사상의 책임은 물론 공직자로서 지는 징계상의 책임도 지지 않음 • 만약 국회의원의 면책특권이 적용되는 행위에 대하여 공소가 제기된 경우 법원은 '공소기각'의 판결을 선고하여야 함 ✅ **주의** '무죄'가 아닌 '공소기각'임 • 그러나 정치적 책임이나 소속 정당에 의한 징계처분까지 면제되는 것은 아님(통설)
면책 기간	임기만료 이후에도 영구적임

(4) 한계

국회 내에서 행한 직무상 발언과 표결을 다시 원외에서 되풀이하는 경우에는 원칙적으로 면책되지 않으나, 예외적으로 공개회의의 회의록을 그대로 공개 또는 반포한 경우에는 언론의 자유(알 권리나 보도의 자유)의 일환으로서 면책됨

6. 국회의원의 권한

(1) 국회의 활동에 관한 권한

① 국회소집요구권

> 헌법 제47조 ① 국회의 정기회는 법률이 정하는 바에 의하여 매년 1회 집회되며, 국회의 임시회는 대통령 또는 국회재적의원 4분의 1 이상의 요구에 의하여 집회된다.
> ✅ **주의**
> 임시회는 의장이 요구 ✕

② 의안발의권

> 국회법 제79조 【의안의 발의 또는 제출】 ① 의원은 10명 이상의 찬성으로 의안을 발의할 수 있다.
> ② 의안을 발의하는 의원은 그 안을 갖추고 이유를 붙여 찬성자와 연서하여 이를 의장에게 제출하여야 한다.
> 제90조 【의안·동의의 철회】 ① 의원은 그가 발의한 의안 또는 동의를 철회할 수 있다. 다만, 2명 이상의 의원이 공동으로 발의한 의안 또는 동의에 대해서는 발의의원 2분의 1 이상이 철회의사를 표시하는 경우에 철회할 수 있다.

② 제1항에도 불구하고 의원이 본회의 또는 위원회에서 의제가 된 의안 또는 동의를 철회할 때에는 본회의 또는 위원회의 동의(同意)를 받아야 한다.

③ 정부가 본회의 또는 위원회에서 의제가 된 정부제출 의안을 수정하거나 철회할 때에는 본회의 또는 위원회의 동의를 받아야 한다.

③ 질문권

헌법 제62조 ② 국회나 그 위원회의 요구가 있을 때에는 국무총리·국무위원 또는 정부위원은 출석·답변하여야 하며, 국무총리 또는 국무위원이 출석요구를 받은 때에는 국무위원 또는 정부위원으로 하여금 출석·답변하게 할 수 있다.

국회법 제122조 【정부에 대한 서면질문】 ① 의원이 정부에 서면으로 질문하려고 할 때에는 질문 서를 의장에게 제출하여야 한다.

② 의장은 제1항의 질문서를 받았을 때에는 지체 없이 이를 정부에 이송한다.

③ 정부는 질문서를 받은 날부터 10일 이내에 서면으로 답변하여야 한다. 그 기간 내에 답변 하지 못할 때에는 그 이유와 답변할 수 있는 기한을 국회에 통지하여야 한다.

제122조의2 【정부에 대한 질문】 ① 본회의는 회기 중 기간을 정하여 국정 전반 또는 국정의 특 정 분야를 대상으로 정부에 대하여 질문(이하 '대정부질문'이라 한다)을 할 수 있다.

② 대정부질문은 일문일답의 방식으로 하되, 의원의 질문시간은 20분을 초과할 수 없다. 이 경우 질문시간에 답변시간은 포함되지 아니한다.

제122조의3 【긴급현안질문】 ① 의원은 20명 이상의 찬성으로 회기 중 현안이 되고 있는 중요한 사항을 대상으로 정부에 대하여 질문(이하 이 조에서 '긴급현안질문'이라 한다)을 할 것을 의 장에게 요구할 수 있다.

② 제1항에 따라 긴급현안질문을 요구하는 의원은 그 이유와 질문 요지 및 출석을 요구하는 국무총리 또는 국무위원을 적은 질문요구서를 본회의 개의 24시간 전까지 의장에게 제출하 여야 한다.

④ 질의권

⑤ 토론권

국회법 제106조 【토론의 통지】 ① 의사일정에 올린 안건에 대하여 토론하고자 하는 의원은 미리 반대 또는 찬성의 뜻을 의장에게 통지하여야 한다.

② 의장은 제1항의 통지를 받은 순서와 그 소속 교섭단체를 고려하여 반대자와 찬성자가 교 대로 발언하게 하되, 반대자에게 먼저 발언하게 한다.

제106조의2 【무제한토론의 실시 등】 ① 의원이 본회의에 부의된 안건에 대하여 이 법의 다른 규 정에도 불구하고 시간의 제한을 받지 아니하는 토론(이하 이 조에서 '무제한토론'이라 한다) 을 하려는 경우에는 재적의원 3분의 1 이상이 서명한 요구서를 의장에게 제출하여야 한다. 이 경우 의장은 해당 안건에 대하여 무제한 토론을 실시하여야 한다.

③ 의원은 제1항에 따른 요구서가 제출되면 해당 안건에 대하여 무제한토론을 할 수 있다. 이 경우 의원 1명당 한 차례만 토론할 수 있다.

④ 무제한토론을 실시하는 본회의는 제7항에 따른 무제한토론 종결 선포 전까지 산회하지 아니하고 회의를 계속한다. 이 경우 제73조 제3항 본문에도 불구하고 회의 중 재적의원 5분의 1 이상이 출석하지 아니하였을 때에도 회의를 계속한다.

⑤ 의원은 무제한토론을 실시하는 안건에 대하여 <u>재적의원 3분의 1 이상</u>의 서명으로 무제한 토론의 종결동의를 의장에게 제출할 수 있다.

⑥ 제5항에 따른 무제한 토론의 종결동의는 동의가 제출된 때부터 <u>24시간</u>이 지난 후에 무기 명투표로 표결하되 <u>재적의원 5분의 3 이상</u>의 찬성으로 의결한다. 이 경우 무제한토론의 종결 동의에 대해서는 <u>토론을 하지 아니하고</u> 표결한다.

⑦ 무제한토론을 실시하는 안건에 대하여 무제한토론을 할 의원이 더 이상 없거나 제6항에 따라 무제한토론의 종결동의가 가결되는 경우 의장은 무제한토론의 종결을 선포한 후 해당 안건을 지체 없이 표결하여야 한다.

⑧ 무제한토론을 실시하는 중에 해당 회기가 끝나는 경우에는 무제한토론의 종결이 선포된 것으로 본다. 이 경우 해당 안건은 바로 다음 회기에서 지체 없이 표결하여야 한다.

⑨ 제7항이나 제8항에 따라 무제한토론의 종결이 선포되었거나 선포된 것으로 보는 안건에 대해서는 무제한토론을 요구할 수 없다.

⑩ 예산안등과 제85조의3 제4항에 따라 지정된 세입예산안 부수 법률안에 대해서는 제1항부 터 제9항까지를 매년 12월 1일까지 적용하고, 같은 항에 따라 실시 중인 무제한토론, 계속 중 인 본회의, 제출된 무제한토론의 종결동의에 대한 심의절차 등은 12월 1일 밤 12시에 종료한다.

제107조 【의장의 토론 참가】 의장이 토론에 참가할 때에는 의장석에서 물러나야 하며, 그 안건 에 대한 표결이 끝날 때까지 의장석으로 돌아갈 수 없다.

제108조 【질의 또는 토론의 종결】 ① 질의 또는 토론이 끝났을 때에는 의장은 질의나 토론의 종결 을 선포한다.

② 각 교섭단체에서 1명 이상의 발언이 있은 후에는 본회의 의결로 의장은 질의나 토론의 종결 을 선포한다. 다만, 질의나 토론에 참가한 의원은 질의나 토론의 종결동의를 할 수 없다.

📑 **판례정리**

번호	내용	결정
1	'회기결정의 건'이 무제한토론의 대상인지 여부: **소극** 무제한토론제도의 입법취지는 소수 의견이 개진될 수 있는 기회를 보장하면서도 안건에 대한 효율적인 심의가 이루어지도록 하는 것인 점, 국회법 제7조가 집회 후 즉시 의결로 회기를 정하도록 한 취지와 회기제도의 의미, 헌법과 국회법이 예정하고 있는 국회의 정상적인 운영 절차, '회기결정의 건'에 대한 무제한토론을 허용할 경우 국회의 운영에 심각한 장애가 초래될 수 있는 점, 국회법 제106조의2의 규정, 국회 선례 등을 체계적·종합적으로 고려하면, '회기결정의 건'은 그 본질상 국회법 제106조의2에 따른 무제한토론의 대상이 되지 않는다고 보는 것이 타당하다(헌재 2020.5.27. 2019헌라6·2020헌라1).	각하

⑥ 발언권

> 국회법 제99조【발언의 허가】① 의원은 발언을 하려면 미리 의장에게 통지하여 허가를 받아야 한다.
>
> 제103조【발언 횟수의 제한】의원은 같은 의제에 대하여 두 차례만 발언할 수 있다. 다만, 질의에 대하여 답변할 때와 위원장·발의자 또는 동의자(動議者)가 그 취지를 설명할 때에는 그러하지 아니하다.
>
> 제104조【발언 원칙】① 정부에 대한 질문을 제외하고는 의원의 발언 시간은 <u>15분</u>을 초과하지 아니하는 범위에서 의장이 정한다. (후략)
>
> 제117조【자구의 정정과 이의의 결정】① 발언한 의원은 회의록이 배부된 날의 다음 날 오후 5시까지 회의록에 적힌 자구의 정정을 의장에게 요구할 수 있다. 다만, <u>발언의 취지를 변경할 수 없다.</u>

⑦ 표결권

　㉠ 국회의원은 본회의나 위원회 등에서 표결에 참가할 권한을 가짐
　㉡ 국회의원의 법률안 심의·표결권은 헌법 제49조로부터 당연히 도출되는 헌법상 권한

> 국회법 제93조【안건 심의】본회의는 안건을 심의할 때 그 안건을 심사한 위원장의 심사보고를 듣고 질의·토론을 거쳐 표결한다. 다만, 위원회의 심사를 거치지 아니한 안건에 대해서는 제안자가 그 취지를 설명하여야 하고, 위원회의 심사를 거친 안건에 대해서는 의결로 질의와 토론을 모두 생략하거나 그 중의 하나를 생략할 수 있다.

📑 **판례정리**

번호	내용	결정
1	국회의원의 심의·표결권이 국회의원 각자에게 보장되는 헌법상 권한인지 여부: **적극** (헌재 2000.2.24. 99헌라1) ✅ **주의** 헌법상 권한은 맞으나, 헌법상 기본권은 아님 ⇨ 헌법소원을 청구할 수 없음	기각
2	국회의원의 법률안 심의·표결권을 포기할 수 있는지 또는 위임할 수 있는지 여부: **소극** (헌재 2009.10.29. 2009헌라8·9·10)	기각

(2) 수당과 여비를 받을 권리

> 국회법 제30조【수당·여비】의원은 따로 법률이 정하는 바에 따라 수당과 여비를 받는다.

7. 국회의원의 의무

	윤리적 의무	국민의 대표로서 양심에 따라 직무를 성실히 수행하고, 국회의 명예와 권위를 유지하여야 함
법적 의무	헌법상 의무	• 겸직금지의무(제43조) • 청렴의무(제46조 제1항) • 국가이익우선의무(제46조 제2항) • 지위를 남용한 이권개입금지의무(제46조 제3항)
	국회법상 의무	• 품위유지의무 • 국회출석의무 • 회의장에서의 질서준수의무 • 다른 의원을 모욕하거나 다른 의원의 발언을 방해하지 않을 의무 • 국정감사·조사에서의 비밀유지의무 • 의장의 질서유지에 관한 명령복종의무 • 영리업무종사금지의무 등을 규정

제2절 대통령

1 대통령의 헌법상 지위

1. 국민대표기관으로서의 지위

2. 국가원수로서의 지위

> 헌법 제66조 ① 대통령은 국가의 원수이며, 외국에 대하여 국가를 대표한다.

⊘ **주의**
'국가원수로서의 지위(헌법 제66조 제1항)'와 '행정부 수반으로서의 지위(헌법 제66조 제4항)'를 구분할 것

(1) 국가의 대표자

외국과 조약을 체결·비준하고, 외교사절을 신임·접수 또는 파견하며, 외국에 대하여 선전포고와 강화를 함(헌법 제73조 제1항)

(2) 국가와 헌법의 수호자

> 헌법 제66조 ② 대통령은 국가의 독립·영토의 보전·국가의 계속성과 헌법을 수호할 책무를 진다.
> 제69조 대통령은 취임에 즈음하여 다음의 선서를 한다.
> "나는 헌법을 준수하고 국가를 보위하며 조국의 평화적 통일과 국민의 자유와 복리의 증진 및 민족문화의 창달에 노력하여 대통령으로서의 직책을 성실히 수행할 것을 국민 앞에 엄숙히 선서합니다."

📋 판례정리

번호	내용	결정
1	대통령의 '성실한 직책수행의무'가 원칙적으로 사법적 판단의 대상이 될 수 있는지 여부: **소극** (헌재 2004.5.14. 2004헌나1) ☑ **주의** 　• 헌법상 의무는 맞으나, 성질상 사법적 판단의 대상이 될 수 없음 　• 헌법준수의무는 헌법상 의무이기도 하면서 사법심사의 대상도 됨	기각

(3) 국정의 통합·조정자

① 헌법개정안의 제안권(헌법 제128조 제1항), ② 중요정책의 국민투표부의권(헌법 제72조), ③ 국회 임시회의 소집요구권(헌법 제47조 제1항), ④ 법률안제출권(헌법 제52조), ⑤ 사면·감형 및 복권에 관한 권한 등이 있음

(4) 헌법기관 구성권자

① 국회의 동의를 얻어 대법원장과 헌법재판소장 및 감사원장을 임명함

② 대법원장의 제청으로 국회의 동의를 얻어 대법관을 임명함

③ 헌법재판소 재판관 및 중앙선거관리위원회위원을 임명함

④ 감사원장의 제청으로 감사위원을 임명하는 권한을 가짐

3. 행정부 수반으로서의 지위

> 헌법 제66조 ④ 행정권은 대통령을 수반으로 하는 정부에 속한다.

(1) 행정부의 최고책임자

(2) 행정부의 조직권자

① 대통령은 국회의 동의를 얻어 국무총리를 임명함(헌법 제86조 제1항)

② 헌법과 법률이 정하는 바에 의하여 공무원을 임면함(헌법 제78조)

③ 국무총리의 제청으로 국무위원을 임명함(헌법 제87조 제1항)

④ 국무위원 중에서 국무총리의 제청으로 행정각부의 장을 임명함(헌법 제94조)

(3) 국무회의의장

2 대통령의 선거

1. 헌정사

구분		선출방식	임기	중임 여부	권한대행자
제1공화국	건국	국회 간선제	4년	1차 중임	• 부통령 • 국무총리
	제1차	직선제			
	제2차	직선제		초대대통령에 한해 예외를 인정함	• 부통령 • 국무위원 ☑ **주의** 국무총리 ✕

제2공화국 (제3차·제4차)		국회 간선제	5년	1차 중임	• 참의원장 • 민의원장 • 국무총리
제3공화국	제5차	직선제	4년	–	• 국무총리 • 국무위원
	제6차			계속재임 3기까지	
제4공화국(제7차)		통일주체국민회의 간선제	6년	관련 규정 없음	위와 동일
제5공화국(제8차)		대통령선거인단 간선제	7년	단임	위와 동일
현행헌법		직선제	5년	단임	위와 동일

2. 현행헌법의 태도

(1) 대통령의 선출방식

① 원칙적 직선제

> 헌법 제67조 ① 대통령은 국민의 보통·평등·직접·비밀선거에 의하여 선출한다.
>
> ☑ **주의**
> 자유선거는 명시되지 않음
>
> **선생님 tip** 보평직비

② 예외적 국회 간선제

> 헌법 제67조 ② 제1항의 선거에 있어서 최고득표자가 2인 이상인 때에는 국회의 재적의원 과반수가 출석한 공개회의에서 다수표를 얻은 자를 당선자로 한다.

(2) 대통령의 선거

① 대통령의 피선거권

> 헌법 제67조 ④ 대통령으로 선거될 수 있는 자는 국회의원의 피선거권이 있고 선거일 현재 40세에 달하여야 한다.
>
> 공직선거법 제16조 【피선거권】 ① 선거일 현재 5년 이상 국내에 거주하고 있는 40세 이상의 국민은 대통령의 피선거권이 있다. 이 경우 공무로 외국에 파견된 기간과 국내에 주소를 두고 일정 기간 외국에 체류한 기간은 국내거주기간으로 본다.
>
> ☑ **주의**
> 연령(40세)은 헌법에, 요건(5년 이상 국내 거주)은 공직선거법에 명시

② 대통령당선인

> 헌법 제67조 ③ 대통령후보자가 1인일 때에는 그 득표수가 선거권자 총수의 3분의 1 이상이 아니면 대통령으로 당선될 수 없다.
>
> ☑ **주의**
> 선거권자 총수 ○ / 유효투표 총수 ×
>
> **대통령직 인수에 관한 법률 제1조 【목적】** 이 법은 대통령당선인으로서의 지위와 권한을 명확히 하고 대통령직 인수를 원활하게 하는 데에 필요한 사항을 규정함으로써 국정운영의 계속성과 안정성을 도모함을 목적으로 한다.

제2조【정의】이 법에서 사용하는 용어의 뜻은 다음과 같다.

1. '대통령당선인'이란 대한민국헌법 제67조와 공직선거법 제187조에 따라 당선인으로 결정된 사람을 말한다.
2. '대통령직'이란 대한민국헌법에 따라 대통령에게 부여된 직무를 말한다.

제3조【대통령당선인의 지위와 권한】① 대통령당선인은 대통령당선인으로 결정된 때부터 대통령 임기 시작일 전날까지 그 지위를 갖는다.

② 대통령당선인은 이 법에서 정하는 바에 따라 대통령직 인수를 위하여 필요한 권한을 갖는다.

제4조【예우】대통령당선인과 배우자에 대하여는 다음 각 호에 따른 예우를 할 수 있다.

1. 대통령당선인에 대한 교통·통신 및 사무실 제공 등의 지원
2. 대통령당선인과 그 배우자에 대한 진료
3. 그 밖에 대통령당선인에 대하여 필요한 예우

제5조【국무총리 후보자의 지명 등】① 대통령당선인은 대통령 임기 시작 전에 국회의 인사청문 절차를 거치게 하기 위하여 국무총리 및 국무위원 후보자를 지명할 수 있다. 이 경우 국무위원 후보자에 대하여는 국무총리 후보자의 추천이 있어야 한다.

② 대통령당선인은 제1항에 따라 국무총리 및 국무위원 후보자를 지명한 경우에는 국회의장에게 국회법 제65조의2 및 인사청문회법에 따른 인사청문의 실시를 요청하여야 한다.

제6조【대통령직인수위원회의 설치 및 존속기한】① 대통령당선인을 보좌하여 대통령직 인수와 관련된 업무를 담당하기 위하여 대통령직인수위원회(이하 '위원회'라고 한다)를 설치한다.

② 위원회는 대통령 임기 시작일 이후 30일의 범위에서 존속한다.

제8조【위원회의 구성 등】① 위원회는 위원장 1명, 부위원장 1명 및 24명 이내의 위원으로 구성한다.

② 위원장·부위원장 및 위원은 명예직으로 하고, 대통령당선인이 임명한다.

제16조【백서 발간】위원회는 위원회의 활동 경과 및 예산사용 명세를 백서로 정리하여 위원회의 활동이 끝난 후 30일 이내에 공개하여야 한다.

공직선거법 제14조【임기 개시】① 대통령의 임기는 전임대통령의 임기만료일의 다음 날 0시부터 개시된다. 다만, 전임자의 임기가 만료된 후에 실시하는 선거와 궐위로 인한 선거에 의한 대통령의 임기는 당선이 결정된 때부터 개시된다.

③ 대통령후임자선거

헌법 제68조 ① 대통령의 임기가 만료되는 때에는 임기만료 70일 내지 40일 전에 후임자를 선거한다.

② 대통령이 궐위된 때 또는 대통령당선자가 사망하거나 판결 기타의 사유로 그 자격을 상실한 때에는 60일 이내에 후임자를 선거한다.

공직선거법 제34조【선거일】① 임기만료에 의한 선거의 선거일은 다음 각 호와 같다.

1. 대통령선거는 그 임기만료일 전 70일 이후 첫 번째 수요일
2. 국회의원선거는 그 임기만료일 전 50일 이후 첫 번째 수요일
3. 지방의회의원 및 지방자치단체의 장의 선거는 그 임기만료일 전 30일 이후 첫 번째 수요일

선생님 tip 범위가 큰 것부터 거꾸로 7, 5, 3

③ 대통령의 신분과 직무

1. 취임

> 헌법 제69조 대통령은 취임에 즈음하여 다음의 선서를 한다.
> "나는 헌법을 준수하고 국가를 보위하며 조국의 평화적 통일과 국민의 자유와 복리의 증진 및 민족문화의 창달에 노력하여 대통령으로서의 직책을 성실히 수행할 것을 국민 앞에 엄숙히 선서합니다."
>
> ☑ 주의
> 단순히 취임선서의무만을 규정한 조항이 아니라 헌법 제66조 제2항 및 제3항에 규정된 대통령의 헌법적 책무를 구체화하고 강조하는 실체적 내용을 지닌 규정에 해당함(헌재 2004.5.14. 2004헌나1)

2. 임기

> 헌법 제70조 대통령의 임기는 5년으로 하며, 중임할 수 없다.

(1) 역대 헌법상 대통령의 임기

선생님 tip 제5공화국이 7년으로 제일 길고, 평화로운 때인 제2공, 제6공은 대통령의 임기가 5년

제1공화국	제2공화국	제3공화국	제4공화국	제5공화국	제6공화국
4년	5년	4년	6년	7년	5년

(2) 헌법기관의 임기

구분	국회의원	감사위원	대통령	대법원장	대법관	헌법재판관	중앙선거관리위원
임기	4년	4년	5년	6년	6년	6년	6년
연임	○	1차에 한하여 중임	단임	단임	○	○	○

☑ 주의
대통령과 대법원장만 단임

3. 불소추특권

> 헌법 제84조 대통령은 내란 또는 외환의 죄를 범한 경우를 제외하고는 재직 중 형사상의 소추를 받지 아니한다.

(1) 원칙과 예외

원칙	• 대통령은 재직 중에는 원칙적으로 형사피고인이나 증인으로 구인당하지 않음 • 대통령을 기소한 경우에는 법원은 공소기각의 판결을 내려야 함
예외	• 내란 또는 외환의 죄를 범한 경우에는 재직 중에도 형사상 소추 가능 • 퇴직 후에 형사상의 소추를 하는 것은 무방하며, 재직 중이라도 민사상·행정상의 책임은 면제되지 않음 • 탄핵소추는 불소추특권과는 무관하므로 탄핵소추를 의결하면 그 권한행사가 정지되고, 탄핵결정을 하게 되면 대통령직에서 파면됨

번호	내용	결정
1	대통령 재직 중에 공소시효의 진행이 당연히 정지되는지 여부: **적극** (헌재 1995.1.20. 94헌마246) ✅ **주의** • 대통령 재직 중 공소시효정지 • 당연히 정지된다. ○ • 명문의 규정이 있다. ×	기각

(2) 대통령의 형사상 불소추특권과 국회의원의 면책특권 비교

구분	불소추특권	면책특권
목적	국가원수로서의 권위유지와 원활한 직무수행	국정통제기관으로서의 기능과 정상적 활동유지
적용대상	대통령	국회의원
적용기간	재직 중	영구적
탄핵소추	가능	불가능
적용범위	• 형사상으로만 불소추 • 민사상·행정상 책임은 추궁가능	• 민·형사상 일체 법적 책임 없음 • 정치적 책임은 추궁가능

4. 권한대행

헌법 제71조 대통령이 궐위되거나 사고로 인하여 직무를 수행할 수 없을 때에는 <u>국무총리, 법률이 정한 국무위원</u>의 순서로 그 권한을 대행한다.

정부조직법 제26조 【행정각부】 ① 대통령의 통할하에 다음의 행정각부를 둔다.

  1. 기획재정부
  2. 교육부
  3. 과학기술정보통신부
  4. 외교부
  5. 통일부
  6. 법무부
  7. 국방부
  8. 행정안전부
  9. 국가보훈부
 10. 문화체육관광부
 11. 농림축산식품부
 12. 산업통상자원부
 13. 보건복지부
 14. 환경부
 15. 고용노동부
 16. 여성가족부
 17. 국토교통부

18. 해양수산부

19. 중소벤처기업부

선생님 tip 기교과외통…

(1) 역대 헌법상 권한대행

건국헌법	부통령 ⇨ 국무총리
제2공화국 헌법	참의원의장 ⇨ 민의원의장 ⇨ 국무총리
제3공화국 헌법 이후	국무총리 ⇨ 법률이 정한 국무위원의 순서 ⊘ **주의** 국무총리가 대통령 권한대행의 1순위라는 것은 헌법규정이므로 법률로서 개정할 수는 없지만, 국무위원은 정부조직법에 규정되어 있으므로 법률개정으로 변경이 가능함

(2) 권한대행 발생원인

궐위인 경우	• 대통령이 사망한 경우 • 탄핵결정으로 파면된 경우 ⊘ **주의** 단순히 탄핵이 의결된 경우는 궐위된 것이 아님 ⇨ 궐위 × / 사고 ○ • 판결 기타의 사유로 자격을 상실한 경우 • 사임한 경우 등
사고인 경우(일시적)	• 대통령이 신병이나 해외순방 등으로 직무를 수행할 수 없는 경우 • 국회가 탄핵소추를 의결함으로써 탄핵결정이 있을 때까지 대통령의 권한행사가 정지된 경우
대통령의 사고 판단기관(우리나라는 없음)	헌법재판소가 이를 확인하고 선언할 권한을 가지는 것이 바람직함(권영성) ⊘ **주의** 우리나라는 대통령 본인이 판단함

5. 의무

직무상의 의무	대통령은 헌법을 준수하고 국가를 보위하며 조국의 평화적 통일과 국민의 자유와 복리의 증진 및 민족문화의 창달에 노력하여 대통령으로서의 직책을 성실히 수행할 의무를 짐(제69조)
겸직금지의무	대통령은 국무총리·국무위원·행정각부의 장, 기타 법률이 정하는 공사의 직을 겸할 수 없음(제83조)

6. 전직대통령에 대한 예우

헌법 제85조 전직대통령의 신분과 예우에 관하여는 법률로 정한다.

제90조 ① 국정의 중요한 사항에 관한 대통령의 자문에 응하기 위하여 국가원로로 구성되는 국가원로자문회의를 둘 수 있다.

② 국가원로자문회의의 의장은 직전대통령이 된다. 다만, 직전대통령이 없을 때에는 대통령이 지명한다.

⊘ **주의** 국가원로자문회의는 임의설치
의장: 직전 대통령 ○ / 전직 대통령 ×

전직대통령 예우에 관한 법률 제4조【연금】 ① 전직대통령에게는 연금을 지급한다.

② 제1항에 따른 연금 지급액은 지급 당시의 대통령 보수연액(報酬年額)의 100분의 95에 상당하는 금액으로 한다.

제5조의2【기념사업의 지원】 민간단체 등이 전직대통령을 위한 기념사업을 추진하는 경우에는 관계 법령에서 정하는 바에 따라 필요한 지원을 할 수 있다.

제7조【권리의 정지 및 제외 등】 ① 이 법의 적용대상자가 공무원에 취임한 경우에는 그 기간 동안 제4조 및 제5조에 따른 연금의 지급을 정지한다.

② 전직대통령이 다음 각 호의 어느 하나에 해당하는 경우에는 제6조 제4항 제1호에 따른 예우를 제외하고는 이 법에 따른 전직대통령으로서의 예우를 하지 아니한다.

1. 재직 중 탄핵결정을 받아 퇴임한 경우
2. 금고 이상의 형이 확정된 경우

   ✓ **주의**
   금고 이상의 형이 확정된 경우 ○ / 기소된 때 ✕

3. 형사처분을 회피할 목적으로 외국정부에 도피처 또는 보호를 요청한 경우
4. 대한민국의 국적을 상실한 경우

   ✓ **주의**
   사퇴한 경우는 권리 정지 및 제외 요건에 속하지 않음

4 대통령의 권한

1. 개설

(1) 종류

① 비상대권적 권한, ② 헌법기관구성에 관한 권한, ③ 입법에 관한 권한, ④ 집행에 관한 권한, ⑤ 사법에 관한 권한 등으로 분류 가능

(2) 비상대권적 권한

헌법 제76조 ① 대통령은 내우·외환·천재·지변 또는 중대한 재정·경제상의 위기에 있어서 국가의 안전보장 또는 공공의 안녕질서를 유지하기 위하여 긴급한 조치가 필요하고 국회의 집회를 기다릴 여유가 없을 때에 한하여 최소한으로 필요한 재정·경제상의 처분을 하거나 이에 관하여 법률의 효력을 가지는 명령을 발할 수 있다.

선생님 tip 긴급재정경제처분·명령(○○○: 안전 안녕 여유)

② 대통령은 국가의 안위에 관계되는 중대한 교전상태에 있어서 국가를 보위하기 위하여 긴급한 조치가 필요하고 국회의 집회가 불가능한 때에 한하여 법률의 효력을 가지는 명령을 발할 수 있다.

선생님 tip 긴급명령(ㅂㅂ: 보위 불가능)

③ 대통령은 제1항과 제2항의 처분 또는 명령을 한 때에는 지체 없이 국회에 보고하여 그 승인을 얻어야 한다.

✓ **주의**
승인 ○ / 동의 ✕

④ 제3항의 승인을 얻지 못한 때에는 그 처분 또는 명령은 그때부터 효력을 상실한다. 이 경우 그 명령에 의하여 개정 또는 폐지되었던 법률은 그 명령이 승인을 얻지 못한 때부터 당연히 효력을 회복한다.

⑤ 대통령은 제3항과 제4항의 사유를 지체 없이 공포하여야 한다.

2. 긴급명령권

> 헌법 제76조 ② 대통령은 국가의 안위에 관계되는 중대한 교전상태에 있어서 국가를 보위하기 위하여 긴급한 조치가 필요하고 국회의 집회가 불가능한 때에 한하여 법률의 효력을 가지는 명령을 발할 수 있다.

(1) 요건

① 실질적 요건

상황요건	• 국가의 안위에 관계되는 중요한 교전상태의 발생: 외국과의 전쟁이나 이에 준하는 사태 또는 내란 등을 의미함 • 국가를 보위하기 위한 긴급한 조치의 필요성: 국가를 보위하기 위하여 필요한 조치이기만 하면 되므로 입법사항 전반을 그 내용으로 할 수 있음 • 국회의 집회불가능: 국회개회·폐회·휴회 중을 가리지 않고, 비상사태로 인하여 집회가 사실상 불가능한 때. 국회의원의 과반수가 집회에 불응하는 경우도 포함
목적요건	대통령은 국가를 보위한다는 소극적 목적을 위해서만 발포할 수 있으며, 공공복리의 실현이나 집권연장이라는 적극적 목적을 위해 발포하여서는 안 됨
필요성 판단	제1차적으로 대통령의 판단, 그 판단은 객관적이어야 함

② 절차적 요건

국무회의 심의	필수적 국무회의의 심의사항(헌법 제89조 제5호). 특히 국가의 안전보장에 관련되는 사항일 때에는 국무회의의 심의에 앞서 국가안전보장회의의 자문까지 거쳐야 함(헌법 제91조)
문서·부서	긴급명령의 형식은 문서로 하여야 하며, 국무총리와 관계국무위원의 부서를 요함(헌법 제82조)
국회에 보고하여 승인	대통령이 긴급명령을 발한 때에는 지체 없이 국회에 보고하여 그 승인을 얻어야 함(헌법 제76조 제3항). 국회가 폐회 중이라면 임시집회를 요구하여야 함 ⇨ 국회승인의 의결정족수에 관해서는 헌법의 명문규정이 없음 ⊘ 주의 국회는 수정승인 가능

(2) 내용

원칙	모든 법률사항에 대하여 명령적 규율을 할 수 있음 ⇨ 긴급명령은 기존법률의 개정과 폐지는 물론 국민의 기본권제한도 가능
한계	• 헌법을 개정할 수 있는지 여부: 긴급명령의 효력은 법률과 동일하므로 불가함 • 국회를 해산할 수 있는지 여부: 긴급명령을 발한 때에는 지체 없이 국회에 보고하여 승인을 얻어야 하므로 불가함 • 국회, 헌법재판소, 법원의 권한에 대하여 특별한 조치를 할 수 있는지 여부: 불가함 • 군정을 실시할 수 있는지 여부: 군정을 실시하기 위해서는 헌법 제77조의 계엄선포권에 의해야 할 것이므로 불가함(다수설)

(3) 효력

국회승인을 얻지 못한 경우	그때부터 효력을 상실함(장래효). 그 명령에 의하여 개정 또는 폐지되었던 법률은 그 명령이 승인을 얻지 못한 때부터 당연히 효력을 회복함(제76조 제4항)
국회승인을 얻은 경우	국회가 제정한 법률과 동일한 효력을 갖게 됨

(4) 통제

행정부 내의 통제	국무회의의 심의나 부서를 요하는 것은 사전적 통제수단이 됨
국회에 의한 통제	• 사후통제 • 국회의 승인권에는 긴급명령의 내용을 삭제·수정할 수 있는 수정승인권이 포함됨
법원 및 헌법재판소에 의한 통제	대통령의 긴급명령의 위헌 여부가 재판의 전제가 되는 때에는 법원은 헌법재판소에 위헌심판을 제청할 수 있으며, 헌법재판소는 긴급명령에 대한 위헌 여부를 심판할 수 있음(헌법 제111조 제1항 제1호)

(5) 긴급명령과 계엄 비교

구분	긴급명령	계엄
법적 근거	헌법	헌법 및 법률
발동상황	국가의 안위에 관계되는 중대한 교전상태	전시·사변 또는 이에 준하는 국가비상사태
수단	경찰력	병력
국회집회가능성	불가능한 경우	집회 여부와 무관
내용	긴급입법	일시적 군사통치
통제방법	국회에 보고하여 승인	국회에 통고
제한대상	한정조항 없음	비상계엄이 선포된 때의 영장제도, 언론·출판·집회·결사의 자유, 정부나 법원의 권한

3. 긴급재정경제처분·명령권

(1) 법적 성격

긴급재정경제처분·명령권 ⇨ 국가긴급권의 일종

(2) 요건

① 실질적 요건

상황요건	긴급재정경제처분	• 내우·외환·천재·지변 또는 중대한 재정·경제상의 위기발생 • 국가의 안전보장 또는 공공의 안녕질서를 유지하기 위해 필요시 • 국회의 집회를 기다릴 여유가 없을 때: 국회가 폐회 중인 경우를 말하고, 휴회 중에는 긴급한 필요가 있으면 언제든지 회의를 재개할 수 있으므로 휴회 중인 경우는 포함되지 않음
	긴급재정경제명령	긴급재정경제처분을 법률적 효력을 가진 명령으로서 뒷받침할 필요가 있는 경우에 한하여 발함

목적요건	긴급재정 경제처분	국가의 안전보장 또는 공공의 안녕질서를 유지하기 위한 소극적인 목적을 위해서만 발동함 ☑ **주의** 긴급재정경제처분 발생할 우려가 있다는 것은 × / 현실적으로 발생해야 함 ○
	긴급재정 경제명령	긴급재정경제처분을 법적으로 뒷받침할 목적으로 발함
필요성 판단		제1차적으로 대통령의 독자적 판단, 그 판단은 객관적이어야 함

② 절차적 요건: 긴급명령권과 동일

(3) 내용

긴급재정경제처분은 재정 또는 경제와 관련이 있는 사항만을 그 내용으로 할 수 있음

(4) 형식

① 긴급재정경제처분은 행정처분의 형식인 개별적·구체적 내용의 처분 또는 조치의 형식으로 함

② 긴급재정경제명령은 입법의 형식인 일반적이고 추상적인 내용의 입법조치의 형식으로 함

(5) 효력

국회의 승인을 얻지 못한 경우	그때부터 효력을 상실 ⇨ 이 경우 긴급재정경제명령에 의하여 개정 또는 폐지되었던 법률은 그 명령이 승인을 얻지 못한 때부터 당연히 효력을 회복함(헌법 제76조 제4항)
국회의 승인을 얻은 경우	긴급재정경제처분·명령이 국회가 제정한 법률과 동일한 효력을 갖게 됨

(6) 통제

① 긴급재정경제처분에 대한 통제

국회에 의한 통제	국회의 승인에 의하여 사후통제를 받음 ⇨ 국회의 승인권에는 수정승인권이 포함됨
법원 및 헌법재판소에 의한 통제	긴급재정경제처분은 국회의 승인을 얻은 경우에도 행정처분으로서의 성격을 가지므로 법원의 명령·규칙·처분의 심사대상이 됨

② 긴급재정경제명령에 대한 통제: 긴급명령의 경우와 동일

📑 **판례정리**

번호	내용	결정
1	긴급재정경제명령이 헌법소원심판의 대상이 되는지 여부: 적극 대통령의 긴급재정경제명령은 국가긴급권의 일종으로서 고도의 정치적 결단에 의하여 발동되는 행위이고 그 결단을 존중하여야 할 필요성이 있는 행위라는 의미에서 이른바 통치행위에 속한다고 할 수 있으나, 통치행위를 포함하여 모든 국가작용은 국민의 기본권적 가치를 실현하기 위한 수단이라는 한계를 반드시 지켜야 하는 것이고, 헌법재판소는 헌법의 수호와 국민의 기본권 보장을 사명으로 하는 국가기관이므로 비록 고도의 정치적 결단에 의하여 행해지는 국가작용이라고 할지라도 그것이 국민의 기본권 침해와 직접 관련되는 경우에는 당연히 헌법재판소의 심판대상이 된다(헌재 1996.2.29. 93헌마186).	기각

(7) 긴급명령과 긴급재정경제명령 비교

구분	긴급명령	긴급재정경제명령
상황적 요건	중대한 교전상태	내우·외환·천재·지변 또는 재정·경제상의 위기
목적적 요건	국가보위	국가안전보장, 공공안녕질서
시기	휴회·폐회·개회	폐회 중에만
국회집회 여부	집회가 불가능한 경우	집회를 기다릴 여유가 없는 때
제한할 수 있는 기본권	모든 기본권	경제적 기본권

4. 계엄선포권

(1) 계엄의 선포

> 헌법 제77조 ① 대통령은 전시·사변 또는 이에 준하는 국가비상사태에 있어서 병력으로써 군사상의 필요에 응하거나 공공의 안녕질서를 유지할 필요가 있을 때에는 법률이 정하는 바에 의하여 계엄을 선포할 수 있다.
> ④ 계엄을 선포한 때에는 대통령은 지체 없이 국회에 통고하여야 한다.
>
> ⓥ 주의
> 계엄은 승인을 하는 것이 아니라 국회에 통고를 해야 함
>
> 제89조 다음 사항은 국무회의의 심의를 거쳐야 한다.
> 5. 대통령의 긴급명령·긴급재정경제처분 및 명령 또는 계엄과 그 해제

대통령이 계엄을 선포하기 위해서는 국무회의의 심의를 거쳐야 하고(헌법 제89조 제5호), 계엄을 선포한 때에는 지체 없이 국회에 통고하여야 하며(헌법 제77조 제4항), 국회가 폐회 중이면 임시집회를 요구하여야 함(계엄법 제4조 제2항)

ⓥ 주의
계엄의 선포는 국회의 소집 여부와 무관함

(2) 종류와 변경

구분	비상계엄	경비계엄
상황요건	적과 교전 중이거나 행정·사법기능수행이 현저히 곤란한 경우	일반 행정기관만으로는 치안확보가 불가한 경우
계엄사령관 관장사항	모든 행정·사법 사무	군사에 관한 행정·사법 사무
영장, 언론·출판·집회·결사의 자유에 대한 특별한 조치	○	×
특정한 범죄에 대한 군사재판 단심제	○	×
국회의원의 불체포특권	폐회·회기 중 모두 현행범이 아닌 한 인정(계엄법 제13조)	

(3) 비상계엄의 효력

> 헌법 제27조 ② 군인 또는 군무원이 아닌 국민은 대한민국의 영역 안에서는 중대한 군사상 기밀·초병·초소·유독음식물공급·포로·군용물에 관한 죄 중 법률이 정한 경우와 비상계엄이 선포된 경우를 제외하고는 군사법원의 재판을 받지 아니한다.
>
> ☑ 주의
> 예외를 제외하고 기본적으로 민간인은 군사법원의 재판을 받지 아니함
>
> 제77조 ③ 비상계엄이 선포된 때에는 법률이 정하는 바에 의하여 영장제도, 언론·출판·집회·결사의 자유, 정부나 법원의 권한에 관하여 특별한 조치를 할 수 있다.
>
> ☑ 주의
> 정부나 법원의 권한만 해당함. 국회의 권한 ×
>
> 제110조 ④ 비상계엄하의 군사재판은 군인·군무원의 범죄나 군사에 관한 간첩죄의 경우와 초병·초소·유독음식물공급·포로에 관한 죄 중 법률이 정한 경우에 한하여 단심으로 할 수 있다. 다만, 사형을 선고한 경우에는 그러하지 아니하다.
>
> 계엄법 제7조【계엄사령관의 관장사항】 ① 비상계엄의 선포와 동시에 계엄사령관은 계엄지역의 모든 행정사무와 사법사무를 관장한다.

행정사무·사법사무에 대한 특별조치	비상계엄이 선포된 때 정부나 법원의 권한에 관하여 특별한 조치를 할 수 있음(국회나 헌법재판소는 ×) ⇨ 다만, 계엄법 제7조 제1항에서 말하는 사법사무는 민·형사재판을 제외한 사법행정사무(사법경찰·검찰·형집행)만 의미함(다수설)
기본권에 대한 특별조치	• 헌법은 "비상계엄이 선포된 때에는 법률이 정하는 바에 의하여 영장제도, 언론·출판·집회·결사의 자유 ··· 에 관하여 특별한 조치를 할 수 있다."라고 규정함 • 그러나 계엄법 제9조는 "비상계엄지역에서 계엄사령관은 군사상 필요한 때에는 체포·구금·압수·수색·거주·이전·언론·출판·집회·결사 또는 단체행동에 대하여 특별한 조치를 할 수 있다."라고 규정함
비상계엄시 영장주의가 적용되는지 여부	영장주의에 제한을 가할 수는 있으나 법관에 의한 영장제도 자체는 정지될 수 없음 ☑ 주의 영장주의를 완전히 배제하는 특별한 조치를 비상계엄에 준하는 국가비상사태에 있어서도 가급적 회피하여야 할 것이고, 설사 그러한 조치가 허용된다고 하더라도 지극히 한시적으로 이루어져야 할 것이며, 영장 없이 이루어진 수사기관의 강제처분에 대하여는 조속한 시간 내에 법관에 의한 사후심사가 이루어질 수 있는 장치가 마련되어야 함(헌재 2013.3.21. 2010헌바132)

(4) 해제

> 헌법 제77조 ⑤ 국회가 재적의원 과반수의 찬성으로 계엄의 해제를 요구한 때에는 대통령은 이를 해제하여야 한다.
>
> ☑ 주의 비상계엄
> 국회 승인 × / 국회 통고 ○(국회가 해제를 요구하면 반드시 해제해야 함)
>
> 제89조 다음 사항은 국무회의의 심의를 거쳐야 한다.
>   5. 대통령의 긴급명령·긴급재정경제처분 및 명령 또는 계엄과 그 해제
>
> 계엄법 제12조【행정·사법 사무의 평상화】 ① 계엄이 해제된 날부터 모든 행정사무와 사법사무는 평상상태로 복귀한다.

② 비상계엄 시행 중 제10조에 따라 군사법원에 계속 중인 재판사건의 관할은 비상계엄 해제와 동시에 일반법원에 속한다. 다만, 대통령이 필요하다고 인정할 때에는 군사법원의 재판권을 <u>1개월의 범위에서</u> 연기할 수 있다.

✔ **주의**

군사법원의 재판권은 1개월의 범위에서 연기 가능 ○ / 3개월 ×

(5) 통제

국회에 의한 통제	재적의원 과반수의 찬성으로 계엄의 해제를 요구할 수 있고 대통령이 이에 불응하면 탄핵소추의 사유가 됨 ⇨ 계엄선포가 있더라도 국회의 활동은 가능하므로 입법과 국정감사·조사, 국무총리와 국무위원에 대한 출석요구 및 해임건의권 등으로 계엄통제가 가능
법원에 의한 통제	판례는 법원이 계엄의 선포요건의 구비 여부나 선포의 당·부당을 심사하는 것은 사법권의 내재적인 본질적 한계를 넘는 것이어서 적절하지 못하다고 함(대판 1981.9.22. 81도1833) ✔ **주의** 다만, 계엄당국의 포고령, 처분 등 개별적인 행위에 대해서는 사법심사가 가능하다는 것이 지배적인 견해임
헌법재판소에 의한 통제	계엄선포나 계엄에 의한 특별 조치로 기본권이 침해된 경우에는 헌법소원심판을 통한 권리구제가 가능함

5. 국민투표부의권

헌법 제72조 대통령은 필요하다고 인정할 때에는 외교·국방·통일 기타 국가안위에 관한 중요정책을 국민투표에 부칠 수 있다.

📋 **판례정리**

번호	내용	결정
1	국민에게 특정의 국가정책에 관하여 국민투표에 회부할 것을 요구할 권리가 인정되는지 여부: **소극** (헌재 2005.11.24. 2005헌마579)	각하
2	대통령의 신임을 묻는 국민투표제안이 헌법 제72조에 위반되는지 여부: **적극** (헌재 2004.5.14. 2004헌나1) ✔ **주의** 헌법 제72조에 위반 ○ / 헌법 제130조(헌법개정할 때의 국민투표)에 위반 ×	기각
3	대통령의 신임을 묻는 국민투표제안이 헌법소원의 대상이 되는지 여부: **소극** 이 사건 심판의 대상이 된 피청구인(대통령)의 발언만으로는 국민투표의 실시에 관하여 법적인 구속력 있는 결정이나 조치가 취해진 것이라 할 수 없으며, 그로 인하여 국민들의 법적 지위에 어떠한 영향을 미친다고 볼 수도 없다. 그렇다면 … 헌법소원의 대상이 되는 '공권력의 행사'라고 할 수는 없다(헌재 2003.11.27. 2003헌마694).	각하

6. 헌법기관구성에 관한 권한

(1) 대법원구성권

> 헌법 제104조 ① 대법원장은 국회의 동의를 얻어 대통령이 임명한다.
> ② 대법관은 대법원장의 제청으로 국회의 동의를 얻어 대통령이 임명한다.

(2) 헌법재판소구성권

> 헌법 제111조 ② 헌법재판소는 법관의 자격을 가진 9인의 재판관으로 구성하며, 재판관은 대통령이 임명한다.
> ③ 제2항의 재판관 중 3인은 국회에서 선출하는 자를, 3인은 대법원장이 지명하는 자를 임명한다.
> ④ 헌법재판소의 장은 국회의 동의를 얻어 재판관 중에서 대통령이 임명한다.
>
> ⓒ 주의
> • 헌법재판소 9인 모두 종국적으로는 대통령이 임명
> • 국회의 동의는 헌법재판소장만 요함

(3) 중앙선거관리위원회구성권

> 헌법 제114조 ① 선거와 국민투표의 공정한 관리 및 정당에 관한 사무를 처리하기 위하여 선거관리위원회를 둔다.
> ② 중앙선거관리위원회는 대통령이 임명하는 3인, 국회에서 선출하는 3인과 대법원장이 지명하는 3인의 위원으로 구성한다. 위원장은 위원 중에서 호선한다.
>
> ⓒ 주의
> • 중앙선거관리위원회 위원장은 호선하므로 국회 동의 ✕
> • 중앙선거관리위원회 구성원 전원을 대통령이 임명하는 것은 아님

(4) 감사원구성권

> 헌법 제98조 ② 원장은 국회의 동의를 얻어 대통령이 임명하고, 그 임기는 4년으로 하며, 1차에 한하여 중임할 수 있다.
> ③ 감사위원은 원장의 제청으로 대통령이 임명하고, 그 임기는 4년으로 하며, 1차에 한하여 중임할 수 있다.
>
> **선생님 tip** 감사원 감사위원 임기: 감, 4년, 1차중임 ⇨ 감4중(감사중)

7. 대통령의 집행에 관한 권한

(1) 집행에 관한 최고결정권 · 지휘권

(2) 법률집행권

필요한 경우에는 위임명령과 집행명령을 발할 수 있음(헌법 제75조)

(3) 국가의 대표 및 외교에 관한 권한

> 헌법 제73조 대통령은 조약을 체결 · 비준하고, 외교사절을 신임 · 접수 또는 파견하며, 선전포고와 강화를 한다.
> 제60조 ② 국회는 선전포고, 국군의 외국에의 파견 또는 외국군대의 대한민국영역 안에서의 주류에 대한 동의권을 가진다.

① 조약체결권(헌법 제73조)

② 외교사절의 파견·접수권(헌법 제73조)

③ 선전포고·강화권(헌법 제73조)

④ 국군의 해외파견권(헌법 제60조 제2항)

⑤ 외국군대의 국내 주류허가권(헌법 제60조 제2항)

(4) 정부구성권과 공무원 임명권

> 헌법 제86조 ① 국무총리는 국회의 동의를 얻어 대통령이 임명한다.
>
> 제87조 ① 국무위원은 국무총리의 제청으로 대통령이 임명한다.
>
> 제94조 행정각부의 장은 국무위원 중에서 국무총리의 제청으로 대통령이 임명한다.
>
> **☑ 주의**
> - 행정각부의 장은 국무위원이다. ○
> - 국무위원은 행정각부의 장이다. ×
>
> 제78조 대통령은 헌법과 법률이 정하는 바에 의하여 공무원을 임면한다.

① 행정부구성권(헌법 제86조 제1항, 제87조 제1항, 제94조)

② 공무원 임면권(헌법 제78조)

(5) 국군통수권

> 헌법 제74조 ① 대통령은 헌법과 법률이 정하는 바에 의하여 국군을 통수한다.

(6) 재정에 관한 권한

재정은 국민의 대표기관인 국회의 통제를 받게 됨

> 헌법 제54조 ① 국회는 국가의 예산안을 심의·확정한다.
> ② 정부는 회계연도마다 예산안을 편성하여 회계연도 개시 90일 전까지 국회에 제출하고, 국회는 회계연도 개시 30일 전까지 이를 의결하여야 한다.
>
> **☑ 비교**
> - 정부의 예산안 제출은 90일 전 / 국회의 예산안 의결은 30일 전
> - 국가재정법: 정부의 예산안 제출은 회계연도 개시 120일 전까지
>
> ③ 새로운 회계연도가 개시될 때까지 예산안이 의결되지 못한 때에는 정부는 국회에서 예산안이 의결될 때까지 다음의 목적을 위한 경비는 전년도 예산에 준하여 집행할 수 있다.
> 1. 헌법이나 법률에 의하여 설치된 기관 또는 시설의 유지·운영
> 2. 법률상 지출의무의 이행
> 3. 이미 예산으로 승인된 사업의 계속
>
> **☑ 주의**
> 준예산 집행 사안을 헌법에 명시
>
> 제55조 ① 한 회계연도를 넘어 계속하여 지출할 필요가 있을 때에는 정부는 연한을 정하여 계속비로서 국회의 의결을 얻어야 한다.
> ② 예비비는 총액으로 국회의 의결을 얻어야 한다. 예비비의 지출은 차기 국회의 승인을 얻어야 한다.

제56조 <u>정부</u>는 예산에 변경을 가할 필요가 있을 때에는 추가경정예산안을 편성하여 국회에 제출할 수 있다.

제58조 국채를 모집하거나 예산 외에 국가의 부담이 될 계약을 체결하려 할 때에는 <u>정부</u>는 미리 국회의 의결을 얻어야 한다.

(7) 영전수여권

헌법 제80조 대통령은 법률이 정하는 바에 의하여 훈장 기타의 영전을 수여한다.

8. 국회와 입법에 관한 권한

(1) 국회에 관한 권한

① 임시회의 소집요구권

헌법 제47조 ① 국회의 정기회는 법률이 정하는 바에 의하여 매년 1회 집회되며, 국회의 임시회는 대통령 또는 국회재적의원 4분의 1 이상의 요구에 의하여 집회된다.
　③ 대통령이 임시회의 집회를 요구할 때에는 기간과 집회요구의 이유를 명시하여야 한다.

제89조 다음 사항은 국무회의의 심의를 거쳐야 한다.
　7. 국회의 <u>임시회</u>집회의 요구

　✔ **주의**
　국회의 정기회집회는 당연하게 모이는 것으로 국무회의 심의사항이 아님

대통령이 긴급명령 또는 긴급재정경제처분·명령을 발하거나 계엄을 선포한 경우에 국회가 휴회·폐회 중이면, 국회에 보고 또는 통고하기 위하여 국회임시회의 소집을 요구하여야 함

② 국회출석·발언권

헌법 제81조 대통령은 국회에 출석하여 발언하거나 서한으로 의견을 표시할 수 있다.

국회가 대통령에 대해서 출석·답변을 요구할 수는 없음. 즉, 국회출석·발언권은 대통령의 권한일 뿐 의무는 아님

(2) 헌법개정에 관한 권한

헌법 제128조 ① 헌법개정은 <u>국회재적의원 과반수 또는 대통령의 발의</u>로 제안된다.

제129조 제안된 헌법개정안은 <u>대통령이 20일 이상의 기간</u> 이를 공고하여야 한다.

　✔ **주의**
　• 국민적 합의를 도출하기 위해 20일 이상 공고
　• 이를 무시한 개헌: 1차개헌(발췌개헌)

제130조 ③ 헌법개정안이 제2항의 <u>찬성을 얻은 때</u>에는 <u>헌법개정은 확정</u>되며, <u>대통령은 즉시 이를 공포</u>하여야 한다.

(3) 법률제정에 관한 권한

① 법률안제출권

> 헌법 제52조 국회의원과 정부는 법률안을 제출할 수 있다.
>
> ⊘ **주의**
> 헌법 개정안 발의는 국회의원 또는 대통령
>
> 제89조 다음 사항은 국무회의의 심의를 거쳐야 한다.
> 3. 헌법개정안·국민투표안·조약안·법률안 및 대통령령안

② 법률안거부권

> 헌법 제53조 ① 국회에서 의결된 법률안은 정부에 이송되어 15일 이내에 대통령이 공포한다.
>
> ⊘ **주의**
> 공포하지 않고 15일이 넘어가면 효력은 발생하나 이러한 경우에도 공포는 필요함
>
> ⊘ **비교**
> • 국회의 법률안: 15일 이내 대통령 공포
> • 지방의회의 조례안: 20일 이내 지방자치단체의 장이 공포
>
> ② 법률안에 이의가 있을 때에는 대통령은 제1항의 기간 내에 이의서를 붙여 국회로 환부하고, 그 재의를 요구할 수 있다. 국회의 폐회 중에도 또한 같다.
>
> ⊘ **주의**
> 제1항의 기간 = 15일
>
> ③ 대통령은 법률안의 일부에 대하여 또는 법률안을 수정하여 재의를 요구할 수 없다.
> ④ 재의의 요구가 있을 때에는 국회는 재의에 붙이고, 재적의원 과반수의 출석과 출석의원 3분의 2 이상의 찬성으로 전과 같은 의결을 하면 그 법률안은 법률로서 확정된다.
>
> **선생님 tip** 재과출삼
>
> ⑤ 대통령이 제1항의 기간 내에 공포나 재의의 요구를 하지 아니한 때에도 그 법률안은 법률로서 확정된다.
> ⑥ 대통령은 제4항과 제5항의 규정에 의하여 확정된 법률을 지체 없이 공포하여야 한다. 제5항에 의하여 법률이 확정된 후 또는 제4항에 의한 확정법률이 정부에 이송된 후 5일 이내에 대통령이 공포하지 아니할 때에는 국회의장이 이를 공포한다.
>
> ⊘ **주의**
> 국회의장 ○ / 국무총리 ×

법적 성격	국회가 재의결하기까지 법률확정을 정지시키는 소극적인 조건부정지권의 성격을 가짐(통설) ⇨ 따라서 국회의 재의결 전에 대통령은 언제든지 재의요구를 철회할 수 있음
실질적 요건	헌법에 규정은 없으나 ㉠ 법률안이 헌법에 위반된다고 판단되는 경우, ㉡ 법률안의 집행이 불가능한 경우, ㉢ 법률안이 국가적 이익에 반하는 것을 내용으로 하는 경우, ㉣ 법률안이 행정부에 대한 부당한 정치적 공세를 내용으로 하는 경우 등 정당한 이유가 있는 경우에 한하여 행사할 수 있음 ⇨ 정당한 이유 없이 법률안거부권을 남용하면 탄핵소추의 사유가 됨
유형	반드시 환부 거부 ⊘ **주의** 우리나라는 보류 거부가 인정되지 않음

(4) 행정입법에 관한 권한

> 헌법 제75조 대통령은 법률에서 구체적으로 범위를 정하여 <u>위임</u>받은 사항과 법률을 <u>집행</u>하기 위하여 필요한 사항에 관하여 대통령령을 발할 수 있다.

① 행정입법의 유형

㉠ 법규명령

의의	행정기관이 헌법에 근거하여 국민의 권리·의무에 관한 사항(법규사항)을 규정하는 것으로 대외적·일반적 구속력을 가짐
종류	발령기관을 기준으로 대통령령·총리령·부령으로, 그 내용을 기준으로 위임명령과 집행명령으로 분류함
예	대통령령(헌법 제75조), 총리령과 부령(헌법 제95조), 대법원규칙(헌법 제108조), 헌법재판소규칙(헌법 제113조 제2항), 중앙선거관리위원회규칙(헌법 제114조 제2항)

㉡ 행정명령(행정규칙)

원칙	행정기관이 헌법상 근거를 필요로 하지 아니하고, 일반 국민의 권리·의무와 직접 관계가 없는 비법규사항을 규정하는 것으로 행정청 내부의 사무처리 준칙에 불과하여 대외적·일반적 구속력을 가지지 않음
예외	• 행정규칙이더라도 상위법령의 위임에 따라 상위법령의 시행에 필요한 구체적 사항을 정하였을 때에는 대외적 구속력을 가짐(= 법령보충적 행정규칙) • '법령보충적 행정규칙'이라도 그 자체로서 직접적으로 대외적인 구속력을 갖는 것은 아님 즉, 상위법령과 결합하여 일체가 되는 한도 내에서 대외적 구속력이 발생되는 것일 뿐임(헌재 2004.10.28. 99헌바91)

㉢ 법규명령과 행정명령 비교

구분	법규명령	행정명령
헌법상 근거	필요	불필요
대상	국민의 권리·의무와 관계있는 사항(법규사항)	국민의 권리·의무와 관계없는 사항
대국민적 구속력	있음	없음

㉣ 위임명령

성질	• 위임한 법률에 종속(법률에의 종속성) • 따라서 모법에 위반되는 사항을 규정할 수 없으며, 모법이 개정되거나 폐지되면 그에 따라 개정되거나 폐지됨 • 다만, 모법이 위임한 범위 안에서 새로운 입법사항에 관하여 규정할 수 있음 ⊘ 주의 집행명령은 위임명령과 달리 새로운 입법사항에 관하여 규정 불가
위임의 형식 (포괄적 위임입법 금지의 원칙)	일반적·포괄적 위임을 하는 것은 백지위임과 다를 것이 없으며 국회입법의 원칙에 정면으로 위배되어 허용될 수 없음 ⊘ 주의 개별적·구체적 위임의 형식만을 인정하고 있음(통설)

- 재위임의 가부: 위임받은 사항에 관하여 대강을 정하고 그 중 특수한 사항에 대하여 범위를 정하여 하위명령에 위임하는 것은 가능함
- 국회전속 입법사항의 위임의 가부: 원칙적으로 허용될 수 없으며, 부득이한 경우에 엄격한 요건하에서 가능 ⇨ 국회의 전속적 입법사항의 예로는 국적취득의 요건(제2조 제1항), 조세의 종목과 세율(제59조), 지방자치단체의 종류(제117조 제2항) 등이 있음
- 처벌규정의 위임: 죄형법정주의의 원칙에 따라 처벌에 관한 사항은 원칙적으로 법률로 정하여야 함 ⇨ 그러나 부득이한 경우, 처벌법규도 위임이 가능

위임의 범위와 한계 (위 표의 행 제목)

◎ 집행명령

의의	헌법에 근거하여 법률의 범위 내에서 법률의 실시에 관한 세부적·기술적 사항을 규율하기 위하여 발하는 명령을 의미함
성질	• 행정기관과 국민을 다같이 구속하는 대외적·일반적 구속력을 가지는 법규로서의 성질을 가지며, 모법에 종속함(법률에의 종속성) • 따라서 집행명령으로 모법을 변경하거나 보충할 수가 없으며, 모법에 규정이 없는 새로운 입법사항을 규정할 수도 없고, 모법이 변경되거나 소멸된 경우에는 집행명령의 효력도 변경되거나 소멸됨
한계	국민의 권리·의무를 규정할 수 없음

◎ 위임명령과 집행명령 비교

구분	위임명령	집행명령
의의	헌법에 근거(제75조 전단)하여 법률의 위임에 따라 발하는 명령	헌법에 근거(제75조 후단)하여 법률을 집행하는 데 필요한 세칙을 정하는 명령
성질	모법에 위반 불가(법률에의 종속성)	모법의 변경 불가(법률에의 종속성)
한계	법률이 위임한 범위 내에서는 새로운 입법사항 규정가능	모법에 규정이 없는 새로운 입법사항 규정불가

📑 판례정리

번호	내용	결정
1	헌법이 인정하고 있는 위임입법의 형식이 예시적인 것인지 여부: 적극 (헌재 2004.10.28. 99헌바91)	합헌
2	영화진흥법이 제한상영가등급분류의 구체적 기준을 영상물등급위원회의 규정에 위임하는 것이 포괄위임입법금지원칙에 위배되는지 여부: 적극 (헌재 2008.7.31. 2007헌가4) ⊘ 주의 제한상영가등급분류는 위헌 결정이 내려졌으나, 검열에 속하지는 않음	헌법불합치
3	법률이 자치적인 사항을 '정관'에 위임할 경우 헌법상의 포괄위임입법금지원칙이 적용되는지 여부: 소극 (헌재 2001.4.26. 2000헌마122)	기각
4	'정관'의 제정주체가 행정부인 경우에 포괄위임금지원칙이 적용되는지 여부: 적극 (헌재 2001.4.26. 2000헌마122)	기각

5	위임입법이 대법원규칙인 경우에도 포괄위임금지원칙을 준수하여야 하는지 여부: 적극 (헌재 2016.6.30. 2013헌바370)	합헌
6	"영업의 위생관리와 질서유지, 국민의 보건위생 증진"을 위하여 지켜야 할 사항을 총리령으로 위임한 부분이 포괄위임금지원칙에 위배되는지 여부: 적극 (헌재 2016.11.24. 2014헌가6)	위헌
7	제1종 특수면허 없이 자동차를 운전한 경우 무면허운전죄로 처벌하면서 제1종 특수면허로 운전할 수 있는 차의 종류를 행정안전부령에 위임하고 있는 도로교통법 관련 부분이 포괄위임금지원칙에 위반되는지 여부: 소극 (헌재 2005.1.29. 2013헌바173)	합헌
8	공공기관에 의한 입찰참가자격의 제한기준 등을 기획재정부령으로 위임한 것이 포괄위임금지원칙에 위배되는지 여부: 소극 (헌재 2017.8.31. 2015헌바388)	합헌
9	식품의약품안전처장이 고시하는 축산물가공방법의 기준을 위반한 자를 처벌하도록 규정하여, 형벌의 구성요건 일부를 헌법상 열거된 법규명령이 아닌 식품의약품안전처고시로 정하도록 위임한 것이 위헌인지 여부: 소극 (헌재 2017.9.28. 2016헌바140)	합헌
10	부당한 공동행위에 대한 자진신고자 또는 조사협조자에 대하여 과징금을 감경하거나 면제함에 있어서, 과징금이 감경 또는 면제되는 자의 범위와 감경 또는 면제의 기준·정도 등을 대통령령에 위임하고 있는 구 '독점규제 및 공정거래에 관한 법률' 제22조의2 제3항 중 '제1항의 규정에 의하여 과징금이 감경 또는 면제되는 자의 범위와 과징금의 감경 또는 면제의 기준·정도 등을 대통령령으로 정하도록 한 부분이 법률유보원칙 및 포괄위임금지원칙에 위반되는지 여부: 소극 (헌재 2017.10.26. 2017헌바58)	합헌
11	화약류관리보안책임자가 수행하여야 할 안전상의 감독업무를 대통령령에 위임하는 구 '총포·도검·화약류 등 단속법 제31조 제1항 중 화약류관리보안책임자에 관한 부분 등이 포괄위임금지원칙에 위배되는지 여부: 소극 (헌재 2017.11.30. 2016헌바245)	합헌
12	산재보험 적용제외사업의 범위를 대통령령에 위임하는 산업재해보상보험법 제6조 단서가 포괄위임금지원칙에 위배되는지 여부: 소극 (헌재 2018.1.25. 2016헌바466)	합헌
13	'대통령령으로 정하는 고급주택'에 대해서 중과세대상으로 한 것이 포괄위임입법금지원칙에 위배되는지 여부: 적극 (헌재 1999.1.28. 98헌가17)	위헌
14	"고급오락장용 건축물의 구분과 한계는 대통령령으로 정한다."고 하여 위임한 것이 포괄위임입법금지원칙에 위배되는지 여부: 적극 (헌재 1999.3.25. 98헌가11)	위헌
15	'대통령령으로 정하는 이율에 의한다.'고 규정한 소송촉진 등에 관한 특례법 제3조 제1항이 포괄위임금지원칙에 위배되는지 여부: 적극 (헌재 2003.4.24. 2002헌가15)	위헌
16	업종의 분류를 통계청장이 고시하는 한국표준산업분류에 의하도록 한 구 조세특례제한법 제2조 제3항이 조세법률주의 및 포괄위임금지원칙에 위배되는지 여부: 소극 (헌재 2014.7.24. 2013헌바183)	합헌
17	법률이 자치적인 사항을 공법적 단체의 정관으로 정하도록 위임한 경우 헌법 제75조, 제95조의 포괄위임금지원칙이 적용되는지 여부: 소극 (헌재 2006.3.20. 2005헌바31)	합헌

18	"노동부장관은 거짓이나 그 밖의 부정한 방법으로 이 장의 규정에 따른 고용안정·직업능력개발 사업의 지원을 받은 자 또는 받으려는 자에게 대통령령으로 정하는 바에 따라 그 지원을 제한하거나 이미 지원된 것의 반환을 명할 수 있다."라고 규정한 구 고용보험법 제35조 제1항이 포괄위임금지원칙에 위반되는지 여부: **적극** (헌재 2013.8.29. 2011헌바390)	위헌
19	의료기기 판매업자의 의료기기법 위반행위 등에 대하여 보건복지가족부령이 정하는 기간 이내의 범위에서 업무정지를 명할 수 있도록 규정한 의료기기법 제32조 제1항 부분이 헌법 제75조의 포괄위임금지원칙에 위배되는지 여부: **적극** (헌재 2011.9.29. 2010헌가93)	위헌
20	자산의 양도차익을 계산함에 있어서 그 취득시기 및 양도시기를 대통령령으로 정하도록 규정한 구 소득세법 제98조가 조세법률주의 및 포괄위임입법금지원칙에 위배되는지 여부: **소극** (헌재 2015.7.30. 2013헌바204)	합헌
21	'튜닝'의 구체적 행위 태양에 대하여 국토교통부령에 위임한 것이 포괄위임금지원칙에 위배되는지 여부: **소극** (헌재 2019.11.28. 2017헌가23)	합헌
22	의료보험요양기관지정취소에 관하여 규정하고 있는 구 공무원 및 사립학교교직원의료보험법 제34조 제1항이 헌법 제75조, 제95조 등에 위반되는지 여부: **적극** (헌재 2002.6.27. 2001헌가30)	위헌
23	국가를 당사자로 하는 계약에 관한 법률 제27조 제1항 중 '입찰참가자격의 제한기간을 대통령이 정하는 일정 기간으로 규정하고 있는 부분'이 명확성의 원칙에 위배되는지 여부: **적극** (헌재 2005.6.30. 2005헌가1)	헌법불합치
24	언론인의 선거운동을 금지하고 위반시 처벌하도록 규정한 구 공직선거법 규정에서 '언론인'이 포괄금지원칙에 위배되는지 여부: **적극** (헌재 2016.6.30. 2013헌가1)	위헌
25	대통령령이 정하는 경우가 아닌 한 누구든지 전기통신사업자가 제공하는 전기통신역무를 이용하여 타인의 통신을 매개하거나 타인의 통신용에 제공한 자를 형사처벌하도록 한 구 전기통신사업법이 명확성의 원칙에 위배되어 위법한지 여부: **적극** (헌재 2002.5.30. 2001헌바5)	위헌
26	'자동차운전 전문학원을 졸업하고 운전면허를 받은 사람 중 교통사고를 일으킨 비율이 대통령령이 정하는 비율을 초과하는 때'에 학원의 등록을 취소하거나 1년 이내에 운영 정지를 명할 수 있도록 한 도로교통법의 '교통사고' 부분이 포괄위임원칙에 위배되는지 여부: **적극** (헌재 2005.7.21. 2004헌가30)	위헌
27	처벌법규의 위임은 특히 긴급한 필요가 있거나 미리 법률로써 자세히 정할 수 없는 부득이한 사정이 있는 경우에 한정되어야 하고 법률에서 범죄의 구성요건은 처벌대상인 행위가 어떠한 것일 거라고 이를 예측할 수 있을 정도로 구체적으로 정하고 형벌의 종류 및 그 상한과 폭을 명백히 규정하여야 한다(헌재 1997.9.25. 96헌가16).	위헌
28	특히 처벌법규나 조세법규와 같이 국민의 기본권을 직접적으로 제한하거나 침해할 소지가 있는 법규에서는 구체성·명확성의 요구가 강화되어 그 위임의 요건과 범위가 일반적인 급부행정의 경우보다 더 엄격하게 제한적으로 규정되어야 한다(헌재 1996.6.26. 93헌바2).	합헌

② 행정입법의 통제
　　㉠ 행정부의 자율적 통제(행정입법의 적정성 도모)
　　　　ⓐ 대통령령의 제정의 경우 국무회의의 심의제도(헌법 제89조 제3호)
　　　　ⓑ 대통령령의 공포의 경우 국무총리와 관계국무위원의 부서(헌법 제82조)
　　　　ⓒ 하급행정청의 행정입법의 경우 상급행정청의 지휘·감독권의 행사
　　　　ⓓ 법제처의 각 원·부·처에서 국무회의에 상정할 모든 법령안의 심사
　　　　ⓔ 행정입법의 제정의 경우 입법예고·공청회의 개최 등
　　㉡ 국회에 의한 통제

> **국회법 제98조의2 【대통령령 등의 제출 등】** ① 중앙행정기관의 장은 법률에서 위임한 사항이나 법률을 집행하기 위하여 필요한 사항을 규정한 대통령령·총리령·부령·훈령·예규·고시 등이 제정·개정 또는 폐지되었을 때에는 10일 이내에 이를 국회 소관 상임위원회에 제출하여야 한다. 다만, 대통령령의 경우에는 입법예고를 할 때(입법예고를 생략하는 경우에는 법제처장에게 심사를 요청할 때를 말한다)에도 그 입법예고안을 10일 이내에 제출하여야 한다.
>
> **☑ 주의**
> 대통령령의 경우에만 입법예고시에도 10일 이내 제출(나머지는 제정, 개정 폐지만)
>
> ③ 상임위원회는 위원회 또는 상설소위원회를 정기적으로 개회하여 그 소관 중앙행정기관이 제출한 대통령령·총리령 및 부령(이하 이 조에서 "대통령령 등"이라 한다)의 법률 위반 여부 등을 검토하여야 한다.
>
> ④ 상임위원회는 제3항에 따른 검토 결과 대통령령 또는 총리령이 법률의 취지 또는 내용에 합치되지 아니한다고 판단되는 경우에는 검토의 경과와 처리 의견 등을 기재한 검토결과보고서를 의장에게 제출하여야 한다.
>
> **☑ 주의**
> 제3항에는 부령이 속하나, 제4항에는 부령이 속하지 않음
>
> ⑤ 의장은 제4항에 따라 제출된 검토결과보고서를 본회의에 보고하고, 국회는 본회의 의결로 이를 처리하고 정부에 송부한다.
>
> ⑥ 정부는 제5항에 따라 송부받은 검토결과에 대한 처리 여부를 검토하고 그 처리결과(송부받은 검토결과에 따르지 못하는 경우 그 사유를 포함한다)를 국회에 제출하여야 한다.
>
> ⑦ 상임위원회는 제3항에 따른 검토 결과 부령이 법률의 취지 또는 내용에 합치되지 아니한다고 판단되는 경우에는 소관 중앙행정기관의 장에게 그 내용을 통보할 수 있다.
>
> ⑧ 제7항에 따라 검토내용을 통보받은 중앙행정기관의 장은 통보받은 내용에 대한 처리 계획과 그 결과를 지체 없이 소관 상임위원회에 보고하여야 한다.
>
> **☑ 비교**
> • 대통령령, 총리령: 상임위 ⇨ 의장 ⇨ 본회의 의결 ⇨ 정부송부 ⇨ 국회 보고
> • 부령: 상임위 ⇨ 중앙행정기관장 ⇨ 소관 상임위 보고

직접적 통제방법	• 행정입법의 제정에 국회의 동의를 필요로 하는 것 • 법률을 제정·개정함으로써 유효하게 성립한 행정입법의 효력을 소멸시키는 것
간접적 통제방법	• 위법·부당한 행정입법에 대한 국정감사·조사(헌법 제61조) • 국회에서의 국무총리 등에 대한 질문(헌법 제62조) • 국무총리·국무위원의 해임건의(헌법 제63조) • 탄핵소추(헌법 제65조) 등

© 법원에 의한 통제: 헌법 제107조의 명령·규칙심사권에 의하여 행정입법을 통제할 수 있으며, 이때의 명령·규칙은 법규명령을 의미(통설·판례)

② 헌법재판소에 의한 통제: 법규명령의 위헌 여부에 대해서도 심사할 수 있음(헌재 1990.10.15. 89헌마178)

⑩ 국민에 의한 통제: 행정절차법에는 입법예고제와 청문·공청회절차를 규정하고 있음

9. 사법에 관한 권한

(1) 사면권

> **헌법 제79조** ① 대통령은 법률이 정하는 바에 의하여 사면·감형 또는 복권을 명할 수 있다.
> ② 일반사면을 명하려면 국회의 동의를 얻어야 한다.
> ③ 사면·감형 및 복권에 관한 사항은 법률로 정한다.
>
> ✓ **주의**
> • 일반사면: 국회의 동의 ○
> • 특별사면: 국회의 동의 ✕
>
> **사면법 제1조【목적】** 이 법은 사면(赦免), 감형(減刑) 및 복권(復權)에 관한 사항을 규정한다.
>
> **제2조【사면의 종류】** 사면은 일반사면과 특별사면으로 구분한다.
>
> **제3조【사면 등의 대상】** 사면, 감형 및 복권의 대상은 다음 각 호와 같다.
> 1. 일반사면: 죄를 범한 자
> 2. 특별사면 및 감형: 형을 선고받은 자
> 3. 복권: 형의 선고로 인하여 법령에 따른 자격이 상실되거나 정지된 자
>
> **제4조【사면규정의 준용】** 행정법규 위반에 대한 범칙(犯則) 또는 과벌(科罰)의 면제와 징계법규에 따른 징계 또는 징벌의 면제에 관하여는 이 법의 사면에 관한 규정을 준용한다.
>
> **제5조【사면 등의 효과】** ① 사면, 감형 및 복권의 효과는 다음 각 호와 같다.
> 1. 일반사면: 형선고의 효력이 상실되며, 형을 선고받지 아니한 자에 대하여는 공소권(公訴權)이 상실된다. 다만, 특별한 규정이 있을 때에는 예외로 한다.
> 2. 특별사면: 형의 집행이 면제된다. 다만, 특별한 사정이 있을 때에는 이후 형 선고의 효력을 상실하게 할 수 있다.
>
> ✓ **주의**
> 형 선고의 효력을 상실하게 하는 사면도 존재한다는 것을 알아두기(예 집행유예자 특별사면)
> 3. 일반(一般)에 대한 감형: 특별한 규정이 없는 경우에는 형을 변경한다.
> 4. 특정한 자에 대한 감형: 형의 집행을 경감한다. 다만, 특별한 사정이 있을 때에는 형을 변경할 수 있다.
> 5. 복권: 형 선고의 효력으로 인하여 상실되거나 정지된 자격을 회복한다.
> ② 형의 선고에 따른 기성(旣成)의 효과는 사면, 감형 및 복권으로 인하여 변경되지 아니한다.
>
> **제6조【복권의 제한】** 복권은 형의 집행이 끝나지 아니한 자 또는 집행이 면제되지 아니한 자에 대하여는 하지 아니한다.
>
> **제7조【집행유예를 선고받은 자에 대한 사면 등】** 형의 집행유예를 선고받은 자에 대하여는 형 선고의 효력을 상실하게 하는 특별사면 또는 형을 변경하는 감형을 하거나 그 유예기간을 단축할 수 있다.
>
> **제8조【일반사면 등의 실시】** 일반사면, 죄 또는 형의 종류를 정하여 하는 감형 및 일반에 대한 복권은 대통령령으로 한다. 이 경우 일반사면은 죄의 종류를 정하여 한다.

제9조【특별사면 등의 실시】특별사면, 특정한 자에 대한 감형 및 복권은 대통령이 한다.

✓ 비교
- 제8조: 대통령령으로 함
- 제9조: 대통령이 함

제10조【특별사면 등의 상신】① 법무부장관은 대통령에게 특별사면, 특정한 자에 대한 감형 및 복권을 상신(上申)한다.

② 법무부장관은 제1항에 따라 특별사면, 특정한 자에 대한 감형 및 복권을 상신할 때에는 제10조의2에 따른 사면심사위원회의 심사를 거쳐야 한다.

제10조의2【사면심사위원회】① 제10조 제1항에 따른 특별사면, 특정한 자에 대한 감형 및 복권상신의 적정성을 심사하기 위하여 법무부장관 소속으로 사면심사위원회를 둔다.

② 사면심사위원회는 위원장 1명을 포함한 9명의 위원으로 구성한다.

③ 위원장은 법무부장관이 되고, 위원은 법무부장관이 임명하거나 위촉하되, 공무원이 아닌 위원을 4명 이상 위촉하여야 한다.

선생님 tip 공무원이 아닌 위원은 4명 (4면심사위원회)

④ 공무원이 아닌 위원의 임기는 2년으로 하며, 한 차례만 연임할 수 있다.

제11조【특별사면 등 상신의 신청】검찰총장은 직권으로 또는 형의 집행을 지휘한 검찰청 검사의 보고 또는 수형자가 수감되어 있는 교정시설의 장의 보고에 의하여 법무부장관에게 특별사면 또는 특정한 자에 대한 감형을 상신할 것을 신청할 수 있다.

제27조【군사법원에서 형을 선고받은 자의 사면 등】군사법원(군사법원법 제11조에 따라 군사법원에 재판권이 있는 사건을 심판하는 고등법원을 포함한다. 이하 이 조에서 같다)에서 형을 선고받은 자에 대하여는 이 법에 따른 법무부장관의 직무는 국방부장관이 수행하고, 검찰총장과 검사의 직무는 형을 선고한 군사법원에서 군검사의 직무를 수행한 군법무관이 수행한다.

① 협의의 사면권(일반사면과 특별사면)

구분	일반사면	특별사면
개념	'죄의 종류'를 정하여 이에 해당하는 모든 범죄인에 대하여 형의 선고의 효과를 소멸시키거나 형의 선고를 받지 아니한 자에 대하여 공소권을 소멸시키는 것	'특정인'에 대하여 형의 집행을 면제해주는 것
대상자	죄를 범한 자	형의 선고를 받은 자
효과	• 형의 선고를 받기 전인 자: 공소권 소멸 • 형의 선고를 받은 자: 형의 선고의 효력상실	• 일반적인 경우: 형집행면제 • 형집행유예를 선고받은 자: 형의 선고의 효력상실
국무회의심의	○	○
국회동의	○	×
형식	대통령령으로 함	대통령이 명함

② 감형권: 일반에 대한 감형은 특별한 규정이 없는 경우에는 형을 변경하며, 특정한 자에 대한 감형은 형의 집행을 경감함

③ 복권에 관한 권한

개념	상실 또는 정지된 법률상 자격을 회복시켜 주는 것
대상	집행이 종료된 자 또는 집행이 면제된 자를 대상으로 하며, 집행 중인 자는 복권의 대상이 아님
절차	일반복권은 대통령령으로써 하고 특별복권은 법무부장관의 상신에 따라 대통령이 명으로써 함

④ 사면권의 효과: 형의 선고에 의한 기성의 효과는 사면, 감형과 복권으로 인하여 변경되지 않음 (사면법 제5조 제2항). 즉, 사면권행사의 효과는 장래효만 가지며, 소급효는 인정되지 않음

⑤ 사면권의 한계: 헌법과 사면법은 사면의 사유에 관한 명문규정을 두고 있지 않으나, 통설은 다음과 같은 한계를 긍정하고 있음

권력분립상의 한계	사법권의 본질적 내용을 침해하거나 사법부의 권위를 훼손하지 않도록 적정하게 행사되어야 함
목적상의 한계	국가이익과 국민화합을 이루기 위한 목적으로 행사되어야 하고, 정치적으로 남용되어서는 안 됨
탄핵소추에 의한 한계의 문제	명문의 규정이 없는 현행헌법의 경우에도 탄핵결정에 대해서는 사면이 인정되지 않음(통설)

📄 **판례정리**

번호	내용	결정
1	여러 개의 형이 병과된 사람에 대하여 그 병과형 중 일부에 대한 특별사면이 있은 경우 그 특별사면의 효력이 병과된 나머지 형에까지 미치는 것인지 여부: **소극** (대결 1997.10.13. 96모33)	기각
2	여러 개의 형이 병과된 사람에 대하여 병과된 형의 일부만을 사면하는 것이 헌법에 위반되는지 여부: **소극** (헌재 2000.6.1. 97헌바74)	합헌
3	대통령의 특별사면에 관하여 일반 국민의 지위에서 헌법소원심판을 청구할 수 있는지 여부: **소극** (헌재 1998.9.30. 97헌마404)	각하
4	특별사면으로 형 선고의 효력이 상실된 유죄의 확정판결이 형사소송법 제420조의 '유죄의 확정판결'에 해당하여 재심청구의 대상이 될 수 있는지 여부: **적극** (대판 2015.5.21. 2011도1932) ✓ **주의** • 소급효가 존재하지 않기 때문임 • 재심청구는 받을 수 없으나, 형사보상은 받을 수 있음	기각

(2) 위헌정당해산제소권

> 헌법 제8조 ④ 정당의 목적이나 활동이 민주적 기본질서에 위배될 때에는 정부는 헌법재판소에 그 해산을 제소할 수 있고, 정당은 헌법재판소의 심판에 의하여 해산된다.
>
> ✓ **주의**
> '목적'이나 '활동'이 민주적 기본질서에 위배

10. 대통령의 권한행사의 방법과 통제

(1) 권한행사의 방법

① 문서주의: 대통령의 국법상 행위가 문서에 의하지 아니한 경우 원칙적으로 법적 효력이 없음

> 헌법 제82조 대통령의 국법상 행위는 문서로써 하며, 이 문서에는 국무총리와 관계 국무위원이
> 부서한다. 군사에 관한 것도 또한 같다.

② 부서

부서 없는 대통령의 행위의 효력	• 무효설(다수설) • 대통령의 전제를 방지하고 국무총리와 관계국무위원의 책임소재를 명백히 하려는 부서제도의 취지를 고려할 때, 부서 없는 대통령의 행위는 무효임
부서거부의 가부	부서하는 권한은 재량이 인정되므로 국무총리 등은 대통령의 권한행사에 동 의하지 않으면 부서를 거부할 수 있음

③ 국무회의의 심의: 헌법 제89조에 열거된 사항에 관해서는 국정의 통일성과 원활을 기하기 위하
여 미리 국무회의의 심의를 거쳐야 함

> ⊘ 주의
> 국무회의의 심의결과에 구속되는 것은 아니나 거치지 않으면 무효라는 것이 다수설

④ 자문기관의 자문: 대통령의 자문기관으로는 국가원로자문회의 · 국가안전보장회의 · 민주평화통일
자문회의 · 국민경제자문회의 · 국가과학기술자문회의 등이 있지만, 국가안전보장회의(필수)를
제외한 나머지는 모두 임의적 자문기관에 해당함 ⇨ 자문기관의 자문을 거쳐야 할 의무는 없
으나 거치는 것이 원칙임

⑤ 국회의 동의 또는 승인

현행헌법상 국회의 동의를 얻어야 하는 사항	중요조약의 체결 · 비준(헌법 제60조 제1항), 선전포고와 국군의 외국파견 및 외국군대의 국내주류(헌법 제60조 제2항), 계속비 · 예비비의 설치(헌법 제55 조), 국채모집과 예산 외 국가부담이 될 계약의 체결(헌법 제58조), 일반사면 (헌법 제79조 제2항), 국무총리 임명(헌법 제86조 제1항), 감사원장 임명(헌법 제98조 제2항), 대법원장 및 대법관 임명(헌법 제104조 제1항 · 제2항), 헌법재 판소장 임명(헌법 제111조 제4항) 등이 있음
국회의 승인을 요하는 사항	긴급명령과 긴급재정경제처분 · 명령(헌법 제76조 제3항)과 예비비지출에 대 한 차기 국회의 승인(헌법 제55조 제2항) 등이 있음
국회의 동의나 승인을 얻도록 하는 것	헌법규정에 위배되어 대통령이 권한행사를 하는 경우 무효라고 보아야 함

(2) 권한행사의 통제

① 기관 내 통제

    ㉠ 국무회의 심의

    ㉡ 부서

    ㉢ 국무총리의 국무위원 임명제청 · 해임건의

    ㉣ 자문기관의 자문 등

② 기관 간 통제

국민에 의한 통제	• 청원권이나 국가배상청구권 또는 저항권의 행사를 통하여 통제 가능 • 대통령이 제안한 헌법개정안과 외교·국방·통일 기타 국가의 안위에 관한 중요정책에 대한 국민투표를 통하여 통제 가능
국회에 의한 통제	국정감사·조사, 탄핵소추, 국무총리와 국무위원에 대한 해임건의, 긴급명령 등에 대한 승인, 계엄선포에 대한 해제요구 등을 통하여 통제 가능
법원에 의한 통제	대통령의 명령이 헌법이나 법률에 위배된다고 판단할 경우에 법원은 그 명령을 재판에 적용하는 것을 거부할 수 있고, 대통령의 처분이 헌법이나 법률에 위배된다고 판단할 경우에는 그 무효를 확인하거나 취소할 수 있음(헌법 제107조 제2항)
헌법재판소에 의한 통제	긴급명령 등에 대한 위헌여부심판, 탄핵심판, 위헌정당해산심판, 권한쟁의심판, 헌법소원심판을 통하여 통제 가능(헌법 제111조 제1항)

판례정리 - 법원에 의한 통제

번호	내용	결정
1	군사반란 및 내란행위에 의하여 정권을 장악한 후 국민투표로 헌법개정을 하였다면 그 군사반란 및 내란행위가 사법심사의 대상이 될 수 있는지 여부: 적극 (대판 1997.4.17. 96도3376)	파기환송
2	남북정상회담개최가 사법심사의 대상이 되는지 여부: 소극 (대판 2004.3.26. 2003도7878)	기각
3	유신헌법에 근거한 대통령의 긴급조치 1호가 사법심사대상이 되는지 여부: 적극 (대판 2010.12.16. 2010도5986)	위헌

판례정리 - 헌법재판소에 의한 통제

번호	내용	결정
1	긴급재정경제명령이 헌법재판소의 심판대상인지 여부: 적극 (헌재 1996.2.29. 93헌마186)	기각
2	행정수도 이전문제가 사법심사의 대상인지 여부: 적극 (헌재 2004.10.21. 2004헌마554 등)	위헌
3	한·미간 전략적 유연성 합의가 헌법소원의 대상인지 여부: 소극 (헌재 2006.5.16. 2006헌마500)	각하
4	국군의 외국에의 파병결정이 사법심사의 대상인지 여부: 소극 (헌재 2004.4.29. 2002헌마814)	각하
5	대통령이 한미연합군사훈련의 일종인 2007년 전시증원연습을 하기로 한 결정이 통치행위에 해당하는지 여부: 소극 (헌재 2009.5.28. 2007헌마369)	각하

제3절 정부

1 국무총리

1. 의의 및 연혁

(1) 의의

대통령제에서는 대통령의 궐위시에 대비하여 부통령을 두는 것이 논리적임. 다만, 현행헌법은 의원내각제의 본질적 요소인 국무총리제를 두고 있음

(2) 연혁

제1공화국	건국	대통령이 임명하고 국회가 승인
	제1차	
	제2차	국무총리제 폐지
제2공화국(제3차·제4차)		대통령이 지명하고 민의원이 동의
제3공화국(제5차·제6차)		대통령이 임명(국회의 동의를 요하지 않음)
제4공화국(제7차)		대통령이 국회의 동의를 얻어 임명
제5공화국(제8차)		
현행헌법		

2. 헌법상 지위

대통령의 권한대행자	국무총리는 대통령이 궐위 또는 사고로 인하여 직무를 수행할 수 없을 경우에 제1순위의 권한대행권을 가짐(제71조)
대통령의 보좌기관	• 국무총리: 독자적 정치적 결정권을 행사 ×, 집행에 관하여 대통령에 종속된 보좌기관 ⊘ 주의 다소의 견제적 기능을 할 수 있다고 보여지는 것이 있기는 하나, 행정권은 본질적으로 대통령에게 귀속되고, 국무총리는 단지 대통령의 첫째가는 보좌기관으로서 행정에 관하여 독자적인 권한을 갖지 못함(헌재 1994.4.28. 89헌마221) • 국무총리는 대통령의 명을 받아 행정각부를 통할하고(제86조 제2항), 중요한 정책을 심의함에 있어 국무회의의 부의장으로서 대통령을 보좌하며(제88조 제3항), 대통령의 모든 국법상 행위에 부서를 함(제82조) ⊘ 주의 국무회의 의장은 대통령
행정부 제2인자	• 국무총리는 국무위원과 행정각부의 장관에 대한 임명제청권, 해임건의권을 가짐 • 국무위원과 달리 국무총리는 대통령의 모든 국무행위에 부서하여야 함 • 국무총리는 행정각부의 장보다 상위에 있는 지위
중앙행정관청	• 국무총리는 소관 사무를 처리하는 중앙행정관청으로서의 지위는 행정각부와 동등한 지위 • 행정각부의 사무를 기획·조정하는 사무와 특정의 부에 속하게 할 수 없는 성질의 사무를 그 소관 사무로서 처리함
국무회의 부의장	국무총리는 국무회의의 심의에 있어서는 대통령 및 국무위원들과 법적으로 대등한 지위를 갖지만, 부의장으로서 국무위원들보다 우월한 지위에 있음

3. 신분과 직무

(1) 임명

> 헌법 제86조 ① 국무총리는 국회의 동의를 얻어 대통령이 임명한다.

(2) 문민원칙

> 헌법 제86조 ③ 군인은 현역을 면한 후가 아니면 국무총리로 임명될 수 없다.

(3) 국회의원 겸직

국무총리와 국무위원의 국회의원 겸직은 허용된다고 봄(통설)

> 헌법 제43조 국회의원은 법률이 정하는 직을 겸할 수 없다.
>
> 국회법 제29조 【겸직 금지】 ① 의원은 국무총리 또는 국무위원 직 외의 다른 직을 겸할 수 없다. 다만, 다음 각 호의 어느 하나에 해당하는 경우에는 그러하지 아니하다.
> 1. 공익 목적의 명예직
> 2. 다른 법률에서 의원이 임명·위촉되도록 정한 직
> 3. 정당법에 따른 정당의 직
>
> 제39조 【상임위원회의 위원】 ④ 국무총리 또는 국무위원의 직을 겸한 의원은 상임위원을 사임할 수 있다.

(4) 직무대행과 서리제

① 직무대행

> 정부조직법 제22조 【국무총리의 직무대행】 국무총리가 사고로 직무를 수행할 수 없는 경우에는 기획재정부장관이 겸임하는 부총리, 교육부장관이 겸임하는 부총리의 순으로 직무를 대행하고, 국무총리와 부총리가 모두 사고로 직무를 수행할 수 없는 경우에는 대통령의 지명이 있으면 그 지명을 받은 국무위원이, 지명이 없는 경우에는 제26조 제1항에 규정된 순서에 따른 국무위원이 그 직무를 대행한다.

② 서리제도의 위헌 여부

㉠ 국무총리는 국회의 사전동의를 얻어 대통령이 임명 ⇨ 그러나 대통령이 국회의 동의를 얻지 않고 먼저 국무총리를 임명하는 관행이 있었는바, 이러한 국무총리서리제가 허용될 수 있는지 문제가 됨

㉡ 헌법재판소(대통령과 국회의원간의 권한쟁의): 헌법재판소는 국무총리 임명동의안의 처리가 국회에서 무산된 후 대통령이 국회의 동의 없이 국무총리서리를 임명한 데에 대하여 다수당 국회의원들이 국회 또는 자신들의 권한침해를 주장하면서 권한쟁의심판을 청구할 수 있는지 여부가 문제된 사건에서 적법요건을 충족하지 못하였다는 이유로 부적법 각하결정을 함 (헌재 1998.7.14. 98헌라1)

(5) 해임

① 대통령이 국무총리를 해임하는 것은 자유임
② 국회의 국무총리의 해임 건의에 대통령은 구속되지 않음

4. 권한

(1) 행정각부의 통할·감독권

> 헌법 제86조 ② 국무총리는 대통령을 보좌하며, 행정에 관하여 <u>대통령의 명</u>을 받아 행정각부를 통할한다.

국무총리는 행정각부의 장에 대하여 훈령·지시·통첩 등의 형식으로 통할·감독하고, 중앙행정기관의 장의 명령이나 처분이 위법 또는 부당할 경우 대통령의 승인을 받아 이를 중지 또는 취소할 수 있다(정부조직법 제18조).

☑ **주의**
- 대통령의 승인을 받아 ○ / 독자적으로 ✕
- 국무총리의 통할을 받지 않는 행정기관은 둘 수 없음 ✕
- 정부조직법에 의하여 설치되는 행정각부는 모두 국무총리의 통할을 받아야 함 ○

📋 **판례정리**

번호	내용	결정
1	국가안전기획부를 대통령직속기관으로 한 정부조직법 제14조가 행정각부를 국무총리의 통할하에 두도록 한 헌법 제86조 제2항에 위반하는지 여부: **소극** (헌재 1994.4.28. 89헌마86)	기각

(2) 총리령발포권

> 헌법 제95조 국무총리 또는 행정각부의 장은 소관 사무에 관하여 법률이나 대통령령의 <u>위임 또는 직권</u>으로 총리령 또는 부령을 발할 수 있다.
>
> ☑ **주의**
> 부령을 발할 수 있는 것: 행정각부의 장 ○ / 국무위원 ✕

① 종류

위임명령	국무총리가 법률이나 대통령령의 위임에 따라 발하는 법규명령
직권명령	법규명령으로서의 집행명령
행정명령	국무총리는 비법규명령인 행정명령을 발할 수 있음

② 총리령과 부령의 우열관계
  ㉠ 동위설(통설)과 총리령우위설이 대립함
  ㉡ 대통령령은 총리령이나 부령보다 상위규범임을 주의하여야 함

(3) 대통령의 권한대행권

> 헌법 제71조 대통령이 궐위되거나 사고로 인하여 직무를 수행할 수 없을 때에는 <u>국무총리, 법률이 정한 국무위원</u>의 순서로 그 권한을 대행한다.

(4) 국무위원·행정각부의 장의 임면관여권

> 헌법 제87조 ① 국무위원은 국무총리의 제청으로 대통령이 임명한다.
> ③ 국무총리는 국무위원의 해임을 대통령에게 건의할 수 있다.
> ☑ 주의
> 해임건의권은 국회의 전속 권한이 아님

① 국무총리의 제청이 없는 대통령의 임명행위의 효력: ○ ⇨ 무효설과 유효설(다수설)이 대립함
  ☑ 주의
  국무총리의 국무위원 임명제청은 대통령에 대한 보좌적 기능에 불과하고 적법요건일 뿐이므로 헌법 위반으로 탄핵소추의 사유가
  될 수 있을지언정 당연히 무효인 것은 아니라고 봄
② 국무총리의 제청이나 해임건의에 대통령이 구속되는지 여부: ✕
③ 국무위원들의 연대책임 여부(국무총리가 국회의 해임건의에 의하여 해임된 경우 그가 제청한 국무위원
  들도 사임하여야 하는지 여부): ✕(다수설)

(5) 국무회의에서의 심의·의결권

> 헌법 제88조 ① 국무회의는 정부의 권한에 속하는 중요한 정책을 <u>심의</u>한다.
> ☑ 주의
> 심의 ○ / 의결 ✕ ⇨ 국무회의는 심의기관이지 의결기관이 아님
> ② 국무회의는 대통령·국무총리와 <u>15인 이상 30인 이하</u>의 국무위원으로 구성한다.
> ③ <u>대통령은 국무회의의 의장</u>이 되고, <u>국무총리는 부의장</u>이 된다.

(6) 대통령의 국무행위에 부서할 권한

> 헌법 제82조 대통령의 국법상 행위는 문서로써 하며, 이 문서에는 국무총리와 관계국무위원이 부서
> 한다. 군사에 관한 것도 또한 같다.

(7) 국회에의 출석·발언권

> 헌법 제62조 ① 국무총리·국무위원 또는 정부위원은 국회나 그 위원회에 출석하여 국정처리상황
> 을 보고하거나 의견을 진술하고 질문에 응답할 수 있다.
> 국회법 제120조【국무위원 등의 발언】① 국무총리, 국무위원 또는 정부위원은 본회의나 위원회에서
> 발언하려면 미리 의장 또는 위원장의 허가를 받아야 한다.

5. 책임

(1) 대통령에 대한 책임
① 국정운영에 관하여 대통령을 보좌할 책임
② 집행에 관하여 대통령의 명을 받아 행정각부를 통할할 책임
③ 대통령의 모든 국법상의 행위에 부서할 책임

(2) 국회에 대한 책임

　① 국회의 해임건의에 따른 책임: 다만, 대통령의 궐위시에 대통령의 권한을 대행하는 국무총리에
　　대해서는 국회의 해임건의가 불가능함

　② 국회의 요구에 의한 출석·답변의 책임

> 헌법 제62조 ② 국회나 그 위원회의 요구가 있을 때에는 <u>국무총리·국무위원 또는 정부위원</u>은
> 출석·답변하여야 하며, 국무총리 또는 국무위원이 출석요구를 받은 때에는 국무위원 또는
> 정부위원으로 하여금 출석·답변하게 할 수 있다.

　③ 국회의 탄핵소추에 대한 책임

> 헌법 제65조 ① 대통령, 국무총리, 국무위원, 행정각부의 장, 헌법재판소 재판관, 법관, 중앙선거
> 관리위원회위원, 감사원장, 감사위원 기타 법률이 정한 공무원이 그 직무집행에 있어서 <u>헌법
> 이나 법률을 위배</u>한 때에는 국회는 탄핵의 소추를 의결할 수 있다.
> ② 제1항의 탄핵소추는 국회재적의원 3분의 1 이상의 발의가 있어야 하며, 그 의결은 국회재
> 적의원 과반수의 찬성이 있어야 한다. 다만, 대통령에 대한 탄핵소추는 국회재적의원 과반수
> 의 발의와 국회재적의원 3분의 2 이상의 찬성이 있어야 한다.
> ③ 탄핵소추의 의결을 받은 자는 탄핵심판이 있을 때까지 그 권한행사가 정지된다.

2 국무위원

1. 헌법상 지위

> 헌법 제87조 ② 국무위원은 국정에 관하여 <u>대통령을 보좌</u>하며, 국무회의의 구성원으로서 국정을 심의한다.
> ✓ **주의**
> 대통령을 보좌하며 ○ / 국무총리를 보좌하며 ✕

(1) 국무회의구성원

(2) 대통령보좌기관

2. 임면

> 헌법 제87조 ① 국무위원은 국무총리의 제청으로 대통령이 임명한다.
> ③ 국무총리는 국무위원의 해임을 대통령에게 건의할 수 있다.
> ④ 군인은 현역을 면한 후가 아니면 국무위원으로 임명될 수 없다.

3. 권한

(1) 대통령의 권한대행권(헌법 제71조, 정부조직법 제26조)

(2) 국무회의의 소집요구 및 심의·의결권

(3) 부서할 권한(헌법 제82조)

(4) 국회에의 출석·발언권(헌법 제62조 제1항)

4. 책임

(1) 국회나 그 위원회의 요구가 있을 때에는 출석·답변하여야 함(헌법 제62조 제2항)

(2) 자신의 권한사항과 관련된 대통령의 국법상 행위에 대해서는 부서하여야 함

(3) 국회의 해임건의에 따라 대통령에 의한 해임이 있는 경우에는 사임하여야 함

3 국무회의

> 헌법 제88조 ① 국무회의는 정부의 권한에 속하는 중요한 정책을 <u>심의</u>한다.
>
> ⊘ 주의
> 심의 ○ / 의결 ✕

1. 헌법상 지위

(1) 헌법상 필수기관

(2) 최고의 정책심의기관

(3) 독립된 합의제 기관

　① 국무회의는 대통령에 소속하는 기관이 아님(통설)

　② 국무회의는 대외적으로 국가의사를 표시할 권한은 없으므로 합의제 '관청'은 아님

2. 구성과 운영

(1) 국무회의의 구성

> 헌법 제88조 ① 국무회의는 정부의 권한에 속하는 중요한 정책을 심의한다.
> ② 국무회의는 <u>대통령·국무총리와 15인 이상 30인 이하의 국무위원</u>으로 구성한다.
> ③ 대통령은 국무회의의 의장이 되고, 국무총리는 부의장이 된다.

(2) 국무회의의 운영

> 정부조직법 제12조【국무회의】① 대통령은 국무회의 의장으로서 회의를 소집하고 이를 주재한다.
> ② <u>의장이 사고로 직무를 수행할 수 없는 경우에는 <u>부의장인 국무총리</u>가 그 직무를 대행하고, 의장과 부의장이 모두 사고로 직무를 수행할 수 없는 경우에는 <u>기획재정부장관이 겸임하는 부총리, 교육부장관이 겸임하는 부총리</u> 및 제26조 제1항에 규정된 <u>순서에 따라</u> 국무위원이 그 직무를 대행한다.
> ③ 국무위원은 정무직으로 하며, 의장에게 의안을 제출하고 국무회의의 소집을 요구할 수 있다.
> ④ 국무회의의 운영에 관하여 필요한 사항은 대통령령으로 정한다.
>
> 제13조【국무회의의 출석권 및 의안제출】① 국무조정실장·인사혁신처장·법제처장·식품의약품안전처장 그 밖에 법률로 정하는 공무원은 필요한 경우 국무회의에 <u>출석하여 발언할 수 있다.</u>
> ② 제1항에 규정된 공무원은 소관사무에 관하여 국무총리에게 의안의 제출을 건의할 수 있다.
>
> ⊘ 주의
> 소관사무에 관하여 의안을 제출할 수 있음 ✕ ⇨ 국무위원은 자신이 직접 의안을 제출할 수 없음

3. 심의

(1) 심의절차

> 헌법 제88조 ① 국무회의는 정부의 권한에 속하는 중요한 정책을 심의한다.
> 국무회의 규정 제6조 【의사정족수 및 의결정족수 등】 ① 국무회의는 <u>구성원 과반수의 출석으로 개의</u>하고, 출석구성원 3분의 2 이상의 찬성으로 의결한다.
>
> ☑ **주의**
> - 국회 재의결 정족수와 동일
> - 위 정족수는 화상회의로 채워져도 인정 ○

(2) 심의사항

> 헌법 제89조 다음 사항은 국무회의의 심의를 거쳐야 한다.
>   1. 국정의 기본계획과 정부의 일반정책
>   2. 선전·강화 기타 중요한 대외정책
>   3. 헌법개정안·국민투표안·조약안·법률안 및 대통령령안
>   ☑ **주의**
>   총리령안, 부령안 ✕
>   4. 예산안·결산·국유재산처분의 기본계획·국가의 부담이 될 계약 기타 재정에 관한 중요사항
>   5. 대통령의 긴급명령·긴급재정경제처분 및 명령 또는 계엄과 그 해제
>   6. <u>군사</u>에 관한 중요사항
>   7. 국회의 <u>임시회</u> 집회의 요구
>   ☑ **주의**
>   정기회 집회의 요구 ✕
>   8. <u>영전수여</u>
>   ☑ **주의**
>   영전취소 ✕
>   9. 사면·감형과 복권
>   10. <u>행정각부간의 권한의 획정</u>
>   11. 정부 안의 권한의 위임 또는 배정에 관한 기본계획
>   12. 국정처리상황의 평가·분석
>   13. 행정각부의 중요한 정책의 수립과 조정
>   14. 정당해산의 제소
>   15. 정부에 제출 또는 회부된 정부의 정책에 관계되는 <u>청원의 심사</u>
>   16. <u>검찰총장·합동참모의장·각군참모총장·국립대학교총장·대사</u> 기타 법률이 정한 공무원과 국영기업체관리자의 임명
>   ☑ **주의 국무회의 심의 대상이 아닌 자**
>   대법원장, 대법관 / 헌법재판소소장, 헌법재판소재판관 / 감사원장, 감사위원 / 국무총리, 국무위원, 행정각부의 장 등
>   17. 기타 대통령·국무총리 또는 국무위원이 제출한 사항
>   ☑ **주의 국무회의 심의와 국회의 동의가 모두 필요**
>   선전·강화 기타 중요한 대외정책, 예산안, 일반 사면

(3) 효과

① 심의를 거치지 아니한 대통령의 국무행위의 효력

학설	무효설(다수설)
검토	국무회의에서의 심의절차는 적법요건 ⇨ 국무회의의 심의절차를 무시한 대통령의 국무행위도 당연무효는 아니고 단지 위법한 행위로서 탄핵소추의 사유가 되는 것

② 국무회의의 심의결과의 구속력 – 비구속설(통설): 국무회의는 중요정책을 심의하는 것일 뿐이므로 심의가 의결의 형식으로 이루어진 경우에도 대통령을 구속하는 효력이 없음

📑 **판례정리**

번호	내용	결정
1	국무회의의 의결이 헌법소원의 대상이 되는지 여부: **소극** (헌재 2003.12.18. 2003헌마225)	각하

4 대통령의 자문기관

1. 국가원로자문회의

> 헌법 제90조 ① 국정의 중요한 사항에 관한 대통령의 자문에 응하기 위하여 국가원로로 구성되는 국가원로자문회의를 둘 수 있다.
> ② 국가원로자문회의의 의장은 직전대통령이 된다. 다만, 직전대통령이 없을 때에는 대통령이 지명한다.
> ③ 국가원로자문회의의 조직·직무범위 기타 필요한 사항은 법률로 정한다.

⊘ **주의**
1989년 3월에 국가원로자문회의법은 폐지하였으며, 현재는 설치되고 있지 않음

2. 국가안전보장회의

> 헌법 제91조 ① 국가안전보장에 관련되는 대외정책·군사정책과 국내정책의 수립에 관하여 국무회의의 심의에 앞서 대통령의 자문에 응하기 위하여 국가안전보장회의를 둔다.
> ② 국가안전보장회의는 대통령이 주재한다.
> ③ 국가안전보장회의의 조직·직무범위 기타 필요한 사항은 법률로 정한다.

(1) 국가안전보장회의는 필수적 자문기관에 해당함(유일)

⊘ **주의**
대통령이 그 자문을 거치지 않더라도 효력과 적법성에는 영향이 없음

(2) 국가안전보장회의는 대통령·국무총리·외교부장관·통일부장관·국방부장관 및 국가정보원장과 대통령령이 정하는 약간의 위원으로 구성(기획재정부장관은 제외) ⇨ 대통령은 의장이 됨

번호	내용	결정
1	국가안전보장회의의 이라크파병결정이 헌법소원의 대상이 되는지 여부: **소극** (헌재 2004.4.29. 2003헌마814)	각하

3. 민주평화통일자문회의

> 헌법 제92조 ① 평화통일정책의 수립에 관한 대통령의 자문에 응하기 위하여 민주평화통일자문회의를 둘 수 있다.
> ② 민주평화통일자문회의의 조직·직무범위 기타 필요한 사항은 법률로 정한다.

4. 국민경제자문회의

> 헌법 제93조 ① 국민경제의 발전을 위한 중요정책의 수립에 관하여 대통령의 자문에 응하기 위하여 국민경제자문회의를 둘 수 있다.
> ② 국민경제자문회의의 조직·직무범위 기타 필요한 사항은 법률로 정한다.
>
> ⊘ **주의**
> 이에 관한 법률로써 국민경제자문회의법이 있음 / 의장은 대통령이 되고 부의장은 의장이 위촉위원 중에서 지명함

5. 국가과학기술자문회의

> 헌법 제127조 ① 국가는 과학기술의 혁신과 정보 및 인력의 개발을 통하여 국민경제의 발전에 노력하여야 한다.
> ③ 대통령은 제1항의 목적을 달성하기 위하여 필요한 자문기구를 둘 수 있다.
>
> ⊘ **주의**
> 헌법상의 기관 × / 위원장은 위원 중에서 대통령이 임명하되, 정무직으로 하고 그 보수는 국무위원의 보수와 동액으로 함

5 행정각부

1. 의의

대통령이 결정한 정책과 그 밖의 행정부의 권한에 속하는 사항을 집행하는 중앙행정관청을 의미하며, 대통령이나 국무총리의 단순한 보좌기관이 아니라 하위에 있는 관청임

2. 행정각부의 장

(1) 지위

> 헌법 제94조 행정각부의 장은 국무위원 중에서 국무총리의 제청으로 대통령이 임명한다.

행정각부의 장은 모두 국무위원이지만, 국무위원이 모두 행정각부의 장인 것은 아님

(2) 권한

① 중앙행정관청으로서의 권한

    ㉠ 행정각부의 장은 소관사무에 관하여 결정·집행을 할 수 있음

    ㉡ 소속 직원을 지휘·감독하며, 소관사무에 관하여 지방행정기관의 장을 지휘·감독함

② 부령발포권

> 헌법 제95조 국무총리 또는 행정각부의 장은 소관사무에 관하여 법률이나 대통령령의 위임 또는 직권으로 총리령 또는 부령을 발할 수 있다.
>
> ✓ **주의** 부령
> 행정각부의 장이 발하는 것 ○ / 국무위원 ✕

③ 소속 공무원에 대한 임용제청권과 임용권

④ 기타 권한: 소관사무에 관한 정책을 수립하고, 필요한 법률 또는 대통령령을 제정·개정·폐지하는 안과 예산안을 작성할 수 있음

3. 국무위원과 행정각부의 장 비교

구분	국무위원	행정각부의 장
상호관계	국무위원은 반드시 행정각부의 장은 아님	행정각부의 장은 모두 국무위원임
지위	• 대통령보좌 • 국무회의구성원	대통령의 지휘·감독을 받아 소관사무를 집행하는 기관
대통령과의 관계	법적으로 대등	하급행정기관
사무범위의 한계	한계 없음	한계 있음
권한	• 국무회의소집요구권 • 대통령의 권한대행 • 부서	• 부령발포권 • 소속 직원에 대한 지휘·감독권 • 행정각부의 소관 사무의 집행결정권
책임	• 국회출석·답변의무 • 탄핵소추에 의한 책임 • 해임건의에 의한 책임 • 부서에 따르는 책임	탄핵소추에 의한 책임

6 감사원

1. 헌법상 지위

(1) 대통령 소속 기관

(2) 헌법상 필수기관

(3) 직무상 독립기관

직무에 관한 한 대통령이라도 지휘·감독할 수 없음

(4) 합의제 기관

> 감사원법 제11조 【의장 및 의결】 ① 감사위원회의는 원장을 포함한 감사위원 전원으로 구성하며, 원장이 의장이 된다.
> ② 감사위원회의는 재적 감사위원 과반수의 찬성으로 의결한다.

2. 구성

> 헌법 제98조 ① 감사원은 원장을 <u>포함한</u> 5인 이상 11인 이하의 감사위원으로 구성한다.
>
> ② 원장은 국회의 동의를 얻어 대통령이 임명하고, 그 임기는 <u>4년</u>으로 하며, <u>1차</u>에 한하여 중임할 수 있다.
>
> ③ 감사위원은 원장의 제청으로 대통령이 임명하고, 그 임기는 <u>4년</u>으로 하며, <u>1차</u>에 한하여 중임할 수 있다.
>
> ⊘ **주의**
> - 감사위원: 인사청문의 대상 × / 탄핵의 대상 ○
> - 헌법: 5 ~ 11인 감사위원 / 감사원법: 7인 감사위원
>
> **선생님 tip** 감사원장, 4년, 1차 중임 ⇨ 감4중(감사중)
>
> 감사원법 제3조 【구성】 감사원은 <u>감사원장(이하 '원장'이라 한다)을 포함한 7인</u>의 감사위원으로 구성한다.
>
> 제4조 【원장】 ③ 원장이 궐위(闕位)되거나 사고(事故)로 인하여 직무를 수행할 수 없을 때에는 감사위원으로 <u>최장기간 재직한 감사위원</u>이 그 권한을 대행한다. 다만, <u>재직기간이 같은 감사위원</u>이 2명 이상인 경우에는 <u>연장자</u>가 그 권한을 대행한다.
>
> 제6조 【임기 및 정년】 ② <u>감사위원의 정년은 65세</u>로 한다. 다만, <u>원장인</u> 감사위원의 정년은 <u>70세</u>로 한다.
>
> 제8조 【신분보장】 ① 감사위원은 다음 각 호의 어느 하나에 해당하는 경우가 아니면 본인의 의사에 반하여 면직되지 아니한다.
>
> 1. 탄핵결정이나 금고 이상의 형의 선고를 받았을 때
> 2. 장기(長期)의 심신쇠약으로 직무를 수행할 수 없게 된 때
>
> ② 제1항 제1호의 경우에는 당연히 퇴직되며, 같은 항 제2호의 경우에는 감사위원회의의 의결을 거쳐 원장의 제청으로 대통령이 퇴직을 명한다.
>
> ⊘ **주의**
> 감사원만 신분보장조항이 감사원법에 있음(나머지는 헌법에 명시됨)
>
> 제10조 【정치운동의 금지】 감사위원은 정당에 가입하거나 정치운동에 관여할 수 없다.
>
> 제15조 【감사위원의 제척】 ② 감사위원이 탄핵소추의 의결을 받았거나 형사재판에 계속(係屬)되었을 때에는 그 탄핵의 결정 또는 재판이 확정될 때까지 그 권한 행사가 정지된다.

3. 권한

> 헌법 제97조 국가의 세입·세출의 결산, 국가 및 법률이 정한 단체의 회계검사와 행정기관 및 공무원의 직무에 관한 감찰을 하기 위하여 <u>대통령 소속하에 감사원</u>을 둔다.
>
> ⊘ **주의** 감사원
> - 헌법기관
> - 대통령 소속이지만 직무상 독립
> - 감사의 직무감찰: 국회나 법원, 헌법재판소에 대해서는 할 수 없음(권력분립)
>
> 제100조 감사원의 조직·직무범위·감사위원의 자격·감사대상공무원의 범위 기타 필요한 사항은 법률로 정한다.

(1) 결산 · 회계검사 및 보고권

> **헌법 제99조** 감사원은 세입 · 세출의 결산을 매년 검사하여 대통령과 <u>차년도국회</u>에 그 결과를 보고하여야 한다.
>
> ☑ **주의**
> 차년도국회 ○ / 차기국회 ×
>
> **감사원법 제21조【결산의 확인】** 감사원은 회계검사의 결과에 따라 국가의 세입 · 세출의 결산을 확인한다.
>
> **제22조【필요적 검사사항】** ① 감사원은 다음 각 호의 사항을 검사한다.
>   1. <u>국가</u>의 회계
>   2. <u>지방자치단체</u>의 회계
>   3. <u>한국은행의 회계와 국가 또는 지방자치단체가 자본금의 2분의 1 이상을 출자한 법인의 회계</u>
>   4. 다른 법률에 따라 감사원의 회계검사를 받도록 규정된 단체 등의 회계
>
> **제23조【선택적 검사사항】** 감사원은 <u>필요하다고 인정하거나 국무총리의 요구가 있는 경우</u>에는 다음 각 호의 사항을 검사할 수 있다.
>   4. 국가 또는 지방자치단체가 <u>자본금의 일부를 출자</u>한 자의 회계
>
> ☑ **주의**
> 필요적 검사사항과 선택적 검사사항을 구분할 것

(2) 직무감찰권

> **감사원법 제24조【감찰 사항】** ① 감사원은 다음 각 호의 사항을 감찰한다.
>   1. 정부조직법 및 그 밖의 법률에 따라 설치된 <u>행정기관</u>의 사무와 그에 소속한 공무원의 직무
>   2. 지방자치단체의 사무와 그에 소속한 지방공무원의 직무
>   3. 제22조 제1항 제3호 및 제23조 제7호에 규정된 자의 사무와 그에 소속한 임원 및 감사원의 검사대상이 되는 회계사무와 직접 또는 간접으로 관련이 있는 직원의 직무
>   4. 법령에 따라 국가 또는 지방자치단체가 위탁하거나 대행하게 한 사무와 그 밖의 법령에 따라 공무원의 신분을 가지거나 공무원에 준하는 자의 직무
> ② 제1항 제1호의 행정기관에는 군기관과 교육기관을 포함한다. 다만, 군기관에는 소장급 이하의 장교가 지휘하는 전투를 주된 임무로 하는 부대 및 중령급 이하의 장교가 지휘하는 부대는 제외한다.
> ③ <u>제1항의 공무원에는 국회 · 법원 및 헌법재판소에 소속한 공무원은 제외한다.</u>
>
> ☑ **주의**
> 중앙선거관리위원회 공무원은 제외 대상이 아님
>
> ④ 제1항에 따라 감찰을 하려는 경우 다음 각 호의 어느 하나에 해당하는 사항은 감찰할 수 없다.
>   1. 국무총리로부터 국가기밀에 속한다는 소명이 있는 사항
>   2. 국방부장관으로부터 군기밀이거나 작전상 지장이 있다는 소명이 있는 사항

(3) 감사결과와 관련된 권한

> 감사원법 제31조【변상책임의 판정 등】① 감사원은 감사결과에 따라 따로 법률에서 정하는 바에 따라 회계관계직원 등(제23조 제7호에 해당된 자 중 제22조 제1항 제3호 및 제4호 또는 제23조 제1호부터 제6호까지 및 제8호부터 제10호까지에 해당하지 아니한 자의 소속 직원은 제외한다)에 대한 변상책임의 유무를 심리하고 판정한다.
>
> 제32조【징계 요구 등】① 감사원은 국가공무원법과 그 밖의 법령에 규정된 징계 사유에 해당하거나 정당한 사유 없이 이 법에 따른 감사를 거부하거나 자료의 제출을 게을리한 공무원에 대하여 그 소속 장관 또는 임용권자에게 징계를 요구할 수 있다.
>
> 제33조【시정 등의 요구】① 감사원은 감사 결과 위법 또는 부당하다고 인정되는 사실이 있을 때에는 소속 장관, 감독기관의 장 또는 해당 기관의 장에게 시정·주의 등을 요구할 수 있다.
> ② 제1항의 요구가 있으면 소속 장관, 감독기관의 장 또는 해당 기관의 장은 감사원이 정한 날까지 이를 이행하여야 한다.
>
> 제34조【개선 등의 요구】① 감사원은 감사 결과 법령상·제도상 또는 행정상 모순이 있거나 그 밖에 개선할 사항이 있다고 인정할 때에는 국무총리, 소속 장관, 감독기관의 장 또는 해당 기관의 장에게 법령 등의 제정·개정 또는 폐지를 위한 조치나 제도상 또는 행정상의 개선을 요구할 수 있다.
>
> 제35조【고발】감사원은 감사 결과 범죄 혐의가 있다고 인정할 때에는 이를 수사기관에 고발하여야 한다.

(4) 감사원규칙제정권

> 감사원법 제52조【감사원규칙】감사원은 감사에 관한 절차, 감사원의 내부 규율과 감사사무 처리에 관한 규칙을 제정할 수 있다.

감사원규칙제정권은 헌법이 아닌 감사원법에만 근거규정이 있음

📑 판례정리

번호	내용	결정
1	국민감사청구를 기각하는 결정이 헌법소원의 대상인지 여부: 적극 (헌재 2006. 2.23. 2004헌마414)	기각

제4절 선거관리위원회

1 의의 및 구성

1. 의의

선거관리위원회는 선거와 국민투표의 공정한 관리와 정당에 관한 사무를 처리하기 위하여 두는 헌법상 필수적 합의제 독립기관(관청)에 해당함

2. 구성과 종류

> 헌법 제114조 ② 중앙선거관리위원회는 대통령이 임명하는 3인, 국회에서 선출하는 3인과 대법원장이 지명하는 3인의 위원으로 구성한다. 위원장은 위원 중에서 호선한다.
> ⑦ 각급 선거관리위원회의 조직 · 직무범위 기타 필요한 사항은 법률로 정한다.
>
> ⊘ **주의 중앙선거관리위원장**
> - 중앙선거관리위원장은 호선하므로 국회 동의 ×
> - 선거관리위원장의 권한대행 순서
>   - 선거관리위원장이 사고 상태라면 상임위원 혹은 부위원장이 권한대행
>   - 선거관리위원장, 상임위원, 부위원장이 모두 사고 상태라면 임시위원장 호선
>
> 선거관리위원회법 제2조 【설치】 ① 선거관리위원회의 종류와 위원회별 위원의 정수는 다음과 같다.
> 1. 중앙선거관리위원회 9인
> 2. 특별시 · 광역시 · 도선거관리위원회 9인
> 3. 구 · 시 · 군선거관리위원회 9인
> 4. 읍 · 면 · 동선거관리위원회 7인

3. 선거관리위원회 위원

> 헌법 제114조 ③ 위원의 임기는 6년으로 한다.
> ⊘ **주의**
> 중임, 연임에 대한 규정이 없음
> ④ 위원은 정당에 가입하거나 정치에 관여할 수 없다.
> ⑤ 위원은 탄핵 또는 금고 이상의 형의 선고에 의하지 아니하고는 파면되지 아니한다.

4. 위원회 회의

> 선거관리위원회법 제10조 【위원회의 의결정족수】 ① 각급 선거관리위원회는 위원 과반수의 출석으로 개의하고 출석위원 과반수의 찬성으로 의결한다.
> ② 위원장은 표결권을 가지며 가부동수인 때에는 결정권을 가진다.
> ⊘ **비교**
> - 국회: 캐스팅보트 ×
> - 중앙선관위나 대법원: 캐스팅보트 ○

번호	내용	결정
1	중앙선거관리위원회 위원장이 대통령에게 통고한 '선거중립의무준수촉구'가 헌법소원의 대상인 공권력 행사에 해당하는지 여부: **적극** (헌재 2008.1.17. 2007헌마700)	기각
2	서울특별시 선거관리위원회 위원장의 '선거법위반행위에 대한 중지촉구'가 공권력의 행사에 해당하는지의 여부: **소극** (헌재 2003.2.27. 2002헌마106)	각하
3	각급선거관리위원회의 의결을 거쳐 행하는 사항에 대하여 행정절차에 관한 규정이 적용되는지 여부: **소극** (헌재 2008.1.17. 2007헌마700)	기각

2 권한과 의무

1. 선거와 국민투표의 관리권

> **헌법 제115조** ① 각급 선거관리위원회는 선거인명부의 작성 등 선거사무와 국민투표사무에 관하여 관계행정기관에 필요한 <u>지시</u>를 할 수 있다.
>
> ⓘ **주의**
> 정당사무에 관한 지시는 할 수 없음(정당사무가 선거관리위원회 관할사무인 것과는 구별할 것)
>
> ② 제1항의 지시를 받은 당해 행정기관은 이에 <u>응하여야 한다</u>.
>
> **제114조** ① 선거와 국민투표의 공정한 관리 및 정당에 관한 사무를 처리하기 위하여 선거관리위원회를 둔다.
>
> **선거관리위원회법 제14조의2【선거법위반행위에 대한 중지·경고 등】** 각급선거관리위원회의 위원·직원은 직무수행 중에 선거법 위반행위를 발견한 때에는 중지·경고 또는 시정명령을 하여야 하며, 그 위반행위가 선거의 공정을 현저하게 해치는 것으로 인정되거나 중지·경고 또는 시정명령을 불이행하는 때에는 관할수사기관에 수사의뢰 또는 고발할 수 있다.
>
> **제17조【법령에 관한 의견표시 등】** ① 행정기관이 선거(위탁선거를 포함한다. 이하 이 조에서 같다)·국민투표 및 정당관계법령을 제정·개정 또는 폐지하고자 할 때에는 미리 당해 법령안을 <u>중앙선거관리위원회에 송부하여 그 의견을 구하여야 한다</u>.
>
> ② 중앙선거관리위원회는 다음 각 호의 어느 하나에 해당하는 법률의 제정·개정 등이 필요하다고 인정하는 경우에는 <u>국회에 그 의견을 서면으로 제출할 수 있다</u>.
> 1. <u>선거·국민투표·정당관계법률</u>
> 2. 주민투표·주민소환관계법률. 이 경우 선거관리위원회의 관리 범위에 한정한다.
>
> ⓘ **주의**
> 직접 출석이 아님

2. 정당사무관리권과 정치자금배분권

> **공직선거법 제57조의4【당내경선사무의 위탁】** ① 정치자금법 제27조(보조금의 배분)의 규정에 따라 보조금의 배분대상이 되는 정당은 당내경선사무 중 경선운동, 투표 및 개표에 관한 사무의 관리를 당해 선거의 관할선거구선거관리위원회에 위탁할 수 있다.
>
> ② 관할선거구선거관리위원회가 제1항에 따라 당내경선의 투표 및 개표에 관한 사무를 수탁관리하는 경우에는 그 비용은 국가가 부담한다. 다만, 투표 및 개표참관인의 수당은 당해 정당이 부담한다.

정당법 제48조의2 【당대표경선사무의 위탁】 ① 정치자금법 제27조에 따라 보조금의 배분대상이 되는 정당의 중앙당은 그 대표자의 선출을 위한 선거(이하 이 조에서 "당대표경선"이라 한다)사무 중 투표 및 개표에 관한 사무의 관리를 중앙선거관리위원회에 위탁할 수 있다.
② 중앙선거관리위원회가 제1항에 따라 당대표경선의 투표 및 개표에 관한 사무를 수탁관리하는 경우 그 비용은 해당 정당이 부담한다.

⊘ **주의**
소속 정당이 당내 경선을 실시하지 않는다고 하여 공직선거의 후보자로 출마할 수 없는 것은 아니므로, 구 공직선거법 제57조의2 제1항은 공무담임권과 평등권을 침해하지 않음(헌재 2014.11.27. 2013헌마814)

3. 규칙제정권

헌법 제114조 ⑥ 중앙선거관리위원회는 <u>법령의 범위</u> 안에서 <u>선거관리·국민투표관리 또는 정당사무에 관한 규칙을 제정</u>할 수 있으며, <u>법률에 저촉되지 아니하는</u> 범위 안에서 <u>내부규율에 관한 규칙</u>을 제정할 수 있다.

⊘ **참고** 중앙선거관리위원회 규칙
• 법령의 범위: 선거관리, 국민투표관리, 정당사무와 같은 주로 외부적인 것
• 법률에 저촉되지 ✕: 내부규율
선생님 tip 률율!

③ 선거공영제

헌법 제116조 ① 선거운동은 각급 선거관리위원회의 관리하에 법률이 정하는 범위 안에서 하되, 균등한 기회가 보장되어야 한다.
② 선거에 관한 경비는 법률이 정하는 경우를 제외하고는 정당 또는 후보자에게 부담시킬 수 없다.

1. 국가기관회의 의사정족수와 의결정족수 비교

국무회의	구성원 과반수 출석 + 출석 3분의 2 이상
감사원회의	재적 과반수
중앙선거관리위원회회의	재적 과반수 출석 + 출석 과반수
헌법재판소 재판관회의	재판관 전원의 3분의 2 초과 출석 + 출석 과반수
대법관회의	대법관 전원의 3분의 2 이상 출석 + 출석 과반수

2. 파면·면직사유 비교

법관	• 헌법 파면사유: 탄핵결정, 금고 이상의 형 • 헌법 퇴직사유: 중대한 심신상의 장해로 직무를 수행할 수 없을 때
헌법재판소 재판관	헌법 파면사유: 탄핵결정, 금고 이상의 형
중앙선거관리위원회위원	헌법 파면사유: 탄핵결정, 금고 이상의 형
감사위원	감사원법 면직사유: 탄핵결정, 금고 이상의 형, 장기 심신쇠약으로 직무를 수행할 수 없게 된 때
국가인권위원회위원	국가인권위원회법 파면사유: 금고 이상의 형

4 국가기관의 구성 비교

구분	선출·임명	연임·중임	임기(헌법)	정년(법률)	구성원수
대통령	• 국민에 의한 선출 • 최고득표자가 2인 이상일 경우: 국회 선출	중임 금지	5년	제한 없음	–
대법원장	인사청문회 ⇨ 국회 동의 ⇨ 대통령 임명	중임 금지	6년	70세	–
대법관	대법원장 제청 ⇨ 인사청문회 ⇨ 국회 동의 ⇨ 대통령 임명	연임 가능	6년	70세	• 헌법규정 없음 • 법원조직법: 대법원장 포함 14인
일반 법관	대법관회의 동의 ⇨ 대법원장 임명 ⇨ 대법원장의 퇴직명령 ☑ 주의 퇴직: 인사위원회 심의	연임 가능	10년	65세	–
헌법재판소장	인사청문회 ⇨ 국회 동의 ⇨ 대통령 임명	연임 가능	6년	70세	–
헌법재판소 재판관	• 3인: 인사청문 ⇨ 대통령 임명 • 3인: 인사청문 ⇨ 대법원장 지명 ⇨ 대통령 임명 • 3인: 인사청문 ⇨ 국회 선출 ⇨ 대통령 임명	연임 가능	6년	70세	헌법: 헌법재판소장 포함 9인
중앙선거관리위원회 위원장	중앙선거관리위원회위원 중 호선	연임제한 규정 없음	6년	규정 없음	–
중앙선거관리위원회 위원	• 3인: 국회인사청문 ⇨ 대통령 임명 • 3인: 국회인사청문 ⇨ 대법원장 지명 • 3인: 국회인사청문 ⇨ 국회 선출	연임제한 규정 없음	6년	규정 없음	헌법: 위원장 포함 9인
감사원장	국회인사청문 ⇨ 국회 동의 ⇨ 대통령 임명	중임 가능	4년	70세	–
감사위원	감사원장 제청 ⇨ 대통령 임명	중임 가능	4년	65세	• 헌법: 감사원장 포함 5~11인 • 감사원법: 감사원장 포함 7인
국가인권위원회 위원장	위원 중 대통령 임명	1차에 한해 연임 가능	3년 (법률)	규정 없음	국가인권위원회법: 11인

제5절 법원

1 사법권의 독립

> 헌법 제103조 법관은 헌법과 법률에 의하여 그 양심에 따라 독립하여 심판한다.
> ✅ **주의** 헌법 제103조에서의 양심의 의미
> 주관적 양심 × / 객관적 양심 ○

1. 법원의 독립

(1) 내용

① 입법부로부터의 독립

② 행정부로부터의 독립: 정부는 법원예산편성권·사면권을 가지고, 법원은 명령규칙심사권·행정재판권 등을 가짐(양자의 상호 견제 및 균형)

③ 법원의 자율성: 대법원은 법률에서 저촉되지 아니하는 범위 안에서 소송에 관한 절차, 법원의 내부규율과 사무처리에 관한 규칙을 제정할 수 있음

> ✅ **주의**
> 대법원규칙인 경우에도 포괄위임금지원칙을 준수하여야 함. 다만, 그 정도가 완화되는 것뿐임(헌재 2016.6.30. 2013헌바27)

(2) 한계

입법부로부터 독립의 한계	• 법원의 조직은 의회가 제정하는 법률에 의거하고, 법관의 재판도 의회가 제정한 법률에 구속됨 • 법원의 예산안을 국회가 심의·확정함
행정부로부터 독립의 한계	대법원장과 대법관을 대통령이 임명하고, 법원의 예산안을 정부가 편성함

2. 법관의 독립

(1) 재판상 독립

① 의의

> 헌법 제103조 법관은 헌법과 법률에 의하여 그 양심에 따라 독립하여 심판한다.

② 심판에 있어서의 독립(물적 독립)

📋 **판례정리**

번호	내용	결정
1	약식절차에서 피고인이 정식재판을 청구한 경우 약식명령보다 더 중한 형을 선고할 수 없도록 한 형사소송법 제457조의2가 양형결정권을 침해하는지 여부: **소극** (헌재 2005.3.31. 2004헌가27)	합헌

2	금융기관 임·직원의 수재행위에 대하여 공무원으로 의제하여 가중처벌하는 특정경제범죄 가중처벌 등에 관한 법률 제5조 제4항이 위헌인지 여부: **적극** (헌재 2006.4.27. 2006헌가5) ✅ **주의** 공무원으로 의제하는 것은 가능하나 이 사건의 경우 금융기관 임·직원의 수재행위에 대한 처벌을 공무원의 수뢰죄에 대한 처벌보다 더 무겁게 규정했기 때문에 형벌체계 상의 균형을 잃어 위헌인 사건임. 공무원의 수뢰죄와 동일한 법정형으로 형벌을 규정하는 경우에는 합헌(헌재 2012.12.27. 2011헌바397) ✅ **비교** "공무원"에 구 '제주특별자치도 설치 및 국제자유도시 조성을 위한 특별법' 제299조 제2항의 제주특별자치도통합영향평가심의위원회 심의위원 중 위촉위원이 포함되는 것으로 해석하는 것이 죄형법정주의원칙에 위배됨(헌재 2012.12.27. 2011헌바117)	위헌
3	공무원 등이 그 직무에 관하여 1억 원 이상의 뇌물을 수수하거나 요구·약속한 경우에 무기 또는 10년 이상의 징역으로 처벌하도록 규정한 구 특정범죄 가중처벌 등에 관한 법률 제2조 제1항 제1호 중 형법 제129조 제1항에 관한 부분이 헌법에 위반되는지 여부: **소극** (헌재 2011.6.30. 2009헌바354)	합헌
4	단순마약매수행위를 사형, 무기, 10년 이상의 징역형에 처한다는 특정범죄 가중처벌 등에 관한 법률 제11조 제1항 중 마약류관리에 관한 법률 제58조 제1항 제1호 소정의 "매수" 부분이 법관의 양형결정권을 침해하는지 여부: **적극** (헌재 2003.11.27. 2002헌바24)	위헌
5	흉기 기타 위험한 물건을 휴대하여 형법상 폭행죄, 협박죄, 재물손괴죄를 범한 사람을 가중처벌하는 구 폭력행위 등 처벌에 관한 법률 제3조 제1항 중 "흉기 기타 위험한 물건을 휴대하여 … 죄를 범한 자" 부분이 형벌체계상의 균형을 상실하여 평등원칙에 위배되는지 여부: **적극** (헌재 2015.9.24. 2014헌바154) ✅ **주의** 형벌체계상의 균형을 잃어 위헌인 사건으로 이 사건에서는 심판대상조항의 죄형법정주의의 명확성원칙의 위배 여부도 쟁점이 되었는데, 헌법재판소는 심판대상조항이 죄형법정주의의 명확성원칙에 어긋나지 않는다고 판시함	위헌
6	형법상의 범죄와 똑같은 구성요건을 규정하면서 법정형만 상향조정한 특정범죄 가중처벌 등에 관한 법률 제5조의4 제1항 중 형법 제329조에 관한 부분, 같은 법률 제5조의4 제1항 중 형법 제329조의 미수죄에 관한 부분, 같은 법률 제5조의4 제4항 중 형법 제363조 가운데 형법 제362조 제1항의 '취득'에 관한 부분이 헌법에 위반되는지 여부: **적극** (헌재 2015.2.26. 2014헌가16)	위헌
7	회사정리절차의 개시와 진행의 여부를 실질적으로 금융기관의 의사에 종속시키는 위 규정은, 회사의 갱생가능성 및 정리계획의 수행가능성의 판단을 오로지 법관에게 맡기고 있는 회사정리법의 체계에 위반하여 사법권을 형해화시키는 것으로서, 지시로부터의 독립도 역시 그 내용으로 하는 사법권의 독립에 위협의 소지가 있다(헌재 1990.6.25. 89헌가98 등).	위헌
8	부보(附保)금융기관 파산시 법원으로 하여금 예금보험공사나 그 임직원을 의무적으로 파산관재인으로 선임하도록 하고, 예금보험공사가 파산관재인으로 선임된 경우 파산법상의 파산관재인에 대한 법원의 해임권, 감사위원의 동의권, 법원의 허가권 적용을 배제하고, 부보금융기관의 파산절차가 진행중인 경우 추가로 예금보험공사 또는 그 임직원을 파산관재인으로 선임하도록 한, 공적자금관리특별법 제20조 및 부칙 제3조 중 각 파산관재인 부분이 사법권을 침해하는 여부: **소극** (헌재 2001.3.15. 2001헌가1 등)	합헌

9	허위 신고에 의한 밀수입행위에 대해 징역형과 별도로 '수입한 물품원가의 2배에 상당하는 벌금형'을 필요적으로 병과하도록 하는 규정이 헌법에 위반되는지 여부: **소극** (헌재 2008.4.24. 2007헌가20)	합헌
10	뇌물액이 5천만원 이상인 경우 법정형을 살인죄보다 무겁게 가중처벌하는 것이 헌법에 위반되는지 여부: **소극** (헌재 1995.4.20. 93헌바40)	합헌

(2) 신분상 독립(인적 독립)

① 의의: 재판의 독립이라는 목적을 달성하기 위한 수단

② 법관인사의 독립: 일반 법관은 대법관회의의 동의를 얻어 대법원장이 임명하고(헌법 제104조 제3항), 법관의 보직권은 대법원장에 귀속됨(법원조직법 제44조)

> ✓ **주의**
> • 임명: 대법관회의의 동의 ○ / 법관인사위원회의 동의 ×
> • 대법관후보추천회의에는 행정부 소속 공무원이 속하여 있음

③ 법관자격의 법정주의: 헌법 제101조 제3항

④ 법관의 임기제와 정년제

> **헌법 제105조** ① 대법원장의 임기는 6년으로 하며, 중임할 수 없다.
>
> > ✓ **주의**
> > 대통령도 중임 불가 / 헌재소장은 중임 규정자체가 존재하지 않음
>
> ② 대법관의 임기는 6년으로 하며, 법률이 정하는 바에 의하여 연임할 수 있다.
>
> ③ 대법원장과 대법관이 아닌 법관의 임기는 10년으로 하며, 법률이 정하는 바에 의하여 연임할 수 있다.
>
> > ✓ **주의**
> > 대법원장은 중임 불가 / 대법관이나 일반 법관은 연임 가능
>
> ④ 법관의 정년은 법률로 정한다.
>
> > ✓ **주의**
> > 정년규정 자체는 헌법에 규정되어 있어 다툴 수 없으나, 정년의 나이 자체는 법률에 규정되어 있어 다툴 수 있음
>
> **법원조직법 제45조 【임기·연임·정년】** ④ 대법원장과 대법관의 정년은 각각 70세, 판사의 정년은 65세로 한다.

📋 **판례정리**

번호	내용	결정
1	법관정년제 및 정년에서의 차등제가 위헌인지 여부: **소극** 법관의 정년을 설정함에 있어서, 입법자는 위와 같은 헌법상 설정된 법관의 성격과 그 업무의 특수성에 합치되어야 하고, 관료제도를 근간으로 하는 계층구조적인 일반 행정공무원과 달리 보아야 함은 당연하므로, 고위법관과 일반법관을 차등하여 정년을 설정함은 일응 문제가 있어 보이나, 사법도 심급제도를 염두에 두고 있다는 점과 위에서 살펴본 몇 가지 이유를 감안하여 볼 때, 일반법관의 정년을 대법원장이나 대법관보다 낮은 63세로, 대법관의 정년을 대법원장보다 낮은 65세로 설정한 것이 위헌이라고 단정할 만큼 불합리하다고 보기는 어렵다고 할 것이다(헌재 2002.10.31. 2001헌마557).	기각

⑤ 법관의 신분보장

　㉠ 파면의 제한

> **헌법 제106조** ① 법관은 탄핵 또는 금고 이상의 형의 선고에 의하지 아니하고는 파면되지 아니 ⋯ 한다.
>
>

　㉡ 불이익한 처분의 제한

> **헌법 제106조** ① 법관은 ⋯ 징계처분에 의하지 아니하고는 정직·감봉 기타 불리한 처분을 받지 아니한다.
>
>
>
> **법관징계법 제2조【징계 사유】** 법관에 대한 징계 사유는 다음 각 호와 같다.
> 1. 법관이 직무상 의무를 위반하거나 직무를 게을리한 경우
> 2. 법관이 그 품위를 손상하거나 법원의 위신을 떨어뜨린 경우
>
> **제3조【징계처분의 종류】** ① 법관에 대한 징계처분은 정직·감봉·견책의 세 종류로 한다.
>
> **제5조【위원장 및 위원】** ① 위원회의 위원장은 대법관 중에서 대법원장이 임명하고, 위원은 법관 3명과 다음 각 호에 해당하는 사람 중 각 1명을 대법원장이 각각 임명하거나 위촉한다.
> 1. 변호사
> 2. 법학교수
> 3. 그 밖에 학식과 경험이 풍부한 사람
> ② 예비위원은 법관 중에서 대법원장이 임명한다.
>
> **제8조【징계 등 사유의 시효】** ① 징계 등 청구는 징계 등 사유가 발생한 날부터 다음 각 호의 구분에 따른 기간이 지나면 하지 못한다.
> 1. 징계 등 사유가 다음 각 목의 어느 하나에 해당하는 경우: 10년
>   가. 성매매알선 등 행위의 처벌에 관한 법률 제4조에 따른 금지행위
>   나. 성폭력범죄의 처벌 등에 관한 특례법 제2조에 따른 성폭력범죄
>   다. 아동·청소년의 성보호에 관한 법률 제2조 제2호에 따른 아동·청소년대상 성범죄
>   라. 양성평등기본법 제3조 제2호에 따른 성희롱
> 2. 징계 등 사유가 제7조의2 제1항 각 호의 어느 하나에 해당하는 경우: 5년
> 3. 그 밖의 징계 등 사유에 해당하는 경우: 3년
>
> **제13조【징계의 심의】** ① 위원회는 위원장을 포함한 위원 과반수가 출석한 경우에 심의를 개시한다.
> ④ 징계심의는 공개하지 아니한다.

번호	내용	결정
1	1980년 해직공무원의 보상대상자에서 제외하고 있는 '차관급 이상의 보수를 받는 자'에 법관을 포함시킨 것이 법관의 신분보장규정에 위배되는지 여부: **적극** (헌재 1992.11.12. 91헌가2)	한정위헌
2	대법원장에 의한 법관전보발령처분에 대한 헌법소원에 있어서 행정소송을 거치지 아니한 것이 보충성원칙을 충족하는지 여부: **소극** (헌재 1993.12.23. 92헌마247)	각하

ⓒ 강제퇴직의 제한: 퇴직사유는 헌법이 직접 정하고, 퇴직절차는 법률로 정함

> **헌법 제106조** ② 법관이 중대한 심신상의 장해로 직무를 수행할 수 없을 때에는 법률이 정하는 바에 의하여 퇴직하게 할 수 있다.
>
> **법원조직법 제47조【심신상의 장해로 인한 퇴직】** 법관이 중대한 신체상 또는 정신상의 장해로 직무를 수행할 수 없을 때에는 대법관인 경우에는, 대법원장의 제청으로 대통령이 퇴직을 명할 수 있고, 판사인 경우에는 인사위원회의 심의를 거쳐 대법원장이 퇴직을 명할 수 있다.
>
> ⊘ **비교 퇴직 명령**
> - 대법관: 대법원장의 제청 + 대통령
> - 판사: 인사위원회의 심의 + 대법원장
> - 각각 임용권자가 퇴직을 명함

ⓓ 파견근무의 제한: 대법원장은 다른 국가기관으로부터 법관의 파견근무요청이 있을 경우에 업무의 성질상 타당하고 해당 법관이 동의하는 경우 이를 허가할 수 있음(법원조직법 제50조). 그러나 법관의 파견근무는 권력분립의 정신에 위배되고 사법부의 신뢰를 해칠 가능성이 있으므로 신중을 기하여야 함(권영성)

2 법원의 구성과 조직

> **헌법 제101조** ① 사법권은 법관으로 구성된 법원에 속한다.
> ② 법원은 최고법원인 대법원과 각급 법원으로 조직된다.
> ③ 법관의 자격은 법률로 정한다.
>
> **법원조직법 제3조【법원의 종류】** ① 법원은 다음의 7종류로 한다.
> 1. 대법원
> 2. 고등법원
> 3. 특허법원
> 4. 지방법원
> 5. 가정법원
> 6. 행정법원
> 7. 회생법원
>
> ⊘ **주의**
> 군사법원은 법원의 종류에 포함 ×(군사법원은 특별법원)

1. 대법원

(1) 헌법상 지위

① 최고법원
② 국민의 기본권 보장기관
③ 헌법수호기관
④ 최고사법행정기관

(2) 구성과 조직

① 구성

> 헌법 제102조 ① 대법원에 부를 둘 수 있다.
> ② 대법원에 대법관을 둔다. 다만, 법률이 정하는 바에 의하여 대법관이 아닌 법관을 둘 수 있다.
> ③ 대법원과 각급 법원의 조직은 법률로 정한다.
>
> 법원조직법 제4조 【대법관】 ① 대법원에 대법관을 둔다.
> ② 대법관의 수는 대법원장을 포함하여 14명으로 한다.
>
> ☑ 비교
> • 법관의 수: 헌법에 규정 ✕
> • 헌법재판소 재판관의 수: 헌법에 규정 ○

② 대법원장

> 헌법 제104조 ① 대법원장은 국회의 동의를 얻어 대통령이 임명한다.
>
> 제105조 ① 대법원장의 임기는 6년으로 하며, 중임할 수 없다.
> ④ 법관의 정년은 법률로 정한다.
>
> 법원조직법 제13조 【대법원장】 ① 대법원에 대법원장을 둔다.
> ② 대법원장은 대법원의 일반 사무를 관장하며, 대법원의 직원과 각급 법원 및 그 소속 기관의 사법행정사무에 관하여 직원을 지휘·감독한다.
> ③ 대법원장이 궐위되거나 부득이한 사유로 직무를 수행할 수 없을 때에는 선임대법관이 그 권한을 대행한다.
>
> ☑ 주의
> 선임대법관 ○ / 연장자 ✕
>
> 제44조 【보직】 ① 판사의 보직은 대법원장이 행한다.
>
> 제45조 【임기·연임·정년】 ④ 대법원장과 대법관의 정년은 각각 70세 … 로 한다.
>
> 제70조 【행정소송의 피고】 대법원장이 한 처분에 대한 행정소송의 피고는 법원행정처장으로 한다.

③ 대법관

> 헌법 제104조 ② 대법관은 대법원장의 제청으로 국회의 동의를 얻어 대통령이 임명한다.
>
> 제105조 ② 대법관의 임기는 6년으로 하며, 법률이 정하는 바에 의하여 연임할 수 있다.
> ④ 법관의 정년은 법률로 정한다.
>
> 법원조직법 제45조 【임기·연임·정년】 ④ 대법원장과 대법관의 정년은 각각 70세, 판사의 정년은 65세로 한다.

④ 대법관회의

> 헌법 제104조 ③ 대법원장과 대법관이 아닌 법관은 대법관회의의 동의를 얻어 대법원장이 임명한다.
>
> 법원조직법 제16조【대법관회의의 구성과 의결방법】① 대법관회의는 대법관으로 구성되며, 대법원장이 그 의장이 된다.
> ② 대법관회의는 대법관 전원의 3분의 2 이상의 출석과 출석인원 과반수의 찬성으로 의결한다.
> ③ 의장은 의결에서 표결권을 가지며, 가부동수일 때에는 결정권을 가진다.
>
> 제17조【대법관회의의 의결사항】다음 각 호의 사항은 대법관회의의 의결을 거친다.
> 1. 판사의 임명 및 연임에 대한 동의
> 2. 대법원규칙의 제정과 개정 등에 관한 사항
> 3. 판례의 수집·간행에 관한 사항
> 4. 예산 요구, 예비금 지출과 결산에 관한 사항
> 5. 다른 법령에 따라 대법관회의의 권한에 속하는 사항
> 6. 특히 중요하다고 인정되는 사항으로서 대법원장이 회의에 부친 사항
>
> 제45조의2【판사의 연임】① 임기가 끝난 판사는 인사위원회의 심의를 거치고 대법관회의의 동의를 받아 대법원장의 연임발령으로 연임한다.
> ② 대법원장은 다음 각 호의 어느 하나에 해당한다고 인정되는 판사에 대해서는 연임발령을 하지 아니한다.
> 1. 신체상 또는 정신상의 장해로 판사로서 정상적인 직무를 수행할 수 없는 경우
> 2. 근무성적이 현저히 불량하여 판사로서 정상적인 직무를 수행할 수 없는 경우
> 3. 판사로서의 품위를 유지하는 것이 현저히 곤란한 경우

구분	대법관회의	전원합의체
구성	대법관 전원	대법관 전원
의결방법	대법관 전원의 3분의 2 이상 출석과 출석과반수	대법관 전원의 3분의 2 이상 출석과 출석과반수
대법원장의 지위	의장	재판장
가부동수인 경우 결정권	의장에게 결정권 ○	재판장에게 결정권 ×
의결사항	판사의 임명 및 연임에 대한 동의, 대법원규칙 제·개정, 판례수집·간행, 예산요구·예비금지출과 결산에 관한 사항	명령 또는 규칙이 헌법이나 법률에 위반됨을 인정하여 종전 대법원의 헌법·법률·명령 또는 규칙의 해석적용에 관한 의견을 변경할 때, 부에서 재판함이 적당하지 아니한 사건

> 법원조직법 제41조의2【대법관후보추천위원회】③ 위원은 다음 각 호에 해당하는 사람을 대법원장이 임명하거나 위촉한다.
> 1. 선임대법관
> 2. 법원행정처장
> 3. 법무부장관

4. 대한변호사협회장

5. 사단법인 한국법학교수회 회장

6. 사단법인 법학전문대학원협의회 이사장

7. 대법관이 아닌 법관 1명

8. 학식과 덕망이 있고 각계 전문 분야에서 경험이 풍부한 사람으로서 변호사 자격을 가지지 아니한 사람 3명. 이 경우 1명 이상은 여성이어야 한다.

> ☑ **주의**
> 사법권의 독립을 위하여 현행 법원조직법은 대법관후보추천위원회를 구성하고 있음

(3) 관할

> 헌법 제107조 ① 법률이 헌법에 위반되는 여부가 재판의 전제가 된 경우에는 법원은 헌법재판소에 제청하여 그 심판에 의하여 재판한다.
> ② 명령·규칙 또는 처분이 헌법이나 법률에 위반되는 여부가 재판의 전제가 된 경우에는 대법원은 이를 최종적으로 심사할 권한을 가진다.

① 헌법재판소: 법률이 헌법에 위반되는지 여부

② 대법원

　㉠ 명령·규칙 또는 처분이 헌법이나 법률에 위반되는지 여부

　㉡ 다른 법률에 따라 대법원의 관할인 사건의 예로는 선거소송과 당선소송(공직선거법 제222조, 제223조), 기관소송(지방자치법 제157조의2 제3항) 등이 있음

(4) 심판

> 법원조직법 제7조 【심판권의 행사】 ① 대법원의 심판권은 대법관 전원의 3분의 2 이상의 합의체에서 행사하며, 대법원장이 재판장이 된다. 다만, 대법관 3명 이상으로 구성된 부에서 먼저 사건을 심리하여 의견이 일치한 경우에 한정하여 다음 각 호의 경우를 제외하고 그 부에서 재판할 수 있다.
> 1. 명령 또는 규칙이 헌법에 위반된다고 인정하는 경우
> 2. 명령 또는 규칙이 법률에 위반된다고 인정하는 경우
> 3. 종전에 대법원에서 판시한 헌법·법률·명령 또는 규칙의 해석 적용에 관한 의견을 변경할 필요가 있다고 인정하는 경우
> 4. 부에서 재판하는 것이 적당하지 아니하다고 인정하는 경우
>
> > ☑ **주의**
> > 위 4가지 경우는 반드시 전원합의체에서 재판을 해야 하는 경우임
>
> ② 대법원장은 필요하다고 인정하는 경우에 특정한 부로 하여금 행정·조세·노동·군사·특허 등의 사건을 전담하여 심판하게 할 수 있다.
>
> 제15조 【대법관의 의사표시】 대법원 재판서에는 합의에 관여한 모든 대법관의 의견을 표시하여야 한다.
>
> 제65조 【합의의 비공개】 심판의 합의는 공개하지 아니한다.
>
> > ☑ **주의**
> > • 판결은 반드시 공개
> > • 공판준비절차, 소송법상 결정, 명령은 공개 불요
> > • 합의는 비공개
> > • 심리는 원칙이 공개(예외적인 경우 비공개 가능)

2. 특별법원

> 헌법 제110조 ① 군사재판을 관할하기 위하여 특별법원으로서 군사법원을 둘 수 있다.
> ② 군사법원의 상고심은 대법원에서 관할한다.
> ③ 군사법원의 조직·권한 및 재판관의 자격은 법률로 정한다.
> ④ 비상계엄하의 군사재판은 군인·군무원의 범죄나 군사에 관한 간첩죄의 경우와 초병·초소·유독
> 음식물공급·포로에 관한 죄 중 법률이 정한 경우에 한하여 단심으로 할 수 있다. 다만, 사형을 선고
> 한 경우에는 그러하지 아니하다.

(1) 특별법원의 설치가능성

① 모든 재판은 법관이 담당하여야 하며 대법원을 최종심으로 하여야 하는 것으로 규정하고 있는데, 법관이 아닌 자에 의한 재판이 가능한지 또는 대법원을 최종심으로 하지 아니하는 특별법원을 설치할 수 있는지가 문제가 됨

② 군사법원을 일반 법원과 조직권한 및 재판관의 자격을 달리하여 특별법원으로 설치할 수 있다는 뜻으로 해석하며, 예외법원설의 태도를 취하고 있음(헌재 1996.10.31. 93헌바25)

⊘ **주의**
법률만으로는 특별법원을 설치할 수 없음

(2) 특별법원으로서의 군사법원

군사법원은 재판이 법관의 자격이 없는 국군장교에 의하여 행하여지고 또 비상계엄하의 일정한 범죄에 대하여 단심으로 재판할 수 있다는 점에서 **특별법원에 해당함**

선생님 tip 군사법원은 별(대장)들이 모인 곳

(3) 특수법원과 특별법원 비교

구분	특수법원	특별법원
의의	법관의 자격을 가진 자가 재판을 담당하고 상고가 인정되며, 특별한 종류의 사건에 한해 재판권을 행사하는 법원	법관의 자격을 가지지 않은 자로 구성되거나 대법원이 최종심이 아닌 법원
헌법상 근거 필요 여부	법률로 설치 가능	헌법상 근거가 반드시 필요함
예	특허법원, 가정법원, 행정법원	군사법원

(4) 행정심판위원회

① 일반행정심판위원회와 특별행정심판위원회(해양안전심판원과 특허심판부 등)가 있음

② 법관이 아닌 일반 공무원에 의해 준사법적 심판이 이루어지나 재판의 전심절차에 불과하므로 위헌이 아님

1. 재판의 심급제

> 헌법 제101조 ① 사법권은 법관으로 구성된 법원에 속한다.
>   ② 법원은 최고법원인 대법원과 각급 법원으로 조직된다.
> 제107조 ③ 재판의 전심절차로서 행정심판을 할 수 있다. 행정심판의 절차는 법률로 정하되, 사법절차가 준용되어야 한다.
>   ✓ **주의**
>   행정심판은 헌법에 근거 규정이 있음

(1) 3심제의 원칙

① 헌법은 심급제도에 관하여 규정하는 바가 없으므로 입법자의 광범위한 형성권에 맡겨져 있음
② 법원조직법은 3심제를 원칙으로 규정함 ⇨ 민사·형사·행정소송도 3심제를 채택함

(2) 3심제에 대한 예외

① 단심제

　㉠ 대통령, 국회의원, 비례대표시·도의원, 시·도지사의 선거 관련 소송: 대법원의 전속 관할(단심제)
　㉡ 비상계엄하의 군사재판

> 헌법 제110조 ④ 비상계엄하의 군사재판은 군인·군무원의 범죄나 군사에 관한 간첩죄의 경우와 초병·초소·유독음식물공급·포로에 관한 죄 중 법률이 정한 경우에 한하여 단심으로 할 수 있다. 다만, 사형을 선고한 경우에는 그러하지 아니하다.

　㉢ 지방자치단체 기관소송

> 지방자치법 제120조 【지방의회의 의결에 대한 재의 요구와 제소】 ③ 지방자치단체의 장은 제2항에 따라 재의결된 사항이 법령에 위반된다고 인정되면 대법원에 소를 제기할 수 있다. (후략)
>   ✓ **주의**
>   대법원에 소 ○ / 고등법원에 소 ✕
>
> 제188조 【위법·부당한 명령이나 처분의 시정】 ⑥ 지방자치단체의 장은 제1항, 제3항 또는 제4항에 따른 자치사무에 관한 명령이나 처분의 취소 또는 정지에 대하여 이의가 있으면 그 취소처분 또는 정지처분을 통보받은 날부터 15일 이내에 대법원에 소를 제기할 수 있다.
>   ✓ **주의**
>   시정명령에 대해서는 대법원에 소를 제기할 수 없음
>
> 제189조 【지방자치단체의 장에 대한 직무이행명령】 ⑥ 지방자치단체의 장은 제1항의 이행명령에 이의가 있으면 이행명령서를 접수한 날부터 15일 이내에 대법원에 소를 제기할 수 있다. (후략)
>
> 제192조 【지방의회 의결의 재의와 제소】 ④ 지방자치단체의 장은 제3항에 따라 재의결된 사항이 법령에 위반된다고 판단되면 재의결된 날부터 20일 이내에 대법원에 소를 제기할 수 있다. (후략)
>   ✓ **비교 대법원에 소 제기**
>   • 중앙 vs 지방자치단체의 장: 15일
>   • 지방의회 vs 지방자치단체의 장: 20일

ㄹ 국민투표무효확인소송

> 국민투표법 제92조【국민투표무효의 소송】국민투표의 효력에 관하여 이의가 있는 투표인은 <u>투표인 10만인</u> 이상의 찬성을 얻어 <u>중앙선거관리위원회위원장</u>을 피고로 하여 투표일로부터 <u>20일</u> 이내에 <u>대법원</u>에 제소할 수 있다.
>
> **선생님 tip** 국민투표무효 소송: 10만, 선관위원장, 20('투'표이니까 '2'0일)일 이내

ㅁ 법관징계처분에 대한 불복소송

> 법관징계법 제27조【불복절차】① 피청구인의 징계 등 처분에 대하여 불복하려는 경우에는 징계 등 처분이 있음을 안 날부터 <u>14일</u> 이내에 전심절차를 거치지 아니하고 <u>대법원</u>에 징계 등 처분의 취소를 청구하여야 한다.
> ② 대법원은 제1항의 취소청구사건을 <u>단심으로</u> 재판한다.

ㅂ 주민투표소송

> 주민투표법 제25조【주민투표소송 등】② 제1항의 소청에 대한 결정에 불복하려는 경우 관할 <u>선거관리위원회위원장</u>을 피고로 하여 그 결정서를 받은 날(결정서를 받지 못한 때에는 결정기간이 종료된 날을 말한다)부터 <u>10일</u> 이내에 시·도에 있어서는 대법원에, 시·군·구에 있어서는 관할 고등법원에 소를 제기할 수 있다.
>
> ☑ **주의**
> 광역 ⇨ 대법원 / 기초 ⇨ 고등법원

ㅅ 주민소환투표소송

> 주민소환에 관한 법률 제24조【주민소환투표소송 등】② 제1항의 규정에 따른 <u>소청에 대한 결정</u>에 관하여 불복이 있는 소청인은 <u>관할선거관리위원회위원장</u>을 피고로 하여 그 결정서를 받은 날(결정서를 받지 못한 때에는 공직선거법 제220조 제1항의 규정에 의한 결정기간이 종료된 날을 말한다)부터 <u>10일</u> 이내에 지역구시·도의원, 지역구자치구·시·군의원 또는 시장·군수·자치구의 구청장을 대상으로 한 주민소환투표에 있어서는 그 선거구를 관할하는 <u>고등법원</u>에, 시·도지사를 대상으로 한 주민소환투표에 있어서는 <u>대법원</u>에 소를 제기할 수 있다.
>
> ☑ **주의**
> 광역 장 ⇨ 대법원 / 광역 의원, 기초 장·의원 ⇨ 고등법원

② 2심제(고등법원을 거쳐 대법원이 판단)

선생님 tip 'ㅈ'으로 시작하는 것들이 2심제인 경우 多

ㄱ 지역구시·도의원선거, 자치구·시·군의원 및 장선거 관련 소송

> ☑ **주의**
> 비례대표는 2심제가 아님

ㄴ **특허소송**: 제1심은 특허법원(고등법원급)에서 관할, 제2심은 대법원에서 관할 ⇨ 2심제 규정

2. 재판의 공개주의

> 헌법 제109조 재판의 심리와 판결은 공개한다. 다만, 심리는 <u>국가의 안전보장 또는 안녕질서를 방해하거나 선량한 풍속을 해할 염려가 있을 때에는 법원의 결정으로 공개하지 아니할 수 있다.</u>
>
> ✓ **주의**
> - 법원의 결정으로 공개하지 아니할 수 있다. ○
> - 대법원 규칙으로 미리 공개하지 않을 사항을 정한다. ×

원칙	• 재판의 심리와 판결은 공개(헌법 제109조 본문) • 공개대상은 '재판'이므로 민사·형사·행정·선거소송절차는 공개하나, 가사비송절차나 그 밖의 비송절차는 공개의 대상이 아님 • 공개대상은 '심리와 판결'이므로 공판준비절차는 공개하지 않아도 됨 • 공개대상은 '판결'이므로 소송법상의 결정이나 명령은 공개하지 않아도 됨
예외	• 심리는 국가의 안전보장 또는 안녕질서를 방해하거나 선량한 풍속을 해할 염려가 있을 때에는 법원의 결정으로 공개하지 아니할 수 있음(헌법 제109조 단서) • 비공개는 심리에 관해서만 가능하고, 판결은 반드시 공개하여야 함
위법한 비공개재판의 효력	당연무효가 되는 것은 아니지만 항소이유 또는 상고이유가 됨

📑 판례정리

번호	내용	결정
1	공개금지사유가 없거나 공개금지사유를 알 수 없는 경우 공개금지결정에 따라 비공개로 진행된 증인신문절차에 의하여 이루어진 증언의 증거능력이 인정되는지 여부: **소극** (대판 2013.7.26. 2013도2511)	기각

4 권한

1. 쟁송재판권

민사재판권, 형사재판권, 행정재판권, 선거쟁송재판권

📑 판례정리

번호	내용	결정
1	법관이 형사재판의 양형에 있어 법률에 기속되는 것은 헌법 제103조의 규정에 따른 것으로서 헌법이 요구하는 법치국가원리의 당연한 귀결이며, 법관의 양형판단재량권 특히 집행유예 여부에 관한 재량권은 어떠한 경우에도 제한될 수 없다고 볼 성질의 것이 아니므로, 강도상해죄를 범한 자에 대하여는 법률상의 감경사유가 없는 한 집행유예의 선고가 불가능하도록 한 것이 사법권의 독립 및 법관의 양형판단재량권을 침해 내지 박탈하는 것으로서 헌법에 위반된다고는 볼 수 없다(헌재 2001.4.26. 99헌바43).	합헌

2. 명령·규칙심사권

(1) 주체

각급 법원과 대법원	명령·규칙심사권의 주체는 대법원을 비롯한 각급 법원(군사법원 포함)이며, 명령·규칙의 위헌·위법 여부를 최종적으로 심사할 권한은 대법원이 가짐
헌법재판소가 주체가 될 수 있는지 여부	대법원은 헌법 제107조 제2항을 근거로 명령·규칙의 심사는 법원의 전속적 권한이라는 견해를 표명하였으나, 헌법재판소는 대법원규칙인 법무사법 시행규칙에 대한 헌법소원을 인용함으로써 긍정설의 입장임(헌재 1990.10.15. 89헌마178)

(2) 내용

① 요건
- ㉠ 명령 또는 규칙이 헌법이나 법률에 위반되는지 여부가 재판의 전제가 되어야 함
- ㉡ 법원에 계속 중인 구체적인 사건에서 문제가 되는 명령·규칙이 그 사건에 적용되고 그 명령·규칙의 위헌·위법 여부에 따라 다른 내용의 재판을 하는 경우를 의미함

② 대상

명령	위헌·위법심사의 대상이 되는 명령은 법규명령이며, 위임명령·집행명령과 대통령령·총리령·부령 여부를 불문 ⇨ 명령과 동일한 효력을 가지는 조약이나 협정도 심사의 대상에 포함됨(다수설)
규칙	• 대국민적 구속력을 가지는 규칙으로 국회제정규칙·헌법재판소규칙·대법원규칙·중앙선거관리위원회 규칙·지방자치단체의 조례와 규칙 중 법규명령으로서의 규칙이 해당됨 • 대외적 구속력이 없는 일반적인 행정규칙은 여기에 해당하지 않음 • 그러나 법령보충적 행정규칙과 같이 법규명령적 효력을 갖는 것 또는 재량권행사의 준칙으로서 자기구속적 행정관행을 이루게 되어 대외적인 구속력을 갖게 되는 것은 위헌·위법심사의 대상이 되는 규칙에 해당됨(헌재 2004.10.28. 99헌바91)

③ 범위: 법원의 명령·규칙심사에는 형식적 효력에 관한 심사(적법한 제정 및 공포절차 심사)뿐만 아니라 실질적 효력에 관한 심사(내용이 상위규범에 위반하는지 여부를 심사)도 포함함

(3) 방법과 절차

① 명령·규칙에 대한 최종적인 심판은 대법원이 함

② 대법관 3인으로 구성된 부에서는 헌법과 법률에 합치됨을 인정할 수 있으나, 위반됨을 인정할 수는 없음

> ✓ **주의**
> 위헌 또는 위법임을 인정하는 경우에는 전원합의체에서 심판

(4) 효력 – 개별적 효력부인설(적용거부설)

법원은 그 명령 또는 규칙을 당해 사건에 적용하는 것을 거부할 수 있을 뿐 그 무효를 선언할 수는 없음(다수설)

3. 위헌법률심판제청권

> 헌법 제107조 ① 법률이 헌법에 위반되는 여부가 재판의 전제가 된 경우에는 법원은 헌법재판소에 제청하여 그 심판에 의하여 재판한다.
>
> 헌법재판소법 제41조【위헌 여부 심판의 제청】① 법률이 헌법에 위반되는지 여부가 재판의 전제가 된 경우에는 당해 사건을 담당하는 법원(군사법원을 포함한다. 이하 같다)은 직권 또는 당사자의 신청에 의한 결정으로 헌법재판소에 위헌 여부 심판을 제청한다.

(1) 개념

법률이 헌법에 위반되는지 여부가 재판의 전제가 된 때 법원이 직권으로 또는 소송당사자의 신청으로 헌법재판소에 위헌법률심판을 제청하는 권한을 의미함

(2) 주체

① 대법원과 각급 법원(군사법원 포함)
② 제청할 것인지 제청신청을 기각할 것인지는 당해 사건을 담당하는 법원이 결정함

(3) 요건 – 재판의 전제성

재판	위헌법률심판을 제청하기 위해서는 법률의 위헌 여부가 재판의 전제가 되는 경우이어야 함 ⇨ 여기서 '재판'이란 증거채부결정, 중간판결, 영장발부 여부에 관한 재판, 보석허가결정 등도 재판의 전제성에서의 재판에 포함됨 ⚬ **주의** 각종 재판들 모두 재판의 전제성에 포함됨
전제성	• **구체적인 사건**이 **법원에 계속 중**이어야 함 ⚬ **주의** 항소 취하의 경우는 전제성 ○ / 임의조정 성립·소송종료·소 취하의 경우는 전제성 × • 위헌 여부가 문제되는 법률이 당해 소송사건의 재판에 적용되고, 그 법률이 헌법에 위반되는지의 여부에 따라 다른 내용의 재판을 하게 되는 경우 ⚬ **주의** 재판의 결론이나 주문이 달라질 경우뿐만 아니라 재판의 결론을 이끌어 내는 이유를 달리하거나 재판의 내용과 효력에 관한 법률적 의미가 전혀 달라지는 경우를 포함함(헌재 1993.5.13. 92헌가10)

(4) 대상

① 법률

현행법률	위헌법률심판 당시를 기준으로 하여 효력을 가진 형식적 의미의 법률
폐지되거나 개정된 법률	그 위헌 여부가 관련 소송사건의 재판의 전제가 되어 있다면 헌법재판소의 위헌심판의 대상이 됨(헌재 1994.6.30. 92헌가18)
입법부작위	• 진정입법부작위: 위헌법률심판의 대상이 되지 않음. 다만, 헌법소원은 예외적으로 가능 • 부진정입법부작위: 불완전한 법률조항 자체를 대상으로 위헌제청

② 긴급명령·긴급재정경제명령
③ 조약: 국회의 동의를 얻어 체결된 조약은 위헌법률심판대상이 됨(헌재 2001.9.27. 2000헌바20)
④ 긴급조치: 위헌법률심판의 대상인지에 대하여 헌법재판소는 긍정하나, 대법원은 부정
⑤ 관습법: 위헌법률심판의 대상인지에 대하여 헌법재판소는 긍정하나, 대법원은 부정
⚬ **주의**
형사재판은 관습법에 따라 재판할 수 없음

(5) 절차

① 직권 또는 신청에 의한 제청

> 헌법재판소법 제41조【위헌 여부 심판의 제청】① 법률이 헌법에 위반되는지 여부가 재판의 전제
> 가 된 경우에는 당해 사건을 담당하는 법원(군사법원을 포함한다. 이하 같다)은 직권 또는 당
> 사자의 신청에 의한 결정으로 헌법재판소에 위헌 여부 심판을 제청한다.
> ④ 위헌 여부 심판의 제청에 관한 결정에 대하여는 항고할 수 없다.

② 제청서의 기재사항

> 헌법재판소법 제43조【제청서의 기재사항】법원이 법률의 위헌 여부 심판을 헌법재판소에 제청할
> 때에는 제청서에 다음 각 호의 사항을 적어야 한다.
> 1. 제청법원의 표시
> 2. 사건 및 당사자의 표시
> 3. 위헌이라고 해석되는 법률 또는 법률의 조항
> 4. 위헌이라고 해석되는 이유
> 5. 그 밖에 필요한 사항
>
> ⊘ 주의
> 위헌여부심판을 헌법재판소에 제청할 때에는 합리적인 의심이 존재하는 경우면 족하고, 반드시 승소할 것이라는 확신이
> 필요한 것은 아님

③ 대법원 경유: 대법원 외의 법원이 제청을 할 때에는 대법원을 경유하여야 하나(헌법재판소법 제
41조 제5항), 대법원에 불송부결정권은 인정되지 않음

(6) 효과

> 헌법재판소법 제42조【재판의 정지 등】① 법원이 법률의 위헌 여부 심판을 헌법재판소에 제청한 때
> 에는 당해 소송사건의 재판은 헌법재판소의 위헌 여부의 결정이 있을 때까지 정지된다. 다만, 법
> 원이 긴급하다고 인정하는 경우에는 종국재판 외의 소송절차를 진행할 수 있다.

4. 법정질서유지권

(1) 주체

원래 법원이 주체가 되지만, 재판장을 주체로 인정함

(2) 내용

> 법원조직법 제58조【법정의 질서유지】① 법정의 질서유지는 재판장이 담당한다.
> ② 재판장은 법정의 존엄과 질서를 해할 우려가 있는 사람의 입정 금지 또는 퇴정을 명할 수 있
> 고 그 밖에 법정의 질서유지에 필요한 명령을 할 수 있다.
>
> 제59조【녹화 등의 금지】누구든지 법정 안에서는 재판장의 허가 없이 녹화, 촬영, 중계방송 등의
> 행위를 하지 못한다.

(3) 법정질서문란행위에 대한 제재

> 법원조직법 제61조【감치 등】① 법원은 직권으로 법정 내외에서 제58조 제2항의 명령 또는 제59조
> 를 위반하는 행위를 하거나 폭언, 소란 등의 행위로 법원의 심리를 방해하거나 재판의 위신을
> 현저하게 훼손한 사람에 대하여 결정으로 20일 이내의 감치에 처하거나 100만원 이하의 과태료
> 를 부과할 수 있다. 이 경우 감치와 과태료는 병과할 수 있다.
> ⑤ 제1항의 재판에 대해서는 항고 또는 특별항고를 할 수 있다.

5 대법원규칙제정권

> 헌법 제108조 대법원은 법률에서 저촉되지 아니하는 범위 안에서 소송에 관한 절차, 법원의 내부규율과
> 사무처리에 관한 규칙을 제정할 수 있다.

1. 제정주체

(1) 대법원

대법원만 규칙제정권을 가지며, 하급법원은 규칙제정권을 가지지 않음

(2) 하급법원에 위임

헌법에 아무런 근거가 없으므로 대법원은 규칙제정권을 하급법원에 위임할 수 없음

2. 대상

(1) 소송절차에 관한 사항

(2) 법원의 내부규율에 관한 사항

(3) 법원의 사무처리에 관한 사항

재판사무 자체가 아니라 재판사무의 분배 등 사무처리방법에 관한 사항으로 사법행정사무의 처
리, 호적, 등기 등에 관한 사무의 처리 등이 포함됨

(4) 헌법 제108조 규정 이외의 사항

헌법 제108조가 대법원규칙사항 규정은 예시규정에 불과하고, 그 밖의 사항도 법원의 권한에 속하
는 것은 대법원규칙으로 정할 수 있음

3. 통제

헌법재판소는 명령·규칙 그 자체에 의하여 직접 기본권이 침해되었음을 이유로 헌법소원심판을 청구
하는 것은 무방하다 하여 대법원규칙인 법무사법 시행규칙에 관한 헌법소원사건에서 헌법재판소의 위
헌심사권을 긍정함(헌재 1990.10.15. 89헌마178)

gosi.Hackers.com

제4편
헌법재판론

헌법재판 일반론

제1절 헌법상 지위

1 헌정사

구분	위헌법률심판	탄핵심판	위헌정당해산	권한쟁의	헌법소원	기타
제1공화국	헌법위원회	탄핵재판소	×	×	×	–
제2공화국	헌법재판소 (추상적·구체적 통제)			○	×	대통령·대법원장· 대법관선거소송
제3공화국	일반법원, 대법원	탄핵심판 위원회	대법원	×	×	–
제4공화국	헌법위원회			×	×	대법원의 불송부 결정권
제5공화국	헌법위원회			×	×	대법원의 불송부 결정권
제6공화국	헌법재판소					대법원의 불송부 결정권 불인정

2 헌법재판소와 법원 관련 쟁점

1. 명령·규칙에 대한 위헌심사권

대법원의 입장	• 법률의 위헌 여부는 헌법재판소가 심사하고, 명령·규칙의 위헌 여부는 법원이 심사함 • 명령·규칙이 국민의 권리를 직접 침해하는 경우, 행정소송의 대상이 됨 ⇨ 법원의 전속적 권한
헌법재판소의 입장	명령·규칙이 직접 기본권을 침해하는 경우 헌법재판소가 위헌심사를 할 수 있음

2. 변형결정의 기속력

대법원의 입장	• 한정위헌결정에도 불구하고 법률조항은 존속하므로 법령의 해석·적용의 권한은 법원에 전속되는 것 • 한정위헌결정에 표현되어 있는 헌법재판소의 법률해석에 관한 견해는 법원에 대해 기속력을 가질 수 없음
헌법재판소의 입장	• 헌법재판소의 한정위헌결정은 헌법에 정한 권한에 속하는 법률에 대한 위헌심사의 한 유형에 해당함 • 당연히 기속력이 인정됨

3. 법원의 재판에 대한 헌법소원

대법원의 입장	한정위헌결정의 기속력을 인정하지 않는 입장에서 예외적으로 법원의 재판이 헌법소원심판의 대상이 될 수 있다는 헌법재판소의 입장을 받아들이지 않음
헌법재판소의 입장	헌법재판소가 위헌으로 결정하여 그 효력을 상실한 법률을 적용함으로써 국민의 기본권을 침해하는 재판은 예외적으로 헌법소원심판의 대상이 될 수 있음(헌재 1997.12.24. 96헌마172 · 173)

제2절 구성과 조직

1 구성

> 헌법 제111조 ② 헌법재판소는 법관의 자격을 가진 9인의 재판관으로 구성하며, 재판관은 대통령이 임명한다.
> ③ 제2항의 재판관 중 3인은 국회에서 선출하는 자를, 3인은 대법원장이 지명하는 자를 임명한다.
> ④ 헌법재판소의 장은 국회의 동의를 얻어 재판관 중에서 대통령이 임명한다.

2 조직

1. 헌법재판소장

> 헌법재판소법 제12조 【헌법재판소장】 ① 헌법재판소에 헌법재판소장을 둔다.
> ② 헌법재판소장은 국회의 동의를 받아 재판관 중에서 대통령이 임명한다.
> ③ 헌법재판소장은 헌법재판소를 대표하고, 헌법재판소의 사무를 총괄하며, 소속 공무원을 지휘·감독한다.
> ④ 헌법재판소장이 궐위(闕位)되거나 부득이한 사유로 직무를 수행할 수 없을 때에는 다른 재판관이 헌법재판소규칙으로 정하는 순서에 따라 그 권한을 대행한다.
> ☑ 주의 헌법재판소장의 권한 대행
> 연장자, 선임헌법재판소 재판관 × / 헌법재판소규칙으로 정하는 순서 ○
>
> 제10조의2 【입법 의견의 제출】 헌법재판소장은 헌법재판소의 조직, 인사, 운영, 심판절차와 그 밖에 헌법재판소의 업무와 관련된 법률의 제정 또는 개정이 필요하다고 인정하는 경우에는 국회에 서면으로 그 의견을 제출할 수 있다.

(1) 대법원장과 헌법재판소장의 비교

구분	대법원장	헌법재판소장
임기	6년	6년
중임 여부	중임 불가능	연임 가능
정년	70세	70세
국회동의	필요	필요
인사청문기관	인사청문특별위원회	인사청문특별위원회
권한대행	선임대법관	헌법재판소규칙으로 정하는 순서

(2) 헌법기관장 권한대행 순서 비교

헌법기관장	권한대행 순서
대통령	국무총리 ⇨ 부총리(기획재정부 ⇨ 교육부) ⇨ 정부조직법 순서에 따름
국무총리	부총리(기획재정부 ⇨ 교육부) ⇨ 대통령의 지명을 받은 국무위원 ⇨ 지명이 없는 경우에는 정부조직법 순서에 따름
국회의장	의장이 지정하는 부의장 ⇨ 지정이 없는 경우에는 의원수가 많은 교섭단체 소속 부의장
대법원장	선임대법관 ⇨ 2인 이상인 때에는 연장자
헌법재판소장	• 일시적인 사고: 임명일자 순서 ⇨ 임명일자가 같은 경우 연장자 • 궐위 또는 1개월 이상 사고: 재판관회의에서 선출
감사원장	최장기간 재직한 감사위원 ⇨ 2인 이상인 때에는 연장자
중선위원장	상임위원 ⇨ 위원장·상임위원이 모두 사고일 때에는 위원 중에서 임시위원장 호선

2. 헌법재판관

(1) 자격

> 헌법재판소법 제5조 【재판관의 자격】 ① 재판관은 다음 각 호의 어느 하나에 해당하는 직에 <u>15년 이상</u> 있던 <u>40세</u> 이상인 사람 중에서 임명한다. 다만, 다음 각 호 중 둘 이상의 직에 있던 사람의 재직기간은 합산한다.
> 1. 판사, 검사, 변호사
> 2. 변호사의 자격이 있는 사람으로서 국가기관, 국영·공영기업체, 공공기관 운영에 관한 법률 제4조에 따른 공공기관 또는 그 밖의 법인에서 법률에 관한 사무에 종사한 사람
> 3. 변호사 자격이 있는 사람으로서 공인된 대학의 법률학 조교수 이상의 직에 있던 사람
>
> ☑ **비교 대법관**
> 대법원장과 대법관은 20년 이상 다음 각 호의 직(職)에 있던 45세 이상의 사람 중에서 임용(법원조직법 제42조 제1항)
>
> 제6조 【재판관의 임명】 ① 재판관은 대통령이 임명한다. 이 경우 재판관 중 3명은 국회에서 선출하는 사람을, 3명은 대법원장이 지명하는 사람을 임명한다.
> ② 재판관은 국회의 인사청문을 거쳐 임명·선출 또는 지명하여야 한다. 이 경우 대통령은 재판관(국회에서 선출하거나 대법원장이 지명하는 사람은 제외한다)을 임명하기 전에, 대법원장은 재판관을 지명하기 전에 인사청문을 요청한다.

③ 재판관의 임기가 만료되거나 정년이 도래하는 경우에는 임기만료일 또는 정년도래일까지 후임자를 임명하여야 한다.

④ 임기 중 재판관이 결원된 경우에는 결원된 날부터 30일 이내에 후임자를 임명하여야 한다.

⑤ 제3항 및 제4항에도 불구하고 국회에서 선출한 재판관이 국회의 폐회 또는 휴회 중에 그 임기가 만료되거나 정년이 도래한 경우 또는 결원된 경우에는 국회는 다음 집회가 개시된 후 30일 이내에 후임자를 선출하여야 한다.

(2) 임기·연임·정년

헌법 제112조 ① 헌법재판소 재판관의 임기는 6년으로 하며, 법률이 정하는 바에 의하여 연임할 수 있다.

헌법재판소법 제7조【재판관의 임기】① 재판관의 임기는 6년으로 하며, 연임할 수 있다.

② 재판관의 정년은 70세로 한다.

구분	대법관	헌법재판소 재판관
자격	45세 이상, 20년 이상의 법조경력을 가진 자	40세 이상, 15년 이상의 법조경력을 가진 자
임기	6년	6년
임명	대법원장 제청으로 대통령이 임명	모두 대통령이 임명
지명	×	• 3인은 국회선출 • 3인은 대법원장 지명 • 3인은 대통령 지명
연임 여부	연임 가능	연임 가능
재판관 수	대법원장을 포함하여 14인(법원조직법)	9인(헌법)
국회동의요부	필요	필요 ×
정년	70세	70세
인사청문기관	인사청문특별위원회	• 국회선출 3인: 인사청문특별위원회 • 대통령 임명 3인, 대법원장 지명 3인: 소관 상임위원회
탄핵대상 해당 여부	해당	해당

(3) 직무와 신분

헌법 제112조 ② 헌법재판소 재판관은 정당에 가입하거나 정치에 관여할 수 없다.

③ 헌법재판소 재판관은 탄핵 또는 금고 이상의 형의 선고에 의하지 아니하고는 파면되지 아니한다.

3. 재판관회의

구분	대법관회의	헌법재판관회의
구성	대법관 전원	헌법재판관 전원
의결방법	대법관 전원의 3분의 2 이상 출석 + 출석 과반수 찬성	재판관 전원의 3분의 2 초과 출석 + 출석 과반수 찬성
가부동수인 경우 결정권	의장에게 결정권 있음	의장에게 결정권 없음
의결사항	• 판사의 임명 및 연임에 대한 동의 • 대법원규칙 제·개정 • 판례수집·간행 • 예산요구·예비금지출과 결산에 관한 사항	• 헌법재판소규칙 제·개정 • 예산요구·예비금지출과 결산에 관한 사항 • 사무처장 등 3급 이상 공무원 임면에 관한 사항

제3절 심판절차

1 재판부

1. 전원재판부

> 헌법재판소법 제22조 【재판부】 ① 이 법에 특별한 규정이 있는 경우를 제외하고는 헌법재판소의 심판은 재판관 전원으로 구성되는 재판부에서 관장한다.
> ② 재판부의 재판장은 헌법재판소장이 된다.

2. 지정재판부

> 헌법재판소법 제72조 【사전심사】 ① 헌법재판소장은 헌법재판소에 재판관 3명으로 구성되는 지정재판부를 두어 헌법소원심판의 사전심사를 담당하게 할 수 있다.
> ③ 지정재판부는 다음 각 호의 어느 하나에 해당되는 경우에는 지정재판부 재판관 전원의 일치된 의견에 의한 결정으로 헌법소원의 심판청구를 각하한다.
> 1. 다른 법률에 따른 구제절차가 있는 경우 그 절차를 모두 거치지 아니하거나 또는 법원의 재판에 대하여 헌법소원의 심판이 청구된 경우
> 2. 제69조의 청구기간이 지난 후 헌법소원심판이 청구된 경우
> 3. 제25조에 따른 대리인의 선임 없이 청구된 경우
> 4. 그 밖에 헌법소원심판의 청구가 부적법하고 그 흠결을 보정할 수 없는 경우
>
> ⚠ 주의
> • 지정재판부는 해당 헌법소원 심판청구가 명백히 부적법하거나 이유 없는 경우에는 전원 '각하'함 ✕
> • 청구가 명백히 부적법할 때 = 각하 / 이유가 없는 경우 = 기각
>
> ④ 지정재판부는 전원의 일치된 의견으로 제3항의 각하결정을 하지 아니하는 경우에는 결정으로 헌법소원을 재판부의 심판에 회부하여야 한다. 헌법소원심판의 청구 후 30일이 지날 때까지 각하결정이 없는 때에는 심판에 회부하는 결정(이하 '심판회부결정'이라 한다)이 있는 것으로 본다.

제73조【각하 및 심판회부 결정의 통지】① 지정재판부는 헌법소원을 각하하거나 심판회부결정을 한 때에는 그 결정일부터 <u>14일</u> 이내에 청구인 또는 그 대리인 및 피청구인에게 그 사실을 통지하여야 한다. 제72조 제4항 후단의 경우에도 또한 같다.

> **주의**
> 각하하거나 심판회부결정을 한 때 14일 ○ / 30일 ×

(1) 헌법재판소법 제68조 제1항의 헌법소원뿐만 아니라 헌법재판소법 제68조 제2항의 헌법소원심판도 지정재판부의 사전심사를 거쳐야 함

(2) 지정재판부는 '각하' 결정 또는 전원재판부에 회부하는 결정(심판회부결정)만을 할 수 있고 본안결정인 '기각' 결정은 할 수 없음

📑 판례정리

번호	내용	결정
1	지정재판부제도가 재판청구권을 침해하여 위헌인지 여부: **소극** (헌재 2004.4.29. 2003헌마783)	기각

3. 재판관의 제척·기피·회피

헌법재판소법 제24조【제척·기피 및 회피】① 재판관이 다음 각 호의 어느 하나에 해당하는 경우에는 그 직무집행에서 제척된다.
1. 재판관이 당사자이거나 당사자의 배우자 또는 배우자였던 경우
2. 재판관과 당사자가 친족관계이거나 친족관계였던 경우
3. 재판관이 사건에 관하여 증언이나 감정을 하는 경우
4. 재판관이 사건에 관하여 당사자의 대리인이 되거나 되었던 경우
5. 그 밖에 재판관이 헌법재판소 외에서 직무상 또는 직업상의 이유로 사건에 관여한 경우
② 재판부는 직권 또는 당사자의 신청에 의하여 제척의 결정을 한다.
③ 재판관에게 공정한 심판을 기대하기 어려운 사정이 있는 경우 당사자는 기피신청을 할 수 있다. 다만, 변론기일에 출석하여 본안에 관한 진술을 한 때에는 그러하지 아니하다.
④ <u>당사자는 동일한 사건에 대하여 2명 이상의 재판관을 기피할 수 없다.</u>
⑤ 재판관은 제1항 또는 제3항의 사유가 있는 경우에는 재판장의 허가를 받아 회피할 수 있다.
⑥ 당사자의 제척 및 기피신청에 관한 심판에는 민사소송법 제44조, 제45조, 제46조 제1항·제2항 및 제48조를 준용한다.

> 헌법재판소법 제25조【대표자·대리인】① 각종 심판절차에서 <u>정부가 당사자</u>(참가인을 포함한다. 이하 같다)인 경우에는 <u>법무부장관이</u> 이를 대표한다.
> ② 각종 심판절차에서 당사자인 국가기관 또는 지방자치단체는 변호사 또는 변호사의 자격이 있는 소속 직원을 대리인으로 선임하여 심판을 수행하게 할 수 있다.
> ③ 각종 심판절차에서 당사자인 사인은 변호사를 대리인으로 선임하지 아니하면 심판청구를 하거나 심판수행을 하지 못한다. 다만, 그가 변호사의 자격이 있는 경우에는 그러하지 아니하다.

헌법재판소법 제25조 제3항 변호사강제주의규정은 사인이 당사자로 되는 심판청구인 탄핵심판청구와 헌법소원심판청구에 있어서 적용됨. 정당해산심판도 사인이 당사자인 심판절차이므로 변호사강제주의가 적용됨

📑 판례정리

번호	내용	결정
1	변호사강제주의가 위헌인지 여부: 소극 그런데 한편 헌법재판소법 제70조에서는 국선대리인제도를 두어 헌법소원심판청구에서 변호사를 대리인으로 선임할 자력이 없는 경우에는 당사자의 신청에 의하여 국고에서 그 보수를 지급하게 되는 국선대리인을 선정해 주도록 되어 있다. 따라서 무자력자의 헌법재판을 받을 권리를 크게 제한하는 것이라 하여도 이와 같이 국선대리인 제도라는 대상조치가 별도로 마련되어 있는 이상 그러한 제한을 두고 재판을 받을 권리의 본질적 내용의 침해라고는 볼 수 없을 것이다(헌재 1990.9.3. 89헌마120 등). ✅ 주의 변호사강제주의가 무자력자의 헌법재판을 받을 권리를 크게 제한하는 것은 맞음	기각

3 심판청구

> 헌법재판소법 제26조【심판청구의 방식】① 헌법재판소에의 심판청구는 심판절차별로 정하여진 청구서를 헌법재판소에 제출함으로써 한다. 다만, <u>위헌법률심판에서는 법원의 제청서, 탄핵심판에서는 국회의 소추의결서의 정본으로 청구서를 갈음한다.</u>
> 제27조【청구서의 송달】① 헌법재판소가 청구서를 접수한 때에는 지체 없이 그 등본을 피청구기관 또는 피청구인(이하 '피청구인'이라 한다)에게 송달하여야 한다.
> ② 위헌법률심판의 제청이 있으면 법무부장관 및 당해 소송사건의 당사자에게 그 제청서의 등본을 송달한다.

1. 심판청구의 취하

(1) 청구인은 헌법재판소의 결정선고시까지 청구를 취하할 수 있음

(2) 청구가 취하되면 처음부터 소송계속이 없었던 것이 되어 원칙적으로 소송이 종료되고, 헌법재판의 소송절차는 더 이상 진행할 수 없음
✅ 주의
심판청구의 취하에 대한 규정은 없음. 그러나 민사소송을 준용하여 취하가 가능함

번호	내용	결정
1	헌법소원심판청구의 취하가 허용되는지 여부: 적극 (헌재 1995.12.15. 95헌마221 등)	취하
2	권한쟁의심판청구의 취하가 허용되는지 여부: 적극 (헌재 2001.5.8. 2000헌라1)	취하
3	헌법소원심판청구 '취하의 취소'가 허용되는지 여부: 소극 (헌재 2005.3.31. 2004헌마911)	취하

2. 중복청구의 금지

3. 병합청구

하나의 심판청구로 헌법재판소법 제68조 제1항에 의한 헌법소원심판청구와 제68조 제2항에 의한 헌법소원심판청구를 병합하여 제기할 수 있음(헌재 2010.3.25. 2007헌마933)

4 심리

1. 심리의 정족수

> 헌법재판소법 제23조【심판정족수】① 재판부는 재판관 7명 이상의 출석으로 사건을 심리한다.

2. 심리원칙

(1) 심리의 방식

> 헌법재판소법 제30조【심리의 방식】① 탄핵의 심판, 정당해산의 심판 및 권한쟁의의 심판은 구두변론에 의한다.
> ② 위헌법률의 심판과 헌법소원에 관한 심판은 서면심리에 의한다. 다만, 재판부는 필요하다고 인정하는 경우에는 변론을 열어 당사자, 이해관계인 그 밖의 참고인의 진술을 들을 수 있다.
>
> ☑ **주의**
> 탄핵심판, 정당해산심판, 권한쟁의심판 등 자기 방어권이 보장되어야 하는 경우: 구두변론(대심구조)
>
> ③ 재판부가 변론을 열 때에는 기일을 정하여 당사자와 관계인을 소환하여야 한다.

(2) 심판의 공개

> 헌법재판소법 제34조【심판의 공개】① 심판의 변론과 결정의 선고는 공개한다. 다만, 서면심리와 평의는 공개하지 아니한다.
>
> ☑ **주의**
> • 원칙: 구두변론 / 공개
> • 예외: 서면심리 / 비공개
>
> 제36조【종국결정】③ 심판에 관여한 재판관은 결정서에 의견을 표시하여야 한다.
>
> ☑ **주의**
> 국회는 헌법재판소법을 개정하여 모든 사건에서 심판에 관여한 재판관은 의견을 표시하도록 명문화함(대법원도 동일)

번호	내용	결정
1	노무현 대통령 탄핵심판사건에서 소수의견을 표시하여야 하는지 여부: **소극** (헌재 2004.5.14. 2004헌나1)	기각

3. 증거조사와 자료제출 요구 등

(1) 증거조사

헌법재판소법 제31조【증거조사】① 재판부는 사건의 심리를 위하여 필요하다고 인정하는 경우에는 직권 또는 당사자의 신청에 의하여 다음 각 호의 증거조사를 할 수 있다.
1. 당사자 또는 증인을 신문(訊問)하는 일
2. 당사자 또는 관계인이 소지하는 문서·장부·물건 또는 그 밖의 증거자료의 제출을 요구하고 영치(領置)하는 일
3. 특별한 학식과 경험을 가진 자에게 감정을 명하는 일
4. 필요한 물건·사람·장소 또는 그 밖의 사물의 성상(性狀)이나 상황을 검증하는 일

(2) 자료제출 요구

헌법재판소법 제32조【자료제출 요구 등】재판부는 결정으로 다른 국가기관 또는 공공단체의 기관에 심판에 필요한 사실을 조회하거나, 기록의 송부나 자료의 제출을 요구할 수 있다. 다만, 재판·소추 또는 범죄수사가 진행 중인 사건의 기록에 대하여는 송부를 요구할 수 없다.

4. 심판기간과 심판비용

(1) 심판기간

헌법재판소법 제38조【심판기간】헌법재판소는 심판사건을 접수한 날부터 180일 이내에 종국결정의 선고를 하여야 한다. 다만, 재판관의 궐위로 7명의 출석이 불가능한 경우에는 그 궐위된 기간은 심판기간에 산입하지 아니한다.

⊘ **주의**
위 규정의 180일은 훈시규정에 불과함

번호	내용	결정
1	헌법재판의 심판 기간을 180일로 정한 헌법재판소법 제38조가 신속한 재판을 받을 권리를 침해하는지 여부: **소극** (헌재 2009.7.30. 2007헌마732)	기각

(2) 심판비용

> **헌법재판소법 제37조【심판비용 등】** ① 헌법재판소의 심판비용은 국가부담으로 한다. 다만, 당사자의 신청에 의한 증거조사의 비용은 헌법재판소규칙으로 정하는 바에 따라 그 신청인에게 부담시킬 수 있다.
> ② 헌법재판소는 헌법소원심판의 청구인에 대하여 헌법재판소규칙으로 정하는 공탁금의 납부를 명할 수 있다.

5. 일사부재리원칙

(1) 이미 심판을 거친 동일한 사건에 대하여는 다시 심판할 수 없음(헌법재판소법 제39조) ⇨ '동일한 사건'이란 동일 청구인이 동일한 심판유형에서 동일 심판대상에 대하여 다투는 경우를 전제로 함

(2) 심판대상이 동일한 법률조항이라 하더라도 심판유형이 다르거나 청구인이 다른 경우에는 '동일한 사건'이 아님

(3) 당사자와 심판대상이 동일하더라도 '당해 사건'이 다른 경우에는 동일한 사건이 아니므로 일사부재리의 원칙이 적용되지 않음

📋 판례정리

번호	내용	결정
1	헌법소원심판청구가 부적법하여 각하결정을 한 경우에 보정 없이 동일한 청구를 하는 것이 허용되는지 여부: **소극** (헌재 2001.6.28. 98헌마485)	각하
2	심판청구유형이 다른 경우에도 동일한 사건인지 여부: **소극** (헌재 1997.6.26. 96헌가8 등)	합헌
3	헌법소원심판에서 민사소송법 제83조 제1항과 같은 공동심판참가신청이 허용되는지 여부: **적극** (헌재 2013.12.26. 2011헌마499)	각하

6. 준용규정

> **헌법재판소법 제40조【준용규정】** ① 헌법재판소의 심판절차에 관하여는 이 법에 특별한 규정이 있는 경우를 제외하고는 헌법재판의 성질에 반하지 아니하는 한도에서 <u>민사소송</u>에 관한 법령을 준용한다. 이 경우 <u>탄핵심판</u>의 경우에는 <u>형사소송</u>에 관한 법령을 준용하고, <u>권한쟁의심판 및 헌법소원심판</u>의 경우에는 <u>행정소송법</u>을 함께 준용한다.

5 결정

1. 정족수

> 헌법재판소법 제23조【심판정족수】② 재판부는 종국심리에 관여한 재판관 과반수의 찬성으로 사건에 관한 결정을 한다. 다만, 다음 각 호의 어느 하나에 해당하는 경우에는 재판관 6명 이상의 찬성이 있어야 한다.
> 1. 법률의 위헌결정, 탄핵의 결정, 정당해산의 결정 또는 헌법소원에 관한 인용결정을 하는 경우
>   ☑ **주의**
>   헌법에 명문화 ○
> 2. 종전에 헌법재판소가 판시한 헌법 또는 법률의 해석 적용에 관한 의견을 변경하는 경우
>   ☑ **주의**
>   헌법에 명문화 × / 헌법재판소법에만 명문화 ○

2. 결정서

> 헌법재판소법 제36조【종국결정】① 재판부가 심리를 마쳤을 때에는 종국결정을 한다.
> ② 종국결정을 할 때에는 다음 각 호의 사항을 적은 결정서를 작성하고 심판에 관여한 재판관 전원이 이에 서명날인하여야 한다.
> 1. 사건번호와 사건명
> 2. 당사자와 심판수행자 또는 대리인의 표시
> 3. 주문
> 4. 이유
> 5. 결정일

3. 결정유형

(1) 헌법재판은 적법성 심사, 타당성 심사의 순서로 이루어짐

(2) 적법성 심사는 요건심리이고, 타당성 심사는 본안판단에 해당함

(3) 본안판단에 있어서는 심판청구가 이유 없는 경우 기각결정, 이유 있는 경우 인용결정을 함

☑ **주의**
위헌법률심판에 있어서는 합헌·위헌결정을 하게 됨

4. 가처분제도

(1) 요건

① 피청구기관의 처분 등이나 그 집행 또는 절차의 속행으로 인하여 생길 회복하기 어려운 손해를 예방할 필요가 있거나 기타 공공복리상의 중대한 사유가 있어야 함

② 그 처분의 효력을 정지시켜야 할 긴급한 필요가 있는 경우에 당사자의 신청 또는 직권에 의하여 가처분을 발할 수 있음

번호	내용	결정
1	법무부장관에게 변호사시험의 합격자가 결정되면 즉시 합격자의 성명을 공개하는 방법으로 공고하도록 하는 변호사시험법 규정의 효력을 본안 사건의 종국결정 선고시까지 정지할 것인지 여부: **적극** (헌재 2018.4.6. 2018헌사242·245)	인용
2	법령의 효력을 가처분으로 정지한 사례 군사법원에 따라 재판을 받는 미결수용자의 면회 횟수를 주 2회로 정하고 있는 군행형법 시행령 제43조 제2항 본문 중 전단 부분의 효력을 가처분으로 정지시켜야 할 필요성이 있는지 여부: **적극** (헌재 2002.4.25. 2002헌사129)	위헌

(2) 다른 심판절차에도 가처분이 허용되는지 여부

문제점	헌법재판소법은 정당해산심판 및 권한쟁의심판에 대해서만 가처분에 관한 규정을 두고 있음
헌법재판소의 태도	헌법재판소법은 명문의 규정을 두고 있지는 않으나, 같은 법 제68조 제1항 헌법소원심판 절차에서도 가처분의 필요성이 있을 수 있으므로, 가처분이 허용된다고 함(헌재 2000.12.8. 2000헌사471)

5. 종국결정의 선고

> 헌법재판소법 제38조【심판기간】헌법재판소는 심판사건을 접수한 날부터 180일 이내에 종국결정의 선고를 하여야 한다. 다만, 재판관의 궐위로 7명의 출석이 불가능한 경우에는 그 궐위된 기간은 심판기간에 산입하지 아니한다.

심판사건을 접수한 날로부터 180일 이내에 종국결정의 선고를 하여야 함

6. 결정서송달

> 헌법재판소법 제36조【종국결정】④ 종국결정이 선고되면 서기는 지체 없이 결정서 정본을 작성하여 당사자에게 송달하여야 한다.

7. 공시

> 헌법재판소법 제36조【종국결정】⑤ 종국결정은 헌법재판소규칙으로 정하는 바에 따라 관보에 게재하거나 그 밖의 방법으로 공시한다.

8. 헌법재판소 결정의 효력

(1) 확정력(명문규정 ×)

불가변력	• 동일한 심판사건에서 자신이 내린 결정을 더 이상 취소하거나 변경할 수 없음 • 법적 안정성을 위해 인정되는 효력으로 자기구속력이라고도 함
불가쟁력 (형식적 확정력)	헌법재판소의 결정에 대해서는 더 이상의 상급심이 존재하지 않으므로, 당사자는 그 결정에 대하여 더 이상 다툴 수 없음
기판력 (실질적 확정력)	• 심판당사자는 당해 소송뿐만 아니라 후소에서도 동일한 사항에 대하여 다시 심판을 청구하지 못함 • 선행판단과 모순되는 판단을 할 수 없는 효력을 의미함(헌법재판소)

(2) 기속력

> 헌법재판소법 제47조【위헌결정의 효력】① 법률의 위헌결정은 법원과 그 밖의 국가기관 및 지방자치단체를 기속한다.
>
> 제67조【결정의 효력】① 헌법재판소의 권한쟁의심판의 결정은 모든 국가기관과 지방자치단체를 기속한다.
>
> 제75조【인용결정】① 헌법소원의 인용결정은 모든 국가기관과 지방자치단체를 기속한다.
>
> ⊘ 주의
> 권한쟁의의 모든 결정은 기속력이 존재하나, 그 외의 심판에서는 인용결정만이 기속력을 지님

결정준수의무	모든 국가기관은 헌법재판소의 결정에 따라야 하며, 국가기관이 어떤 처분을 행할 경우 헌법재판소결정을 존중하여야 하는 의무를 의미함
반복금지의무	모든 국가기관에 대하여 헌법재판소의 결정에서 문제된 심판대상뿐만 아니라, 동일 사정하에서 동일한 이유에 근거한 동일 내용의 공권력 행사나 불행사를 금지

(3) 법규적 효력

> 헌법재판소법 제47조【위헌결정의 효력】② 위헌으로 결정된 법률 또는 법률의 조항은 그 결정이 있는 날부터 효력을 상실한다.
> ③ 제2항에도 불구하고 형벌에 관한 법률 또는 법률의 조항은 소급하여 그 효력을 상실한다. 다만, 해당 법률 또는 법률의 조항에 대하여 종전에 합헌으로 결정한 사건이 있는 경우에는 그 결정이 있는 날의 다음 날로 소급하여 효력을 상실한다.

국가기관뿐만 아니라 일반 사인에게도 그 효력이 미치는 일반적 구속력, 즉 대세효를 가짐

📑 판례정리

번호	내용	결정
1	종전의 합헌결정이 있는 날의 다음 날로 소급하여 효력을 상실하는 경우 합헌결정이 있는 날의 다음 날 이후에 유죄판결이 선고되어 확정되었다면, 비록 범죄행위가 그 이전에 행하여졌더라도 그 판결은 위헌결정으로 인하여 소급하여 효력을 상실한 법률 또는 법률의 조항을 적용한 것으로서 '위헌으로 결정된 법률 또는 그 법률의 조항에 근거한 유죄의 확정판결'에 해당하므로 이에 대하여 재심을 청구할 수 있다(대결 2016.11.10. 2015모1475).	파기환송

제2장 위헌법률심판

1 요건

1. 형식적 요건 – 법원의 제청

> 헌법재판소법 제26조【심판청구의 방식】① 헌법재판소에의 심판청구는 심판절차별로 정하여진 청구서를 헌법재판소에 제출함으로써 한다. 다만, 위헌법률심판에서는 법원의 제청서, 탄핵심판에서는 국회의 소추의결서(訴追議決書)의 정본(正本)으로 청구서를 갈음한다.
>
> 제27조【청구서의 송달】② 위헌법률심판의 제청이 있으면 법무부장관 및 당해 소송사건의 당사자에게 그 제청서의 등본을 송달한다.

(1) 법원(군사법원 포함)은 직권 또는 당사자의 신청에 의한 결정으로써 헌법재판소에 위헌 여부의 심판을 제청함

(2) 제청서라는 서면으로 함

(3) 하급법원은 대법원을 경유하여야 하나, 이는 형식적인 경유로서 대법원이 불송부결정권을 가지는 것은 아님

📋 판례정리

번호	내용	결정
1	법원이 위헌심판제청을 할 경우 위헌에 대한 확신을 요하는지 여부: **소극** (헌재 1995.2.23. 92헌바18; 헌재 1993.12.23. 93헌가2) ✅ **주의** 합리적 의심이면 족함	소극

2. 실질적 요건 – 재판의 전제성

(1) 재판

① 판결·결정·명령 등 형식 여하를 불문하며, 본안에 관한 재판인지, 소송절차(소송비용이나 가집행)에 관한 재판인지 여부를 불문 ⇨ 다만, 재판장의 녹음불허가에 대한 이의신청은 재판에 해당되지 않는다고 판시함(헌재 2011.6.30. 2008헌바81)

② 법률조항의 위헌 여부에 따라 그 의사결정의 결론이 달라질 경우, 우선 헌법재판소에 위헌 여부의 심판을 제청한 뒤 헌법재판소의 심판에 의하여 재판하여야 함

③ 재판에는 법원이 행하는 구속기간갱신결정은 물론 증거채부결정, 영장발부 여부에 관한 재판, 보석허가결정, 인지첩부를 명하는 보정명령, 체포·구속적부심사청구에 관한 재판에 관한 재판도 포함

번호	내용	결정
1	재판의 전제성요건에 있어서 '재판'의 의미에 종국재판뿐만 아니라 중간재판도 포함되는지 여부: **적극** (헌재 1996.12.26. 94헌바1)	위헌

(2) 전제성

① 전제

ㄱ 구체적인 사건이 법원에 계속 중이어야 함

ㄴ 위헌 여부가 문제되는 법률이 당해 소송사건의 재판과 관련하여 적용되는 것

ㄷ 그 법률이 헌법에 위반되는지에 따라 법원이 다른 내용의 재판을 하게 되는 경우를 의미함. 다른 내용의 재판을 하게 되는 경우일 것의 의미는 재판의 결론이나 주문에 어떠한 영향을 주는 경우뿐만 아니라, 주문자체에는 영향을 주지는 않더라도 재판의 결론을 이끌어내는 이유를 달리하는데 관련되어 있거나 재판의 내용과 효력에 관한 법률적 의미가 달라지는 경우도 포함함

② 원칙: 재판의 전제성은 심판제청시만 아니라 헌법재판소의 결정시에도 법률의 위헌여부심판제청시만 아니라 심판시에도 갖추어져야 함

③ 예외: 위헌 여부의 해명이 헌법적으로 중요성이 있는데도 그 해명이 없거나, 기본권침해의 반복 위험성이 있는데도 그 법률조항에 대한 위헌심판의 기회를 갖기 어려운 경우에는 위헌제청 당시 재판의 전제성이 인정되는 한 당해 소송이 종료되었더라도 예외적으로 객관적인 헌법질서의 수호·유지를 위하여 심판의 필요성이 인정됨(헌재 1993.12.23. 93헌가2)

⊘ **주의**
적어도 위헌제청 '당시'에는 재판의 전제성이 있어야 함

번호	내용	결정
1	당해 사건에 간접 적용되는 법률조항에 대해서도 재판의 전제성이 인정되는지 여부: **적극** (헌재 1998.10.15. 96헌바77)	–
2	승소한 당사자가 재심을 청구할 수 있는지 여부: **소극** (헌재 2000.7.20. 99헌바61)	각하
3	승소판결을 받았더라도 그 판결이 확정되지 아니한 경우 재판의 전제성이 인정되는지 여부: **적극** (헌재 2013.6.27. 2011헌바247)	–
4	유신헌법에 따른 긴급조치와 관련된 사건에서 당사자가 무죄확정판결을 받았더라도 재판의 전제성이 인정되는지 여부: **적극** 원칙적으로는 재판의 전제성이 인정되지 아니하나 법률과 같은 효력이 있는 규범인 긴급조치의 위헌 여부에 대한 헌법적 해명이 필요하고, 당해사건의 대법원판결은 대세적 효력이 없는 데 비하여 형벌조항에 대한 헌법재판소의 위헌결정은 대세적 기속력을 가지고 유죄 확정판결에 대한 재심사유가 되는 점을 비추어 볼 때 예외적으로 객관적인 헌법질서의 수호·유지 및 관련 당사자의 권리구제를 위하여 심판의 필요성이 인정된다(헌재 2013.3.21. 2010헌바132).	위헌

청소년의 성보호에 관한 법률 제2조 제3호 및 제8조 제1항이 당해 형사사건의 공소사실에 적용될 수 없음에도 재판의 전제성을 긍정한 사례

| 5 | 각 규정은 당해사건에 적용될 수 없어 일응 재판의 전제성을 부인하여야 할 것으로 보이나, 아직 법원에 의하여 그 해석이 확립된 바 없어 당해 형사사건에의 적용 여부가 불명인 상태에서 검사가 그 적용을 주장하며 공소장에 적용법조로 적시하였고, 법원도 적용가능성을 전제로 재판의 전제성을 긍정하여 죄형법정주의 위반 등의 문제점을 지적하면서 위헌법률심판제청을 하여 온 이상, 헌법재판소로서는 그 법령을 해석하여 이에 대한 판단을 하여야 하고 법원은 그 판단을 전제로 당해사건을 재판하게 되는 것이므로, 위 각 규정은 그 해석에 의하여 당해 형사사건에의 적용 여부가 결정된다는 측면에서 재판의 전제성을 인정하여야 한다(헌재 2002.4.25. 2001헌가27). | 합헌 |

(3) 재판의 전제성요건에 대한 판단

법원의 견해를 존중하는 것이 원칙이나, 헌법재판소가 직권으로 조사 가능(헌재 1996.10.4. 96헌가6)

📋 판례정리

번호	내용	결정
1	재판의 전제성에 대한 제청법원의 견해가 헌법재판소를 구속하는지 여부: 소극 (헌재 1996.10.4. 96헌가6)	합헌
2	재판의 전제성은 법률의 위헌여부심판제청시만 아니라 심판시에도 갖추어져야 하는지 여부: 적극 (헌재 1993.12.23. 93헌가2)	위헌
3	위헌법률심판 계속 중 '재판전제성'이 소멸되었으나, 심판의 필요성이 인정되는 경우에는 본안심판이 가능한지 여부: 적극 (헌재 1993.12.23. 93헌가2)	위헌
4	폐지된 법률조항이라도 재판의 전제성을 인정하여 위헌법률심판이 가능한지 여부: 적극 (헌재 1996.10.4. 93헌가13)	위헌
5	헌법불합치결정에서 정한 잠정적용기간 동안 헌법불합치결정을 받은 법률조항에 따라 퇴직연금 환수처분이 이루어졌고, 환수처분의 후행처분으로 압류처분이 내려진 경우에, 압류처분의 무효확인을 구하는 당해 소송에서 헌법불합치결정에 따라 개정된 법률조항이 당해 소송의 재판의 전제가 되는지 여부: 소극 (헌재 2013.8.29. 2010헌바241)	각하
6	헌법재판소법 제68조 제2항이 법원에 합헌판단권을 부여하는 규정인지 여부: 소극 (헌재 1993.7.29. 90헌바35)	각하
7	비록 공소장의 '적용법조'란에 적시된 법률조항이라 하더라도, 당해 사건에서 법원이 적용하지 아니한 법률조항 역시 재판의 전제성이 인정되지 않는다(헌재 1997.1.16. 89헌마240).	각하
8	당해 사건이 재심사건인 경우, 심판대상조항이 '재심청구 자체의 적법 여부에 대한 재판'에 적용되는 법률조항이 아니라 '본안 사건에 대한 재판'에 적용될 법률조항이라면 '재심청구가 적법하고, 재심의 사유가 인정되는 경우'에 한하여 재판의 전제성이 인정될 수 있다(헌재 2019.10.22. 2019헌바390).	각하

1. 법률

현행법률	국회가 제정한 법률로서 공포되고 효력을 가진 형식적 의미의 법률을 의미함
폐지되거나 개정된 법률	원칙은 대상이 되지 않으나, 개정법 부칙에 의해 구법이 종전 사건에 계속 적용되는 경우(헌재 1996.8.29. 94헌바15)와 폐지된 법률에 의한 권리침해가 계속되어 재판의 전제가 되는 경우는 위헌법률심판의 대상성을 인정할 수 있음(헌재 1989.12.18. 89헌마32) ⊘ **주의** 공포는 되었으나 시행되기 전에 폐지된 법률도 심판대상이 아님
입법의 부작위	• 진정입법부작위: 위헌법률심판의 대상이 되지 않음 • 부진정입법부작위: 불완전한 법률조항 자체를 대상으로 위헌제청을 하여야 함
처벌의 근거가 된 법률조항	• 재심 개시 결정 이후의 본안사건에 대한 심판: 재판의 전제성 ○ • 재심 개시 여부를 결정하는 재판: 재판의 전제성 X

2. 긴급명령·긴급재정경제명령

법률과 동일한 효력이므로, 위헌법률심판의 대상이 됨

3. 조약

법률적 효력을 가지는 조약이면 위헌법률심판의 대상이 됨

4. 헌법규정

헌법의 개별규정 자체는 헌법재판소법 제68조 제2항의 헌법소원에 의한 위헌심사의 대상이 아니며, 이념적·논리적으로는 헌법규범 상호간의 우열을 인정할 수 있는 것이 사실이지만 … 어느 헌법규정이 다른 규정의 효력을 전면적으로 부인할 수 있을 정도의 효력상 차등을 의미하는 것이라고는 볼 수 없음(헌재 1995.12.28. 95헌바3)

5. 법률해석(한정위헌청구)

(1) 판례변경으로 한정위헌을 구하는 청구도 원칙적으로 적법하다고 봄

(2) 다만, 단순히 법률조항의 포섭이나 적용의 문제를 다투거나, 의미 있는 헌법문제에 대한 주장 없이 재판결과만을 다투는 헌법소원 심판 청구는 여전히 허용되지 않음(헌재 2012.12.27. 2011헌바117)

6. 긴급조치

대법원	유신헌법에 근거한 긴급조치는 국회의 입법권행사라는 실질을 전혀 가지지 못한 것으로서 헌법재판소의 위헌심판대상이 되는 '법률'에 해당한다고 할 수 없고, 긴급조치의 위헌 여부에 대한 심사권은 최종적으로 대법원에 속함(대판 2010.12.16. 2010도5986)
헌법재판소	긴급조치들은 유신헌법 제53조에 근거한 것으로 … 헌법과 동일한 효력을 가지는 것으로 보기는 어렵지만, 표현의 자유 등 기본권을 제한하고 형벌로 처벌하는 규정을 두고 있으며, 영장주의나 법원의 권한에 대한 특별한 규정 등을 두고 있는 점에 비추어 보면, 이 사건 긴급조치들은 최소한 법률과 동일한 효력을 가지는 것이므로, 그 위헌 여부 심사권한은 헌법재판소에 전속함(헌재 2013.3.21. 2010헌바132)

7. 관습법

대법원	관습법은 법원(法院)에 의하여 발견되고 성문의 법률에 반하지 아니하는 경우에 한하여 보충적인 법원(法源)이 되는 것에 불과하여 헌법재판소의 위헌법률심판의 대상이 아님(대결 2009.5.28. 2007카기134)
헌법재판소	법률과 같은 효력을 가지는 이 사건 관습법도 헌법소원심판의 대상이 되고, 단지 형식적인 의미의 법률이 아니라는 이유로 그 예외가 될 수는 없음(헌재 2013.2.28. 2009헌바129)

판례정리

번호	내용	결정
1	이미 위헌결정이 선고된 법률에 대한 위헌법률심판제청이 적법한지 여부: 소극 (헌재 2009.3.26. 2007헌가5)	각하
2	대통령령이 위헌법률심판대상인지 여부: 소극 (헌재 1996.10.4. 96헌가6)	각하
3	대통령령이 헌법재판소법 제68조 제2항에 의한 헌법소원의 대상이 되는지 여부: 소극 (헌재 1999.1.28. 97헌바90)	각하
4	조례가 헌법재판소법 제68조 제2항에 의한 헌법소원의 대상이 될 수 있는지 여부: 소극 (헌재 1998.10.15. 96헌바77)	각하
5	유신헌법에 근거한 대통령의 긴급조치가 위헌법률심판대상이 되는지 여부: 소극 (대판 2010.12.16. 2010도5986)	위헌
6	긴급조치가 위헌법률심판대상인지 여부: 적극 (헌재 2013.3.21. 2010헌바132)	위헌
7	민법 시행 이전의 분재청구권에 관한 구 관습법이 위헌법률심사대상이 되는지 여부: 적극 (헌재 2013.2.28. 2009헌바129)	각하

3 기준과 내용

1. 기준

(1) 헌법재판소

관습헌법(불문헌법)을 성문헌법과 동일한 헌법적 효력을 인정함으로써 위헌심판의 기준으로 인정함(헌재 2004.5.14. 2004헌나1)

(2) 자연법과 정의

위헌법률심판의 기준이 될 수 있는지에 대해 견해가 대립함

판례정리

번호	내용	결정
1	헌법의 기본원리가 위헌법률심판의 심사기준이 될 수 있는지 여부: 적극 (헌재 1996.4.25. 92헌바47) ⊘ 주의 헌법의 기본원리가 구체적 기본권을 도출하는 근거로 될 수는 없음	위헌

2. 내용

(1) 합헌성의 판단

성립절차(형식적 합헌성), 내용(실질적 합헌성) 판단

(2) 판단의 범위

> 헌법재판소법 제45조【위헌결정】헌법재판소는 제청된 법률 또는 법률조항의 위헌 여부만을 결정한다. 다만, 법률조항의 위헌결정으로 인하여 해당 법률 전부를 시행할 수 없다고 인정될 때에는 그 전부에 대하여 위헌결정을 할 수 있다.

원칙	당해 사건에서 **효력**에 의문이 제기된 법률 또는 법률조항에 한정
예외 (심판 범위의 확장)	• 헌법재판소는 피청구인 또는 심판대상을 직권으로 확정하기도 함 • 당해 법률 전부를 시행할 수 없다고 인정될 경우: 그 전부에 대하여 위헌의 결정(헌법재판소법 제45조 단서)을 할 수 있음 • 위헌제청된 법률조항과 일체를 형성하는 경우: 법률조항 중 위헌 선언을 받지 않은 다른 조항들은 효력을 그대로 유지하는 것이 원칙 ⇨ 예외적으로 다른 법률조항 내지 법률 전체를 위헌 선언하여야 할 경우가 있음 • 소위 병행규범(例 국가공무원법과 지방공무원법)의 심판대상 여부: 법률을 위헌 선언함에 있어 동일한 입법취지를 가진 다른 법률(소위 병행규범)에 대해 위헌선언을 할 수 있는지에 관하여 헌법재판소는 " … 현행 법제하에서는 이에 관한 명문규정이 없어 … 수긍하기 어려운 것이다(헌재 1990.9.3. 89헌가95)."라고 판시함

(3) 판단의 관점

위헌성을 제청법원이나 제청신청인이 주장하는 법적 관점에서만이 아니라 심판대상규범의 법적 효과를 고려하여 모든 헌법적인 관점에서 심사함(헌재 1996.12.26. 96헌가18)

4 결정

1. 결정유형

(1) 합헌결정

(2) 위헌결정

헌법재판소 재판관 9인 중 6인 이상의 찬성으로 위헌선언을 하는 주문유형

(3) 변형결정(변형결정도 6인 이상의 결정이 필요함)

① 헌법불합치결정, 한정합헌결정, 한정위헌결정

> ☑ **주의** 헌법불합치결정의 사유
> 평등원칙에 반하는 혜택배제, 입법자의 입법형성권 존중, 법적 공백상태를 방지하기 위함

② 변형결정의 기속력 – 명문의 규정이 없음

대법원	"한정위헌결정은 법률 또는 법률조항의 의미·내용 및 그 적용범위를 정하는 법률해석이고 헌법재판소의 견해를 일응 표명한 것에 불과하여 … 어떠한 기속력도 가질 수 없다."라고 하여 변형결정의 기속력을 부인함(대판 1996.4.9. 96누11405)
헌법재판소	"헌법재판소의 단순한 견해가 아니라 헌법이 정한 권한에 속하는 법률에 대한 위헌심사의 한 유형인 것이다."라고 하여 변형결정의 기속력을 인정함(헌재 1997.12.24. 97헌마172·173)

2. 위헌결정의 효력

(1) 기속력

> 헌법재판소법 제47조 【위헌결정의 효력】 ① 법률의 위헌결정은 법원과 그 밖의 국가기관 및 지방자
> 치단체를 기속한다.

① 합헌결정은 기속력이 없음
② 합헌결정한 법률에 대해서는 또다시 위헌법률심판제청이 있더라도 각하하지 않고 다시 심판함

(2) 일반적 효력의 부인

현행 위헌법률심사제는 구체적 규범통제의 형식을 취하면서도 법률의 효력을 일반적으로 상실시
키고 있어서 이를 객관적 규범통제라고 함

(3) 효력발생시기

> 헌법재판소법 제47조 【위헌결정의 효력】 ② 위헌으로 결정된 법률 또는 법률의 조항은 그 결정이 있
> 는 날부터 효력을 상실한다.
> ③ 제2항에도 불구하고 형벌에 관한 법률 또는 법률의 조항은 소급하여 그 효력을 상실한다. 다
> 만, 해당 법률 또는 법률의 조항에 대하여 종전에 합헌으로 결정한 사건이 있는 경우에는 그 결
> 정이 있는 날의 다음 날로 소급하여 효력을 상실한다.
> ④ 제3항의 경우에 위헌으로 결정된 법률 또는 법률의 조항에 근거한 유죄의 확정판결에 대하여
> 는 재심을 청구할 수 있다.
> ⑤ 제4항의 재심에 대하여는 형사소송법을 준용한다.

① 헌법재판소법상 위헌결정의 효력발생시기
  ㉠ 원칙적으로 장래효를 택하고 있음
  ㉡ 다만, 형벌에 관한 법률 또는 법률의 조항은 소급하여 그 효력을 상실함
  ㉢ 이때 형사실체법규정에 대한 위헌선언만이 소급효를 가지고 형사소송법 등 절차법규정에 대한 위헌
    결정의 경우 원칙적으로 소급효가 없음

📄 **판례정리**

번호	내용	결정
1	종전에 합헌으로 결정한 사건이 있는 형벌조항에 대하여 위헌결정이 선고된 경우 그 합헌결정이 있는 날의 다음 날로 소급하여 효력을 상실하도록 한 헌법재판소법 제47조 제3항 단서가 헌법에 위반되는지 여부: **소극** (헌재 2016.4.28. 2015헌바216) ✓ **주의** 소급효 적용은 판결이 내려진 때를 기준으로 함. 만약, 소급효 적용 이전에 범죄가 발생하였으나 판결이 그 기간에 내려졌다면, 재심이 가능함	합헌
2	위헌결정의 효력발생시기를 장래효로 할 것인지 소급효를 원칙으로 할 것인지가 입법정책의 문제인지 여부: **적극** (헌재 1993.5.13. 92헌가10)	합헌
3	불처벌의 특례조항에 대해서도 소급효가 인정되는지 여부: **소극** (헌재 1997.1.16. 90헌마110·136) ✓ **주의** 형사처벌을 받지 아니한 자들에게 형사상의 불이익을 미치는 경우	기각

② 소급효의 범위(헌법재판소의 입장)

    ㉠ 구체적 규범통제의 실효성을 보장한다는 견지에서 법원의 제청, 헌법소원의 청구 등을 통하여 헌법재판소에 법률의 위헌결정을 위한 계기를 부여한 당해 사건, 위헌결정이 있기 전에 이와 동종의 위헌 여부에 관하여 헌법재판소에 위헌제청을 하였거나 법원에 위헌제청신청을 한 경우의 당해 사건, 따로 위헌제청신청을 아니하였지만 당해 법률 또는 법률의 조항이 재판의 전제가 되어 법원에 계속 중인 사건에는 소급효를 인정하여야 함

    ㉡ 위헌결정 이후 제소한 일반 사건 중에서 당사자의 권리구제를 위한 구체적 타당성의 요청이 현저한 반면에 소급효를 인정하여도 법적 안정성을 침해할 우려가 없고 나아가 구법에 의하여 형성된 기득권자의 이득이 해쳐질 사안이 아닌 경우로서 … 소급효를 인정할 수 있음(헌재 1993.5.13. 92헌가10)

③ **위헌법률에 근거한 행정처분의 효력**: 헌법재판소와 대법원은 대체로 중대한 하자이기는 하나 명백한 하자로까지는 볼 수 없다 하여 취소사유로 보고 있음(대판 1994.10.28. 92누9463 등)

판례정리

번호	내용	결정
1	위헌·무효인 법령에 기한 행정처분이 항상 무효인지 여부: 소극 위헌·무효인 법령에 기한 행정처분이 항상 무효인 것은 아니고, 무효인지 여부는 법원이 판단하여야 할 사항이지 헌법재판소에서 결정할 사항은 아니다(헌재 1998.4.30. 95헌마93 등).	각하
2	법원은 위헌결정으로 소급하여 효력이 상실된 조항을 적용하여 공소가 제기된 피고사건에 대하여 무죄를 선고하여야 하는지 여부: 적극 (대판 2018.10.25. 2015도17936)	파기환송

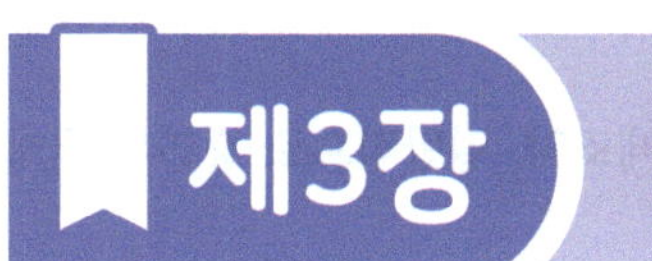

1 탄핵제도

> 헌법 제65조 ① 대통령, 국무총리, 국무위원, 행정각부의 장, 헌법재판소 재판관, 법관, 중앙선거관리위원회위원, 감사원장, 감사위원 기타 법률이 정한 공무원이 그 직무집행에 있어서 헌법이나 법률을 위배한 때에는 국회는 탄핵의 소추를 의결할 수 있다.
>
> ☑ **주의** 탄핵대상
> • 감사위원: 국회 동의 × / 탄핵의 대상 ○
> • 헌법재판소 재판관: 탄핵의 대상 ○
> • 국회의원: 탄핵의 대상 ×
>
> ④ 탄핵결정은 공직으로부터 파면함에 그친다. 그러나 이에 의하여 민사상이나 형사상의 책임이 면제되지는 아니한다.

1. 소추기관

현행헌법상 국회(제65조 제1항)

2. 기타 법률이 정한 공무원의 범위

(1) 장차 입법에 의하여 정해지겠지만, 현행법상 검사(검찰청법 제37조), 경찰청장(경찰법 제11조), 방송통신위원회위원장(방송통신위원회의 설치 및 운영에 관한 법률 제6조), 원자력안전위원회위원장, 공수처장, 국가수사본부장 등이 있음

(2) 국회의원은 탄핵대상이 되지 않음

3. 소추사유

(1) 직무집행과 관련될 것

① '직무'란 법제상 소관 직무에 속하는 고유 업무 및 통념상 이와 관련된 업무를 의미함

② 직무집행과 관계가 없는 사생활에 관한 사항이나 취임 전 또는 퇴직 후의 행위는 탄핵소추의 사유가 될 수 없음

📑 **판례정리**

번호	내용	결정
1	대통령의 직무상 행위에 '대통령당선자'의 지위에서의 행위도 포함되는지 여부: **소극** (헌재 2004.5.14. 2004헌나1)	기각
2	법관에 대한 헌법재판소의 탄핵심판 계속 중 피청구인이 임기만료로 퇴직한 경우, 탄핵심판청구가 적법한지 여부: **소극** (헌재 2021.10.28. 2021헌나1)	각하

(2) 헌법과 법률에 위배될 것

헌법적 관행도 포함되며, 법률에 법률과 동등한 효력을 가지는 국제조약, 일반적으로 승인된 국제
법규, 긴급명령 등을 포함(통설)

📋 **판례정리**

번호	내용	결정
1	탄핵소추절차에도 적법절차원칙이 적용되는지 여부: **소극** (헌재 2004.5.14. 2004헌나1)	기각
2	탄핵소추를 하기 전에 법제사법위원회에 회부하여 조사하게 하는 것이 의무인지 여부: **소극** (헌재 2004.5.14. 2004헌나1)	기각

4. 발의와 의결

> 헌법 제65조 ② 제1항의 탄핵소추는 국회재적의원 3분의 1 이상의 발의가 있어야 하며, 그 의결은 국회
> 재적의원 과반수의 찬성이 있어야 한다. 다만, 대통령에 대한 탄핵소추는 국회재적의원 과반수의 발
> 의와 국회재적의원 3분의 2 이상의 찬성이 있어야 한다.
>
> 국회법 제130조【탄핵소추의 발의】① 탄핵소추가 발의되었을 때에는 의장은 발의된 후 처음 개의하는
> 본회의에 보고하고, 본회의는 의결로 법제사법위원회에 회부하여 조사하게 할 수 있다.
> ② 본회의가 제1항에 따라 탄핵소추안을 법제사법위원회에 회부하기로 의결하지 아니한 경우에는 본
> 회의에 보고된 때부터 24시간 이후 72시간 이내에 탄핵소추의 여부를 무기명투표로 표결한다. 이 기
> 간 내에 표결하지 아니한 탄핵소추안은 폐기된 것으로 본다.
>
> ✓ **주의**
> 　표결하지 아니한 때에는 ○ / 탄핵소추안을 법제사법위원회에 회부하기로 의결하지 아니한 경우에는 ✕

5. 소추의 효과

> 헌법 제65조 ③ 탄핵소추의 의결을 받은 자는 탄핵심판이 있을 때까지 그 권한행사가 정지된다.
>
> ✓ **주의**
> 　• 탄핵소추가 '발의'된 것만으로 권한행사가 정지되는 것이 아님
> 　• 탄핵소추의 '의결'을 받은 경우에 권한행사가 정지됨
>
> 국회법 제134조【소추의결서의 송달과 효과】① 탄핵소추가 의결되었을 때에는 의장은 지체 없이 소추의
> 결서의 정본을 법제사법위원장인 소추위원에게 송달하고, 그 등본을 헌법재판소, 소추된 사람과 그
> 소속 기관의 장에게 송달한다.
> ② 소추의결서가 송달되었을 때에는 소추된 사람의 권한 행사는 정지되며, 임명권자는 소추된 사람
> 의 사직원을 접수하거나 소추된 사람을 해임할 수 없다.

구체적으로 권한이 정지되는 시점은 소추의결서가 피소추자에게 송달된 때

❷ 헌법재판소에 의한 탄핵심판

1. 심판기관

> 헌법 제111조 ① 헌법재판소는 다음 사항을 관장한다.
>   2. 탄핵의 심판

2. 심판개시

> 국회법 제134조 【소추의결서의 송달과 효과】 ① 탄핵소추가 의결되었을 때에는 의장은 지체 없이 소추의
>   결서의 정본을 법제사법위원장인 소추위원에게 송달하고, 그 등본을 헌법재판소, 소추된 사람과 그
>   소속 기관의 장에게 송달한다.
>
> 헌법재판소법 제49조 【소추위원】 ① 탄핵심판에서는 국회 법제사법위원회의 위원장이 소추위원이 된다.
>   ② 소추위원은 헌법재판소에 소추의결서의 정본을 제출하여 탄핵심판을 청구하며, 심판의 변론에서
>   피청구인을 신문할 수 있다.

3. 심판절차

> 헌법재판소법 제30조 【심리의 방식】 ① 탄핵의 심판, 정당해산의 심판 및 권한쟁의의 심판은 구두변론에
>   의한다.
>
> 제51조 【심판절차의 정지】 피청구인에 대한 탄핵심판 청구와 동일한 사유로 형사소송이 진행되고 있는
>   경우에는 재판부는 심판절차를 정지할 수 있다.
>
> ☑ 주의
>   형사재판을 정지'할 수 있는 것'이고, 무조건 정지해야 한다는 의미는 아님
>
> 제52조 【당사자의 불출석】 ① 당사자가 변론기일에 출석하지 아니하면 다시 기일을 정하여야 한다.
>   ② 다시 정한 기일에도 당사자가 출석하지 아니하면 그의 출석 없이 심리할 수 있다.
>
> 제40조 【준용규정】 ① 헌법재판소의 심판절차에 관하여는 이 법에 특별한 규정이 있는 경우를 제외하
>   고는 헌법재판의 성질에 반하지 아니하는 한도에서 민사소송에 관한 법령을 준용한다. 이 경우 탄핵
>   심판의 경우에는 형사소송에 관한 법령을 준용하고, 권한쟁의심판 및 헌법소원심판의 경우에는 행정
>   소송법을 함께 준용한다.

📋 **판례정리**

번호	내용	결정
1	국회의 탄핵소추사유에 헌법재판소가 구속을 받는지 여부: 적극 (헌재 2004.5.14. 2004헌나1)	기각
2	방송통신위원회가 전체회의에서 안건을 2인의 재적위원에 의하여 의결한 것과 자신에 대한 기피신청 의결에 참여하여 각하한 것이 헌법이나 법률을 위반하였는지 여부: 소극 (헌재 2025.1.23. 2024헌나1)	기각

1. 의결정족수

> 헌법 제113조 ① 헌법재판소에서 법률의 위헌결정, 탄핵의 결정, 정당해산의 결정 또는 헌법소원에 관한 인용결정을 할 때에는 재판관 <u>6인 이상</u>의 찬성이 있어야 한다.
>
> 헌법재판소법 제53조【결정의 내용】① 탄핵심판 청구가 이유 있는 경우에는 헌법재판소는 피청구인을 해당 공직에서 파면하는 결정을 선고한다.
>
> ② 피청구인이 <u>결정 선고 전에 해당 공직에서 파면되었을 때에는 헌법재판소는 심판청구를 기각하여야 한다.</u>
>
> 제36조【종국결정】③ 심판에 관여한 재판관은 결정서에 의견을 표시하여야 한다.
>
> **⊘ 주의**
> 노무현 대통령에 대한 탄핵심판 사건에서는 명문규정이 없다는 이유로 소수의견을 표시하지 않았지만, 이후 법이 개정되어 모든 헌법재판에서 개별 의견을 표시하여야 함(헌법재판소법 제36조 제3항)

2. 효과

(1) 일반적 효과

> 헌법 제65조 ④ 탄핵결정은 공직으로부터 파면함에 그친다. 그러나 이에 의하여 민사상이나 형사상의 책임이 면제되지는 아니한다.

(2) 일정 기간 공직취임금지

> 헌법재판소법 제54조【결정의 효력】① <u>탄핵결정은 피청구인의 민사상 또는 형사상의 책임을 면제하지 아니한다.</u>
>
> ② 탄핵결정에 의하여 파면된 사람은 결정 선고가 있은 날부터 <u>5년</u>을 지나지 아니하면 공무원이 될 수 없다.

(3) 탄핵결정에 대한 사면의 가부

현행헌법에는 명문의 규정은 없으나, 탄핵결정의 실효성 확보를 위해 탄핵결정에 대해서는 사면이 인정되지 않음(통설)

3. 탄핵심판 사건

(1) 노무현 대통령 탄핵사건(헌재 2004.5.14. 2004헌나1)

적극	소극
• 국회의 탄핵소추사유에 헌법재판소가 구속을 받는지 여부 • 후보자의 특정이 이루어지지 않은 상태에서 특정 정당에 대한 지지발언을 한 것이 공무원의 중립의무에 위배되는지 여부 • 대통령이 국민 앞에서 현행법의 정당성과 규범력을 문제 삼는 행위가 법치국가의 정신에 반하는 것이자 헌법을 수호해야 할 의무를 위반한 것인지 여부 • 재신임 국민투표를 제안한 행위가 위헌인지 여부 • 대통령에 대한 파면결정을 하기 위해서는 '법 위반의 중대성'을 요하는지 여부	• 대통령의 직무상 행위에 '대통령당선자'의 지위에서의 행위도 포함되는지 여부 • 탄핵소추절차에도 적법절차원칙이 적용되는지 여부 • 탄핵소추를 하기 전에 법제사법위원회에 회부하여 조사하게 하는 것이 의무인지 여부 • 후보자의 특정이 이루어지지 않은 상태에서 특정 정당에 대한 지지발언을 한 것이 선거운동인지 여부 • 국회 인사청문회가 국가정보원장에 대하여 부적격 판정을 하였음에도 이를 수용하지 아니한 사실, 국회가 행정자치부장관 해임결의안을 의결하였음에도 이를 즉시 수용하지 아니한 사실이 위헌인지 여부 • 대통령의 '성실한 직책수행의무'가 사법적 판단의 대상이 되는지 여부 • 기자회견에서 특정 정당을 지지한 행위, 현행 선거법에 대한 대통령의 폄하발언, 재신임 국민투표의 제안행위가 중대한 법 위반인지 여부

(2) 박근혜 대통령 탄핵사건(헌재 2017.3.10. 2016헌나1)

적극	소극
• 소추사유의 특정 여부 • 8인 재판관에 의한 탄핵심판 결정 가부 • 최○원의 국정개입을 허용하고 권한을 남용한 행위가 공익실현의무에 위배되는지 여부 • 최○원의 국정개입을 허용하고 권한을 남용한 행위가 기업의 자유와 재산권을 침해하는지 여부 • 최○원의 국정개입을 허용하고 권한을 남용한 행위가 비밀엄수의무에 위배되는지 여부 • 피청구인을 파면할 것인지 여부	• 국회 의결절차의 위법 여부 • 공무원 임면권 남용 여부 • 언론의 자유 침해 여부 • 생명권 보호의무 위반 여부 • 불성실한 직책수행이 탄핵심판절차의 판단대상이 되는지 여부

(3) 국무총리(한덕수)에 대한 탄핵심판 사건(헌재 2025.3.24. 2024헌나9)

📄 **판례정리**

번호	내용	결정
1	1. 재판관 4인(재판관 문형배, 재판관 이미선, 재판관 김형두, 재판관 정정미)의 기각의견 적법요건과 관련하여, 대통령 권한대행 중인 국무총리에 대한 국회의 탄핵소추에 적용되는 의결정족수는 헌법 제65조 제2항 본문에 따라 피청구인의 본래 신분상 지위인 국무총리에 대한 탄핵소추 의결정족수인 국회재적의원 과반수 찬성이므로, 이 사건 탄핵소추는 적법하다. 이 사건 탄핵소추 사유 중 특별검사 임명 법률안에 대한 재의요구권 행사 관련, 비상계엄 선포 및 내란행위 관련, 공동 국정운영 관련, 특별검사 후보자 추천 의뢰와 관련하여 피청구인이 헌법과 법률을 위반하였다고 볼 수 없고, 헌법재판관 임명 부작위는 헌법 제66조, 제111조 및 국가공무원법 제56조 등을 위반한 것이나, 그 헌법 및 법률 위반이 임명권자인 대통령을 통하여 간접적으로 부여된 국민의 신임을 배반한 경우에 해당한다고 단정할 수 없어 파면을 정당화하는 사유가 존재한다고 볼 수 없다. 2. 재판관 1인(재판관 김복형)의 기각의견 피청구인의 헌법재판관 임명 부작위도 헌법과 법률을 위반하였다고 보기 어렵다. 3. 재판관 1인(재판관 정계선)의 인용의견 이 사건 탄핵소추 사유 중 특별검사 후보자 추천 의뢰 및 헌법재판관 임명 부작위와 관련하여 피청구인의 헌법과 법률 위반이 인정되고 그 위반의 정도가 피청구인의 파면을 정당화할 수 있을 정도로 중대하다. 4. 재판관 정형식, 재판관 조한창의 각하의견 대통령 권한대행 중인 국무총리에 대한 국회의 탄핵소추에는 헌법 제65조 제2항 단서에 따른 국회재적의원 3분의 2 이상의 찬성이 요구되므로 이 사건 탄핵심판 청구는 헌법이 정한 탄핵소추 의결정족수를 충족하지 못하여 부적법하다.	기각

(4) 대통령(윤석열) 탄핵(헌재 2025.4.4. 2024헌나8)

📄 **판례정리**

번호	내용	결정
1	Ⅰ. 적법요건 1. 사법심사 가능성 대통령의 계엄 선포권은 전시·사변 또는 이에 준하는 국가비상사태에 있어서 병력으로써 군사상의 필요에 응하거나 공공의 안녕질서를 유지할 필요가 있을 때 발동되는 국가긴급권으로, 그 행사에 대통령의 고도의 정치적 결단을 요한다고 볼 수 있다. 그러나 국가긴급권은 평상시의 헌법질서에 따른 권력행사방법만으로는 대처할 수 없는 중대한 위기상황에 대비하여 헌법이 중대한 예외로서 인정한 비상수단이므로, 헌법이 정한 국가긴급권의 발동요건·사후통제 및 국가긴급권에 내재하는 본질적 한계는 엄격히 준수되어야 한다. 비록 이 사건 계엄 선포가 고도의 정치적 결단을 요하는 행위라 하더라도 탄핵심판절차에서 그 헌법 및 법률 위반 여부를 심사할 수 있다고 봄이 상당하다.	인용 (파면)

2. 법제사법위원회의 조사절차 흠결에 관한 판단

국회가 법제사법위원회의 조사 없이 이 사건 탄핵소추안을 의결하였다고
하여 그 의결이 헌법이나 국회법을 위반한 것이라고 볼 수 없다.

3. 탄핵소추안의 반복 발의에 관한 판단

국회법 제92조는 "부결된 안건은 같은 회기 중에 다시 발의하거나 제출할
수 없다."라고 하여 일사부재의 원칙을 선언하고 있다. 여기서 부결된 안건
을 다시 발의하거나 제출할 수 없는 시기는 같은 회기 중으로 제한된다. 그
렇다면 제419회 임시회 회기 중 발의된 이 사건 탄핵소추안은 제418회 정기
회 회기에 투표 불성립된 1차 탄핵소추안과 같은 회기 중에 다시 발의된 경
우라고 할 수 없으므로, 이 사건 탄핵소추안의 의결은 국회법 제92조에 위
반되지 아니한다.

4. 기타 주장에 관한 판단

(1) 보호이익의 흠결 관련 주장

이 사건 계엄이 해제되었다 하더라도 이 사건 계엄으로 인하여 이미 발
생한 이 사건 탄핵사유를 이유로 피청구인에 대한 탄핵 여부를 심판할
이익이 부정된다고 볼 수 없으므로, 피청구인의 이 부분 주장을 받아들
이지 아니한다.

(2) 형법상 내란죄 등에 관한 소추사유 철회, 변경 관련 주장

동일한 사실에 대하여 단순히 적용법조문을 추가·철회·변경하는 것은
'소추사유'의 추가·철회·변경에 해당하지 아니한다. 살피건대, 청구인
이 형법 위반 행위로 구성하였던 사실관계를 헌법 위반으로 포섭하는
것은 소추의결서에 기재하였던 기본적 사실관계는 동일하게 유지하면
서 그 위반을 주장하는 법조문을 철회 또는 변경하는 것에 지나지 않으
므로 위에서 본 허용되지 않는 소추사유의 철회 내지 변경에 해당한다
고 볼 수 없고, 이를 전제로 한 특별한 절차를 거쳐야 한다고 보기도 어
렵다.

(3) 탄핵소추권의 남용 관련 주장

이 사건 탄핵소추안의 의결 과정에서 헌법과 법률에 정한 절차가 준수
되었고, 피소추자의 헌법 내지 법률 위반 행위가 일정한 수준 이상 소명
되었으므로, 해당 탄핵소추의결의 주요한 목적은 그에 대한 피소추자의
법적 책임을 추궁하고 동종의 위반 행위가 재발하는 것을 예방함으로써
헌법을 수호·유지하기 위한 것으로 보아야 한다. 설령 탄핵소추의 의결
에 일부 정치적 목적이나 동기가 내포되어 있다 하더라도 이러한 사정
만으로 탄핵소추권이 남용되었다고 볼 수 없다.

Ⅱ. 본안판단

1. 이 사건 계엄 선포에 관한 판단

(1) 비상계엄 선포의 실체적 요건 위반 여부

비상계엄 선포가 헌법 및 계엄법이 정한 실체적 요건을 충족하기 위해
서는 ① 전시·사변 또는 이에 준하는 국가비상사태로 적과 교전 상태
에 있거나 사회질서가 극도로 교란되어 행정 및 사법 기능의 수행이 현
저히 곤란한 상황이 현실적으로 발생하여야 하고, ② 병력으로써 군사
상의 필요에 응하거나 공공의 안녕질서를 유지할 필요가 있어야 하며,
③ 비상계엄 선포의 목적이 군사상 필요에 따르거나 공공의 안녕질서를
유지하기 위한 것이어야 한다. 따라서 비상계엄은 위와 같은 위기상황
이 현실적으로 발생하였으나 경력(警力)만으로는 이를 수습할 수 없는
경우에 병력으로써 기존질서를 유지·회복하기 위하여 선포할 수 있는

것이므로, 위기상황이 발생할 우려가 있다는 이유만으로 사전적·예방적으로 선포할 수는 없고, 공공복리의 증진과 같은 적극적 목적을 위하여 선포할 수도 없다. 이 사건 계엄 선포는 헌법 제77조 제1항 및 계엄법 제2조 제2항을 위반한 것이다.

(2) 비상계엄 선포의 절차적 요건 위반 여부

피청구인은 헌법 제77조 제1항 및 계엄법 제2조 제2항이 정한 위기상황이 현실적으로 발생하였다고 볼 근거가 없었음에도 현저히 비합리적이거나 자의적인 판단으로 이 사건 계엄을 선포하였으므로 헌법 제77조 제1항과 계엄법 제2조 제2항을 위반하였다. 피청구인이 국무회의의 심의 등 헌법과 계엄법이 정한 비상계엄 선포의 절차를 준수하였다면 피청구인의 판단이 그릇되었다는 점을 인식하고 이 사건 계엄 선포에 나아가지 않았을 수도 있었을 것인데, 피청구인은 헌법 제77조 제4항, 제82조, 제89조 제5호, 계엄법 제2조 제5항, 제3조, 제4조 제1항, 제5조 제1항이 정한 비상계엄 선포의 절차 역시 위반하였다. 또한 피청구인은 국회와의 대립 상황을 타개할 의도로 이 사건 계엄을 선포하고 병력을 동원함으로써 헌법 제5조 제2항 및 제74조 제1항도 위반하였다.

2. 국회에 대한 군경 투입에 관한 판단

피청구인은 군경을 투입하여 국회의장 및 국회의원들이 국회에 자유롭게 출입하는 것을 통제하는 한편 이들을 끌어내라고 지시하여 계엄해제요구권을 비롯한 국회의 권한행사가 제대로 이루어지지 못하도록 방해하고, 필요 시 체포할 목적으로 행해진 각 정당 대표 등에 대한 위치 확인 지시에 관여함으로써, 헌법 제5조 제2항, 제74조 제1항, 제77조 제5항 및 대의민주주의, 권력분립원칙을 위반함과 동시에 국회의원의 심의·표결권 및 불체포특권 등 헌법상 권한을 침해하였으며 정당활동의 자유도 침해하였다.

3. 이 사건 포고령 발령에 관한 판단

피청구인은 계엄사령관으로 하여금 이 사건 포고령을 발령하게 함으로써 헌법 제5조 제2항, 제74조 제1항, 제77조 제5항, <u>대의민주주의, 권력분립원칙을 위반하였고 국민의 대표인 국회의원의 심의·표결권 등 헌법상 권한을 침해하였으며, 지방자치의 본질적 내용을 침해하고</u> 헌법 제8조, <u>국민주권주의 및 자유민주적 기본질서를 위반</u>하였다. 나아가 피청구인은 이 사건 포고령을 통하여 헌법 제77조 제3항 및 계엄법 제9조 제1항, <u>영장주의를 위반하여 국민의 정치적 기본권, 언론·출판·집회·결사의 자유, 정당의 자유, 단체행동권, 직업의 자유, 신체의 자유를 침해하였다.</u>

4. 중앙선관위에 대한 압수·수색에 관한 판단

피청구인은 영장주의의 예외에 해당하는 사유가 없음에도 선관위에 대하여 영장 없이 압수·수색하도록 함으로써 영장주의를 위반하였고, 행정부 수반의 지위에서 독립된 헌법기관인 선관위에 대하여 헌법과 법률이 예정하지 않은 방법으로 군대를 동원한 압수·수색을 함으로써 선관위의 독립성도 침해하였다.

5. 법조인에 대한 위치 확인 시도에 관한 판단

피청구인은 행정부 수반의 지위에서 전 대법원장 김명수 및 전 대법관 권순일에 대하여 필요시 체포할 목적으로 행해진 위치 확인 지시에 관여함으로써 사법권의 독립을 침해하였다.

6. 피청구인을 파면할 것인지 여부

피청구인의 이 사건 헌법과 법률 위배 행위는 국민의 신임을 배반한 행위로
서 헌법수호의 관점에서 용납될 수 없는 중대한 법 위배 행위에 해당한다.
피청구인의 법 위배 행위가 헌법질서에 미치게 된 부정적 영향과 파급 효과
가 중대하므로, 국민으로부터 직접 민주적 정당성을 부여받은 피청구인을
파면함으로써 얻는 헌법수호의 이익이 대통령 파면에 따르는 국가적 손실
을 압도할 정도로 크다고 인정된다.

Ⅲ. 결론

피청구인은 헌법과 법률이 정한 계엄 선포의 실체적 요건이 충족되지 않았음
에도 절차를 준수하지 않은 채 계엄을 선포함으로써 부당하게 군경을 동원하
여 국회 등 헌법기관의 권한을 훼손하고, 정당활동의 자유와 국민의 기본적 인
권을 광범위하게 침해하였다. 이는 국가권력의 헌법과 법률에의 기속을 위반
한 것일 뿐 아니라, 기본적 인권의 보장, 권력분립원칙과 복수정당제도 등 우
리 헌법이 설계한 민주주의의 자정 장치 전반을 위협하는 결과를 초래하였다.
피청구인은 국가긴급권 남용의 역사를 재현하여 국민을 충격에 빠트리고, 사
회·경제·정치·외교 전 분야에 혼란을 야기하였다. 국민 모두의 대통령으로서
자신을 지지하는 국민의 범위를 초월하여 국민 전체에 대하여 봉사함으로써
사회공동체를 통합시켜야 할 책무를 위반하였다.
헌법과 법률을 위배하여, 헌법수호의 책무를 저버리고 민주공화국의 주권자인
대한국민의 신임을 중대하게 배반하였다. 그러므로 피청구인을 대통령직에서
파면한다.

① 정당해산의 제소

> 헌법 제8조 ④ 정당의 목적이나 활동이 민주적 기본질서에 위배될 때에는 정부는 헌법재판소에 그 해산을 제소할 수 있고, 정당은 헌법재판소의 심판에 의하여 해산된다.

1. 제소권자

> 헌법재판소법 제55조 【정당해산심판의 청구】 정당의 목적이나 활동이 민주적 기본질서에 위배될 때에는 정부는 국무회의의 심의를 거쳐 헌법재판소에 정당해산심판을 청구할 수 있다.
>
> ✓ 주의
>   정당해산심판의 제소권자는 정부

2. 청구서의 기재사항

> 헌법재판소법 제56조 【청구서의 기재사항】 정당해산심판의 청구서에는 다음 각 호의 사항을 적어야 한다.
>   1. 해산을 요구하는 정당의 표시
>   2. 청구 이유

3. 청구 등의 통지

> 헌법재판소법 제58조 【청구 등의 통지】 ① 헌법재판소장은 정당해산심판의 청구가 있는 때, 가처분결정을 한 때 및 그 심판이 종료한 때에는 그 사실을 국회와 중앙선거관리위원회에 통지하여야 한다.
>
> ✓ 주의
>   일단 국회와 중앙선거관리위원회에만 통지 ⇨ 정당해산심판 청구, 가처분 결정 및 그 심판의 종료

4. 일사부재리의 원칙

> 헌법재판소법 제39조 【일사부재리】 헌법재판소는 이미 심판을 거친 동일한 사건에 대하여는 다시 심판할 수 없다.

② 정당해산의 심판

> 헌법재판소법 제23조 【심판정족수】 ① 재판부는 재판관 7인 이상의 출석으로 사건을 심리한다.
>
> 제30조 【심리의 방식】 ① 탄핵의 심판, 정당해산의 심판 및 권한쟁의의 심판은 구두변론에 의한다.
>
> 제57조 【가처분】 헌법재판소는 정당해산심판의 청구를 받은 때에는 직권 또는 청구인의 신청에 의하여 종국결정의 선고 시까지 피청구인의 활동을 정지하는 결정을 할 수 있다.

③ 정당해산의 결정·집행 및 효과

1. 정당해산의 결정

> 헌법 제113조 ① 헌법재판소에서 법률의 위헌결정, 탄핵의 결정, 정당해산의 결정 또는 헌법소원에 관한 인용결정을 할 때에는 재판관 6인 이상의 찬성이 있어야 한다.

2. 해산결정의 집행

> 헌법재판소법 제58조 【청구 등의 통지】 ② 정당해산을 명하는 결정서는 피청구인 외에 국회·정부 및 중앙선거관리위원회에도 송달하여야 한다.
>
> ☑ **주의**
>   정당해산을 명하는 결정은 피청구인, 국회, 정부, 중앙선관위에도 모두 통지 ○ / 법원 ×
>
> 제60조 【결정의 집행】 정당의 해산을 명하는 헌법재판소의 결정은 중앙선거관리위원회가 정당법에 따라 집행한다.
>
> ☑ **주의 주체**
>   • 해산 명령 결정: 헌법재판소
>   • 집행: 중앙선거관리위원회

3. 해산결정의 효과

(1) 정당의 자동해산

> 헌법재판소법 제59조 【결정의 효력】 정당의 해산을 명하는 결정이 <u>선고된</u> 때에는 그 정당은 해산된다.
>
> ☑ **주의**
>   해산 명령 결정이 있는 즉시 정당은 해산됨 ○ / 등록을 말소한 때 ×

(2) 잔여재산의 국고귀속

> 정당법 제48조 【해산된 경우 등의 잔여재산처분】 ② 제1항의 규정에 의하여 처분되지 아니한 정당의 잔여재산 및 헌법재판소의 해산결정에 의하여 해산된 정당의 잔여재산은 국고에 귀속한다.

(3) 대체정당의 창당금지

> 정당법 제40조 【대체정당의 금지】 정당이 헌법재판소의 결정으로 해산된 때에는 해산된 정당의 강령(또는 기본정책)과 동일하거나 유사한 것으로 정당을 창당하지 못한다.

(4) 같은 명칭 사용금지

> 정당법 제41조【유사명칭 등의 사용금지】② 헌법재판소의 결정에 의하여 해산된 정당의 명칭과 같은 명칭은 정당의 명칭으로 다시 사용하지 못한다.
>
> ⊘ **주의**
> 헌법재판소의 결정에 의해 해산된 경우 유사명칭은 사용 가능 / 동일한 명칭은 사용 불가능

(5) 소속 국회의원의 의원직 상실 여부

문제점	우리나라 제3공화국 헌법은 소속 정당이 해산된 때 소속 국회의원의 자격상실규정을 두고 있었으나, 현행헌법에서는 이러한 규정을 두고 있지 않음
다수설	소속 의원의 국회의원 자격은 상실 ⇨ 국회의원의 의원직을 계속 보유한다면 정당제 민주주의 및 방어적 민주주의의 원리에 위배되고 위헌결정 자체가 무의미해짐

⊘ **주의**
- 정당해산결정이 선고되는 경우 그 정당 소속 지방의원도 모두 의원직을 상실 ✕
- '국회의원'은 모두 상실되지만 '지방의원'의 상실 여부는 판단하지 않음

📋 **판례정리**

번호	내용	결정
1	정당해산결정에 대한 재심 허용 여부: **적극** 정당해산결정은 해당 정당의 해산에 그치지 않고 대체정당이나 유사정당의 설립까지 금지하는 효력을 가지므로, 오류가 드러난 결정을 바로잡지 못한다면 현 시점의 민주주의가 훼손되는 것에 그치지 않고, … 따라서 정당해산심판절차에서는 재심을 허용하지 아니함으로써 얻을 수 있는 법적 안정성의 이익보다 재심을 허용함으로써 얻을 수 있는 구체적 타당성의 이익이 더 크므로 재심을 허용하여야 한다. 한편, 이 재심절차에서는 원칙적으로 민사소송법의 재심에 관한 규정이 준용된다(헌재 2016.5.26. 2015헌아20). ⊘ **주의** 통합진보당사건에 대한 재심청구사건에서 헌법재판소는 정당해산심판에서는 재심이 허용될 수 없다는 입장이다. ✕ ⇨ 재심이 허용되지만 재심사유가 없으므로 각하결정을 함	각하
2	"민주적 기본질서"의 의미 헌법 제8조 제4항의 민주적 기본질서 개념은 정당해산결정의 가능성과 긴밀히 결부되어 있다. 이 민주적 기본질서의 외연이 확장될수록 정당해산결정의 가능성은 확대되고, 이와 동시에 정당 활동의 자유는 축소될 것이다. 민주 사회에서 정당의 자유가 지니는 중대한 함의나 정당해산심판제도의 남용가능성 등을 감안한다면, 헌법 제8조 제4항의 민주적 기본질서는 최대한 엄격하고 협소한 의미로 이해해야 한다. 따라서 민주적 기본질서를 현행 헌법이 채택한 민주주의의 구체적 모습과 동일하게 보아서는 안 된다(헌재 2014.12.19. 2013헌다1).	인용(해산)
3	정당해산결정이 선고되는 경우 그 정당 소속 국회의원이 의원직을 상실하는지 여부: **적극** 헌법재판소의 해산결정으로 정당이 해산되는 경우에 그 정당 소속 국회의원이 의원직을 상실하는지에 대하여 명문의 규정은 없으나, 정당해산심판제도의 본질은 민주적 기본질서에 위배되는 정당을 정치적 의사형성과정에서 배제함으로써 국민을 보호하는 데에 있는데 해산정당 소속 국회의원의 의원직을 상실시키지 않는 경우 정당해산결정의 실효성을 확보할 수 없게 되므로, 이러한 정당해산제도의 취지 등에 비추어 볼 때 헌법재판소의 정당해산결정이 있는 경우 그 정당 소속 국회의원의 의원직은 당선 방식을 불문하고 모두 상실되어야 한다(헌재 2014.12.19. 2013헌다1).	인용(해산)

제5장 권한쟁의심판

> 헌법 제111조 ① 헌법재판소는 다음 사항을 관장한다.
> 4. 국가기관 상호간, 국가기관과 지방자치단체간 및 지방자치단체 상호간의 권한쟁의에 관한 심판
>
> 헌법재판소법 제61조【청구 사유】① 국가기관 상호간, 국가기관과 지방자치단체 간 및 지방자치단체 상호간에 권한의 유무 또는 범위에 관하여 다툼이 있을 때에는 해당 국가기관 또는 지방자치단체는 헌법재판소에 권한쟁의심판을 청구할 수 있다.
> ② 제1항의 심판청구는 피청구인의 처분 또는 부작위가 헌법 또는 법률에 의하여 부여받은 청구인의 권한을 침해하였거나 침해할 현저한 위험이 있는 경우에만 할 수 있다.
>
> 제62조【권한쟁의심판의 종류】① 권한쟁의심판의 종류는 다음 각 호와 같다.
> 1. 국가기관 상호간의 권한쟁의심판
>   국회·정부·법원 및 중앙선거관리위원회 상호간의 권한쟁의심판
> 2. 국가기관과 지방자치단체 간의 권한쟁의심판
>   가. 정부와 특별시·광역시·특별자치시·도 또는 특별자치도 간의 권한쟁의심판
>   나. 정부와 시·군 또는 지방자치단체인 구(이하 '자치구'라 한다) 간의 권한쟁의심판
> 3. 지방자치단체 상호간의 권한쟁의심판
>   가. 특별시·광역시·특별자치시·도 또는 특별자치도 상호간의 권한쟁의심판
>   나. 시·군 또는 자치구 상호간의 권한쟁의심판
>   다. 특별시·광역시·특별자치시·도 또는 특별자치도와 시·군 또는 자치구 간의 권한쟁의심판
> ② 권한쟁의가 지방교육자치에 관한 법률 제2조에 따른 교육·학예에 관한 지방자치단체의 사무에 관한 것인 경우에는 교육감이 제1항 제2호 및 제3호의 당사자가 된다.

1 종류

1. 국가기관 상호간의 권한쟁의심판

(1) 개념

국회·정부·법원 및 중앙선거관리위원회 상호간의 권한쟁의심판을 의미함

(2) 국회의원의 당사자능력

종전 판례(부정)	헌법 및 헌법재판소법에 열거되지 아니한 기관이나 또는 열거된 국가기관 내의 각급 기관은 비록 그들이 공권적 처분을 할 수 있는 지위에 있을지라도 권한쟁의심판의 당사자가 될 수 없음(헌재 1995.5.23. 90헌라1)
변경 후 판례(긍정)	헌법재판소법 제62조 제1항 제1호의 규정은 예시적인 조항이라고 해석하는 것이 헌법에 합치되므로 … 헌법 제111조 제1항 제4호 소정의 국가기관에 해당하는지 여부는 그 국가기관이 헌법에 의하여 설치되고 헌법과 법률에 의하여 독자적인 권한을 부여받고 있는지 여부 등을 종합적으로 고려하여 판단하여야 하는 것으로 이러한 의미에서 국회의원과 국회의장은 권한쟁의심판의 당사자가 될 수 있음(헌재 1997.7.16. 96헌라2)

번호	내용	결정
1	국회의원과 국회의장이 권한쟁의심판에 있어서 당사자능력이 인정되는지 여부: **적극** (헌재 1997.7.16. 96헌라2)	기각
2	각급 시·군·구 선거관리위원회가 헌법에 의하여 설치된 기관으로서 권한쟁의심판에 있어서 당사자능력이 인정되는지 여부: **적극** (헌재 2008.6.26. 2005헌라7)	기각
3	헌법에 근거하지 아니하고 오로지 법률에 의하여 설치된 국가기관인 국가인권위원회가 권한쟁의심판의 당사자능력이 인정되는지 여부: **소극** (헌재 2010.10.28. 2009헌라6)	각하
4	지방의원이 지방의회의장을 상대로 권한쟁의심판을 청구할 수 있는지 여부: **소극** (헌재 2010.4.29. 2009헌라11)	각하
5	교육감과 해당 지방자치단체 사이의 내부적 분쟁과 관련한 권한쟁의심판청구의 적법 여부: **소극** (헌재 2016.6.30. 2014헌라1)	각하
6	국회의원이 국회의장의 직무를 대리하여 법률안 가결선포행위를 한 국회부의장을 상대로 위 가결선포행위가 자신의 법률안 심의·표결권을 침해하였음을 주장하여 권한쟁의심판을 청구할 수 있는지 여부: **소극** (헌재 2009.10.29. 2009헌라8 등)	각하
7	대한민국 국회가 국회법 제85조 제1항 및 제85조의2 제1항을 개정한 행위에 대해 국회의장이 피청구인 적격이 있는지 여부: **소극** (헌재 2016.5.26. 2015헌라1)	각하
8	정당이 권한쟁의심판의 당사자능력이 있는지 여부: **소극** (헌재 2020.5.27. 2019헌라6 · 2020헌라1)	각하
9	소위원회 위원장이 권한쟁의심판의 당사자능력이 있는지 여부: **소극** (헌재 2020.5.27. 2019헌라4)	각하
10	국회 상임위원회 위원장의 행위에 대해 국회의장을 피청구인으로 제기한 권한쟁의 심판에서 국회의장이 피청구인적격이 있는지 여부: **소극** (헌재 2010.12.28. 2008헌라7) ✅ **주의** 국회상임위원회 위원장이 위원회를 대표해서 의안을 심의하는 권한이 국회의장으로부터 위임된 것이 아니어서 국회의장의 피청구인적격이 부정된 사건	각하
11	입법자인 국회는 권한쟁의심판의 종류나 당사자를 제한할 입법형성의 자유가 있다고 할 수 없고, 헌법 제111조 제1항 제4호에서 말하는 국가기관의 의미와 권한쟁의심판의 당사자가 될 수 있는 국가기관의 범위는 결국 헌법해석을 통하여 확정하여야 할 문제이다(헌재 1997.7.16. 96헌라2).	기각
12	법률에 의하여 설치된 국가기관인 국가경찰위원회에게 권한쟁의심판의 당사자능력이 인정되는지 여부: **소극** (헌재 2022.12.22. 2022헌라5)	각하
13	법률에 의하여 설치된 문화재청장에게 권한쟁의심판의 당사자능력이 인정되는지 여부: **소극** (헌재 2023.12.21. 2023헌라1)	각하

(3) 제3자 소송담당의 문제

① 헌법재판소법에는 명문의 규정이 없음

② 최근 헌법재판소는 권한쟁의심판에서 제3자 소송담당이 명시적으로 허용될 수 없다는 입장

📑 판례정리

번호	내용	결정
1	교섭단체나 그에 준하는 지위에 있는 국회의원들에게 제3자 소송담당이 허용되는지 여부: **소극** (헌재 2015.11.26. 2013헌라3)	각하
2	권한쟁의심판에서 '제3자 소송담당'이 허용되는지 여부: **소극** [1] 국회의 구성원인 국회의원이 국회를 위하여 국회의 권한침해를 주장하는 권한쟁의심판을 청구할 수 있는지, 즉 권한쟁의심판에 있어서 이른바 '제3자 소송담당'이 허용되는지 여부: **소극** [2] 국회의원의 심의·표결권한이 국회의장이나 다른 국회의원이 아닌 국회 외부 국가기관에 의하여 침해될 수 있는지 여부: **소극** (헌재 2007.7.26. 2005헌라8)	각하

2. 국가기관과 지방자치단체 상호간의 권한쟁의심판

개념	정부와 특별시·광역시 또는 도 간의 권한쟁의와 정부와 시·군 또는 지방자치단체인구 간의 권한쟁의를 의미함
당사자	• 헌법재판소법 제62조는 국가기관으로 정부만 규정하여 국가기관의 해석상 문제의 소지가 있으나 이는 예시적인 것 • 국회·법원 등 다른 국가기관도 당사자가 될 수 있음(헌재 2008.3.27. 2006헌라1) • 지방자치단체는 각 그 장이 대표하며 권한쟁의가 교육·학예에 관한 지방자치단체의 사무에 관한 것인 때에는 교육감이 당사자가 됨

3. 지방자치단체 상호간의 권한쟁의심판

개념	특별시·광역시·도 및 시·군·자치구 상호간의 권한쟁의심판
당사자	• 특별시·광역시·도 및 시·군·자치구이며, 각 지방자치단체장이 대표함 • 권한쟁의가 교육·학예에 관한 지방자치단체의 사무에 관한 것인 때에는 교육감이 당사자가 됨 **✅ 주의** 지방의회 의원과 그 지방의회 의장간의 권한쟁의는 지방자치단체 상호간의 권한쟁의심판에 해당한다고 볼 수 없음

번호	내용	결정
1	기관위임사무에 관하여 권한쟁의심판을 청구할 수 있는지 여부: 소극 도시계획사업실시계획 인가사무는 건설교통부장관으로부터 시·도지사에게 위임되었고, 다시 시장·군수에게 재위임된 기관위임사무로서 국가사무라고 할 것이므로, 청구인의 이 사건 심판청구 중 도시계획사업실시계획 인가처분에 대한 부분은 지방자치단체의 권한에 속하지 아니하는 사무에 관한 것으로서 부적법하다(헌재 1999.7.22. 98헌라4).	각하
2	권한쟁의심판절차에 '소의 취하'에 관한 민사소송법 제239조가 준용되는지 여부: 적극 (헌재 2001.5.8. 2000헌라1)	취하
3	'정부가 법률안을 제출한 행위'가 권한쟁의심판대상이 되는지 여부: 소극 (헌재 2005.12.22. 2004헌라3)	각하
4	국회의 법률제정행위가 권한쟁의심판의 대상이 될 수 있는 '처분'에 해당하는지 여부: 적극 (헌재 2006.5.25. 2005헌라4)	각하
5	장래처분에 대하여 권한쟁의심판을 청구할 수 있는지 여부: 적극 (헌재 2004.9.23. 2000헌라2)	각하
6	특별시의 관할구역 안에 있는 구의 재산세를 특별시 및 구(區)세로 분리하여 특별시와 자치구가 100분의 50씩 공동과세하도록 하는 지방세법 제6조의2와 특별시분 재산세 전액을 관할구역 안의 자치구에 교부하도록 하는 지방세법 제6조의3을 국회가 제정한 행위가 헌법상 보장된 청구인들의 지방자치권을 침해하는지 여부: 소극 (헌재 2010.10.28. 2007헌라4)	기각
7	교육부의 수도권 사립대학의 정원규제를 경기도가 자치권침해를 이유로 권한쟁의를 청구할 수 있는지 여부: 소극 (헌재 2012.7.26. 2010헌라3)	각하
8	국가기본도상의 해상경계선을 공유수면에 대한 불문법상 해상경계선으로 보아온 선례를 변경한 판례 실지측량 없이 표시한 것에 불과하므로, 이 해상경계선을 공유수면에 대한 불문법상 행정구역에 경계로 인정해 온 종전의 결정은 이 결정의 견해와 저촉되는 범위 내에서 이를 변경하기로 한다(헌재 2015.7.30. 2010헌라2).	기각
9	화성시가 국방부장관의 군 공항 예비이전후보지 선정한 것을 대상으로 권한쟁의심판을 청구할 수 있는지 여부: 소극 (헌재 2017.12.28. 2017헌라2)	각하
10	지방자치단체의 기관 상호간의 권한쟁의심판이 헌법재판소의 관장사항에 해당하는지 여부: 소극 (헌재 2018.7.26. 2018헌라1)	각하
11	국회의원이 특정 정보(전교조 명단)를 인터넷홈페이지에 게시하여 공개하는 행위가 헌법과 법률이 국회의원에게 독자적으로 부여한 권능인지 여부: 소극 (헌재 2010.7.29. 2000헌라1)	취하
12	교육감 소속 교육장·장학관 등에 대한 징계요구를 교육감이 권한쟁의로 다툴 수 있는지 여부: 소극 (헌재 2013.12.26. 2012헌라3)	각하
13	지방자치단체의 장은 원칙적으로 권한쟁의 심판청구의 당사자가 될 수 없다. 다만, 지방자치단체의 장이 국가위임 사무에 대해 국가기관의 지위에서 처분을 행한 경우에는 권한쟁의심판청구의 당사자가 될 수 있다(헌재 2006.8.31. 2003헌라1).	기각
14	지정항만이면서 무역항인 부산항의 일부 항만구역에 건설된 신항만의 명칭결정과 관련하여 부산지방해양수산청장이 권한쟁의심판청구의 당사자로서 능력과 적격을 갖추고 있는지 여부: 소극 (헌재 2008.3.27. 2006헌라1)	각하

15	교섭단체의 권한쟁의능력 부정 판례 국회법 제33조 제1항 본문은 정당이 교섭단체가 될 수 있다고 규정하고 있다. 교섭단체는 국회의 원활한 운영을 위하여 소속의원의 의사를 수렴·집약하여 의견을 조정하는 교섭창구의 역할을 하는 조직이다. 그러나 헌법은 권한쟁의심판청구의 당사자로 국회의원들의 모임인 교섭단체에 대해서 규정하고 있지 않다. 국회는 교섭단체와 같이 국회의 내부 조직을 자율적으로 구성하고 그에 일정한 권한을 부여할 수 있으나(헌재 2003.10.30. 2002헌라1 참조), 교섭단체가 갖는 권한은 원활한 국회 의사진행을 위하여 국회법에서 인정하고 있는 권한일 뿐이다. 이러한 점을 종합하면, 교섭단체는 그 권한침해를 이유로 권한쟁의심판을 청구할 수 없다(헌재 2020.5.27. 2019헌사1121). ⊘ **비교** 국회 소위원회 위원장의 권한쟁의심판청구는 부적법함(헌재 2020.5.27. 2019헌라5)	각하
16	공유수면에 대한 지방자치단체의 관할구역 경계획정은 명시적인 법령상의 규정이 존재한다면 그에 따르고, 명시적인 법령상의 규정이 존재하지 않는다면 불문법상 해상경계에 따르며, 불문법상 해상경계마저 존재하지 않는다면, 권한쟁의심판권을 가지고 있는 헌법재판소가 형평의 원칙에 따라 합리적이고 공평하게 해상경계선을 획정할 수밖에 없다(헌재 2020.9.24. 2016헌라4·6).	각하
17	불문법상 해상경계의 성립 기준 국가기본도에 표시된 해상경계선은 그 자체로 불문법상 해상경계선으로 인정되는 것은 아니나, 관할 행정청이 국가기본도에 표시된 해상경계선을 기준으로 하여 과거부터 현재에 이르기까지 반복적으로 처분을 내리고, 지방자치단체가 허가, 면허 및 단속 등의 업무를 지속적으로 수행하여 왔다면 국가기본도상의 해상경계선은 여전히 지방자치단체 관할 경계에 관하여 불문법으로서 그 기준이 될 수 있다(헌재 2021.2.25. 2015헌라7).	기각

2 심판

1. 당사자능력

📋 **판례정리**

번호	내용	결정
1	국회의원이 법률안 심의·표결권침해를 이유로 권한쟁의심판을 청구하였다가 심판절차 계속 중 사망한 경우, 심판절차가 종료되는지 여부: 적극 (헌재 2010.11.25. 2009헌라12)	종료선언

2. 청구서의 기재사항

헌법재판소법 제64조 【청구서의 기재사항】 권한쟁의심판의 청구서에는 다음 각 호의 사항을 적어야 한다.
  1. 청구인 또는 청구인이 속한 기관 및 심판수행자 또는 대리인의 표시
  2. 피청구인의 표시
  3. 심판 대상이 되는 피청구인의 처분 또는 부작위
  4. 청구 이유
  5. 그 밖에 필요한 사항

3. 청구 기간

> 헌법재판소법 제63조【청구기간】① 권한쟁의의 심판은 그 사유가 있음을 안 날부터 60일 이내에, 그 사유가 있은 날부터 180일 이내에 청구하여야 한다.
> ② 제1항의 기간은 불변기간으로 한다.

4. 심리

> 헌법재판소법 제30조【심리의 방식】① 탄핵의 심판, 정당해산의 심판 및 권한쟁의의 심판은 구두변론에 의한다.
> 제34조【심판의 공개】① 심판의 변론과 결정의 선고는 공개한다. 다만, 서면심리와 평의는 공개하지 아니한다.
> 제65조【가처분】헌법재판소가 권한쟁의심판의 청구를 받았을 때에는 직권 또는 청구인의 신청에 의하여 종국결정의 선고시까지 심판대상이 된 피청구인의 처분의 효력을 정지하는 결정을 할 수 있다.

3 결정

1. 정족수

권한쟁의의 결정은 재판관 7인 이상이 참석하고, 참석재판관 중 과반수의 찬성으로써 함

☑ **주의**
권한쟁의심판 '인용' 결정도 종국결정에 관여한 재판관 과반수의 찬성이 있으면 됨

2. 결정의 내용

> 헌법재판소법 제66조【결정의 내용】① 헌법재판소는 심판의 대상이 된 국가기관 또는 지방자치단체의 권한의 유무 또는 범위에 관하여 판단한다.
> ② 제1항의 경우에 헌법재판소는 권한침해의 원인이 된 피청구인의 처분을 취소하거나 그 무효를 확인할 수 있고, 헌법재판소가 부작위에 대한 심판청구를 인용하는 결정을 한 때에는 피청구인은 결정 취지에 따른 처분을 하여야 한다.

3. 결정의 효력

> 헌법재판소법 제67조【결정의 효력】① 헌법재판소의 권한쟁의심판의 결정은 모든 국가기관과 지방자치단체를 기속한다.
>
> ☑ **주의**
> 권한쟁의심판의 '결정': 인용·기각결정
>
> ② 국가기관 또는 지방자치단체의 처분을 취소하는 결정은 그 처분의 상대방에 대하여 이미 생긴 효력에 영향을 미치지 아니한다.

☑ **비교**
- 위헌법률심판은 법률의 '위헌' 결정은 기속력 ○ / '합헌' 결정은 기속력 ✕
- 헌법소원심판에서도 '인용' 결정은 기속력 ○ / '기각' 결정은 기속력 ✕

제6장 헌법소원심판

헌법재판소법 제68조【청구 사유】① 공권력의 행사 또는 불행사로 인하여 헌법상 보장된 기본권을 침해받은 자는 법원의 재판을 제외하고는 헌법재판소에 헌법소원심판을 청구할 수 있다. 다만, 다른 법률에 구제절차가 있는 경우에는 그 절차를 모두 거친 후에 청구할 수 있다.

② 제41조 제1항에 따른 법률의 위헌여부심판의 제청신청이 기각된 때에는 그 신청을 한 당사자는 헌법재판소에 헌법소원심판을 청구할 수 있다. 이 경우 그 당사자는 당해 사건의 소송절차에서 동일한 사유를 이유로 다시 위헌여부심판의 제청을 신청할 수 없다.

＊[한정위헌, 헌재 2016.4.28. 2016헌마33; 헌법재판소법(2011.4.5. 법률 제10546호로 개정된 것) 제68조 제1항 본문 중 "법원의 재판을 제외하고는" 부분은, 헌법재판소가 위헌으로 결정한 법령을 적용함으로써 국민의 기본권을 침해한 재판이 포함되는 것으로 해석하는 한 헌법에 위반된다]

＊[단순위헌, 헌재 2022.6.30. 2014헌마760·763; 헌법재판소법(2011.4.5. 법률 제10546호로 개정된 것) 제68조 제1항 본문 중 '법원의 재판' 가운데 '법률에 대한 위헌결정의 기속력에 반하는 재판' 부분은 헌법에 위반된다]

✓ 주의
- 제청신청이 기각된 때에는 '각하'된 때도 포함됨
- 당해 사건의 소송절차에는 '상소심'도 포함됨

제69조【청구기간】① 제68조 제1항에 따른 헌법소원의 심판은 그 사유가 있음을 안 날부터 90일 이내에, 그 사유가 있는 날부터 1년 이내에 청구하여야 한다. 다만, 다른 법률에 따른 구제절차를 거친 헌법소원의 심판은 그 최종결정을 통지받은 날부터 30일 이내에 청구하여야 한다.

② 제68조 제2항에 따른 헌법소원심판은 위헌 여부 심판의 제청신청을 기각하는 결정을 통지받은 날부터 30일 이내에 청구하여야 한다.

제75조【인용결정】① 헌법소원의 인용결정은 모든 국가기관과 지방자치단체를 기속한다.

② 제68조 제1항에 따른 헌법소원을 인용할 때에는 인용결정서의 주문에 침해된 기본권과 침해의 원인이 된 공권력의 행사 또는 불행사를 특정하여야 한다.

③ 제2항의 경우에 헌법재판소는 기본권 침해의 원인이 된 공권력의 행사를 취소하거나 그 불행사가 위헌임을 확인할 수 있다.

④ 헌법재판소가 공권력의 불행사에 대한 헌법소원을 인용하는 결정을 한 때에는 피청구인은 결정 취지에 따라 새로운 처분을 하여야 한다.

⑤ 제2항의 경우에 헌법재판소는 공권력의 행사 또는 불행사가 위헌인 법률 또는 법률의 조항에 기인한 것이라고 인정될 때에는 인용결정에서 해당 법률 또는 법률의 조항이 위헌임을 선고할 수 있다.

⑥ 제5항의 경우 및 제68조 제2항에 따른 헌법소원을 인용하는 경우에는 제45조 및 제47조를 준용한다.

⑦ 제68조 제2항에 따른 헌법소원이 인용된 경우에 해당 헌법소원과 관련된 소송사건이 이미 확정된 때에는 당사자는 재심을 청구할 수 있다.

✓ 주의
헌바의 재심 청구

⑧ 제7항에 따른 재심에서 형사사건에 대하여는 형사소송법을 준용하고, 그 외의 사건에 대하여는 민사소송법을 준용한다.

권리구제형 헌법소원 (헌법재판소법 제68조 제1항)	• 공권력의 행사 또는 불행사로 말미암아 헌법상 보장된 기본권을 침해당한 자가 청구하는 헌법소원 • 그 사유가 있음을 안 날부터 90일 이내에, 그 사유가 있는 날부터 1년 이내에 청구함
위헌심사형 헌법소원 (헌법재판소법 제68조 제2항)	• 위헌법률심판의 제청신청이 법원에 의하여 기각된 경우에 제청신청을 한 당사자가 청구하는 헌법소원 • 위헌여부심판의 제청신청을 기각하는 결정을 통지받은 날부터 30일 이내에 청구함

판례정리

번호	내용	결정
1	대통령령의 위헌 여부가 헌법재판소법 제68조 제2항에 의한 헌법소원심판의 대상에 포함되는지 여부: **소극** (헌재 2001.2.22. 99헌바87 등)	각하

2 위헌심사형 헌법소원(헌법재판소법 제68조 제2항의 헌법소원심판)

1. 요건

(1) 심판대상

① 형식적 의미의 법률 및 그와 동일한 효력을 가진 조약과 긴급명령·긴급재정경제명령

② 법률의 하위법규인 대통령령이나 대법원규칙(헌재 2001.2.22. 99헌바87 등)은 헌법재판소법 제68조 제2항의 헌법소원 청구의 대상이 될 수 없음

(2) 재판의 전제성

본질이 위헌법률심판이므로 법원에 계속된 구체적 사건에 적용할 법률이 헌법에 위반되는 여부가 재판의 전제로 있어야 함

주의

헌법재판소법 제68조 제2항의 헌법소원의 경우에는 당해 소송사건이 헌법소원의 제기로 정지되지 않기 때문에 헌법소원심판의 종국결정 이전에 당해 소송사건이 먼저 확정되어 종료될 수 있으나 이때도 재판의 전제성은 인정됨

(3) 위헌제청신청과 기각결정

① 청구인의 제청신청에 대한 법원의 기각결정이 있어야 한다. 이에 관하여 헌법재판소법 제68조 제2항의 문언은 '기각된 때'라고 규정하고 있으나 제청신청을 법원이 각하한 경우에도 위 헌법소원심판 청구가 가능함(헌재 1992.8.19. 92헌바36)

② 위헌심사형 헌법소원은 법률의 위헌여부심판의 제청신청을 하여 그 신청이 기각된 때에만 청구할 수 있으므로 청구인이 제청신청을 하지 않았고 따라서 법원의 기각결정도 없었던 부분에 대한 헌법소원은 부적법한 것이나, 예외적으로 위헌제청신청을 기각 또는 각하한 법원이 위 조항을 실질적으로 판단하였거나 위 조항이 명시적으로 위헌제청신청을 한 조항과 필연적 연관관계를 맺고 있어서 법원이 위 조항을 묵시적으로나마 위헌제청신청으로 판단을 하였을 경우에는 적법함(헌재 2005.2.24. 2004헌바24). 그리고 헌법재판소는 직권으로 기각결정이 없었던 부분으로 심판대상을 변경할 수 있음(헌재 2001.1.18. 2000헌바29)

번호	내용	결정
1	청구인이 당해 사건 법원에 위헌법률심판의 제청을 신청하지 않았고 법원의 기각 결정도 없었던 부분에 대한 심판청구가 적법한지 여부: **소극** (헌재 2017. 4.27. 2015헌바24)	각하

(4) 청구 기간

법률에 대한 위헌여부심판의 제청신청을 기각하는 결정을 통지받은 날로부터 30일 이내에 제기하여야 함

(5) 청구인

모든 재판의 당사자 ⇨ 지방의회나 행정청도 청구인이 될 수 있음

✅ 주의
청구인의 추가를 구하는 당사자표시정정신청은 헌법소원심판절차에 허용되지 않음

(6) 기타

그 밖에 지정재판부의 사전심사, 변호사강제주의, 국선대리인, 일사부재리 등은 제68조 제1항에 의한 헌법소원의 경우와 같음

✅ 주의
기본권침해의 직접성·현재성 및 자기관련성의 유무는 심판청구의 적법성과는 직접 관계가 없음

판례정리

번호	내용	결정
1	'행정청'이 헌법재판소법 제68조 제2항의 헌법소원심판을 청구할 수 있는지 여부: **적극** (헌재 2008.4.24. 2004헌바44)	합헌

2. 재심청구

(1) 법률의 위헌여부심판 제청신청이 기각된 때에는 그 신청을 한 당사자가 헌법소원심판을 청구하더라도 당해 소송사건의 재판은 정지되지 아니함(헌법재판소법 제68조 제2항)

(2) 즉, 당해 소송사건은 헌법재판소의 위헌결정 이전에 확정 가능

(3) 따라서 이미 확정된 당해 소송사건에 관하여 재심 청구 가능

번호	내용	결정
1	위헌소원에 있어서 재판의 전제성이 필요한지 여부: **적극** (헌재 2000.11.30. 98헌바83)	각하
2	제68조 제2항의 헌법소원에서 기본권침해의 직접성·현재성 및 자기관련성이 요건인지 여부: **소극** (헌재 1998.7.16. 95헌바19 등)	합헌
3	입법부작위를 다투는 '위헌소원'이 적법한지 여부: **소극** (헌재 2000.1.27. 98헌바12)	각하
4	위헌제청신청 기각결정 등 법원의 결정이 위헌소원의 대상이 되는지 여부: **소극** (헌재 2002.6.27. 2001헌바100)	각하
5	위헌제청신청이 기각된 후 동일 심급에서 동일한 사유로 다시 위헌제청신청을 하고 그 신청이 기각되자 청구한 위헌소원이 적법한지 여부: **소극** (헌재 1994.4.24. 91헌바14)	각하
6	헌법재판소법 제68조 제2항 후문의 '당해 사건의 소송절차'에 당해 사건의 상소심 소송절차가 포함되는지 여부: **적극** (헌재 2007.7.26. 2006헌바40)	각하
7	당해 소송에서 청구인 승소판결이 확정된 경우에는 재판의 전제성이 인정되는지 여부: **소극** (헌재 2000.7.20. 99헌바61)	각하
8	헌법재판소법 제68조 제2항에 의한 헌법소원심판청구인이 당해 사건인 형사사건에서 무죄의 확정판결을 받은 경우 재판의 전제성이 존재하는지 여부: **소극** (헌재 2009.5.28. 2006헌바109 등)	각하
9	조약이 제68조 제2항 헌법소원의 심판대상이 되는지 여부: **적극** (헌재 2001.9.27. 2000헌바20)	–
10	제청법원이 재심개시결정 없이 형사처벌의 근거조항에 대하여 위헌법률심판제청을 한 경우, 그 형사처벌 근거조항이 재판의 전제성이 있는지 여부: **소극** 확정된 유죄판결에서 처벌의 근거가 된 법률조항은 재심의 개시 여부를 결정하는 재판에서는 재판의 전제성이 인정되지 않고, 재심의 개시 결정 이후의 '본안사건에 대한 심판'에 있어서만 재판의 전제성이 인정된다(헌재 2016.3.31. 2015헌가36).	각하
11	예외적으로 이 사건 긴급조치들이 무죄판결이 확정되었거나 재심청구가 기각된 당해 사건 재판의 전제성이 있는지 여부: **적극** 당해 사건에서 무죄판결이 선고되거나 재심청구가 기각되어 원칙적으로는 재판의 전제성이 인정되지 아니할 것이나, 긴급조치의 위헌 여부를 심사할 권한은 본래 헌법재판소의 전속적 관할 사항인 점, 법률과 같은 효력이 있는 규범인 긴급조치의 위헌 여부에 대한 헌법적 해명의 필요성이 있는 점, 당해 사건의 대법원판결은 대세적 효력이 없는 데 비하여 형벌조항에 대한 헌법재판소의 위헌결정은 대세적 기속력을 가지고 유죄 확정판결에 대한 재심사유가 되는 점, 유신헌법 당시 긴급조치 위반으로 처벌을 받게 된 사람은 재판절차에서 긴급조치의 위헌성을 다툴 수조차 없는 규범적 장애가 있었던 점 등에 비추어 볼 때, 예외적으로 헌법질서의 수호·유지 및 관련 당사자의 권리구제를 위하여 재판의 전제성을 인정함이 상당하다(헌재 2013.3.21. 2010헌바70 등).	위헌
12	[1] 헌법재판소법 제68조 제2항에 따른 헌법소원심판에서 진정입법부작위를 다투는 것이 허용되는지 여부: **소극** [2] 사업주와의 관계에서 사용종속관계가 인정되지 않는 노무제공자 중 이른바 '특수형태근로종사자'에 대하여 근로기준법상 근로자와 동일한 보호가 이루어져야 한다고 주장하는 내용의 헌법소원심판청구가 진정입법부작위를 다투는 것에 해당하는지 여부: **적극** (헌재 2016.11.24. 2015헌바413·414)	각하

3. 위헌심사형 헌법소원(헌법재판소법 제68조 제2항)과 위헌법률심판 비교

구분	위헌심사형 헌법소원	위헌법률심판
본질	규범통제	규범통제
형식	헌법소원	위헌법률심판
청구인·제청권자	당사자	법원
심판대상	제청신청이 기각된 법률	제청법률
재판정지 여부	×	○
지정재판부 사전심사	○	×
변호사강제주의	○	×
주문의 결정유형	동일(각하·합헌·위헌·변형결정)	

3 권리구제형 헌법소원의 적법요건

구분	위헌심사형 헌법소원 (헌법재판소법 제68조 제2항)	권리구제형 헌법소원 (헌법재판소법 제68조 제1항)
본질	규범통제	기본권구제 (예외적 규범통제 – 법령소원)
기본권침해 여부가 전제가 되는지	×	○
기본권주체만이 제기가 가능한지 여부	× (공법인도 가능)	○
심판대상	법률(조약·긴급명령 등)	공권력의 행사 또는 불행사
재판의 전제성	○	×
지정재판부 사전심사	○	○
변호사강제주의	○	○
청구기간	30일	90일, 1년
주문의 결정유형	각하·합헌·위헌·변형결정	각하·기각·인용결정 (규범통제시: 합헌·위헌·변형결정)

1. 청구인능력(청구권자)

(1) 인정되는 경우

① 자연인: 대한민국 국적을 가진 모든 국민, 외국인(그 기본권주체가 될 수 있는 기본권에 한함)

📑 **판례정리**

번호	내용	결정
1	태아가 생명권의 주체인지 여부: 적극 (헌재 2008.7.31. 2004헌바81)	합헌

2	배아가 헌법소원을 청구할 수 있는지 여부: **소극** (헌재 2010.5.27. 2005헌마346)	각하
3	외국인이 헌법소원을 청구할 수 있는지 여부: **적극** (헌재 2001.11.29. 99헌마494)	헌법불합치
4	심판 도중에 당사자가 사망한 경우 청구인능력이 상실되어 심판절차가 종료하는지 여부: **적극** (헌재 1992.11.12. 90헌마33)	기타 (종료선언)
5	사이버대학이 헌법소원심판에서 청구인능력이 인정되는지 여부: **소극** (헌재 2016.10.27. 2014헌마1037)	기각

② 법인(국내 사법인)
　㉠ 우리 헌법은 법인의 기본권향유능력을 인정하는 명문의 규정을 두고 있지 않지만, 언론·출판의 자유, 재산권의 보장 등과 같이 성질상 법인이 누릴 수 있는 기본권은 당연히 법인에도 적용함 ⇨ 사단법인·재단법인 또는 영리법인·비영리법인을 가리지 아니하고 헌법소원심판을 청구할 수 있음
　㉡ 헌법재판소: 한국영화인협회와 축협중앙회의 청구인능력을 인정함

③ 권리능력 없는(법인 아닌) 사단·재단
　㉠ 대표자의 정함이 있고 독립된 사회적 조직체로서 활동하면 그의 이름으로 헌법소원심판을 청구할 수 있음
　㉡ 헌법재판소: 정당이나 한국신문편집인협회의 청구인능력을 인정함

(2) 부정되는 경우

국가기관 또는 국가조직	기본권의 '수범자'
농지개량조합	농지소유자의 조합가입이 강제되는 점, 국가 등이 설치한 농업생산기반시설을 그대로 인수하는 점, 조합에서 임의 탈퇴할 수 없는 점 등 공적인 성격을 고려하여 이를 공법인이라고 봄
국회상임위원회	국가기관인 국회의 일부조직인 국회의 노동위원회
국회의원	국회의 구성원인 지위에서 공권력 작용의 주체
교육위원	공법인인 지방자치단체의 합의체기관인 교육위원회의 구성원으로서 '공법상 권한'을 행사하는 공권력의 주체
지방의회	공법인인 지방자치단체의 의결기관
지방자치단체의 장	지방자치단체나 그 기관인 지방자치단체의 장은 기본권의 주체가 아니며 이 사건 심판청구인인 제주도의 장인 청구인은 헌법소원청구인으로서의 적격이 없음
경찰공무원	국민 모두에 대한 봉사자로서 공공의 안전 및 질서유지라는 공익을 실현할 의무가 인정되는 기본권의 수범자, 국가기관의 일부 또는 그 구성원으로서 공권력 행사의 주체
사립학교	남문중·상업고등학교 시설에 관한 권리·의무의 주체로서 당사자능력이 있는 청구인 남문학원이 헌법소원을 제기하여 권리구제를 받는 절차를 밟음으로써 족하고, 동 학교의 이 사건 헌법소원심판청구는 부적법함

📋 판례정리

번호	내용	결정
1	원주시를 혁신도시 최종입지로 선정하여 공표한 강원도지사의 행위에 대해 춘천시(지방자치단체)가 헌법소원심판을 청구할 수 있는지 여부: **소극** (헌재 2006.12.28. 2006헌마312)	각하

2. 대상적격(심판대상)

공권력주체에 의한 작위·부작위(공권력의 행사 또는 불행사)로서 국민의 권리·의무 내지 법적 지위에 직접적인 영향을 가져오는 행위

⊘ **주의**

위헌결정이 선고되기 이전에 심판청구된 법률조항이라 할지라도, 위헌선고가 내려진 이후에는 제68조 제1항의 헌법소원 대상이 되지 않아 각하됨

📋 판례정리

번호	내용	결정
1	대선후보자 방송토론회 참석자결정행위가 헌법소원의 대상인지 여부: **적극** (헌재 1998.8.27. 97헌마372)	기각
2	국민감사청구에 대한 감사원장의 기각결정이 헌법소원의 대상이 되는 공권력 행사에 해당하는지 여부: **적극** (헌재 2006.2.23. 2004헌마414)	기각
3	한국증권거래소의 상장폐지확정결정이 헌법소원의 대상인지 여부: **소극** (헌재 2005.2.24. 2004헌마442)	각하
4	정당이 대통령선거후보경선과정에서 여론조사결과를 반영한 것이 헌법소원심판의 대상이 되는지 여부: **소극** (헌재 2007.10.30. 2007헌마1128)	각하
5	외국의 공권력 작용이 헌법소원의 대상이 되는지 여부: **소극** (헌재 1997.9.26. 96헌마159)	각하
6	공공용지의 취득 및 손실보상에 관한 특례법에 따른 보상금 지급행위가 헌법소원의 대상인지 여부: **소극** (헌재 1992.11.12. 90헌마160)	각하
7	한국감정평가협회가 제정한 토지보상평가지침이 헌법소원의 대상이 되는지 여부: **소극** (헌재 2006.7.27. 2005헌마307)	각하
8	한국방송공사의 '2006년도 예비사원 채용 공고'가 공권력의 행사에 해당하는지 여부: **소극** (헌재 2006.11.30. 2005헌마855)	각하
9	법학전문대학원협의회의 법학적성시험 시행계획 공고가 헌법소원의 대상인지 여부: **적극** (헌재 2000.4.29. 2009헌마399)	기각
10	사립대학인 학교법인 이화학당의 법학전문대학원 모집요강이 헌법소원심판의 대상인 공권력의 행사에 해당하는지 여부: **소극** (헌재 2013.5.20. 2009헌마514)	각하
11	한나라당이 대통령선거 후보경선과정에서 여론조사 결과를 반영한 것이 헌법소원심판의 대상이 되는 공권력의 행사에 해당하는지 여부: **소극** (헌재 2007.10.30. 2007헌마1128)	각하

12	강북구청장이 한 "4·19혁명 국민문화제 2015 전국 대학생 토론대회" 공모 공고 중 토론대회 참가대상을 대학교 재학생·휴학생으로 한정한 부분이 '공권력의 행사'에 해당하는지 여부: **소극** (헌재 2015.10.21. 2015헌마214)	각하
13	마약류 사범에 대하여 도서반입이 사실상 금지되었다는 사정이 공권력의 행사에 해당하는지 여부: **소극** (헌재 2014.5.29. 2013헌마280) ✅ **주의** 공권력의 행사가 특정되지 않았기 때문에 부적법한 심판청구가 됨	각하
14	경찰의 직사살수행위가 예외적으로 헌법소원의 대상인지: **적극** 직사살수행위는 사람의 생명이나 신체에 중대한 위험을 초래할 수 있는 공권력 행사에 해당하며, 헌법재판소는 직사살수행위가 헌법에 합치하는지 여부에 대한 해명을 한 바 없다. 그렇다면 청구인 백▽▽의 이 사건 직사살수행위에 대한 심판청구는 주관적 권리보호이익은 소멸하였으나, 기본권 침해행위의 반복가능성과 헌법적 해명의 필요성이 있으므로 심판의 이익을 인정할 수 있다(헌재 2020.4.23. 2015헌마1149). ✅ **주의** 유족이 승계하지 못하였으나, 심판절차가 종료되지는 않았음	인용 (위헌확인)

(1) 입법작용

① **법률**: 공권력 가운데에는 입법권도 당연히 포함되고, 따라서 법률에 대한 헌법소원도 가능

✅ **주의**
그러나 그 법률이 별도의 구체적 집행행위를 기다리지 않고 직접적·현재적으로 헌법상 보장된 기본권을 침해하는 경우에 한정됨을 원칙으로 함

② **입법부작위**

단순입법 부작위	국민이 국회에 대하여 입법을 청원하는 것은 별론으로 하고 법률의 제정을 소구하는 헌법소원은 원칙적으로 인정되지 않음
진정입법 부작위	• '입법부작위' 자체를 대상으로 하는 헌법소원(헌법재판소법 제68조 제1항 본래 의미의 헌법소원) • 헌법에서 법령에 입법위임을 하였음에도 입법자가 이를 이행하지 아니한 경우, 헌법해석상 특정인에게 구체적인 기본권이 생겨 국가의 행위의무가 발생하였음에도 입법자가 아무런 입법조치를 취하지 아니한 경우에 한하여 허용함(헌재 1989.3.17. 88헌마1 등)
부진정입법 부작위	• 그 불완전한 법규 자체를 대상으로 하여 적극적인 헌법소원을 제기. 이 경우 헌법재판소법 소정의 제소기간을 준수하여야 함(헌재 1996.10.4. 94헌마108) • 법률의 경우 제41조 위헌법률심판, 제68조 제1항 법령소원, 제68조 제2항 위헌소원재판이 가능하고, 법률 이외의 법령의 경우는 제68조 제1항 법령소원재판이 가능함

번호	내용	결정
1	국군포로의 송환 및 대우 등에 관한 법률상 입법부작위 [1] 국군포로 등에 대하여 억류기간 중 행적이나 공헌에 상응하는 예우를 할 수 있도록 대통령령을 제정하지 않은 행위가 위헌인지 여부: **적극** 대통령령을 제정하지 아니한 행위는 청구인의 명예권을 침해한다. 다만, 이러한 행정입법부작위가 청구인의 재산권을 침해하는 것은 아니다. [2] 대한민국에 귀환하여 등록한 포로에 대한 보수 기타 대우 및 지원만을 규정하고, 대한민국으로 귀환하기 전에 사망한 국군포로에 대하여는 이에 관한 입법조치를 하지 않은 입법부작위가 위헌인지 여부: **소극** (헌재 2018.5.31. 2016헌마626)	[1] 위헌 확인 [2] 각하
2	치과전문의시험제도를 실시할 수 있는 절차를 마련하지 아니한 입법부작위가 위헌인지 여부: **적극** (헌재 1998.7.16. 96헌마246)	위헌확인
3	노동부장관이 평균임금을 정하여 고시하지 아니한 입법부작위가 위헌인지 여부: **적극** (헌재 2002.7.18. 2000헌마707)	위헌확인
4	군법무관의 보수에 관한 행정입법부작위가 위헌인지 여부: **적극** (헌재 2004.2.26. 2000헌마718)	위헌확인
5	근로3권이 허용되는 '사실상 노무에 종사하는 공무원의 범위'에 관한 조례제정을 하지 않은 입법부작위가 위헌인지 여부: **적극** (헌재 2009.7.30. 2006헌마358)	인용 (위헌확인)
6	지방자치단체의 장을 위한 별도의 퇴직급여제도를 마련하지 않은 입법부작위가 헌법소원의 대상에 해당하는지 여부: **소극** (헌재 2004.6.26. 2012헌마459)	각하
7	'행정절차에서의 위법하거나 부당한 구금의 피해자에 대하여도 보상하는 규정을 두어야 하는지 여부: **소극** (헌재 2024.1.25. 2020헌바475)	각하
8	국내에서 난민인정신청을 한 외국인이 강제퇴거명령을 받고 보호처분을 받아 수용되었다가 이후 난민인정을 받은 경우 및 출입국항에서 입국불허결정을 받은 외국인이 법률상 근거 없이 송환대기실에 수용되었던 경우에 대하여 보상을 해주어야 할 입법의무가 있는지 여부: **소극** (헌재 2024.1.25. 2021헌마703)	각하

③ 명령·규칙

법규명령·규칙	대법원	• 명령·규칙의 위헌 여부는 대법원이 심사함 • 명령·규칙이 국민의 권리를 직접 침해한 경우 그 자체가 행정소송의 대상이 됨
	헌법재판소	• 법률의 위헌심사권이 헌법재판소에 부여되어 있는 이상 법률의 하위규범인 명령·규칙의 위헌여부심사권이 헌법재판소의 관할에 속함 • 별도의 집행행위를 기다리지 않고 직접 기본권을 침해할 때에는 헌법소원심판의 대상이 됨 • 대법원규칙인 사법서사법 시행규칙(헌재 1989.3.17. 88헌마1)에 대해 헌법소원을 인정한 바 있음

행정규칙	원칙	행정조직 내부에서만 효력을 가지는 것이고 대외적인 구속력을 갖는 것이 아니어서 원칙적으로 헌법소원의 대상이 아님
	예외	• 신뢰보호의 원칙 등에 따라 자기구속을 당하게 되는 경우: 재량준칙인 규칙이 되풀이 시행되어 행정관행이 이루어져 평등의 원칙이나 신뢰보호의 원칙에 따라 행정기관이 자기구속을 당하게 되는 경우에는 대외적인 구속력을 가지게 되는바, 헌법소원의 대상이 될 수 있음(헌재 1990.9.3. 90헌마13) • 상위법령과 결합하여 대외적인 구속력을 갖는 법규명령으로서 기능하는 경우(법령보충적 행정규칙): 직접 기본권을 침해받은 경우 바로 헌법소원을 청구할 수 있음(헌재 1992.6.26. 91헌마25) • 법령보충적 행정규칙이라도 그 자체로서 직접적으로 대외적인 구속력을 갖는 것은 아님. 즉, 상위법령과 결합하여 일체가 되는 한도 내에서 상위법령의 일부가 됨으로써 대외적 구속력이 발생함(헌재 2004.10.28. 99헌바91) ⊘ 주의 게임제공업소의 경품취급기준 중 사행성 간주 게임물의 개념을 설정하고 이에 해당하는 경우 경품제공 등을 금지한 규정은 헌법소원의 대상이 됨(대판 2009.3.26. 2007도9182)

④ 조례

헌법재판소	조례 자체로 직접 기본권을 침해받은 자는 헌법소원을 제기할 수 있음
대법원	조례가 집행행위의 개입 없이 직접 국민의 권리·의무나 법적 이익에 법률상 효과를 발생시키는 경우 항고소송의 대상이 되는 행정처분에 해당함[대판 1996.9.20. 95누8003(두밀분교폐지조례사건)]

⑤ 헌법규정: 헌법의 개별 규정은 헌법재판소법 제68조 제1항 소정의 공권력의 행사의 결과라고 할 수 없음(헌재 1995.12.28. 95헌바3)

번호	내용	결정
1	조약에 대한 헌법소원이 인정되는지 여부: **적극** (헌재 2001.3.21. 99헌마139)	기각
2	행정규칙이 법규명령으로서 기능하게 되는 경우에 헌법소원청구의 대상이 되는지 여부: **적극** (헌재 1992.6.26. 91헌마25)	각하
3	행정규칙형식의 법규명령에 대한 헌법소원청구가 적법한지 여부: **적극** 이 사건 기준은 그 제정형식이 비록 보건복지부장관의 고시라는 행정규칙이지만, 식품위생법 제30조의 위임에 따라 식품접객업소의 영업행위에 대하여 제한대상 및 제한시간을 정한 것으로서 상위법령과 결합하여 대외적인 구속력을 갖는 법규명령의 성격을 가지고 있다(헌재 2000.7.20. 99헌마455). ✓ **주의** 　법령의 위임이 있고 상위법령과 결합하여 대외적인 구속력을 가지는지 여부를 기준으로 판단함 ✓ **비교 추가 사례** 　계호근무준칙(헌재 2005.5.26. 2004헌마49), 안전·표시대상공산품의 안전기준(헌재 2015.3.26. 2014헌마372)	기각
4	위헌결정이 선고된 법률에 대한 헌법소원심판청구의 적법 여부: **소극** (헌재 2001.3.21. 99헌마139)	각하
5	입법절차의 하자를 일반 국민이 헌법소원으로 다툴 수 있는지 여부: **소극** (헌재 1998.8.27. 97헌마8)	각하
6	법률조문의 개정·폐지를 구하는 헌법소원심판청구가 적법한지 여부: **소극** (헌재 1992.6.26. 89헌마132)	각하

(2) 집행작용

① 적극적 행정행위

　㉠ 행정처분: 보충성원칙으로 인하여 먼저 행정소송을 제기하여야 하고, 이는 재판으로 끝날 수밖에 없으므로 재판소원금지의 원칙이 적용되어 행정처분에 대한 헌법소원은 현행제도 하에서는 불가능함

📑 **판례정리**

번호	내용	결정
1	공정거래위원회의 심사불개시결정이 헌법소원의 대상이 되는지 여부: **적극** (헌재 2004.3.25. 2003헌마404) ✓ **비교** 　국민권익위원회의 기각결정은 항고소송의 대상이 됨	기각

ⓒ 원행정처분

문제점	행정소송을 제기하였으나 받아들여지지 않은 경우 법원의 소송절차로는 더 이상 다툴 수 없자, 원행정처분 자체가 청구인의 기본권을 침해하였다면서 원행정처분의 취소를 구하는 헌법소원심판을 청구할 수는 있는지가 문제됨
헌법재판소의 입장	• 법원의 재판을 거쳐 확정된 행정처분의 경우, 헌법재판소가 위헌으로 결정한 법령을 적용하여 국민의 기본권을 침해한 결과 헌법소원심판에 의하여 그 재판 자체가 취소되는 경우에 한하여 당해 행정처분에 대한 심판청구가 가능함 • 법원의 재판이 취소되지 아니하는 경우에는 확정판결의 기판력으로 인하여 원행정처분은 헌법소원심판의 대상이 되지 않음

ⓒ 검사의 처분

불기소처분	• 2007년 4월 형사소송법의 개정: 고등법원에 재정신청을 할 수 있는 범죄를 모든 범죄로 확대, 재정신청을 하기 위해서 검찰청에 항고를 먼저 거쳐야 함 • 개정된 검찰청법: 재정신청을 할 수 있는 범죄에 대해서는 재항고제도를 폐지함 • 그 결과 형사피해자인 고소인이 검찰청에 항고 ⇨ 고등법원에 재정신청(검찰청에 재항고 내지 헌법재판소에 헌법소원을 제기할 수 없음) • 검사의 불기소처분에 대해 헌법소원 제기: 보충성의 원칙에 따라 법원의 재정신청을 먼저 거쳐야 함 ⇨ 재정신청에 대한 결정은 재판이고, 재판에 대한 헌법소원이 원칙적으로 금지되기 때문에 결국 검사의 불기소처분에 대해서는 헌법소원을 제기할 수 없음 • '고소하지 아니한 형사피해자'는 검찰청의 항고를 거쳐 법원에 재정신청을 할 수 없으므로 보충성의 예외가 적용되어 곧바로 헌법소원을 제기할 수 있음 • '형사피의자'도 검사의 자의적인 기소유예처분 등에 대하여 다툴 수 있는 사전구제절차가 없으므로 보충성의 예외에 해당하여 직접 헌법소원심판을 청구할 수 있음
기소처분 (공소제기)	법원에 의한 공판절차가 개시되며 후속의 형사소송절차에서 충분히 심판받게 되는바, 헌법재판소의 심판대상이 아닌 사항에 관한 심판청구로서 부적법한 청구임(헌재 1992.6.24. 92헌마104) ⇨ 검사의 약식명령청구도 동일함

📋 **판례정리**

번호	내용	결정
1	기소유예처분을 받은 피의자가 그 처분의 취소를 구하는 헌법소원심판을 청구하는 경우 보충성원칙의 예외에 해당하여 적법한지 여부: 적극 (헌재 2010.6.24. 2008헌마716)	기각
2	공소제기가 헌법소원의 대상인지 여부: 소극 (헌재 1996.11.28. 96헌마256)	각하

ⓔ 행정계획·공고

인정한 경우	• 서울대학교 입시요강(헌재 1992.10.1. 92헌마68) • 지방고등고시 시행계획공고: 해당 시험의 모집인원과 응시자격의 상한연령 및 하한연령의 세부적인 범위 등이 확정되므로 이는 공권력의 행사에 해당함(헌재 2000.1.27. 99헌마123) • 제43회 사법시험 1차 시험 일요일 시행계획공고(헌재 2001.9.27. 2000헌마159) • 교사임용시험에서의 가산점 부여(헌재 2004.3.25. 2001헌마882)
부정한 경우	• 개발제한구역제도 개선방안 확정발표: 건설교통부장관이 개발제한구역의 해제 내지 조정을 위한 일반적인 기준을 제시하고, 개발제한구역의 운용에 대한 국가의 기본방침을 천명하는 정책계획안으로서 비구속적 행정계획안에 불과하며, 개선방안을 발표한 행위도 대내외적 효력이 없는 단순한 사실행위에 불과하므로 공권력의 행사라고 할 수 없음(헌재 2000.6.1. 99헌마538) • 그러나 비구속적 행정계획안이나 지침이라도 국민의 기본권에 직접적으로 영향을 끼치고, 앞으로 법령의 뒷받침에 의하여 그대로 실시될 것이 틀림없을 것으로 예상될 때에는 공권력 행위로서 예외적으로 헌법소원의 대상이 됨(헌재 2011.12.29. 2009헌마330) • 변호사시험 합격자를 입학정원 대비 75% 이상 합격시키는 내용을 정한 합격기준 공표는 청구인들의 법적 지위에 영향을 미친다고 보기 어려우므로, 헌법소원심판의 대상이 되는 공권력의 행사에 해당하지 않음(헌재 2014.3.27. 2013헌마523) • 이화학당의 법학전문대학원 모집요강(헌재 2013.5.30. 2009헌마514)

ⓜ 권력적 사실행위

의미	어떤 행정청의 사실행위가 권력적 사실행위인지 여부는… 그 행위가 행하여질 당시의 구체적 사정을 종합적으로 고려하여 개별적으로 판단하여야 함(헌재 2012.10.25. 2011헌마429)
예	• 국제그룹의 해체준비착수지시: 재무부장관이 제일은행장에 대하여 한 국제그룹의 해체준비착수지시와 언론발표지시는 비권력적 권고·조언 등의 단순한 행정지도로서의 한계를 넘어선 것이고, … 일종의 권력적 사실행위로서 헌법소원의 대상이 되는 공권력의 행사에 해당함(헌재 1993.7.29. 89헌마31) • 차폐시설이 불충분한 유치장 내 화장실을 사용하도록 강제한 행위: 권력적 사실행위라 할 것이며, 이는 헌법소원심판청구의 대상이 되는 헌법재판소법 제68조 제1항의 공권력의 행사에 포함됨(헌재 2001.7.19. 2000헌마546) • 계구사용행위 및 동행계호행위: 권력적 사실행위로서 행정소송의 대상이 된다고 하더라도 권리보호이익의 소멸로 각하될 가능성이 많은바, … 보충성원칙의 예외로서 헌법소원의 제기가 가능함(헌재 2008.5.29. 2005헌마137; 헌재 2011.4.28. 2009헌마305) • 법원의 수사서류 열람·등사 허용 결정에도 불구하고 검사가 해당 수사서류의 등사를 거부한 경우 위와 같은 검사의 행위에 대하여 헌법소원심판을 청구할 권리보호이익 및 심판의 이익이 인정됨(헌재 2017.12.28. 2015헌마632)

② **행정부작위**: 공권력의 주체에게 헌법에서 유래하는 작위의무가 특별히 구체적으로 규정되어 있음에도, 그 의무를 게을리 하는 경우에 한하여 허용되고, 이러한 작위의무가 인정되지 않는 경우 그 헌법소원은 부적법한 청구임(헌재 2007.7.26. 2005헌마501)

번호	내용	결정
1	재정신청사건의 공소유지 담당변호사가 무죄판결에 대하여 항소를 제기하지 않은 것이 헌법소원의 대상이 되는지 여부: **소극** (헌재 2004.2.26. 2003헌마608)	각하
2	국회의 탄핵소추의결의 부작위가 헌법소원의 대상인지 여부: **소극** (헌재 1996.2.29. 93헌마186)	각하
3	일본국에 대하여 가지는 일본군 위안부로서의 배상청구권이 '대한민국과 일본국간의 재산 및 청구권에 관한 문제의 해결과 경제협력에 관한 협정' 제2조 제1항에 의하여 소멸되었는지 여부에 관한 한·일 양국간 해석상 분쟁을 이 사건 협정 제3조가 정한 절차에 따라 해결하지 아니하고 있는 외교통상부의 부작위가 위헌인지 여부: **적극** (헌재 2011.8.30. 2006헌마788)	인용
4	피청구인이 사할린 한인의 대일청구권 문제를 불이행하고 있는지 여부: **소극** (헌재 2019.12.27. 2012헌마939)	각하
5	독도에 대피시설이나 의무시설, 관리사무소, 방파제 등을 설치하지 아니한 피청구인의 부작위가 헌법소원 대상이 될 수 있는지 여부: **소극** (헌재 2016.5.26. 2014헌마1002)	각하
6	국회의장이 선거구획정위원회 위원을 선임·위촉하지 않은 부작위 및 선거구획정위원회가 선거구획정안을 국회의장에게 제출하지 않은 부작위가 헌법재판소법 제68조 제1항 소정의 공권력의 행사에 해당하는지 여부: **소극** (헌재 2004.2.26. 2003헌마285)	각하
7	'대한민국 외교부 장관과 일본국 외무대신이 2015.12.28. 공동발표한 일본군 위안부 피해자 문제 관련 합의'는 절차와 형식 및 실질에 있어서 구체적 권리·의무가 창설이 인정되지 않고, 이를 통해 일본군 '위안부'피해자들의 권리가 처분되었다거나 대한민국 정부의 외교적 보호권한이 소멸하였다고 볼 수 없으므로 헌법소원심판의 대상이 되지 않는다고 보고, 이 사건 심판 청구 이후 사망한 청구인들을 제외한 청구인들의 심판청구를 각하한 사례(헌재 2019.12.27. 2016헌마253) ◈ **주의** 비구속적 합의는 헌법소원의 대상이 될 수 없음	각하
8	경찰서 등 공공기관에 장애인용 승강기 내지 화장실 등 장애인 편의시설을 설치하지 아니한 부작위가 위헌인지 여부: **소극** (헌재 2023.7.20. 2019헌마709)	각하

(3) 사법작용

① 재판

㉠ 법원재판 제외의 원칙

> 헌법재판소법 제68조【청구 사유】① 공권력의 행사 또는 불행사로 인하여 헌법상 보장된 기본권을 침해받은 자는 법원의 재판을 제외하고는 헌법재판소에 헌법소원심판을 청구할 수 있다. 다만, 다른 법률에 구제절차가 있는 경우에는 그 절차를 모두 거친 후에 청구할 수 있다.
>
> * [한정위헌, 헌재 2016.4.28. 2016헌마33; 헌법재판소법(2011.4.5. 법률 제10546호로 개정된 것) 제68조 제1항 본문 중 "법원의 재판을 제외하고는" 부분은, 헌법재판소가 위헌으로 결정한 법령을 적용함으로써 국민의 기본권을 침해한 재판이 포함되는 것으로 해석하는 한 헌법에 위반된다]
> * [단순위헌, 헌재 2022.6.30. 2014헌마760·763; 헌법재판소법(2011.4.5. 법률 제10546호로 개정된 것) 제68조 제1항 본문 중 '법원의 재판' 가운데 '법률에 대한 위헌결정의 기속력에 반하는 재판' 부분은 헌법에 위반된다]

㉡ 예외: 법원이 헌법재판소가 위헌으로 결정하여 그 효력을 전부 또는 일부 상실하거나 위헌으로 확인된 법률을 적용함으로써 국민의 기본권을 침해한 경우에 재판에 대한 헌법소원이 허용됨

② 재판부작위·소송지휘·재판진행: 법원의 재판에는 재판 자체뿐만 아니라 재판절차에 관한 법원의 판단도 포함되는 것이며, 재판의 부작위, 즉 재판의 지연은 결국 법원의 재판절차에 관한 것이므로 헌법소원의 대상이 될 수 없음(헌재 1998.5.28. 96헌마46)

📋 **판례정리**

번호	내용	결정
1	소송지휘 또는 재판진행에 관한 재판장의 명령이나 사실행위를 대상으로 한 헌법소원이 적법한지 여부: **소극** (헌재 1993.6.2. 93헌마104)	각하
2	재판장의 변론제한에 대한 헌법소원이 적법한지 여부: **소극** (헌재 1992.6.26. 89헌마271)	각하
3	헌법재판소의 결정이 헌법소원심판의 대상인지 여부: **소극** (헌재 1989.7.10. 89헌마144)	각하
4	법원이 '국민의 형사재판 참여에 관한 규칙' 제3조 제1항에 따른 피고인 의사의 확인을 위한 안내서를 송달하지 않은 부작위가 헌법소원의 대상인지 여부: **소극** (헌재 2012.11.29. 2012헌마53)	각하
5	행정청이 법률을 단순히 잘못 해석·적용함으로써 결과적으로 국민의 기본권을 침해하였다고 하여 행정청의 그러한 행위가 모두 헌법소원의 대상이 되는지 여부: **소극** (헌재 2003.2.27. 2002헌마106)	각하
6	긴급조치 제1호 및 제9호 발령행위 등에 대한 국가배상책임을 부정한 대법원 판결들에 대한 헌법소원심판청구가 적법한지 여부: **소극** (헌재 2018.8.30. 2015헌마861)	각하

(4) 대상적격을 부인한 경우

국가기관의 사법(私法)행위 (사경제 주체로서의 행위)	• 택지개발사업의 시행과 관련하여 생활대책의 일환으로 이루어진 상업용지공급 공고행위: 법적 근거 없이 시혜적으로 내부규정을 정하여 청구인들에게 상가부지를 일정한 공급조건하에 수의계약으로 공급한다는 것을 통보하는 것이므로 이러한 사실관계는 사법상의 권리이전에 대한 반대급부의 조건 내지 내용에 관련된 사항에 불과하여 헌법소원의 대상이 되는 공권력 행사로 보기 어려움(헌재 1996.10.4. 95헌마34) • 공공용지의 협의취득에 따른 보상금의 지급행위: 사법상의 행위라고 볼 수밖에 없으므로 이는 헌법소원심판의 대상이 되는 공권력의 행사라고 볼 수 없음(헌재 1992.11.12. 90헌마160)
국가기관의 내부적 행위	• 수사기관의 진정사건에 대한 내사종결처리: 구속력이 없는 수사기관의 내부적 사건처리 방식에 지나지 아니하므로 헌법소원심판의 대상이 되는 공권력의 행사라고 할 수 없음(헌재 1990.12.26. 89헌마277) • 경제기획원장관의 정부투자기관에 대한 예산편성공통지침 통보행위: 성질상 정부의 그 투자기관에 대한 내부적 감독 작용에 해당할 뿐이고 공권력 작용에 해당하지 않음(헌재 1993.11.25. 92헌마293) • 대통령의 법률안제출행위: 국가기관간의 내부적 행위에 불과하므로 헌법재판소법 제68조에서 말하는 공권력의 행사에 해당되지 않음(헌재 1994.8.31. 92헌마174)
각종 회신·통보	• 법원행정처장의 민원인에 대한 법령 질의회신: 법적 구속력을 갖는 것이라고는 보여지지 아니하므로 이에 대한 헌법소원심판청구는 부적법함(헌재 1989.7.28. 89헌마1) • 청원에 대한 처리결과 통보: 비록 그 처리내용이 청원인 등이 기대한 바에 미치지 않더라도 더 이상 헌법소원의 대상이 되는 공권력의 행사 내지 불행사라고 볼 수 없음(헌재 1994.2.24. 93헌마213)

비권력적
사실행위
	• 어린이헌장의 제정·선포행위: 공권력의 행사로 볼 수 없어 헌법소원심판청구의 대상이 되지 아니함(헌재 1989.9.2. 89헌마170)
	• 학교당국이 미납공납금을 완납하지 아니할 경우에 졸업증의 교부와 증명서를 발급하지 않겠다고 한 통고: 일종의 비권력적 사실행위로서 헌법소원심판의 청구대상으로서의 공권력에 해당된다고 볼 수 없음(헌재 2001.10.25. 2001헌마113)
	• 형사재판이 확정된 후 제1심 공판정심리의 녹음물을 폐기한 행위: 단순한 사무집행으로서 법원행정상의 구체적인 사실행위에 불과할 뿐이고, … 청구인에 대한 구체적이고 직접적인 법적 불이익을 내포한다고 할 수 없으므로, 헌법소원의 대상이 되는 공권력의 행사에 해당한다고 볼 수 없음(헌재 2012.3.29. 2010헌마599)
	• 교육부장관의 대학총장들에 대한 학칙시정요구: 행정지도의 일종이지만, 그에 따르지 않을 경우 일정한 불이익조치를 예정하고 있어 … 단순한 행정지도로서의 한계를 넘어 규제적·구속적 성격을 상당히 강하게 갖는 것으로서 헌법소원의 대상이 되는 공권력의 행사임(헌재 2003.6.26. 2002헌마337 등)
	  ⊘ 주의
	    방송통신위원회의 시정요구는 항고소송만 가능함
	• 보내는 자가 불명확한 우송품의 반송행위는 교도소나 구치소와 같이 다수의 수용자들이 구금되어 있는 곳에서 신속하고 정확하게 우편물을 관리하기 위한 내부적 업무처리 행위로서, 헌법소원의 대상이 되는 공권력의 행사에 해당한다고 보기 어려움(헌재 2014.5.29. 2013헌마280)

📑 **판례정리**

번호	내용	결정
1	국가기관의 내부적 행위로 대상적격이 부인된 경우 예산편성 행위가 헌법소원의 대상이 되는 '공권력의 행사'에 해당하는지 여부: **소극** (헌재 2017.5.25. 2016헌마383)	각하
2	판례 회신·통보로 대상적격이 부인된 경우 외부인으로부터 연예인 사진을 교부받을 수 있는지에 관한 청구인의 문의에 대하여 청구인이 '마약류수용자'로 분류되어 있고 연예인 사진은 처우상 필요한 것으로 인정하기 어려워 불허될 수 있다는 취지로 청구인에게 고지한 행위가 헌법소원심판의 대상이 되는지 여부: **소극** (헌재 2016.10.27. 2014헌마626)	각하

3. 헌법상 보장된 기본권

(1) 헌법소원심판을 청구하기 위해서는 침해되는 기본권이 있어야 함 ⇨ 객관적인 제도침해나 공권력 행사가 헌법의 기본원리에 위반된다는 주장만으로 헌법소원을 청구할 수는 없음

(2) 종류

헌법의 기본원리	설사 피청구인의 불법적인 의안처리행위로 헌법의 기본원리가 훼손되었다고 하더라도 그로 인하여 헌법상 보장된 구체적 기본권을 침해당한 바 없는 국회의원인 청구인들에게 헌법소원심판청구가 허용된다고 할 수는 없음(헌재 1995.2.23. 90헌마125)
주민투표권	어디까지나 입법에 의하여 법률이 보장하는 권리일 뿐이지 헌법이 보장하는 기본권 또는 헌법상 제도적으로 보장되는 주관적 공권으로 볼 수 없음(헌재 2001.6.28. 2000헌마735)
변호인의 접견교통권	• 종전의 판례는 변호인의 접견교통권은 헌법상 기본권이 아니라고 판시하였으나, 최신 판례에서 변호인이 되려는 자의 접견교통권이 헌법상 기본권이라 판시하여 묵시적으로 변호인의 접견교통권이 헌법상 기본권이 됨 • '변호인이 되려는 자'의 피의자 접견교통권이 헌법상 기본권에 해당함(헌재 2019. 2.28. 2015헌마1204)
국회구성권	국민과 국회의원은 자유위임관계에 있으므로, 유권자가 설정한 국회의석분포에 국회의원들을 기속시키고자 하는 내용의 '국회구성권'이라는 기본권은 오늘날 대의제도의 본질에 반하는 것이어서 헌법상 인정될 여지가 없고, … 그로 인하여 바로 헌법상 보장된 청구인들의 구체적 기본권이 침해당하는 것은 아님(헌재 1998.10.29. 96헌마186)
국회의원의 질의권·토론권·표결권	국회의원에게 부여된 권한이지 국회의원 개인에게 헌법이 보장하는 권리, 즉 기본권으로 인정된 것이라고 할 수 없으므로, 국회의원인 청구인들에게 헌법소원심판청구가 허용된다고 할 수 없음(헌재 1995.2.23. 90헌마125)

청문권	국회입법에 대하여는 원칙적으로 일반 국민의 지위에서 적법절차에서 파생되는 청문권은 인정되지 아니하므로 청구인들의 경우, 이 사건 법률에 의하여 그러한 기본권을 침해받을 가능성은 없음(헌재 2005.11.24. 2005헌마579 등)
재정사용의 합법성과 타당성을 감시하는 납세자의 권리	재정지출에 대한 국민의 직접적 감시권을 기본권으로 인정하게 되면 재정지출을 수반하는 정부의 모든 행위를 개별 국민이 헌법소원으로 다툴 수 있게 되는 문제가 발생할 수 있음. 따라서 이러한 납세자의 권리를 헌법에 열거되지 않은 기본권으로 볼 수 없으므로 그에 대한 침해의 가능성 역시 인정될 수 없음(헌재 2005.11.24. 2005헌마579 등)
헌법재판소에 중간결정을 신청할 권리	헌법재판소가 … 중간결정을 할 것인지 여부는 전적으로 헌법재판소의 재량에 달려 있는 것이어서 청구인이 결정에 앞서 중간결정을 헌법소원심판의 형식으로 구하는 것은 공권력의 행사 또는 불행사로 인하여 헌법상 보장된 기본권을 침해받은 경우에 해당하지 아니하여 부적법함(헌재 2007.7.30. 2007헌마837)
입법권	이 사건 법률의 입법절차의 하자로 인하여 직접 침해되는 것은 이 사건 법률의 심의·표결에 참여하지 못한 국회의원의 법률안 심의·표결 등 권한이라고 할 것임. … 입법권은 국회의 권한이지 헌법상 보장된 국민의 기본권이라고 할 수도 없음. 따라서 청구인들은 … 헌법소원심판을 청구할 수 없음(헌재 1998.8.27. 97헌마8·39)
통일에 대한 기본권	헌법상의 여러 통일 관련 조항들로부터 국민 개개인의 통일에 대한 기본권, 특히 국가기관에 대하여 통일과 관련된 구체적인 행동을 요구하거나 일정한 행동을 할 수 있는 권리가 도출된다고 볼 수 없음(헌재 2000.7.20. 98헌바63)

📑 판례정리

번호	내용	결정
1	무소속 국회의원의 국회상임위원회 활동권이 기본권인지 여부: 소극 (헌재 2000. 8.31. 2000헌마156)	각하
2	지방자치단체 주민으로서의 자치권 또는 주민권의 침해를 주장하며 국가사무에 속하는 고속철도역의 명칭결정에 대하여 헌법소원심판을 청구할 수 있는지 여부: 소극 (헌재 2006.3.30. 2003헌마837)	각하
3	주민투표권이 헌법상 기본권인지 여부: 소극 (헌재 2005.12.22. 2004헌마530)	각하

4. 청구인적격

(1) 자기관련성

기본권의 침해가 자신과 관련이 있고, 직접 그리고 현재 침해당해야 함

📋 **판례정리**

번호	내용	결정
1	단체가 그 구성원을 대신하여 제기한 헌법소원이 적법한지 여부: 소극 (헌재 1994.2.24. 93헌마33)	각하
2	수혜적 법령의 경우 수혜범위에서 제외된 자가 자신이 평등원칙에 반하여 수혜대상에서 제외되었다는 주장을 하면 자기관련성이 인정될 수 있는지 여부: 적극 (헌재 2010.4.29. 2009헌마340)	각하
3	이동통신단말장치를 구입하고자 하는 청구인들이 '이동통신단말장치 유통구조 개선에 관한 법률' 제4조 제1항·제2항 본문 및 제5항에 대해 헌법소원심판을 청구할 자기관련성이 있는지 여부: 적극 (헌재 2017.5.25. 2014헌마844)	기각
4	공권력작용의 직접적인 규율대상이 되어 기본권이 침해된 자는 물론이고, 그 외의 제3자라 하더라도 공권력의 작용이 그 제3자의 기본권을 직접적이고 법적으로 침해하고 있는 경우에는 그 제3자에게도 자기관련성이 있다고 할 것이나, 반대로 타인에 대한 공권력의 작용이 단지 간접적, 사실적 또는 경제적인 이해관계로만 관련되어 있는 제3자에게는 자기관련성은 인정되지 않는다(헌재 2015.1.6. 2014헌마1108).	각하

① 불기소처분의 경우

㉠ 형사피해자인 고소인: 원칙적으로 헌법상 재판절차진술권의 주체인 형사피해자에 한하고 … 일반 범죄의 고발사건에 있어서의 고발인은 기본권침해의 자기관련성이 없음(헌재 1989.12.22. 89헌마14)

📋 **판례정리**

번호	내용	결정
1	검사의 불기소처분에 대하여 고발인이 제기한 헌법소원이 적법한지 여부: 소극 (헌재 1989.12.22. 89헌마14)	각하
2	주식회사의 주주인 고발인의 헌법소원청구인적격 인정 사례 주주라고 할지라도 고발사건의 피해자라고 인정될 경우에는 헌법소원심판을 청구할 수 있다(헌재 1991.4.1. 90헌마65).	기각

㉡ 형사피해자의 범위: 반드시 형사실체법상의 보호법익을 기준으로 한 피해자개념에 의존하여 결정할 필요는 없고 문제되는 범죄 때문에 법률상 불이익을 받게 되는 자라면 헌법상 재판절차진술권의 주체가 될 수 있음(헌재 1992.2.25. 90헌마91)

㉢ 형사피해자로 인정되는 경우: 위증으로 불이익한 재판을 받게 되는 당사자, 교통사고 사망자의 부모

자기관련성 인정

- 법무사가 고용 가능한 사무원 수를 제한하는 규정 ⇨ 사무원
- 방송광고 사전심의를 규정한 법령 ⇨ 광고회사에 소속된 광고인
- 안경사에게 시력검사행위를 허용한 의료기사법 시행령 ⇨ 안과의사
- 대학으로 하여금 국가유공자의 자녀에 대하여 수업료등을 면제할 수 있게 하고 국가는 그 면제한 수업료등의 반액을 대학에 보조하도록 규정한 국가유공자 등 예우 및 지원에 관한 법률 ⇨ 국가유공자 본인
- 검사가 법원의 증인으로 채택된 수감자를 그 증언에 이르기까지 거의 매일 검사실로 하루종일 소환하여 피고인측 변호인이 접근하는 것을 차단하고, 검찰에서의 진술을 번복하는 증언을 하지 않도록 회유·압박하는 한편, 때로는 검사실에서 그에게 편의를 제공하기도한 행위 ⇨ 피고인
- 중개보조원이 중개의뢰인과 직접 거래하는 것을 금지하고 있는 공인중개사법 ⇨ 부동산중개법인
- 국가가 국가기간 뉴스통신사로 연합뉴스를 지정한 행위 ⇨ 다른 언론기관(헌재 2005.6.30. 2003헌마841)
- 법무사 자격을 당연히 부여하는 내용의 법무사법 조항 ⇨ 법무사가 되고자 하는 자(헌재 2001.11.29. 200헌마84)
- 미국산 쇠고기 고시 ⇨ 일반소비자(헌재 2008.12.26. 2008헌마419)

자기관련성 부정

- 선거에 관한 헌법소원에서 선거권도 없고 입후보사실도 없는 경우
- 장차 검찰총장에 임명될 가능성만 있는 고등검사장
- 영화인협회가 소속 회원의 기본권침해를 이유로 헌법소원을 청구한 경우
- 한국신문편집인협회가 회원인 언론인들의 언론·출판의 자유가 침해당하고 있다고 하여 여론조사결과 공표금지규정을 다투는 경우
- 대학교의 교수나 교수협의회가 학교법인재산 횡령행위에 대해 다투는 경우: 대학교의 설립운영자의 횡령행위로 인한 피해자는 학교법인이고, 교수나 교수협의회에게 불이익이 발생하였더라도 그것은 간접적인 사실상의 불이익에 불과할 뿐, 청구인들이 위 횡령행위로 인한 '형사피해자'에 해당한다고 할 수 없음(헌재 1997.2.20. 95헌마295)
- 이른바 '사북사태'의 가담자들을 '민주화운동 관련자'로 인정한 민주화운동 관련자 명예회복 및 보상심의위원회의 결정에 대하여 위 가담자들에 의하여 폭행 및 성폭행을 당하였다고 주장하는 경우: 청구인이 직접·법적으로 이해관계를 가지고 있다고 볼 수 없으므로 청구인에게 자기관련성이 인정되지 않음(헌재 2006.4.27. 2005헌마1097)
- 이른바 제주 4·3 특별법에 근거한 희생자결정에 대하여 제주 4·3사건 진압작전에 참가하였던 군인이나 그 유족들이 명예권침해를 주장하는 경우
- 공무원노동조합총연맹이 공무원의 기본권 침해를 이유로 헌법소원을 청구한 경우(헌재 2012.5.31. 2009헌마705)
- 연명치료의 중단에 관한 기준, 절차 및 방법 등에 관한 법률의 입법부작위에 대한 연명치료 중인 환자의 자녀들이 헌법소원 심판청구를 제기한 경우(헌재 2009.11.26. 2008헌마385)
- 대통령의 이라크전쟁 파견결정에 대해 일반국민이 헌법소원심판청구를 제기한 경우(헌재 2003.12.18. 2003헌마255)
- 담배의 제조 및 판매에 관하여 규율하는 담배사업법에 대해 간접흡연의 피해를 주장하는 임신 중인 자의 기본권 침해의 자기관련성을 인정할 수 없음(헌재 2015.4.30. 2012헌마38)

- 간행물을 판매하는 자로 하여금 실제로 판매한 간행물 가격의 10퍼센트까지 소비자에게 경제상 이익을 제공할 수 있도록 규정한 '출판문화산업 진흥법 시행규칙' ⇨ 출판업자
- 학교법인 국민학원에 대하여 한 법학전문대학원 설치 예비인가 배제결정 ⇨ 국민대학교 법과대학 교수
- 백화점 셔틀버스 운행금지 ⇨ 백화점 등의 셔틀버스를 이용해 온 소비자
- 투표용지의 후보자 게재순위를 국회에서의 다수의석순에 의하여 정하도록 규정한 공직선거법 ⇨ 정당의 지역위원장

(2) 직접성

의의	• 법령에 의한 기본권침해의 직접성이란 집행행위에 의하지 아니하고 법률 그 자체에 의하여 자유의 제한, 의무의 부과, 권리 또는 법적 지위의 박탈이 생긴 경우를 의미함 • '집행행위'에는 입법행위도 포함되므로 법률 규정이 그 규정의 구체화를 위하여 하위규범의 시행을 예정하고 있는 경우에는 당해 법률 규정의 직접성은 부인됨(헌재 1996.2.29. 94헌마213)
예외	• 예외적으로 법령이 일의적이고 명백한 것이어서 집행기관이 심사와 재량의 여지없이 일정한 집행행위를 하여야 하는 때에는 당해 법령을 헌법소원의 대상으로 삼을 수 있음(헌재 1995.2.23. 90헌마214) • 생계보호기준에 대하여 일단 보호대상자로 지정이 되면 각 그 보호기준에 따라 일정한 생계보호를 받게 된다는 점에서 직접 대외적 효력을 가지며 공무원의 생계보호급여지급이라는 집행행위는 단순한 사실적 집행행위에 불과하므로 위 생계보호기준은 직접적인 효력을 갖는 규정임(헌재 1997.5.29. 94헌마33)

📑 판례정리

번호	내용	결정
1	법령에 근거한 집행행위가 재량행위인 경우에 직접성요건이 충족되는지 여부: **소극** (헌재 1998.4.30. 97헌마141)	각하
2	집행기관의 재량의 여지가 없는 경우에 법령의 직접성이 인정되는지 여부: **적극** (헌재 1995.2.23. 90헌마214)	기각
3	법령에 따른 집행행위가 사실적 집행행위에 불과한 경우에 '침해의 직접성'이 인정되는지 여부: **적극** (헌재 1997.5.29. 94헌마33)	기각
4	지방자치단체의 장이 대규모점포 등에 대하여 일정한 범위의 영업시간 제한 및 의무휴업을 명할 수 있도록 규정한 유통산업발전법 제12조의2가 기본권침해의 직접성을 충족하는지 여부: **소극** (헌재 2013.12.26. 2012헌마162)	각하
5	대한민국과 일본국 간의 어업에 관한 협정이 어업 또는 어업관련업무에 종사하는 자의 기본권이 직접 침해되었다고 볼 수 있는지 여부: **적극** (헌재 2001.3.21. 99헌마139)	기각, 각하
6	처벌조항의 고유한 위헌성을 주장하지 않는 경우 처벌조항에 대한 기본권 침해의 직접성 인정 여부: **소극** (헌재 2014.4.24. 2011헌마659) ⊘ **주의** 처벌조항과 구성요건조항이 독립되어 구분되어 있고, 이 사건의 청구인의 경우 구성요건조항의 위헌성만 주장한 사건임	각하

(3) 현재성

현재성의 요건은 장래의 불이익이 현재시점에서 충분히 예견 가능한 경우에는 그 요건이 완화될 수 있음

📑 **판례정리**

번호	내용	결정
1	공포 후 법률 시행 이전에 제기한 법령소원에서 기본권침해의 현재성이 인정되는지 여부: **적극** (헌재 1994.12.29. 94헌마201)	기각
2	공포 전 법률안에 대한 헌법소원이 인정되는지 여부: **적극** (헌재 2001.11.29. 99헌마494)	헌법불합치
3	1994학년도 서울대학교 신입생선발입시안에 대한 헌법소원 1994, 1995학년도에 서울대학교 입학을 지원할 경우 불이익을 입을 수 있다는 것을 현재 충분히 예측할 수 있는 이상 기본권침해의 현재성을 인정할 수 있다 (헌재 1992.10.1. 92헌마68).	기각
4	가정의례에 관한 법률 제4조 제1항 제7호 위헌확인 청구인은 예비신랑으로서 현재 기본권을 침해받고 있지는 않으나, 결혼식 때에는 하객들에게 주류 및 음식물을 접대할 수 없는 불이익을 받게 되는 것이 현재 충분히 예측할 수 있으므로 이 사건 심판청구는 현재성의 예외인 경우로서 적법하다(헌재 1998.10.15. 98헌마168).	위헌

5. 보충성

(1) 보충성 원칙

의의	• 헌법소원은 다른 법률에 구제절차가 있는 경우에는 그 절차를 모두 거친 후가 아니면 청구할 수 없음(헌법재판소법 제68조 제1항 단서) • 다만, 헌법소원 계속 중 다른 법률에 정한 구제절차를 모두 거친 경우 청구 당시 존재하였던 적법요건 흠결의 하자는 치유됨(헌재 1995.4.20. 91헌마52) • 사전구제절차를 경유하지 아니한 흠결이 치유됨(헌재 1996.3.28. 95헌마211)
다른 구제절차의 의미	• 공권력의 행사 또는 불행사를 직접 불복대상으로 하여 그 효력을 다툴 수 있는 권리구제절차를 말하는 것이며 사후적·보충적 구제수단인 손해배상청구나 손실보상청구 또는 우회적인 소송절차를 의미하는 것이 아님(헌재 1989.4.17. 88헌마3) • 행정쟁송을 통한 구제의 길이 없더라도 국가를 상대로 한 부당이득청구가 가능한 경우, 보충성요건이 충족됨(헌재 2000.2.24. 97헌마13)

📑 **판례정리**

번호	내용	결정
1	코로나바이러스감염증-19(이하 '코로나19'라고 한다)의 예방을 위하여 음식점 및 PC방 운영자 등에게 영업시간을 제한하거나 이용자 간 거리를 둘 의무를 부여하는 서울특별시고시들(이하 '심판대상고시'라고 한다)에 대한 심판청구가 보충성 요건을 충족하는지 여부: **소극** (헌재 2023.5.25. 2021헌마21)	각하

(2) 보충성 원칙의 예외

보충성 원칙의 예외가 인정되는 경우	• 권리구제의 기대가능성이 없는 경우 • 청구인의 착오에 정당한 이유가 있는 경우 • 권리절차가 우회적인 경우 • 구제절차의 허용 여부가 불확실한 경우 ⦿ **주의** 법원에서 각하될 것이 확실한 경우 보충성 원칙의 예외 인정
법령헌법소원	법령 자체에 의한 직접적인 기본권침해 여부가 문제되었을 경우 그 법령의 효력을 직접 다투는 것을 소송물로 하여 일반법원에 구제를 구할 수 있는 절차는 존재하지 않으므로 바로 헌법소원심판을 청구할 수 있음(헌재 1993.5.13. 91헌마190)
권력적 사실행위	• 수형자의 서신을 교도소장이 검열한 행위(헌재 1998.8.27. 96헌마398) • 미결수용자에게 재소자용 의류를 입게 한 행위(헌재 1999.5.27. 97헌마137) • 계구사용행위 및 동행계호행위(헌재 2008.5.29. 2005헌마137; 헌재 2011.4.28. 2009헌마305)
기소유예·중지처분을 받은 피의자	• 기소유예나 기소중지처분을 받은 '피의자'에게는 '피해자'와 달리 다른 구제절차가 없으므로 직접 헌법소원을 제기할 수 있음 • you are fucking crazy 사건(헌재 2017.5.25. 2017헌마1)
교수재임용 추천거부에 대한 헌법소원	세무대학장의 재임용 추천거부행위와 같은 총·학장의 임용제청이나 그 철회는 행정기관 상호간의 내부적인 의사결정과정일 뿐 행정소송의 대상이라고 볼 수 없다는 것이 대법원의 일관된 판례이므로 … 바로 헌법소원심판을 청구하였다고 하더라도 소원심판청구의 적법요건인 보충성의 원칙에 반하지 않음(헌재 1993.5.13. 91헌마190)

⦿ **주의**
헌법재판소는 대법원 판례 변경 전의 지목변경신청서반려처분(현재는 판례가 변경되어 지목변경신청서반려처분의 처분성이 인정되지만, 종전의 대법원 판례는 지목변경신청서반려처분에 대해 처분성을 인정하지 않았음)에 대한 헌법소원심판청구는 보충성의 원칙에 위배되지 않는다고 판시함(헌재 2004.6.24. 2003헌마723)

⦿ **비교**
대법원의 확립된 판례에 비추어 패소될 것이 예견된다는 점만으로는 전심절차로 권리가 구제될 가능성이 거의 없어 전심절차 이행의 기대가능성이 없는 경우에 해당한다고 볼 수 없음(보충성 원칙 위배)(헌재 1998.10.29. 97헌마285)

6. 권리보호이익(소의 이익)

(1) 주관적 권리보호

① 심판청구 당시 권리보호의 이익이 인정되더라도 심판 계속 중에 생긴 사정변경, 즉 사실관계 또는 법령제도의 변동으로 말미암아 권리보호의 이익이 소멸된 경우 심판청구는 원칙적으로 부적법하게 됨

② 검사의 불기소처분의 취소를 구하는 헌법소원에서 대상이 되는 범죄의 공소시효가 이미 완성되었다면 그에 대한 헌법소원심판청구는 권리보호의 이익이 없음(헌재 1989.4.17. 88헌마3)

③ 피고소인이 이미 사망한 경우 검사의 불기소처분에 대한 헌법소원심판청구는 권리보호의 이익이 없음(헌재 1992.11.12. 91헌마176)

(2) 객관적 헌법수호(권리보호이익의 완화)

판례정리

번호	내용	결정
1	서신검열 등 위헌확인 헌법상 보장된 통신의 자유나 비밀을 침해받지 아니할 권리 및 변호인의 조력을 받을 권리와의 관계에서 해명되어야 할 중요한 문제이고, 검열행위는 법률의 규정에 따라 앞으로 계속될 것이므로, 이러한 침해행위가 이미 종료되었다 하더라도 헌법질서의 수호·유지를 위하여 긴요한 사항으로서 심판청구의 이익이 있다(헌재 1995.7.21. 92헌마144).	위헌
2	공직선거법 제15조 위헌확인 이 사건은 선거권연령을 20세 이상의 국민으로 정한 것이 18~19세의 국민들에 대한 평등권과 선거권을 침해하는지 여부를 가리는 헌법적으로 해명할 필요가 있는 중요한 사안으로 앞으로도 계속 반복될 성질이 있는 것이므로 헌법판단의 적격을 갖춘 것으로 인정하여 본안판단을 하기로 한다(헌재 1997.6.26. 96헌마89).	기각

7. 청구 기간

> 헌법재판소법 제69조【청구기간】 ① 제68조 제1항에 따른 헌법소원의 심판은 그 사유가 있음을 안 날부터 90일 이내에, 그 사유가 있는 날부터 1년 이내에 청구하여야 한다. 다만, 다른 법률에 따른 구제절차를 거친 헌법소원의 심판은 그 최종결정을 통지받은 날부터 30일 이내에 청구하여야 한다.
> ② 제68조 제2항의 규정에 의한 헌법소원심판은 위헌여부심판의 제청신청을 기각하는 결정을 통지받은 날부터 30일 이내에 청구하여야 한다.

판례정리

번호	내용	결정
1	주관적 청구기간의 기산점 – 사유가 있음을 '안 날'의 의미 법령의 제정 등 공권력의 행사에 의한 기본권침해의 사실관계를 안 날을 뜻하는 것이지, 법률적으로 평가하여 그 위헌성 때문에 헌법소원의 대상이 됨을 안 날을 뜻하는 것은 아니다(헌재 1993.11.25. 89헌마36).	각하
2	유예기간을 두고 있는 법령의 경우, 헌법소원심판의 청구기간 기산점을 그 법령의 시행일이 아니라 유예기간 경과일이라고 본 사례 유예기간을 경과하기 전까지 청구인들은 이 사건 보호자동승조항에 의한 보호자동승의무를 부담하지 않는다. 이 사건 보호자동승조항이 구체적이고 현실적으로 청구인들에게 적용된 것은 유예기간을 경과한 때부터라 할 것이므로, 이때부터 청구기간을 기산함이 상당하다. 종래 이와 견해를 달리하여, 법령의 시행일 이후 일정한 유예기간을 둔 경우 이에 대한 헌법소원심판 청구기간의 기산점을 법령의 시행일이라고 판시한 우리 재판소 결정들은, 이 결정의 취지와 저촉되는 범위 안에서 변경한다(헌재 2020.4.23. 2017헌마479).	기각

3	법령소원의 청구기간 기산점에 관한 '상황성숙성이론'의 폐기 기본권의 침해가 확실히 예상되는 때로부터도 청구기간을 기산한다는 취지로 판시한 우리 재판소의 의견은 이를 변경하기로 한다(헌재 1996.3.28. 93헌마198).	각하
4	공권력의 불행사에 대한 헌법소원을 그 불행사가 계속되는 한 기간의 제약 없이 청구할 수 있는지 여부: 적극 (헌재 1994.12.29. 89헌마2)	인용 (위헌확인)
5	부진정입법부작위에 대한 헌법소원에서 청구기간의 제한 없이 청구할 수 있는지 여부: 소극 (헌재 1996.6.13. 95헌마115)	각하
6	부진정입법부작위에 의한 기본권침해에 대한 헌법소원의 제기방법(적극적인 헌법소원) 부진정입법부작위가 평등의 원칙에 위배된다는 등 헌법 위반을 내세워 적극적인 헌법소원을 제기하여야 하며, 이 경우에는 헌법재판소법 소정의 제소기간을 준수하여야 한다(헌재 1996.10.31. 94헌마108).	각하

8. 변호사강제주의

헌법재판소법 제25조【대표자·대리인】③ 각종 심판절차에서 당사자인 사인은 변호사를 대리인으로 선임하지 아니하면 심판청구를 하거나 심판수행을 하지 못한다. 다만, 그가 변호사의 자격이 있는 경우에는 그러하지 아니하다.

✓ 주의 당사자가 사인인 재판
헌법소원, 탄핵심판, 정당해산심판

제70조【국선대리인】① 헌법소원심판을 청구하려는 자가 변호사를 대리인으로 선임할 자력이 없는 경우에는 헌법재판소에 국선대리인을 선임하여 줄 것을 신청할 수 있다. 이 경우 제69조에 따른 청구기간은 국선대리인의 <u>선임신청이 있는 날</u>을 기준으로 정한다.
② 제1항에도 불구하고 헌법재판소가 공익상 필요하다고 인정할 때에는 국선대리인을 선임할 수 있다.
③ 헌법재판소는 제1항의 신청이 있는 경우 또는 제2항의 경우에는 헌법재판소규칙으로 정하는 바에 따라 변호사 중에서 국선대리인을 선정한다. 다만, 그 심판청구가 명백히 부적법하거나 이유 없는 경우 또는 권리의 남용이라고 인정되는 경우에는 국선대리인을 선정하지 아니할 수 있다.

📋 판례정리

번호	내용	결정
1	헌법재판에 있어서 변호사강제주의가 위헌인지 여부: 소극 (헌재 1990.9.3. 89헌마120)	기각
2	국선대리인 선임신청이 있는 경우, 청구기간 준수 판단시점 – 선임신청일 (헌재 1998.8.27. 96헌마398)	기각
3	심판 도중 대리인의 사임이 기왕의 소송행위를 무효로 하는지 여부: 소극 (헌재 1992.4.14. 91헌마156)	기각
4	헌법소원심판 계속 중의 대리인이 사임한 경우 새로 선임을 요하는지 여부: 소극 (헌재 1996.10.4. 95헌마70)	기각

4 심판

1. 지정재판부의 사전심사

(1) 의의

> 헌법재판소법 제72조【사전심사】① 헌법재판소장은 헌법재판소에 재판관 3명으로 구성되는 지정재판부를 두어 헌법소원심판의 사전심사를 담당하게 할 수 있다.

(2) 결정유형

① 각하결정

> 헌법재판소법 제72조【사전심사】③ 지정재판부는 다음 각 호의 어느 하나에 해당되는 경우에는 지정재판부 재판관 전원의 일치된 의견에 의한 결정으로 헌법소원의 심판청구를 각하한다.
> 1. 다른 법률에 따른 구제절차가 있는 경우 그 절차를 모두 거치지 아니하거나 또는 법원의 재판에 대하여 헌법소원의 심판이 청구된 경우
> 2. 제69조의 청구 기간이 지난 후 헌법소원심판이 청구된 경우
> 3. 제25조에 따른 대리인의 선임 없이 청구된 경우
> 4. 그 밖에 헌법소원심판의 청구가 부적법하고 그 흠결을 보정할 수 없는 경우

② 심판회부결정

> 헌법재판소법 제72조【사전심사】④ 지정재판부는 전원의 일치된 의견으로 제3항의 각하결정을 하지 아니하는 경우에는 결정으로 헌법소원을 재판부의 심판에 회부하여야 한다. 헌법소원심판의 청구 후 30일이 지날 때까지 각하결정이 없는 때에는 심판에 회부하는 결정(이하 '심판회부결정'이라 한다)이 있는 것으로 본다.

2. 전원재판부의 심판

(1) 내용

① 헌법재판소는 청구의 적법성 심사(요건심리)를 한 후 청구의 타당성 심사(본안판단)를 함
② 이때 헌법재판소는 심판청구서에 기재된 청구취지에 구애됨이 없이 청구인의 주장요지를 종합적으로 판단하여야 하며, 청구인이 주장하는 침해된 기본권과 침해의 원인이 되는 공권력을 직권으로 조사하여 피청구인과 심판대상을 확정하여 판단하여야 함(헌재 1998.3.26. 93헌바12)

(2) 청구인들의 헌법소원심판청구 취하로 헌법소원심판절차가 종료되는지 여부: ○

1. 각하결정

2. 기각결정

청구인의 기본권이 침해되었음이 인정되지 아니하여 헌법소원심판청구가 이유 없는 경우

3. 인용결정

(1) 내용

> 헌법재판소법 제75조【인용결정】② 제68조 제1항에 따른 헌법소원을 인용할 때에는 인용결정서의 주문에 침해된 기본권과 침해의 원인이 된 공권력의 행사 또는 불행사를 특정하여야 한다.

(2) 효과

① 기속력

> 헌법재판소법 제75조【인용결정】① 헌법소원의 인용결정은 모든 국가기관과 지방자치단체를 기속한다.

② 공권력 행사의 취소와 재처분의무

> 헌법재판소법 제75조【인용결정】③ 제2항의 경우에 헌법재판소는 기본권 침해의 원인이 된 공권력의 행사를 취소하거나 그 불행사가 위헌임을 확인할 수 있다.
> ④ 헌법재판소가 공권력의 불행사에 대한 헌법소원을 인용하는 결정을 한 때에는 피청구인은 결정취지에 따라 새로운 처분을 하여야 한다.

검사의 불기소처분에 대한 헌법재판소의 취소결정의 의미에 대해 헌법재판소는 이를 재수사명령으로 보며, 헌법재판소의 취소결정의 주문과 이유에서 설시한 취지에 맞도록 성실히 수사하라는 의미로 이해함

③ 근거법률의 위헌선언

> 헌법재판소법 제75조【인용결정】⑤ 제2항의 경우에 헌법재판소는 공권력의 행사 또는 불행사가 위헌인 법률 또는 법률의 조항에 기인한 것이라고 인정될 때에는 인용결정에서 해당 법률 또는 법률의 조항이 위헌임을 선고할 수 있다.

6 재심

1. 문제의 소재

헌법재판소의 결정에 대한 재심의 허용 여부에 관한 명문의 규정이 없음

✅ **주의**
그러나 민사소송을 준용하여 재심이 가능

2. 위헌심사형 헌법소원(헌법재판소법 제68조 제2항): 허용 ✕

(1) 법적 안정성의 이익 > 구체적 타당성의 이익

(2) 위헌법률심판의 경우에도 허용되지 않음

3. 헌법재판소법 제68조 제1항 헌법소원의 경우

(1) 법령헌법소원: 허용 ✕

① 그 결정의 효력이 당사자에게만 미치는 것이 아님

② 허용하지 않았을 때의 법적 안정성 > 허용하였을 때의 구체적 타당성의 이익

✅ **주의**
법령헌법소원은 직접성만 존재하면 족하고, 보충성을 충족해야 할 필요는 없음

(2) 행정작용에 대한 권리구제형 헌법소원: 허용 ○

재심의 허용 여부	헌법재판소법 제68조 제1항에 의한 헌법소원 중 행정작용에 속하는 공권력 작용을 대상으로 하는 권리구제형 헌법소원절차에 있어서 그 결정의 효력이 당사자에게만 미치기 때문에 일반법원의 재판과 같이 민사소송법의 재심에 관한 규정을 준용하여 재심을 허용함
재심의 허용 정도	헌법재판소의 결정에 영향을 미칠 중대한 사항에 관하여 판단을 유탈한 때(헌재 2001.9.27. 2001헌아3) ✅ **주의** 판단유탈은 재심사유 ○

7 헌법재판소의 규칙제정권

> 헌법 제113조 ② 헌법재판소는 법률에 저촉되지 아니하는 범위 안에서 심판에 관한 절차, 내부규율과 사무처리에 관한 규칙을 제정할 수 있다.

1. 의결 절차

헌법재판소규칙의 제정과 개정은 재판관회의의 의결을 거쳐야 함 ⇨ 재판관회의는 재판관 전원의 3분의 2를 초과하는 인원의 출석과 출석인원 과반수의 찬성으로 의결함(헌법재판소법 제16조 제2항)

2. 효력

헌법재판소규칙의 효력은 법률보다는 하위에 있음(다수설)

해커스공무원
신동욱
헌법 핵심요약집

개정 5판 1쇄 발행 2025년 4월 25일

지은이	신동욱 편저
펴낸곳	해커스패스
펴낸이	해커스공무원 출판팀

주소	서울특별시 강남구 강남대로 428 해커스공무원
고객센터	1588-4055
교재 관련 문의	gosi@hackerspass.com
	해커스공무원 사이트(gosi.Hackers.com) 교재 Q&A 게시판
	카카오톡 플러스 친구 [해커스공무원 노량진캠퍼스]
학원 강의 및 동영상강의	gosi.Hackers.com

ISBN	979-11-7244-991-9 (13360)
Serial Number	05-01-01

공무원 교육 1위,
해커스공무원 gosi.Hackers.com

해커스공무원

· 해커스공무원 학원 및 인강(교재 내 인강 할인쿠폰 수록)
· 해커스 스타강사의 **공무원 헌법 무료 특강**
· 정확한 성적 분석으로 약점 극복이 가능한 **합격예측 온라인 모의고사**(교재 내 응시권 및 해설강의 수강권 수록)